Manga-Zeichenstudio

Hikaru Hayashi & Go Office

MANGA BASICS

CARLSEN MANGA!

AF641034

Eine Seite in einem Schulmanga

Nun schauen wir uns das Schließen der Augen und die damit verbundenen Veränderungen der Augenform an.

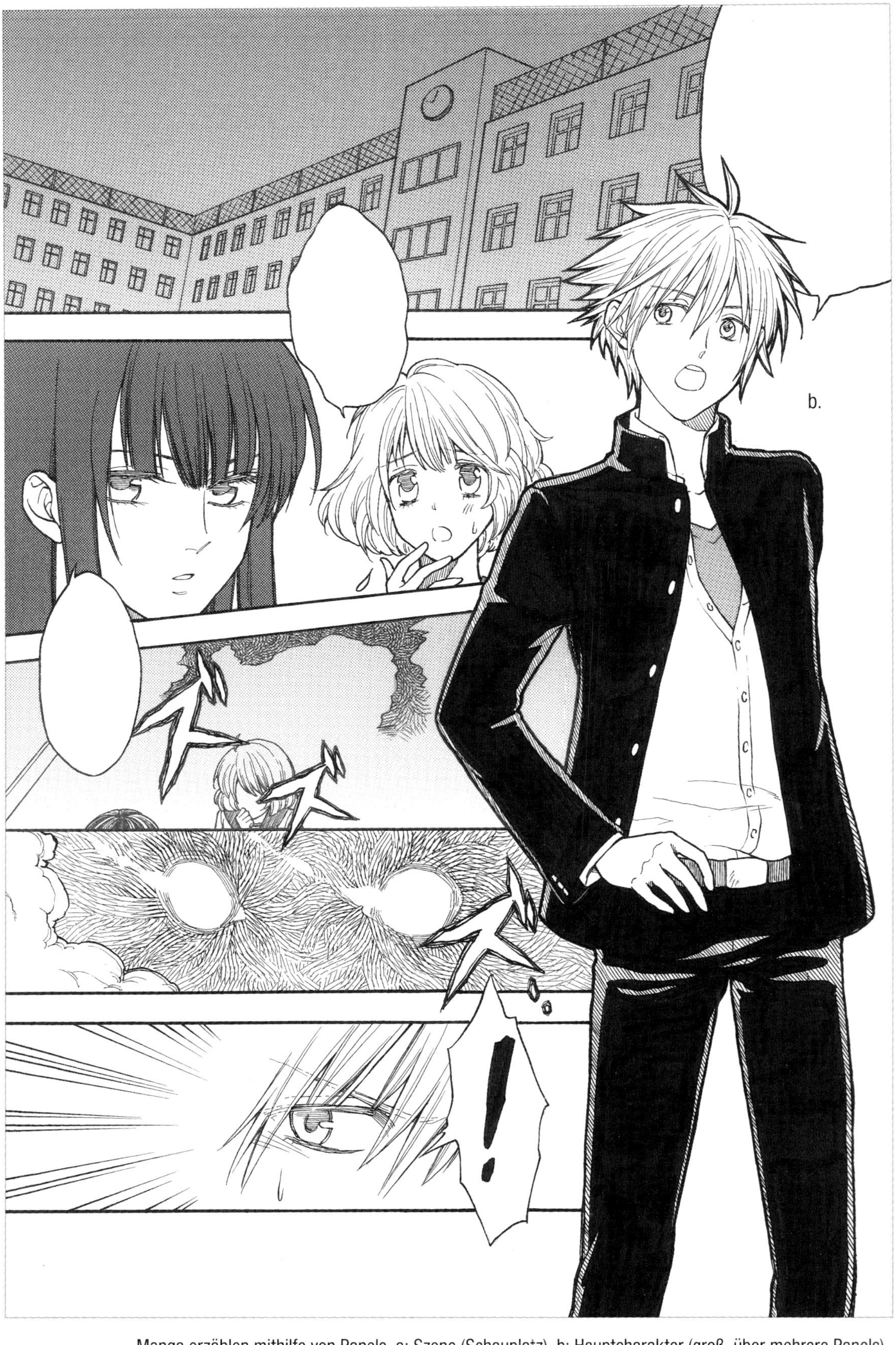

● **Manga**

Manga erzählen mithilfe von Panels. a: Szene (Schauplatz), b: Hauptcharakter (groß, über mehrere Panels), c: weitere Charaktere (verunsichert), d & e: geheimnisvolle Ereignisse, f: Wahrnehmung (Kampfbereitschaft als Reaktion)

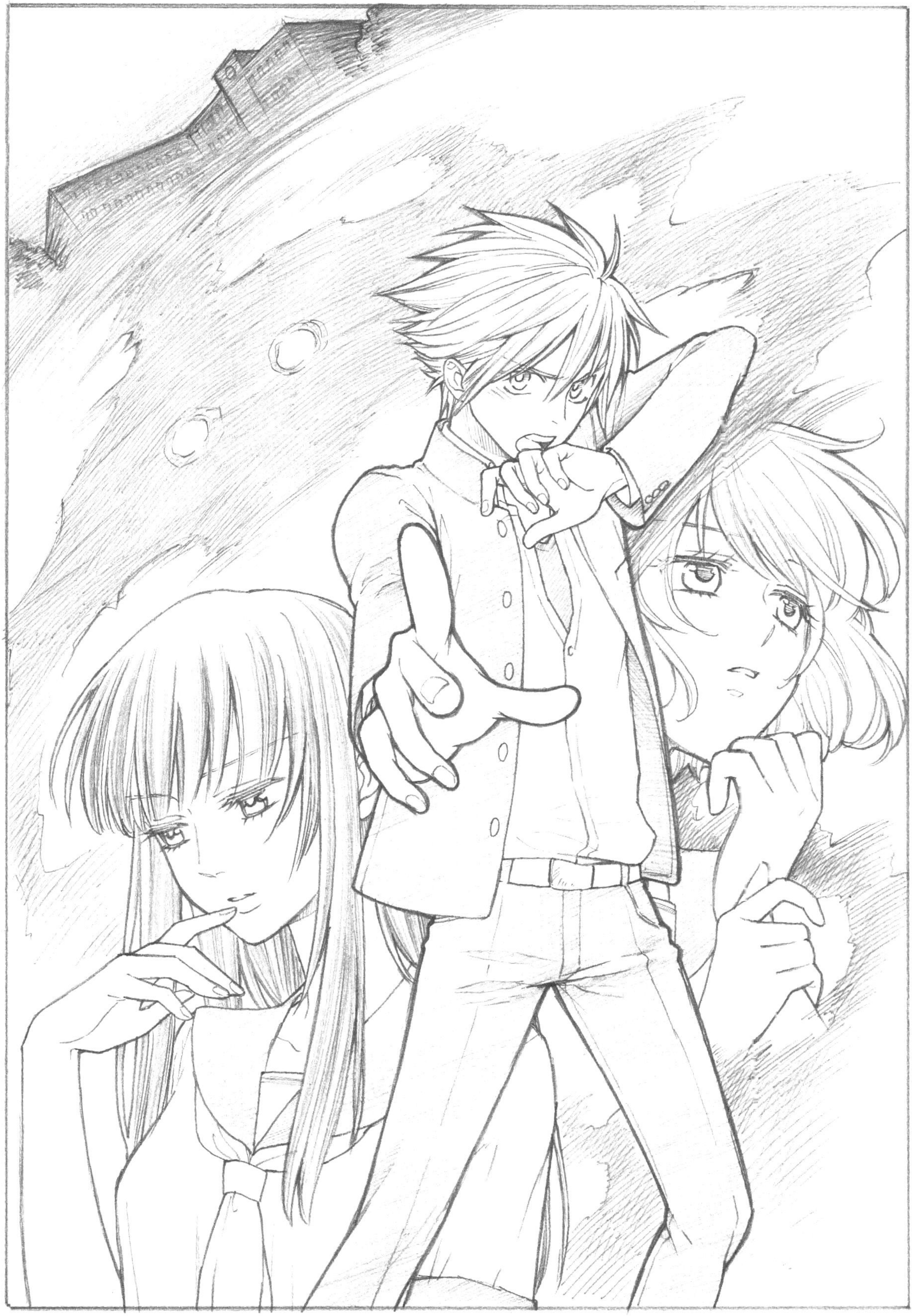

● Illustration

Illustrationen müssen die Handlung in einem einzigen Bild zusammenfassen. Die Größe der Charaktere, Hintergründe und ihre Positionierung spielen eine wichtige Rolle. Die Stimmung wird nicht nur durch Gesichtsausdruck oder Körperhaltung, sondern auch den Zeichenstil des Hintergrunds vermittelt. Diese Regeln für Illustrationen gelten gleichsam für Coverseiten von Manga.

Der Inhalt dieses Buchs

Kapitel 1: Charaktere

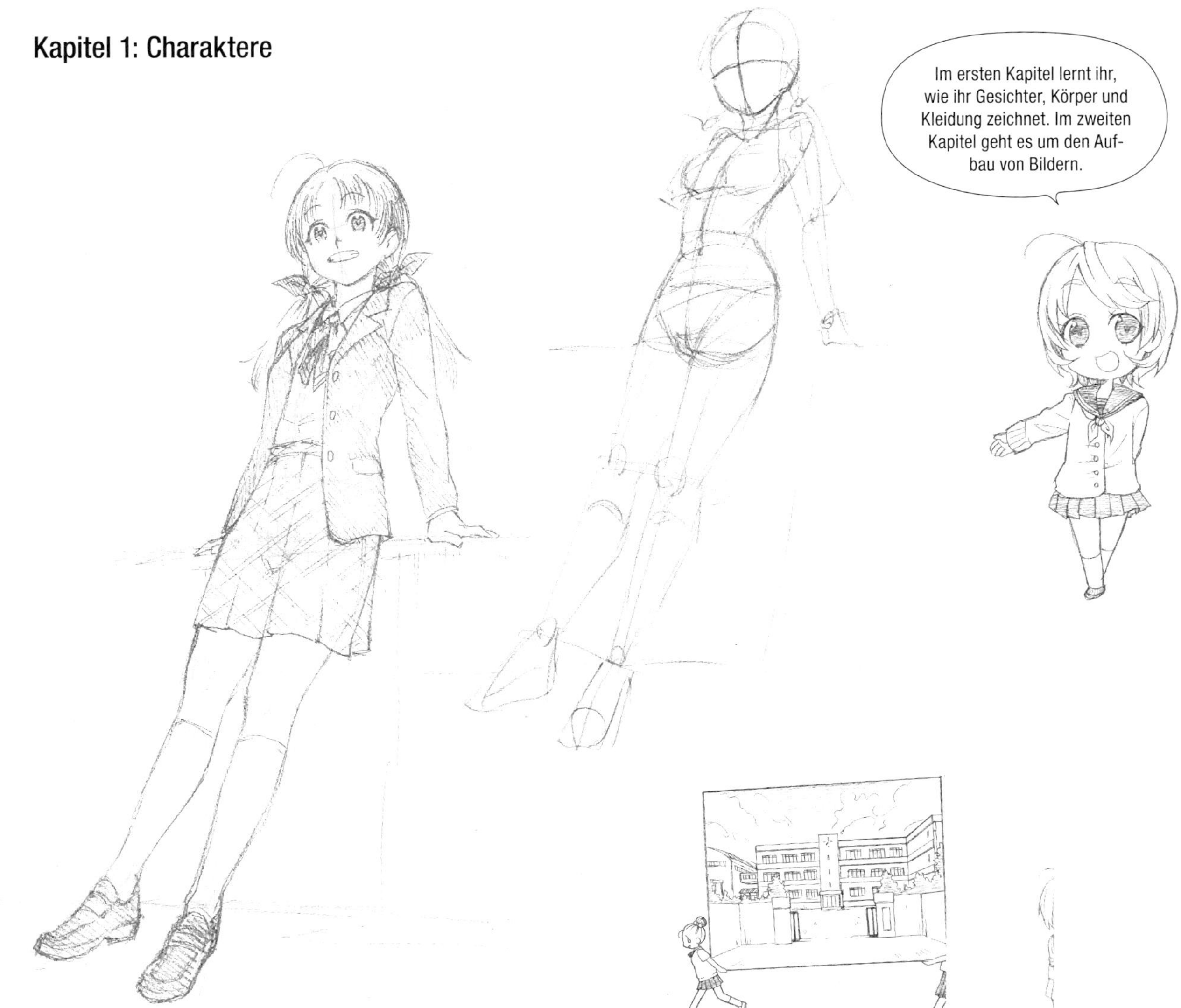

Kapitel 2: Bildkomposition

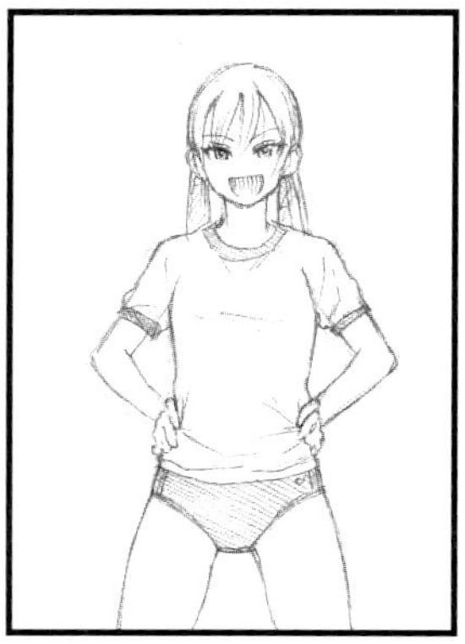

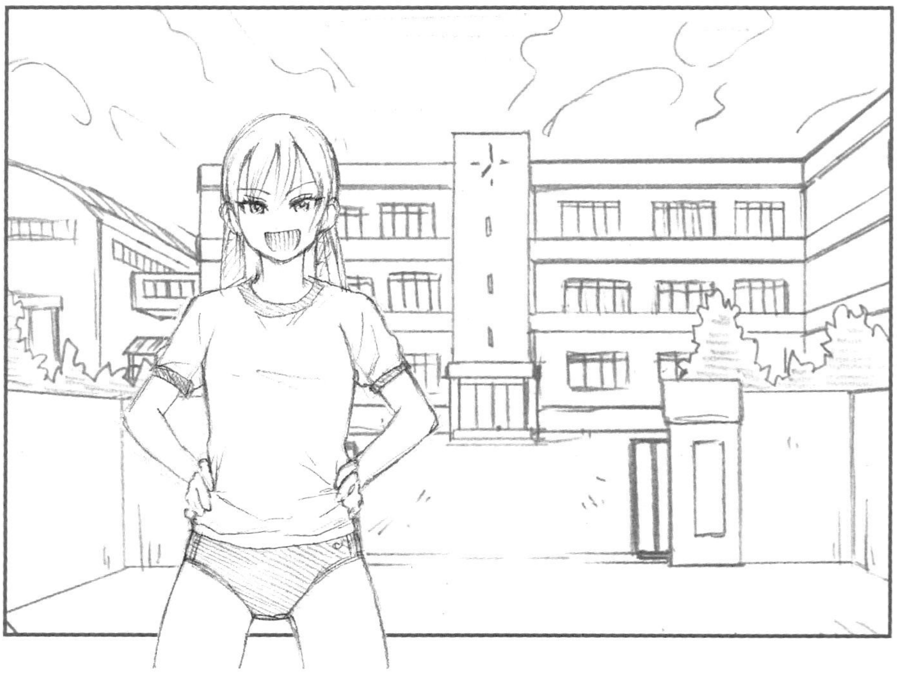

Kapitel 3: Entwicklung der Story

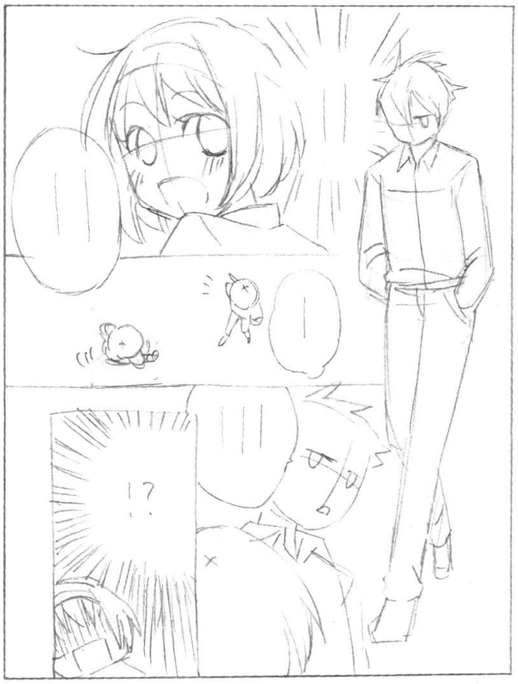

Storyboard

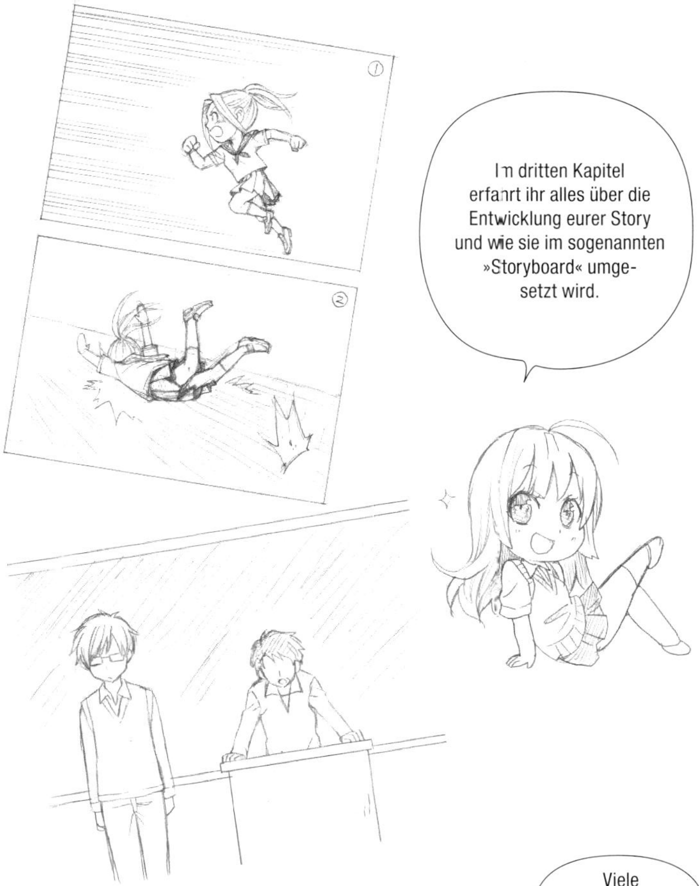

Kapitel 4: Zeichentechniken in Manga

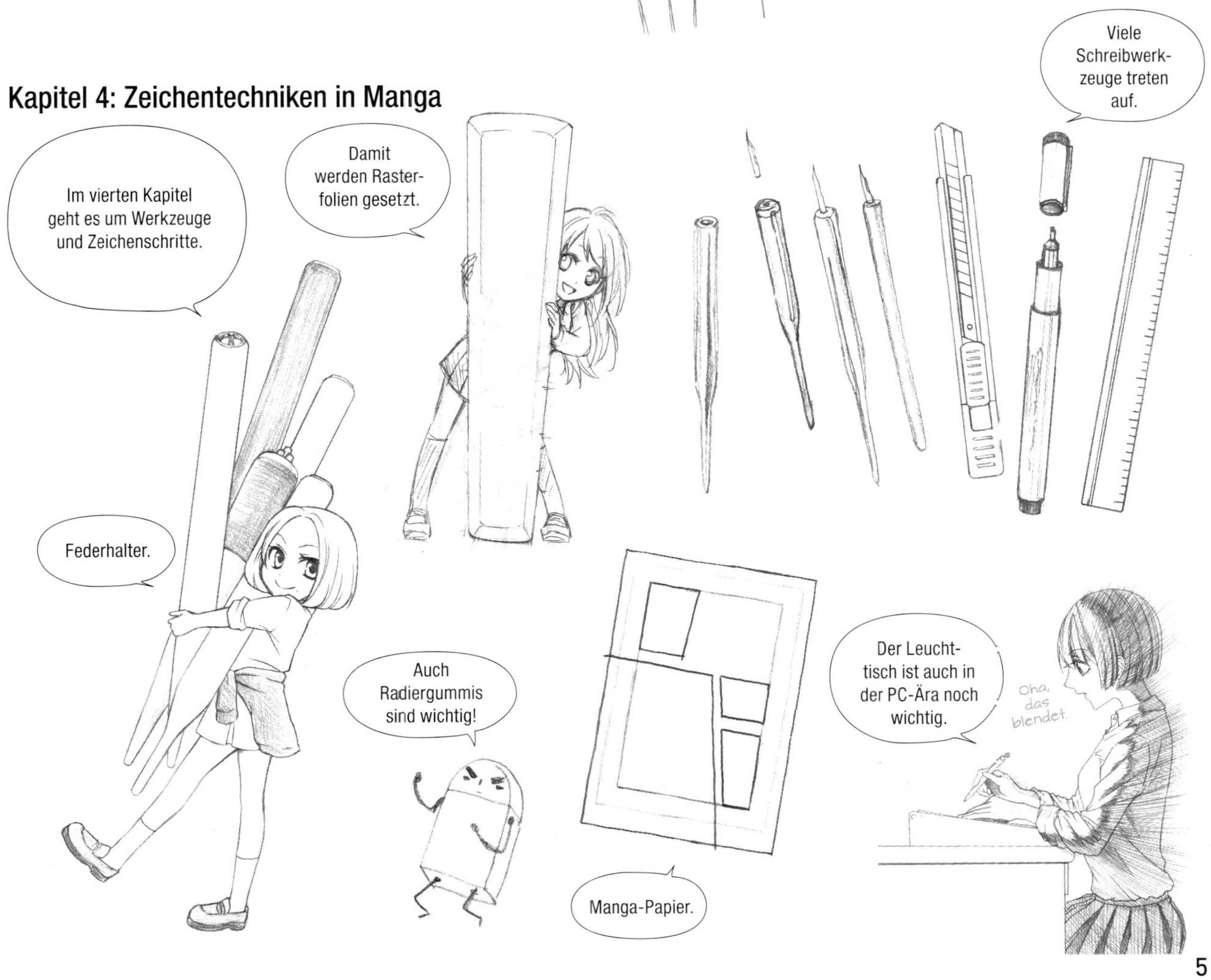

INHALT

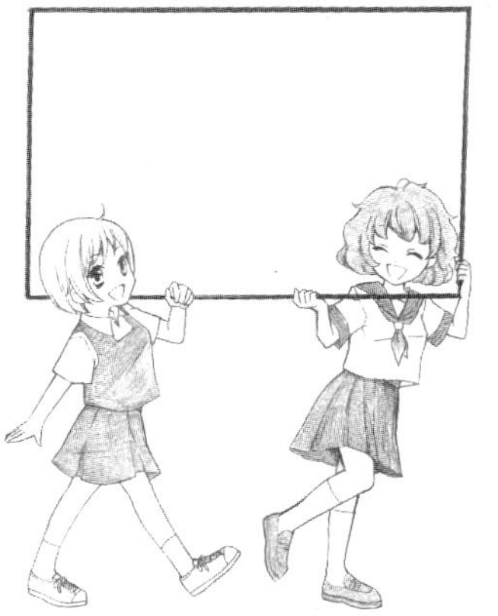

Kapitel 1

Charaktere 9

Kapitel 2

Bildkomposition 63

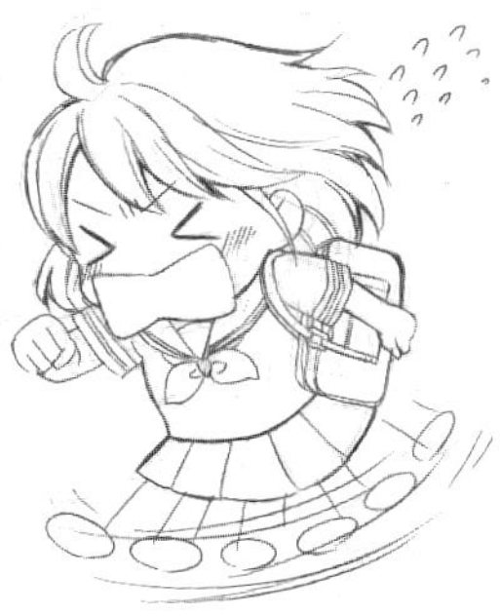

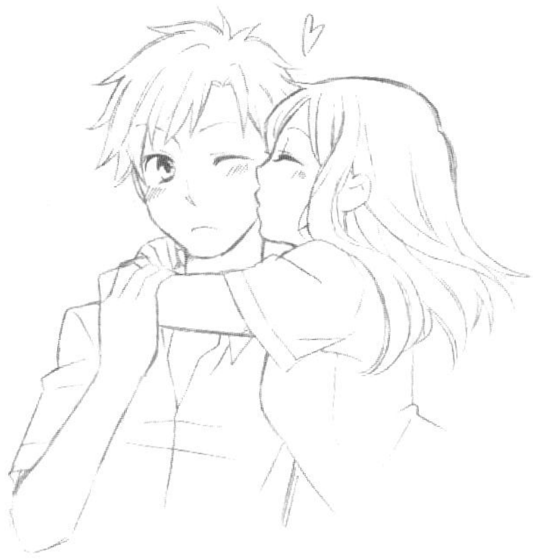

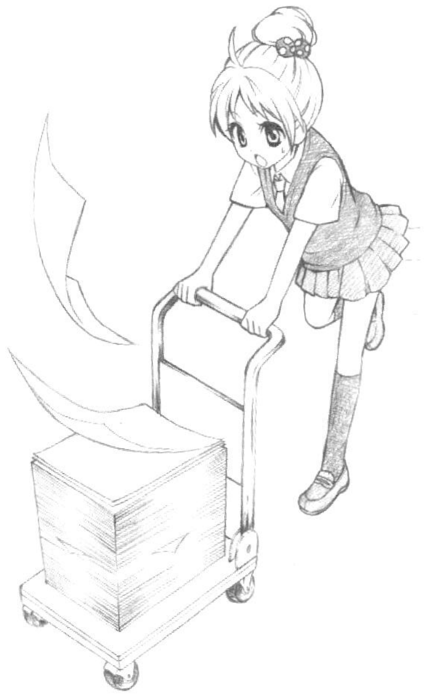

Kapitel 3

Entwicklung der Story 91

Kapitel 4

Zeichentechniken in Manga 137

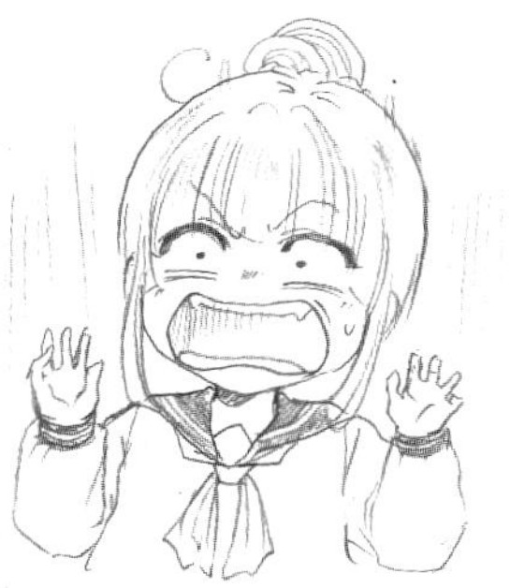

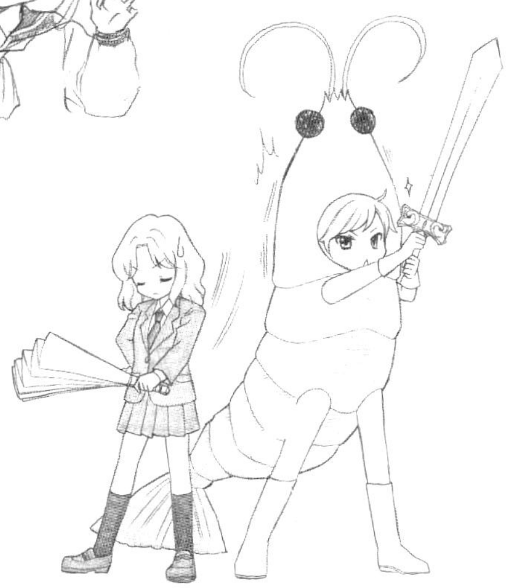

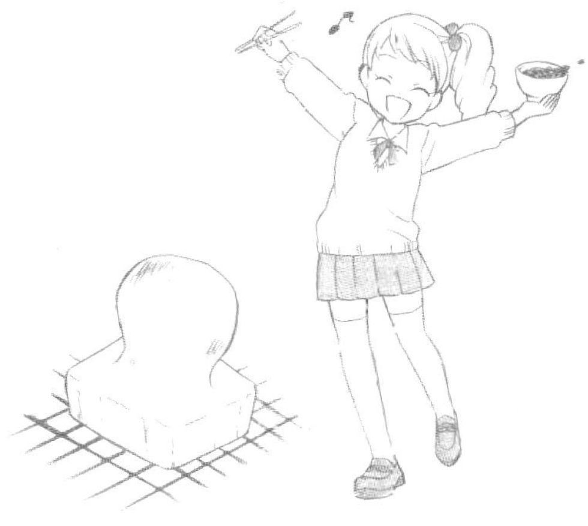

Vorwort

Manga sind in doppelter Hinsicht arbeitsintensive Kunstwerke: Sowohl die Entwicklung der Story als auch das Zeichnen sind äußerst anspruchsvoll. Profi-Mangaka verstehen sich darauf, eine Story verständlich und spannend umzusetzen. Dabei halten sie sich selbst bescheiden im Hintergrund und prahlen nicht mit ihren vielfältigen Talenten.

Häufig übernehmen Mangaka viele Rollen gleichzeitig: die des Produzenten, Regisseurs, Lichttechnikers, Drehbuchautors, Schauspielers, Ideenentwicklers und Komparsen. Bei Profi-Mangaka ist aber auch eine Aufgabenaufteilung anzutreffen, zum Beispiel werden Story und Zeichnungen von unterschiedlichen Personen entwickelt (teilweise gibt es noch feinere Aufteilungen für Charaktere, Hintergründe, Effekte usw.). Und die Werke der Profis entstehen immer auch in Zusammenarbeit mit den Verlagen und Redakteuren. Aber am Anfang steht stets die Idee einer einzelnen Person!

- **Wie werden Charaktere gezeichnet?**
- **Wie wird ein Bild gestaltet?**
- **Wie werden Storys entwickelt?**
- **Wie funktioniert das Paneling in Manga?**

Jeder Zeichner muss selbst durch beständiges Üben und Probieren die für ihn beste Methode finden oder entwickeln. Doch dabei können Richtlinien und Anschauungsmaterial sehr hilfreich sein.
Das vorliegende Buch möchte eine Art Reiseführer für Zeichner sein, die sich für Manga begeistern.
Es wird euch nicht gleich zu Profis machen können, dafür sind die Anforderungen zu hoch. Und für den Anfang reicht es völlig, Spaß an der Sache zu haben!
Denn die Freude daran, Storys zu entwickeln und Charaktere zu zeichnen, ist ein wichtiger Grundstein, auch für die Profis.
Und wenn ihr dann von Lesern zu Zeichnern werdet, gehört auch ihr bald zu den Kreativen! Spiele, Animes, Schule... lasst euch inspirieren und verliert nie die Motivation!

»Spaß am Manga-Zeichnen«
Wer nur an Techniken und Tradition denkt, vergisst schnell das Herzstück dieser Kunst. Und sollte zwischendurch doch einmal die Freude am Zeichnen nachlassen: durchatmen und weitermachen!

Bleibt einfach locker und optimistisch im Umgang mit diesem Buch!

Kapitel 1

Charaktere

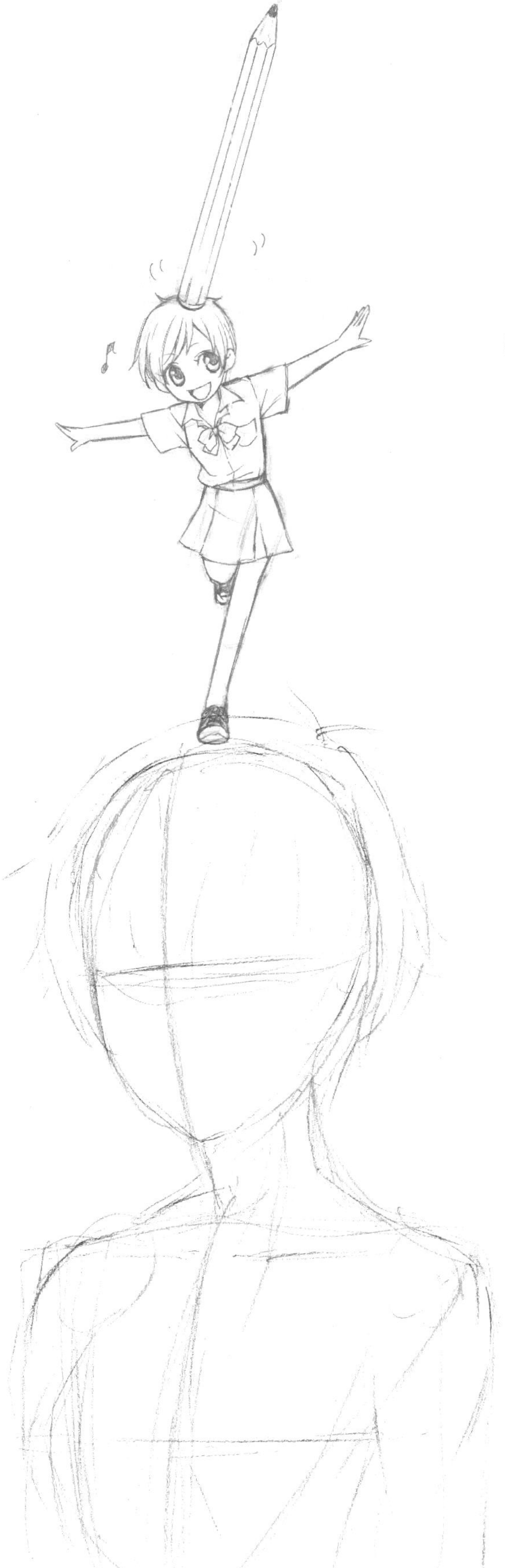

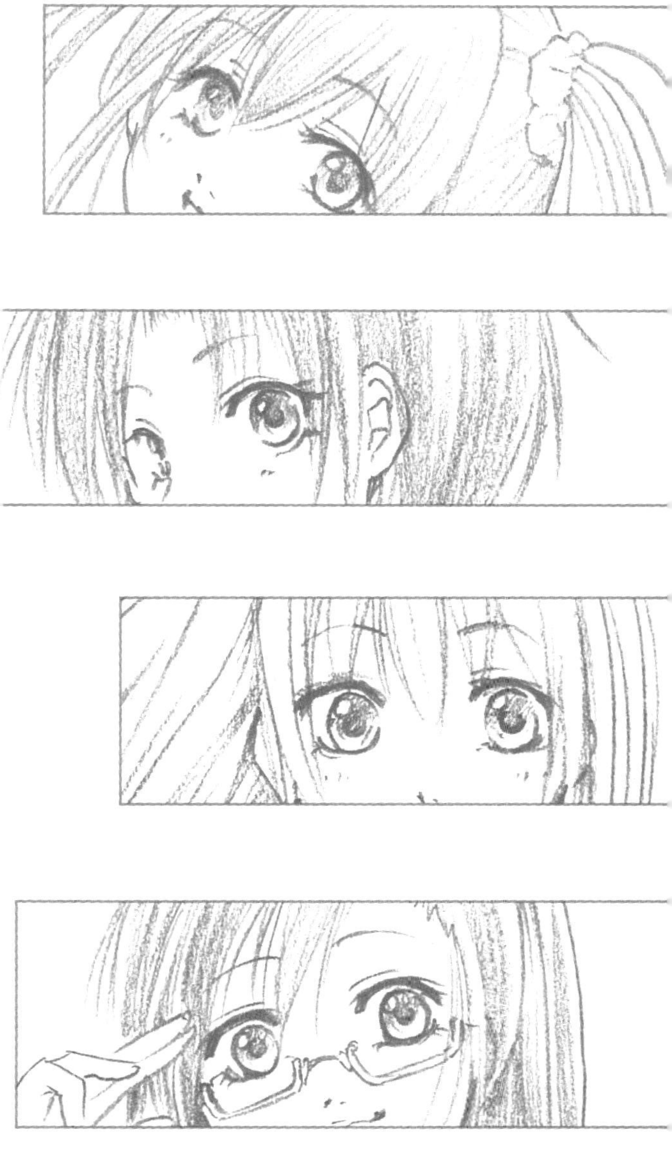

Charaktere aus Skizzen entwickeln

Wenn ihr Spaß am Zeichnen habt und dauernd vor euch hin scribbelt, sind das schon die besten Voraussetzungen. Versucht einmal, ganz entspannt verschiedene Charaktere zu skizzieren.

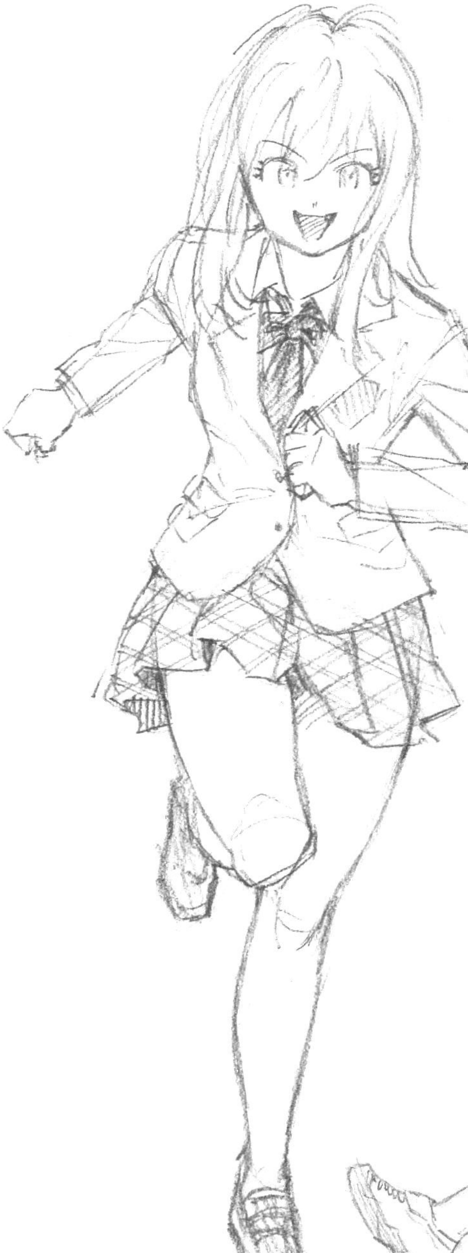

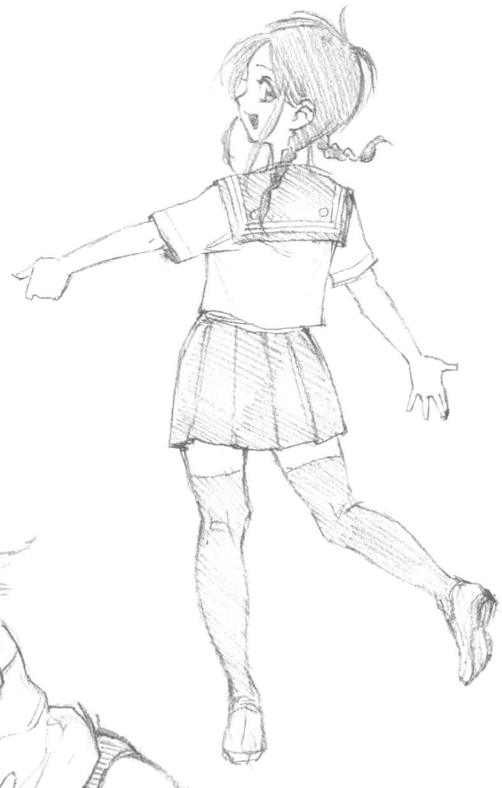

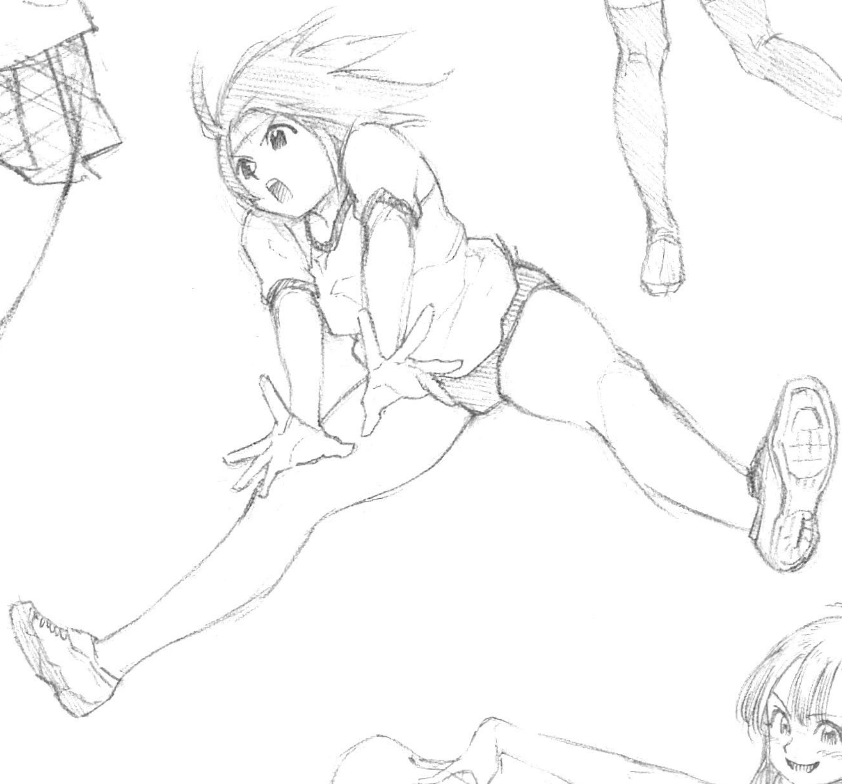

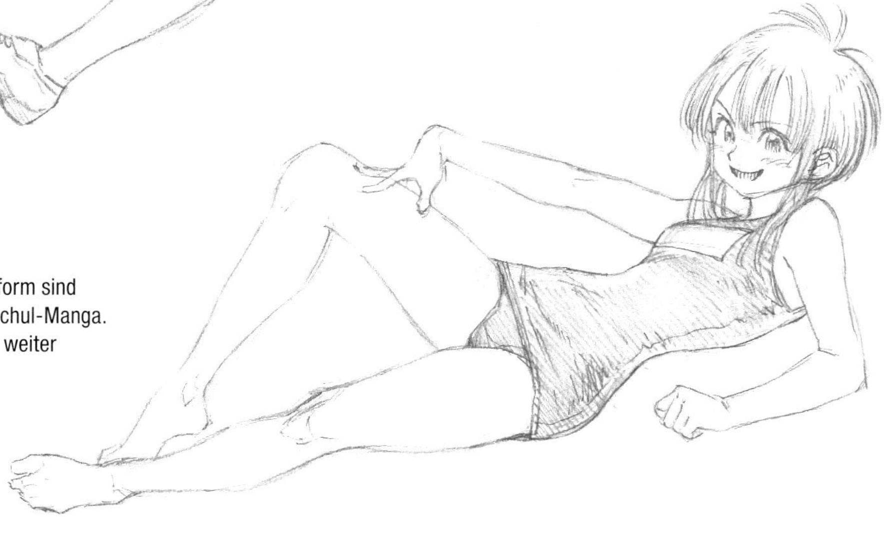

Das Schulgebäude und die Schuluniform sind die wichtigsten Elemente in einem Schul-Manga. Sportbekleidung, Badeanzug und so weiter ergänzen diese Manga-Welt.

Es gibt verschiedene Kombinationsmöglichkeiten bei Schuluniformen für Mädchen. Probiert die unterschiedlichen Typen aus.

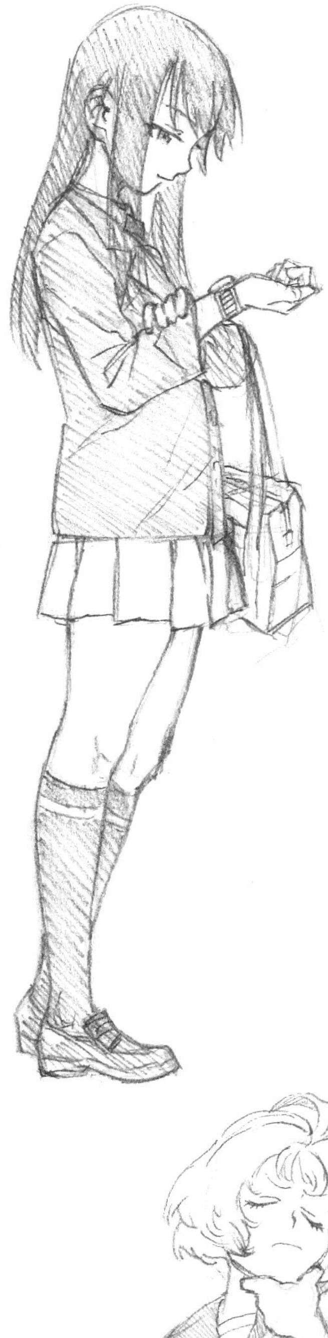

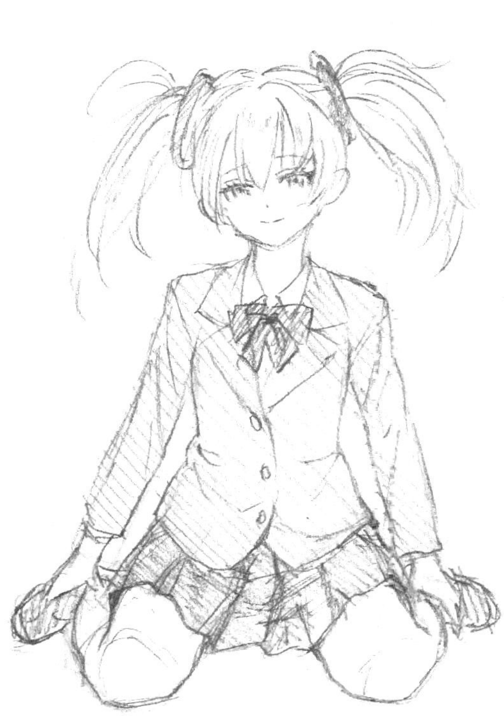

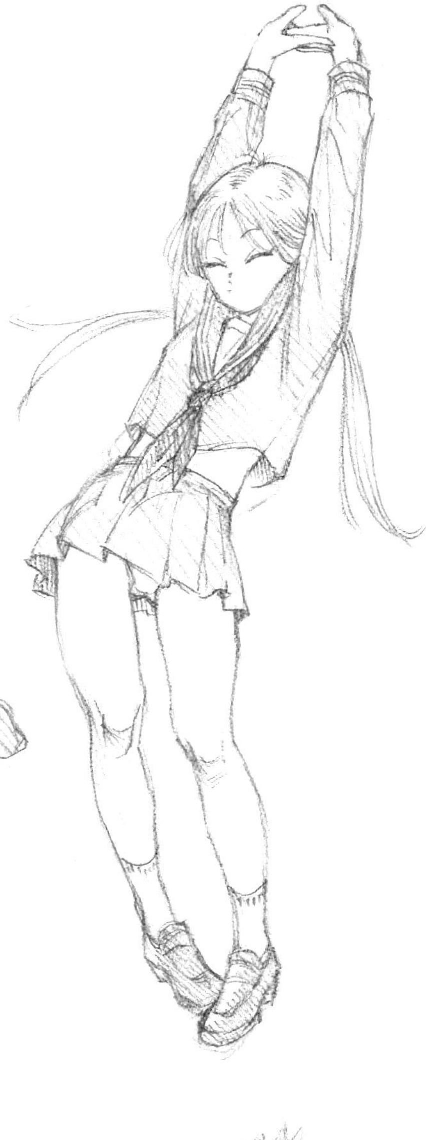

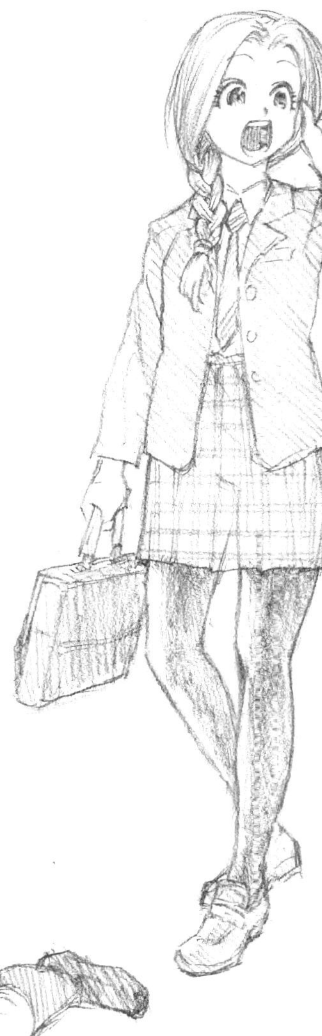

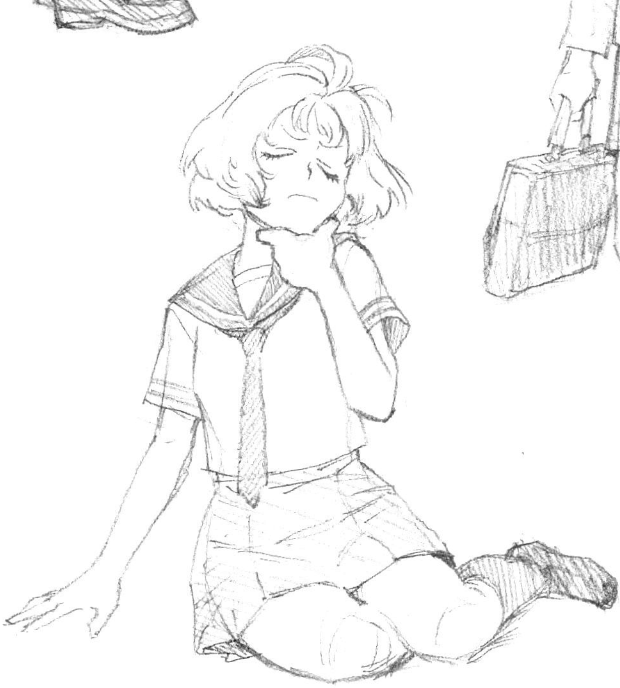

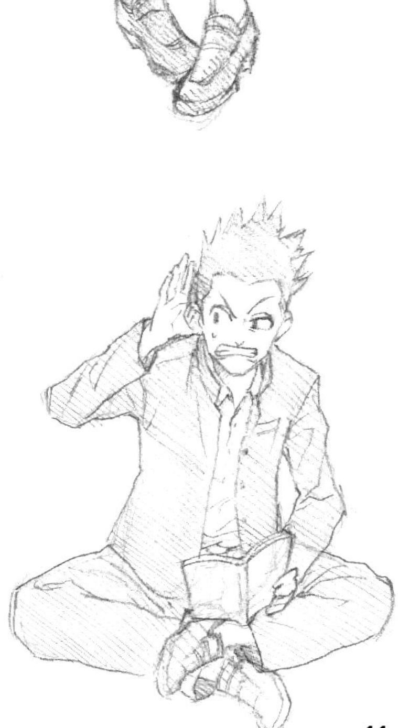

Gesichter

Die Positionierung von Augen, Nase, Mund und Ohren folgt einfachen Regeln. Probiert erst einmal »irgendwie«, dann »kontrollierter/überlegt« zu zeichnen.

Zeichnet ein Mädchen

Nehmen wir ein Mädchen als Modell, um die Grundlagen zu lernen.

Frontalansicht

● Kreis, Kreuz und Gleichgewicht – Die Basis –

Als grobe Grundlage zeichnet ihr zunächst eine Rohfassung.

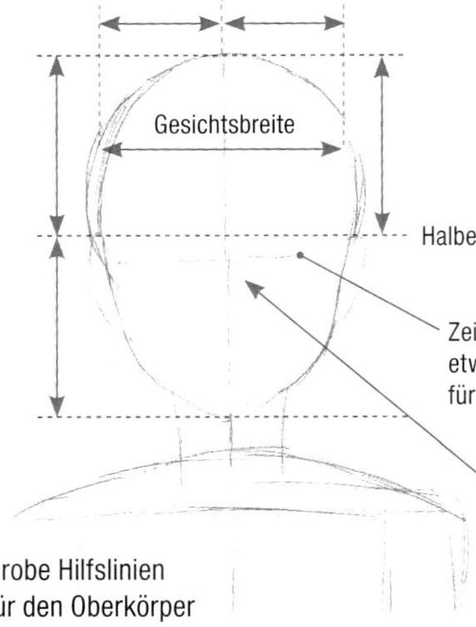

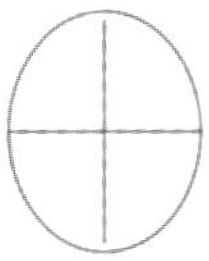

Kreis, Kreuz

Erst ein Oval für den Kopf, dann eine Medianlinie und die Linie für die Augenhöhe (Kreuz). Das ist die Basis für Gesichter.

Gleichgewicht

Wenn die Positionen von Haaren, Augen, Nase und Mund erst einmal bestimmt sind, wird das Zeichnen gleich einfacher. Findet mithilfe des Kreises und des Kreuzes das richtige Gleichgewicht.

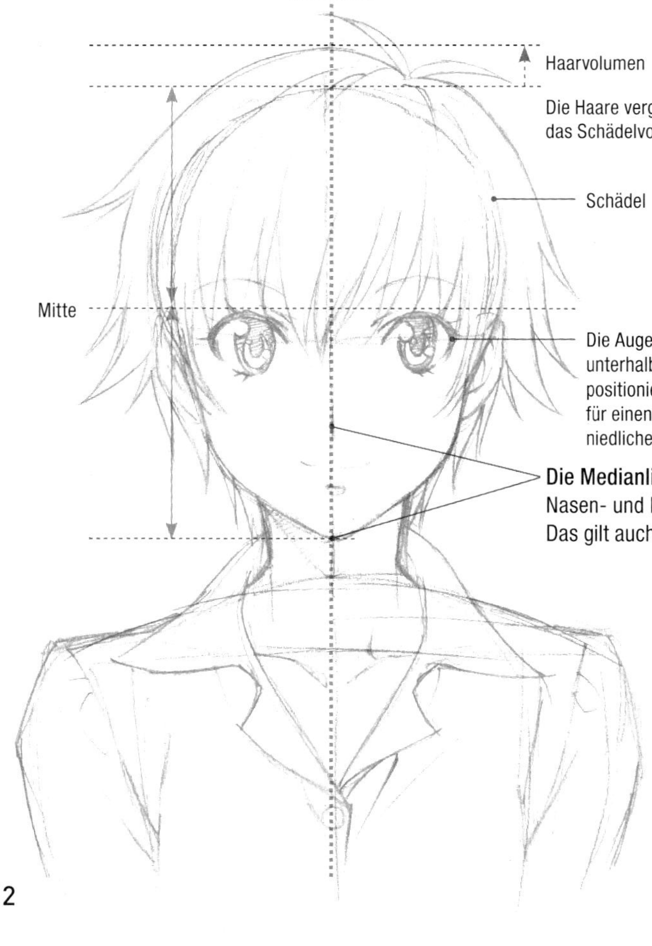

Die Medianlinie als Anhaltspunkt für Nase und Kinn
Nasen- und Kinnspitze befinden sich auf der Medianlinie. Das gilt auch bei schräger Perspektive.

Denkt beim Zeichnen der **Haare** an die Kopf-/Schädelform und bei der **Kleidung** an die Konturen des Oberkörpers/Rumpfs. Daran zu denken, zahlt sich aus, denn ohne die Beachtung der Konturen kommt man leicht ins Stocken.

Zwischen den Augen so viel Platz lassen, dass noch ein weiteres Auge dazwischenpassen würde.

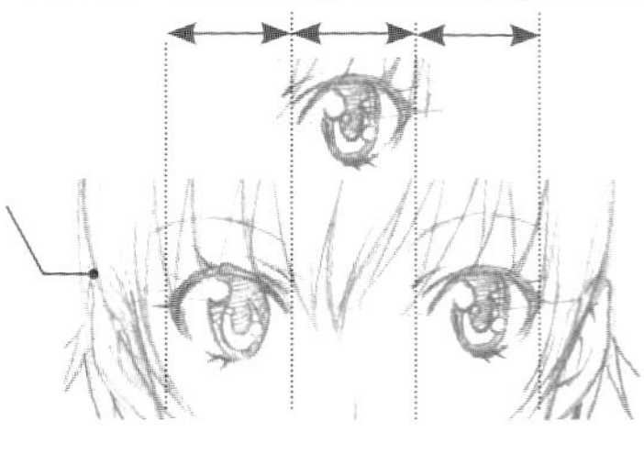

Höhe der Ohren. Anatomisch gesehen sitzen sie eher in Höhe der Augenbrauen, aber der Charakter wirkt niedlicher, wenn sie niedriger ansetzen.

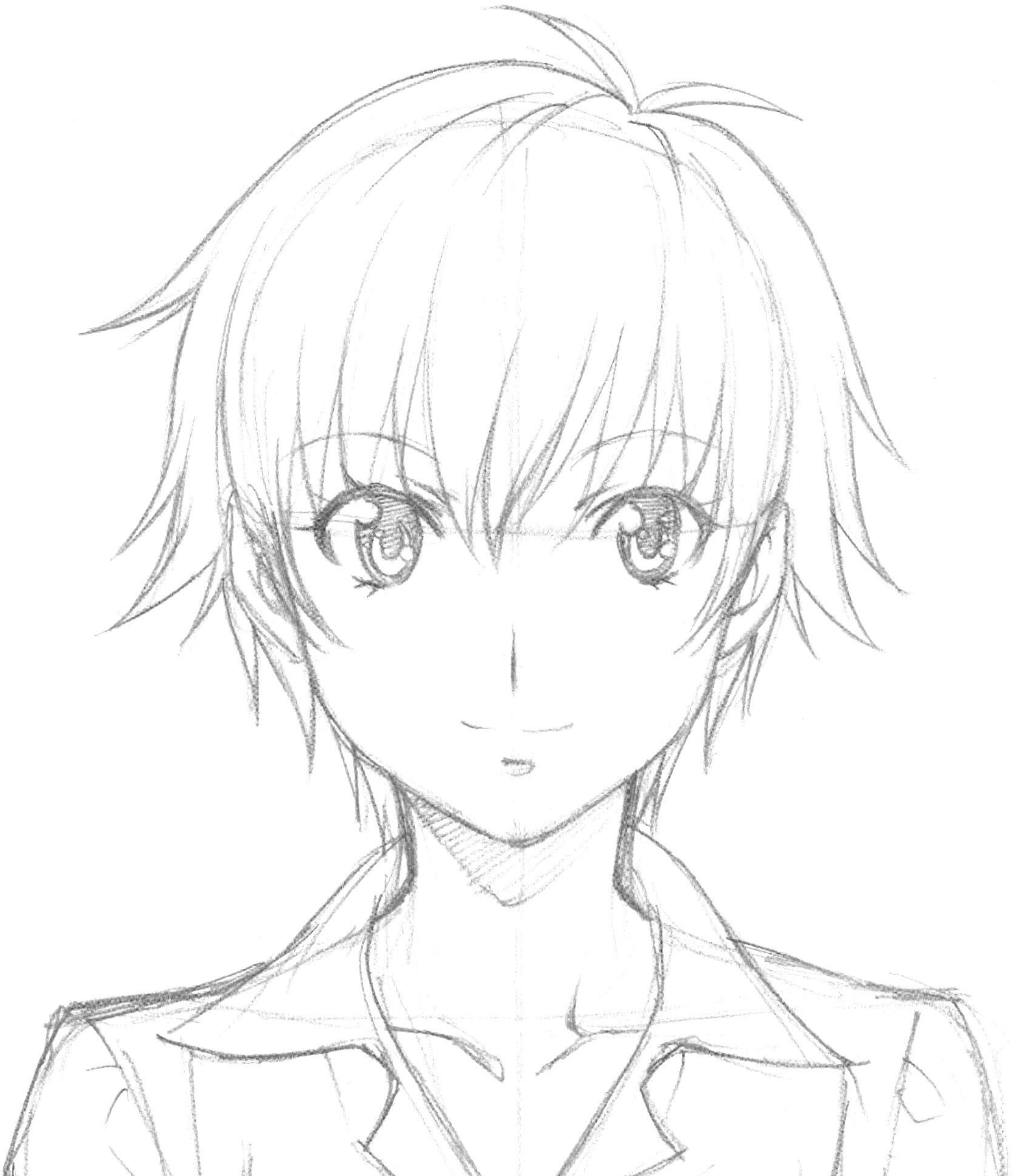

Bei Mädchen sind die Wimpern entscheidend

Die Augen von Charakteren unterscheiden sich je nach Zeichenstil. Einige haben gar keine Wimpern, doch es gibt auch Jungen mit dichten Wimpern. In der Regel vermitteln deutliche Wimpern, dass der Charakter ein Mädchen ist. Versucht einmal, bei Mädchen die Augen und Pupillen etwas größer zu zeichnen. Bei Jungen oder älteren Menschen macht ihr Augen und Pupillen kleiner, um sie von den Mädchen zu unterscheiden.

Große Augen machen Charaktere präsenter und hinterlassen einen stärkeren Eindruck. Das gilt auch für Schauspieler mit großen Augen – sie fallen im Fernsehen oder im Kino auf.

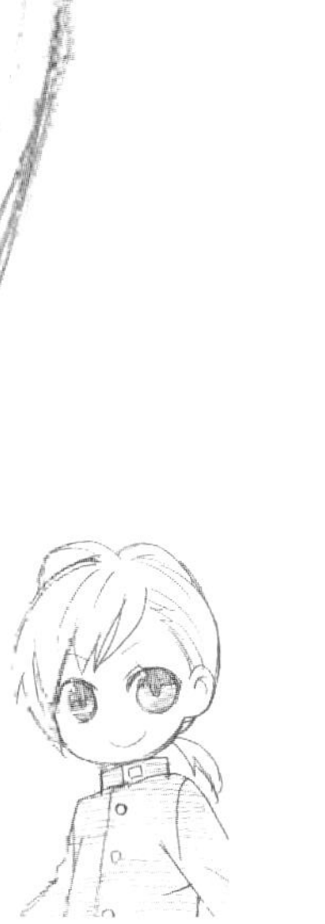

Schräge Perspektive

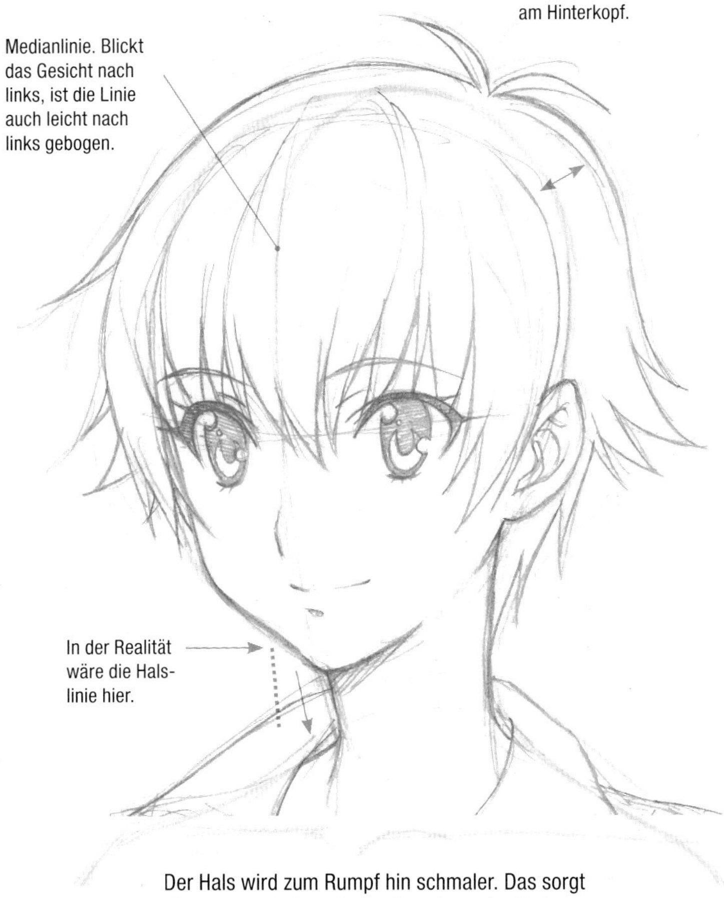

Der Hals wird zum Rumpf hin schmaler. Das sorgt für einen zierlichen Eindruck und vermittelt einen Charakter im Highschool-Alter.

Mithilfe von Kurven erfasst ihr die Plastizität.

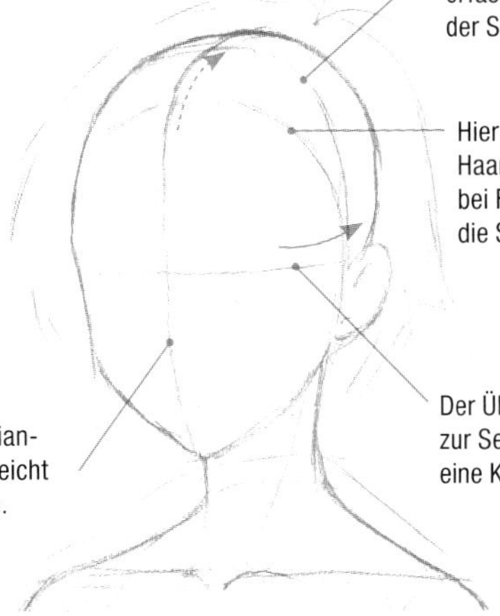

Bei schräger Perspektive ist das hintere Auge kleiner.

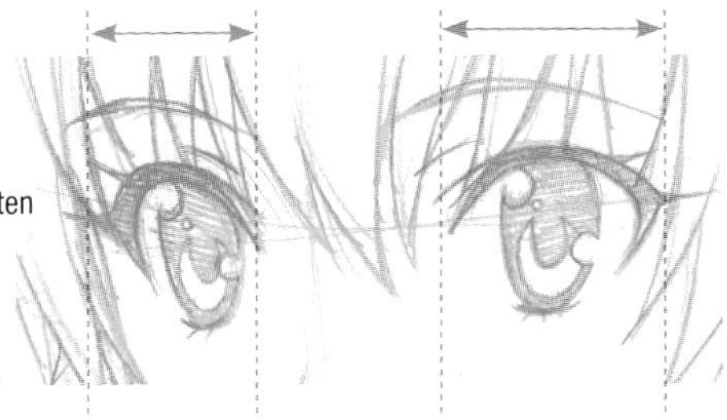

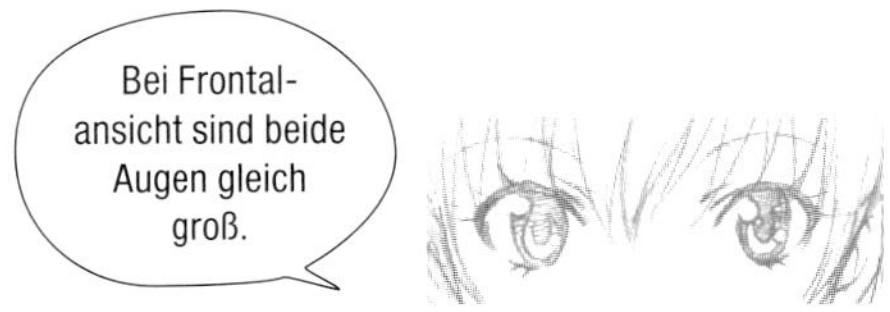

● Tipps für Porträts

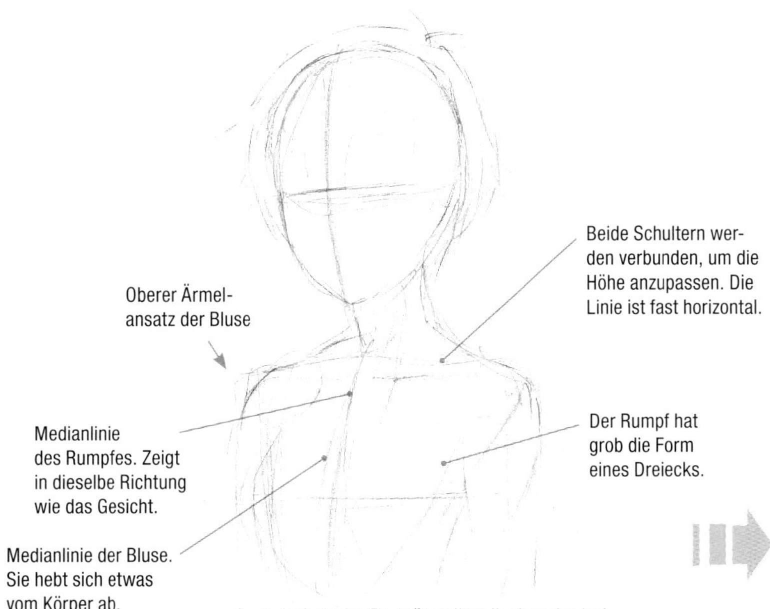

Auch bei einem Porträt solltet ihr bereits bei der ersten Skizze an die Hüftposition denken.

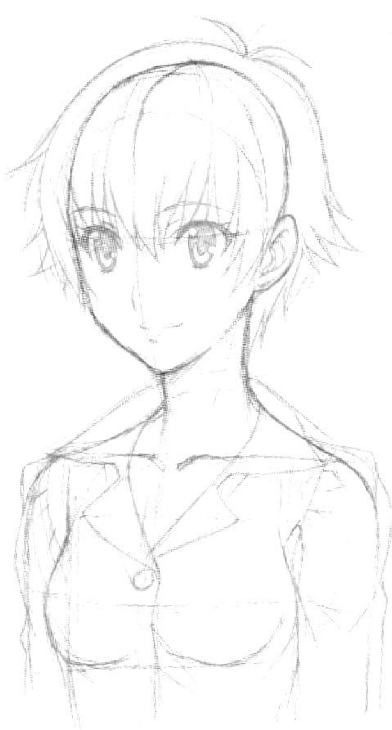

Behaltet die Kopf- und Rumpfform im Blick und arbeitet nun die Details aus.

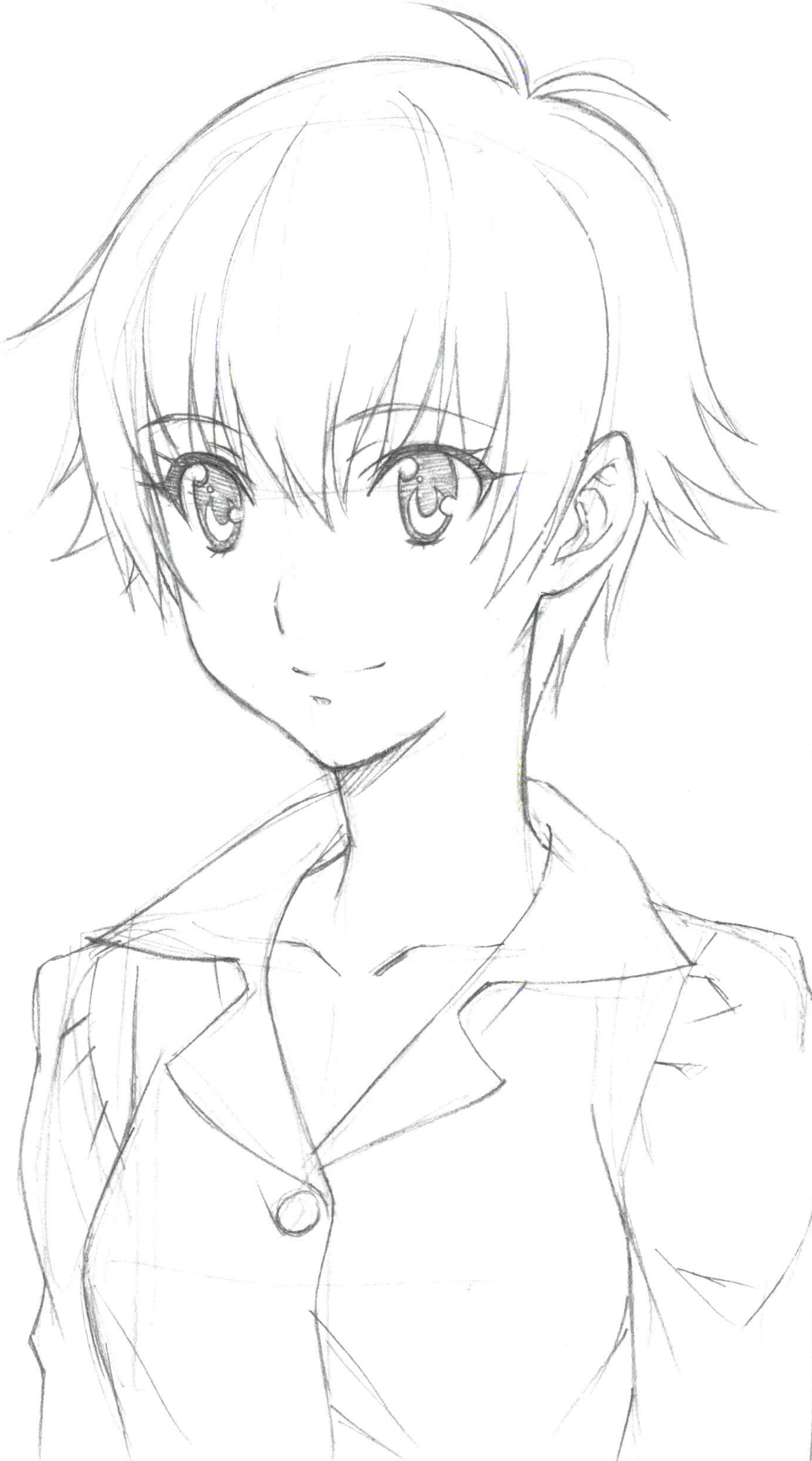

Den Hals anpassen, um Charaktere niedlicher zu machen

Durch stetes Üben gelingen euch Gesichter immer besser. Aber viele haben Probleme mit dem Bereich unterhalb des Kopfes, wenn sie einen Manga oder eine Illustration zeichnen. Das Geheimnis attraktiver Charaktere liegt in leicht modifizierten Proportionen. Zeichnet ihr beispielsweise einen realistischen, breiteren Hals wie bei einem echten Menschen, geht die Manga-artige Niedlichkeit verloren. Wenn ihr eure Lieblingscharaktere zeichnet, solltet ihr versuchen, sie bis zu den Schultern darzustellen.

Seitenansicht

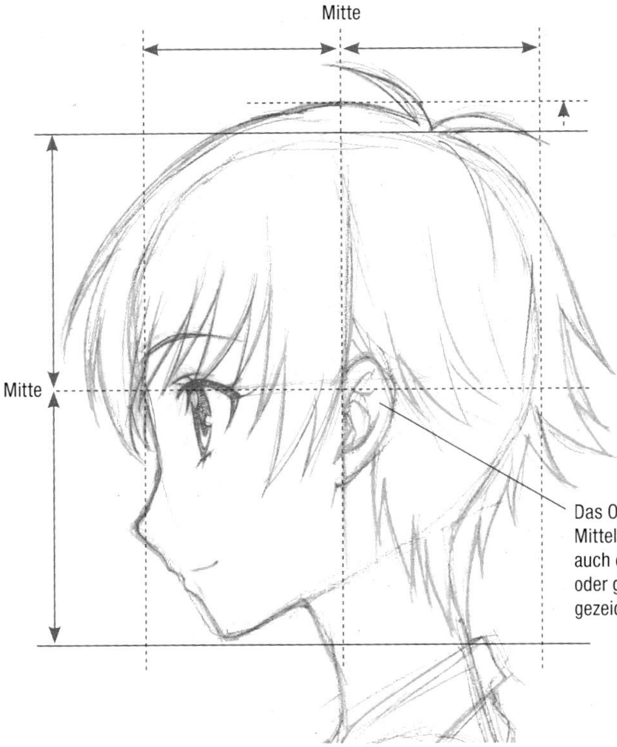

Das Ohr liegt hinter der Mittellinie. Es kann aber auch etwas weiter vorn oder größer bzw. kleiner gezeichnet werden.

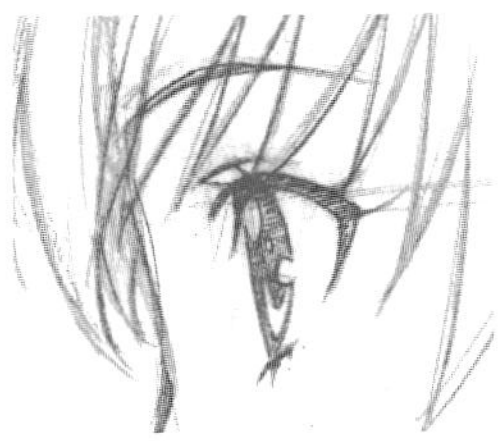

Das Auge hat eine andere Form als bei der Frontalansicht, aber das Lid und die Wimpern bleiben gleich.

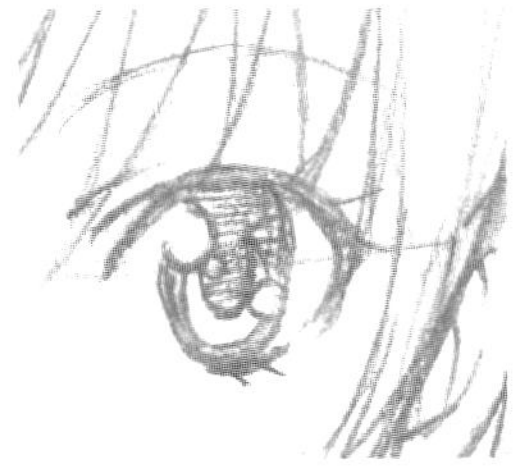

Das Auge in Frontalansicht. Anatomisch korrekt wäre die Iris rund, aber daran müsst ihr euch nicht zwingend halten. Ihr könnt modifizieren und so Charaktere niedlicher gestalten.

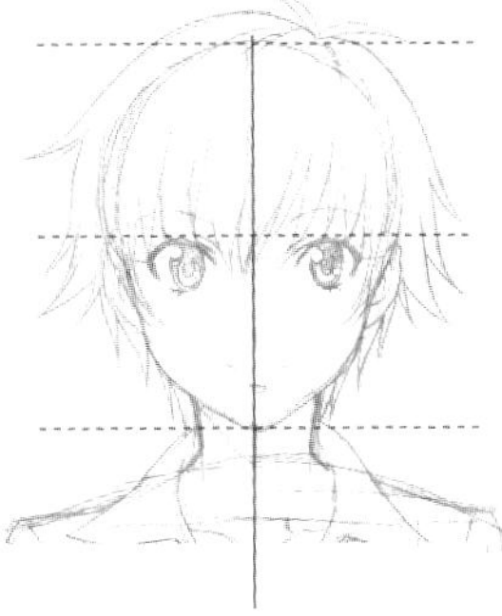

Frontalansicht. Die Wuchsrichtung der Haare, ihr Volumen und wie weit sie ins Gesicht gehen, muss abgeglichen werden. Wenn ihr zuerst das schräge Gesicht zeichnet, könnt ihr es als Anhaltspunkt nutzen.

● Tipps für Porträts

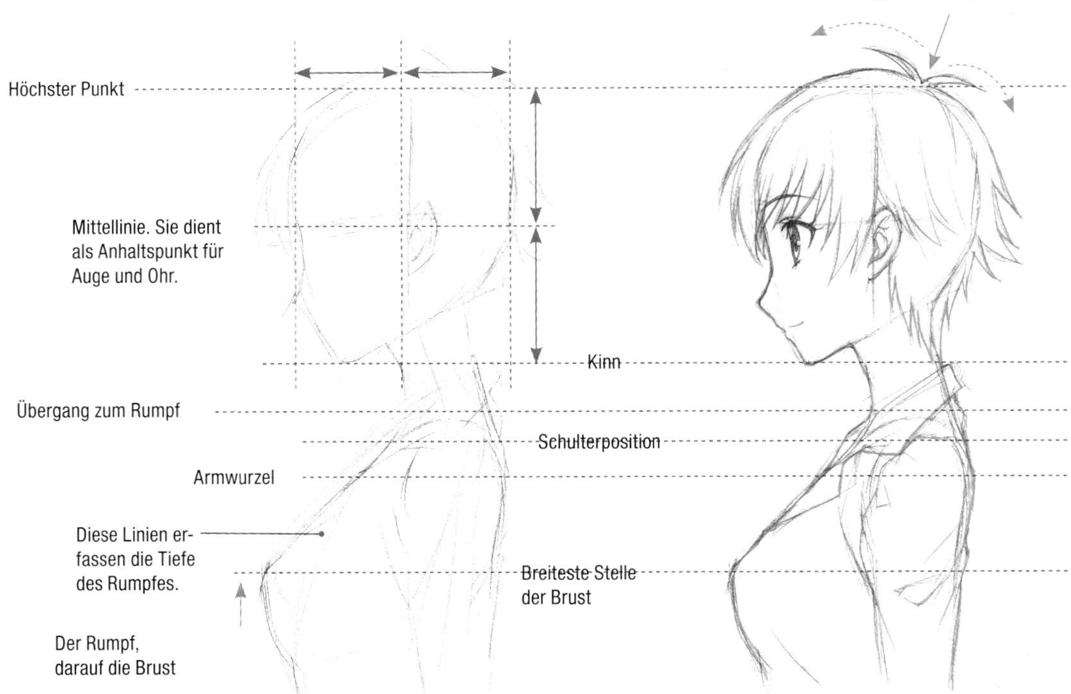

Zeichnet zunächst grob Kopf, Hals, Rumpf und Körperhaltung. Erfasst die Kopfmitte und die Position des Ohrs.

Die Hilfslinien werden komplettiert und ausgearbeitet. Korrekte Hilfslinien helfen bei der Charakterskizze.

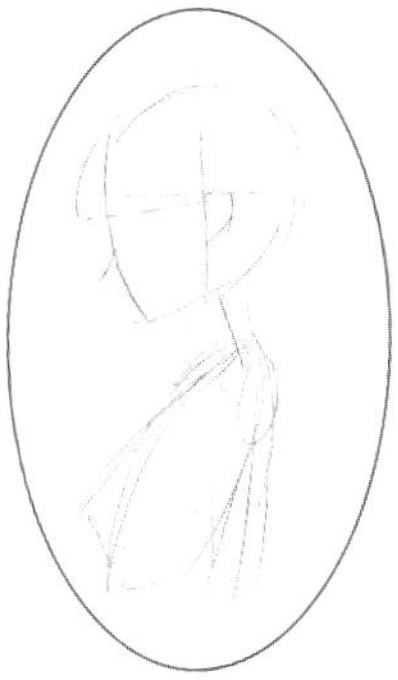

Grobe Linien, die die Struktur darstellen, werden zur Grundlage für die Körperzeichnung.

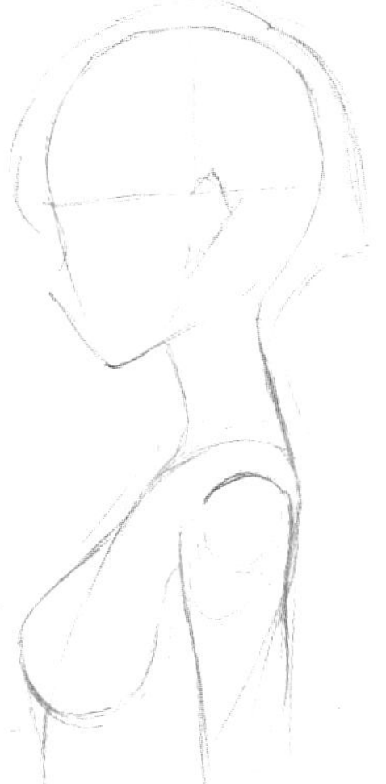

Hier ist der Rumpf korrekt dargestellt.

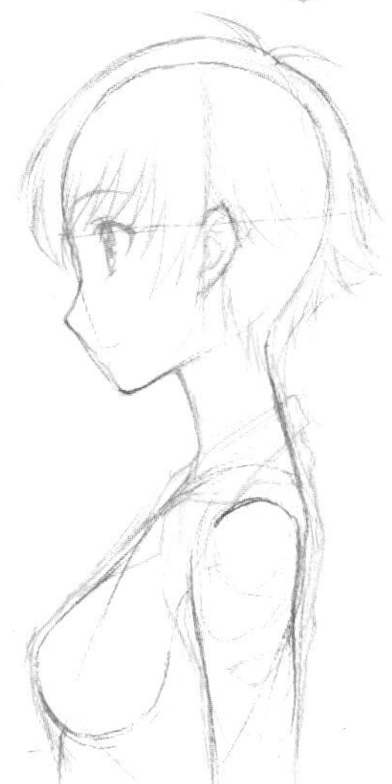

Durchsichtige Darstellung. Haare und Kleidung liegen auf dem Körper auf.

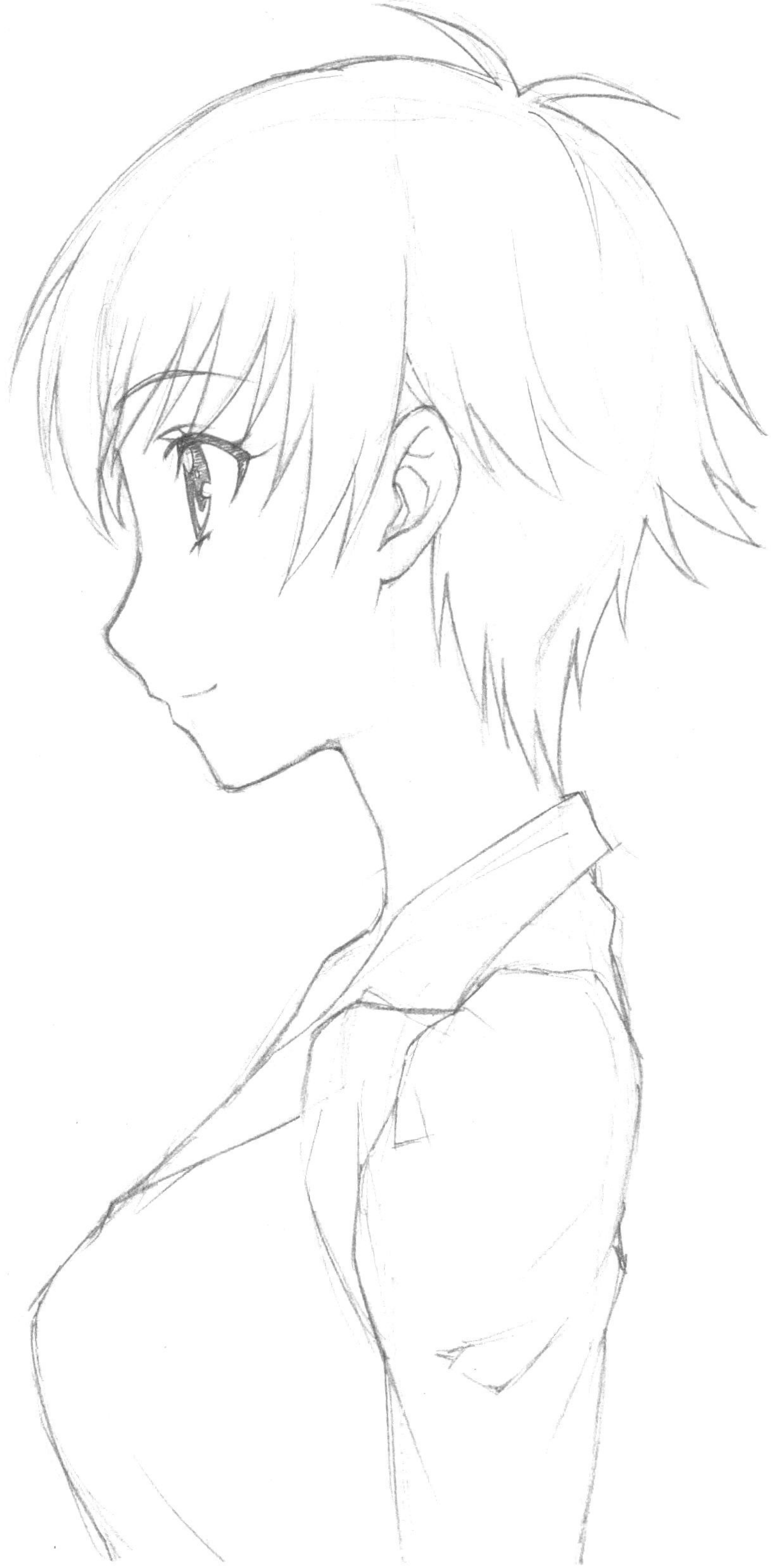

Denkt immer gleichzeitig an die frontale, schräge und seitliche Ansicht

Es kommt vor, dass die Außenränder der Augen bei schräger Perspektive nach unten zeigen, aber bei der Seitenansicht nach oben. Dann entsteht ein anderer Charakter, auch wenn man eigentlich denselben Charakter nur aus einem anderen Winkel zeichnen wollte. Denkt beim Zeichnen stets an die Positionen und Formen der Gesichtsteile, damit der Charakter aus allen Blickwinkeln erkennbar bleibt.

Schräge Froschperspektive

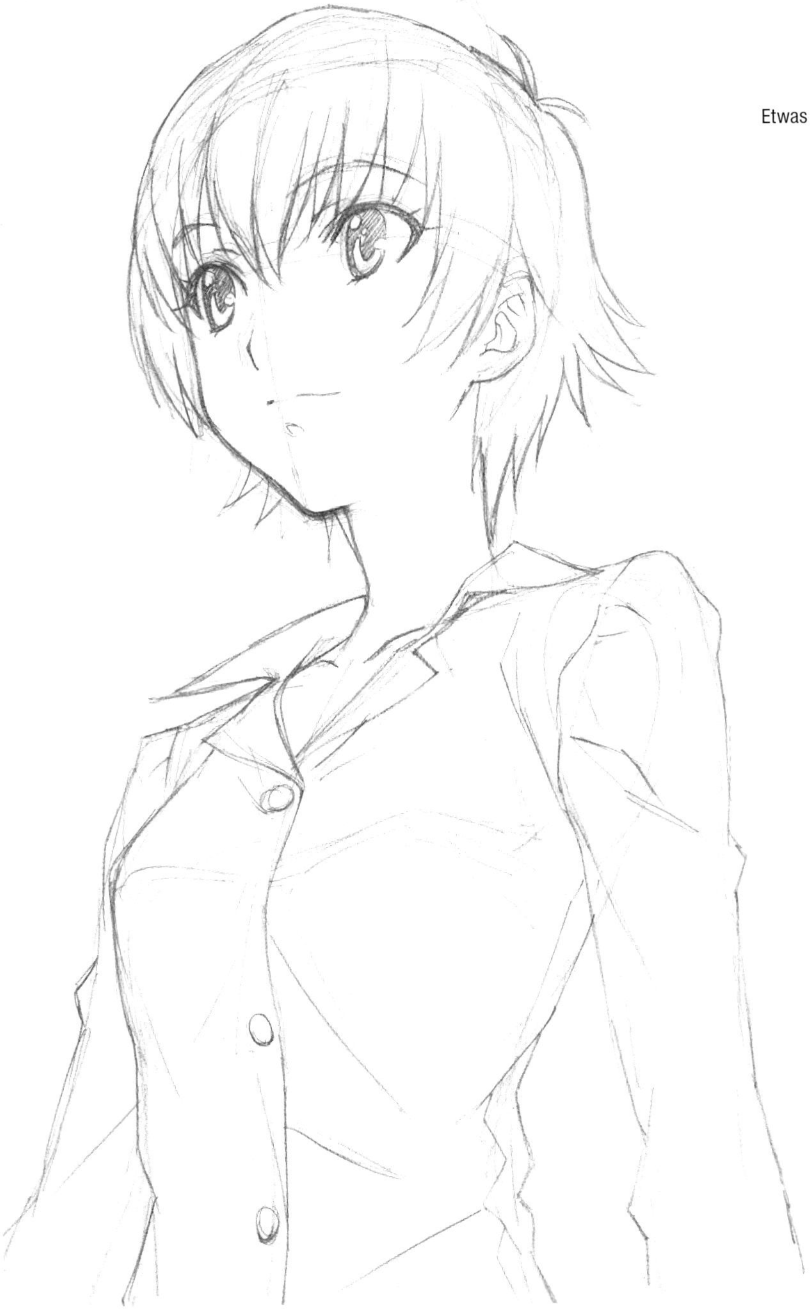

Grobe Fassung

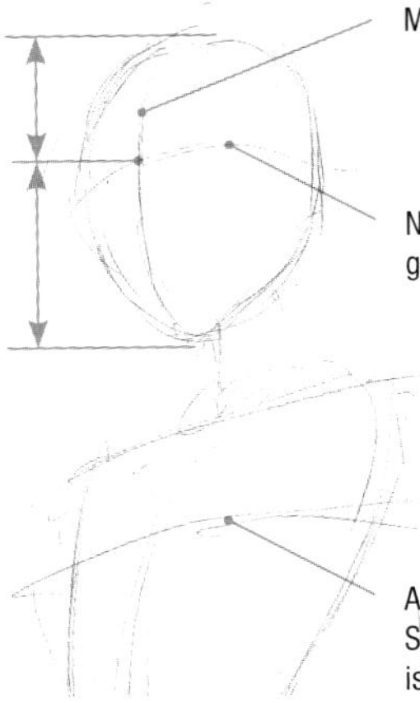

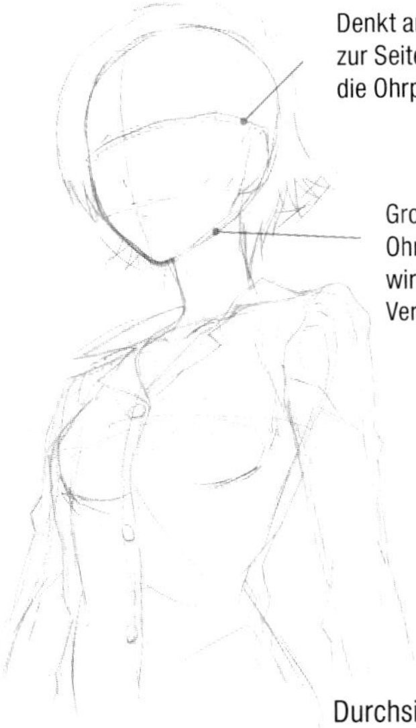

Durchsichtige Darstellung

● Zeichentipp

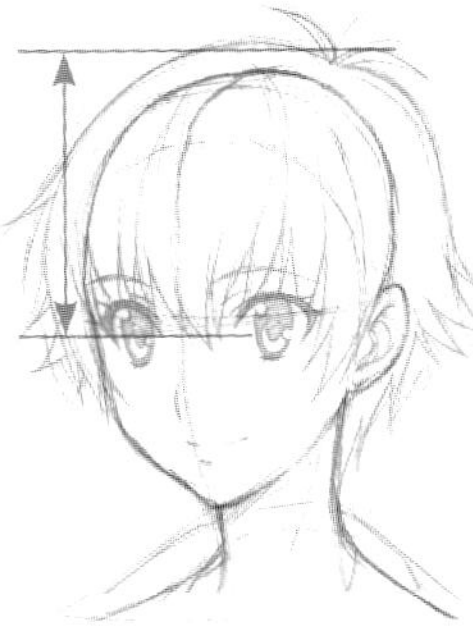

Normale Perspektive

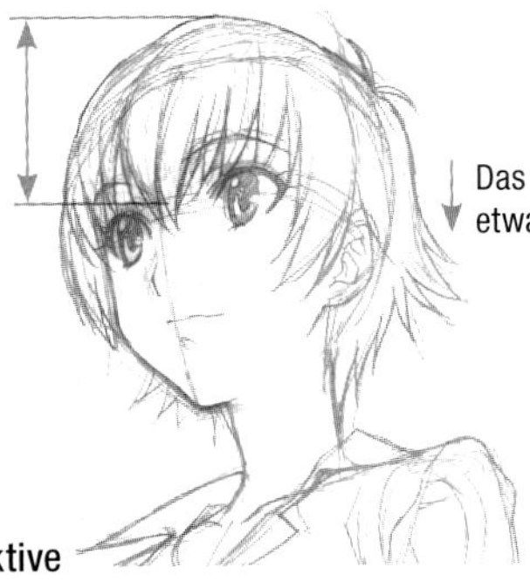

Froschperspektive

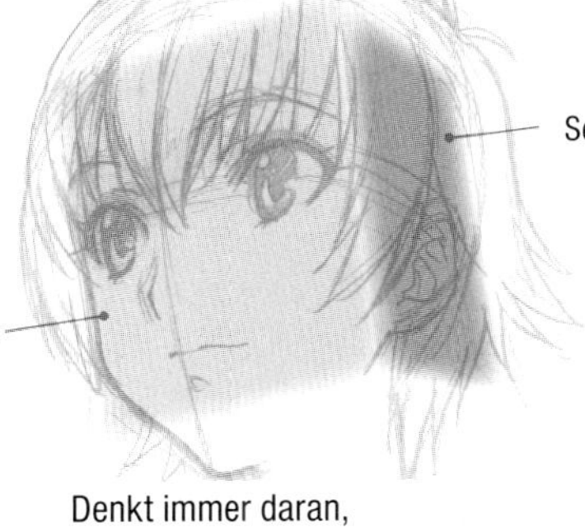

Denkt immer daran, wo die Seite und wo vorne ist.

Schräge Perspektive, Aufsicht

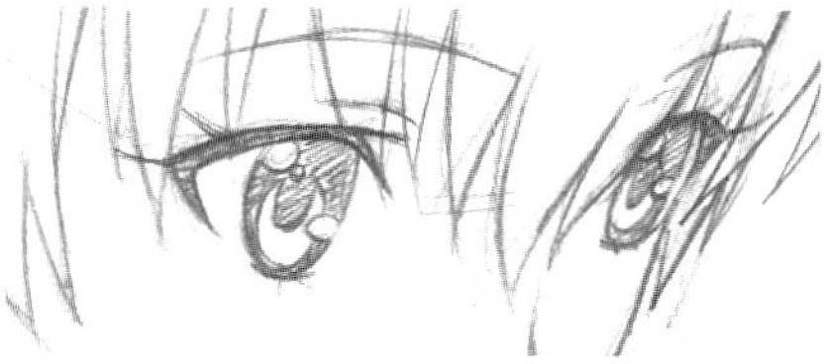

Blickt die Kamera nach unten, werden die Lidkurven unabhängig vom Augendesign etwas weicher.

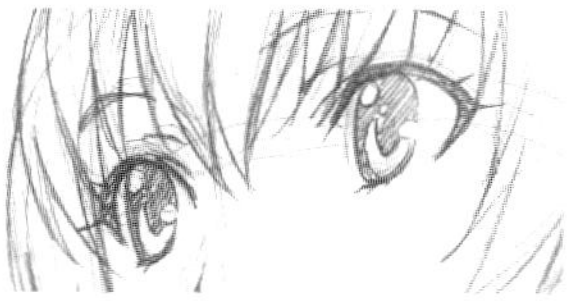

Kamera blickt nach oben

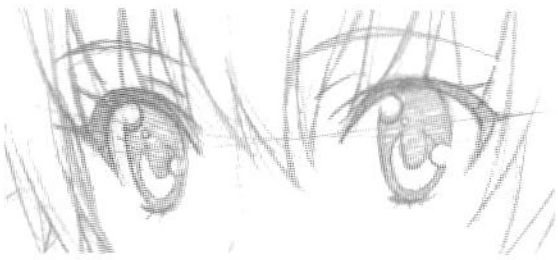

Normale Kamera (schräge Perspektive)

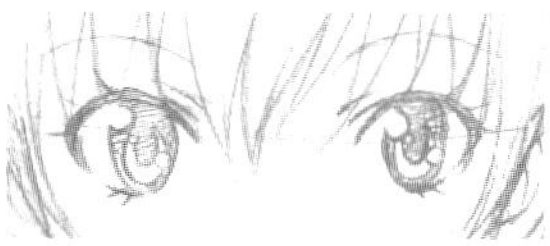

Normale Kamera (Frontalansicht)

Allein an den Augen erkennt man, dass es sich um denselben Charakter handelt. Achtet auf die Darstellung der Pupillen, wie breit, lang und dicht die Wimpern sind, dazu auf die Länge und Wuchsrichtung der Haare in diesem Bereich (als Grundlage dient die seitliche oder frontale Ansicht bei normaler Kamera).

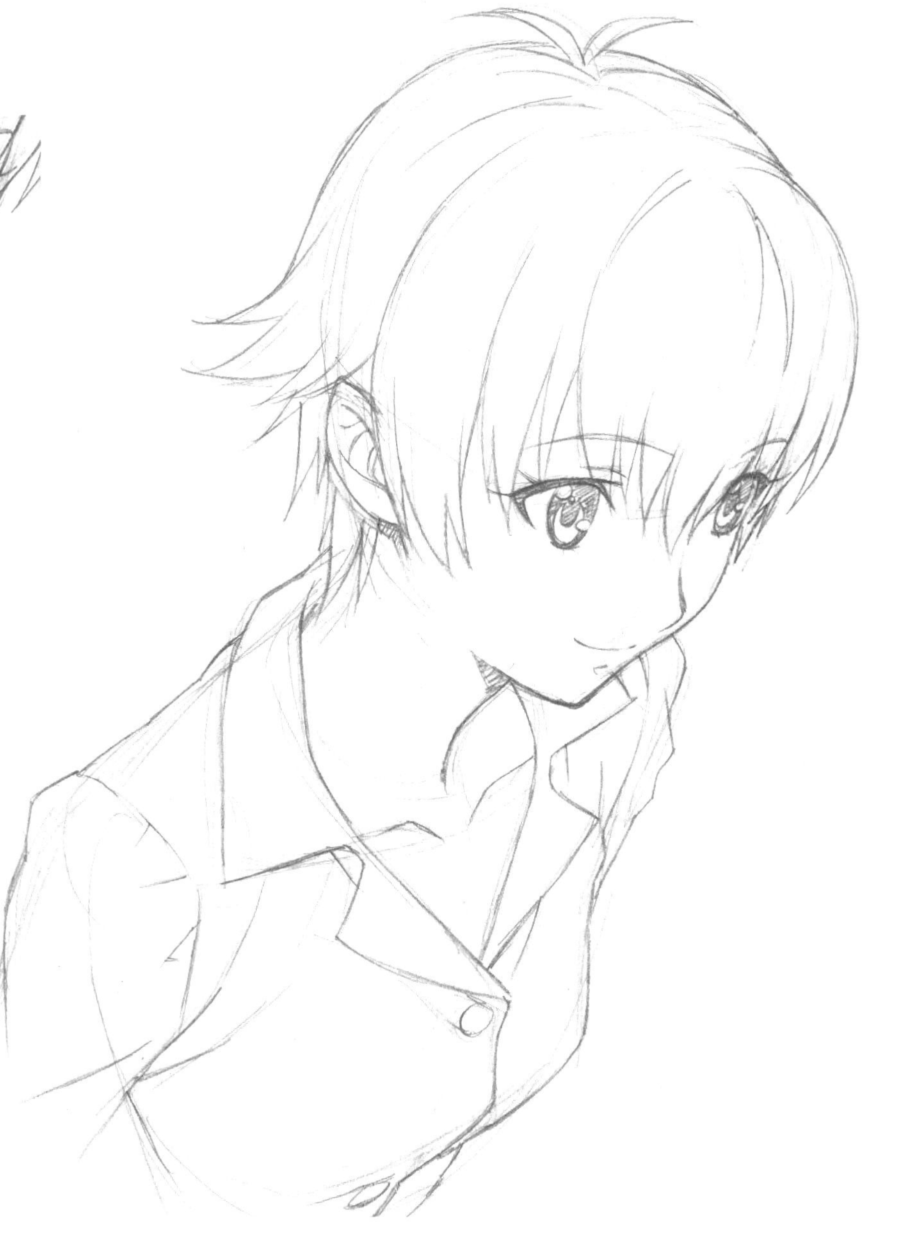

● Zeichentipp

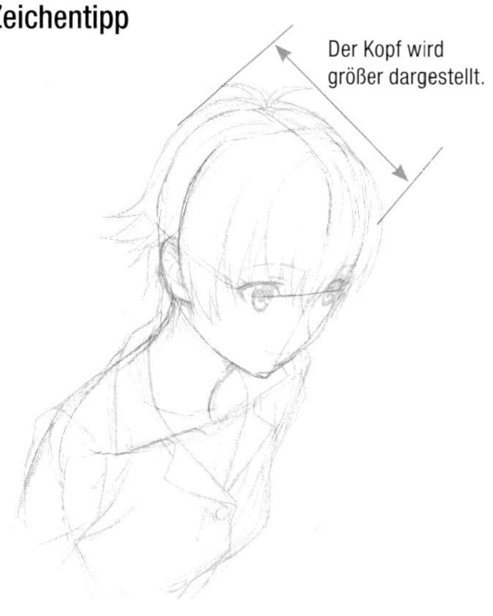

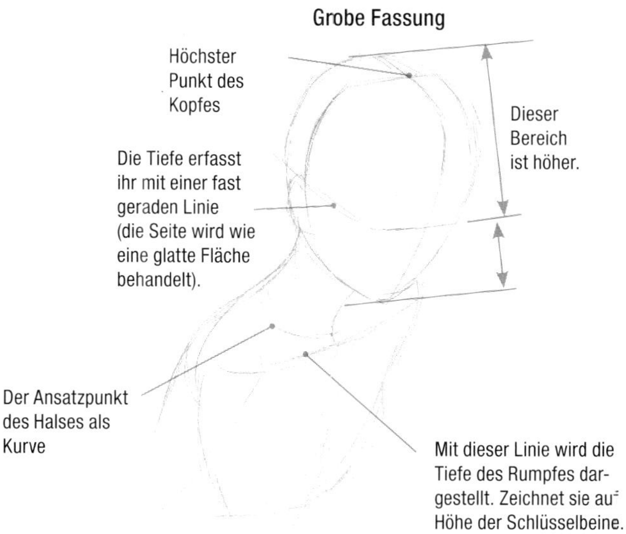

Junge bei schräger Perspektive

● Zeichentipp

① Erst die grobe Fassung

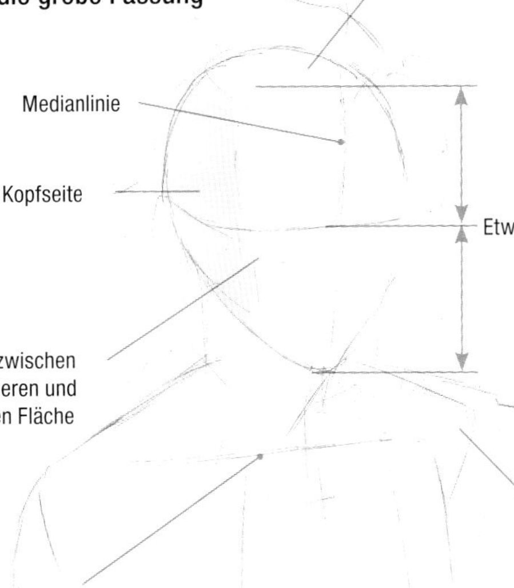

Positionen der Schlüsselbeine und Körperausrichtung. Zeichnet die Linien parallel zu den Augenlinien. Der Kopf zeigt in dieselbe Richtung wie der Körper.

② Umrisse von Haaren und Kleidung

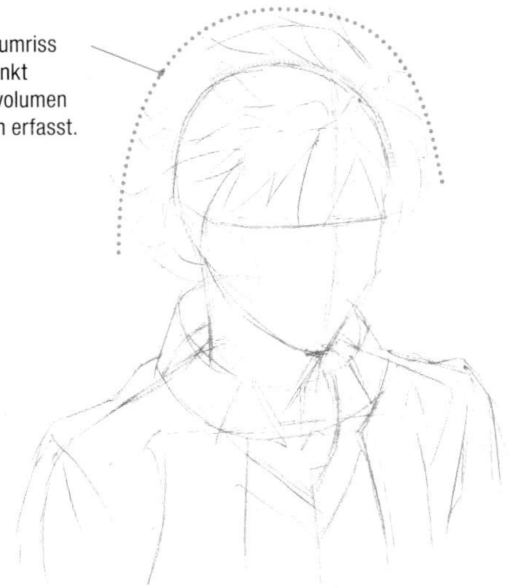

Haarvolumen, Schulterbreite und Kleidung schaffen das Image des Charakters.

③ Augen, Nase, Haare und weitere Details

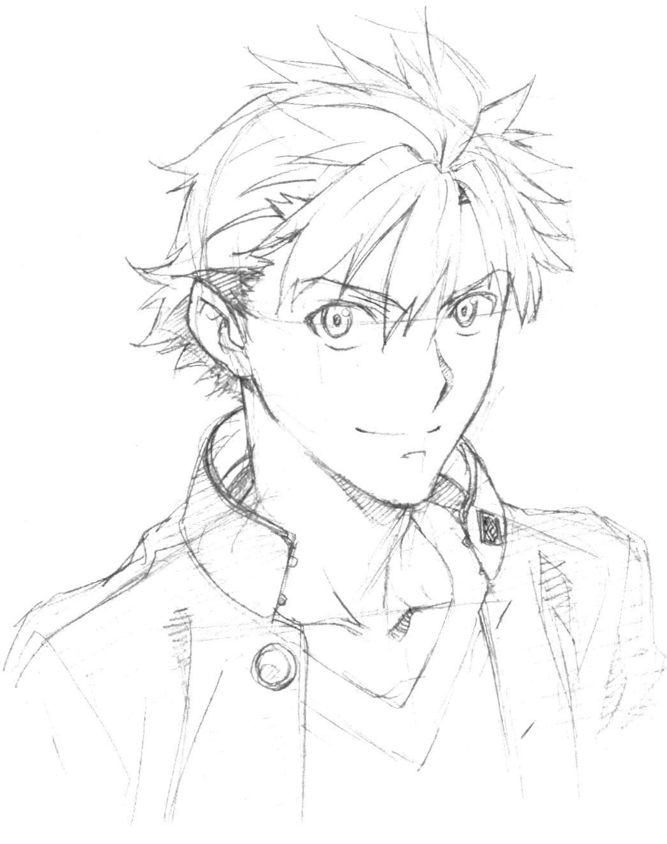

● Augen, Ohr, Augenbrauen

Für den Abstand zwischen den Augen nehmt ihr die Breite des hinteren Auges.

Bei schräger Ansicht sind Augengröße und Augenabstand anders als bei der Frontalansicht.

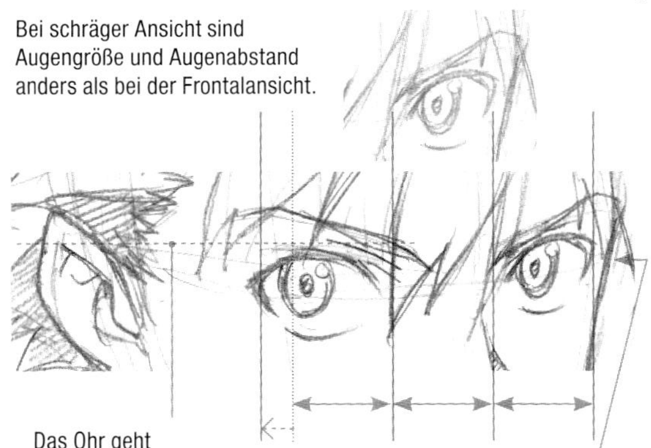

Das Ohr geht etwa bis zu den Augenbrauen.

Denkt an die Lücke zwischen Pupille und den äußeren Rändern. Das ist wichtig, um das Gesicht plastisch darzustellen.

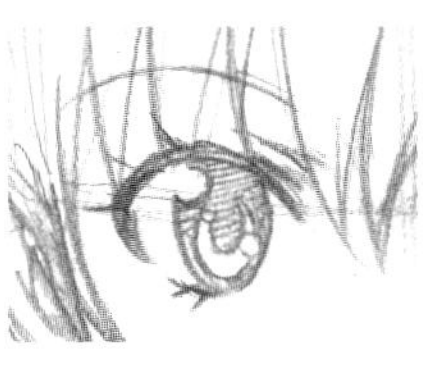

Zum Vergleich: die Augenbraue und das Auge eines Mädchens. Versucht, Geschlechterunterschiede auf eure Art darzustellen, z. B. durch unterschiedliche Pupillengrößen. Je nach Charakter und Zeichner kann es auch vorkommen, dass alle Charaktere die gleichen Augen haben. Findet eure eigenen Vorlieben heraus.

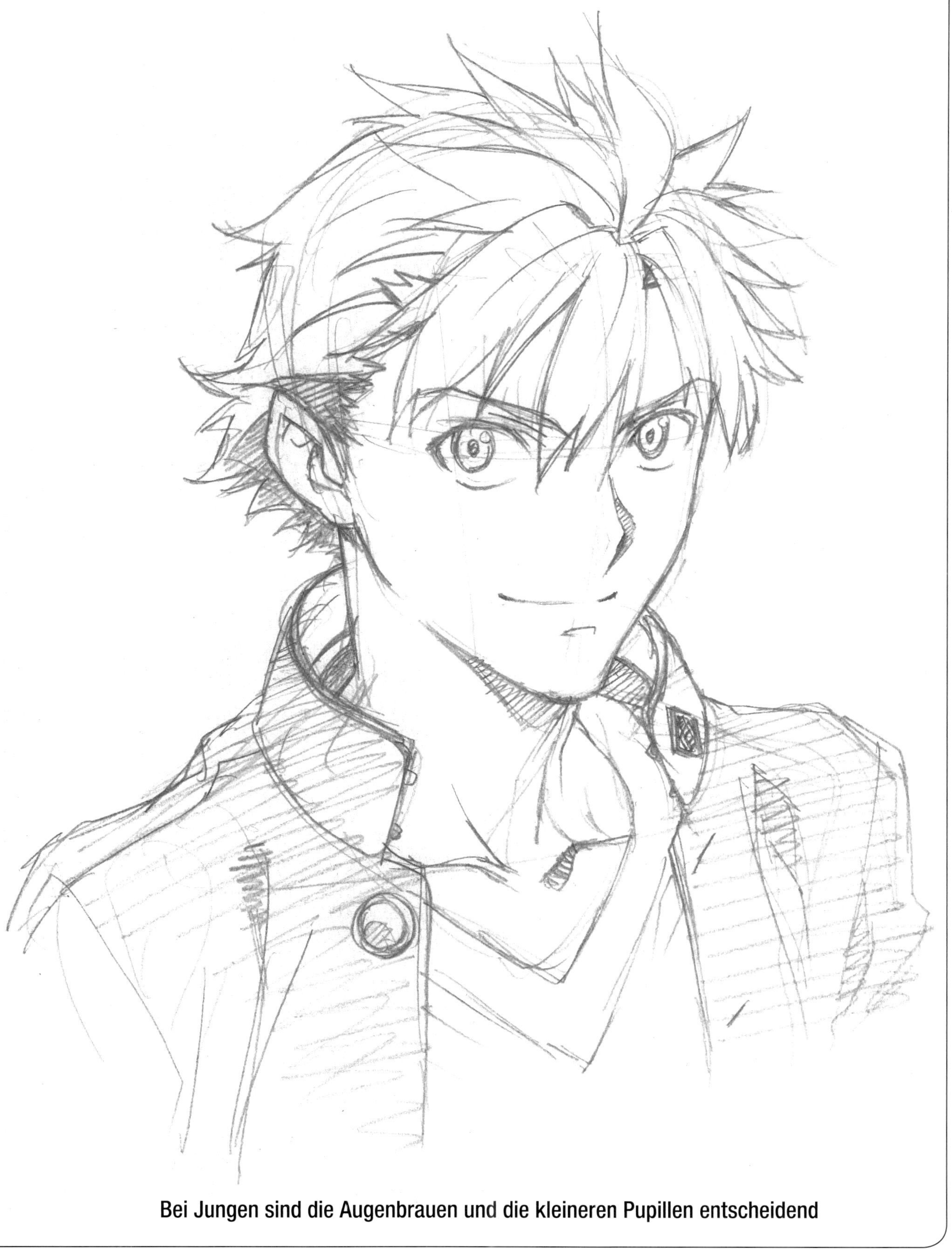

Bei Jungen sind die Augenbrauen und die kleineren Pupillen entscheidend

Verschiedene Gesichtsausdrücke

Vielseitige Gesichtszüge sind der erste Schritt zur Charaktererstellung. Wichtig dabei sind nicht nur Augenbrauen, Augen und Mund, sondern auch Haare, Körperhaltung oder auch die Neigung des Gesichts.

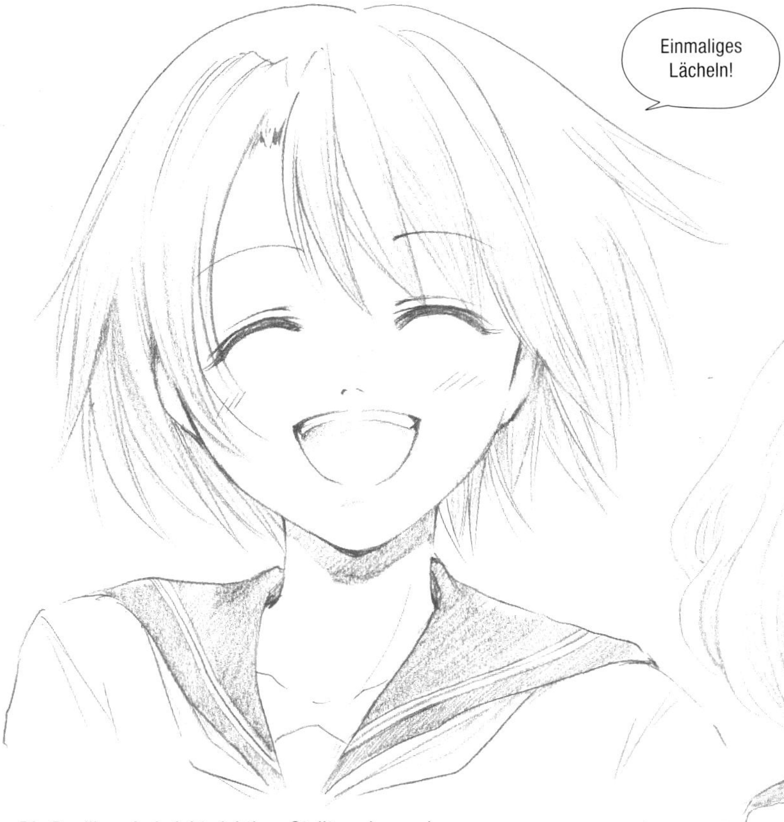

Die Pupillen sind nicht sichtbar. Stellt euch vor, dass der Charakter die Leser mit dem ganzen Gesicht anschaut.

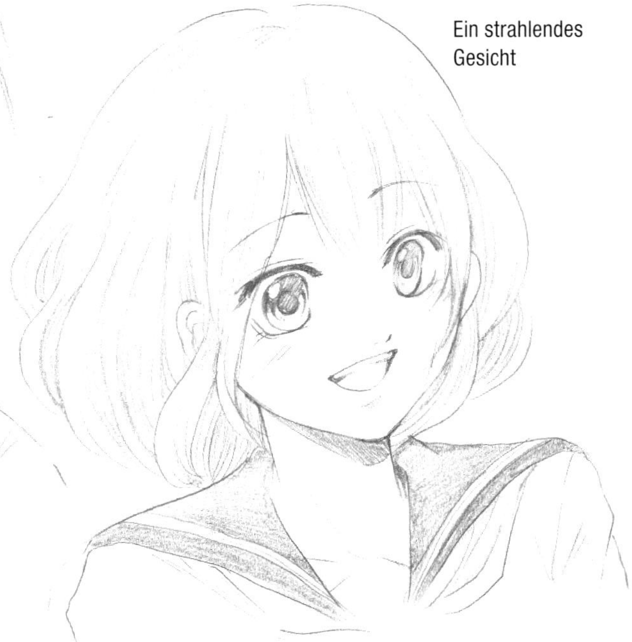

Ein strahlendes Gesicht

Wenn der Blick abgewandt ist, wird die »natürliche Art des Charakters« wie auf einem Schnappschuss dargestellt.

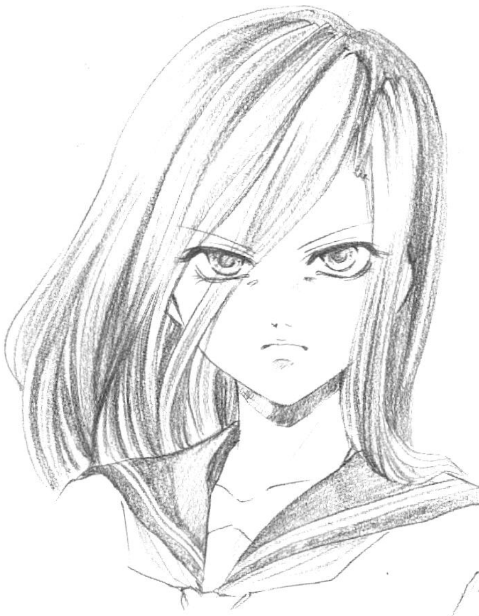

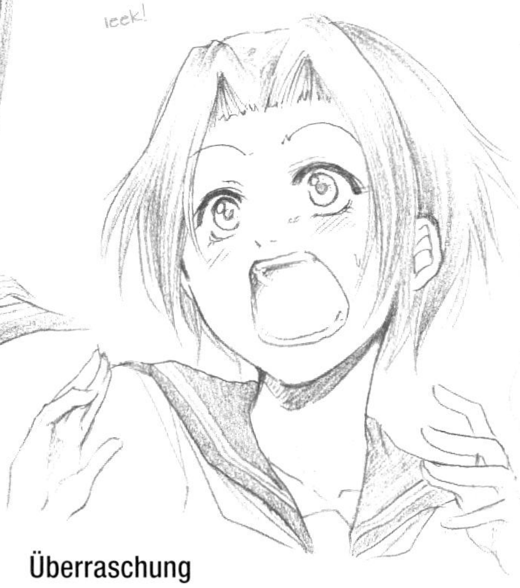

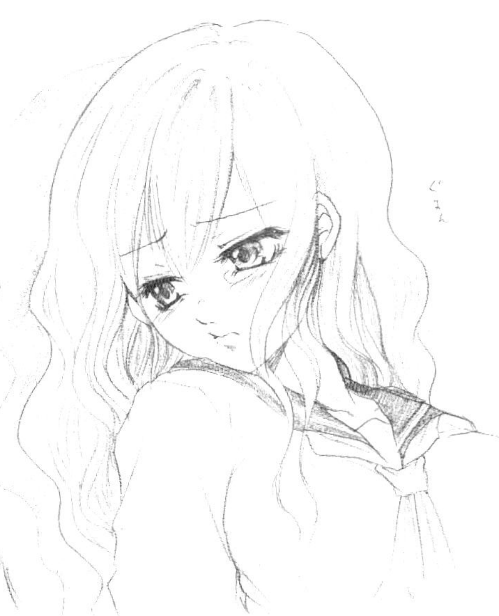

Genervt, wütend anstarren

Ein harter Gesichtsausdruck. Der Blick ist meist auf die Betrachter gerichtet. Wird diese Mimik zu häufig gezeigt, kann das abschrecken. Jedoch ist der Blick sehr intensiv und der Charakter hinterlässt einen bleibenden Eindruck.

Überraschung

Die Pupillen sind kleiner oder nicht vollständig ausgemalt. Das vermittelt Überraschung. Beachtet den übertrieben geöffneten Mund, die Geste der Hände und die Haare.

Einsam, traurig

Mit angelehnter Haltung

● Seitenansicht

Achtet auf den Hals und die Frisur.

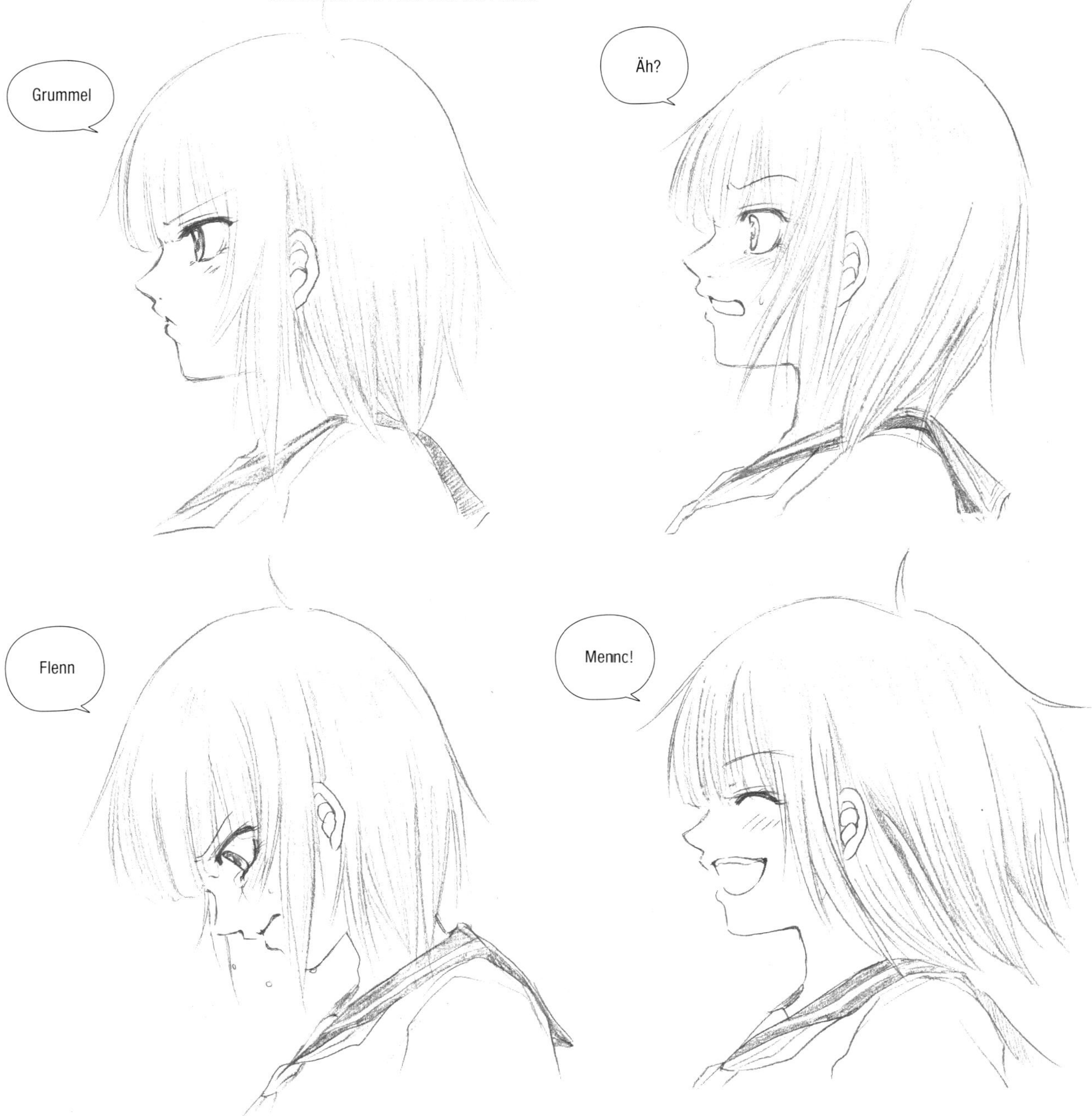

● Verschiedene Arten von »Aaah!«

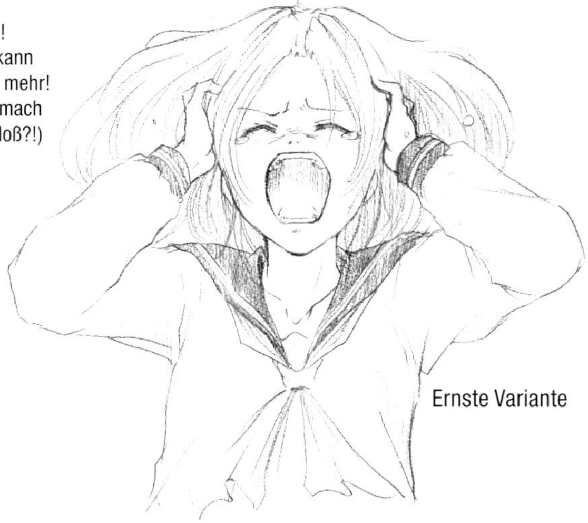

Ernste Variante

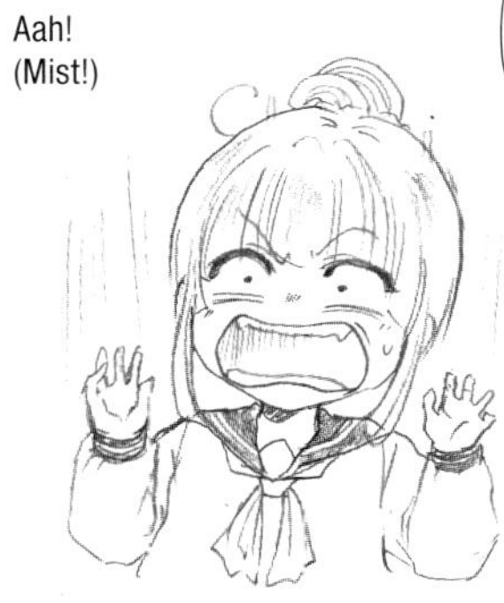

Comedy-Variante

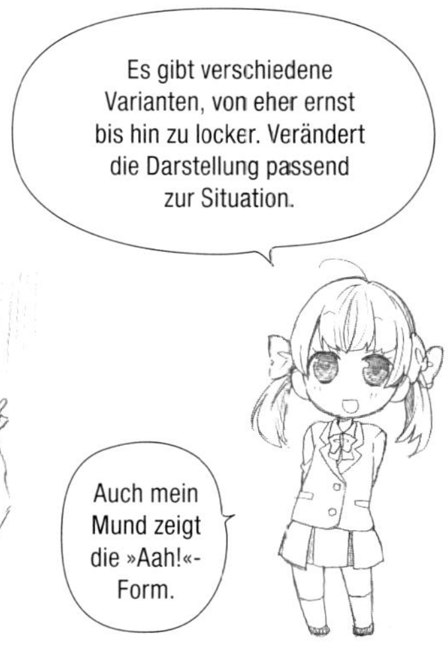

Körperzeichnungen

In der Regel tragen Charaktere Kleidung. Und diese richtet sich nach dem menschlichen Körper. Um sie geschickt zu zeichnen, müsst ihr den Körper und seine Plastizität verstehen.

Begreift die Gelenke und die Proportionen der Körperteile

● Körperteile betrachten

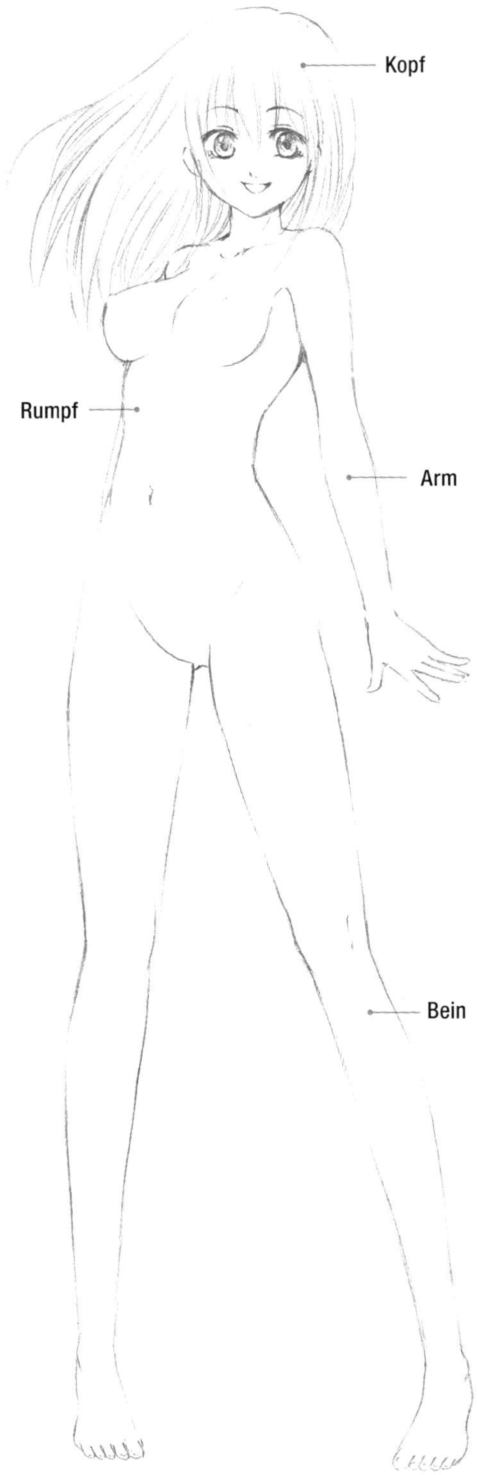

● Zeichentipp

Zeichnet erst die grobe Körperhaltung

Zunächst skizziert ihr die Pose des Charakters. Meist will man mit dem Gesicht anfangen, aber wichtiger ist es, die Positionen von Kopf, Körper und Gelenken zu bestimmen.

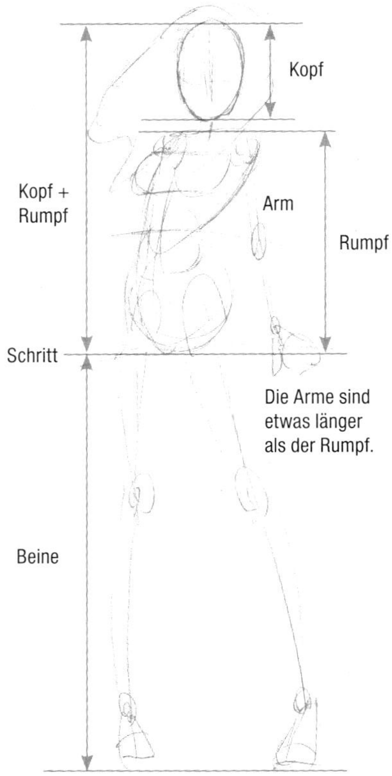

Die Arme sind etwas länger als der Rumpf.

Gelenke und Körperteile

Die Hüfte beginnt an der Verengung der Taille, der Schritt wird mithilfe der Gesamtkörperlänge bestimmt.

Eine Version mit plastischer Struktur.

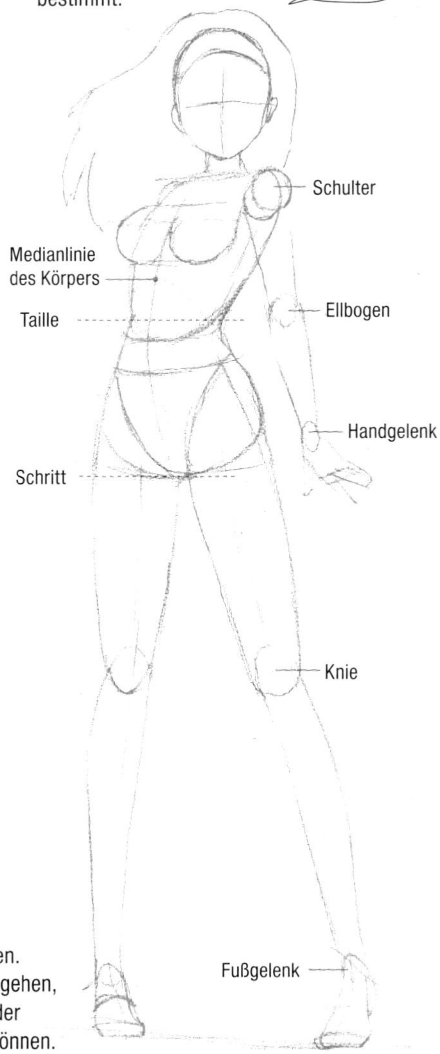

Der Körper wird in mehrere Blöcke unterteilt, um die Plastizität zu begreifen. Beim Zeichnen müsst ihr nicht so weit gehen, aber ihr solltet euch den Körper unter der Kleidung (dreidimensional) vorstellen können.

Weiblicher Körper

Rundungen und Kurven

Gesäßbreite und die Verengung an der Taille sind besondere Merkmale.

● Frontalansicht

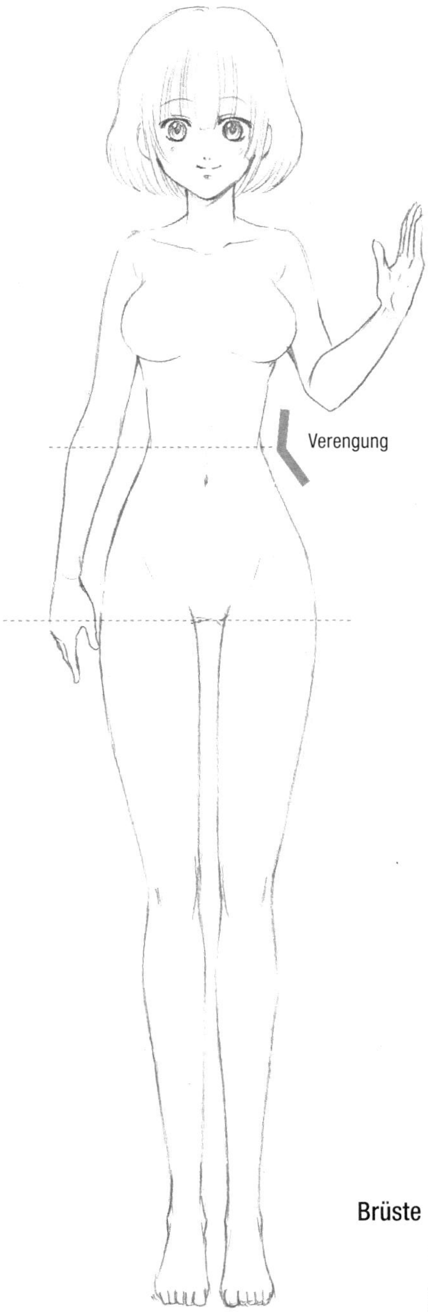

Zeichentipp

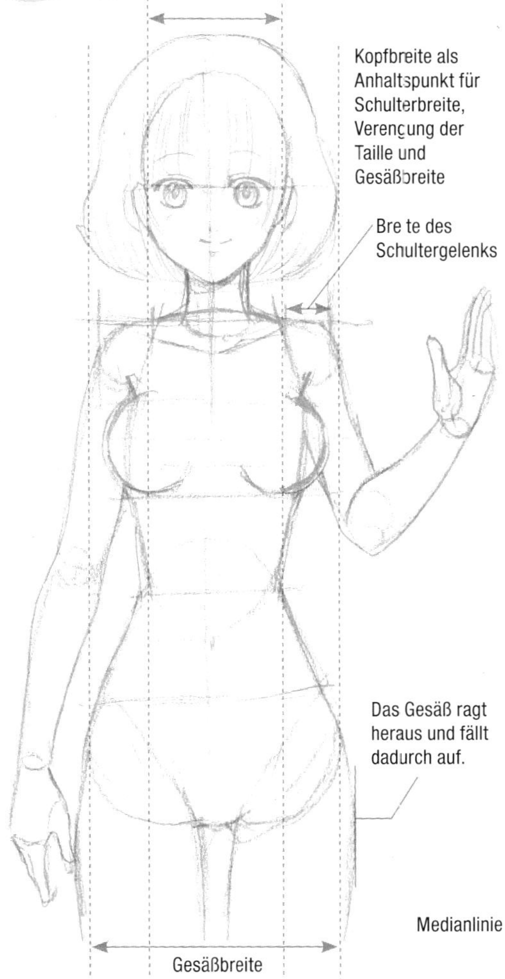

Skizze ganzer Körper

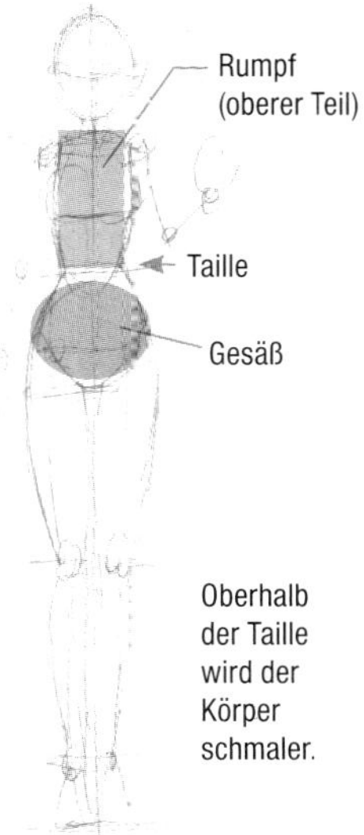

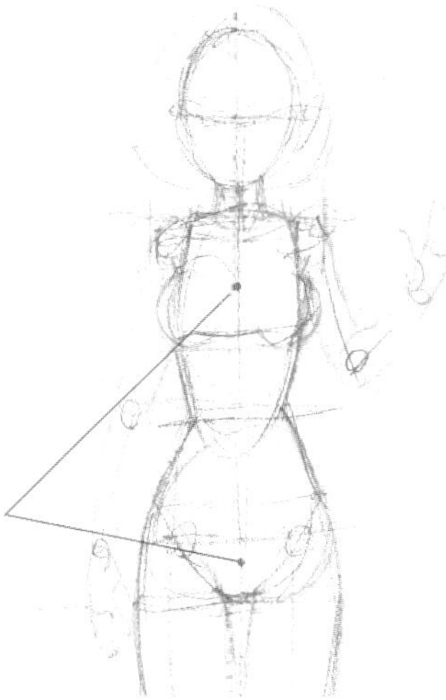

Brüste

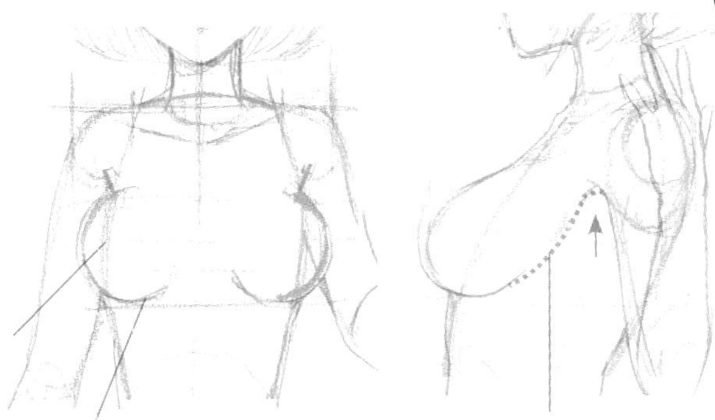

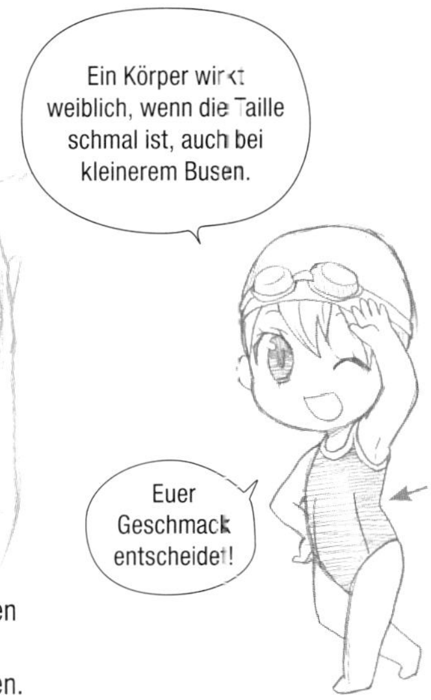

● Seitenansicht

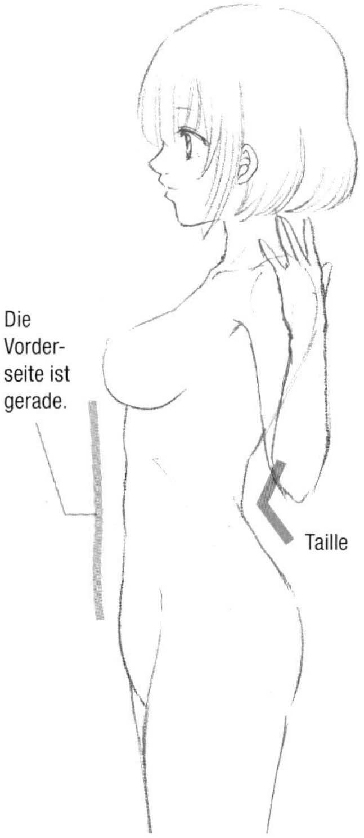

Zeichentipp: Zeichnet auch die nicht sichtbaren Stellen.

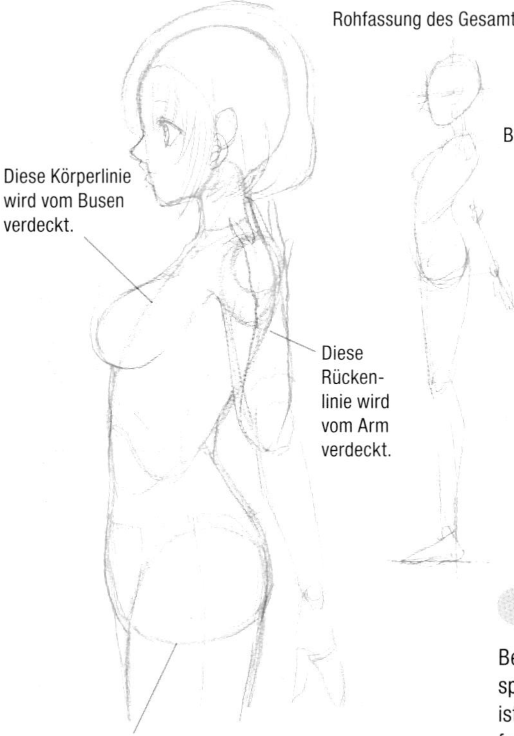

Diese Linie erfasst die Schrittposition. Das hilft, um auch bei der Seitenansicht das Gleichgewicht von Ober- und Unterleib zu halten.

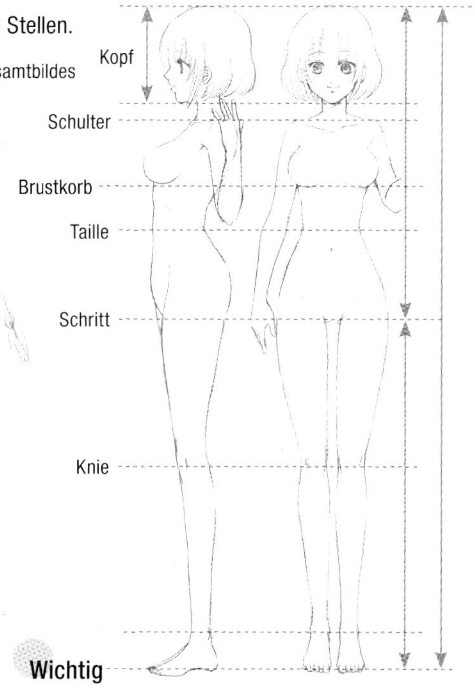

Wichtig

Bei dieser Ansicht ist der Schritt nicht sichtbar, sprich, die Grenze zwischen Rumpf und Beinen ist unklar. Ihr solltet deshalb stets einen Charakter frontal und seitlich zeichnen, um seine Statur zu begreifen.

● Schräge Ansicht

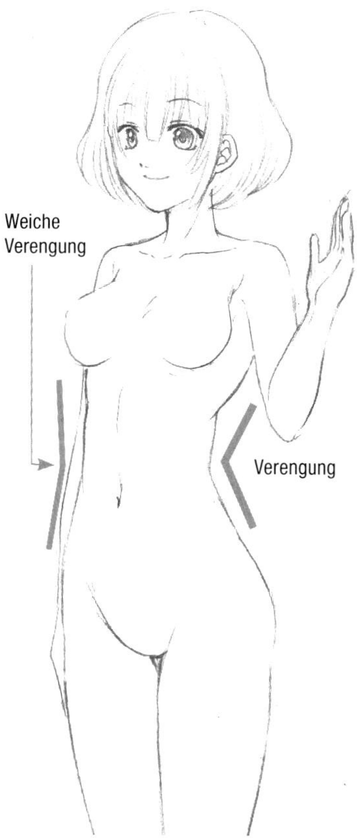

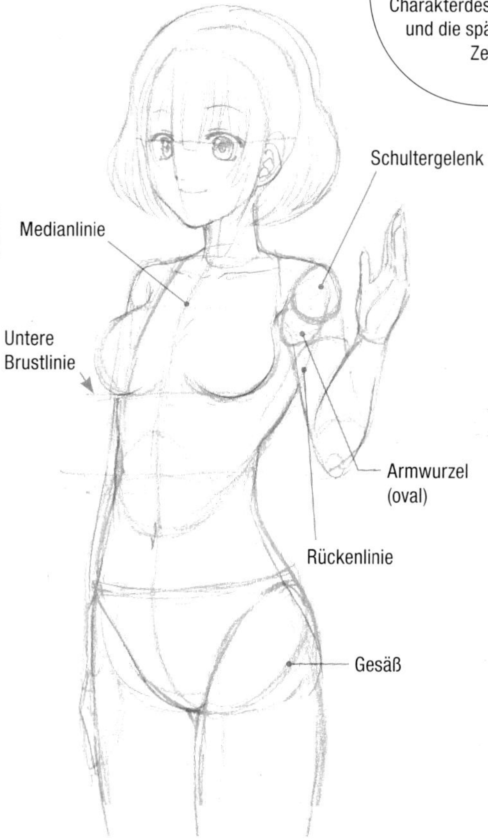

Ob nackt oder bekleidet, ein Charakter taucht selten so auf, jedoch braucht ihr das für euer Charakterdesign, die Outfitplanung und die späteren tatsächlichen Zeichnungen.

● Von hinten

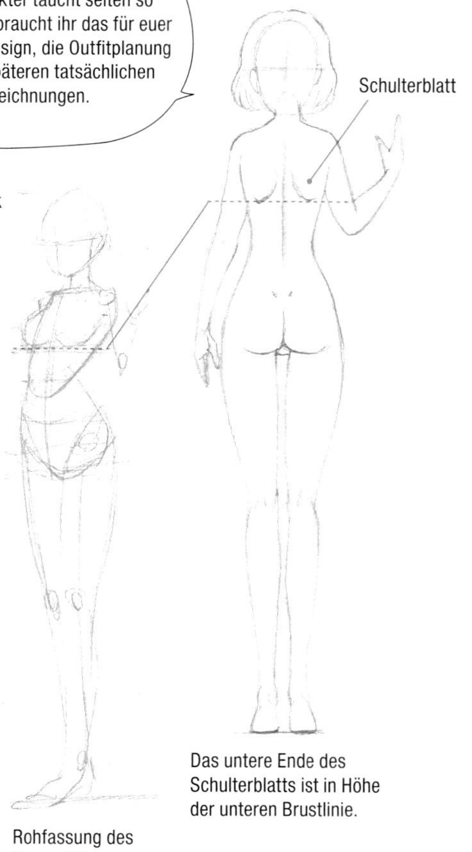

Das untere Ende des Schulterblatts ist in Höhe der unteren Brustlinie.

Rohfassung des Gesamtbildes

Männlicher Körper

Gerade Linien

Das Gesäß ist schmaler als die Schultern.

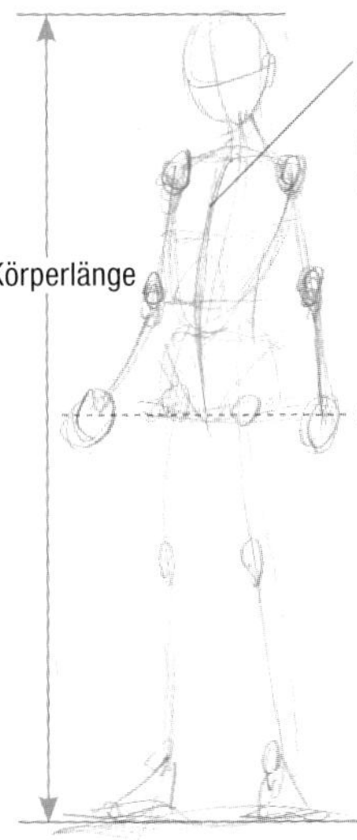

Rohskizze der Körperhaltung
Zeichnet zunächst Kopf und Rumpf, um die Höhe des Schritts zu bestimmen.
Die Länge der Beine wählt ihr nach eurem Geschmack. Liegt der Schritt unterhalb der Hälfte der Körperlänge, wirkt der Charakter kurzbeinig.

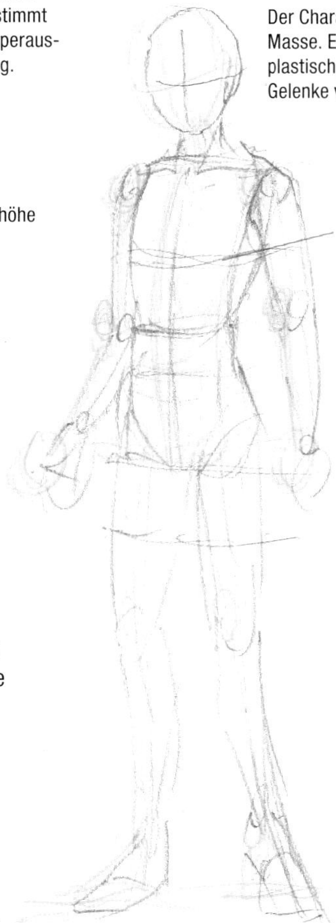

Der Charakter bekommt Masse. Ergänzt den Körper plastisch, indem ihr die Gelenke verbindet.

Seitenteil. Das macht die Tiefe aus.

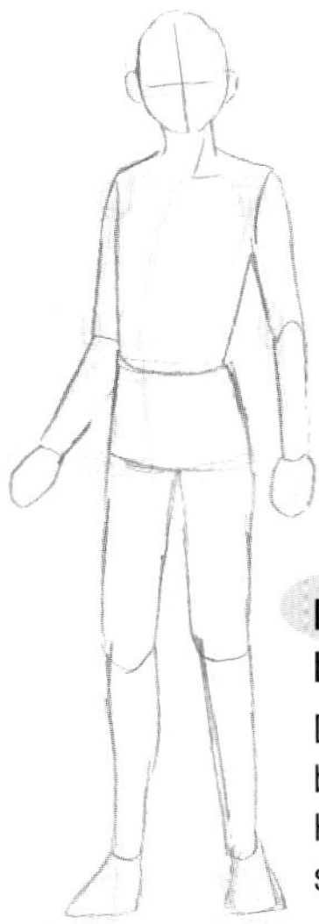

Durch die Konturen erfasst ihr die Höhe des Schrittes.

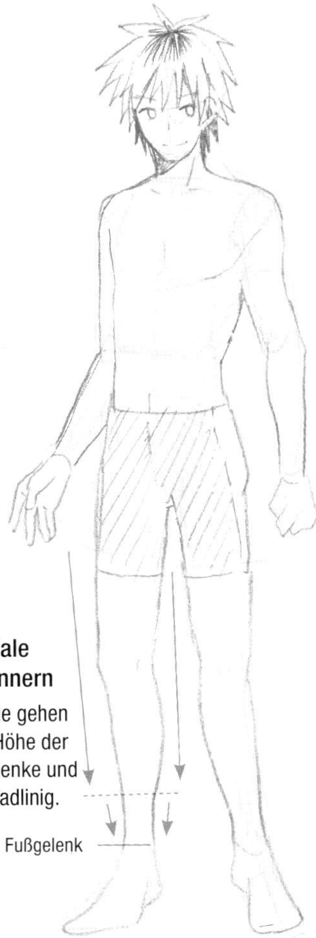

Merkmale bei Männern

Die Beine gehen bis zur Höhe der Handgelenke und sind geradlinig.

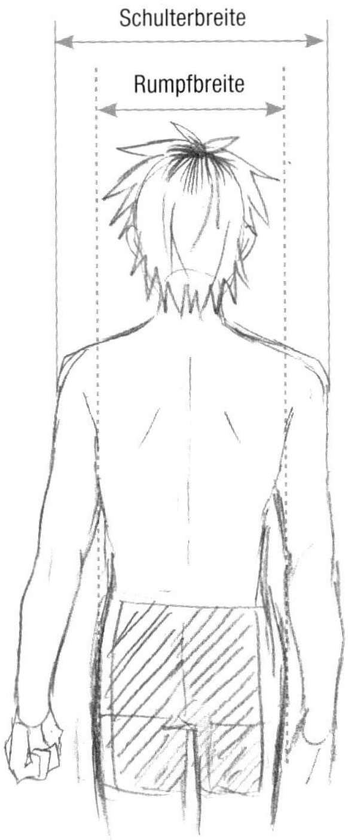

Merkmale bei Männern

Fügt die Schultern am Rumpf an.

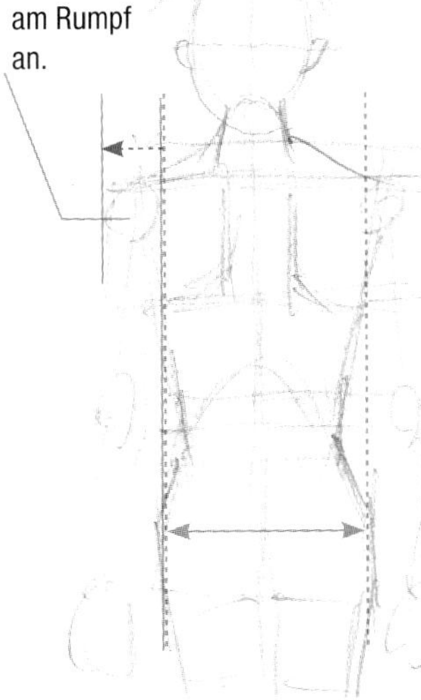

Das Gesäß ist etwa so breit wie der Rumpf.

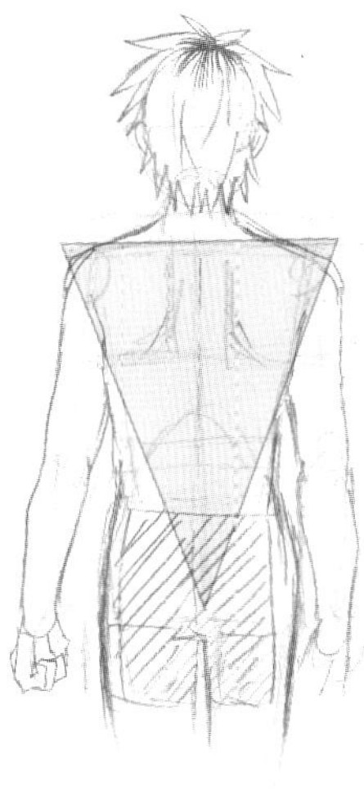

Merkmale bei Männern

Der Oberkörper wird an den Schultergelenken breiter, sodass die Kontur ein umgekehrtes Dreieck bildet.

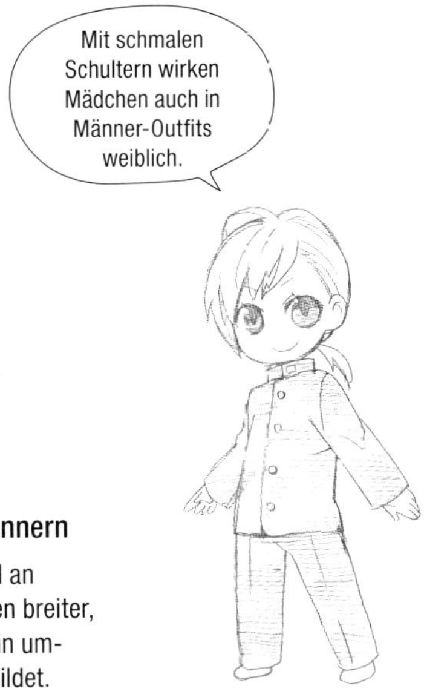

Kleidung

Wir schauen uns hier die einzelnen Schritte an, wie Kleidung gezeichnet wird. Kleidung spiegelt die Plastizität des Körpers. Bei Knöpfen müsst ihr darauf achten, wo diese angebracht sind und wie der Stoff übereinanderliegt.

Kleidung für Frauen und Mädchen

Bei Kleidung für Frauen und Mädchen gibt es zwei Varianten. Die eine zeigt die Körperlinie, die andere versteckt sie. Die meisten Uniformen verstecken die Konturen. Hier sehen wir eine Schuluniform und eine Bluse.

● Begreift das Verhältnis zwischen Körper und Kleidung

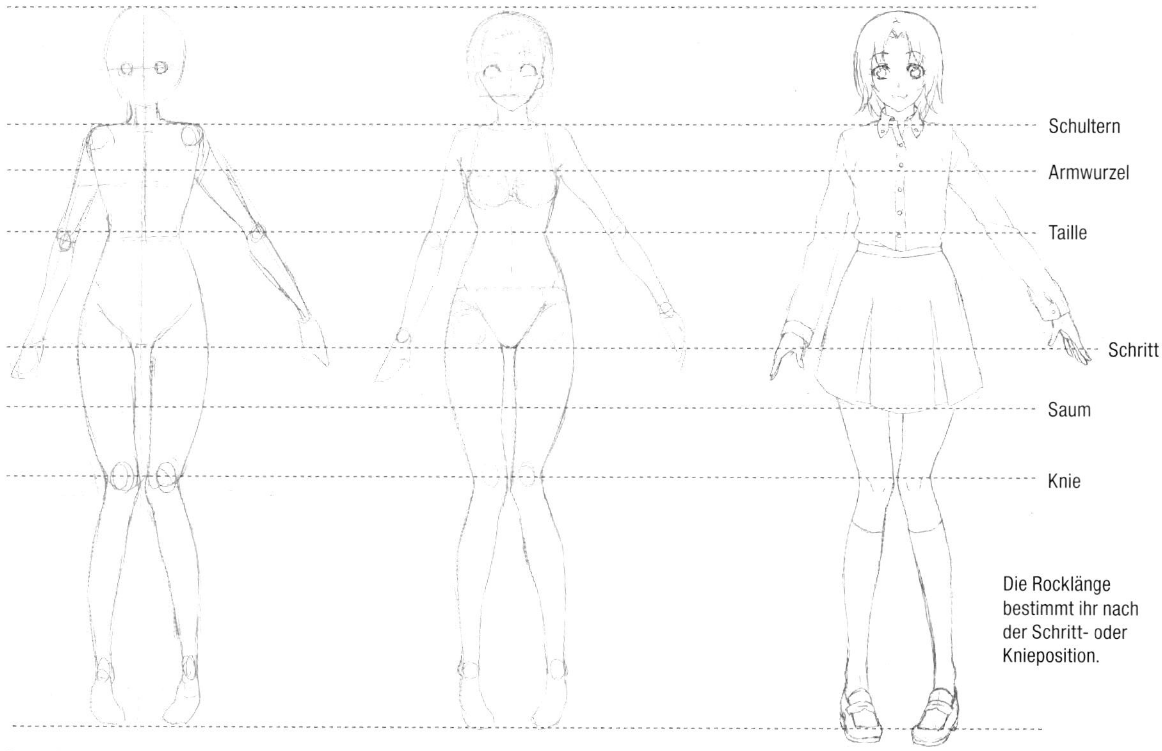

Grobe Fassung. Wenn sie fertig ist, könnt ihr die Kleidung zeichnen.

Referenz: Mit etwas mehr Details. Das muss aber nicht sein, wenn ihr Kleidung zeichnen wollt.

Auf Basis der groben Fassung wurden Gesicht und Kleidung gezeichnet. Der Schritt ist wegen des Rocks nicht mehr zu sehen, aber ihr solltet die Positionen der Hüfte kennen, damit die Beine natürlich wirken.

Verhältnis Körper und Kleidung

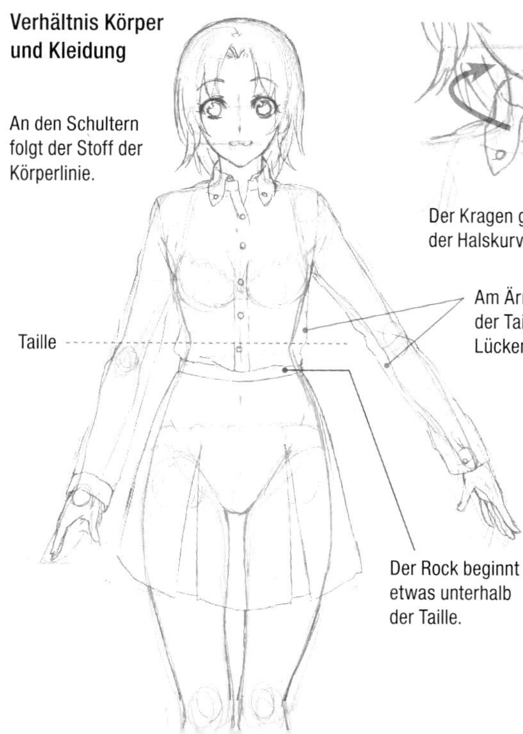

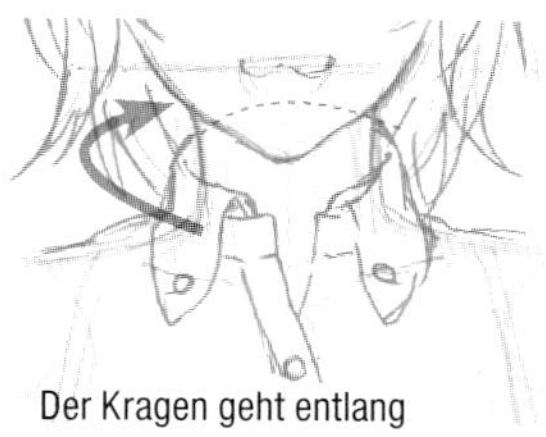

Der Kragen geht entlang der Halskurve nach hinten.

Bluse

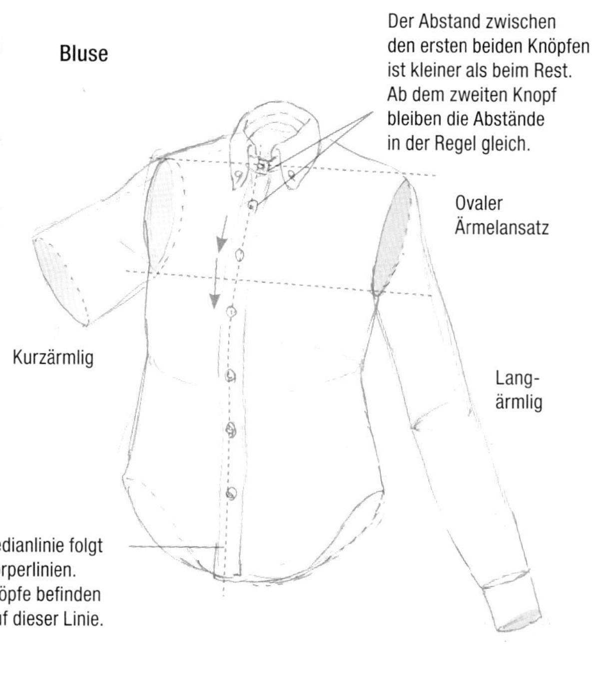

● Zeichenschritte

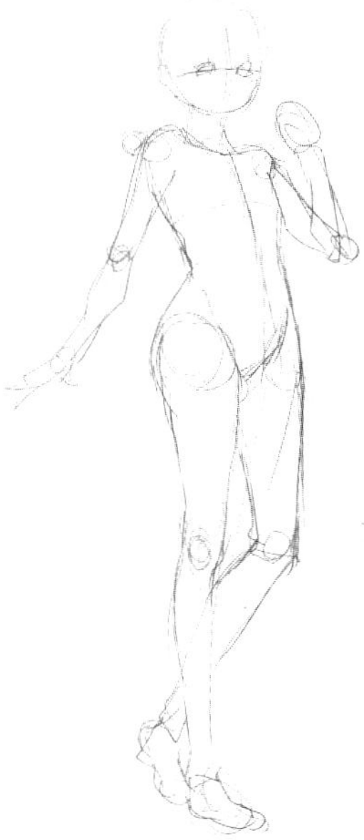

① Erste grobe Skizze

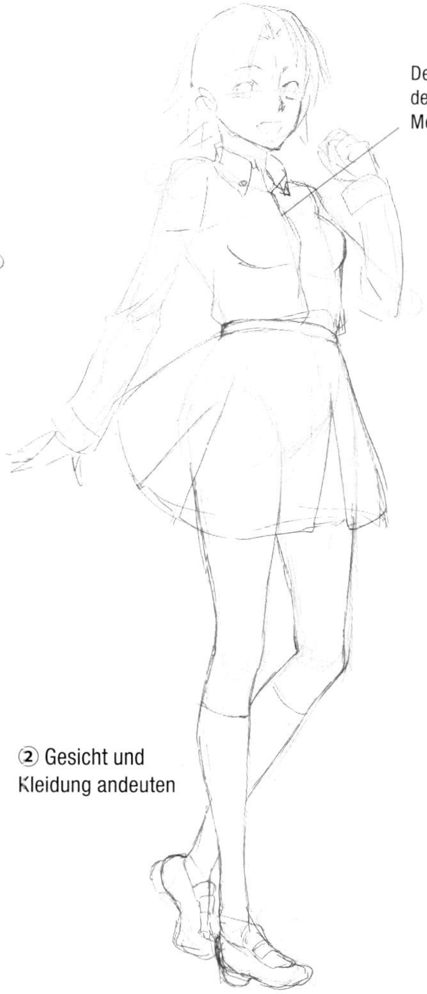

② Gesicht und Kleidung andeuten

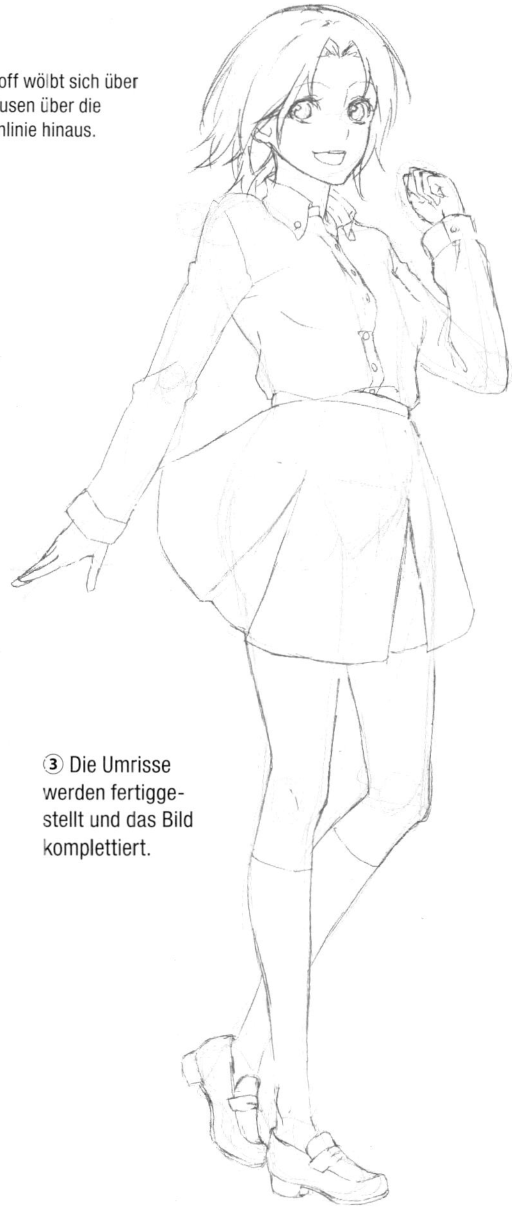

③ Die Umrisse werden fertiggestellt und das Bild komplettiert.

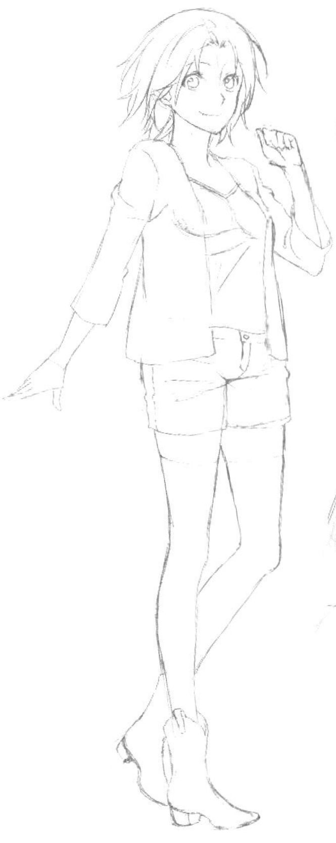

Aus Basis derselben Pose könnt ihr auch andere Outfits zeichnen.

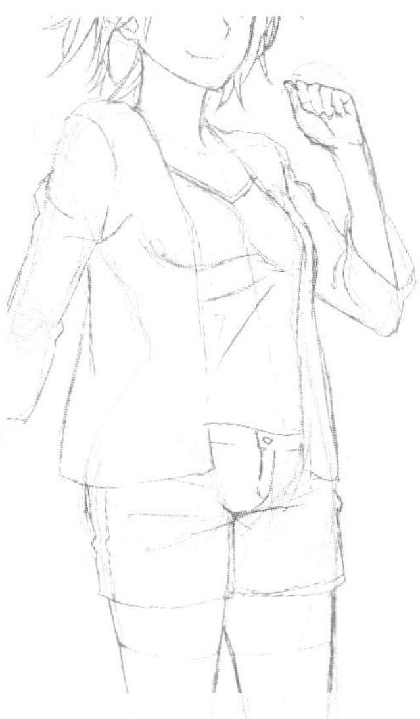

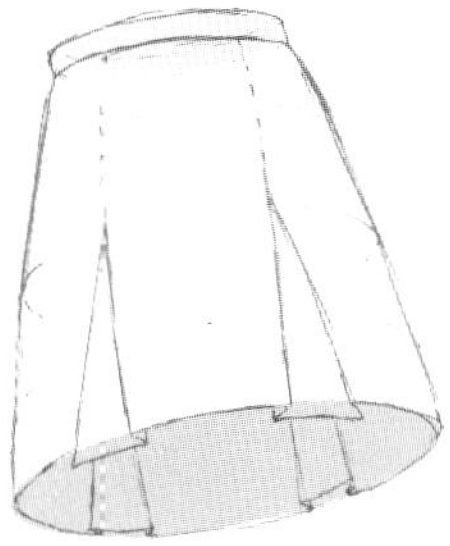

Ein Rock verläuft um den Körper herum. Oben und unten ist er oval.

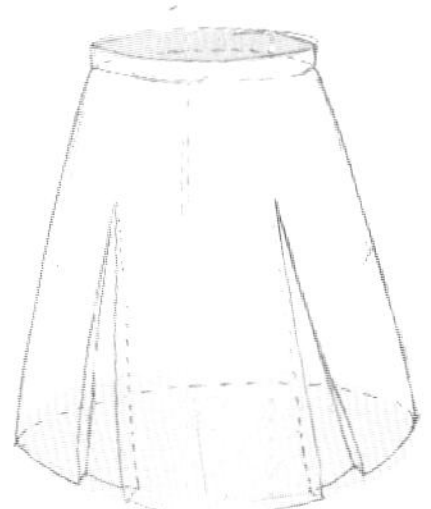

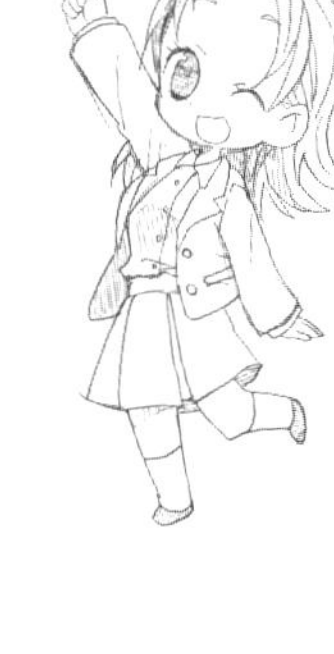

So ein Rock heißt ausgestellter Rock.

Schuluniform

Der Kragenausschnitt wird als Dreieck erfasst.
Je nach Körperausrichtung verändern sich die Konturen des Rocks.

● Grundformen und Eigenschaften

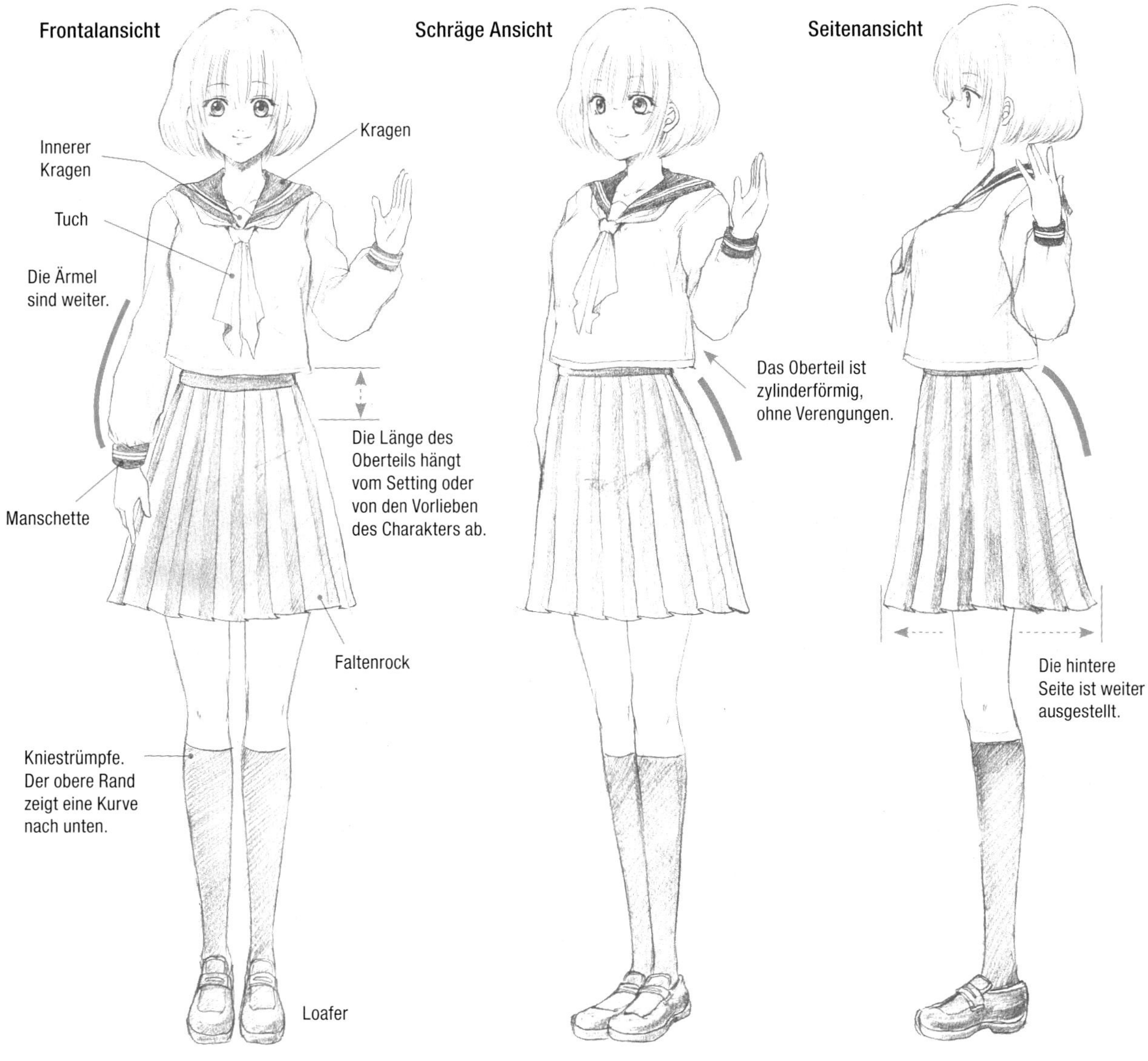

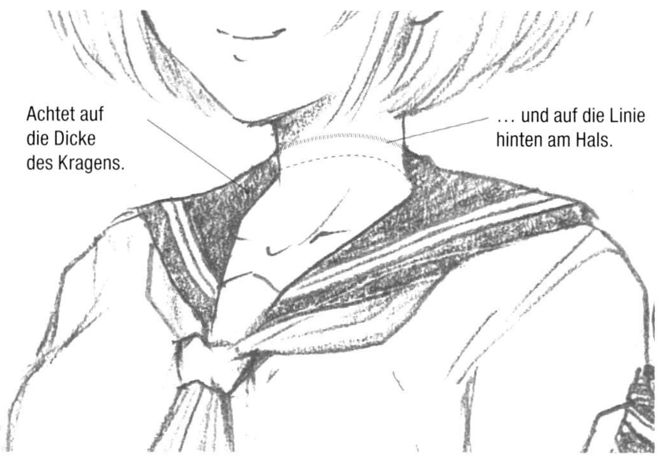

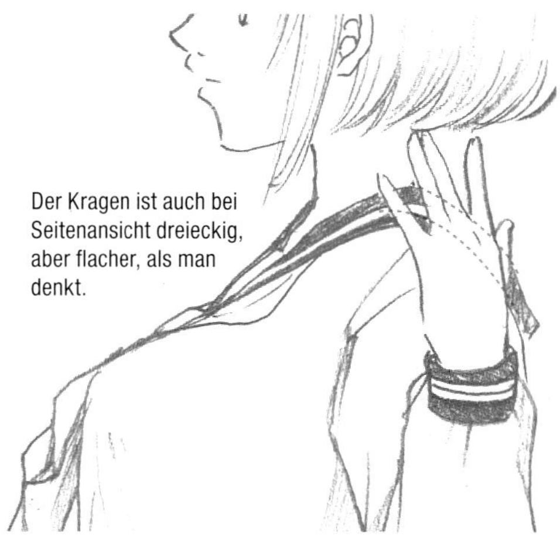

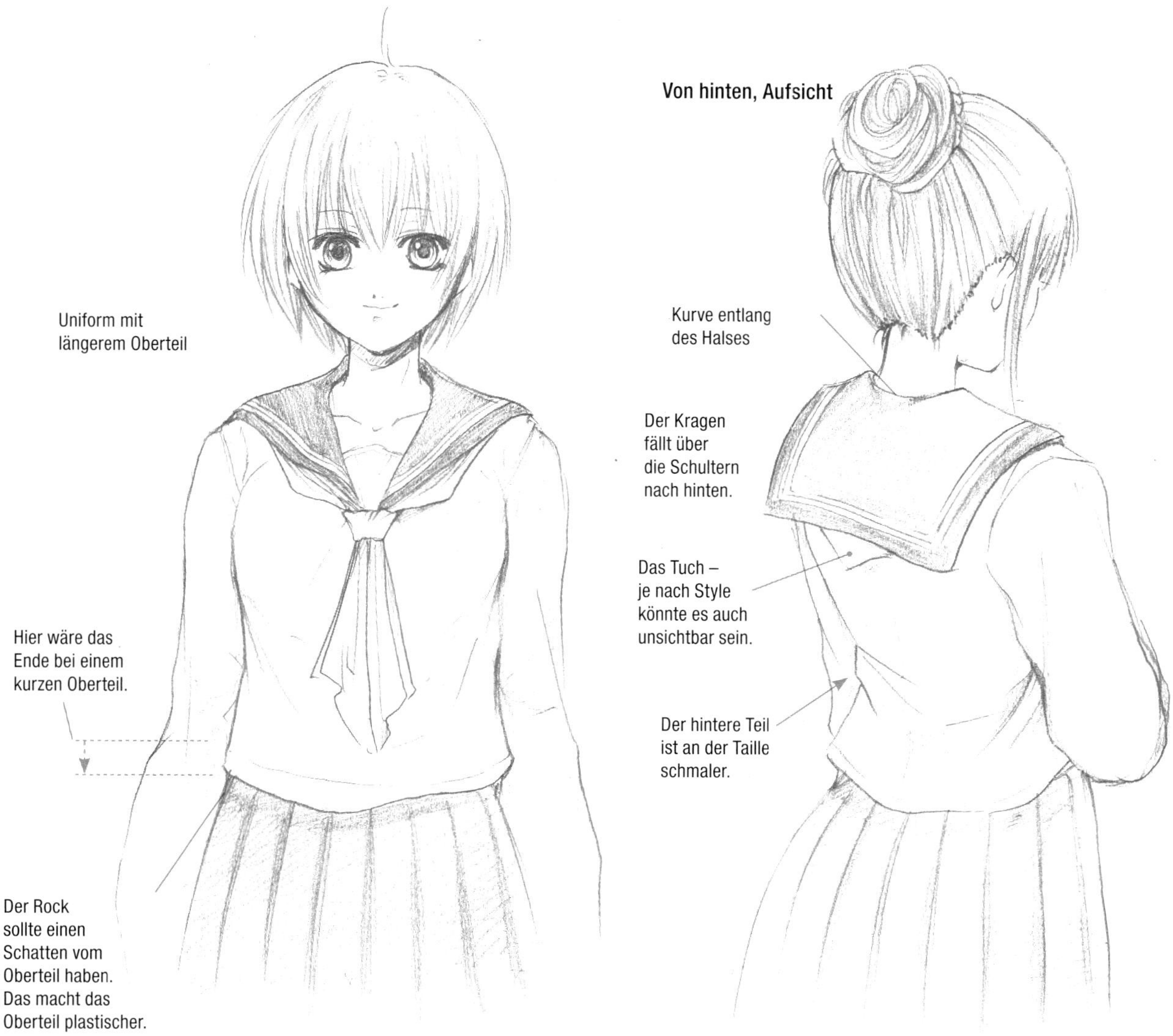

● Durchsichtige Darstellung

Hier seht ihr das Verhältnis zum Körper und die Konturen der Kleidung. Die Schuluniform ist bequem.

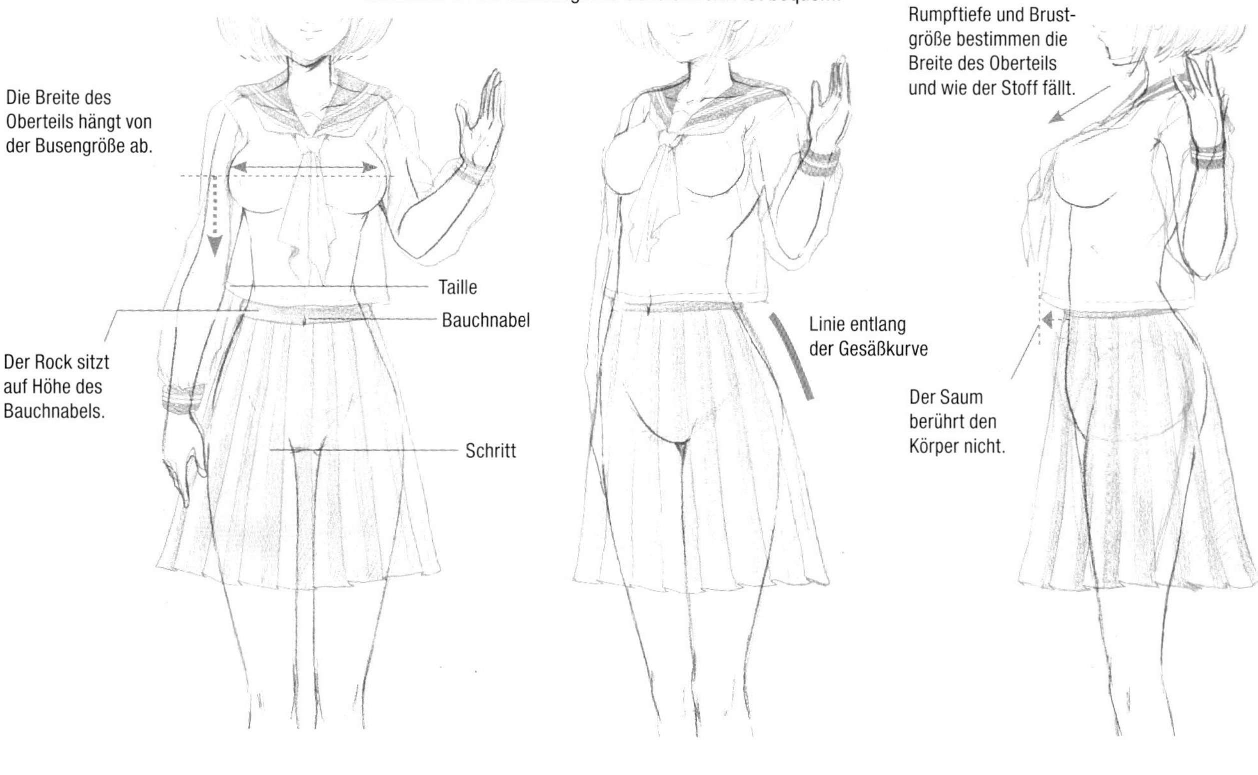

Kleidung für Männer und Jungen

Für die Schule gibt es die typische Schuluniform und den Blazer. Der Blazer ist wie bei einem Anzug und könnte auch von Frauen getragen werden. Eine männliche Schuluniform ist eher selten und nur für Jungen gedacht.

Verhältnis zwischen Kleidung und Körper

Schuluniform

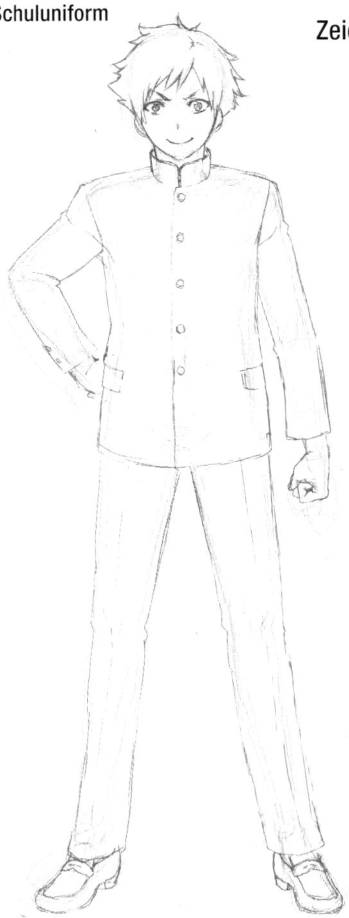

Zeichenschritte

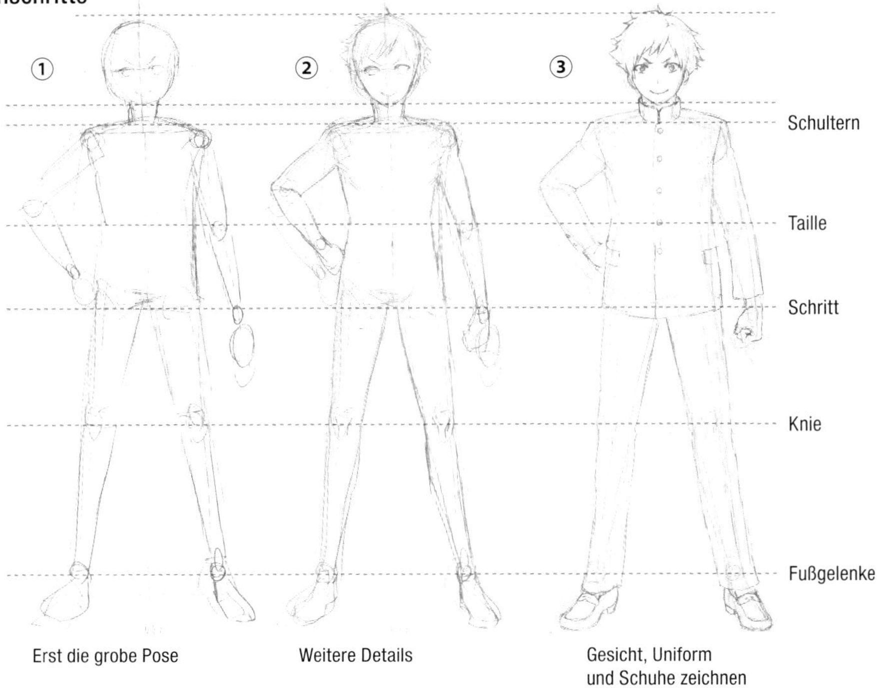

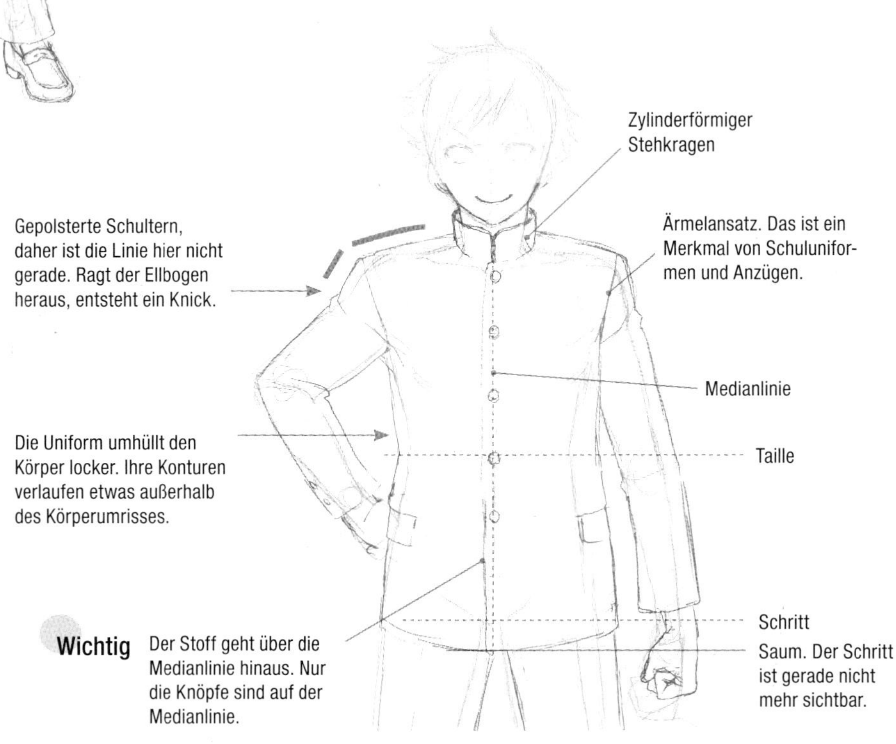

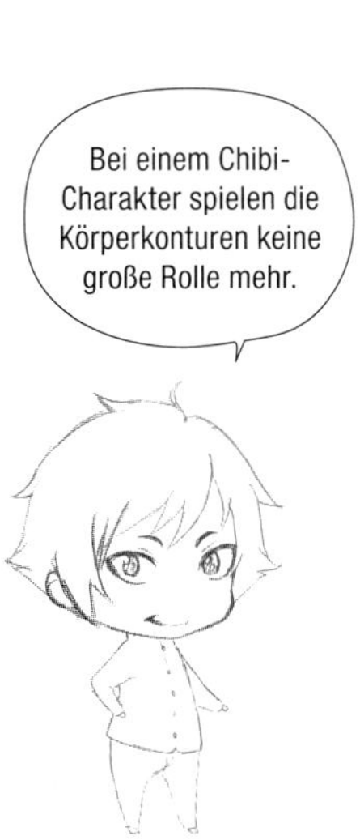

Plastizität von Kleidung

Hals, Arme, Rumpf und Beine sind zylinderförmig.

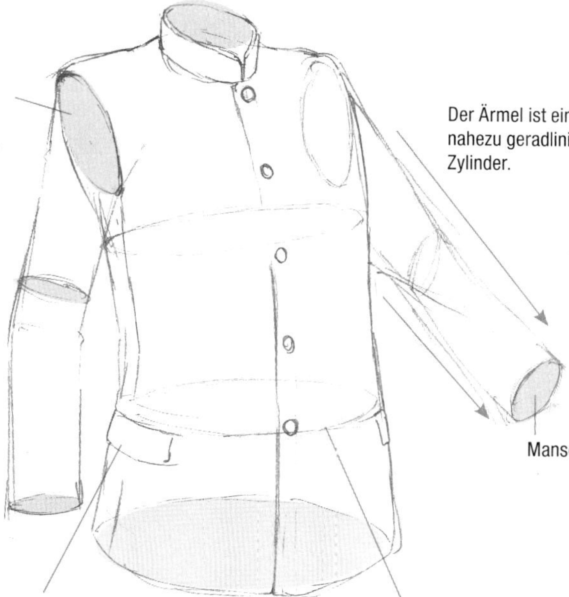

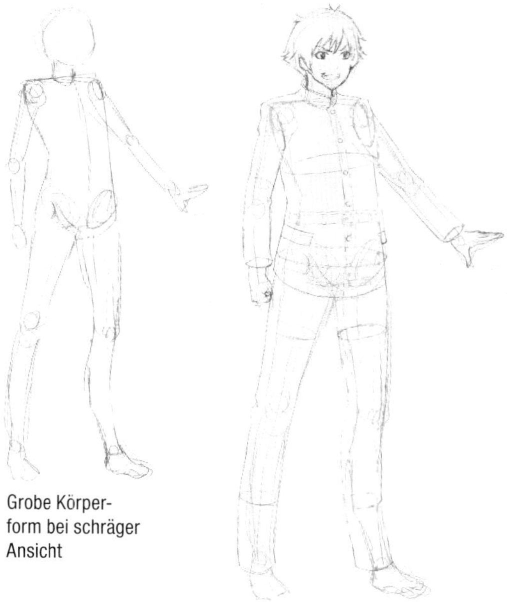

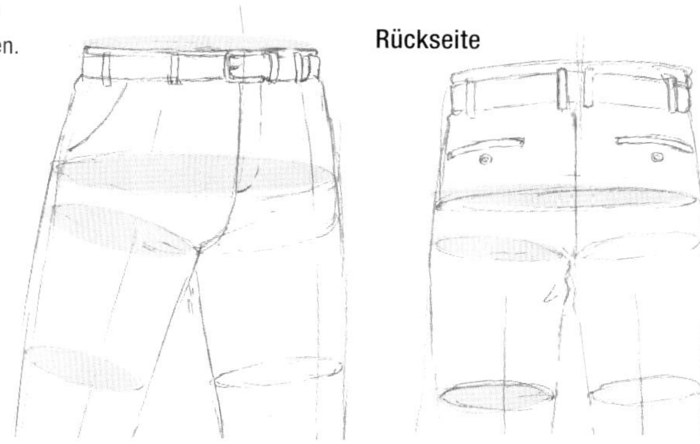

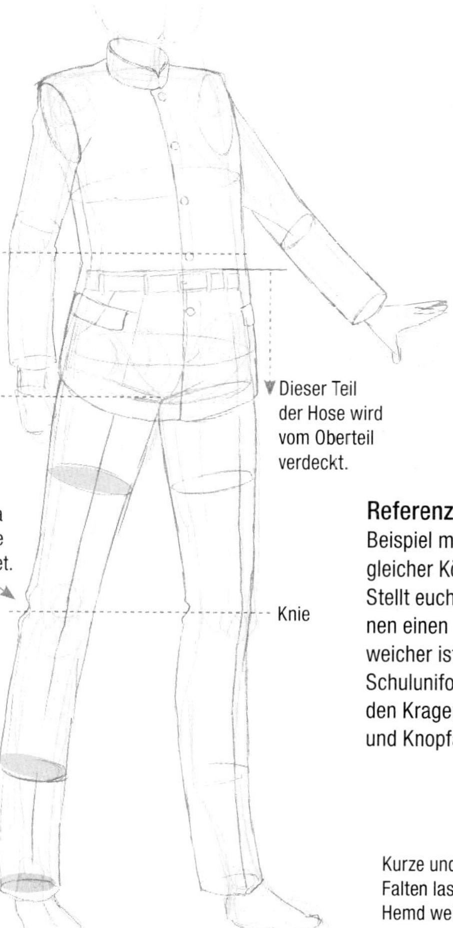

Referenz: Hemd
Beispiel mit Hemd bei gleicher Körperhaltung. Stellt euch beim Zeichnen einen Stoff vor, der weicher ist als bei einer Schuluniform. Verändert den Kragen, Knopfgröße und Knopfanzahl.

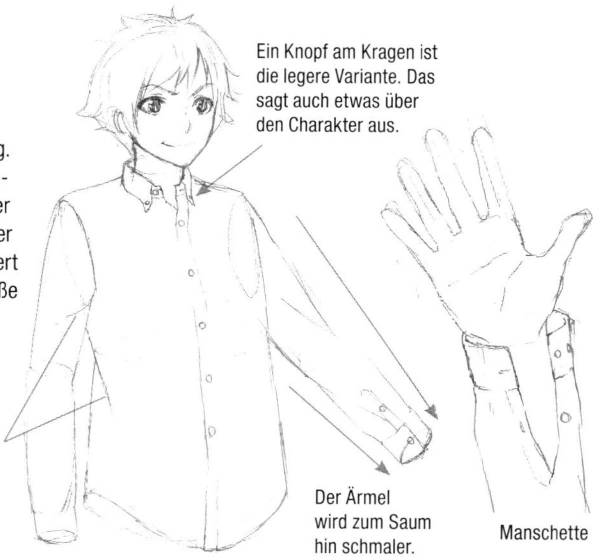

Charakter in Schuluniform

Passend zum vorderen Design solltet ihr auch die Seiten- und Rückansicht entwerfen. Wichtig sind die einheitliche Kragenhöhe und die einheitliche Länge der Ärmel bzw. des Oberteils.

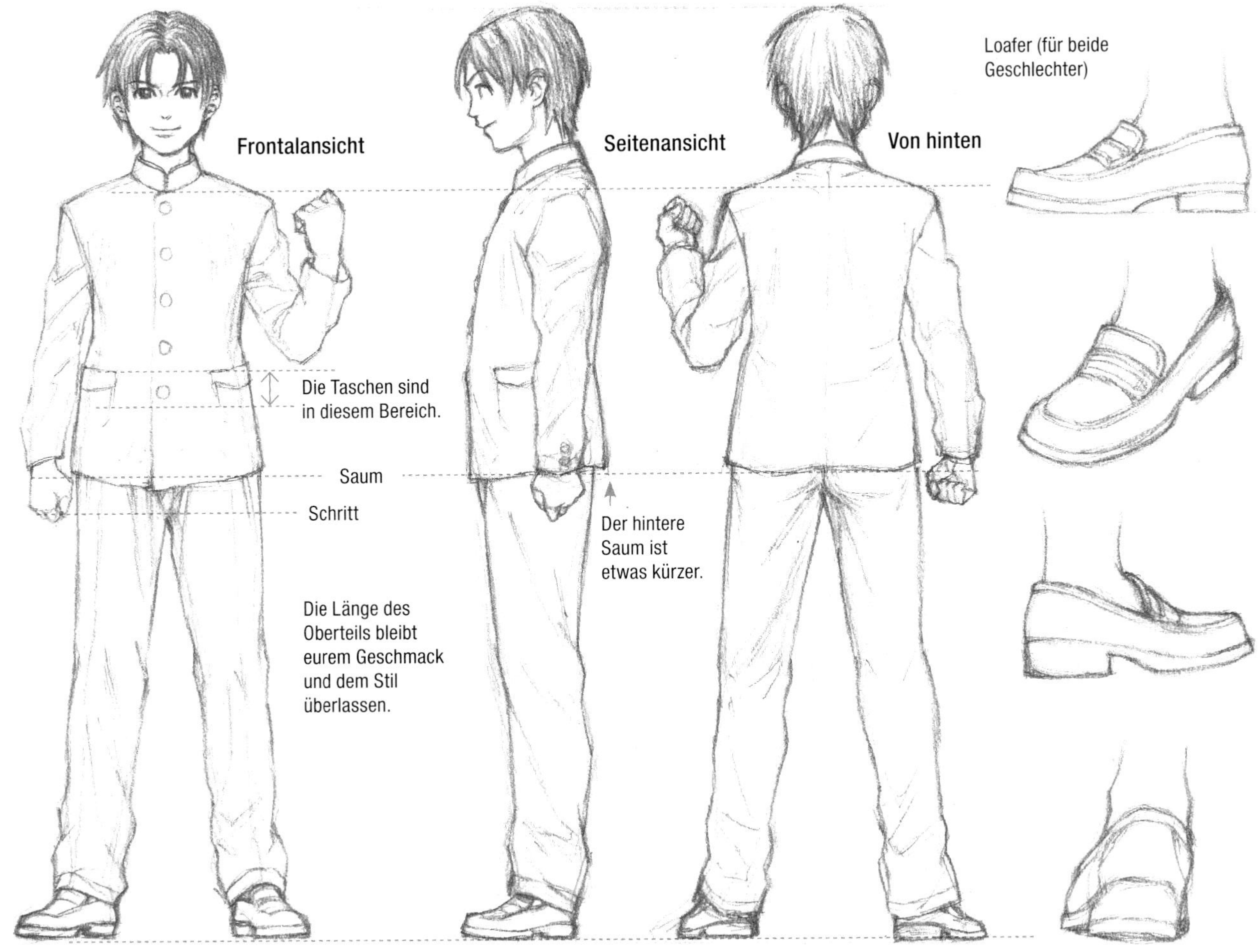

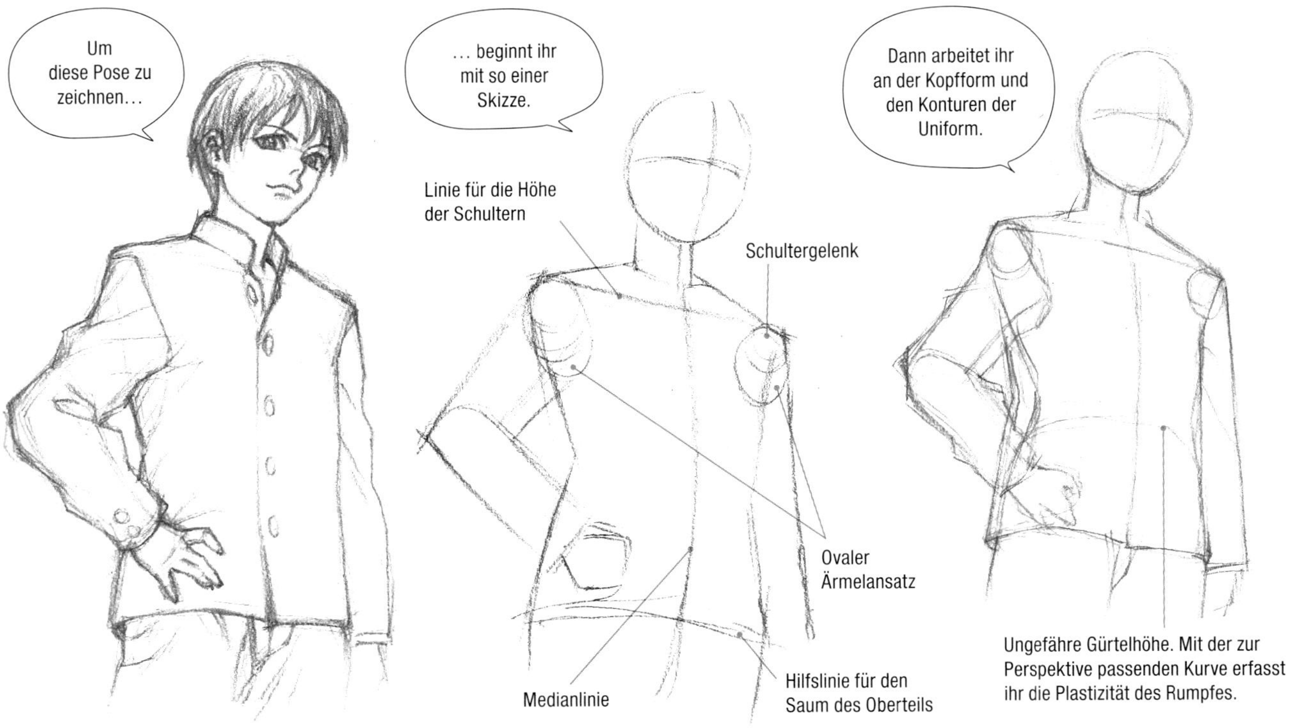

● Stehkragen

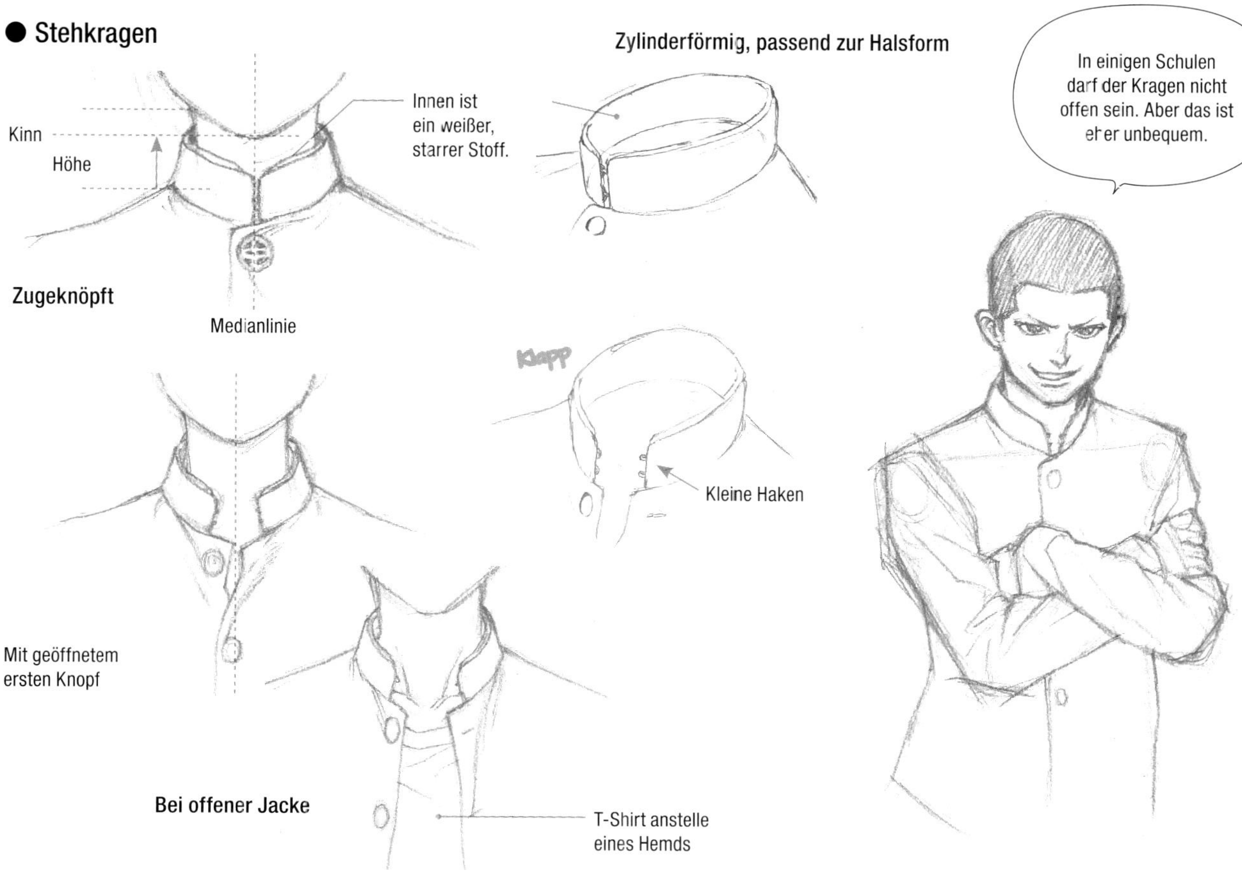

Blazer

Wie bei der Schuluniform ist die Länge des Oberteils variabel.

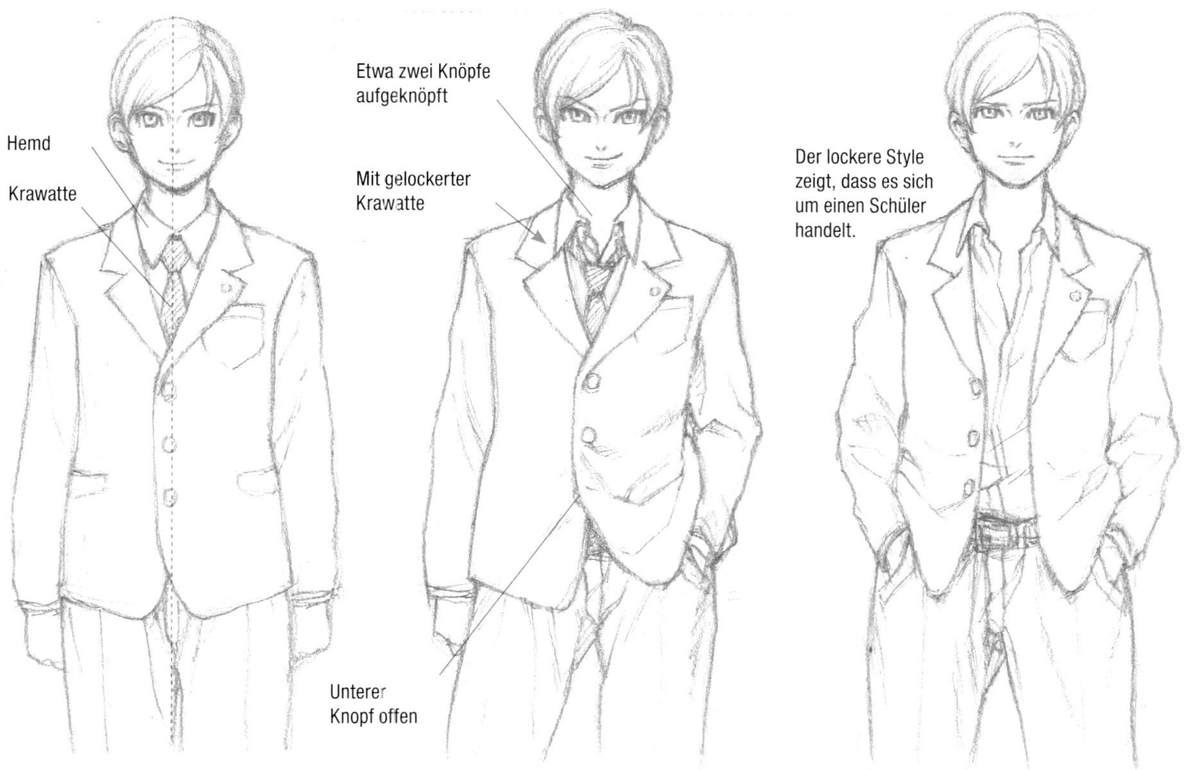

Vorschriftsmäßig und ordentlich | Legere Art des Tragens | Ein Style ganz nach seinem Geschmack

Denkt an die Bewegungen

Nichts ist langweiliger als Charaktere, die ausdruckslos herumstehen. Zeichnet dynamische Posen, bei denen die Kleidung mitschwingt. So unterhaltet ihr die Leser.

Appellierende Posen

Den Körper nach hinten, Gesichtswinkel verändern und Bewegung in Haare und Rock bringen

● **Zurückgelehnt und gedreht**

①

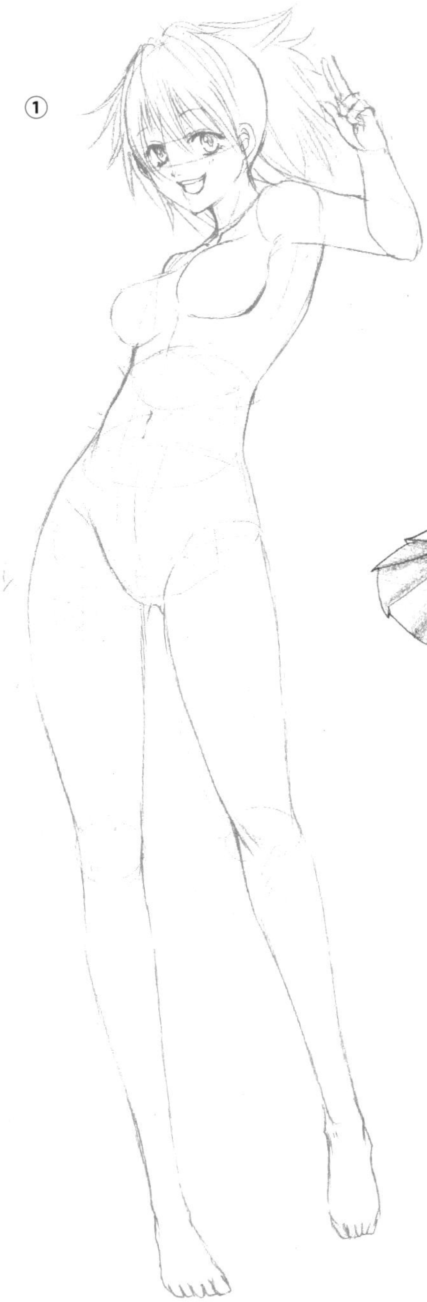

Der Körper. Achtet auf die Ovale, die die Kurven der Schulter, Brüste und des Rumpfes erfassen.

②

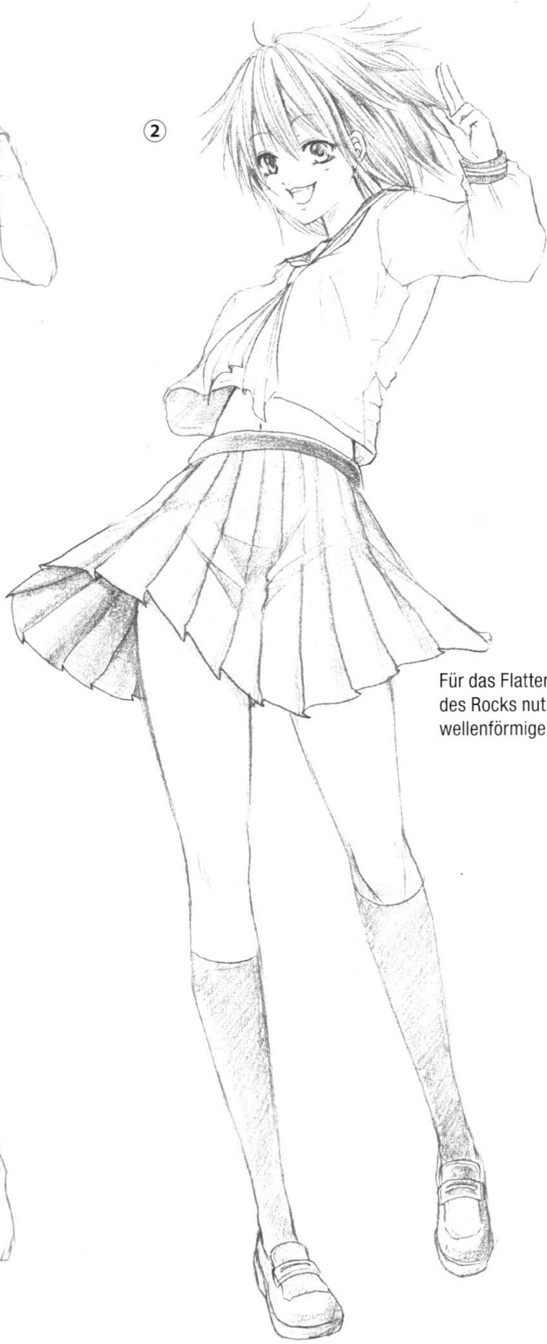

Für das Flattern des Rocks nutzt ihr wellenförmige Kurven.

Dann wird die Kleidung gezeichnet. Das Flattern des Oberteils und des Rocks zeigt die Bewegung.

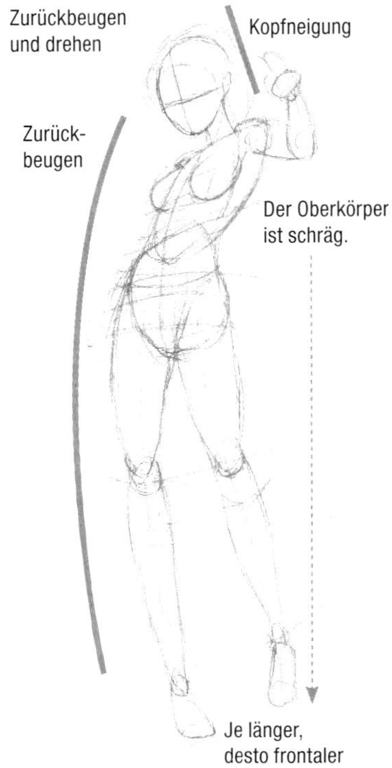

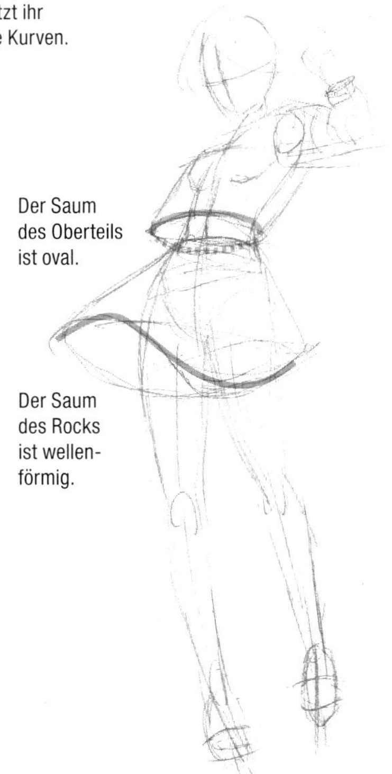

● Drehung

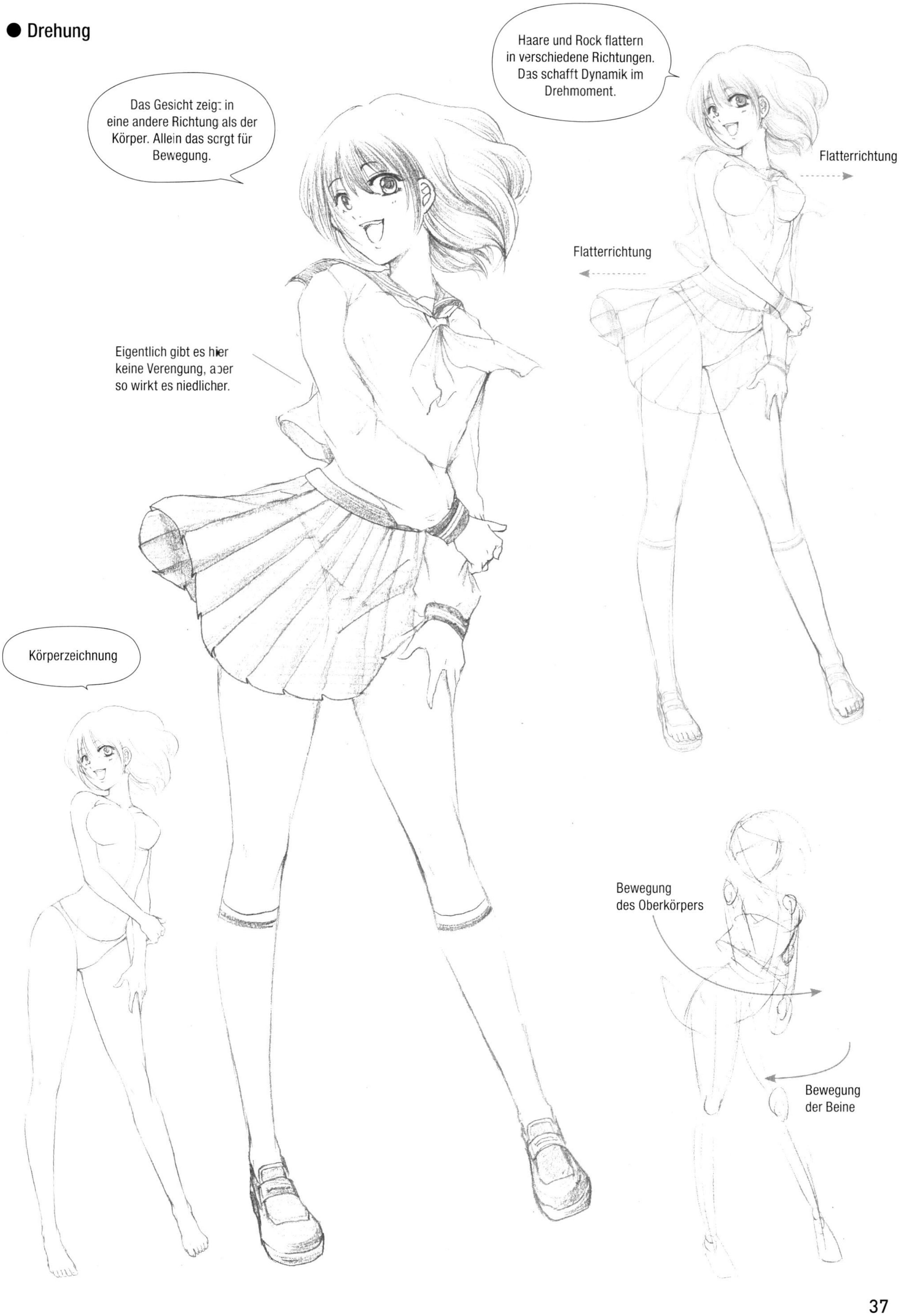

Das Gesicht zeigt in eine andere Richtung als der Körper. Allein das sorgt für Bewegung.
Haare und Rock flattern in verschiedene Richtungen. Das schafft Dynamik im Drehmoment.
Flatterrichtung
Flatterrichtung
Eigentlich gibt es hier keine Verengung, aber so wirkt es niedlicher.
Körperzeichnung
Bewegung des Oberkörpers
Bewegung der Beine

Anlehnen

Das ist eine Bewegung, die nicht spektakulär, aber dennoch effektiv ist. Der Boden ist absichtlich nicht dargestellt, um den Eindruck noch zu verstärken.

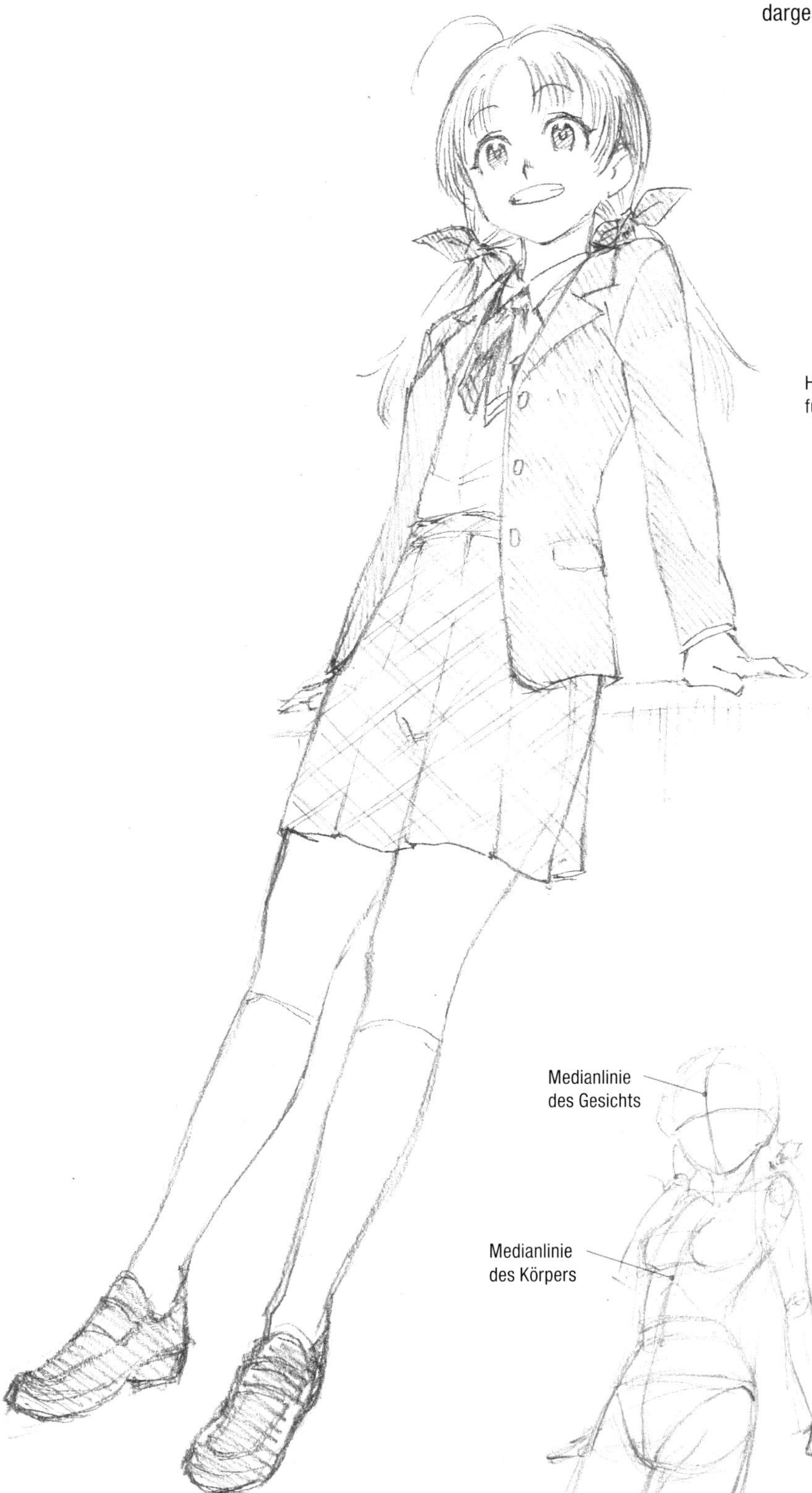

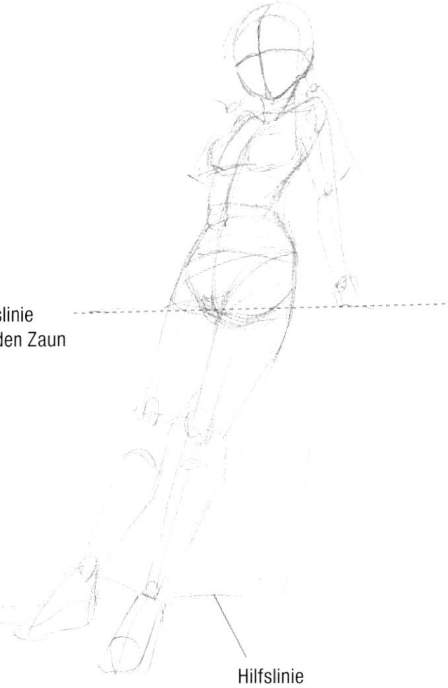

Hilfslinie
für den Zaun

Hilfslinie
für den Boden

Bei der Skizze setzt ihr Hilfslinien für den Boden und das Objekt, an das sich der Charakter lehnt, ein.

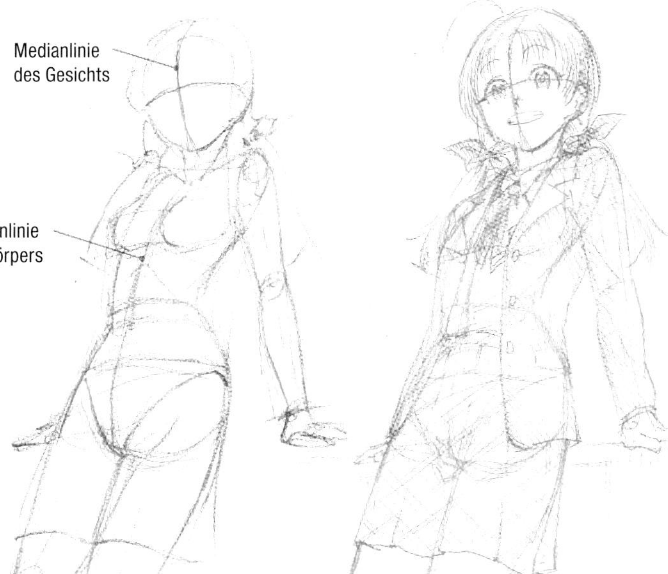

Medianlinie
des Gesichts

Medianlinie
des Körpers

Bei dieser Körperhaltung würde man umfallen, wenn hier nichts zum Anlehnen wäre. Das erzeugt große Dynamik im Bild.

Durchsichtige Darstellung

Bewegungen bei Rückansicht

Wichtig sind die richtige Darstellung der Körperhaltung und der Säume. Stellt euch die Plastizität des Rocks gut vor, wenn ihr ihn so weit hochfliegen lasst.

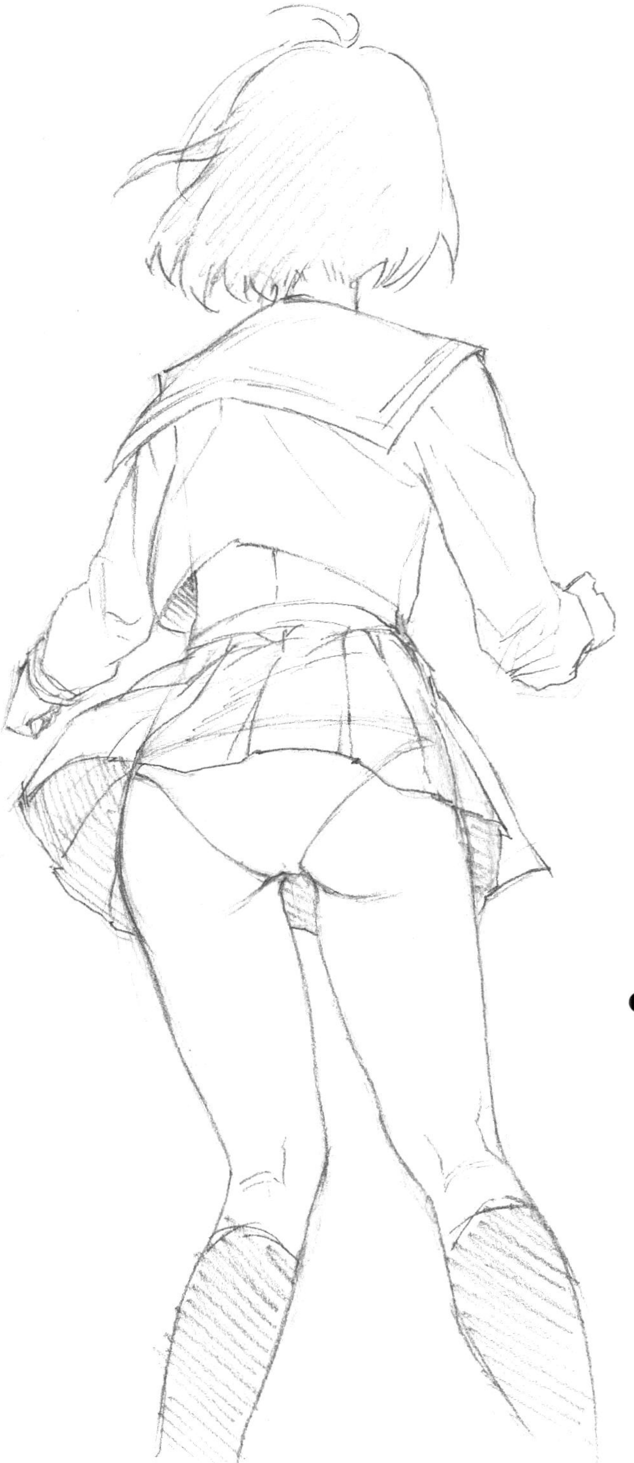

Skizze des Körpers

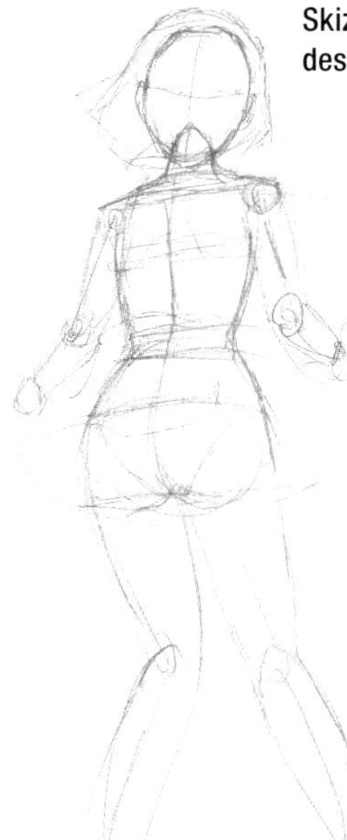

Durchsichtige Darstellung

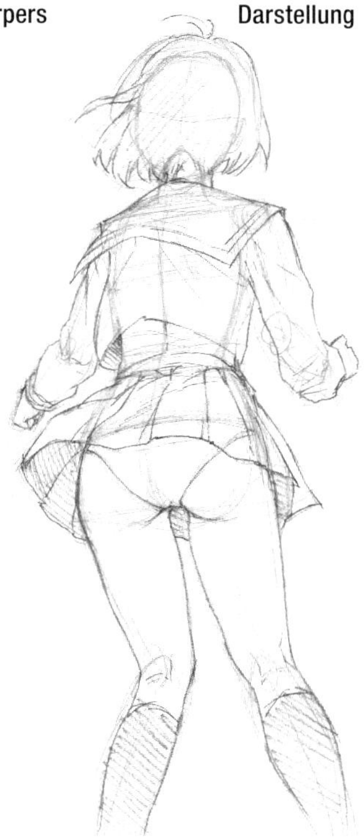

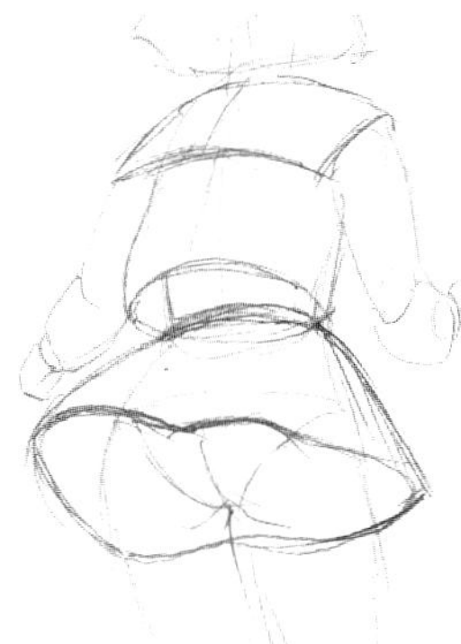

Erfasst die Kurven des Kragens sowie die der Säume des Oberteils und des Rocks. Der Saum des Oberteils entspricht der zylindrischen Form des Rumpfes. Der Rock hat eine schirmartige Form. Das vermittelt Plastizität.

● Gesäß

Die Beine sind zylinderförmig. Die Form des Gesäßes direkt über der Leistengegend ist recht schwer zu begreifen. Einige Tipps:

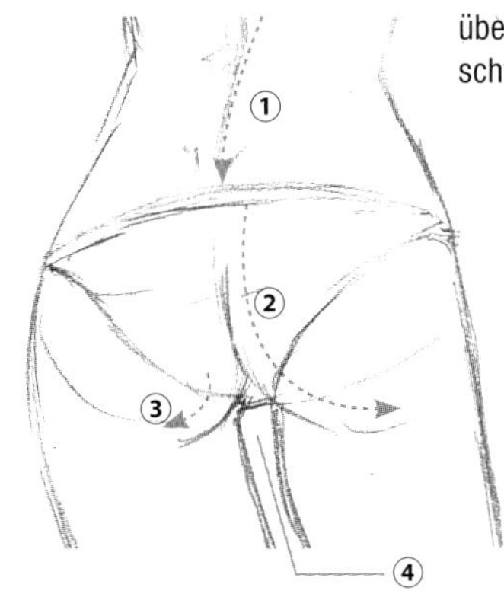

① Verlängerung der Wirbelsäule ② Das Gesäß hat Kurven. Denkt an seine Plastizität und fügt ③ ein. Am Ende kommt ④, die Linie im Schritt.

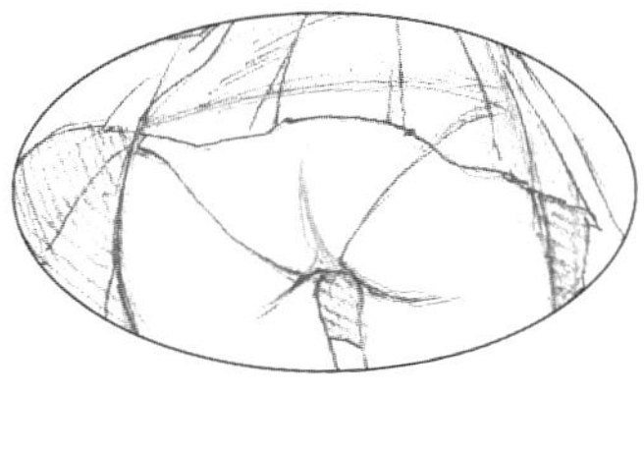

Bei solchen Gesäßlinien wirkt der Slip wie eine Bikinihose.

Springen

Die Kamera ist leicht nach oben gerichtet.
Der Körper ist fast gerade.

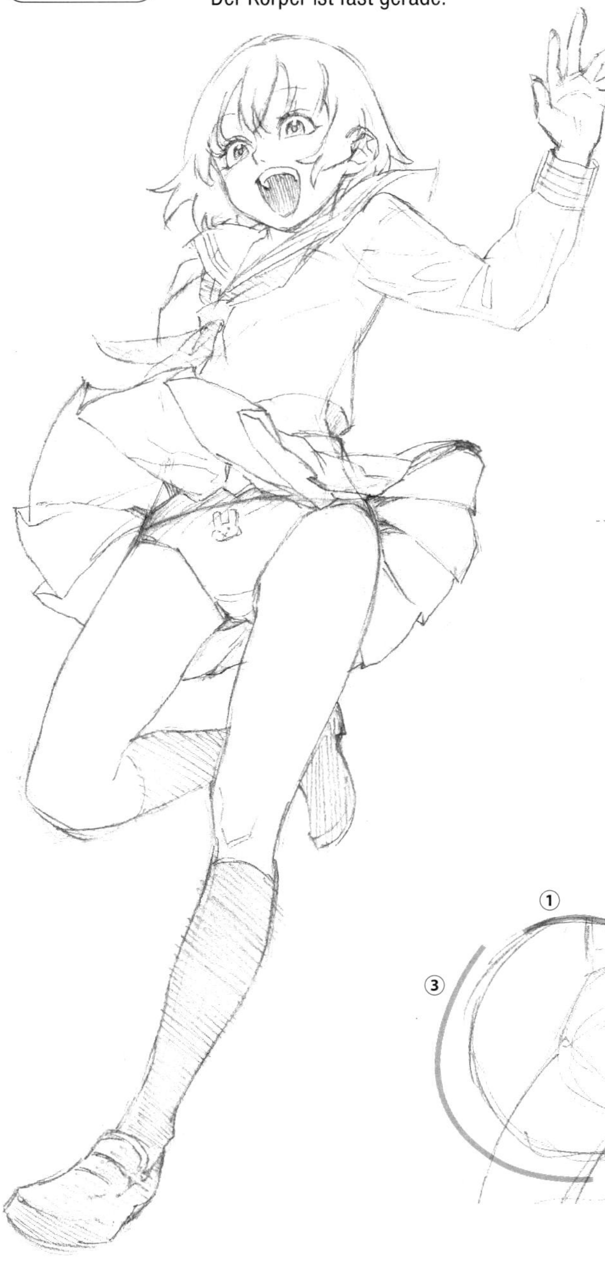

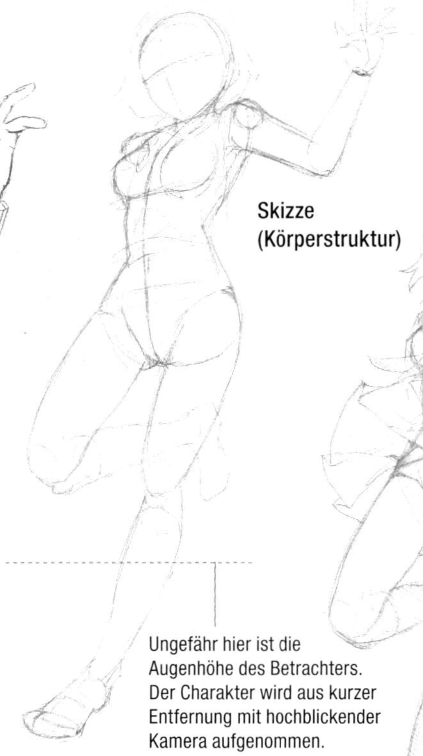

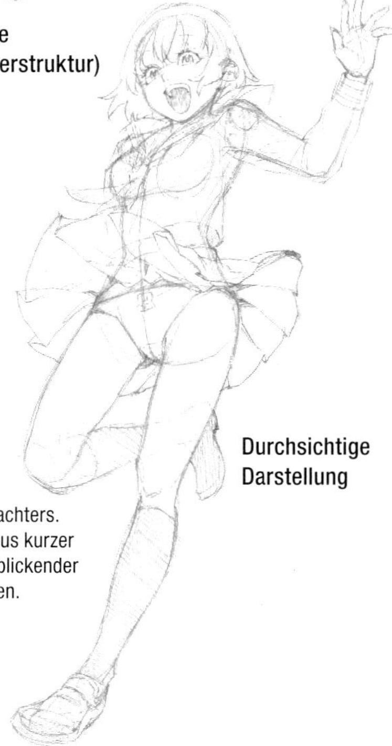

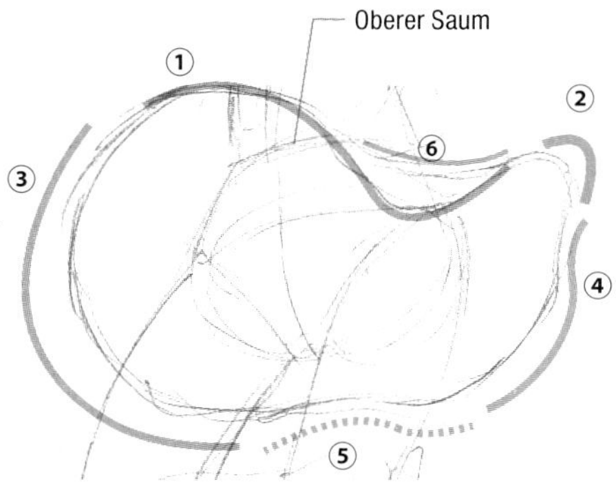

Diese Kurven lassen den Rcck flattern. Bei ① wird eine wellenförmige Linie gezeichnet. Danach setzt ihr die seitlichen ②, ③, ④ und danach ⑤ hinter dem Körper. Für ⑥ nehmt ihr das obere Ende.

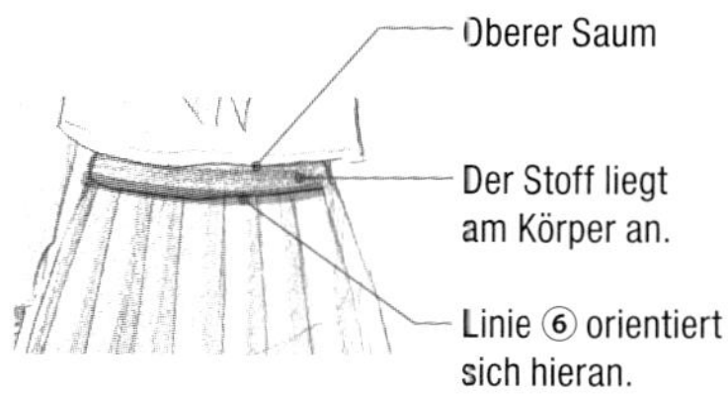

● Kragen

Bei der heraufblickenden Perspektive wird das Dreieck des Kragens schmaler.

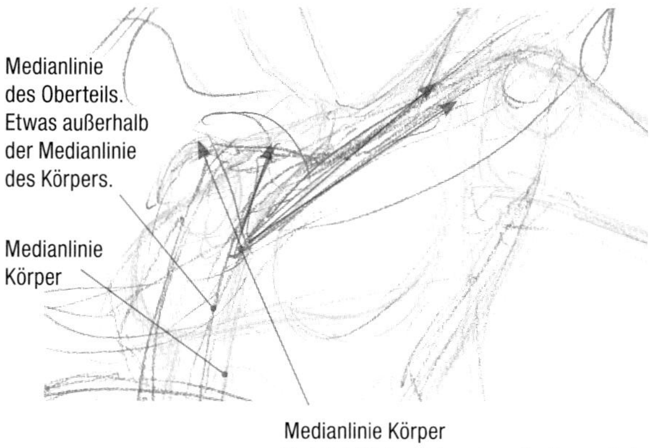

● Slip

Die Kurve am oberen Ende zeigt die Wölbung des Bauchs.

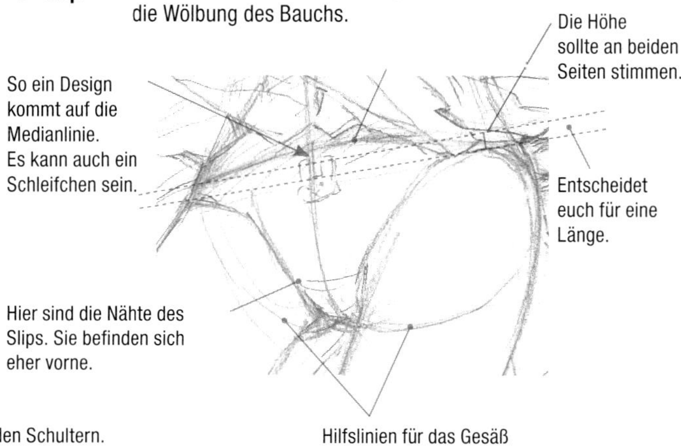

Sitzen, ein Knie aufgestellt

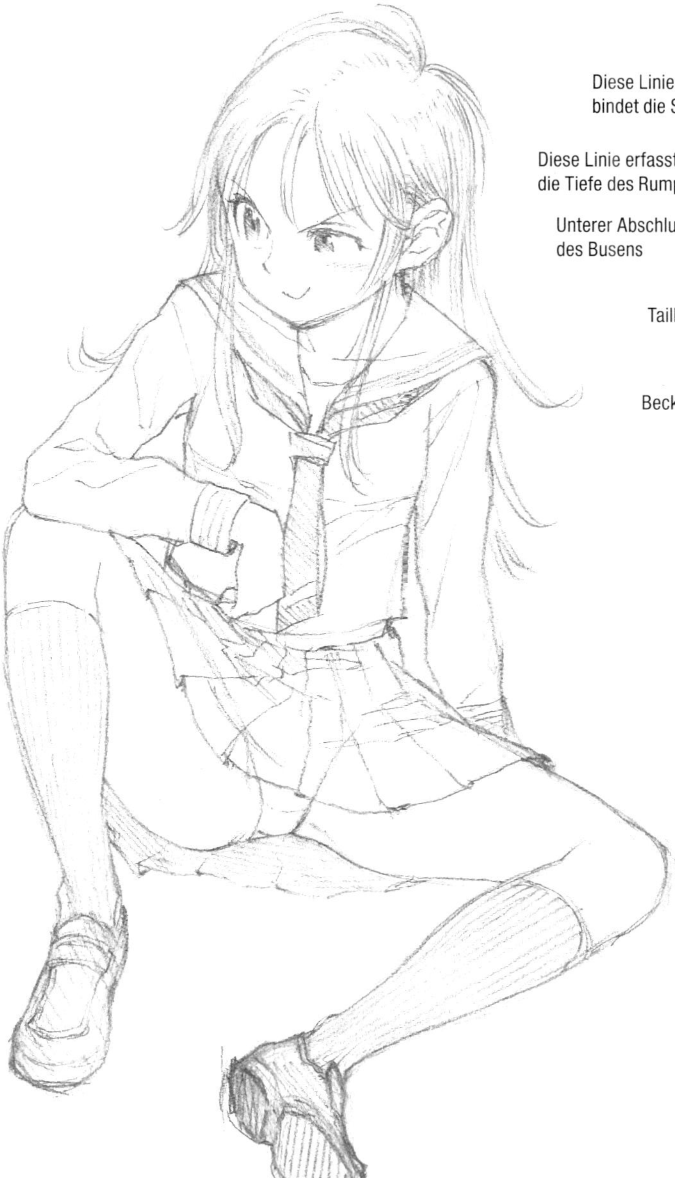

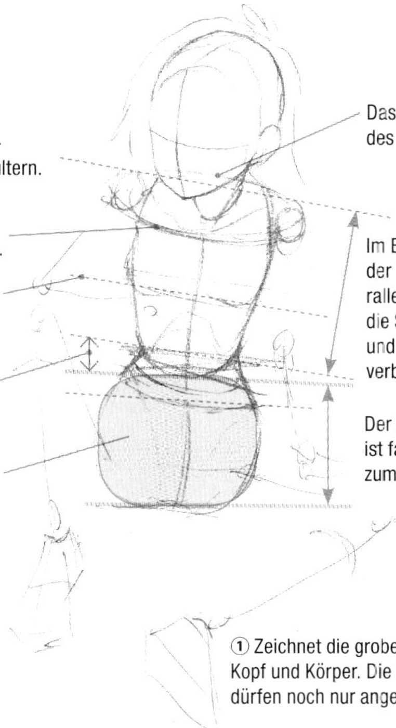

① Zeichnet die grobe Struktur von Kopf und Körper. Die Gliedmaßen dürfen noch nur angedeutet sein.

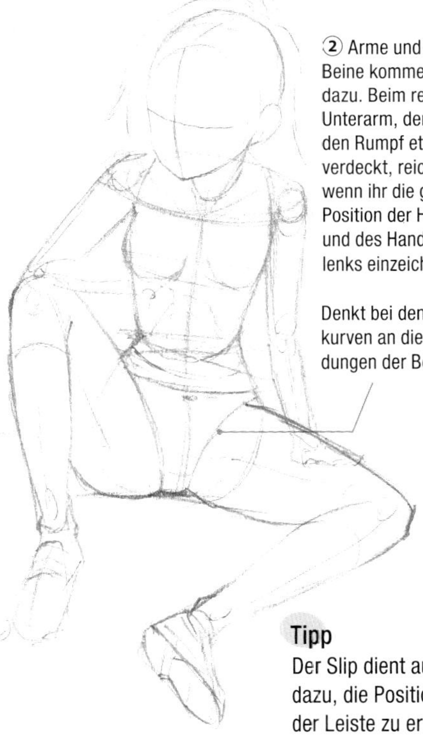

② Arme und Beine kommen dazu. Beim rechten Unterarm, der den Rumpf etwas verdeckt, reicht es, wenn ihr die grobe Position der Hand und des Handgelenks einzeichnet.

Tipp
Der Slip dient auch dazu, die Position der Leiste zu erfassen.

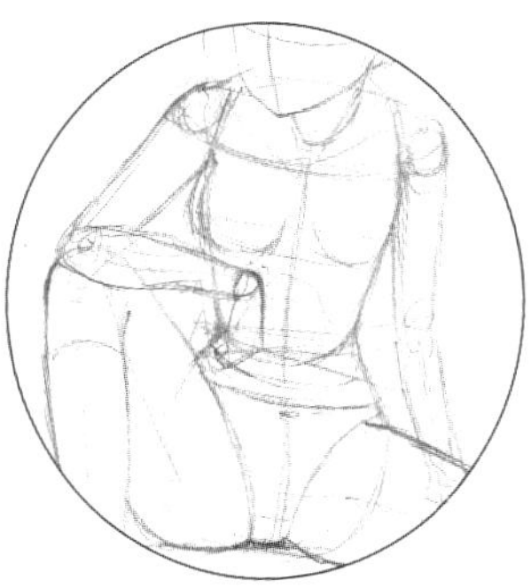

Referenz: Hier wurde auch der rechte Arm skizziert. Überlegt euch, wie die Hand und das Handgelenk werden sollen.

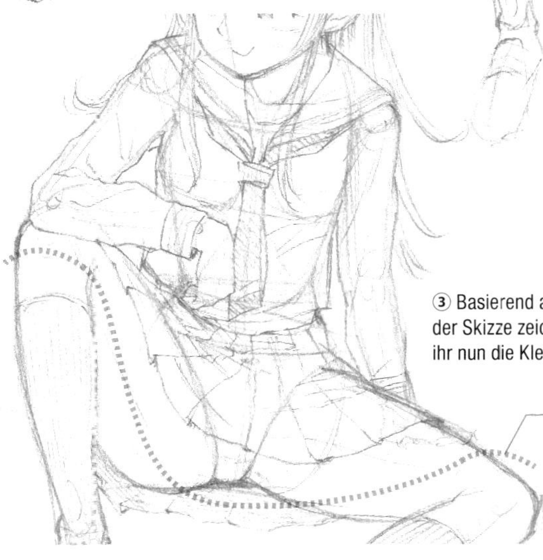

③ Basierend auf der Skizze zeichnet ihr nun die Kleidung.

Sportbekleidung

Bloomer-Sporthosen* sind eigentlich ein Relikt aus dem letzten Jahrhundert. Dennoch sind sie in der Cosplay- und Manga-Welt weiterhin aktuell. Zeichnet bei den Oberteilen Falten und zeigt so den bequemen Schnitt.

* Auch »Buruma«: Sport-Panty. Die ursprünglichen Buruma waren bauschig und länger.

● Frontalansicht

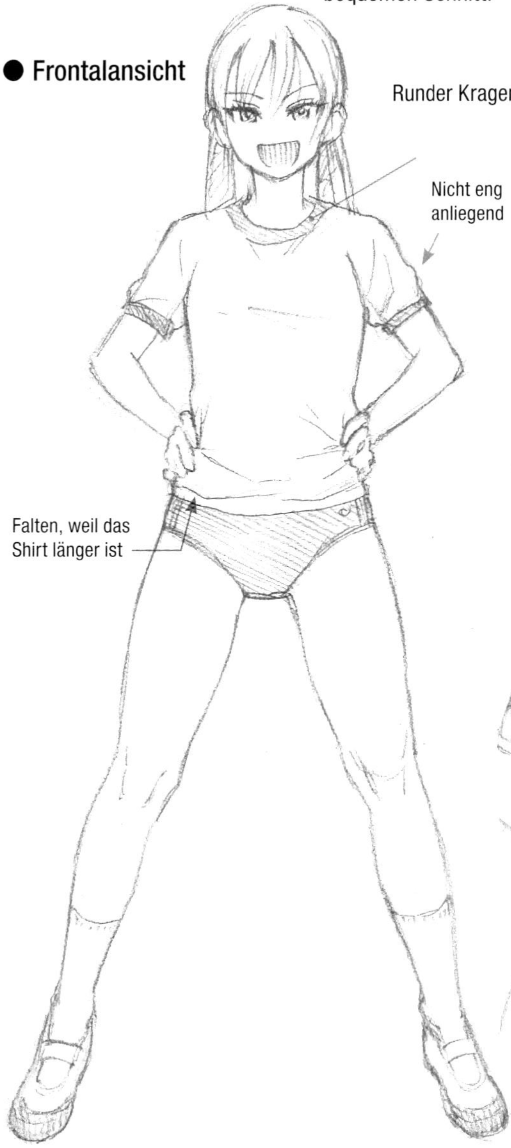

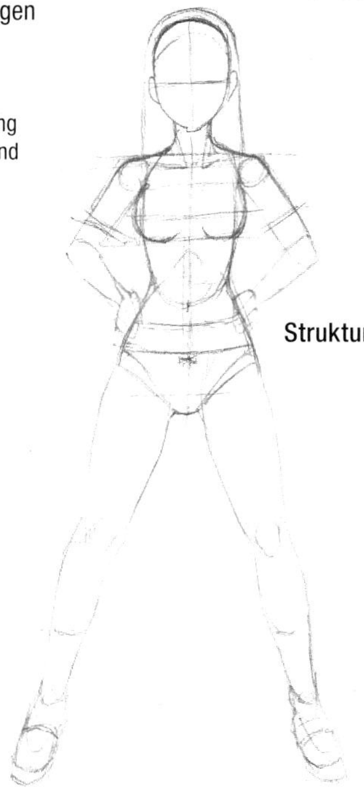

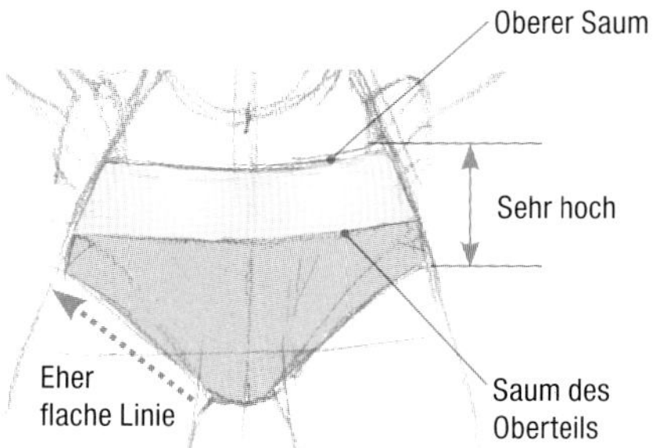

Die Linie am Bein ist niedriger als bei einem Slip oder Bikini.

● Seitenansicht

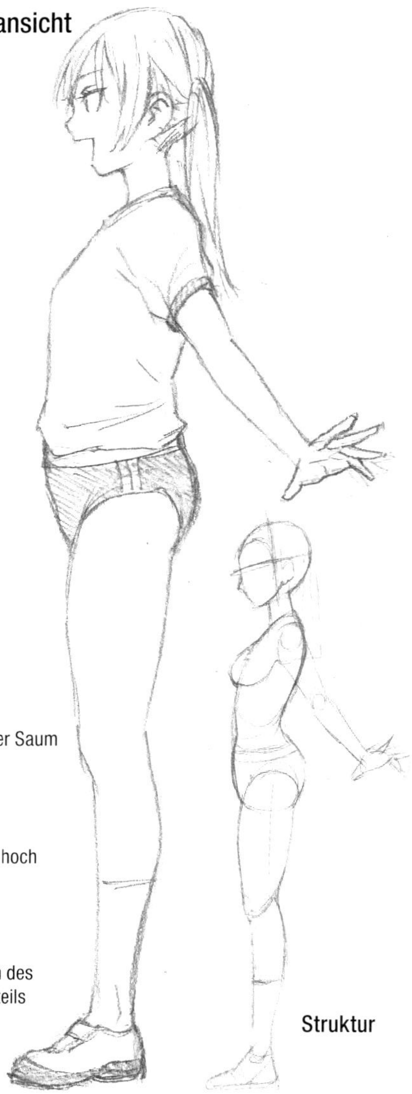

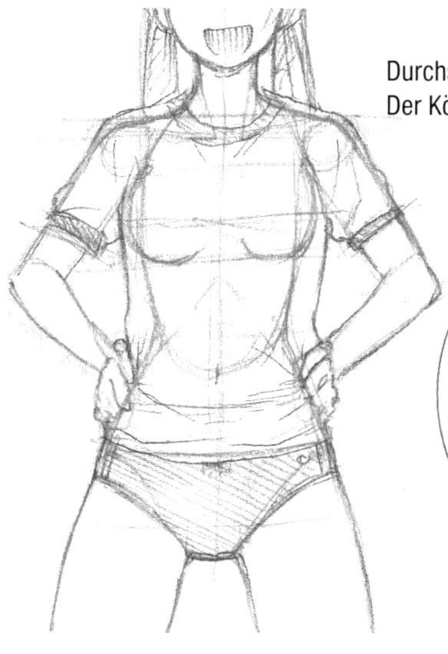

Durchsichtige Darstellung.
Der Körper wird locker umhüllt.

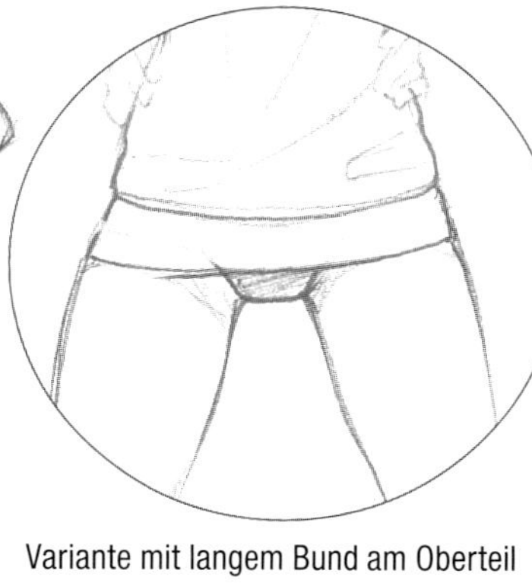

Variante mit langem Bund am Oberteil

Durchsichtige Darstellung

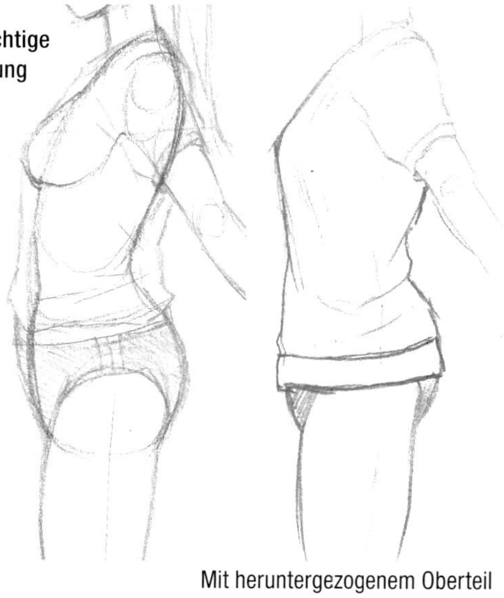

Mit heruntergezogenem Oberteil

● Rückansicht

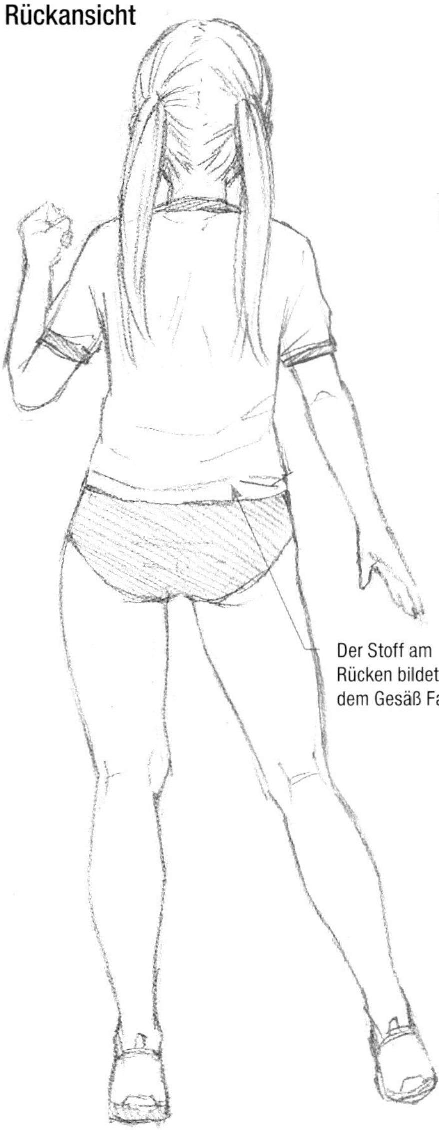

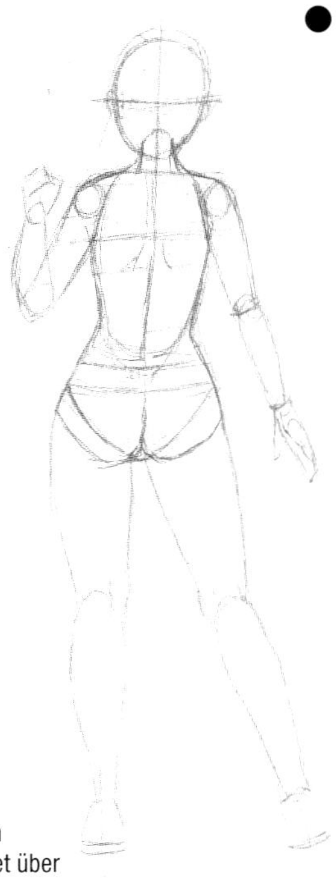

Der Stoff am Rücken bildet über dem Gesäß Falten.

● Laufen

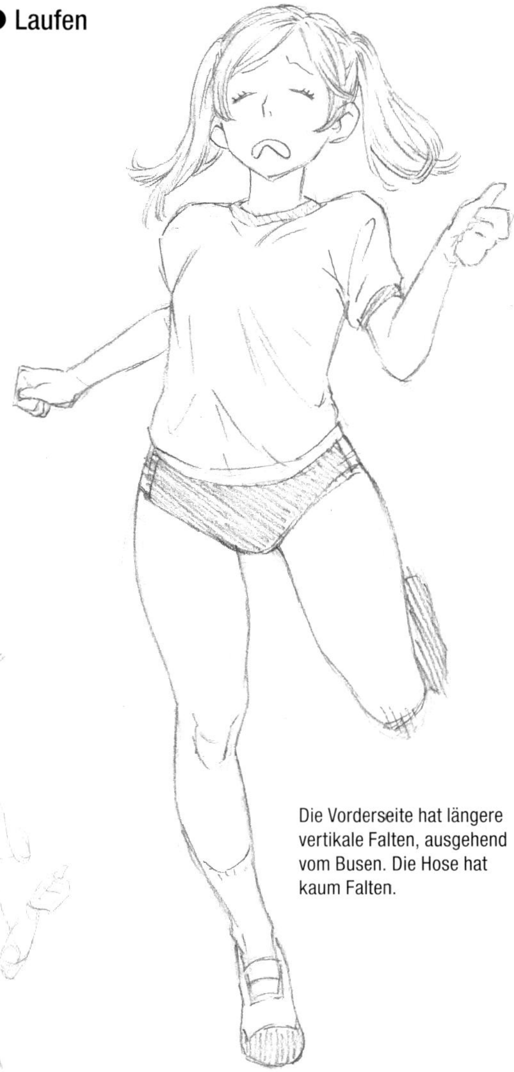

Die Vorderseite hat längere vertikale Falten, ausgehend vom Busen. Die Hose hat kaum Falten.

Struktur

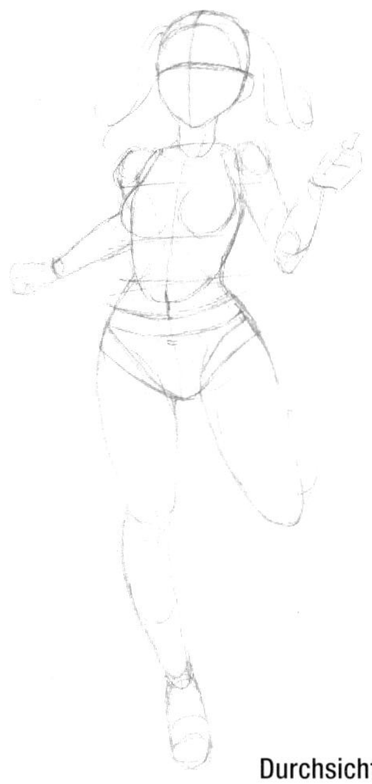

Durchsichtige Darstellung

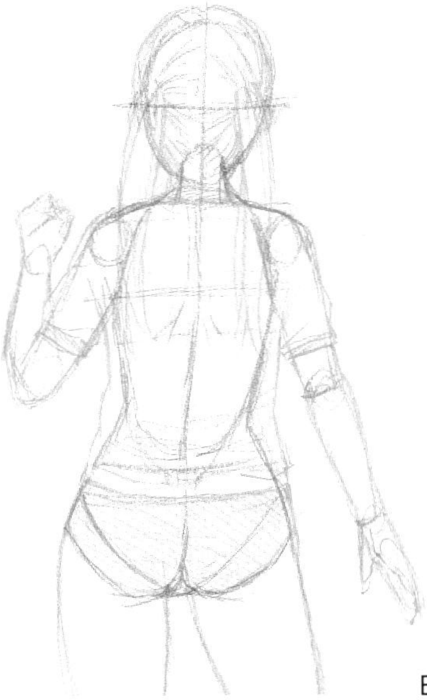

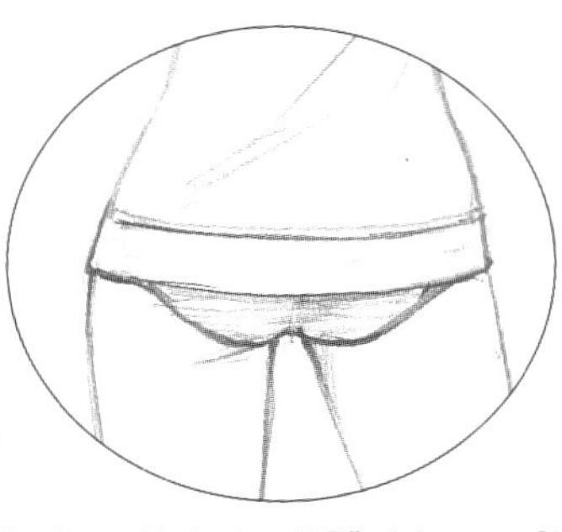

Eine lange Variante mit Bündchen am Oberteil

Durchsichtige Darstellung

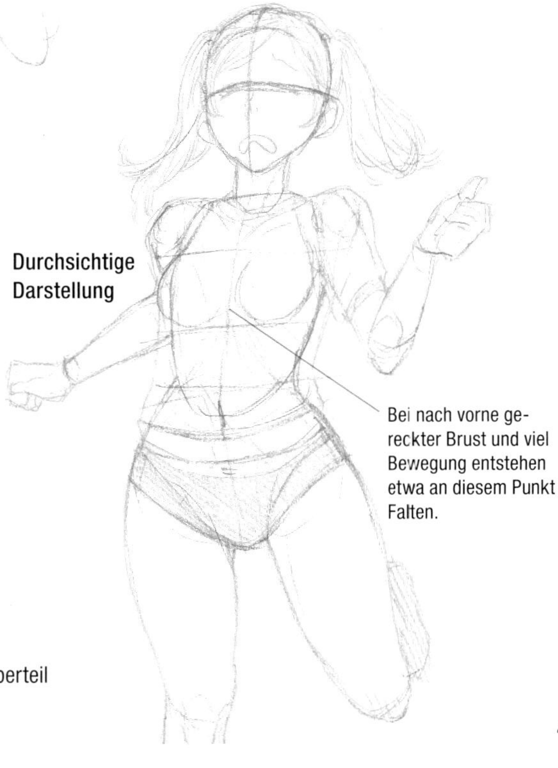

Bei nach vorne gereckter Brust und viel Bewegung entstehen etwa an diesem Punkt Falten.

● Sitzen

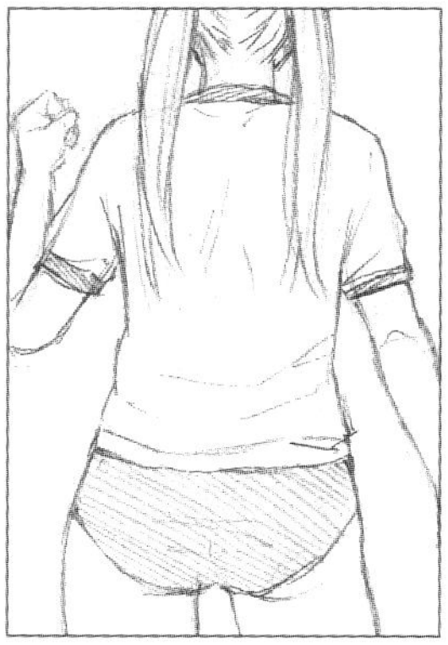

Falten am Rücken.
Hauptsächlich einfache Kurven.

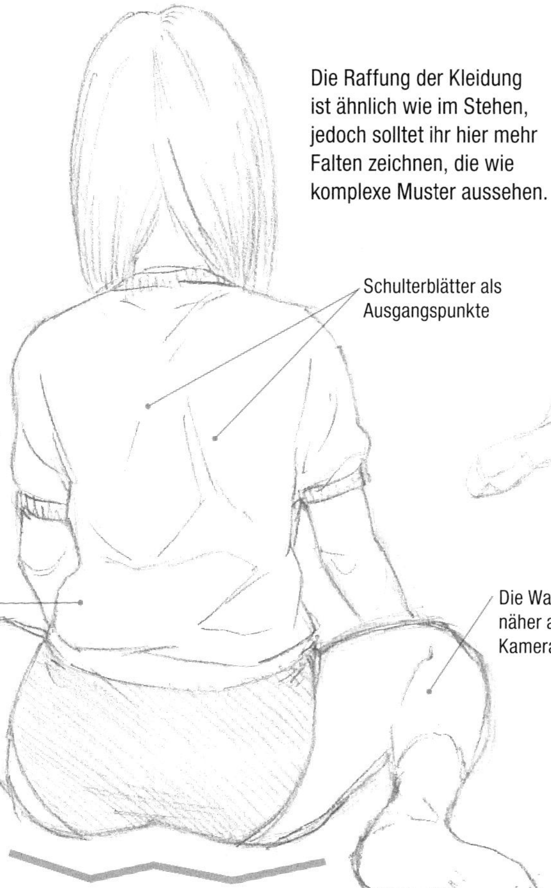

Werden die Beine asymmetrisch angewinkelt, wirkt die Person natürlich und entspannt.

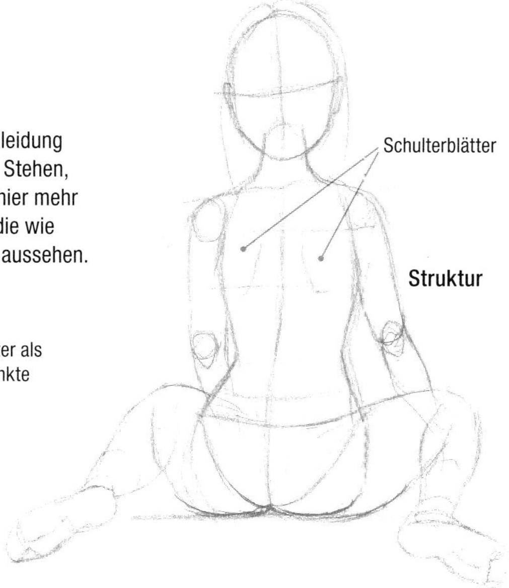

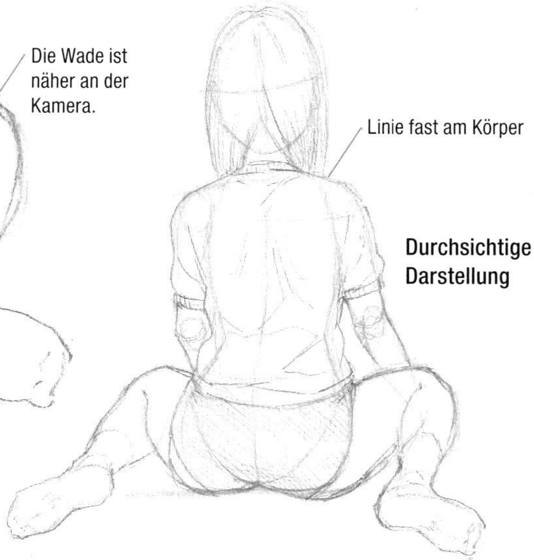

● Umfasste Knie

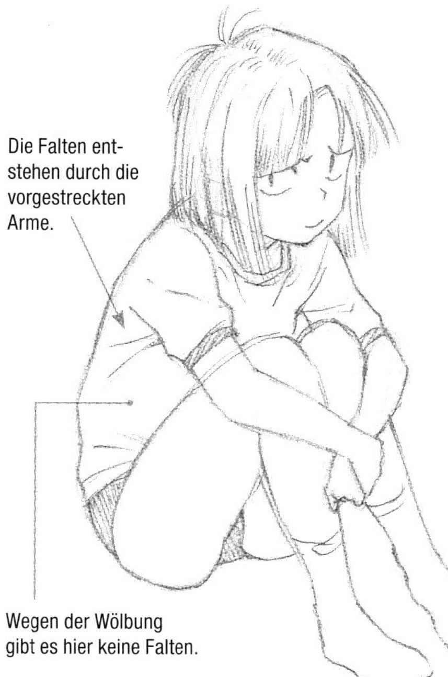

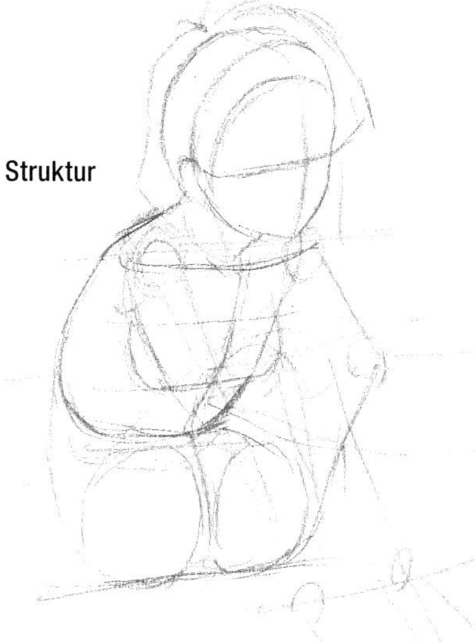

Skizze des Rumpfes

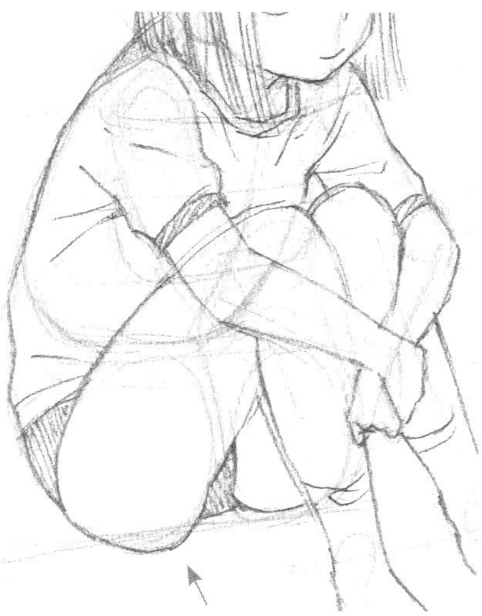

Schlankere Oberschenkel vermitteln Jugendlichkeit. Dafür wird die Muskulatur verstärkt gezeichnet, um das Gesäß besser darzustellen.

● Hinfallen

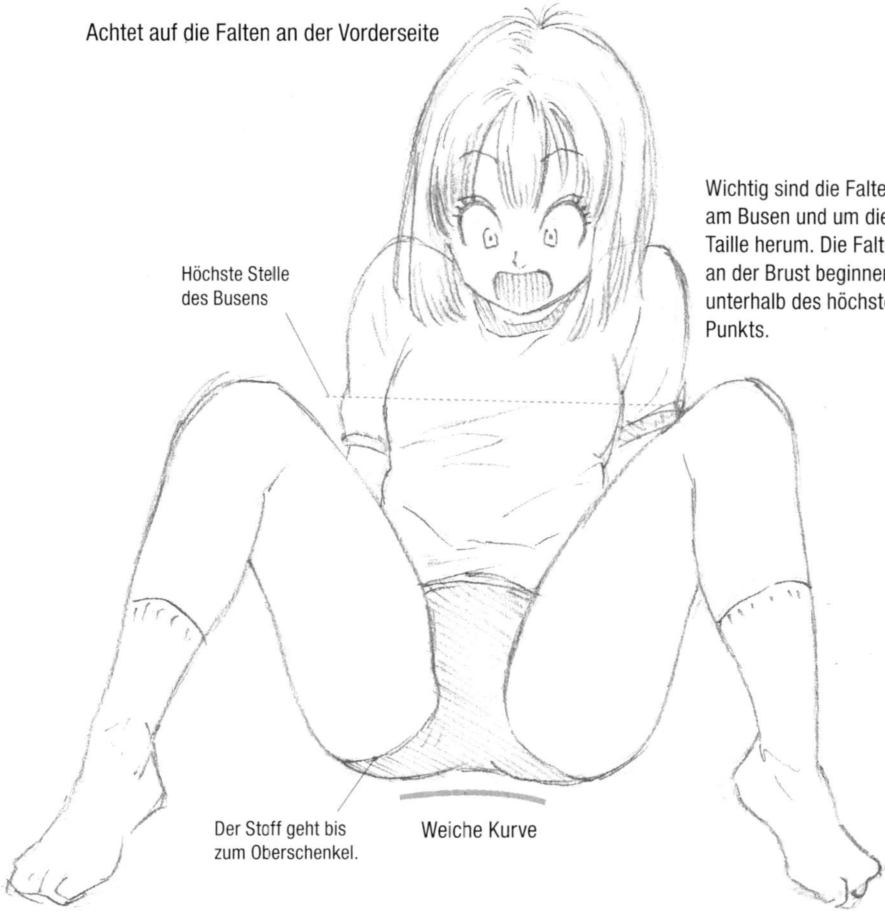

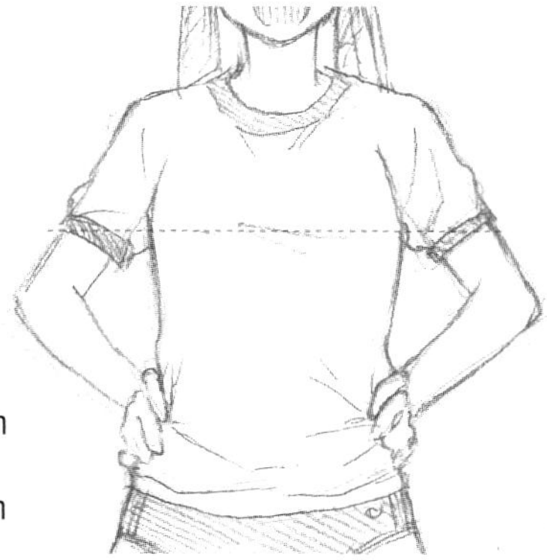

Gerader Stand: Horizontale Falten zwischen den höchsten Stellen

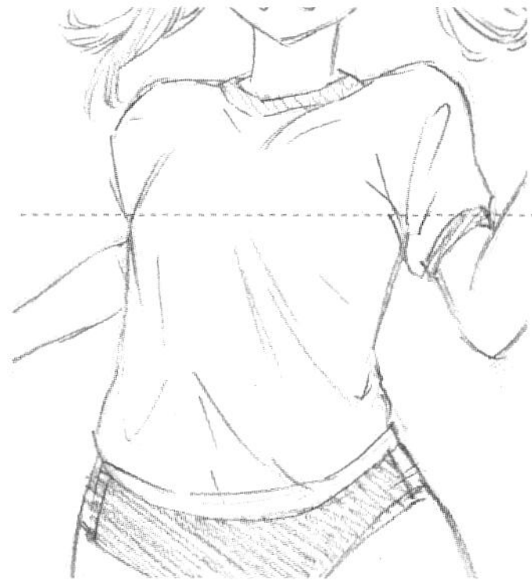

Beim Laufen: Vertikale Falten unter dem Busen

Struktur

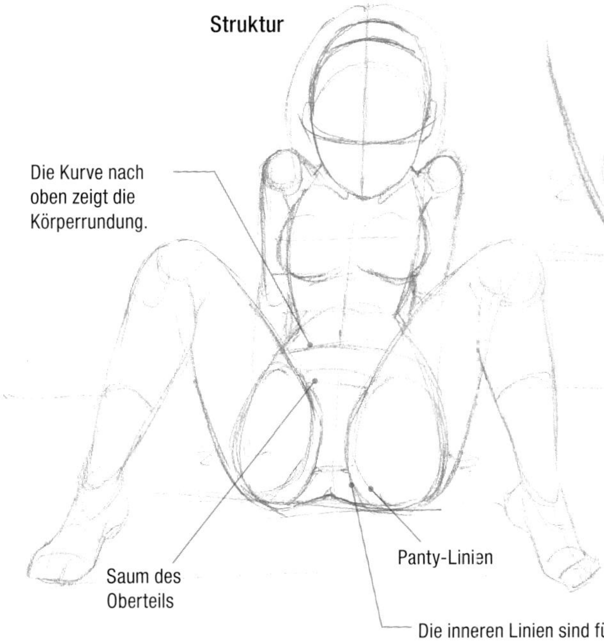

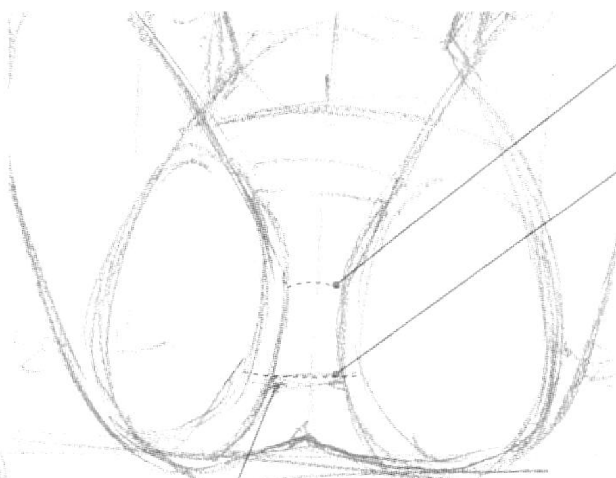

Durchsichtige Darstellung

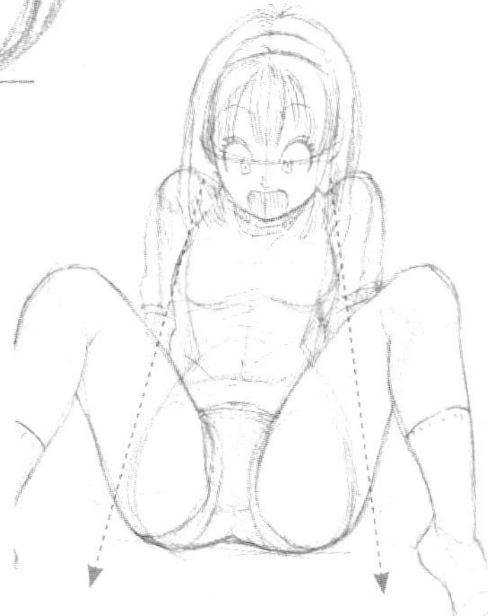

Der Rumpf wird zum Gesäß hin breiter.

● Oberteil ausziehen

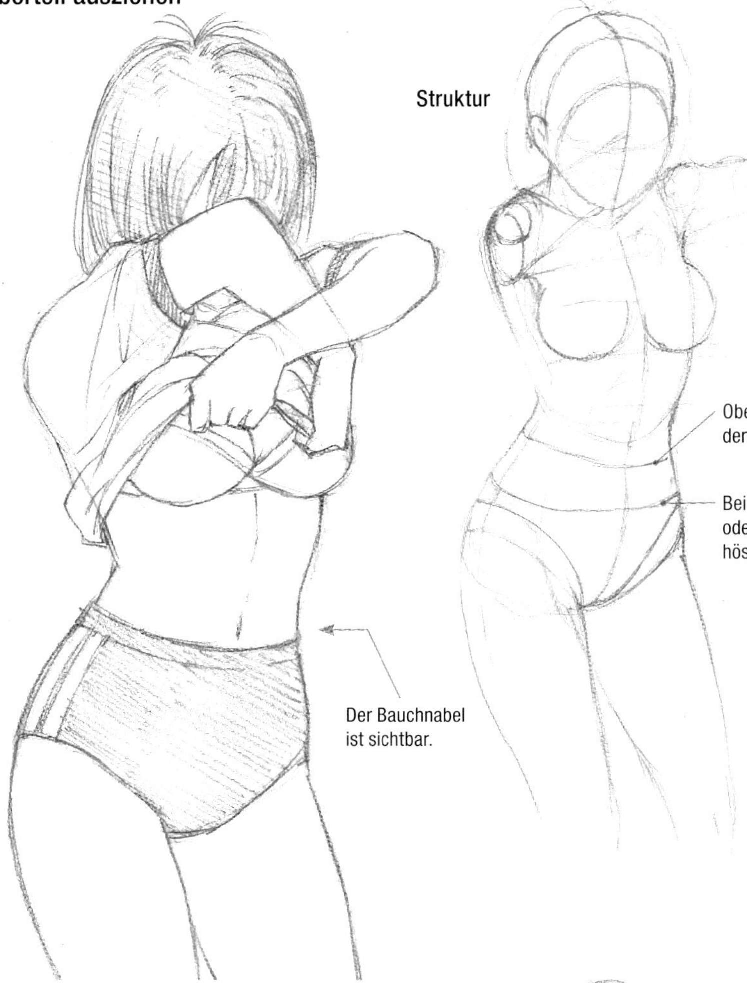

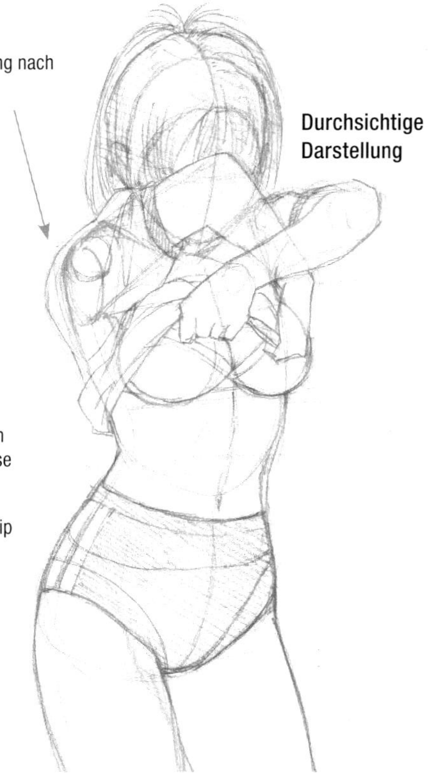

Falten bei Panty-Sporthose (vorne)

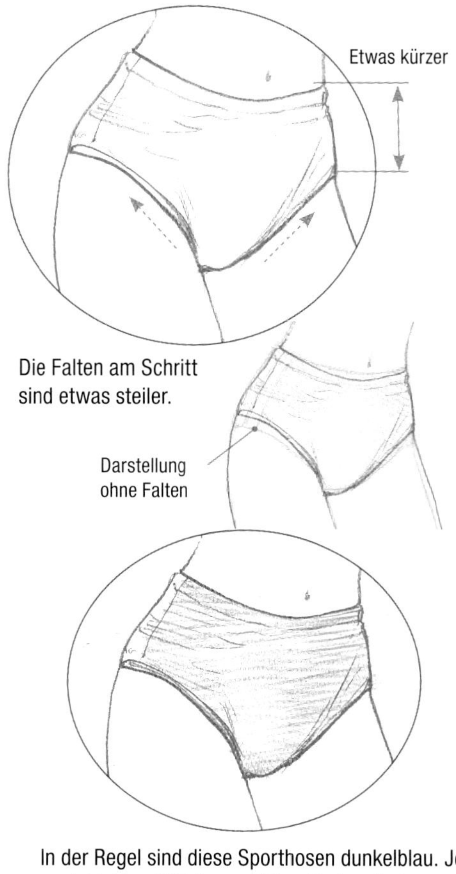

In der Regel sind diese Sporthosen dunkelblau. Je nach Lichtverhältnissen gibt es Farbveränderungen.

● Am Oberteil ziehen

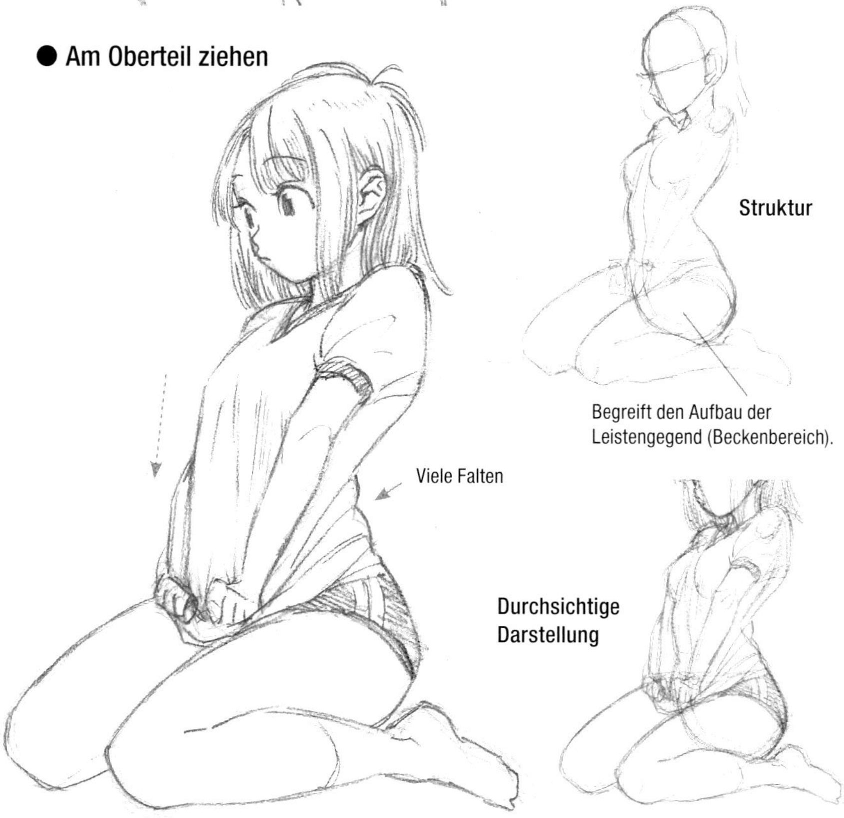

● Am Rücken kratzen

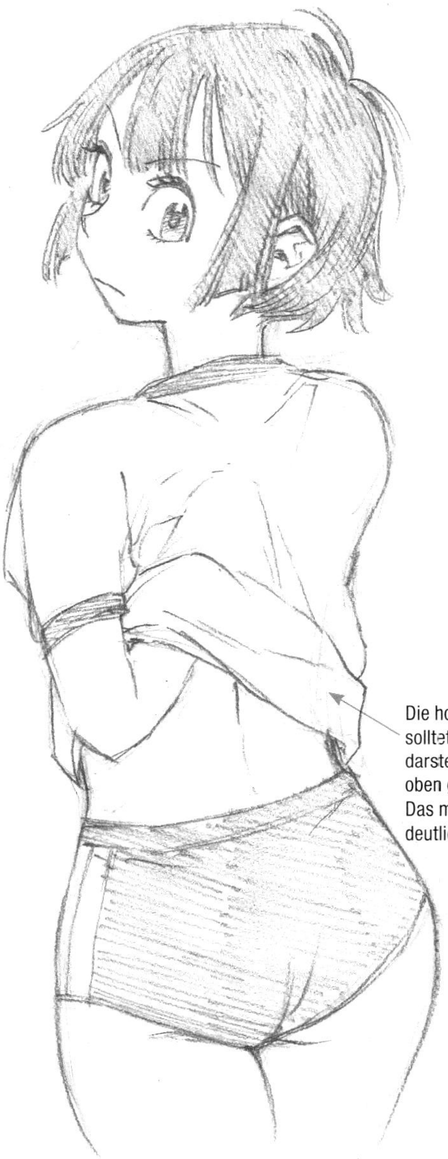

Die hochgeraffte Stelle solltet ihr als Streifen darstellen, der nach oben gezogen wird. Das macht die Partie deutlicher.

Struktur

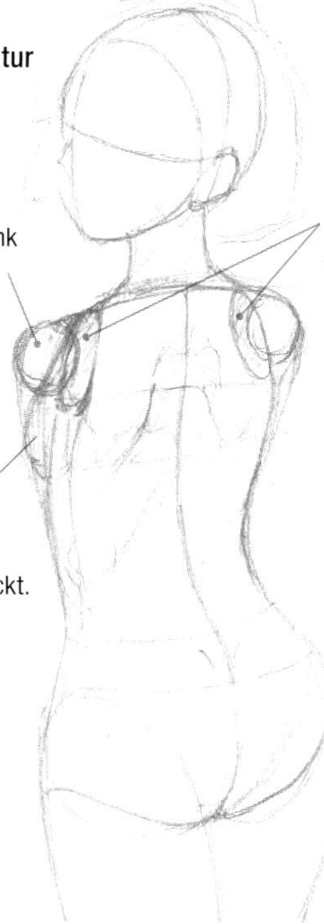

Schultergelenk

Ovale für die Armwurzeln

Die Brust wird von Arm und Oberteil verdeckt.

Durchsichtige Darstellung

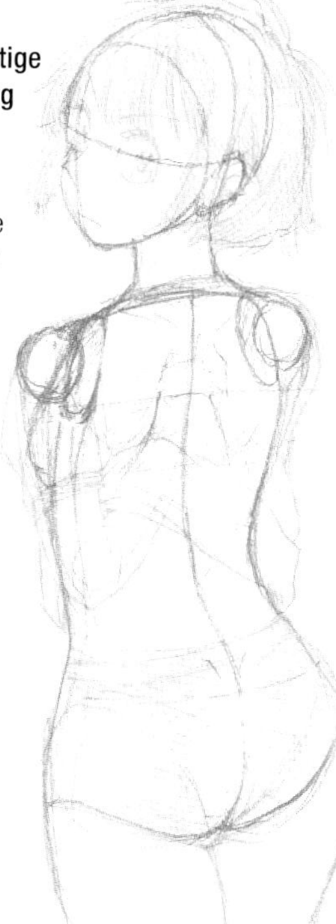

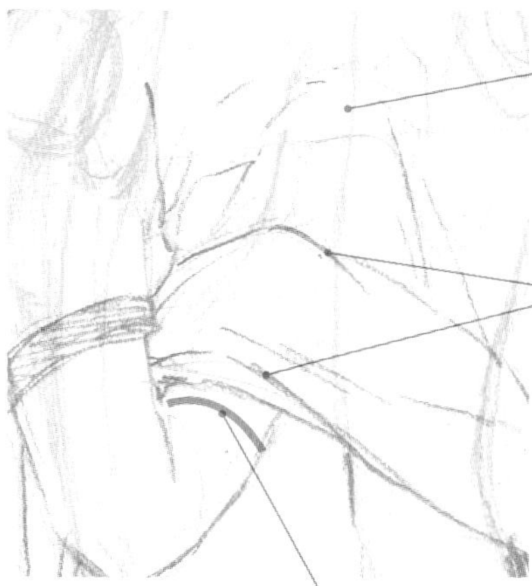

Die Hand könnt ihr vernachlässigen. Der Stoff ist recht dick, daher sind die Finger kaum erkennbar.

Diese Kurven zeigen die Plastizität des Arms.

Kurve für den Arm

Falten an der Sporthose (hinten)

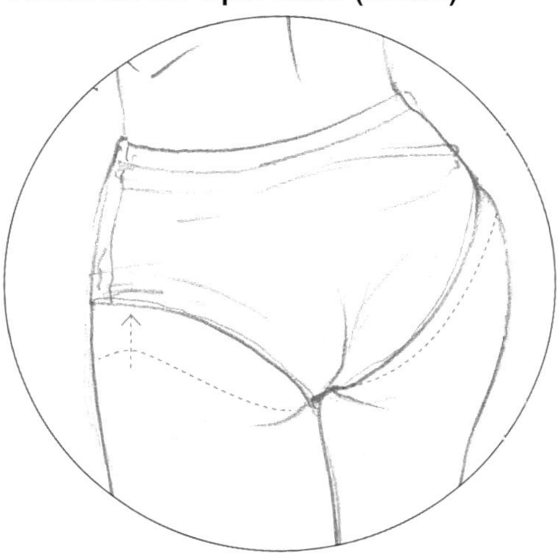

Solche Falten entstehen, wenn sie leicht hochgerutscht ist.

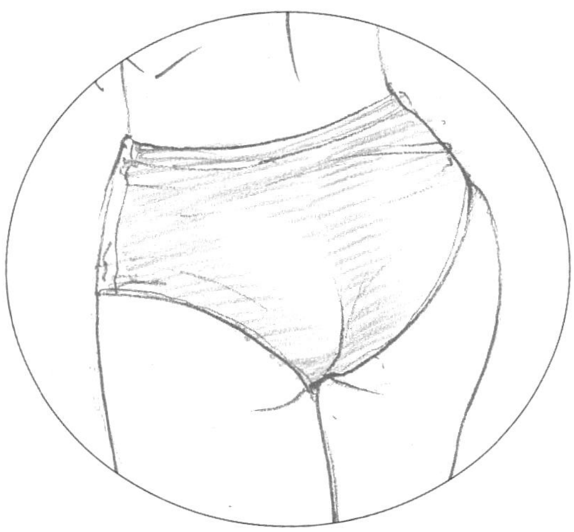

Schattierungen, um die Plastizität des Gesäßes zu zeigen. Hier kommt das Licht von oben rechts.

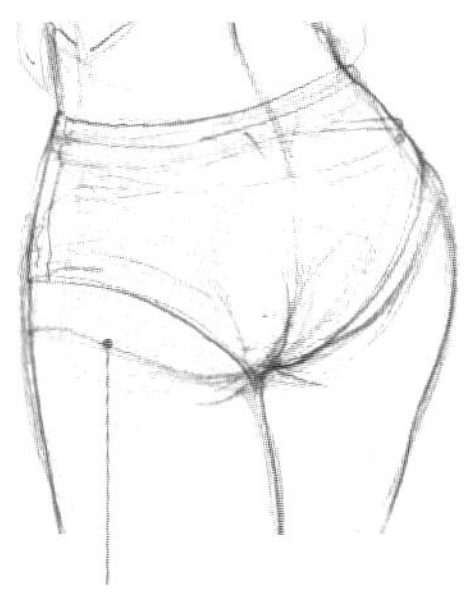

Wenn der Stoff so weit unten sitzt, gibt es kaum Falten.

Charaktere am Tisch

Hier zeichnen wir einen Tisch mit Stuhl und einen sitzenden Charakter.

1. Das Gesamtbild verstehen
2. Stuhl und Tisch grob zeichnen
3. Charakter zeichnen

Das Gesamtbild erfassen

Skizze des Gesamtbildes.
Auch wenn ihr eine Vorlage wie ein Foto habt, solltet ihr zunächst mit so einer groben Fassung anfangen.

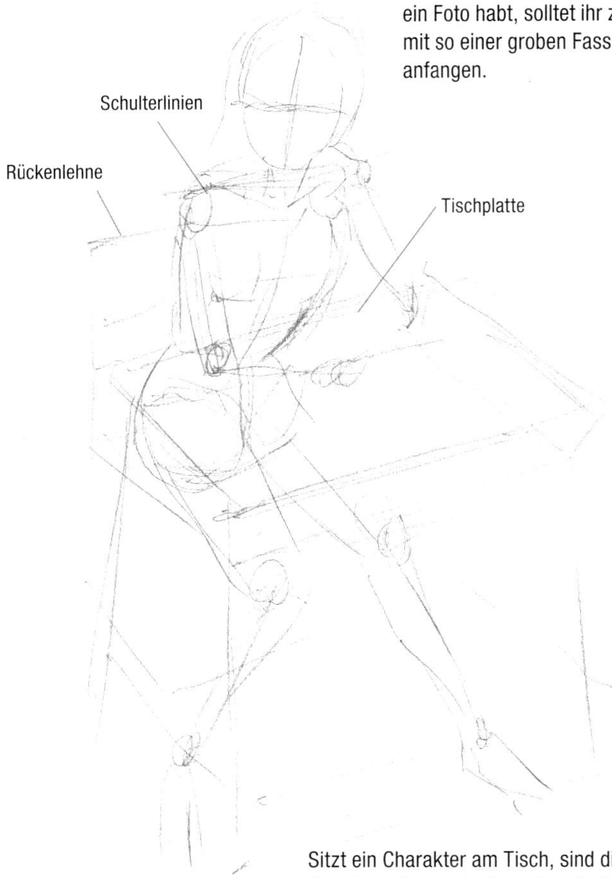

Sitzt ein Charakter am Tisch, sind die Schulterlinien sowie die Linien der Rückenlehne und der Tischfläche fast parallel.

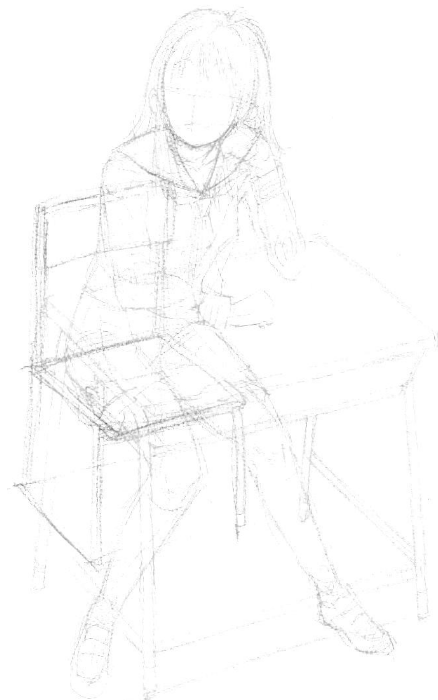

Unter Berücksichtigung von Tisch und Stuhl zeichnet ihr den Körper. Denkt daran, auch die unsichtbaren Stellen zu zeichnen.

● Tisch und Stuhl

Beginnt mit der groben Fassung. Rückenlehne, Tischplatte und Bodenfläche haben nahezu parallele Linien.

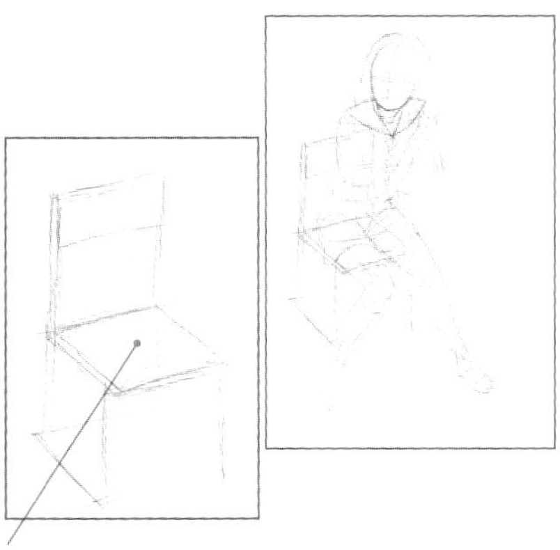

Die Sitzfläche ist wichtig. Darüber kommen zahlreiche Linien des Charakters und des Tischs. Es hilft, wenn ihr erst den Stuhl und den Charakter zeichnet und erst später den Tisch.

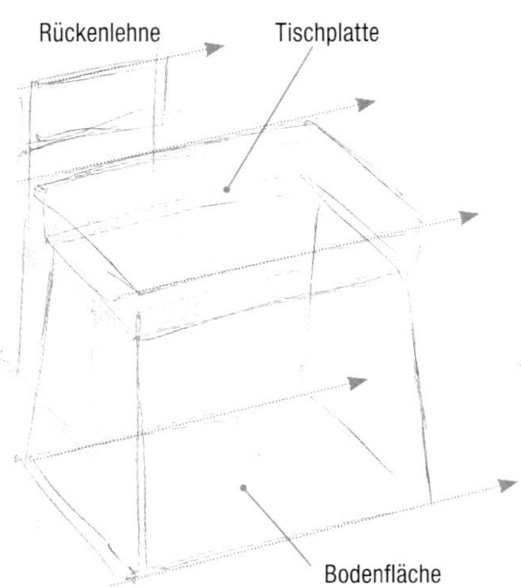

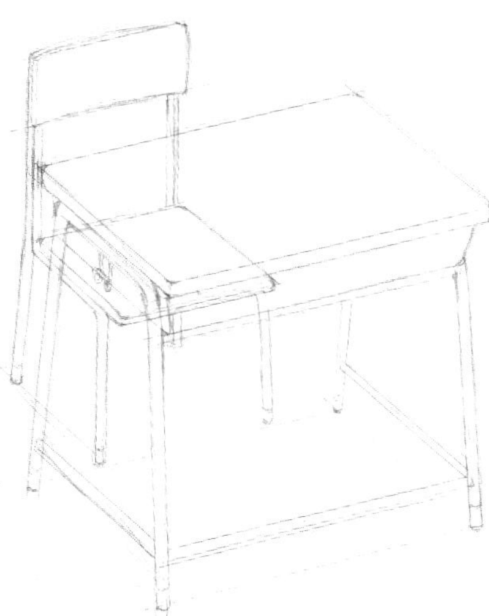

Der Körper im Sitzen

Eigentlich zeichnet ihr den Körper, basierend auf der groben Fassung von Tisch und Stuhl, aber ignorieren wir erst einmal die Möbel.

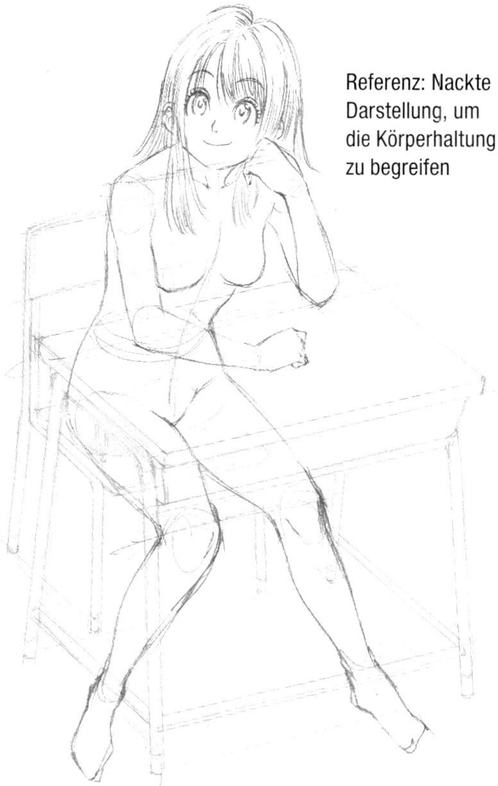

Referenz: Nackte Darstellung, um die Körperhaltung zu begreifen

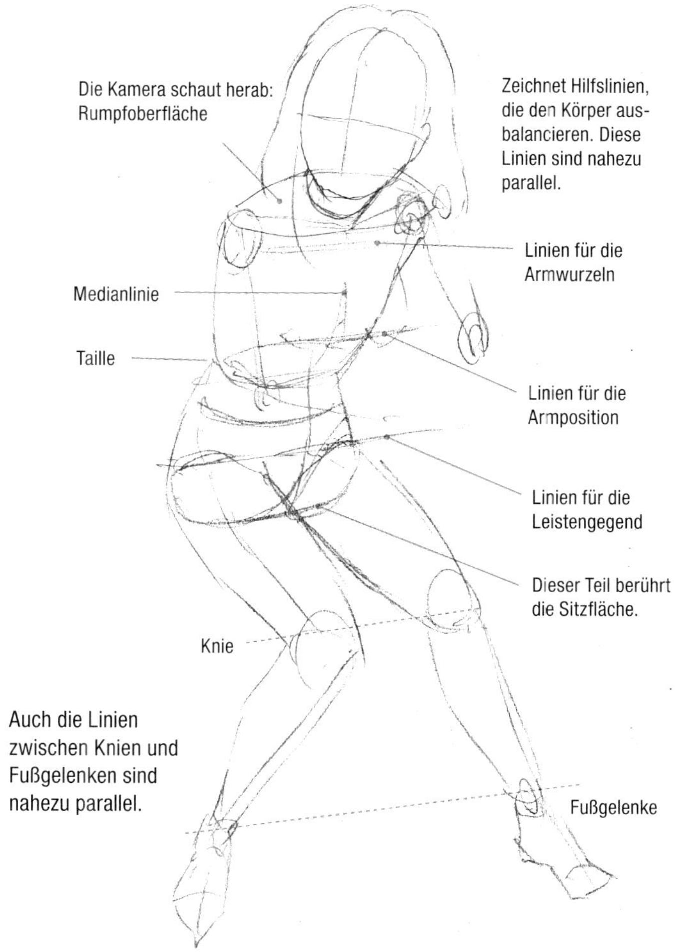

Tipp

Schulterbereich

Wenn die Rumpfstruktur ungefähr klar ist, werden die Arme eingezeichnet.

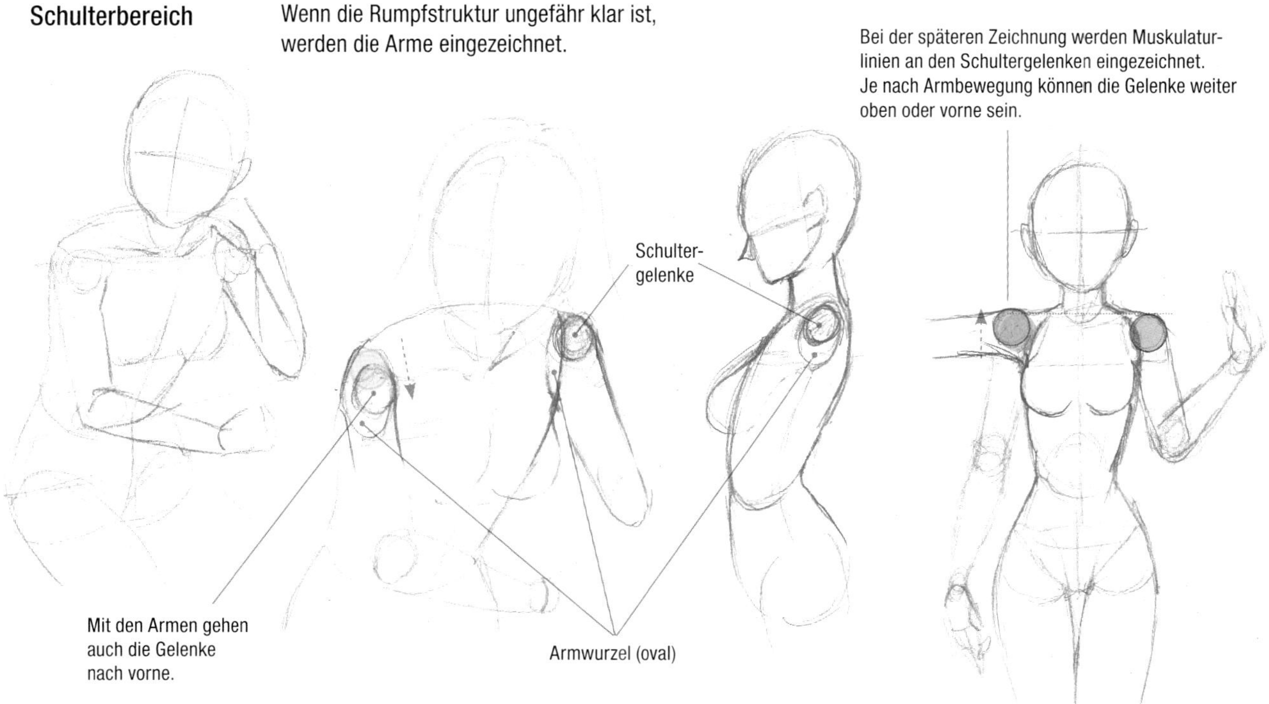

Schuluniform

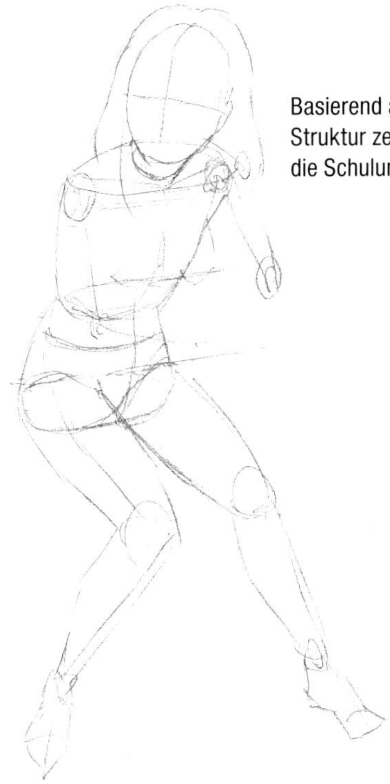

Basierend auf der groben Struktur zeichnen wir jetzt die Schuluniform.

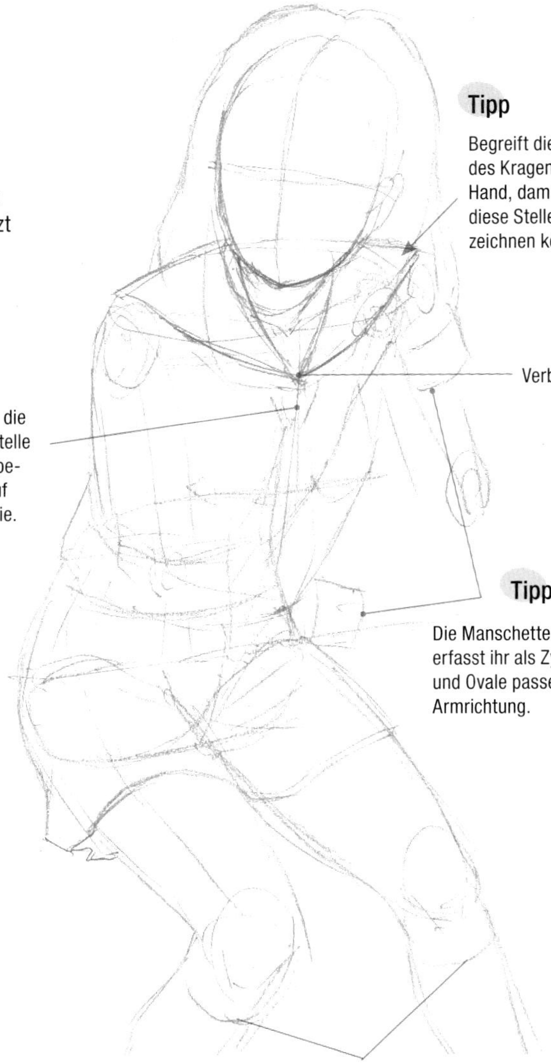

Tipp

Begreift die Form des Kragens unter der Hand, damit ihr auch diese Stellen richtig zeichnen könnt.

Verbindungsstelle

Das Tuch und die Verbindungsstelle des Kragens befinden sich auf der Medianlinie.

Tipp

Die Manschetten erfasst ihr als Zylinder und Ovale passend zur Armrichtung.

Die Beine sind zylindrisch.
Die Linien für die Strümpfe sind gebogen.

Durchsichtige Darstellung

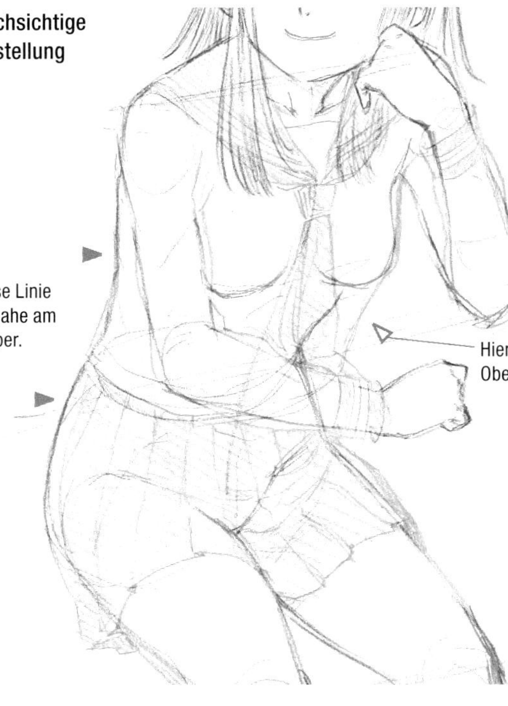

Diese Linie ist nahe am Körper.

Hier ist das Oberteil weiter.

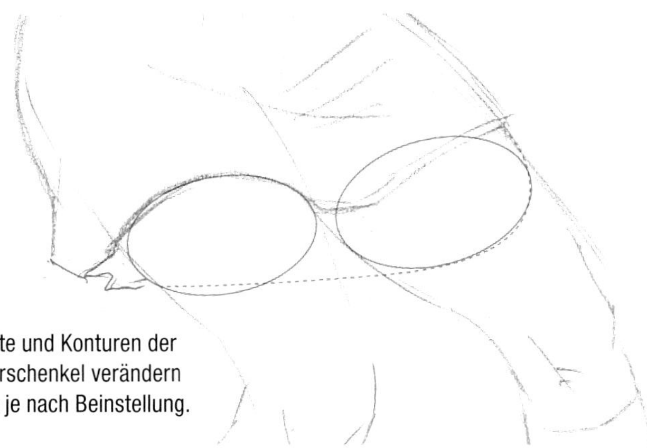

Breite und Konturen der Oberschenkel verändern sich je nach Beinstellung.

Die Linien des Saums bilden große Wellen entlang der Beine. Zuletzt zeichnet ihr die Falten, dann ist der Rock fertig.

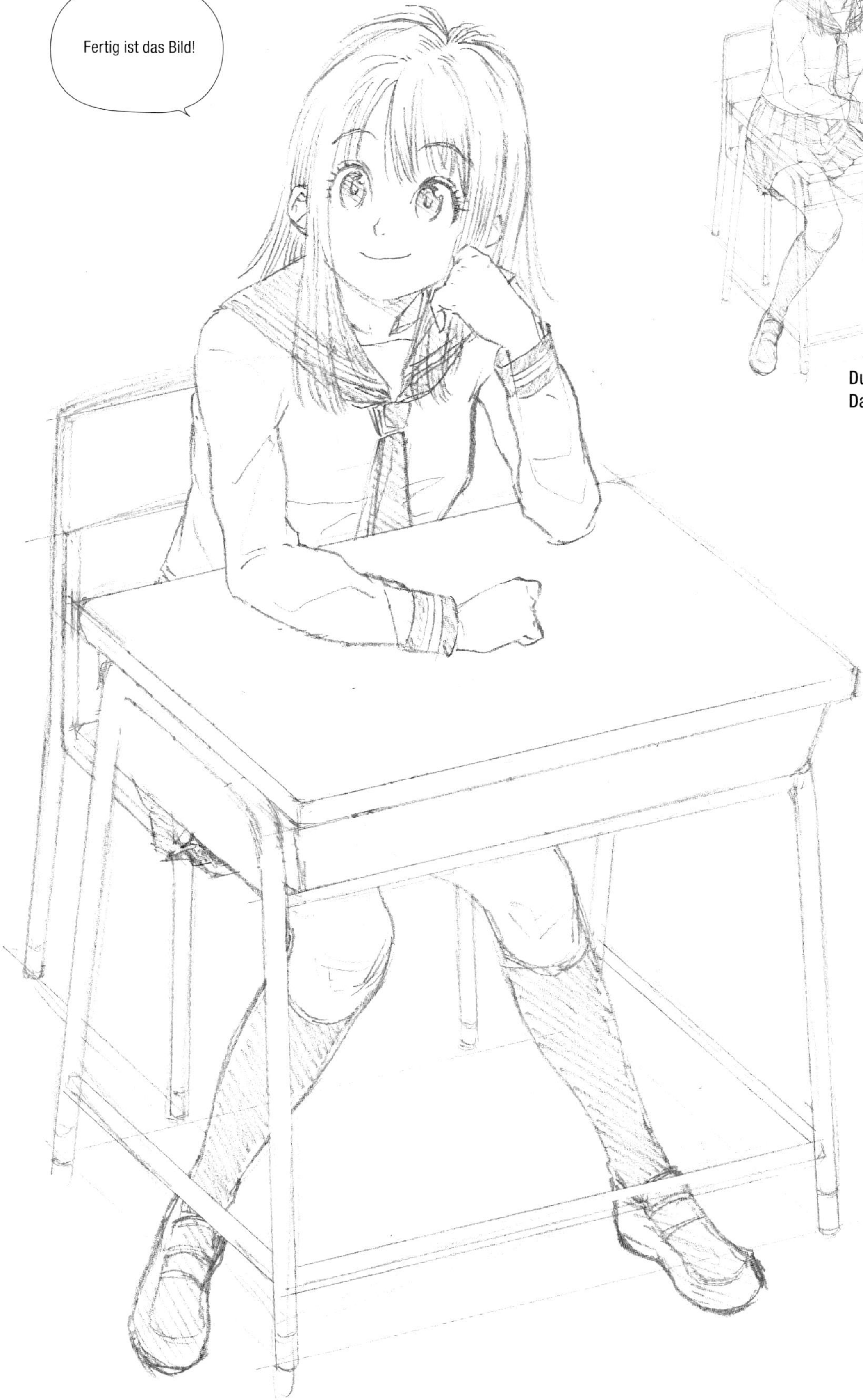

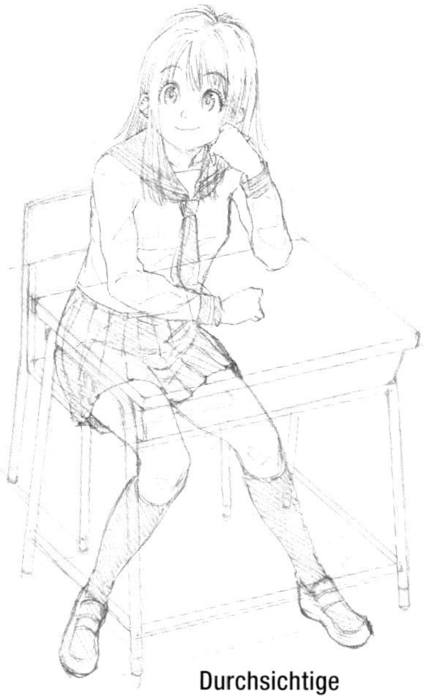

Durchsichtige
Darstellung

Individuelle Charaktere

Anfangs ist es wichtig, Charaktere ganz locker zu zeichnen, so als würdet ihr scribbeln. Nun versuchen wir, einen Schritt weiterzugehen, um Charaktere zu zeichnen, die die Leser nachhaltig beeindrucken.

Männlicher Highschool-Charakter

Wir fangen mit einem sehr individuellen Charakter an.

Ein wilder Charakter in Schuluniform

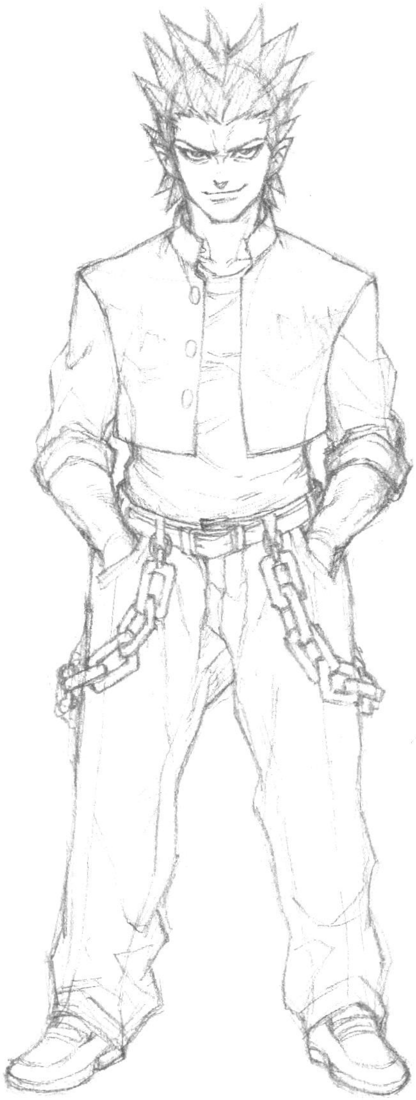

Eine Schuluniform mit extrem kurzem Oberteil. Dazu trägt er Ketten, die kein normales Schmuckstück sind und die man normalerweise nicht tragen würde. Manchmal ist es wichtig, solch absurde Ideen zu haben, die außerhalb des Standards liegen.

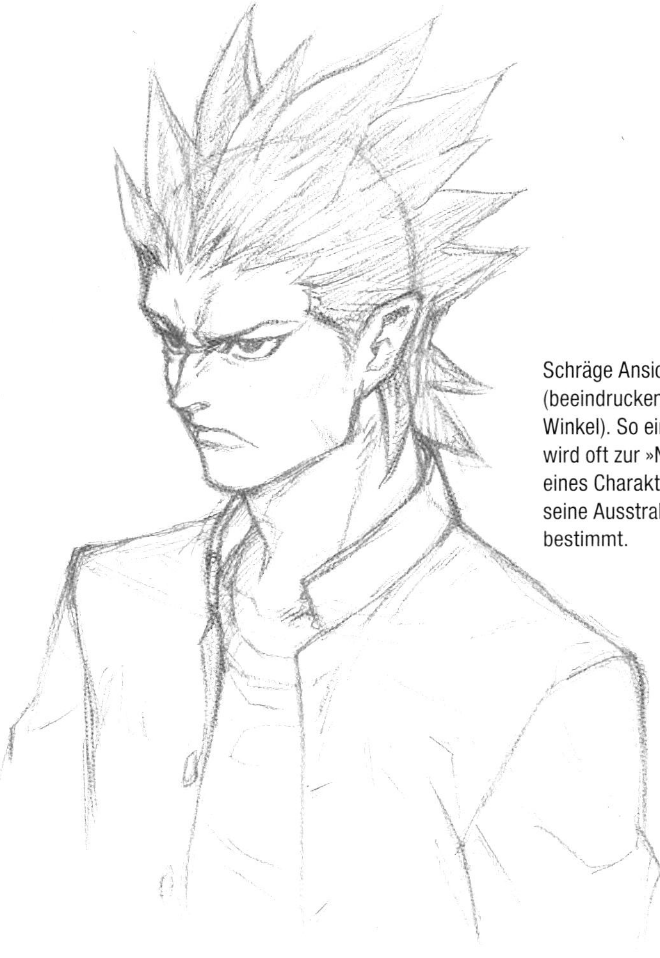

Schräge Ansicht (beeindruckender Winkel). So ein Image wird oft zur »Norm« eines Charakters, die seine Ausstrahlung bestimmt.

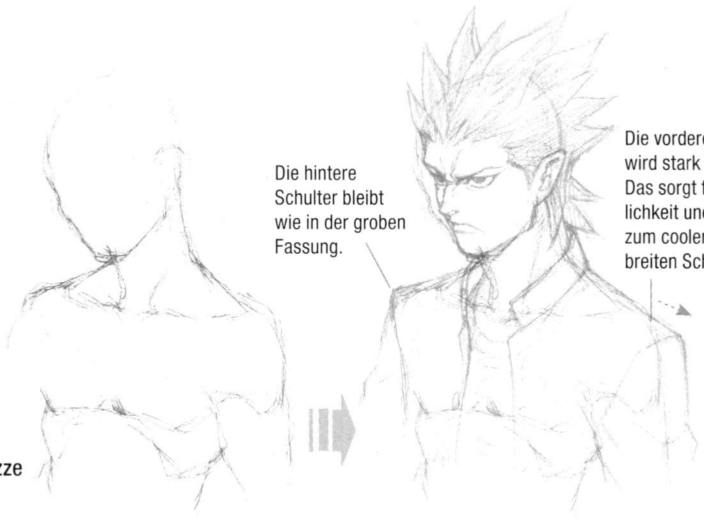

Erste Rohskizze

Die hintere Schulter bleibt wie in der groben Fassung.

Die vordere Schulter wird stark vergrößert. Das sorgt für Räumlichkeit und macht ihn zum coolen Typen mit breiten Schultern.

● Charaktersetting: Drei Ansichten und Mimik

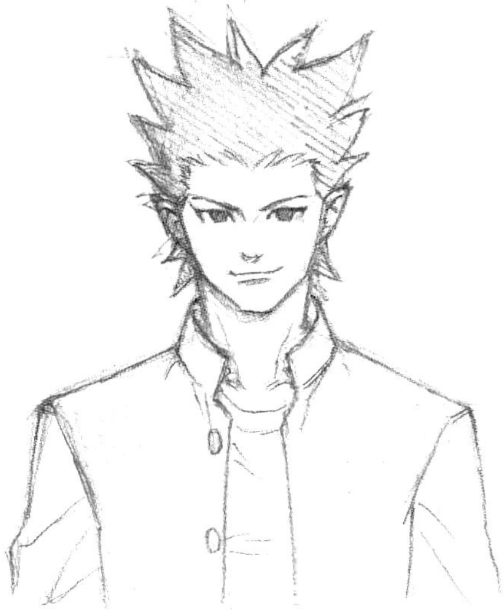

Frontalansicht. Hier macht er einen weicheren Eindruck. Die großen Pupillen vermitteln Ruhe und »Normalität«.

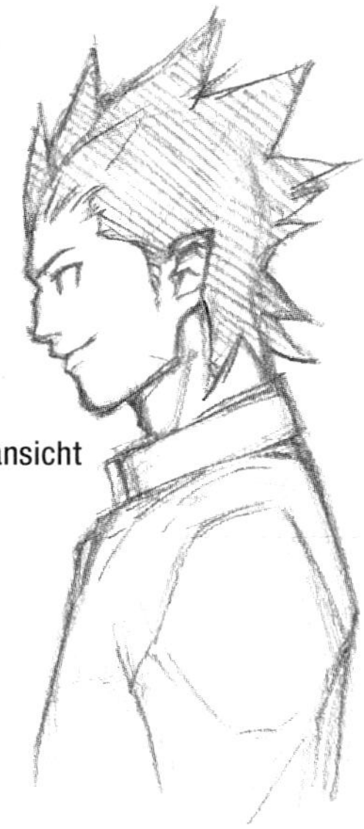

Seitenansicht

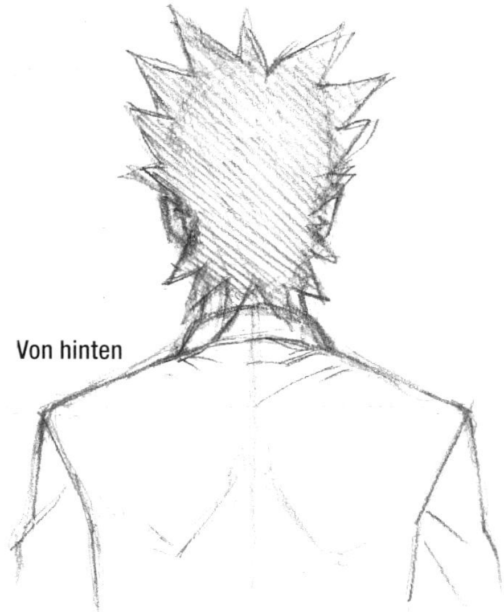

Von hinten

Wenn ihr einen Charakter aus diesen drei Winkeln mit Vergnügen zeichnet, habt ihr eure Zeichentechnik gut entwickelt.

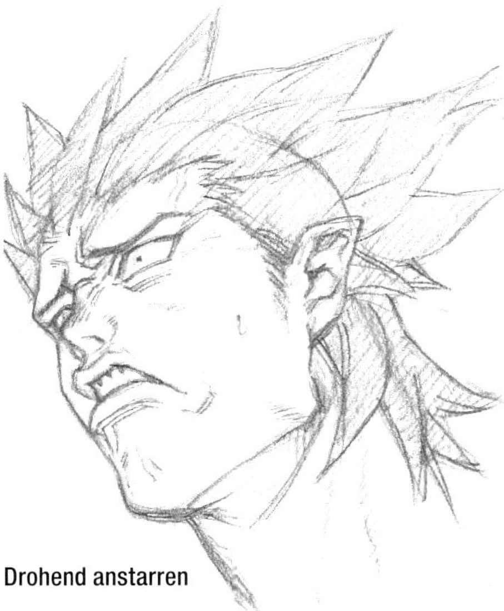

Drohend anstarren

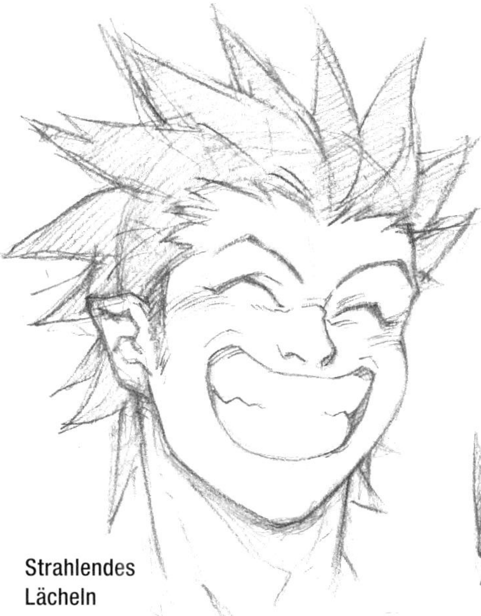

Strahlendes Lächeln

Sucht euch einen Lieblingscharakter und versucht, verschiedene Gesichtsausdrücke und Körperhaltungen aufs Blatt zu bringen.

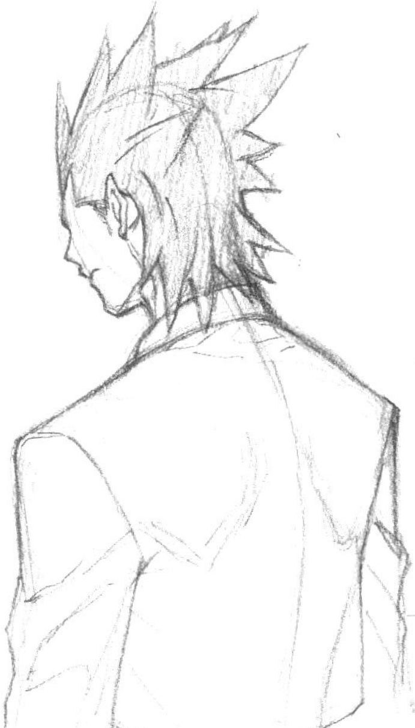

Ansicht von schräg hinten. In Manga kommt diese Perspektive recht häufig vor. Ihr solltet einen Charakter aus den verschiedensten Winkeln skizzieren, um euch zu üben.

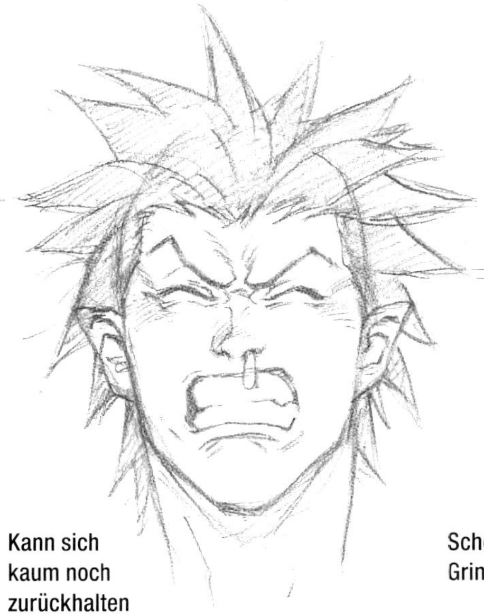

Kann sich kaum noch zurückhalten

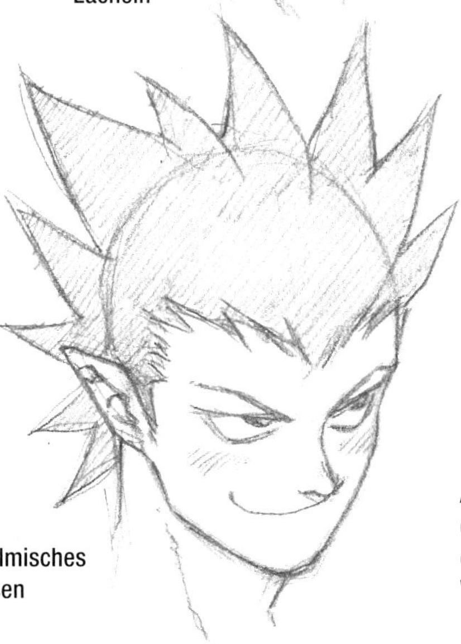

Schelmisches Grinsen

Familienmitglieder

Exzentrischer Hauptcharakter und normale Familie. Oder schräge Familienmitglieder. Zeichnet die Familie des Helden und denkt euch Details aus.

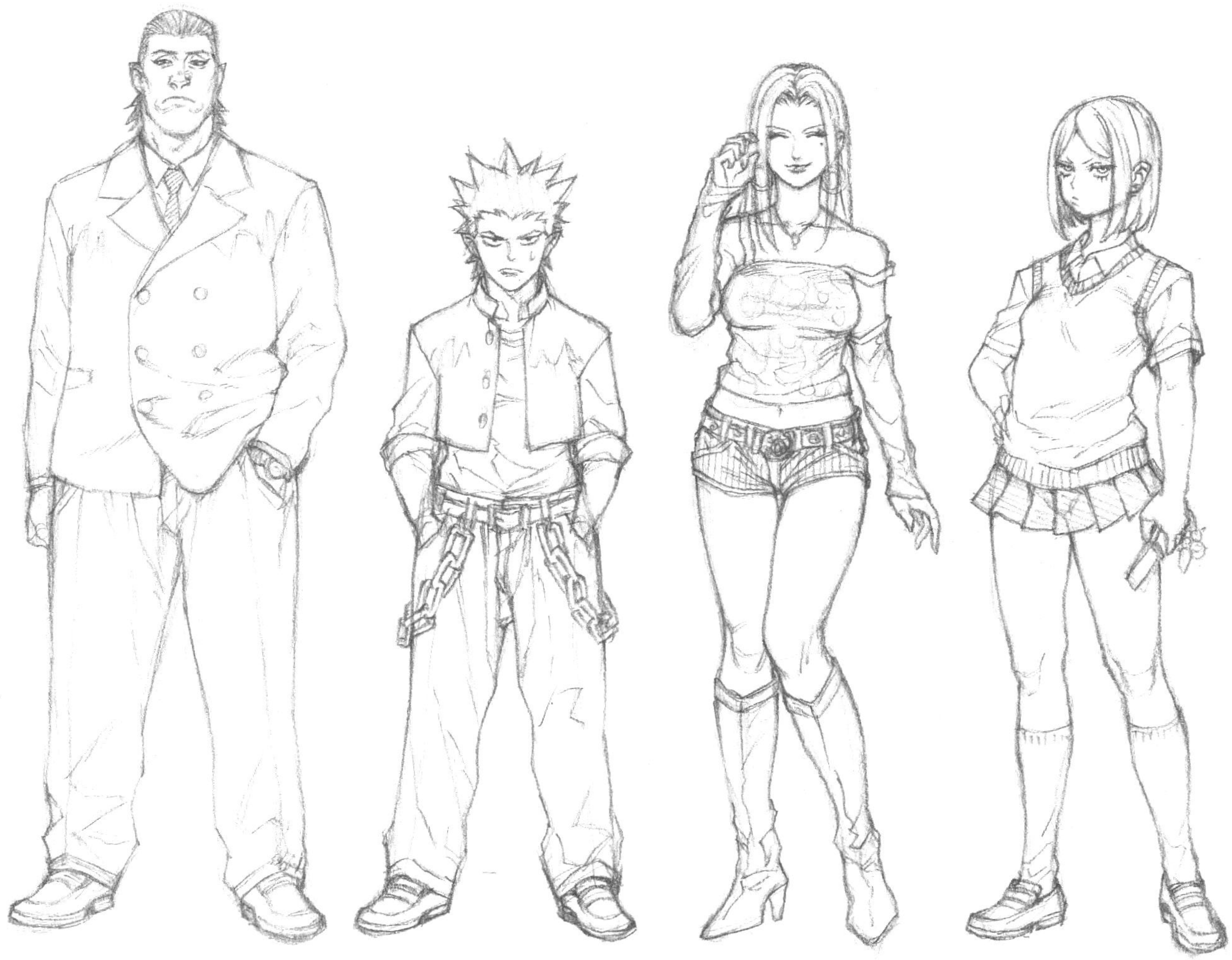

Vater: Beeindruckende Statur. Der doppelreihige Anzug zeigt seine Autorität und Wichtigkeit. Wegen des großen Kopfes fällt seine Körpergröße nicht so stark auf.

Held: Ein häufiges Setting wäre, dass er der Kleinste der Familie ist. Aber wenn er dennoch z. B. 1,76 m ist, verändert sich das Image seiner Familienmitglieder.

Mutter: Eine junge Mutter, die früh geheiratet hat. Zeigt ihr Outfit viel Haut, könnten die Betrachter vermuten, dass sie Tänzerin oder Kämpferin ist, die oft vor Publikum steht.

Kleine Schwester: Sie könnte das genaue Gegenteil der Eltern sein, oder auch genauso. Das wird mit ihrem Outfit, ihrer Körperhaltung u. Ä. zum Ausdruck gebracht.

Achtet auf Merkmale wie Größe, Outfits und Körperhaltung, sodass man sie auch als Silhouetten erkennen kann.

Auch verkleinert und in anderer Reihenfolge sind sie klar zu unterscheiden.

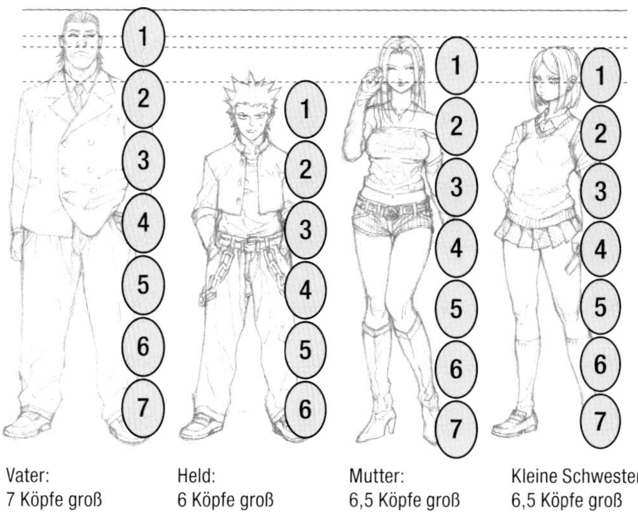

Vater: 7 Köpfe groß

Held: 6 Köpfe groß

Mutter: 6,5 Köpfe groß

Kleine Schwester: 6,5 Köpfe groß

Beim Charaktersetting solltet ihr mit Linien die Größenunterschiede verdeutlichen, damit ihr euch korrekt an sie erinnert.

● Mutter

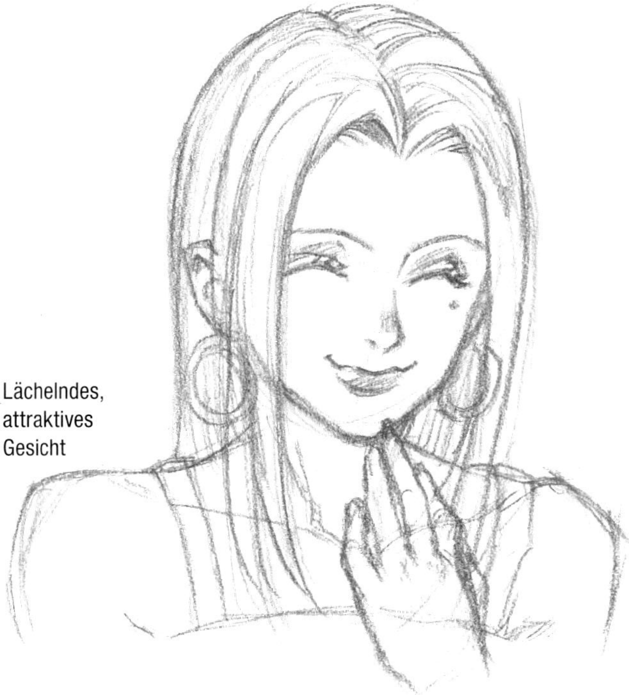

Lächelndes,
attraktives
Gesicht

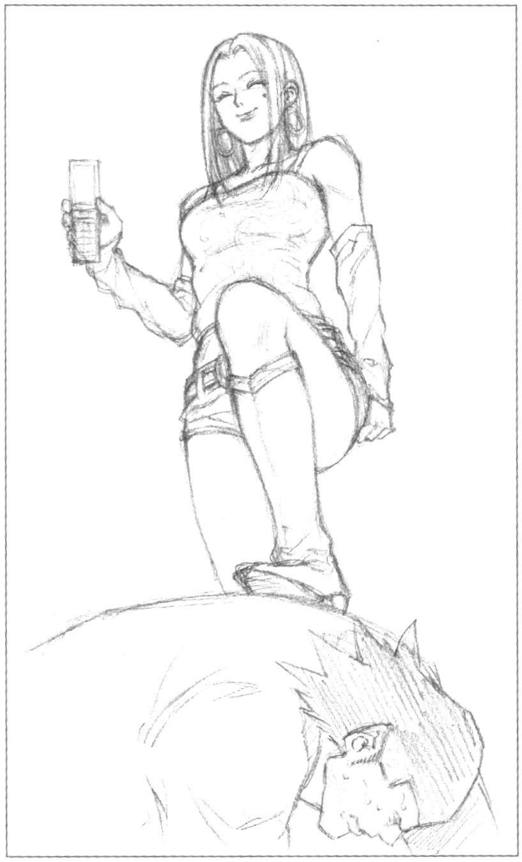

Das Bild zeigt das Kräfteverhältnis innerhalb der Familie.

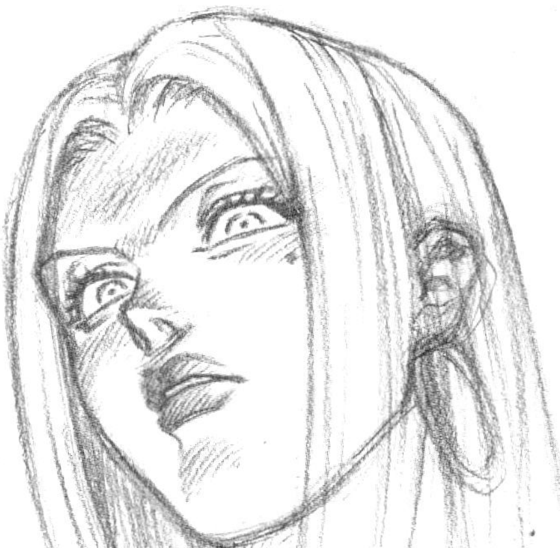

Zorniger Ausdruck. Die Schattierungen machen das Bild effektiver.

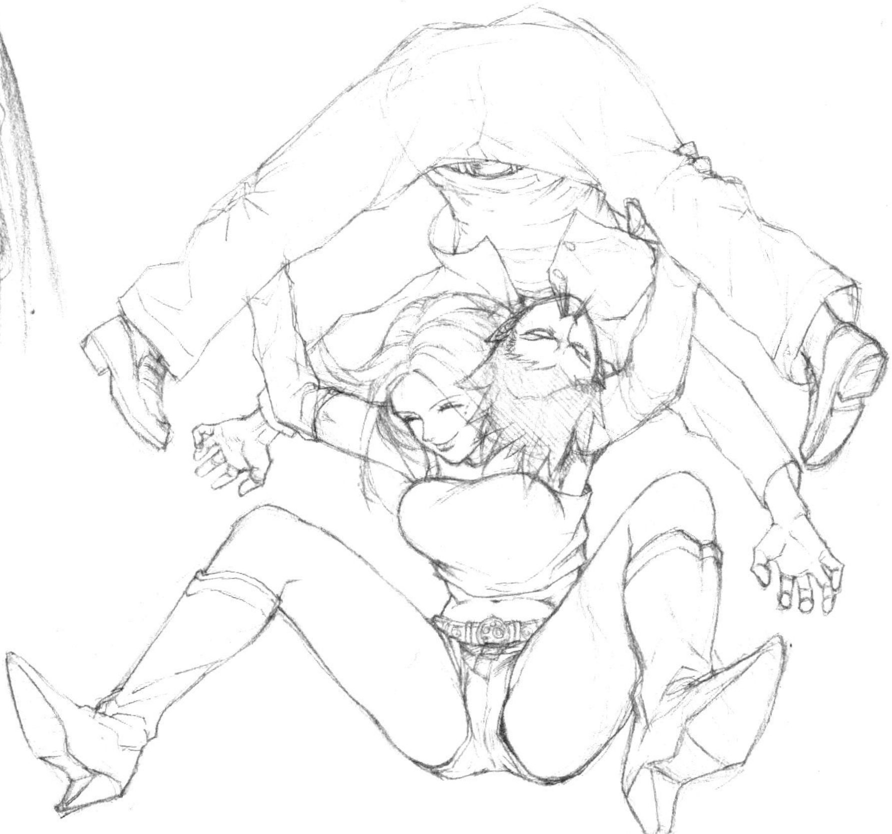

Selbst der Held hat keine Chance.

● Vater

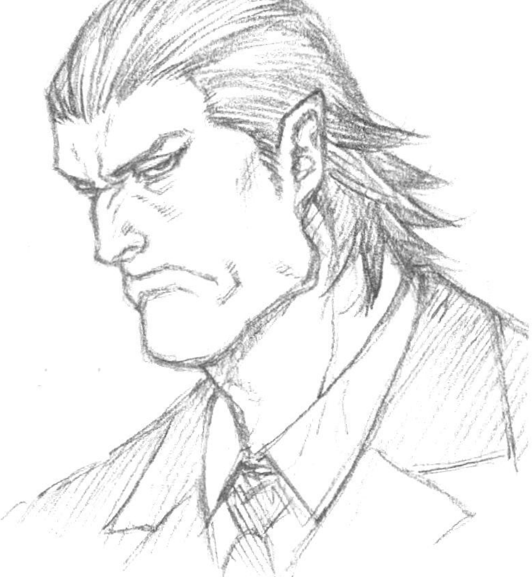

Imposantes Gesicht. Seine Ohren sind außergewöhnlich kantig designt, wie bei Aliens oder Biestmenschen.

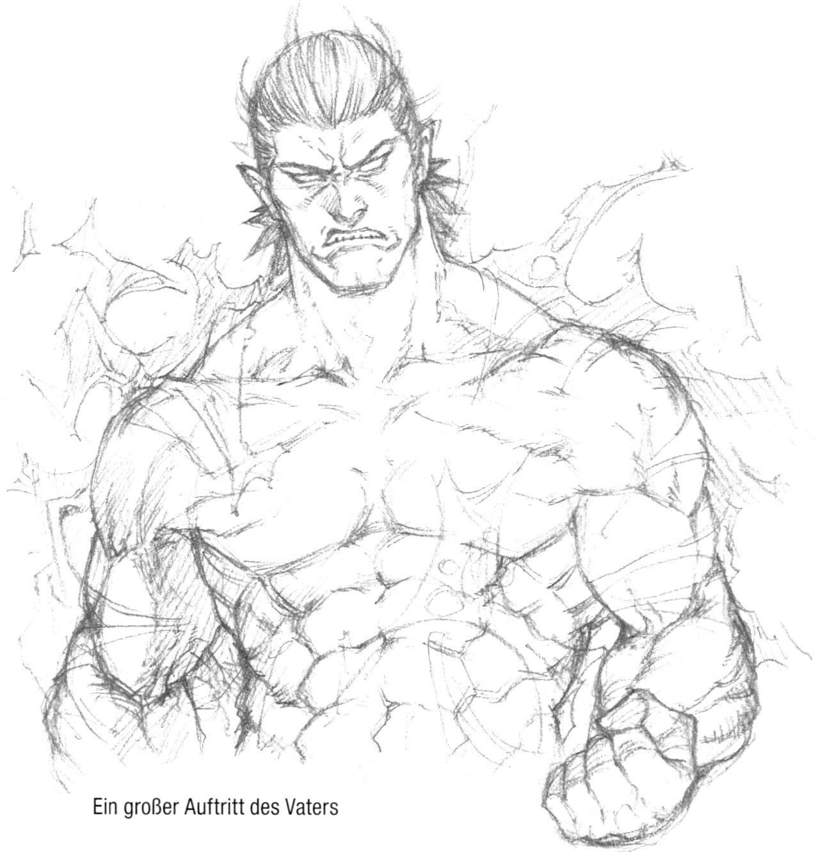

Ein großer Auftritt des Vaters

● Kleine Schwester

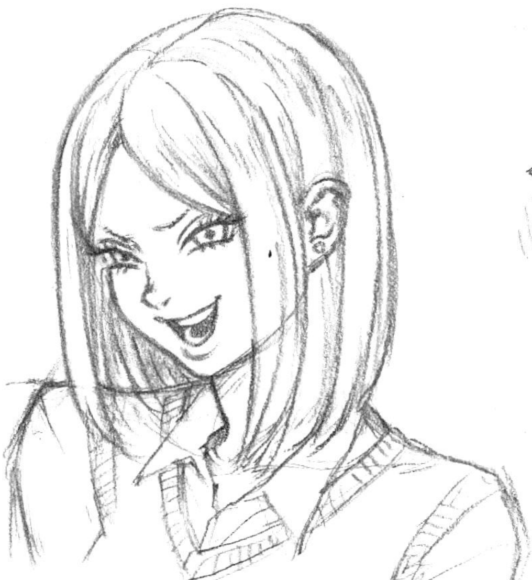

Sie ist der Mutter ähnlich. Umgeben von exzentrischen Familienmitgliedern lassen Augen und Mund auch bei ihr Extravaganz erahnen.

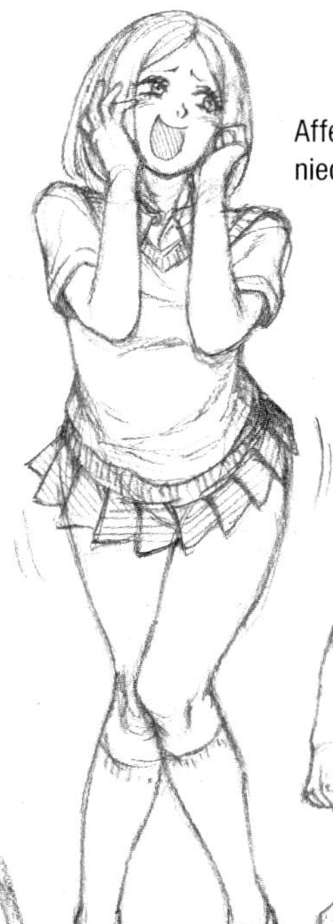

Affektierte niedliche Pose

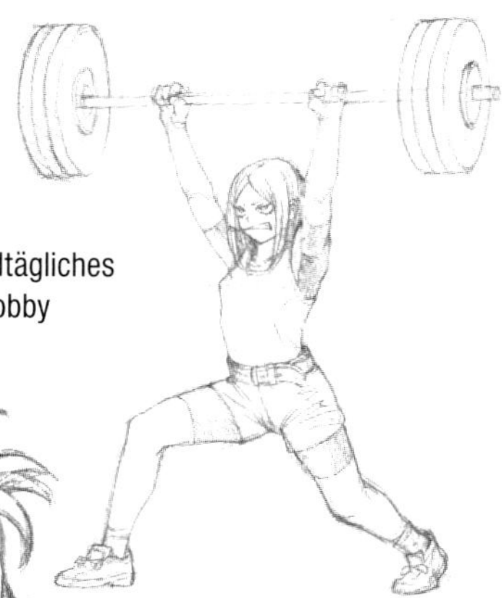

Alltägliches Hobby

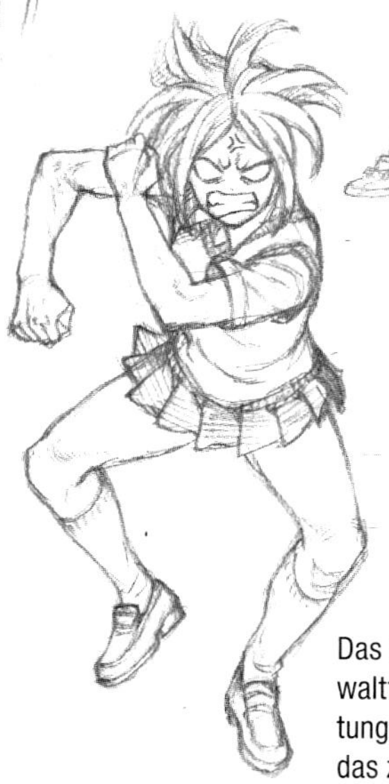

Das Bild zeigt, dass sie im Zorn gewalttätig werden kann. Ihre Armhaltung ist untypisch für eine Schülerin, das zeigt ihre wahre Natur.

Helden-Upgrade

Der Held wird noch wilder.

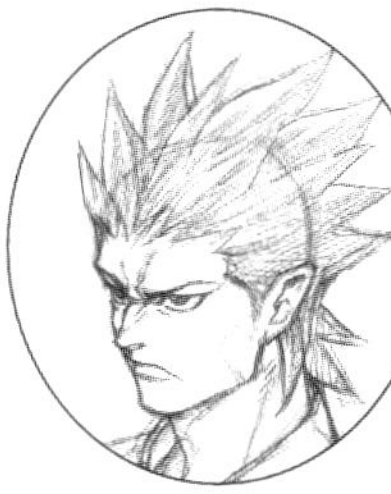

Prototyp

Veränderungen
- Haarschnitt
- Gesicht: schärferer Blick mit mehr Details
- Statur: muskulöser

Dazu sind die Gesichtskonturen etwas gröber, mit mehr Einbuchtungen. Als wäre er zwei oder drei Jahre älter.

Die Haarsträhnen sind detailreicher gezeichnet.

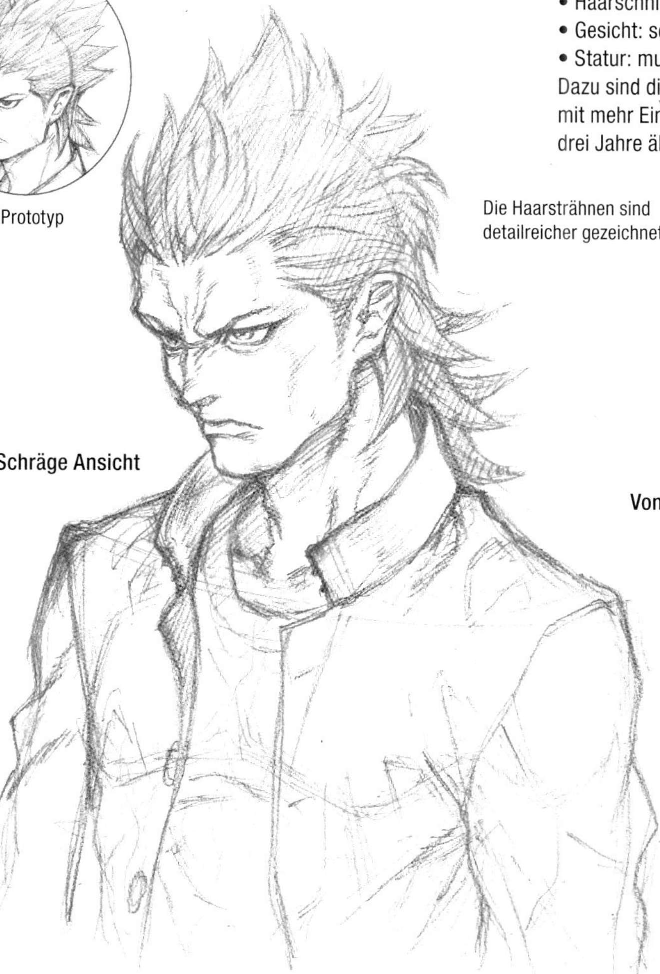

Schräge Ansicht

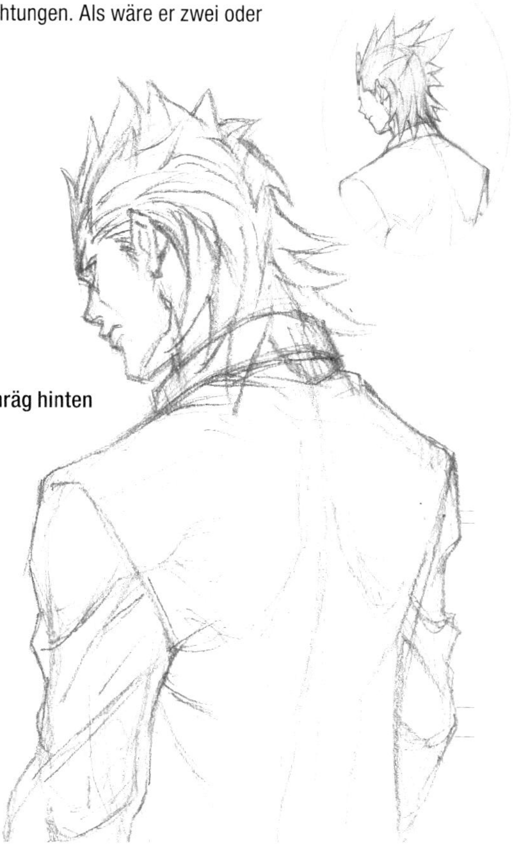

Von schräg hinten

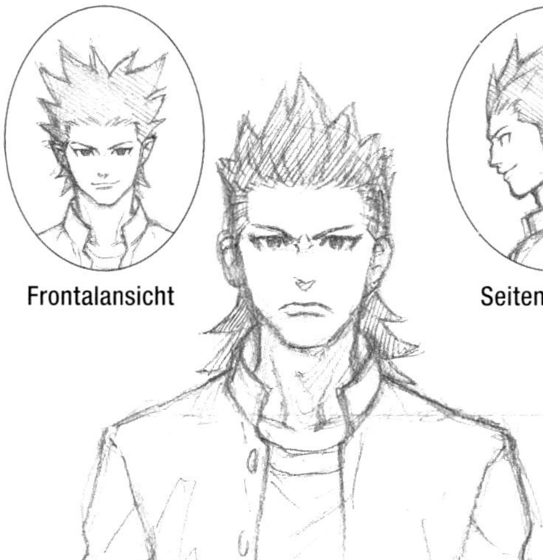

Frontalansicht

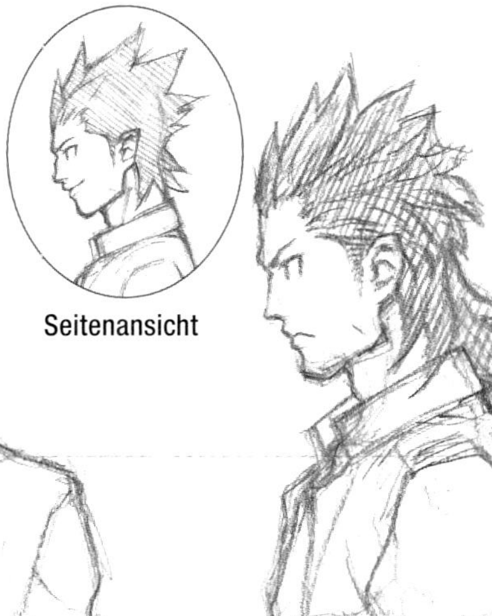

Seitenansicht

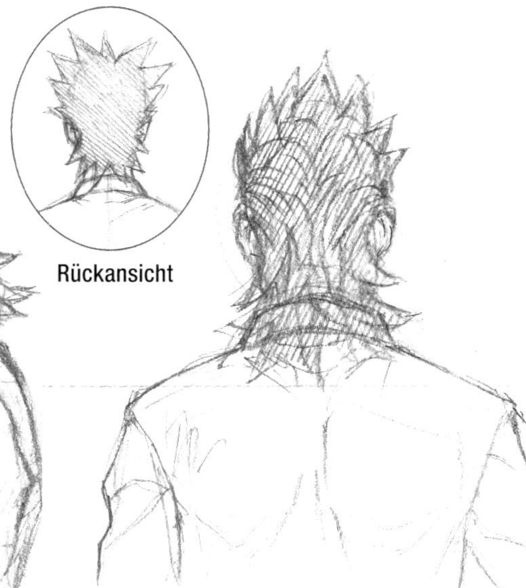

Rückansicht

Falten an der Nasenwurzel,
dazu Mundwinkel wie bei seinem Vater

Achtet darauf, dass alle Ansichten zueinander passen. Das gilt auch für die Frisur.

Wenn ihr die Haare von hinten zeichnet, denkt auch an die anderen Perspektiven, damit sie einheitlich gestylt sind.

Nebencharaktere - Verschrobene Charaktere -

● Gestylte Schuluniform

Bei verschrobenen Charakteren ist nicht nur das Gesicht wichtig, sondern auch Größe, Körperhaltung, Körperbau, Outfit und Accessoires. Das macht die Charaktere aus. Versucht beim Zeichnen mit den Charakteren zu kommunizieren.

Gut aussehender Charakter, der ein harter Gegner werden könnte

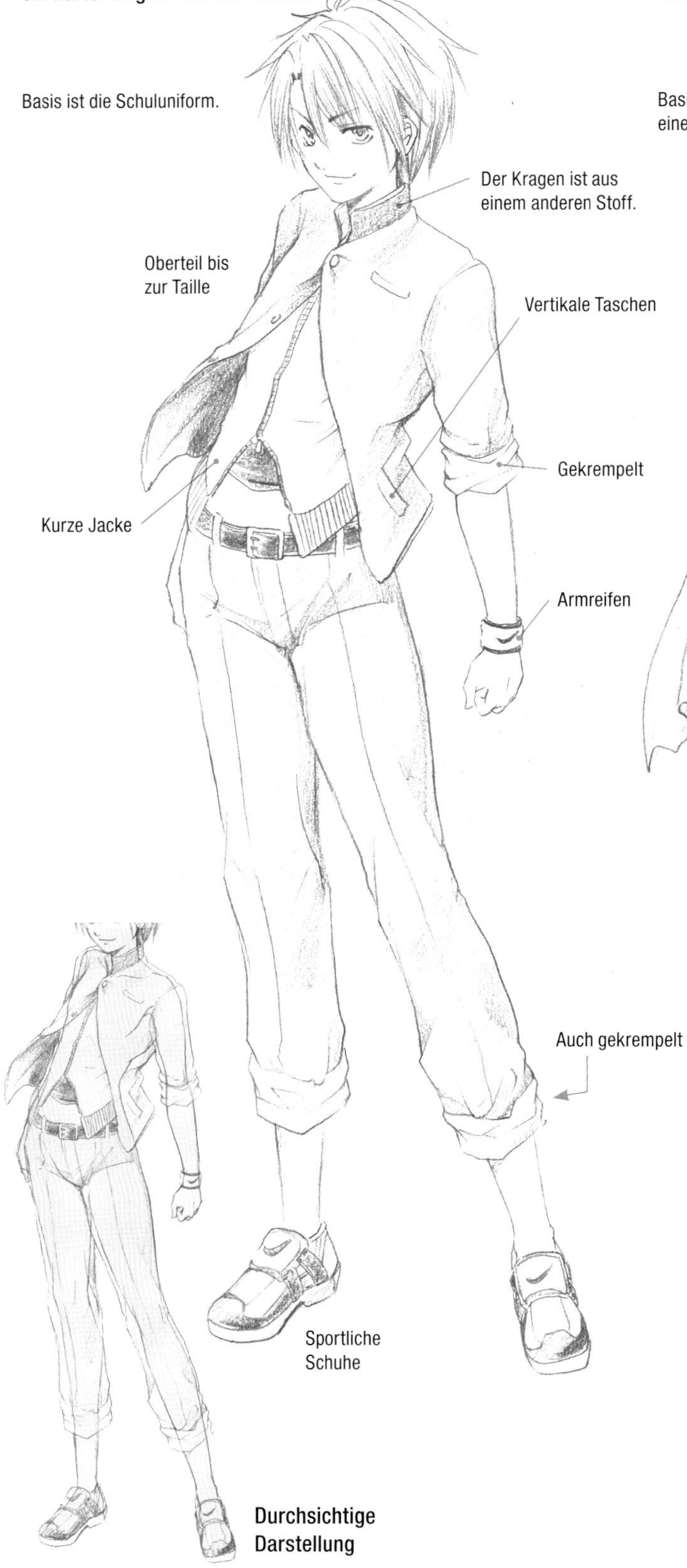

Ungesunder Charakter, verrückter Wissenschaftler

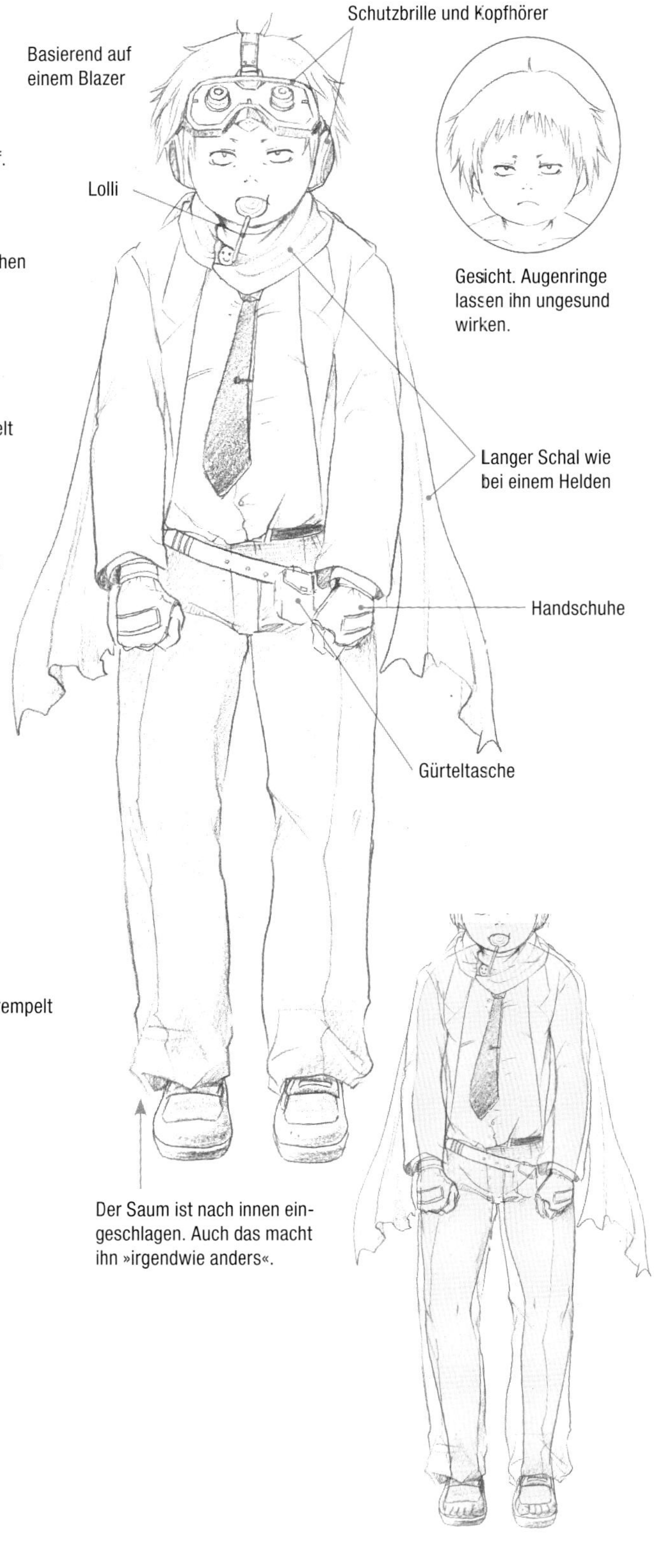

● Noch stärkeres Styling

Leichtsinniger Typ, der im Mittelpunkt stehen will

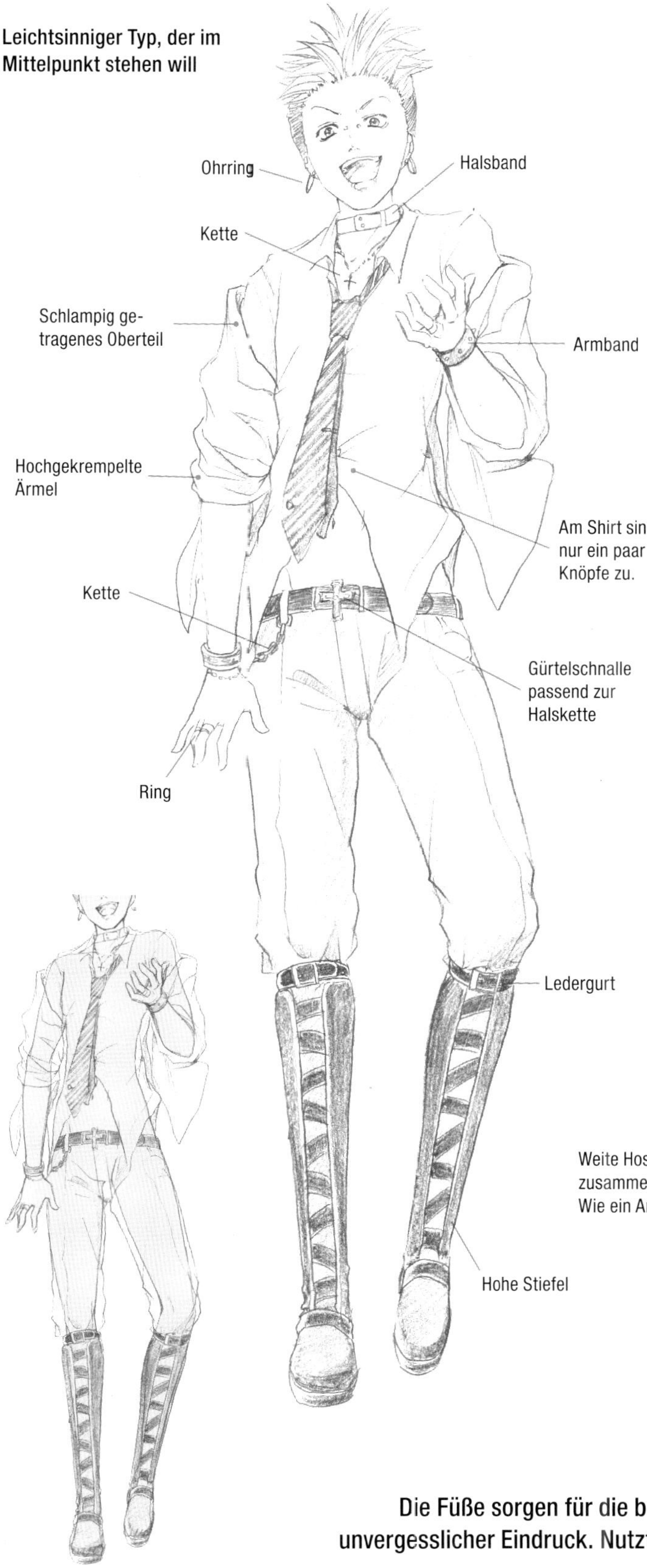

Gefährlicher Raufbold

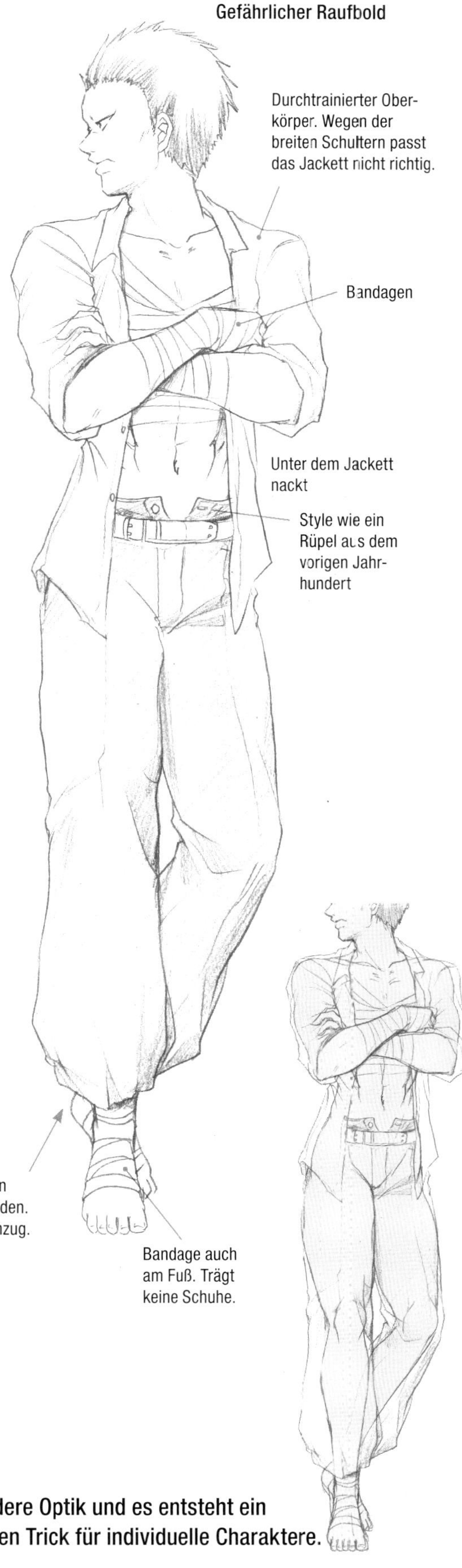

Die Füße sorgen für die besondere Optik und es entsteht ein unvergesslicher Eindruck. Nutzt diesen Trick für individuelle Charaktere.

Weiblicher Highschool-Charakter

Denkt auch bei den Posen an Bewegungen, die die Charaktereigenschaften zum Ausdruck bringen.

In Schuluniform

Fröhliche und muntere Heldin, wie eine größere Schwester

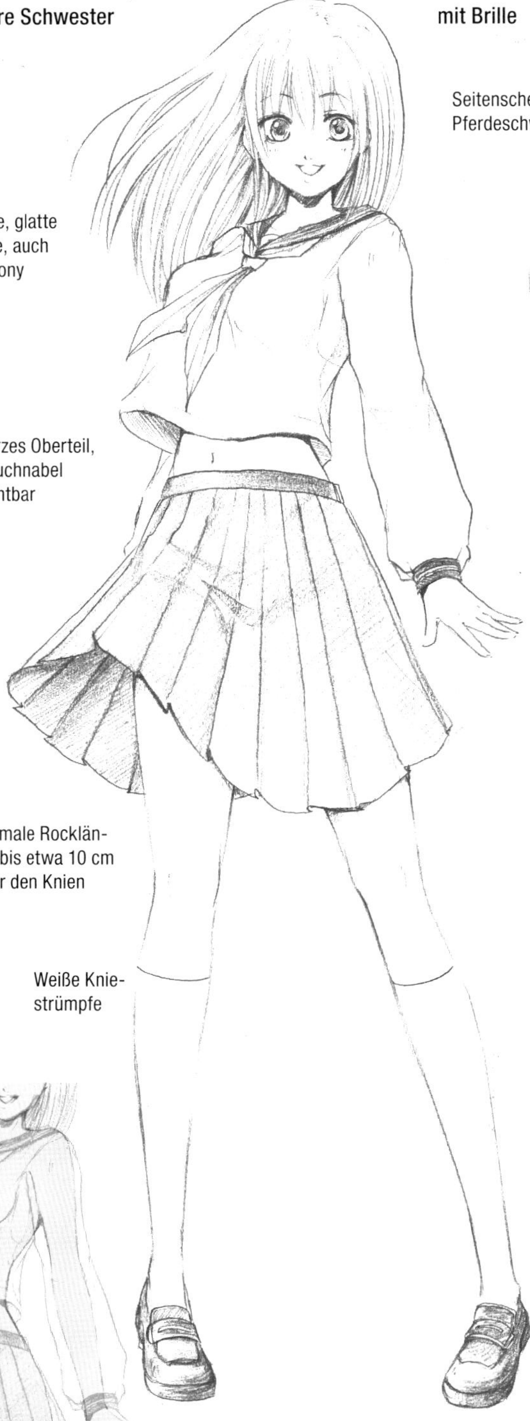

Lange, glatte Haare, auch der Pony

Kurzes Oberteil, Bauchnabel sichtbar

Normale Rocklänge, bis etwa 10 cm über den Knien

Weiße Kniestrümpfe

Eher ernsthafte Heldin mit Brille

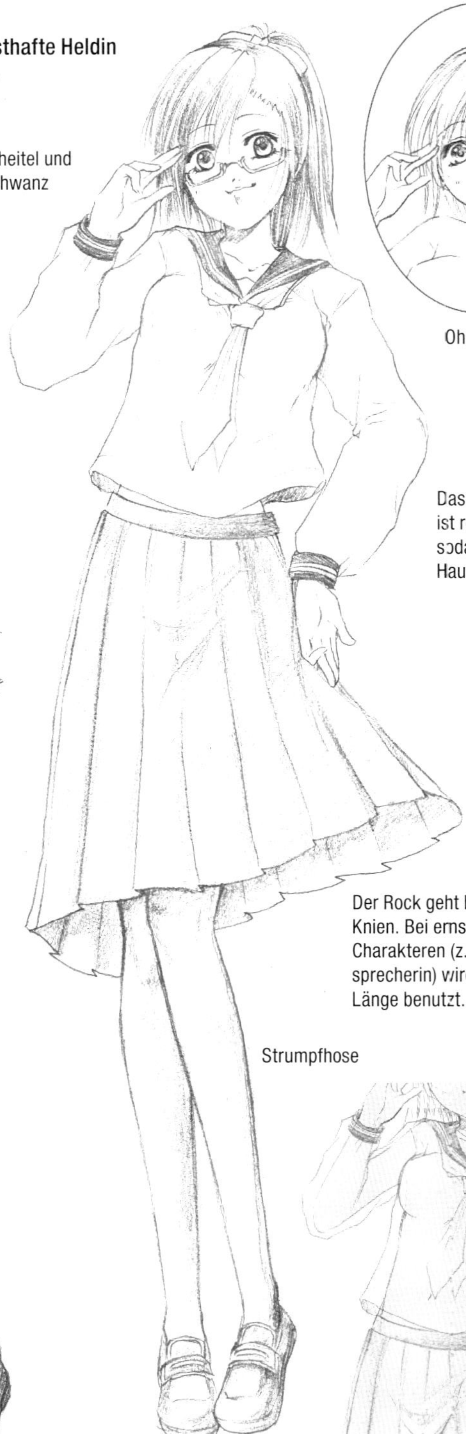

Seitenscheitel und Pferdeschwanz

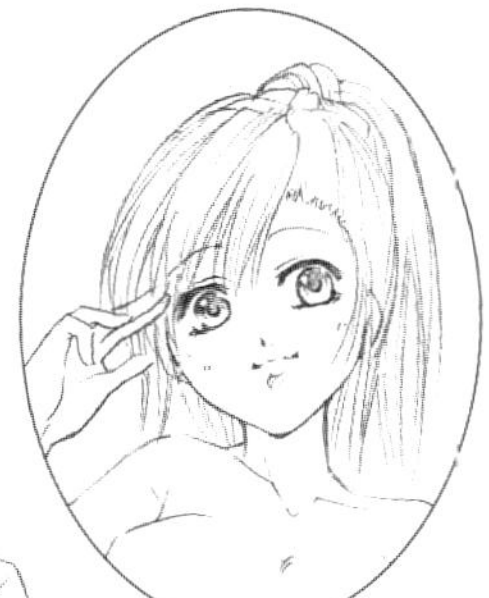

Ohne Brille

Das Oberteil ist recht kurz, sodass sie etwas Haut zeigt.

Der Rock geht bis zu den Knien. Bei ernsthafteren Charakteren (z. B. Schulsprecherin) wird oft diese Länge benutzt.

Strumpfhose

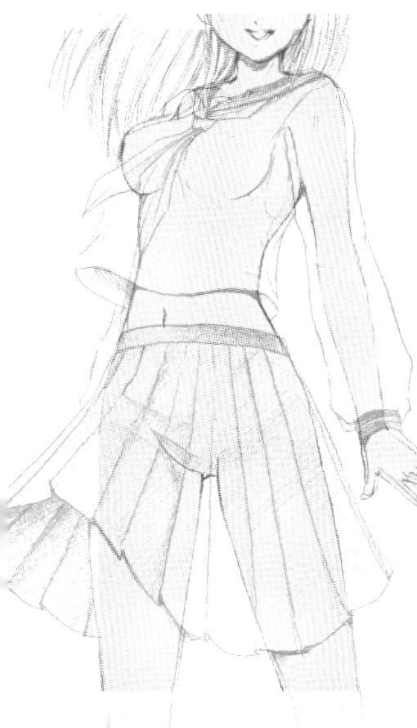

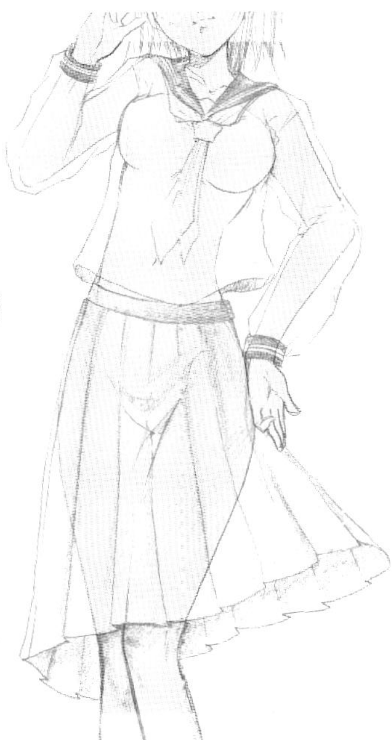

Durchsichtige Darstellung

Die gleiche Schuluniform kann durch ein anderes Styling einen ganz anderen Eindruck vermitteln (z. B. durch die Länge von Rock und Oberteil).

Aktive, verlässliche Persönlichkeit mit Leidenschaft

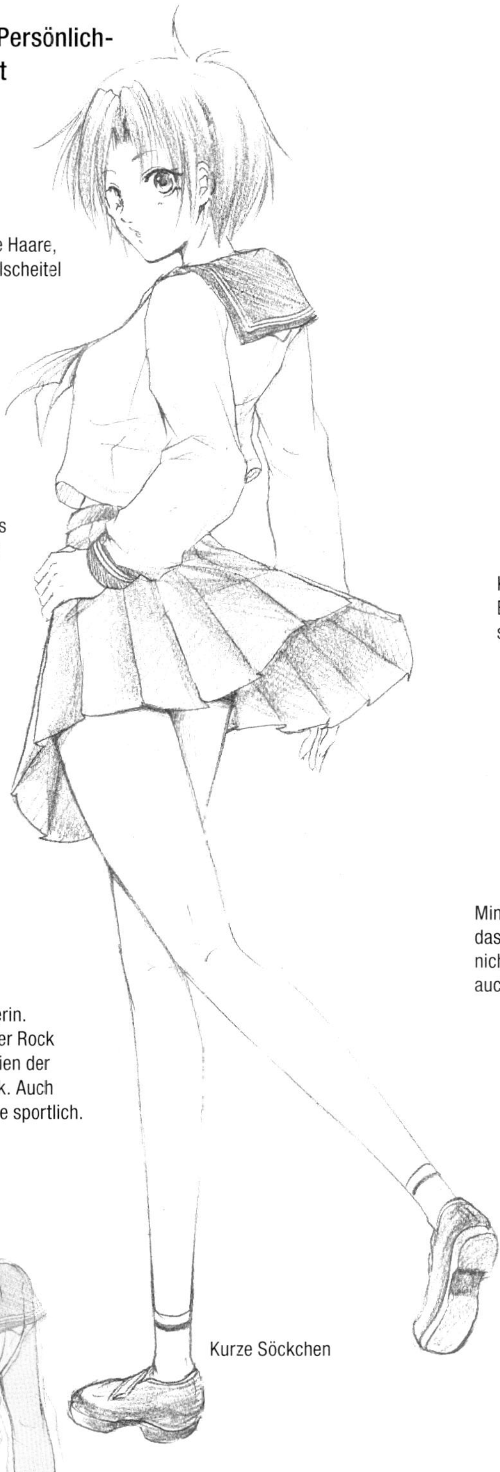

Eine sportliche Schülerin. Kurze Haare und kurzer Rock (zeigt die schönen Linien der Beine) zeigen Dynamik. Auch die Socken machen sie sportlich.

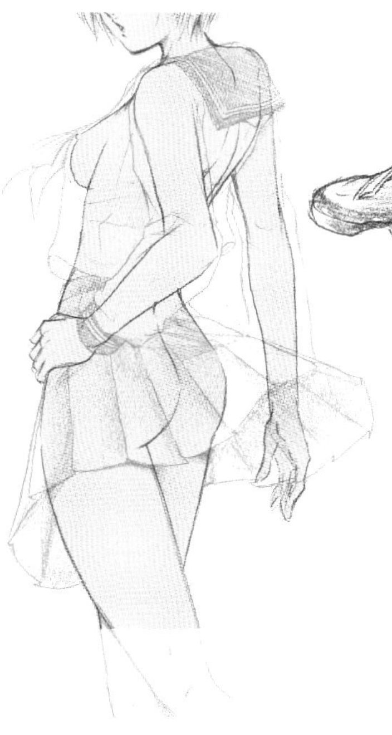

»Niedlich und fit« als Merkmale

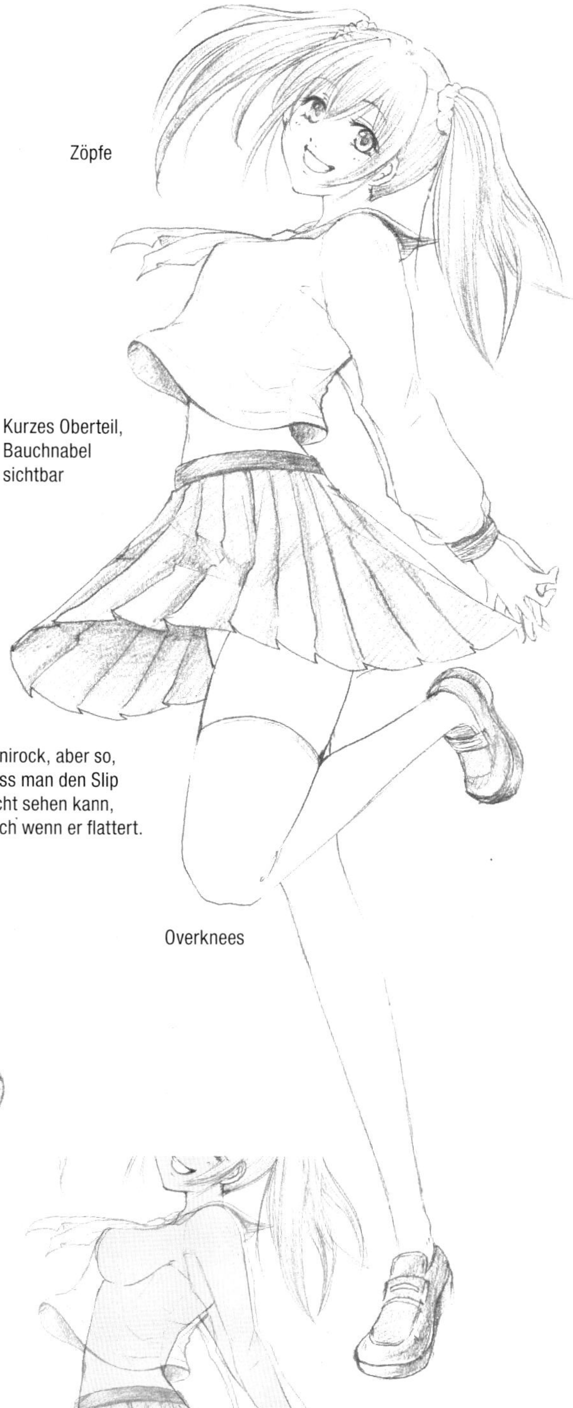

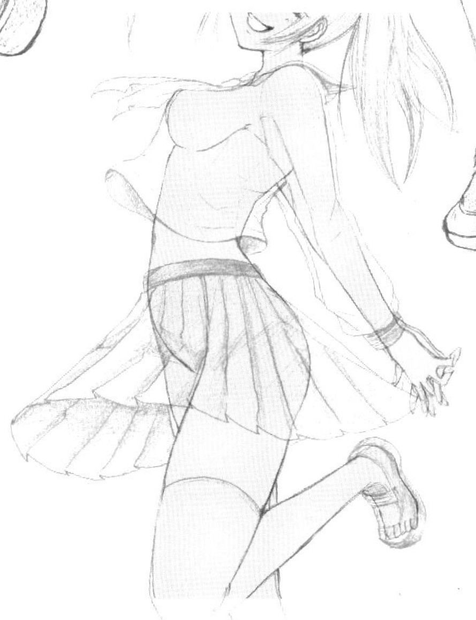

Nebencharaktere

Zeichnet verschiedene Nebencharaktere, wie Kameraden oder Bösewichte. Wichtig ist, dass man sie von den Hauptcharakteren unterscheiden kann. Versucht euch erst einmal an »gängigen Nebencharakteren«.

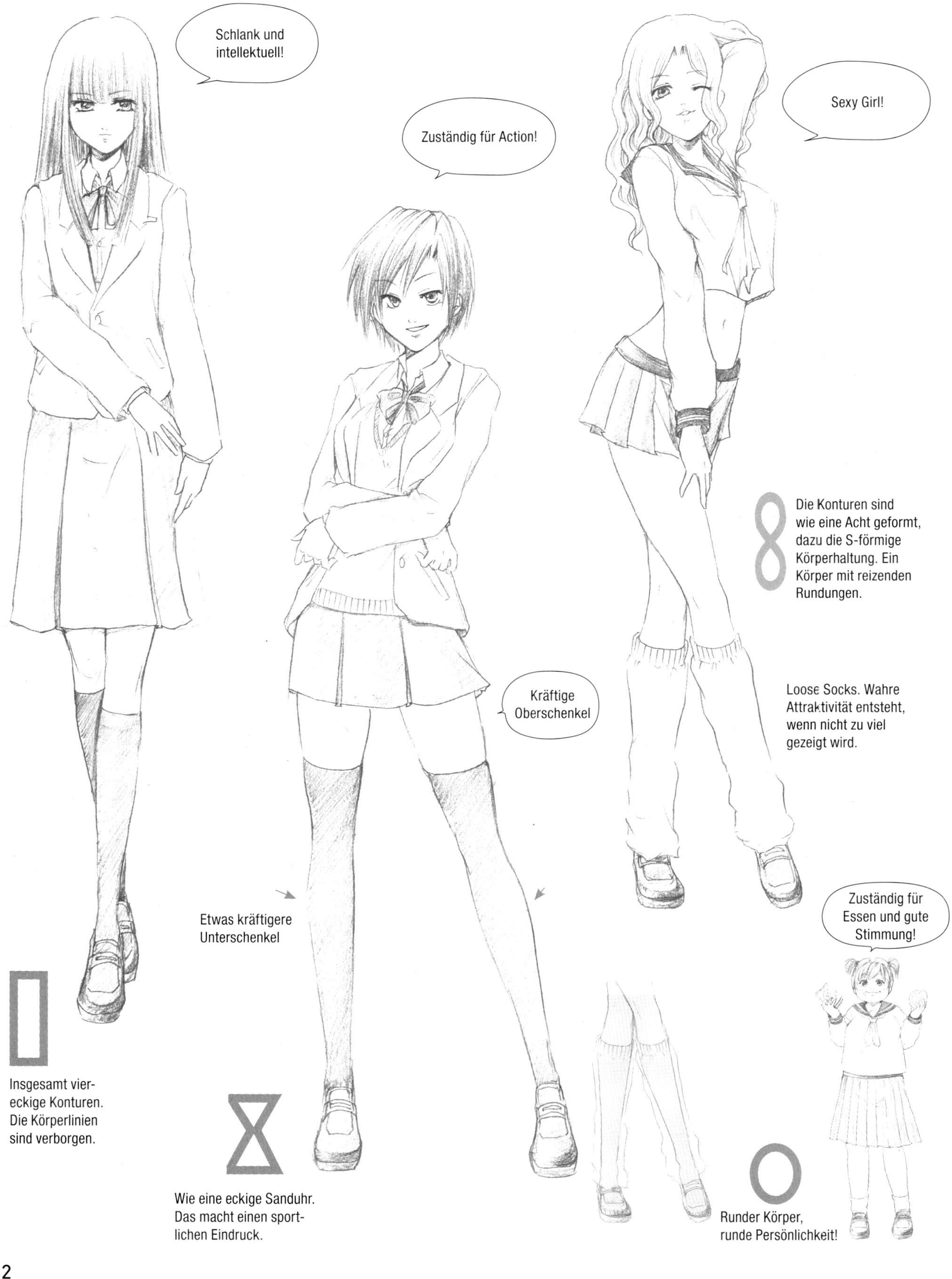

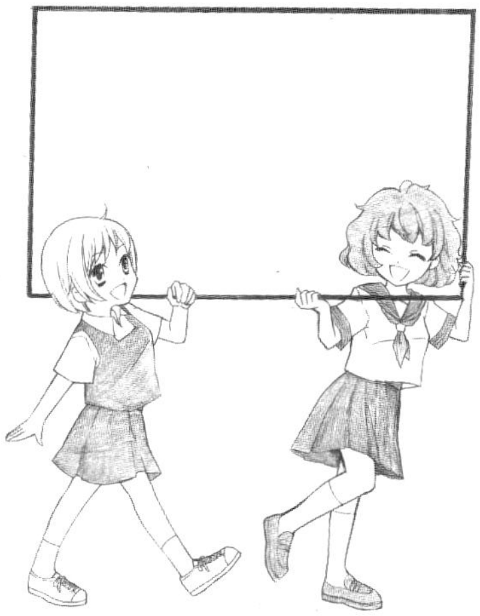

Kapitel 2

Bild-komposition

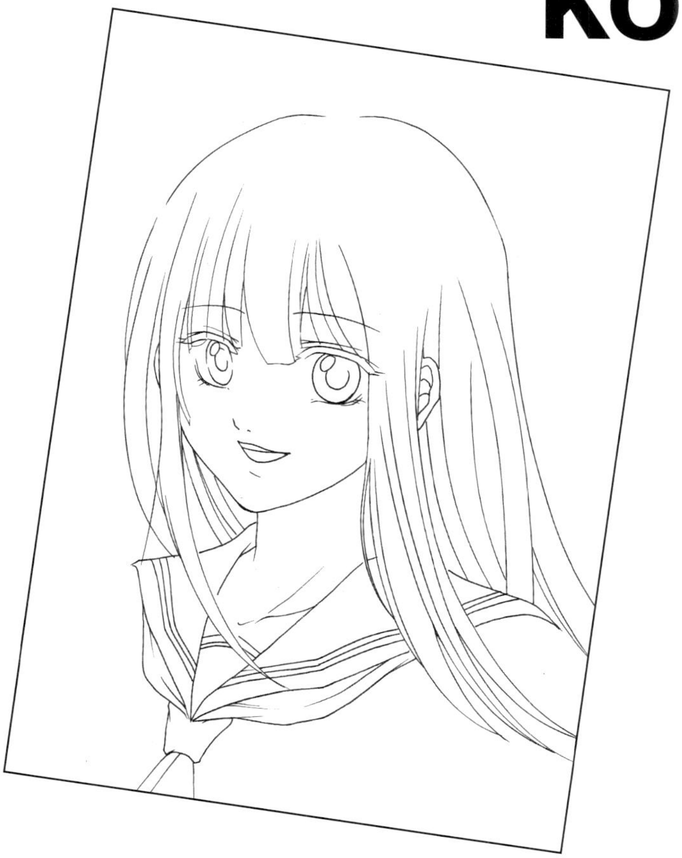

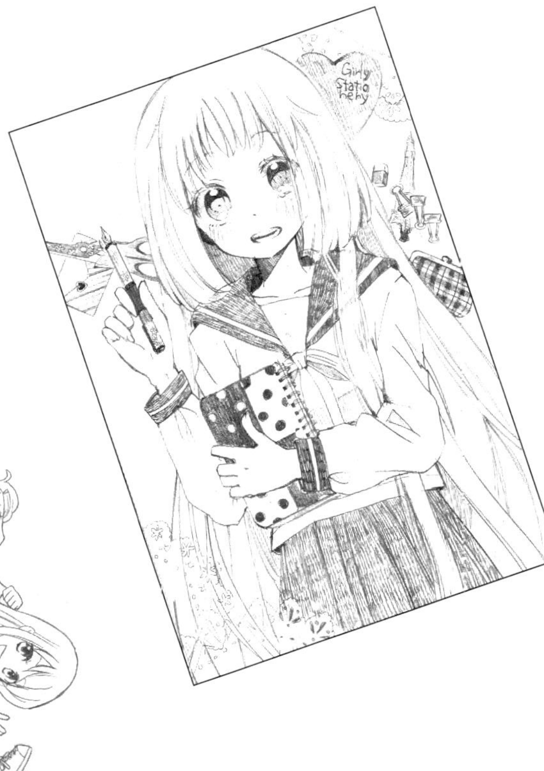

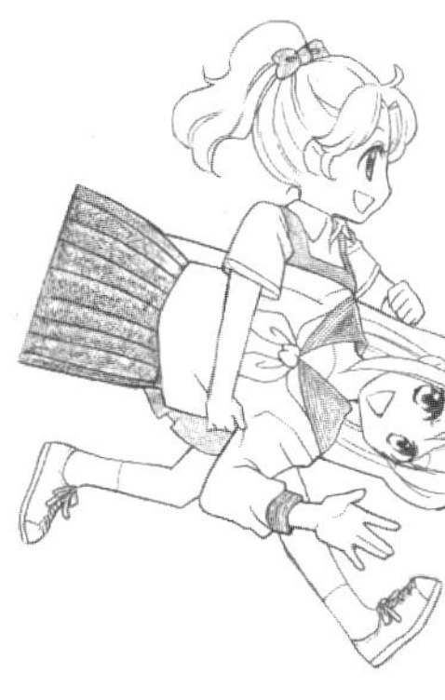

Regeln für den Aufbau

Bisher habt ihr nur für euch gezeichnet, aber ab jetzt denkt ihr auch an die Betrachter. Damit wird der Aufbau des Bildes wichtig.

Charaktere und Rahmen

Achtet beim Zeichnen auf den Rahmen.

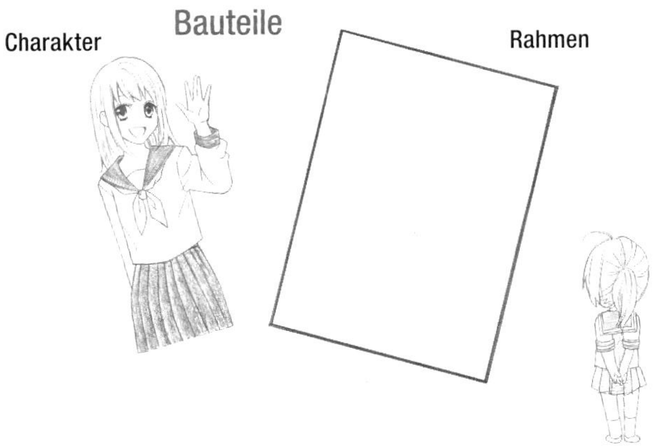

Ein normales Blatt Papier hat keinen Rahmen. Dennoch kann man darauf natürlich einen Charakter zeichnen. Doch worin liegt der Unterschied?
Die Wertigkeit eines Bildes steigt, wenn es einen Rahmen bekommt. Das gilt z. B. auch bei Gemälden. Rahmen haben einen größeren Effekt, als man sich vorstellt.

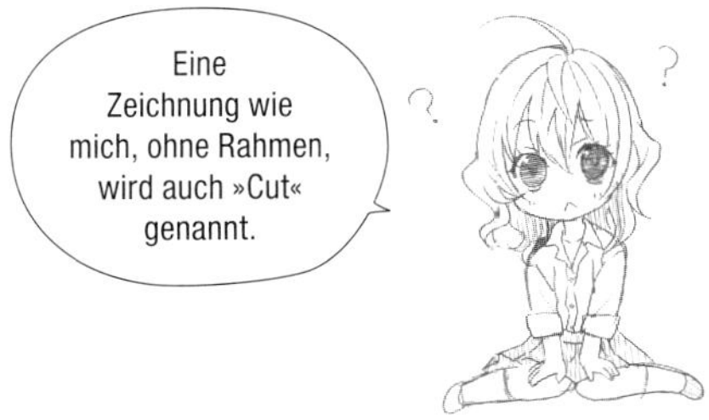

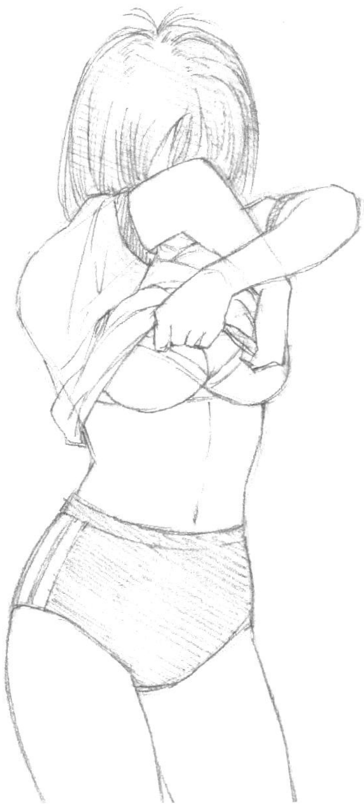

Ohne Rahmen

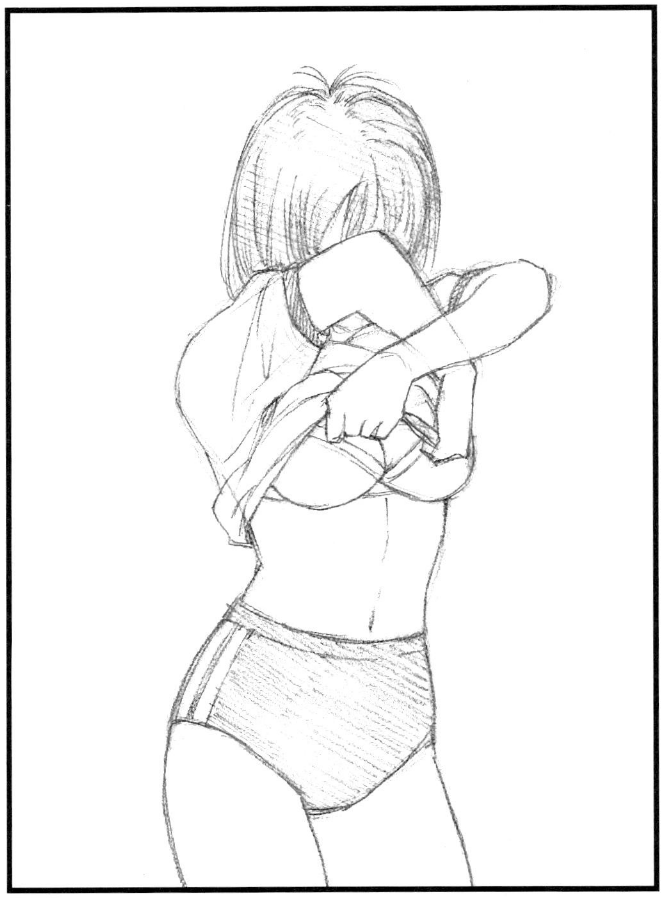

Mit einem Rahmen wird daraus eine Illustration (einzelnes Bild).

Man muss die Einstellung von »Was möchte ich zeichnen?« zu »Wem möchte ich was zeigen?« ändern, um eine Illustration anzufertigen. Je nach Antwort auf diese Frage - ob man z. B. ein Gesicht zeigen möchte oder einen Hals betont – verändert sich der Zeichenstil oder die Präsentationsart.

Gängige Layouts

Einen Charakter innerhalb eines Rahmens zu platzieren, wird »layouten« genannt. Wo und wie groß der Charakter platziert wird, verändert den Eindruck beim Betrachter.

● Ein Layout, das den Charakter hervorhebt

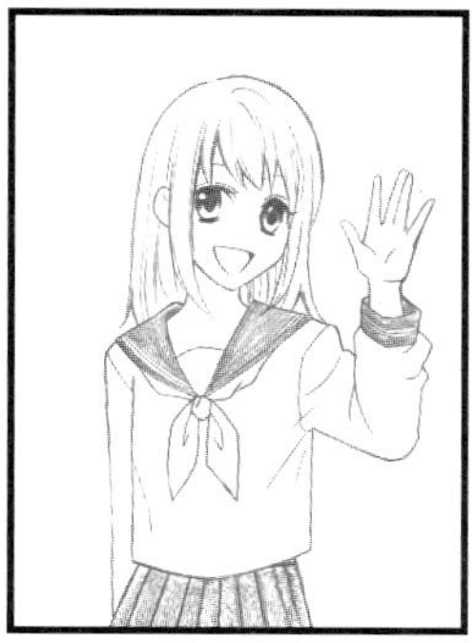

Ab der Hüfte

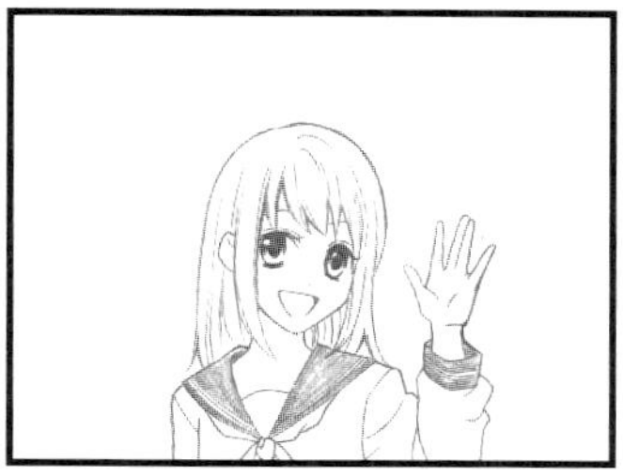

Porträt

Derselbe Charakter, gleiche Größe. Der vertikale bzw. horizontale Rahmen verändert die Wirkung.

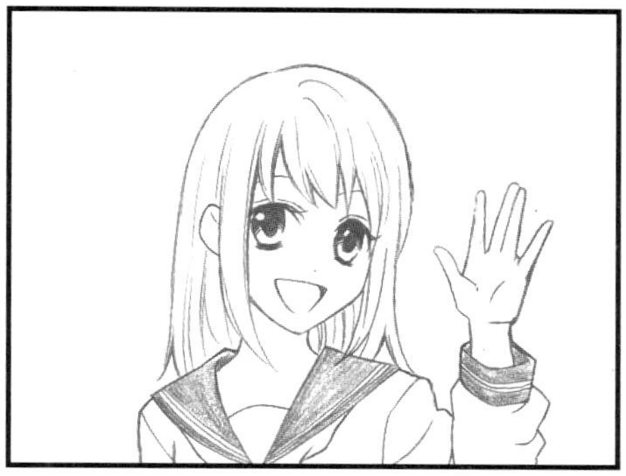

Bei einem Porträt ist diese Größe gut. Überlegt, wie das Bild wirkt und wem ihr es präsentieren wollt.

● Grundsätzliches über Layouts

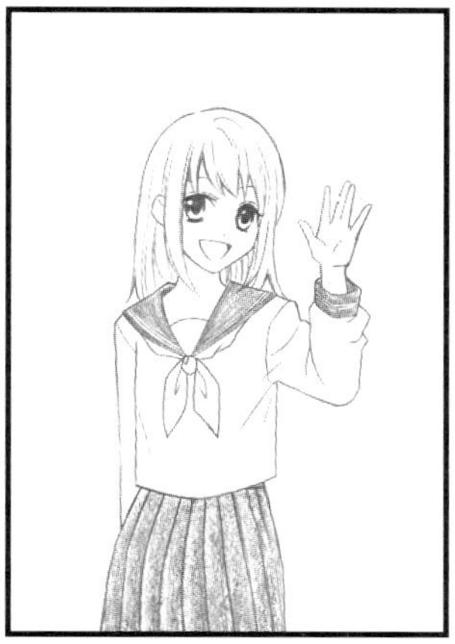

Gewöhnlich geht der Blick des Betrachters ins Zentrum des Bilds. Daher wird ein Charakter häufig in der Mitte platziert. Die weiße Fläche umhüllt den Charakter.

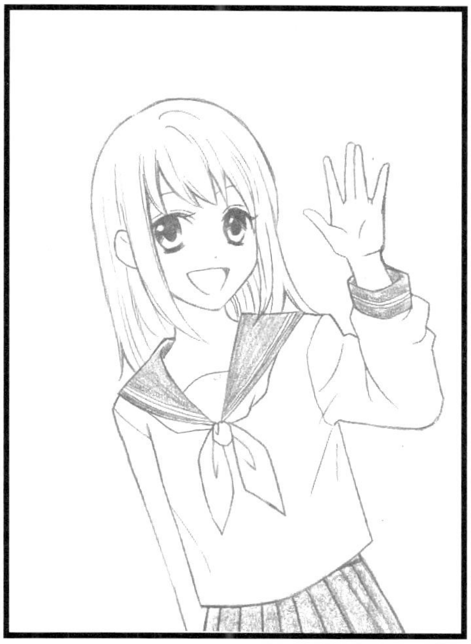

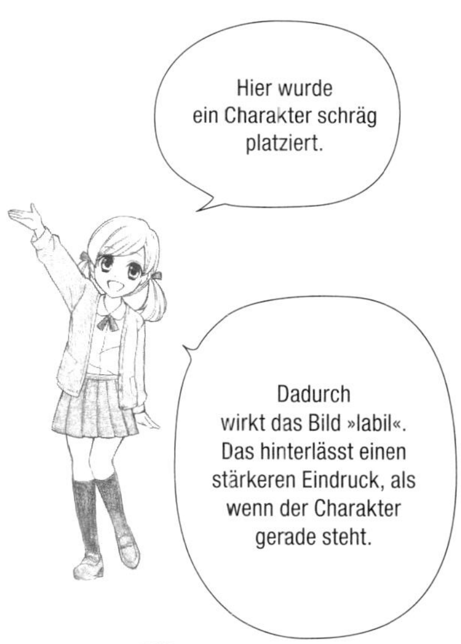

● Unvorteilhafte Illustrationen

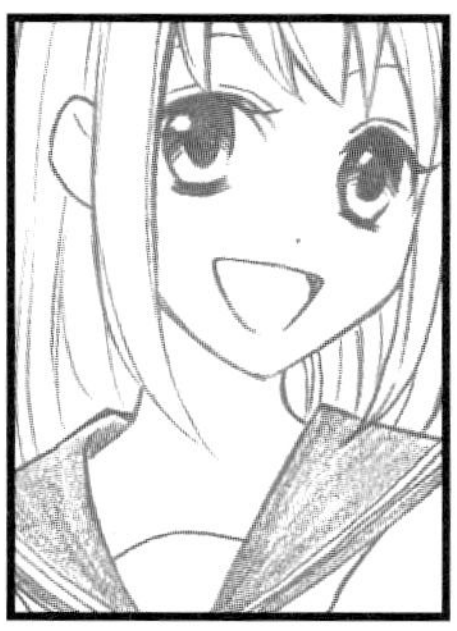

Kein Raum vorhanden
Bei einem Manga könnte das Layout als »Nahaufnahme« genutzt werden.

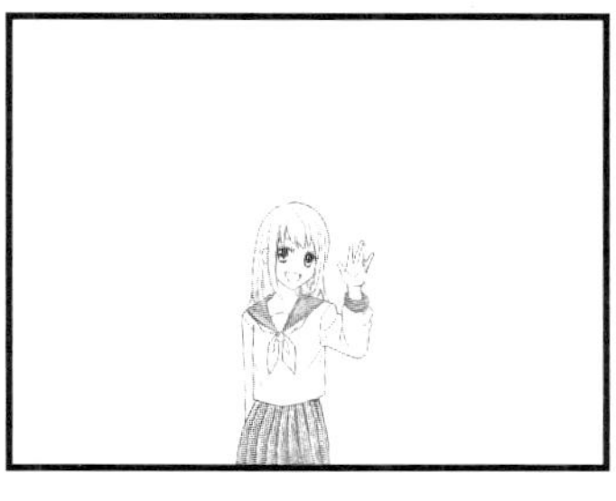

Viel zu großer Raum
Das könnte in Ordnung sein, wenn man nicht den Charakter, sondern den Raum hinter dem Charakter zeigen möchte.

● Spezielle Beispiele

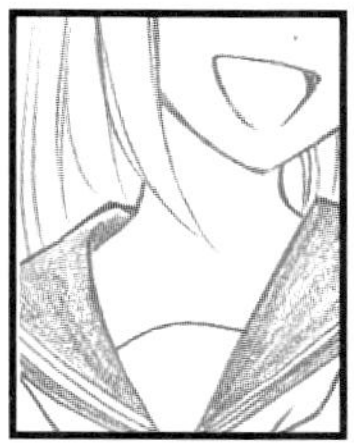

Ein Ausschnitt. Das Thema ist »Dekolleté und Mund«.

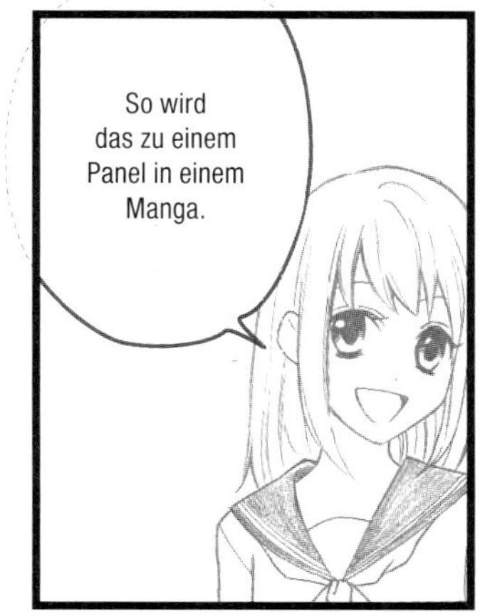

Mit einer Sprechblase wirkt die Zeichnung wie ein Manga. Dass ein Teil von Gesicht oder Kopf abgeschnitten wird, gehört auch zu einer Manga-Darstellung.

Zeichnungen mit Rahmen

Hier zeichnen wir ein Porträt eines Schulmädchens und setzen den Rahmen.

● Zeichnet ein Porträt

① Erst die grobe Struktur erfassen. Hier werden Rahmen und Charakterausrichtung bestimmt.

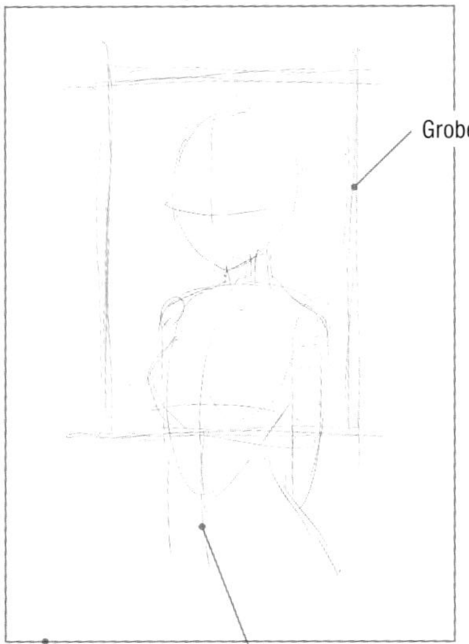

Papier (A4)

Die Skizze des Charakters geht außerhalb des Rahmens weiter. Zeichnet etwa bis zur Hüfte, um den Körper richtig darzustellen.

② Nun beginnen wir mit den Details.

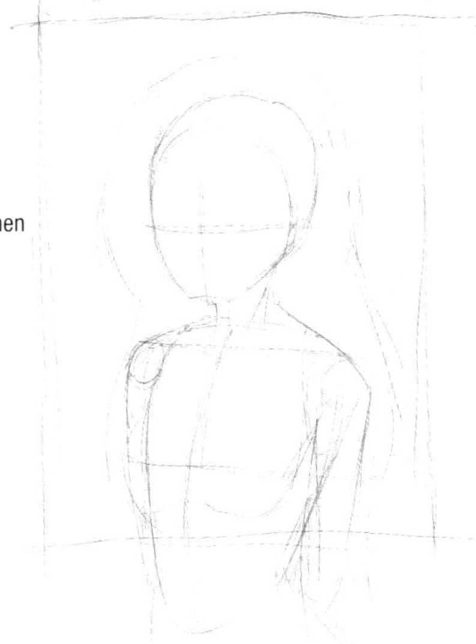

Gesicht, Rumpf, Haar (Volumen und Konturen) werden grob eingezeichnet.

③ Mithilfe eines Lineals wird der Rahmen gezeichnet. Danach die Rohfassung von Gesicht, Haaren und Kleidung.

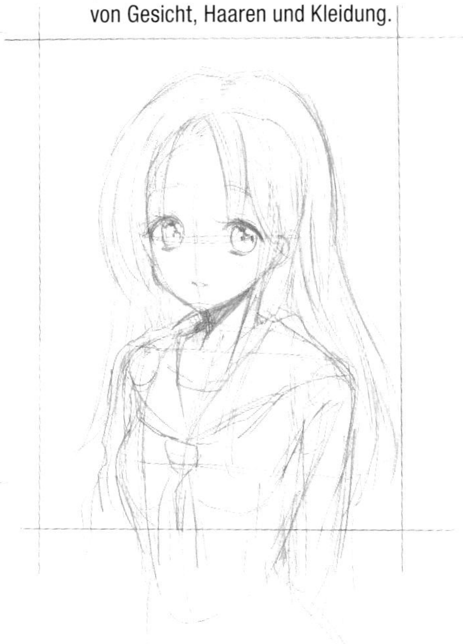

Tipp

◆ Nehmt ein Blatt, das größer ist als die Illustration. Dann muss man bei der fertigen Illustration nicht direkt ins Bild fassen. Ist die Illustration so groß wie das Papier, lässt sich das Blatt nur schwer in den Händen halten.

Die Linien außerhalb des Rahmens

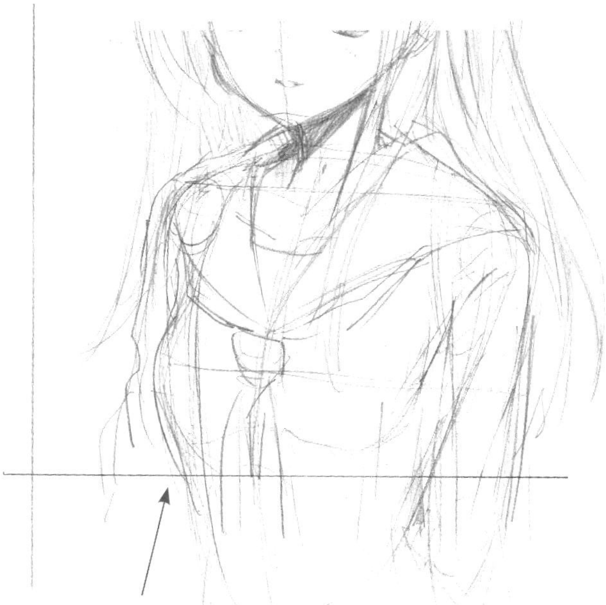

Hören die Linien am Rahmen auf, »sterben sie«. Achtet auf Dynamik und zieht die Linien weiter. Das gilt auch für das Inking.

Kragen einer Schuluniform

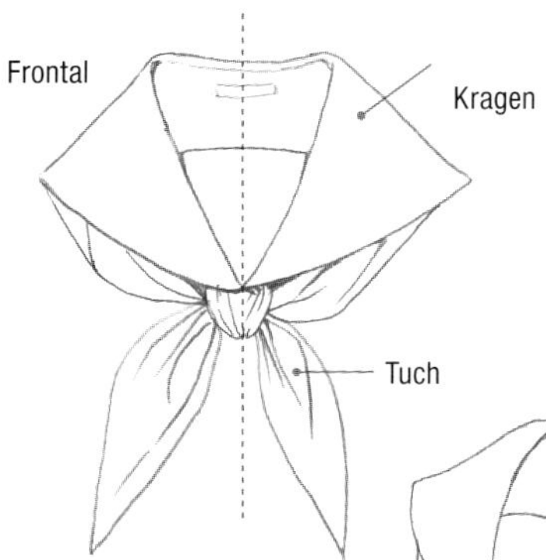

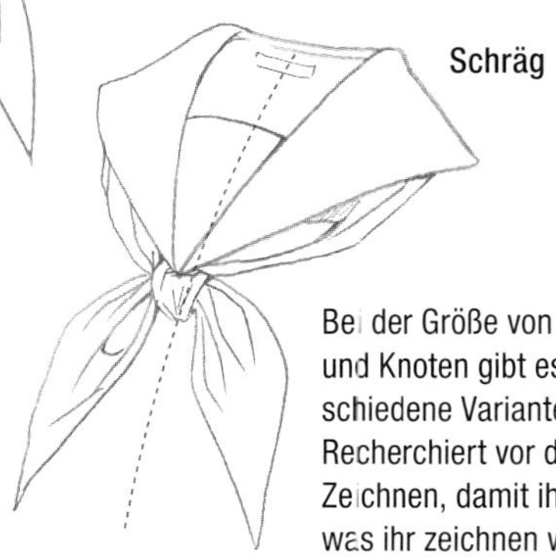

Bei der Größe von Kragen und Knoten gibt es verschiedene Varianten. Recherchiert vor dem Zeichnen, damit ihr wisst, was ihr zeichnen wollt.

④ Ordnet die Linien und zeichnet weiter.

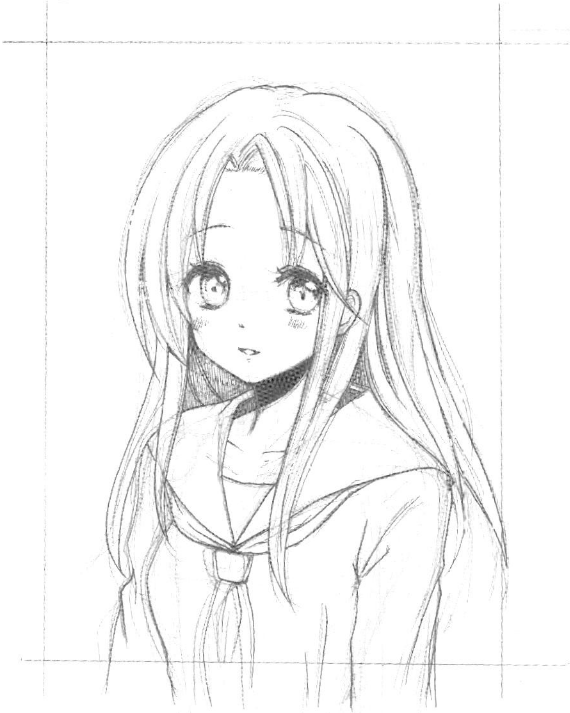

⑤ Fertig (geinkt)

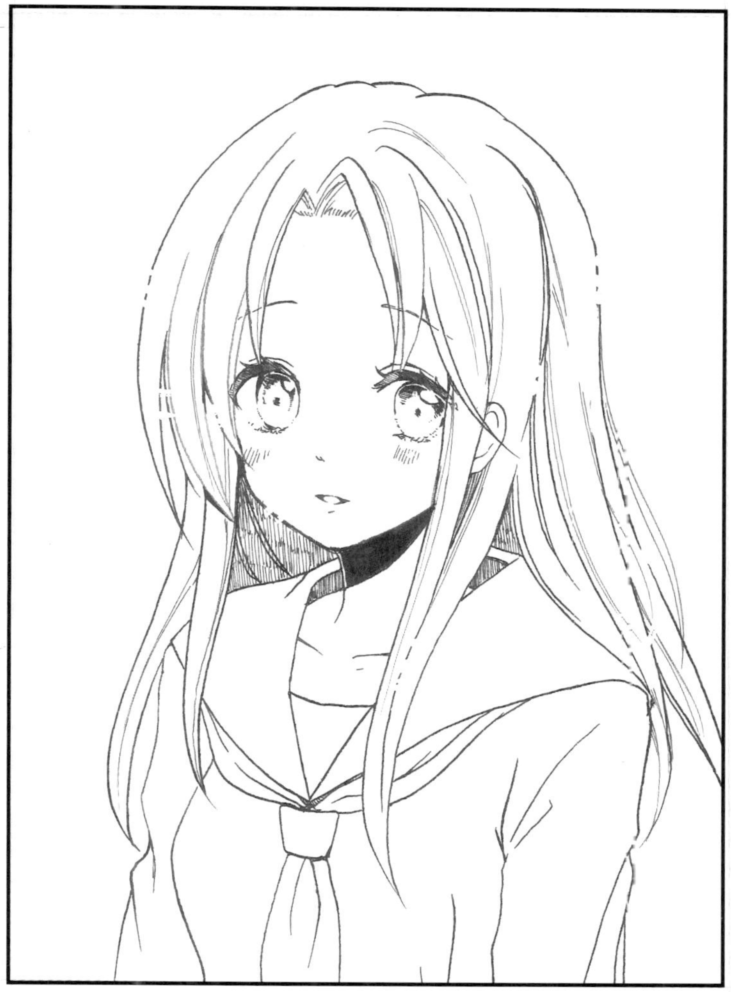

Wichtig

- **Unbedingt zuerst eine Skizze anfertigen!**
- **Es geht nicht um Geschwindigkeit, sondern um Sorgfalt!**
- **Recherche zur Kleidung ist wichtig!**

Das Tuch

Knoten, durch einen Ring führen usw.

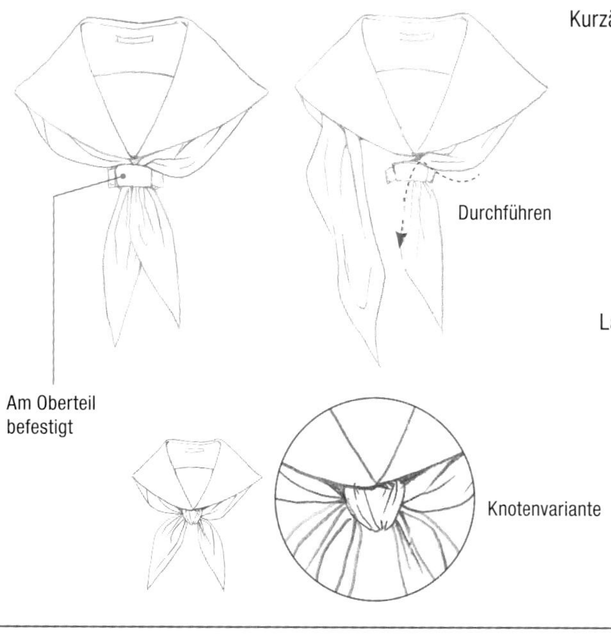

Verschiedene Oberteile einer Schuluniform

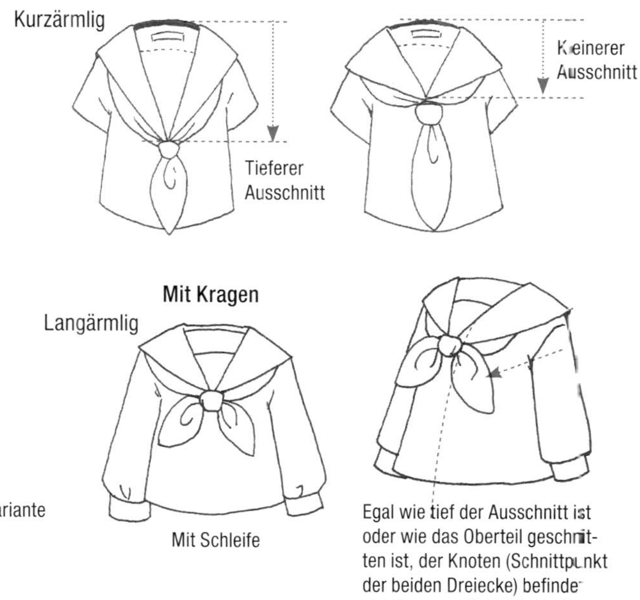

Egal wie tief der Ausschnitt ist oder wie das Oberteil geschnitten ist, der Knoten (Schnittpunkt der beiden Dreiecke) befindet sich immer auf der Medianlinie.

Illustrationen

Wirkt wie eine Szene aus einem Manga, ist es aber nicht. Eine Illustration erzählt in einem einzigen Bild eine Geschichte.

● Gängige Darstellungsarten

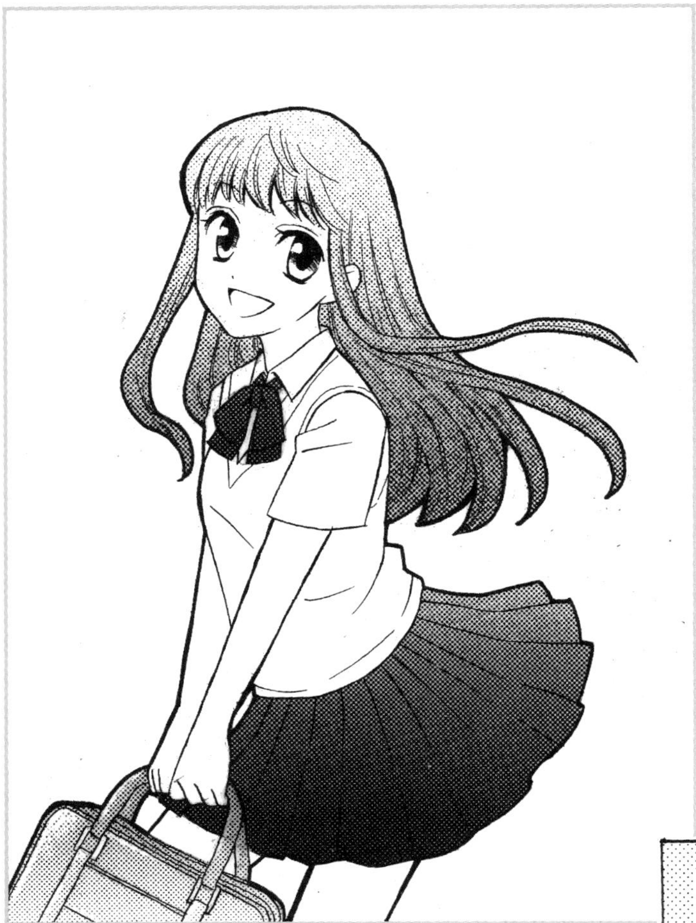

Weißer Hintergrund, dickere Konturen. Dadurch wirkt der Charakter präsenter. Das gehört zu den gängigen Mitteln, um einen Charakter zu betonen. So etwas sieht man oft auf einem Manga-Cover.

Bei einer Darstellung wird eine weiße Fläche als Hintergrund genutzt, bei einer anderen wird der Hintergrund eingezeichnet... Detailliert oder abstrakt... es gibt zahlreiche Varianten.

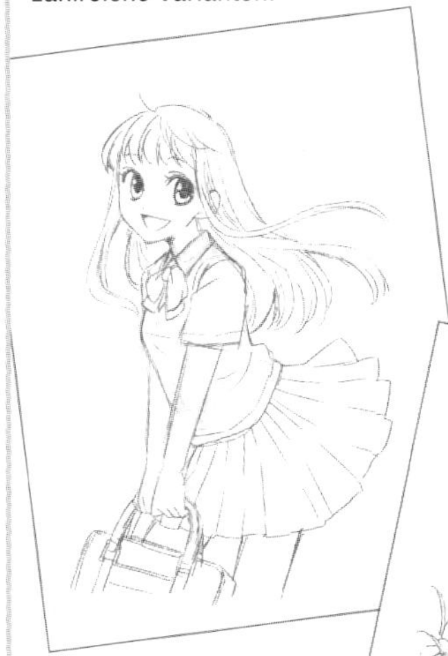

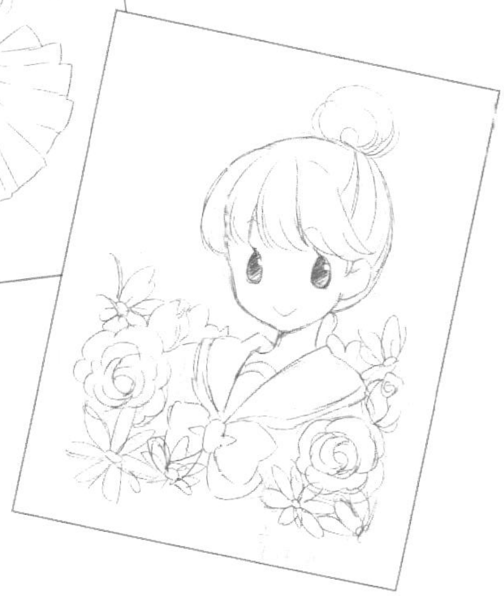

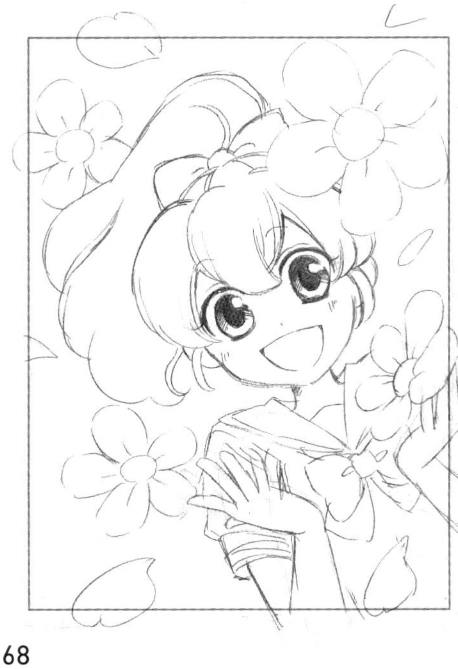

Wie eine Image-Illustration. Die unteren beiden Bilder haben das Thema »Charakter und Blumen«. Das rechte ist »märchenhaft«, das linke »Manga-artig«.

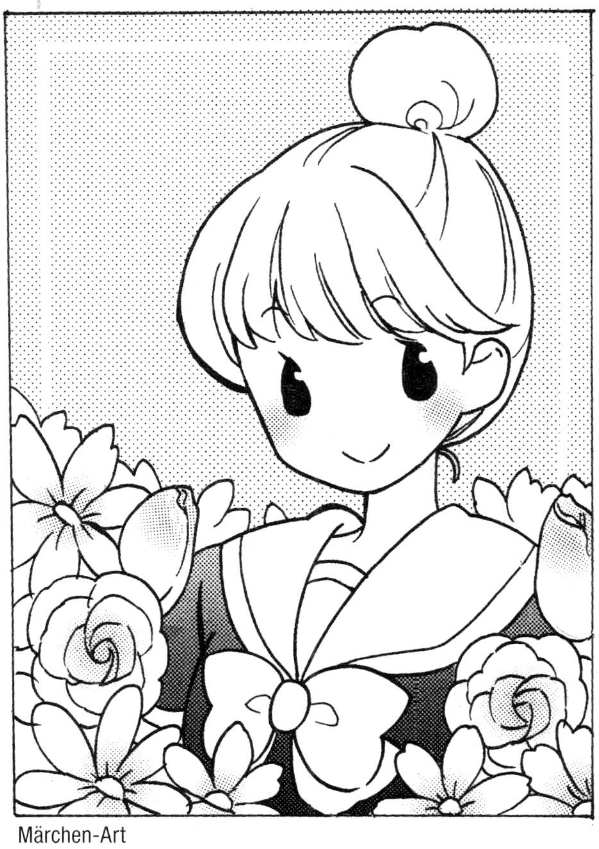

Märchen-Art

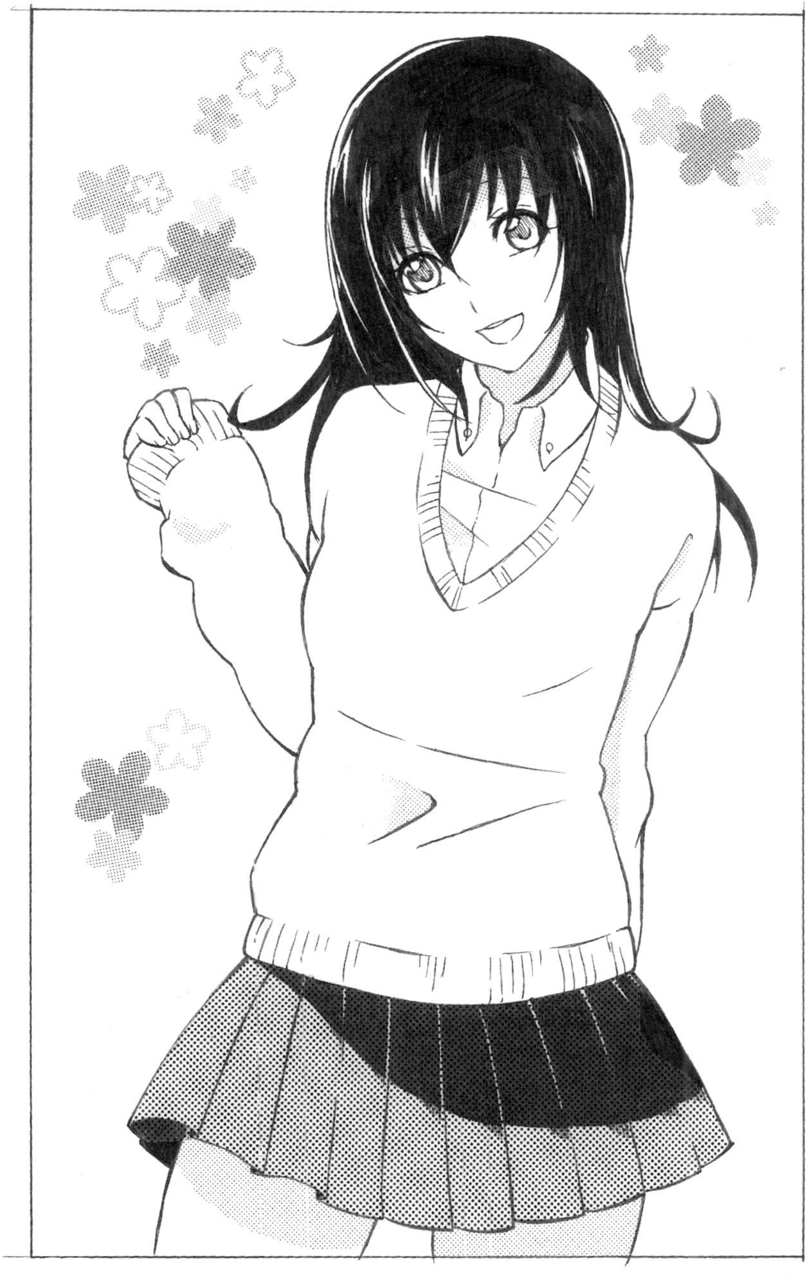

Diese Illustration zeigt den Charakter der Person ohne weitere Informationen, wo sie sich befindet. Hier wollte ich die niedliche Hand zeigen, die aus dem übergroßen Pullover herausschaut.

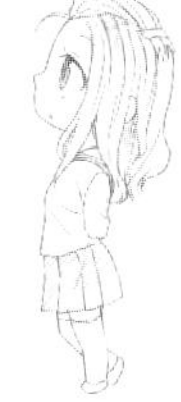

Bei der Auswahl eines Themas müsst ihr nicht kompliziert denken. »Ich liebe das!« reicht schon aus. Das Ziel, etwas mitteilen zu wollen, wird zum »Thema«.

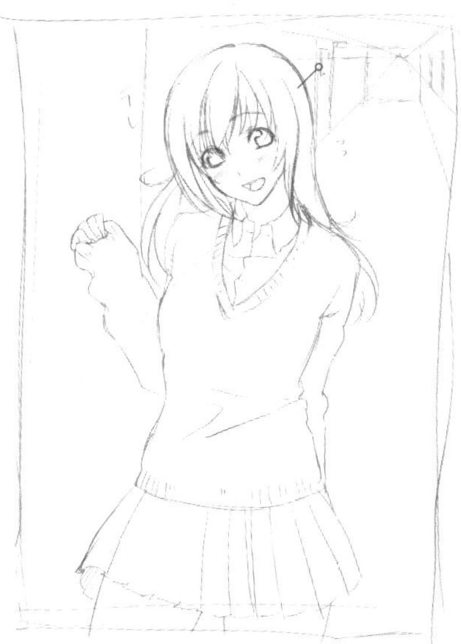

Rohfassung. Zunächst stand sie im Gang einer Schule. Aber dann hätte die Illustration zu viel verraten (daraus wird eine bestimmte Szene), deshalb habe ich mich dafür entschieden, einen Image-Hintergrund zu benutzen. Dadurch steht der Charakter im Mittelpunkt.

Thema, Motiv und Konzept

Bei Manga oder Illustrationen reicht es nicht aus, wenn man »das Zeichnen liebt«. Es ist wichtig klarzumachen, was die Zeichnung aussagen soll und weshalb man etwas zeichnet.

Thema: Der zentrale Gedanke
Das Ziel, »etwas zeigen zu wollen«. »Fröhliches Lächeln«, »Entschluss«... Denkt nach, was ihr darstellen wollt.

Motiv: Das Dargestellte
Das hängt mit dem Thema zusammen. Angenommen, ihr sucht euch »eine Kaffeetasse« aus, dann müsst ihr genau überlegen, was ihr damit zeigen wollt (= Thema), z. B. ob die Tasse gefüllt, kaputt oder ausgelaufen ist.

Konzept: Entwurf oder Synopse
»In so einer Welt ist so ein Charakter in so einer Situation und der Charakter möchte dies und jenes tun« – So ein Gesamtkonzept ist hier gefragt. Im Zentrum des Konzepts steht das Thema, der Entwurf ergänzt und erklärt es.

Situation: Lage und Umstände
»Wann macht wer was?«, eine Momentaufnahme. Eine Szene, die zu viel erzählt, ist nicht geeignet für eine Illustration.

Unterschied zwischen Manga- und Illustrations-Stil

Sprechblasen, Beschriftungen, Panelfolgen usw. machen Illustrationen zu einem Manga.

● Sprechblasen und Beschriftungen

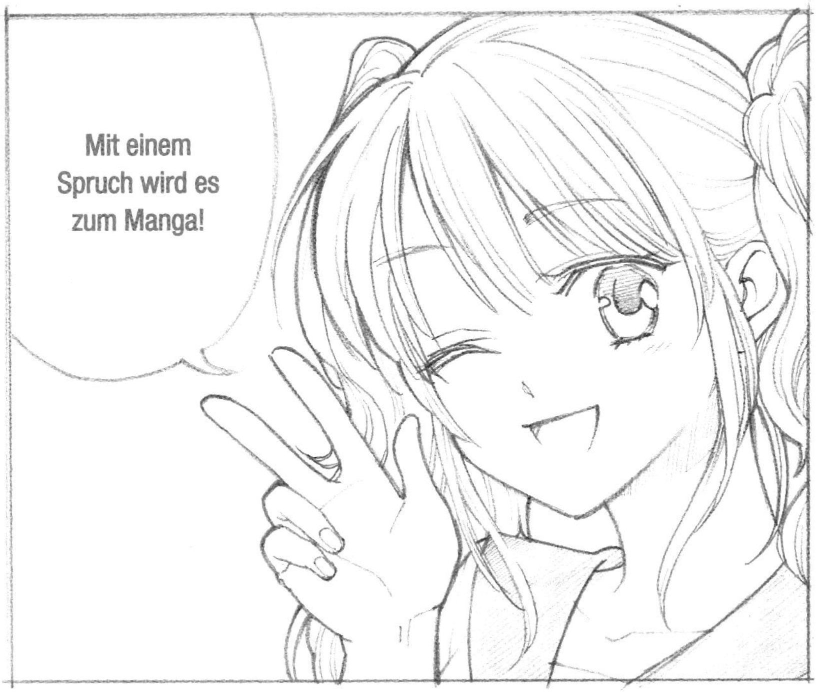

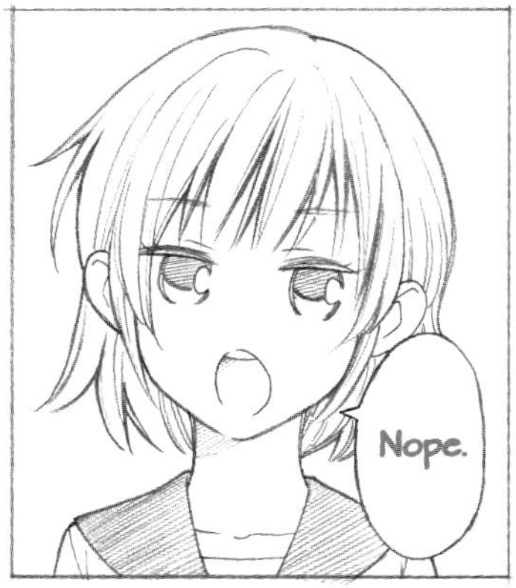

Dasselbe gilt für Kommentare. Sprechblasen symbolisieren Manga.

● Effekte

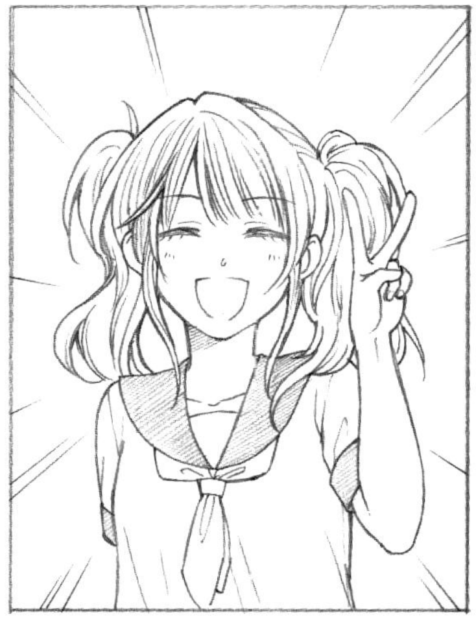

Effektlinien machen das Bild Manga-artig.

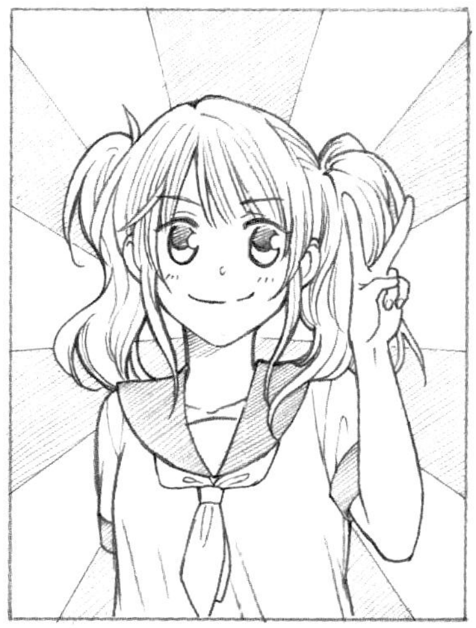

Werden die Linien flächig koloriert, wirkt es wie eine Illustration.

● Panelfolgen

Soundwords, Effektlinien, Text, dazu »Panelfolgen« erschaffen hier einen 2-Panel-Manga. Seht ihr, dass mit der Distanz zum Charakter gespielt wird?

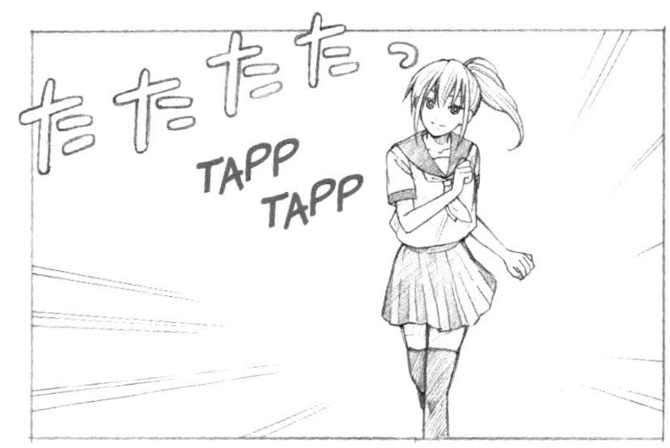

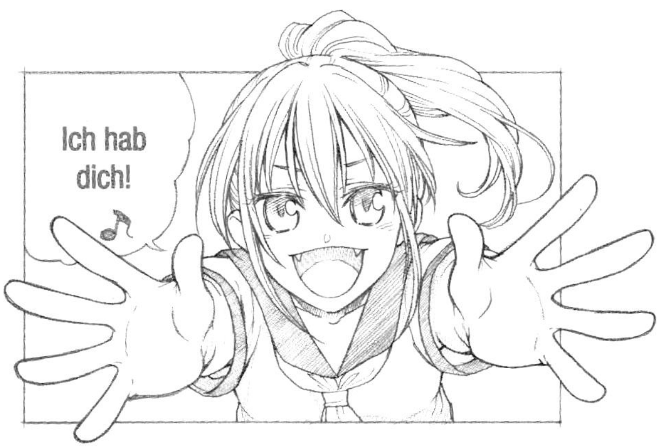

● Illustrationsfolgen

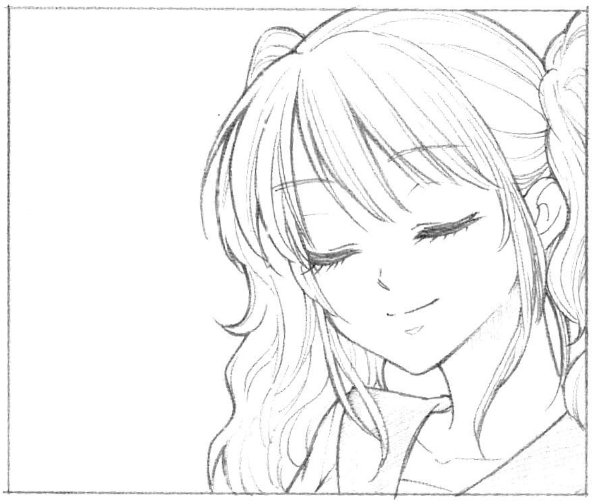

Dieses und das rechte Bild sind einzeln betrachtet wie Illustrationen...

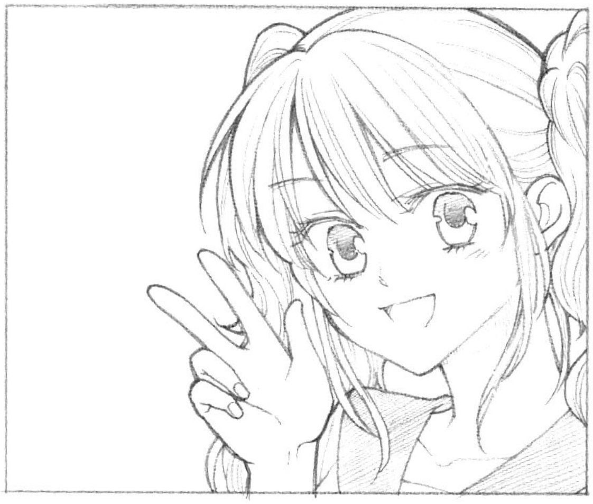

... aber wenn man sie nacheinander betrachtet, erzählen sie etwas. Derselbe Trick wie bei einem Anime, Schaukastentheater oder Daumenkino.

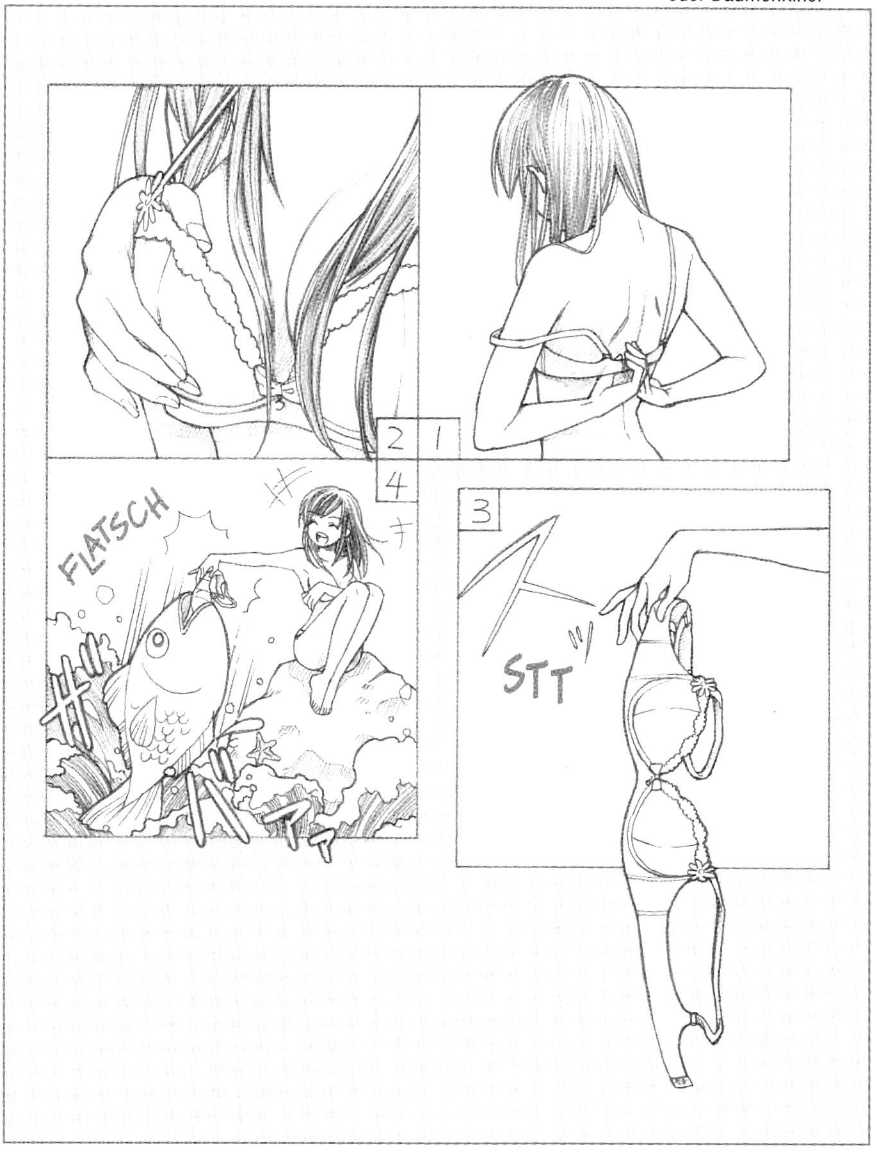

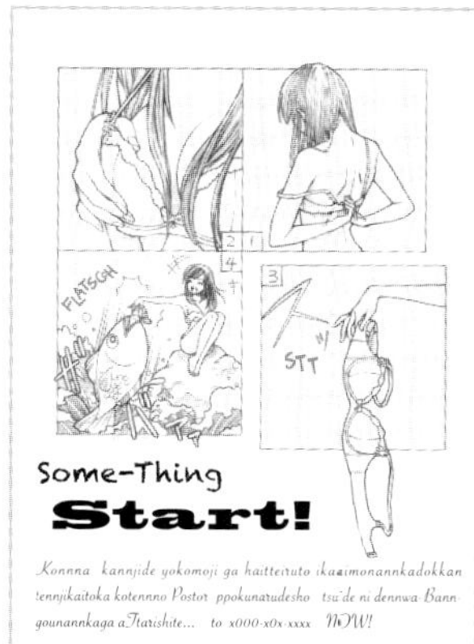

Verwendung wie eine Illustration

Jedes Panel wurde als ein Bauteil gesehen, damit das Ganze wie eine Illustration wird. Hier ist das Konzept: »Illustration unter Verwendung der Manga-Präsentationsart«, das Thema lautet »Angeln« und das Motiv ist der BH. Wird das Ganze so koloriert, dass der BH auffällt, wird das Thema zu »BH«.

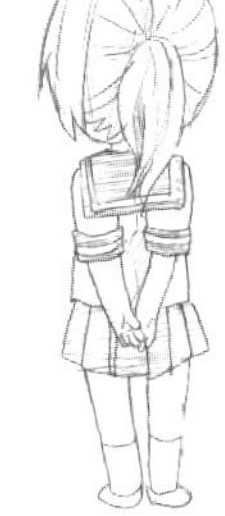

Zeichnet eine Szene

Für eine Manga-Zeichnung beginnen wir zunächst mit einer Szene.

Ein erzählendes Panel entwerfen

Das Thema: »Ein sich beeilender Charakter«

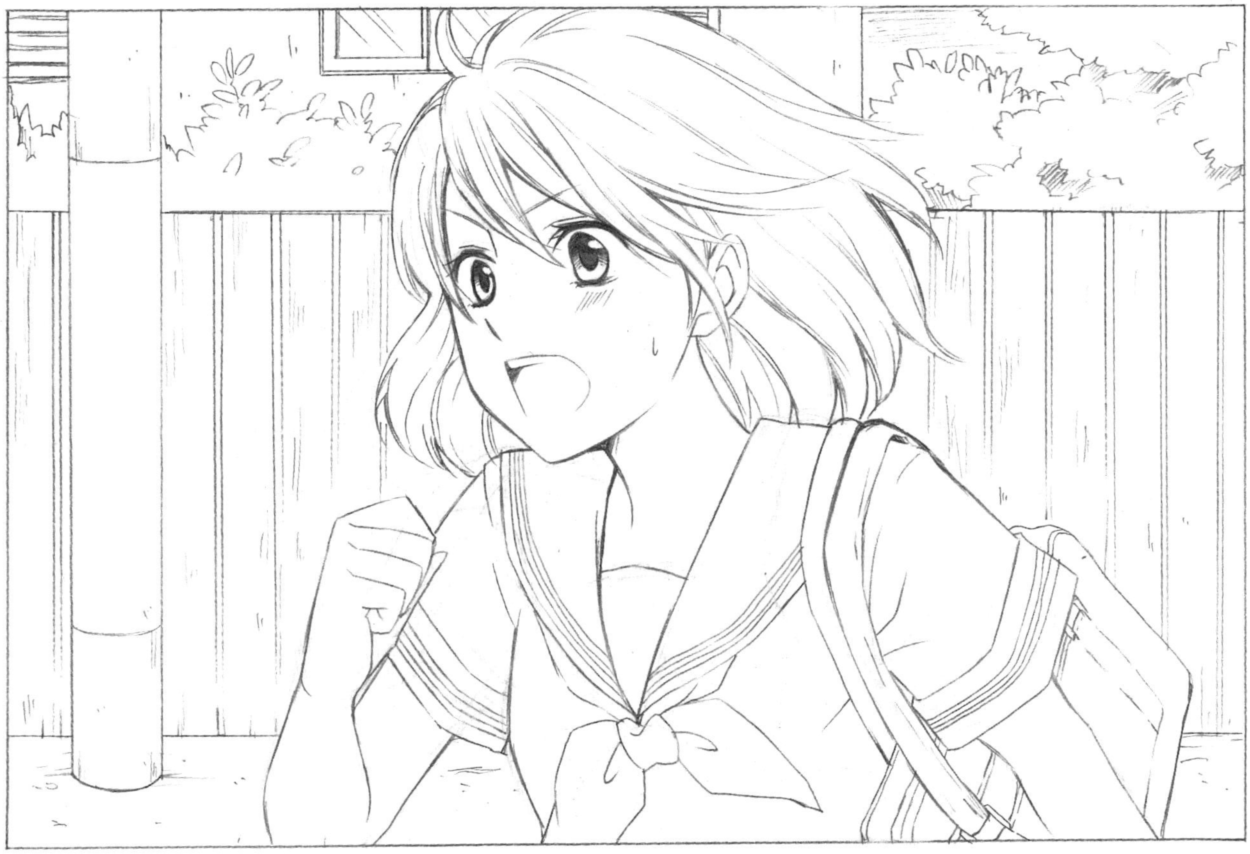

Der Hintergrund zeigt, dass der Charakter in einem Wohngebiet rennt. Die Mimik sagt, dass die Situation ziemlich ernst ist.

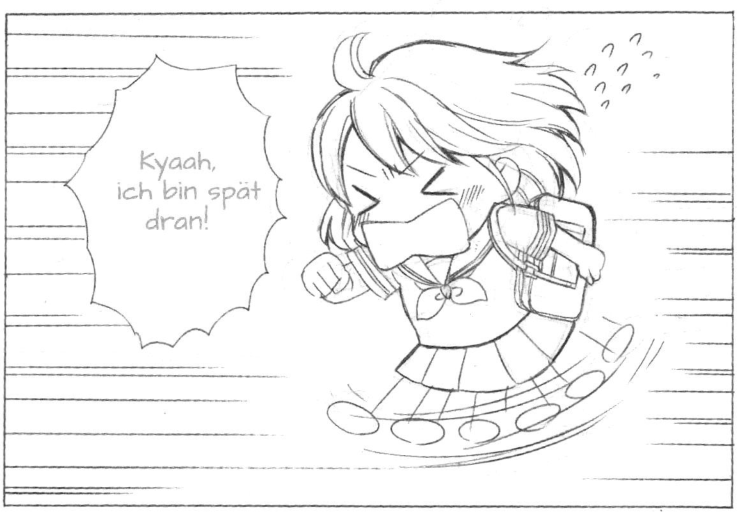

Mit Comedy-Touch wäre das so. Der Charakter wird stark modifiziert und der Hintergrund fällt weg. Stattdessen kommen Effektlinien zum Einsatz. Das ist ein Comedy-artiges Bild, aber für den Charakter ist die Lage trotzdem ernst und er steckt mitten in einem Drama.

Jedes Detail hat eine Bedeutung bei der Panel-Erstellung.

Wo und wann spielt es?

Für die Erstellung einer Szene braucht man:
1. Mimik
2. Schauplatz (Ort und Zeit)

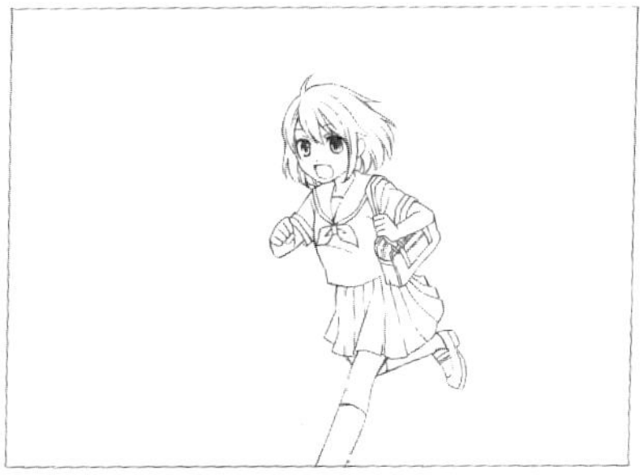

Der Charakter läuft im Rahmen. Geht sie in die Schule? Verlässt sie gerade die Schule? Ist sie noch im Schulgebäude? Oder ist sie im Flur einer riesigen Villa? Ohne den Hintergrund ist das keine richtige Szene.

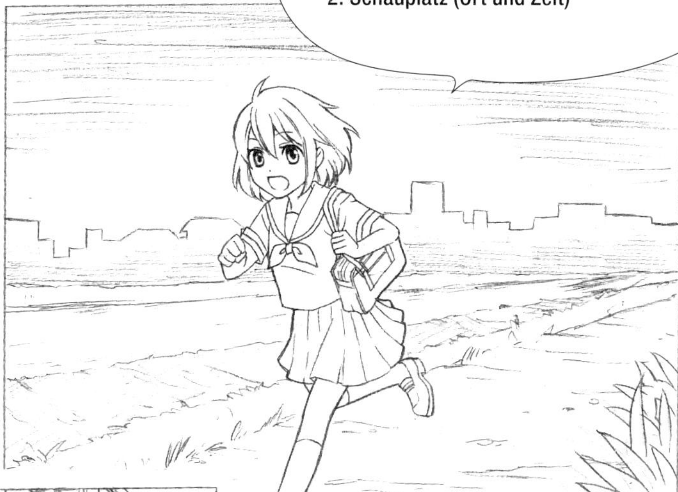

Nachmittags, am Flussufer. Werden die Gebäude im Hintergrund dunkel gefärbt, ist es etwas später. Werden dazu noch kleine weiße Kreise oder Rechtecke als Licht an den Gebäuden gesetzt, wird es eine Nachtszene.

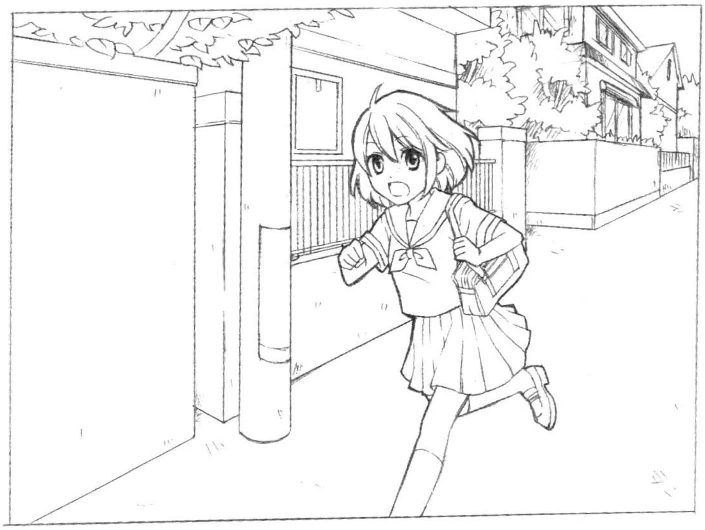

Wohngebiet. Eine Szene am Vormittag oder an einem bewölkten Nachmittag. Für Vormittagsszenen kommen oft Soundwords von Vögeln (Zwitscher Zwitscher) oder Sprechblasen wie »Ich bin spät dran!« zum Einsatz. Für eine Tagesszene zeichnet ihr dunkle Schatten an den Gebäuden und am Charakter.

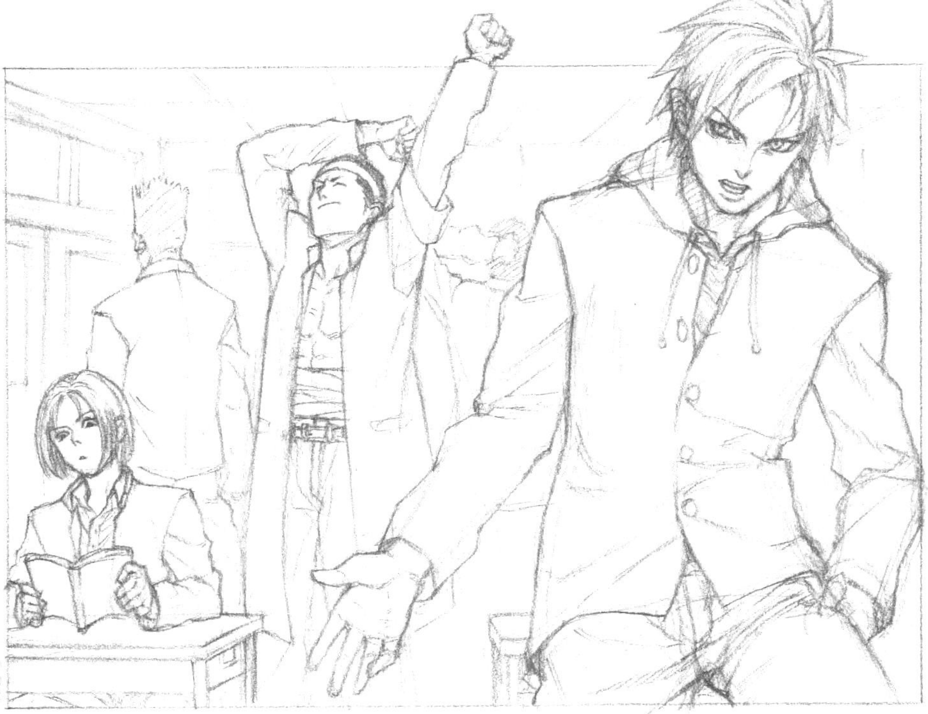

Referenz

Eine Szene in einem Klassenzimmer. Durch die klaren Linien, die Charakteroutfits und ihre Platzierung entsteht die Atmosphäre in dieser Klasse.

Dramatische Szenen

Schauen wir uns eine Liebeserklärung an.

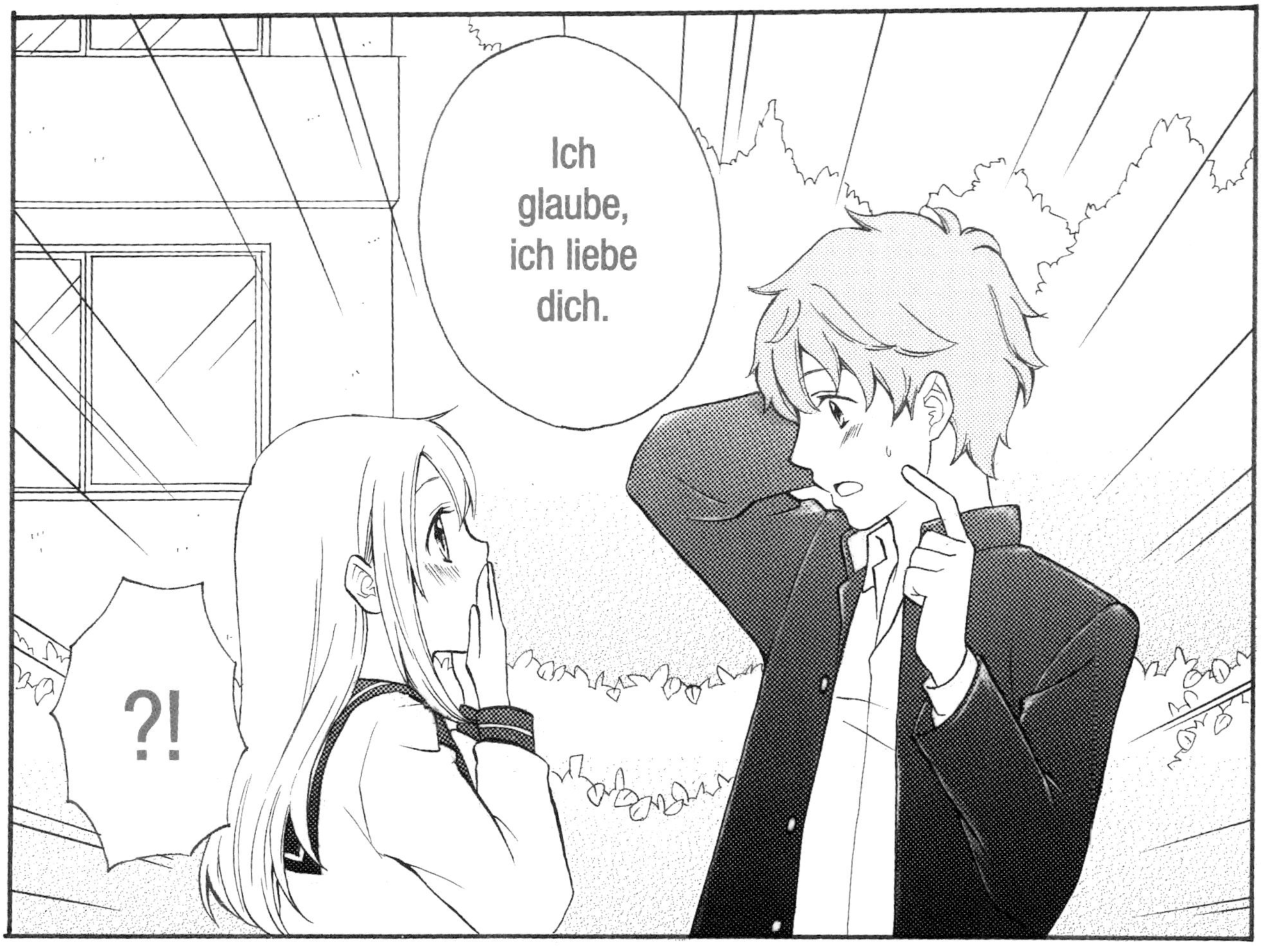

Eine plötzliche Liebeserklärung an einem menschenleeren Ort (hinter dem Schulgebäude). Die Kamera ist neben den beiden.
Achtet auf ihre Körperhaltung (Darstellungsart).

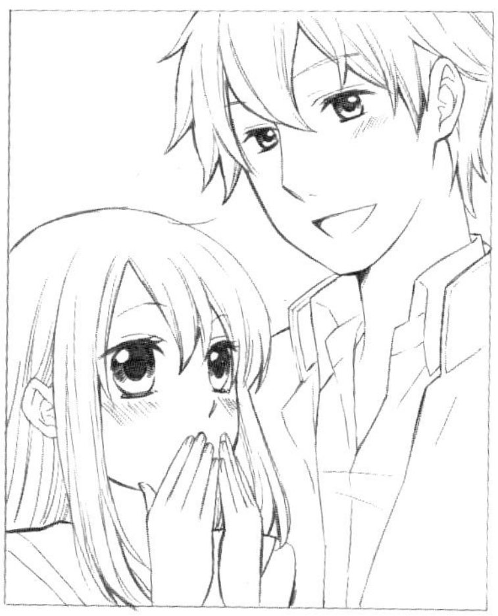

Ein Beispiel für eine Illustration. Hier wird die wichtige Szene, die Liebeserklärung, ohne Sprechblase dargestellt. Man könnte hinter den Charakteren die Konturen des Schulgebäudes einfügen, aber dann würde das Bild vielleicht zu voll werden. Daher wurde der Hintergrund hier weggelassen, um sich auf die Charaktere konzentrieren zu können.

● Elemente, die ein Bild konstruieren

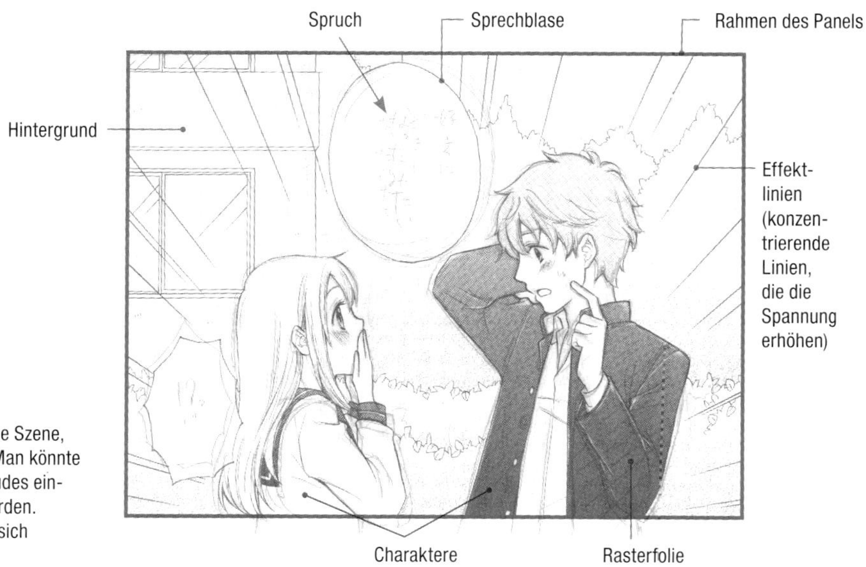

Dramaturgische Varianten

»Liebeserklärungen« von verschiedenen Pärchen. Die gewünschte Atmosphäre oder Dramatik wird durch verschiedene Kamerawinkel (Komposition) erzeugt. Von der Seite, von vorne, hinten, oben oder unten – je nach Kameraposition kommt Bewegung in das Manga-Panel.

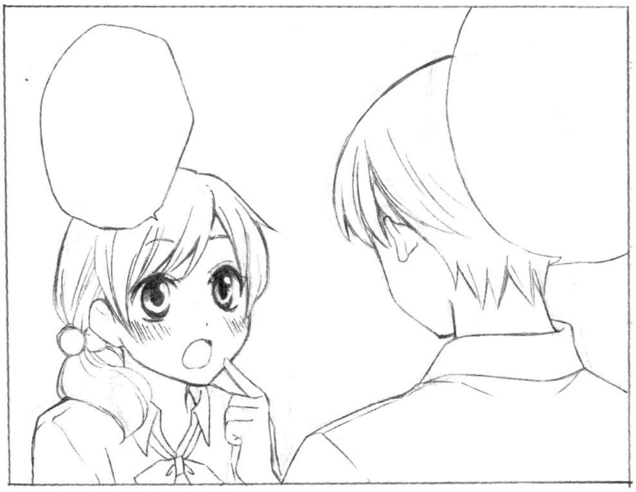

Eine Perspektive von schräg oben. Das ist effektiv, wenn die Mimik des Mädchens betont werden soll. Dabei wird auf eine realistische Größendarstellung verzichtet und beide Charaktere werden ähnlich groß gezeichnet.

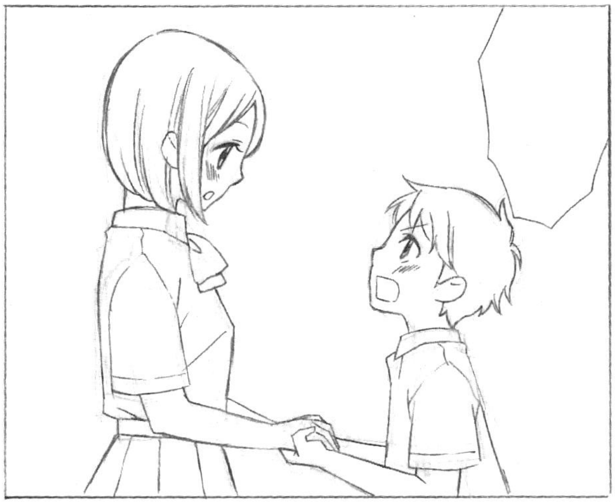

Eine Variante von der Seite. Hier wird die Situation oder die Größe der Charaktere deutlich. Auch gut, um die Gesichter von beiden zu zeigen. Somit geeignet für ernste und auch witzige Darstellungen.

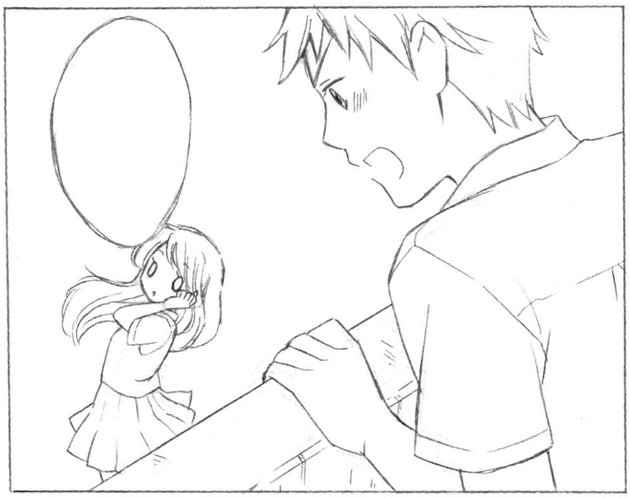

Eine Liebeserklärung aus der oberen Etage. Die Charaktere werden vorne und hinten platziert und die Kamera blickt von schräg oben. Hier geht es um den Größenunterschied der Charaktere.

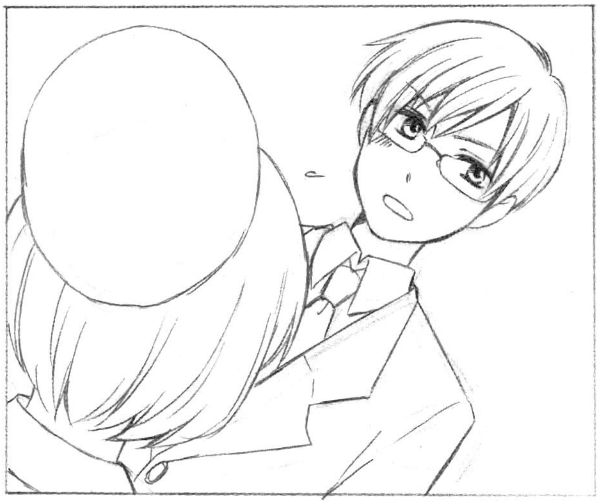

Eine heraufblickende Kameraeinstellung von hinten. Hier steht der Junge im Mittelpunkt, der die Liebeserklärung macht. Es wird mit der Perspektive gearbeitet, der Kopf des Mädchens ist leicht vergrößert.

Achtung!

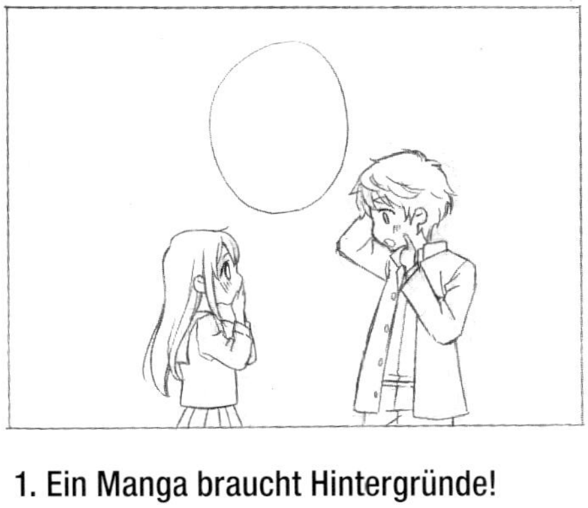

So weiß man nicht, wo und wann die große Liebeserklärung gemacht wird. Zeichnet einen Hintergrund – er kann ruhig einfach sein.

1. Ein Manga braucht Hintergründe!

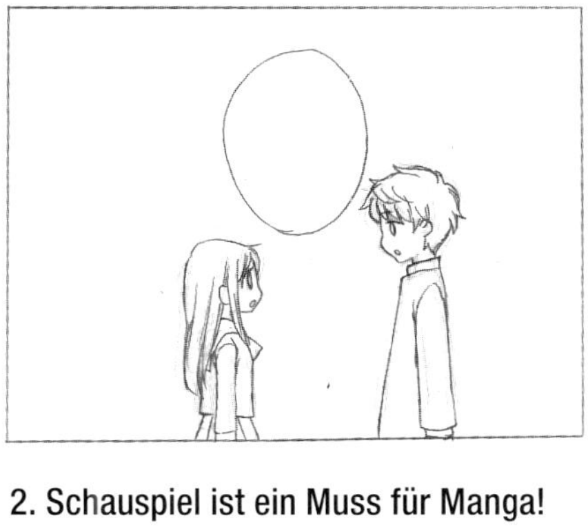

Ein Manga erzählt mit Bildern. Hier ist die wichtige Szene viel zu einfach und langweilig. Auch die Charaktere stehen nur so da, ohne irgendeine Reaktion zu zeigen. Wirken sie nicht unnatürlich? So etwas macht die Leser nicht glücklich. Lasst die Charaktere ihre Rolle spielen.

2. Schauspiel ist ein Muss für Manga!

Überlegt euch die Komposition

– Kamerawinkel –

Wie sollen Charaktere im Bild platziert werden? Stellt euch vor, ihr seid ein Kameramann, und schaut euch die Charaktere aus verschiedenen Winkeln an.

Aufnahmeposition

Es gibt drei Blickwinkel. »Normaler Winkel« aus dem Stand, die herabschauende »Vogelperspektive« und die heraufschauende »Froschperspektive«.

Normaler Winkel: Aufnahme aus dem Stand

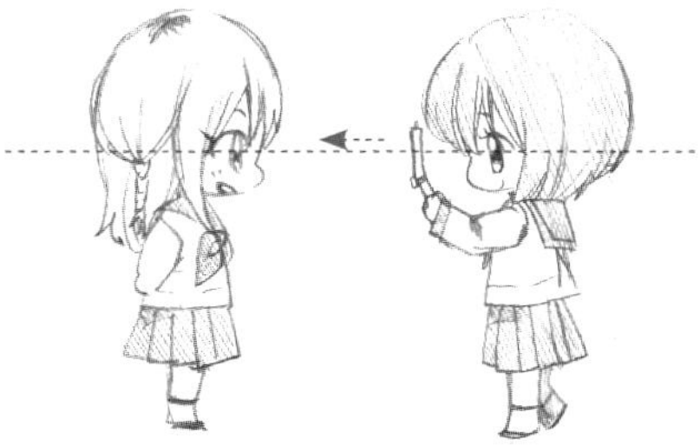

Augenhöhe

Bei hoher Augenhöhe schaut die Kamera herab, bei niedriger Augenhöhe herauf.

Die Höhe der Kamera ist die Augenhöhe. Achtet darauf, wenn ihr Charaktere in den Panels platziert oder Hintergründe zeichnet.

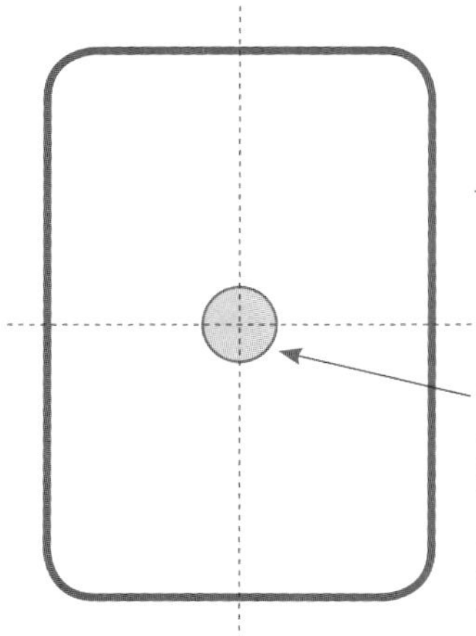

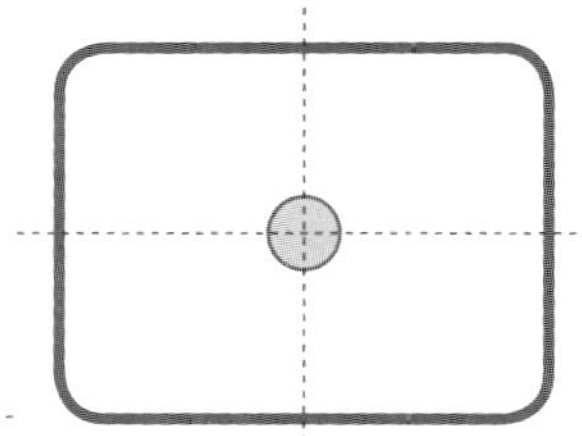

Fokus. In der Regel befindet er sich in der Mitte und der Blick der Betrachter richtet sich auf diesen Punkt innerhalb des Rahmens. Wenn ihr etwa dort das Thema platziert, das ihr zeichnen wollt, wird das Bild einfach zu verstehen sein. Bei einer wichtigen Illustration oder einem bedeutenden Manga-Panel sollte der zentrale Charakter dort eingezeichnet werden.

● **Porträt**

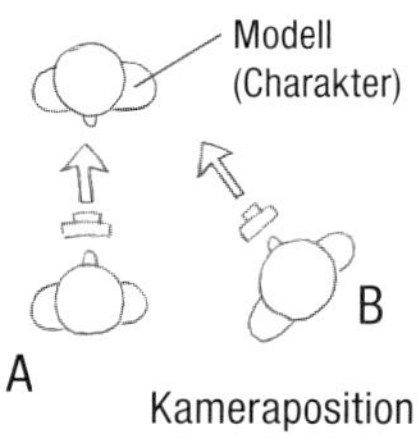

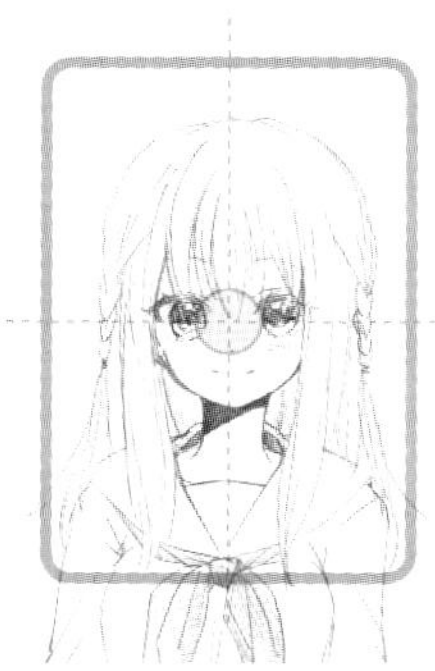

Ansicht aus Position A – frontal

Die Seite ist nicht zu sehen.

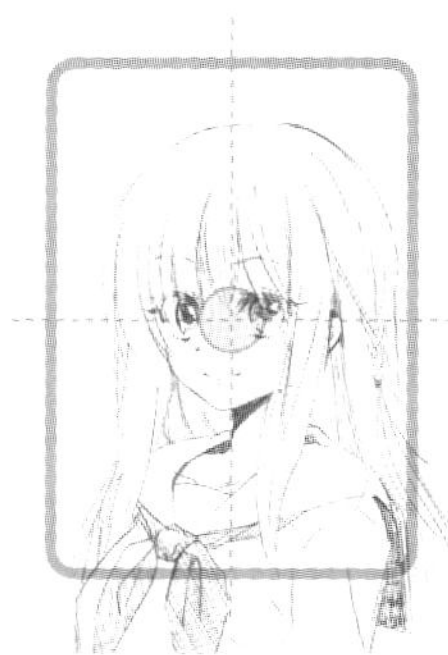

Ansicht aus Position B – schräg

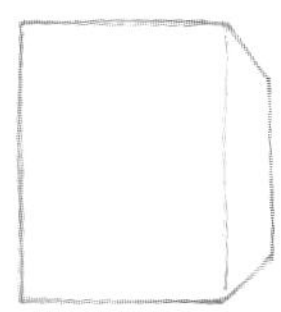

Die Seite ist sichtbar und der Charakter wird plastischer.

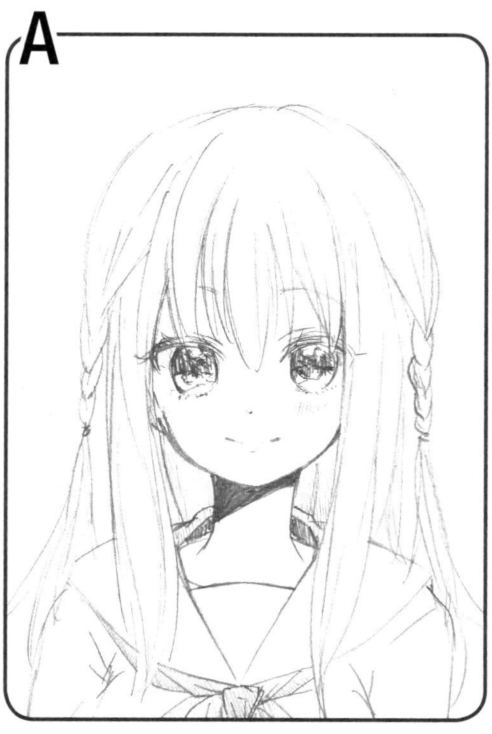

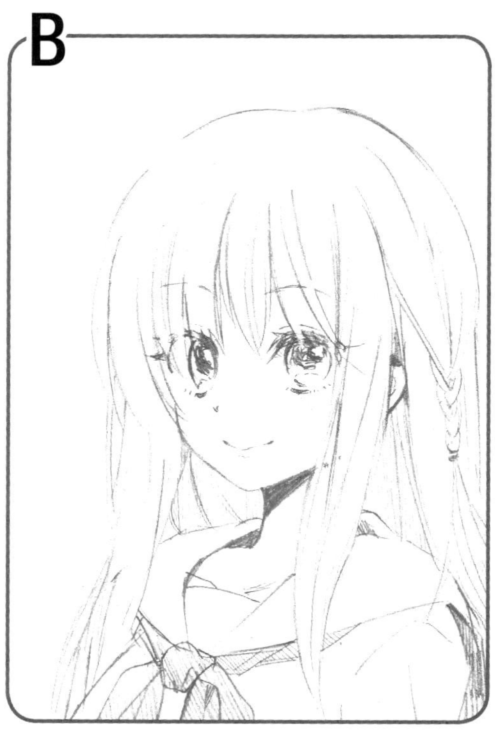

● Ausschneiden

Hier geht es um das Ausschneiden durch einen Rahmen. Lasst uns sehen, wie sich der Eindruck mit dem Ausschnitt verändert.

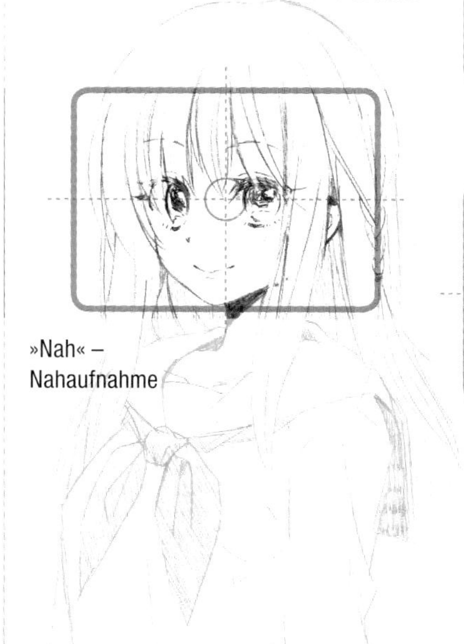

»Nah« – Nahaufnahme

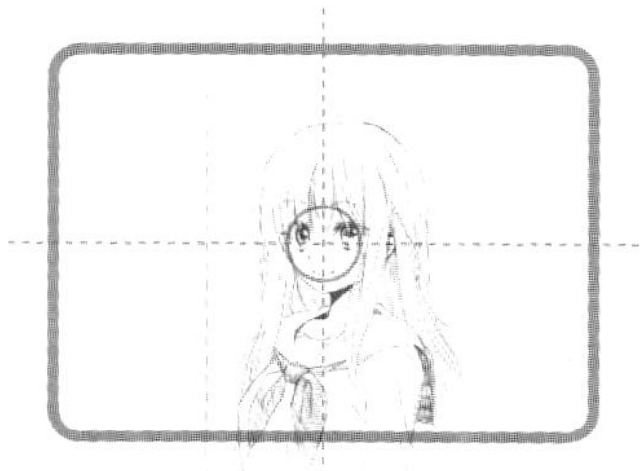

»Zurück« - Distanz zur Kamera

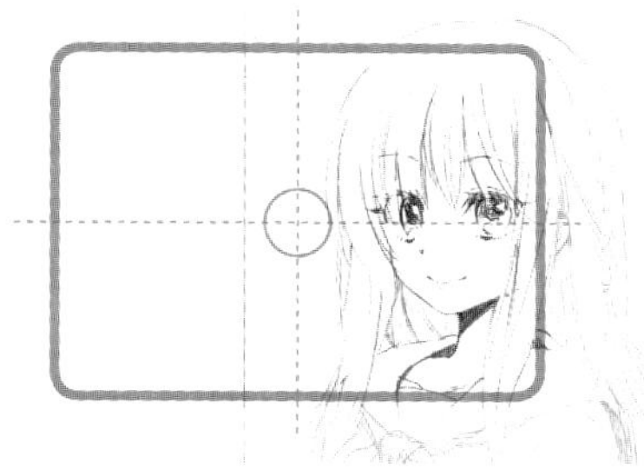

»Kameraschwenk« – Mit der Bewegung kommt ins Bild, was man zeigen möchte.

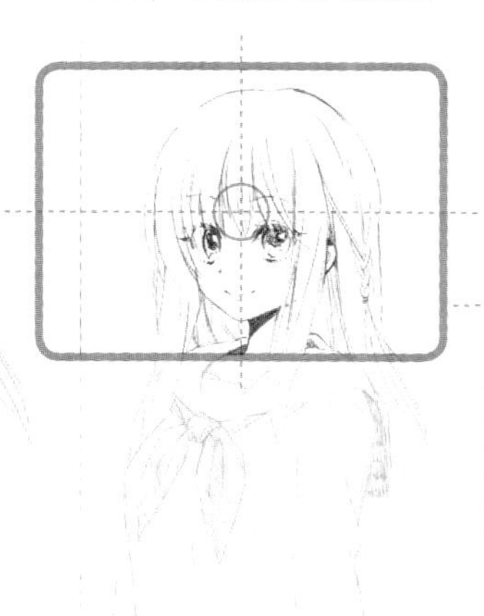

Normale Nahaufnahme

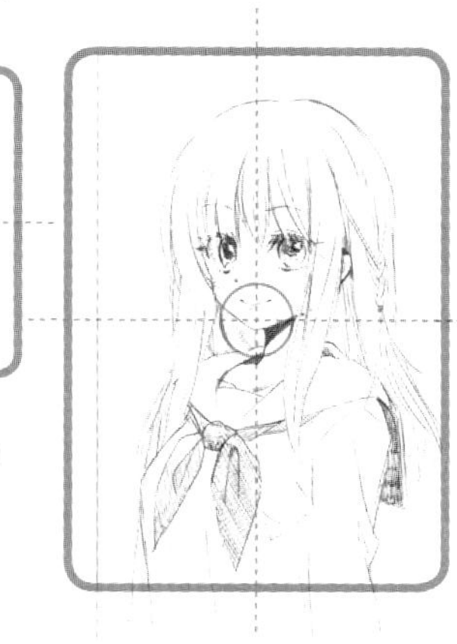

Porträt

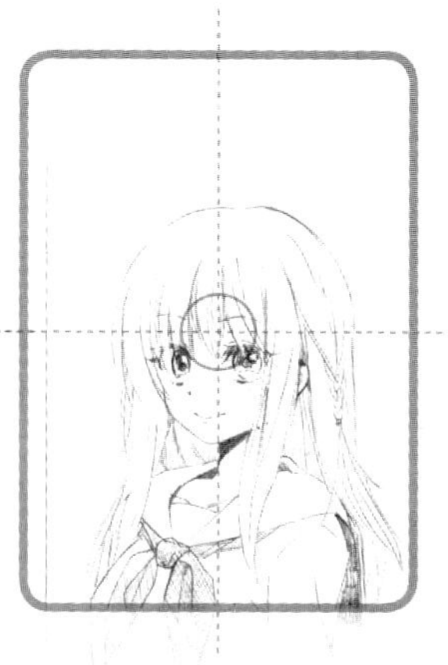

Porträt 2 (Kamera höher)

● Ganzkörperaufnahme

Achtet hierbei auf den Fokus

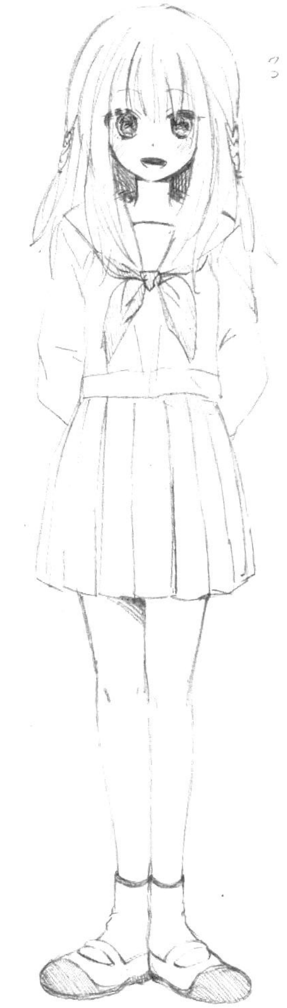

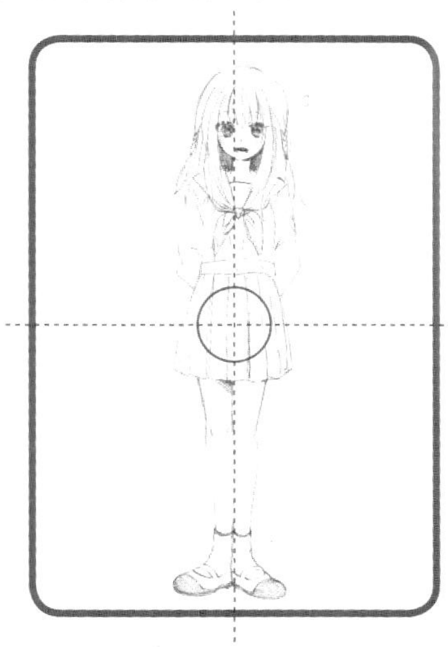

Hier wurde der Charakter in den Bildausschnitt hineingequetscht. Der Mittelpunkt ist am Schritt und das Bild wirkt unruhig.

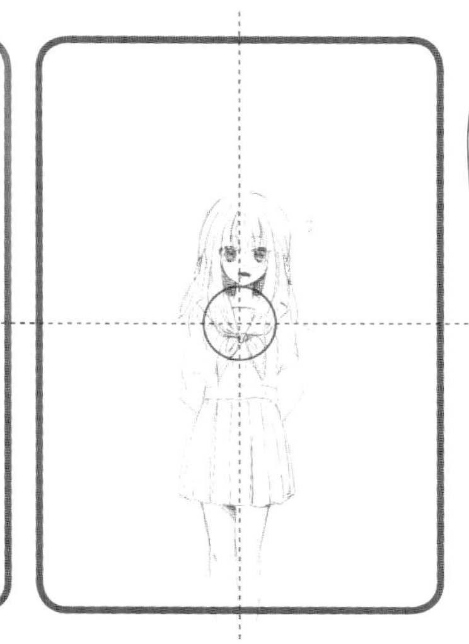

So wird das Bild ruhiger.

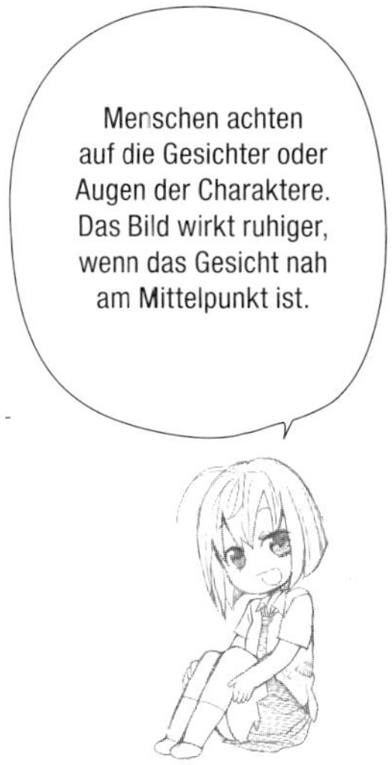

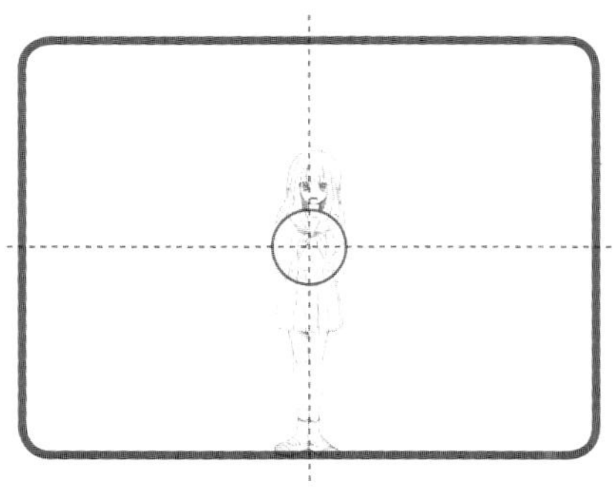

Die Bildmitte wurde auf Brusthöhe gebracht. Dafür entfernt sich die Kamera.

Tipp

Mit Konzentrationslinien Aufmerksamkeit erzeugen

Ist das Gesicht weit entfernt vom Mittelpunkt, zeichnet ihr Konzentrationslinien hin zur Gesichts- oder Brustmitte. So wird der Blick automatisch zum Gesicht geleitet, dadurch wirkt das Bild stabiler.

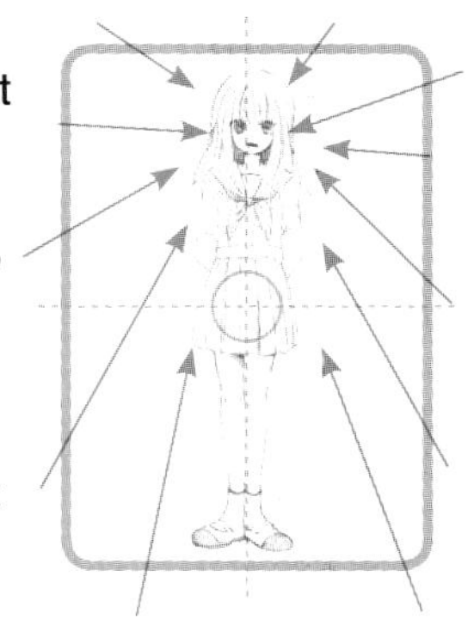

Hinaufschauen: Froschperspektive

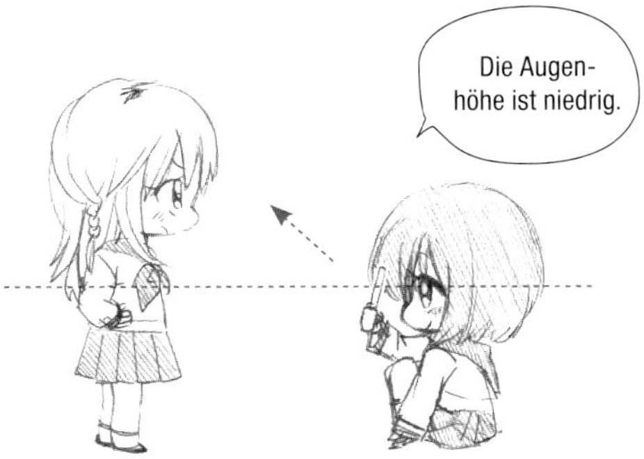

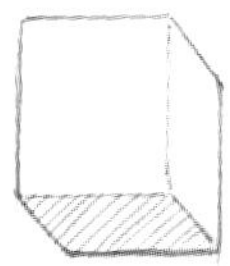

Man sieht die untere Fläche.

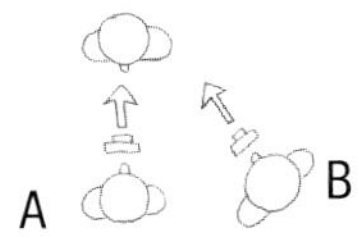

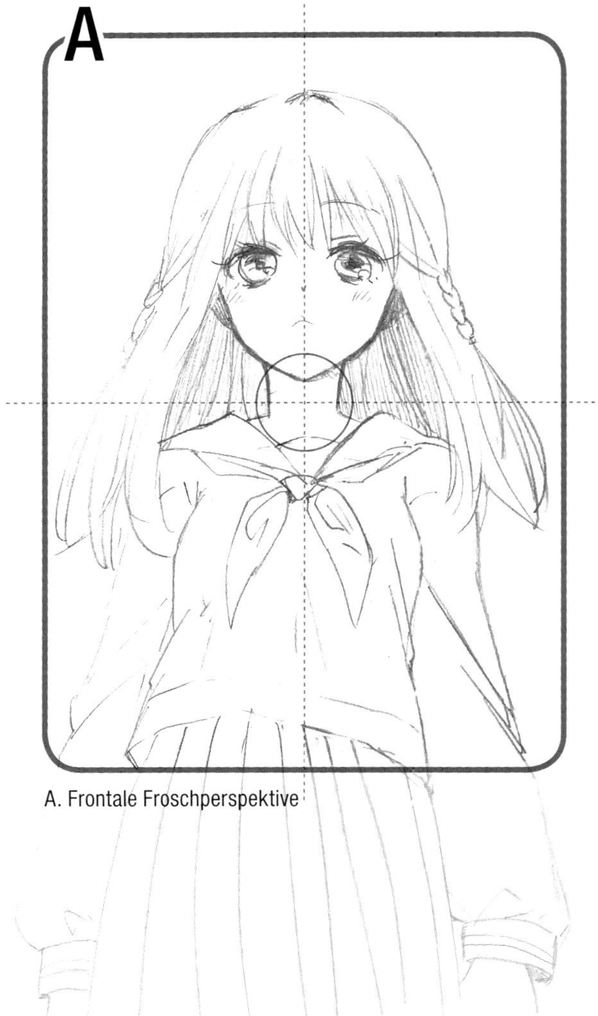

A. Frontale Froschperspektive

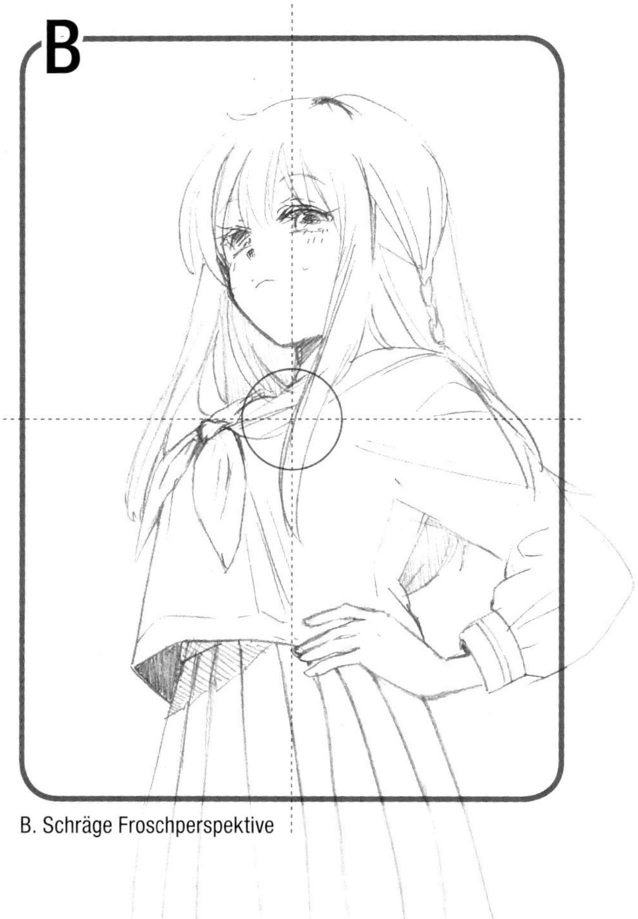

B. Schräge Froschperspektive

● Zeichentipp

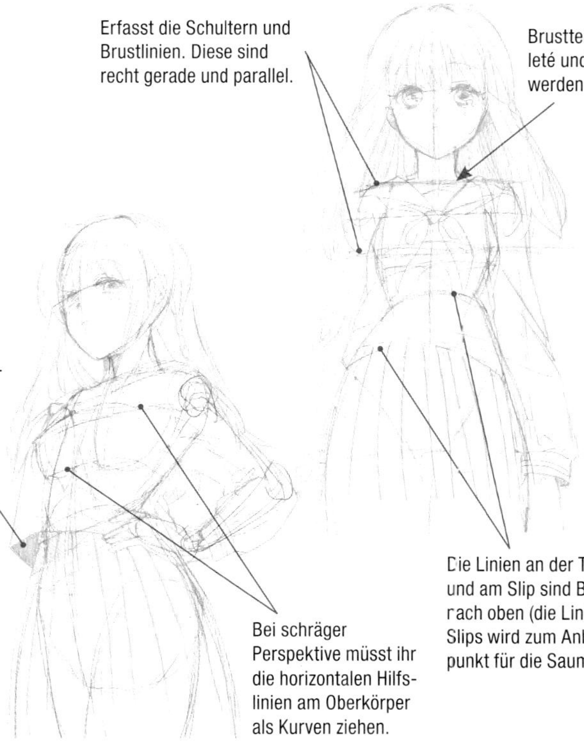

Erfasst die Schultern und Brustlinien. Diese sind recht gerade und parallel.

Brustteil: Dekolleté und Kragen werden kleiner.

Zeigt die Innenseite des Oberteils. Schattierungen sind nützlich.

Bei schräger Perspektive müsst ihr die horizontalen Hilfslinien am Oberkörper als Kurven ziehen.

Die Linien an der Taille und am Slip sind Bögen nach oben (die Linie des Slips wird zum Anhaltspunkt für die Saum-Kurve).

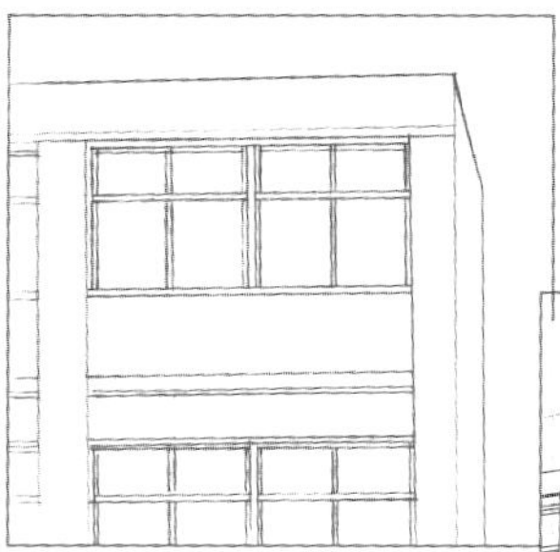

Referenz: In der Regel schaut man zum Schulgebäude hinauf.

Aus der Ferne

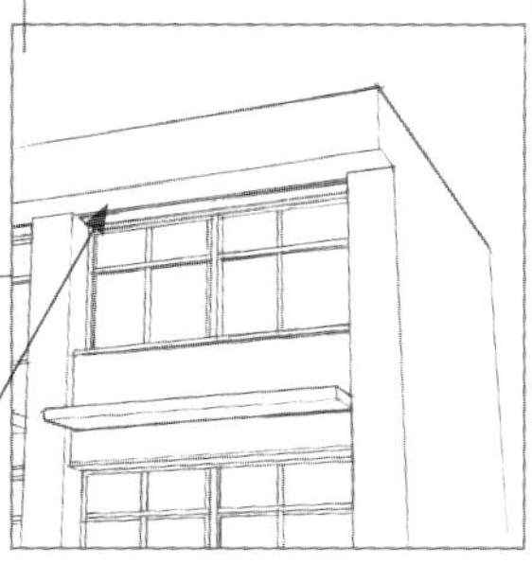

Aus der Nähe. Je höher die Etage, desto mehr ist die Unterseite des Vordachs sichtbar.

Herabschauen: Vogelperspektive

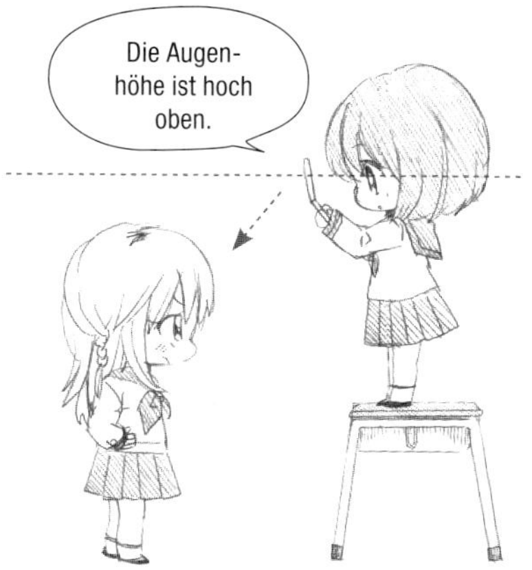

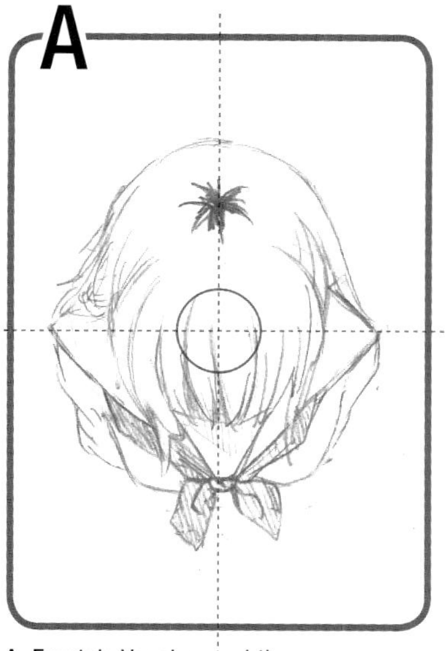

A. Frontale Vogelperspektive

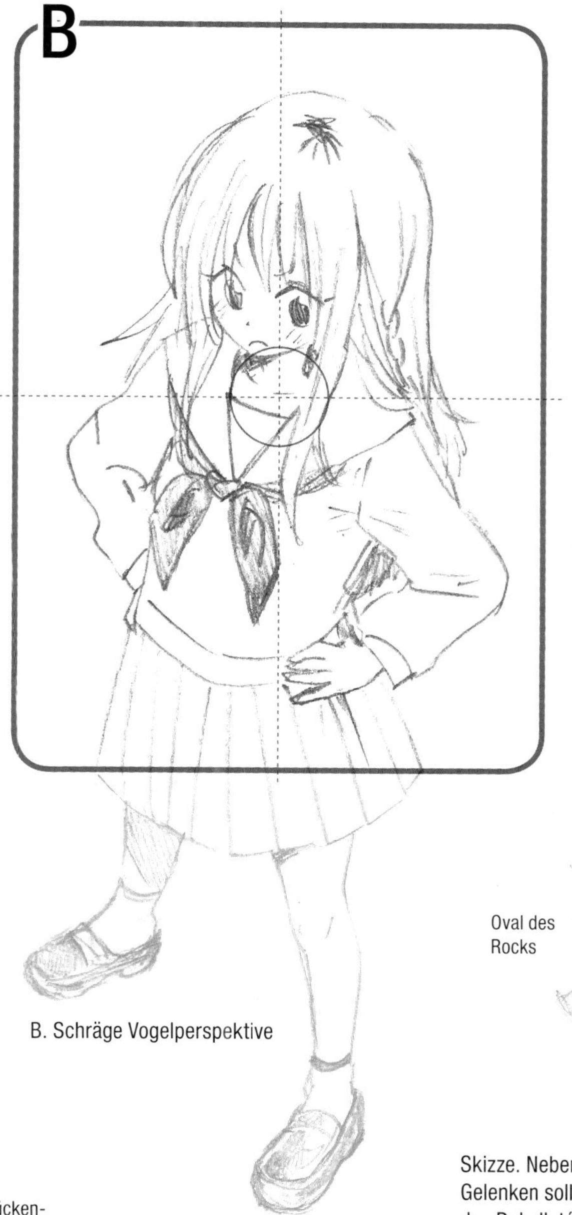

B. Schräge Vogelperspektive

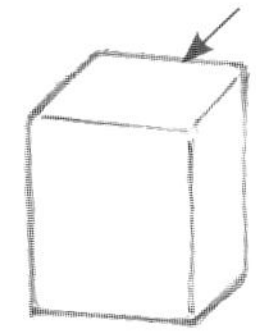

Die obere Fläche ist sichtbar.

● Zeichentipp

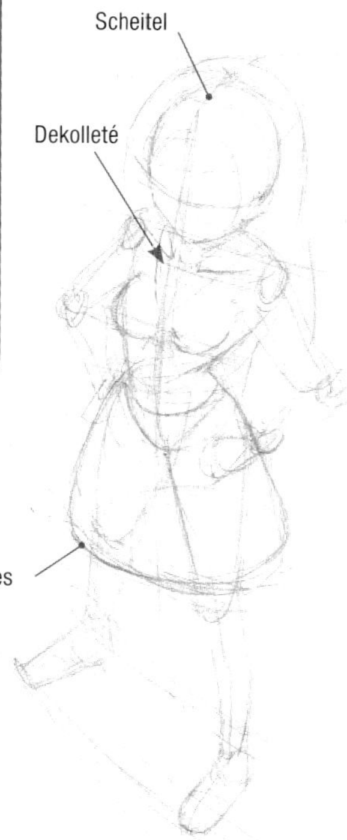

Skizze. Neben dem Rumpf und den Gelenken solltet ihr schon die V-Form des Dekolletés und den Saum des Rocks grob einzeichnen.

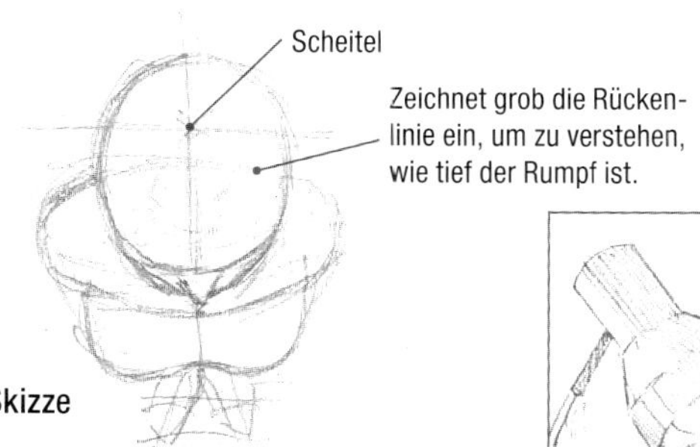

Skizze

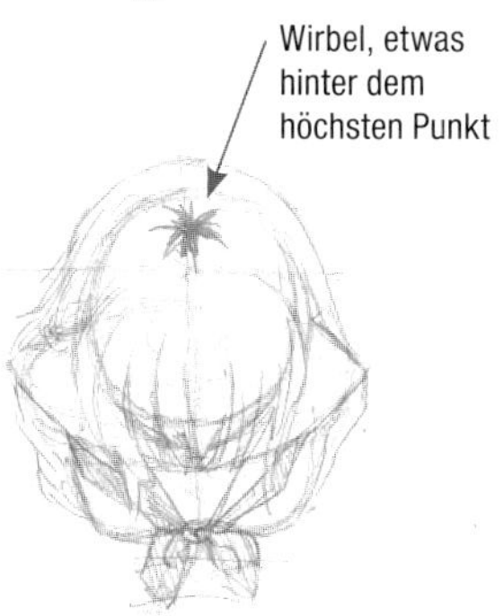

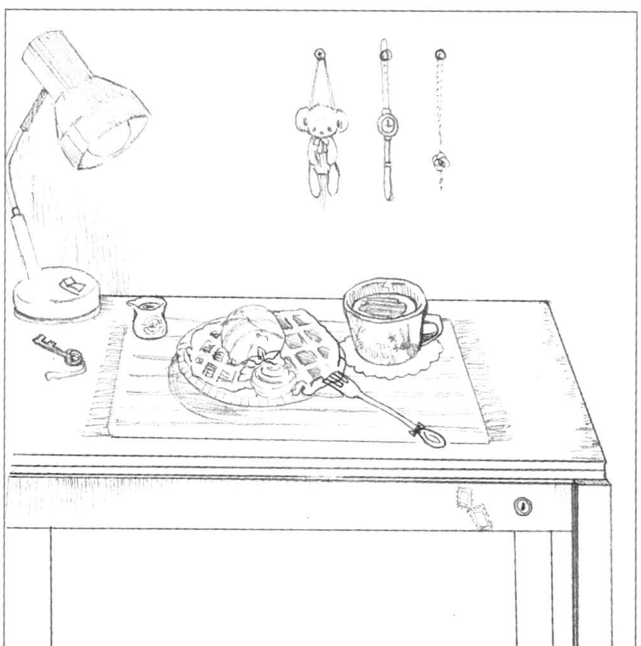

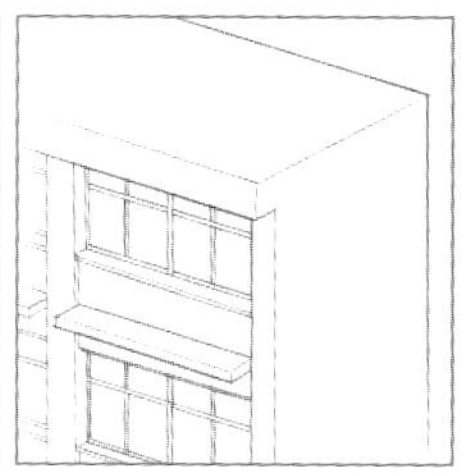

Man sieht nur selten ein Schulgebäude aus der Vogelperspektive, es sei denn, es gibt in der Nähe ein Hochhaus. Ansonsten gibt es so etwas nur als Luftaufnahme.

Manche Sachen sieht man im Alltag meist aus der Vogelperspektive – wie solche Gegenstände auf einem Tisch.

Fesselnder Blick

Achtet beim Zeichnen auf die Augenhöhe, damit ihr seht, was im Mittelpunkt liegt. Bei einer Aufnahme mit einer normalen Kamera ist solch eine verstärkte Darstellung nicht möglich, weil es zu einer Verzerrung durch das Objektiv kommt.

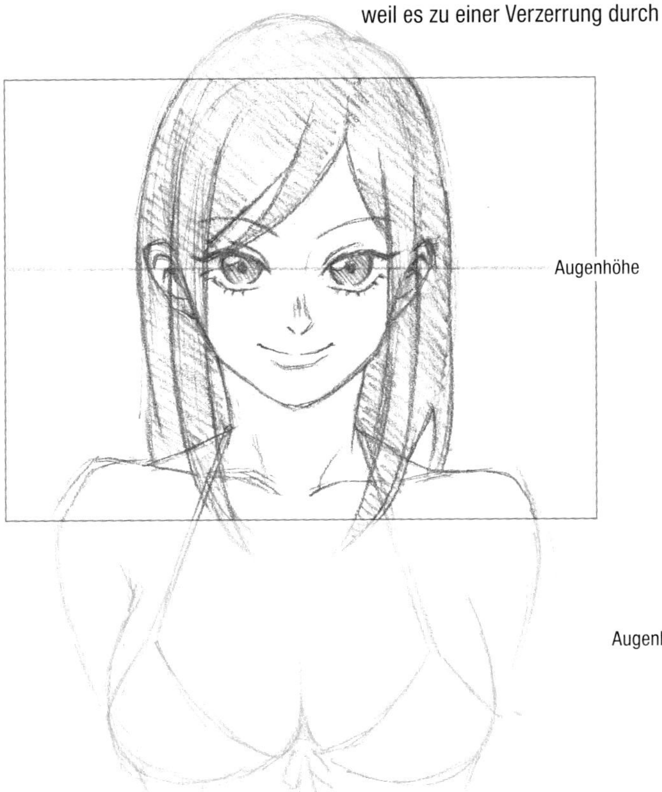

Blick aufs Gesicht
Ein Porträt. Wird das Gesicht frontal betrachtet, sieht man alles unterhalb des Gesichts aus der Vogelperspektive.

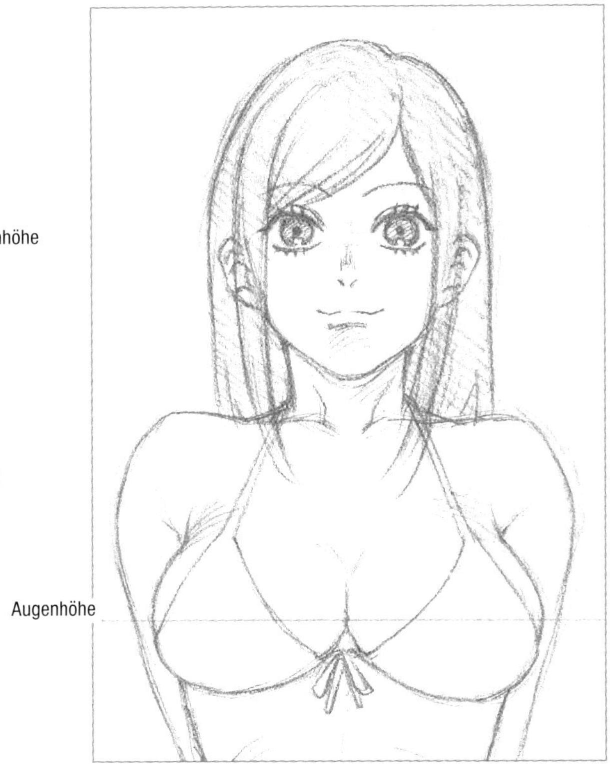

Blick auf den Busen
Im wahrsten Sinne des Wortes eine Büstenaufnahme. Der Busen wird frontal gezeigt. Daher sieht man das Gesicht aus einer leichten Froschperspektive.

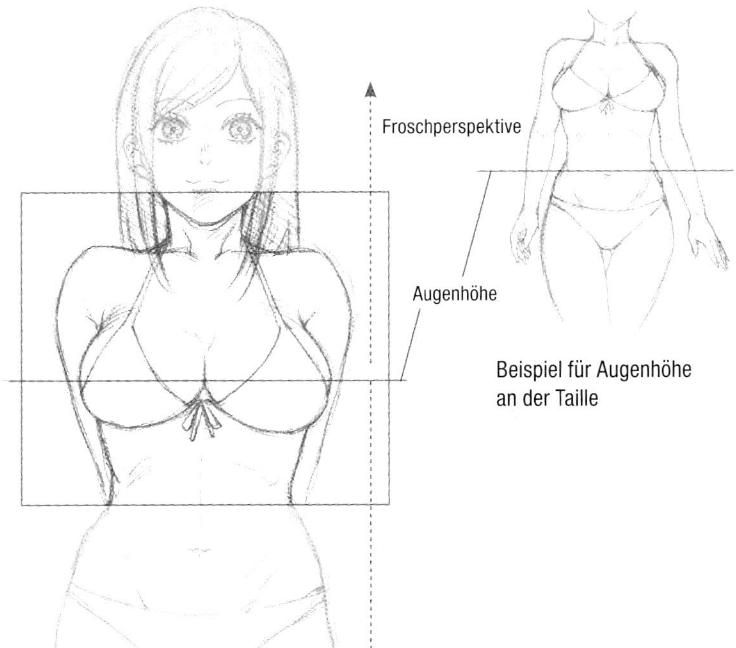

Beispiel für Augenhöhe an der Taille

Augenhöhe in Brusthöhe. Der Busen wird betont, weil er frontal gezeigt wird.

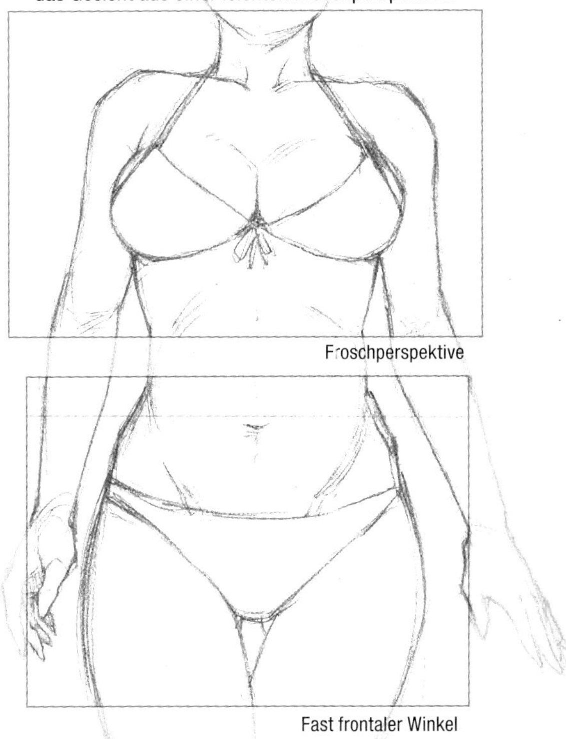

Der Körper im Mittelpunkt
Die Brüste werden aus der Froschperspektive betrachtet. Hier ist die Augenhöhe in Höhe der Taille.

Veränderung der Komposition: So wird die Technik beim Manga genutzt

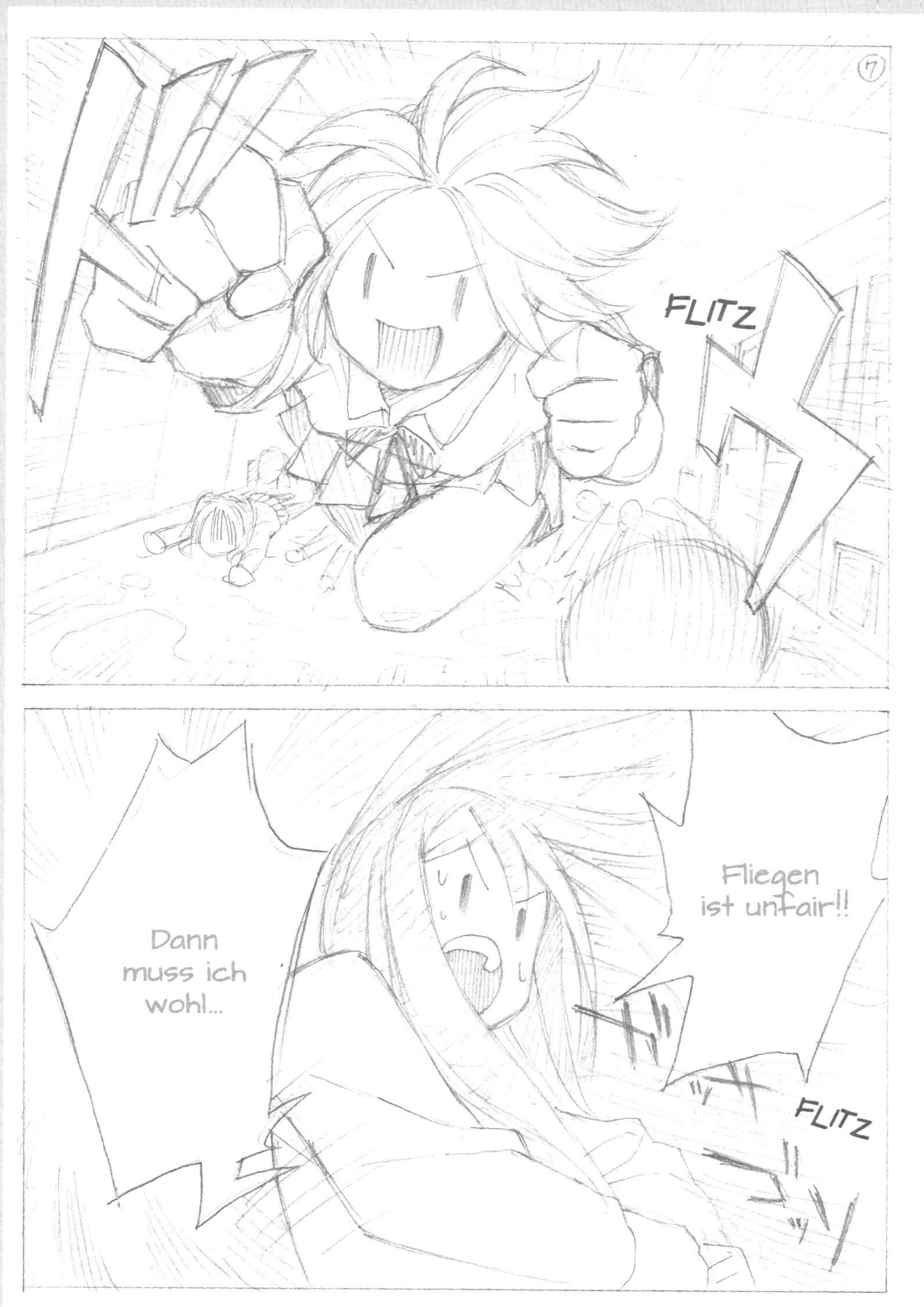

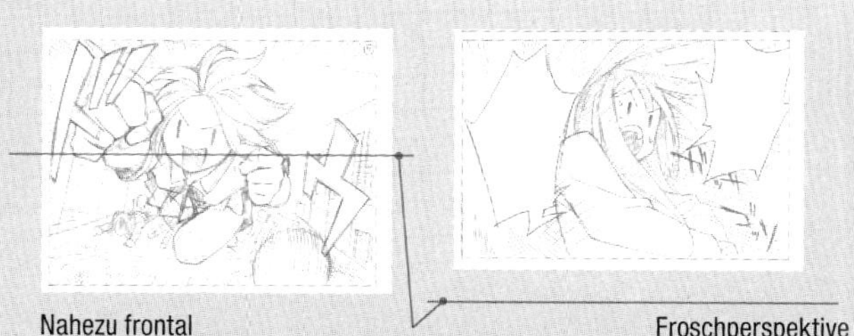

1. Panel: Augenhöhe etwa auf Höhe des Gesichts
2. Panel: Augenhöhe unterhalb des Panels. Froschperspektive

Das ist der Effekt der Perspektivenveränderung. Unterschiedliche Kompositionen sorgen für Dynamik und Spannung. Dadurch wird der Manga abwechslungsreich, außerdem bringt dieser Trick Tempo ins Werk.

Hintergründe

Der Hintergrund zeigt, wo sich der Charakter befindet.
Somit sind Hintergründe unverzichtbar für Manga oder Illustrationen.

Einfache Perspektiven

Zeichnet hinter einem Charakter ein Gebäude oder Zimmerfenster in frontaler Perspektive. Wenn ihr am Bereich »hinter dem Charakter« arbeitet, entsteht Tiefe im Bild.

– Frontale Perspektive hinter dem Charakter –

● Draußen

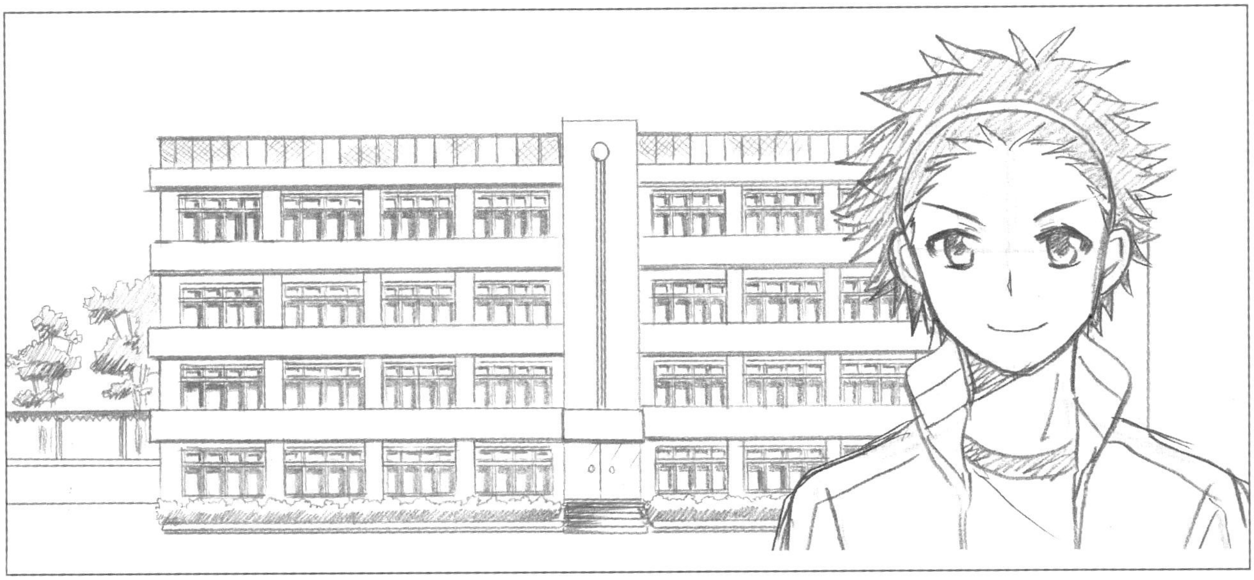

Schulgebäude und Charakter

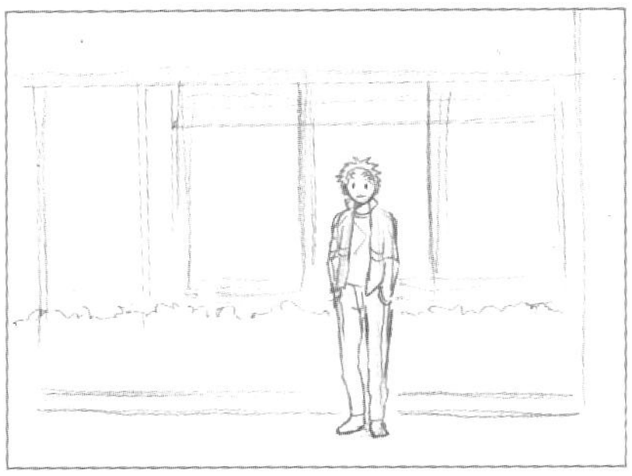

Referenz: Skizze

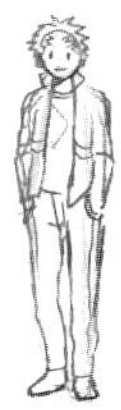

Einzelner Charakter

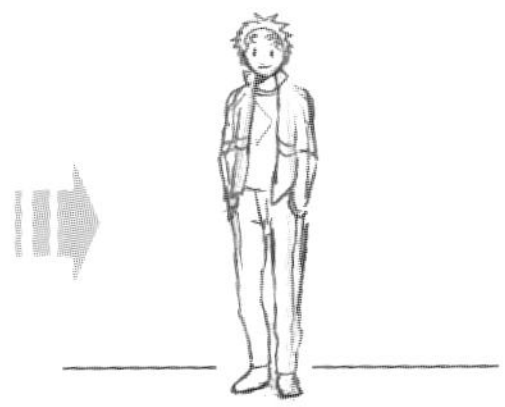

Allein durch die Linie an den Füßen bekommt das Bild eine gewisse Tiefe.

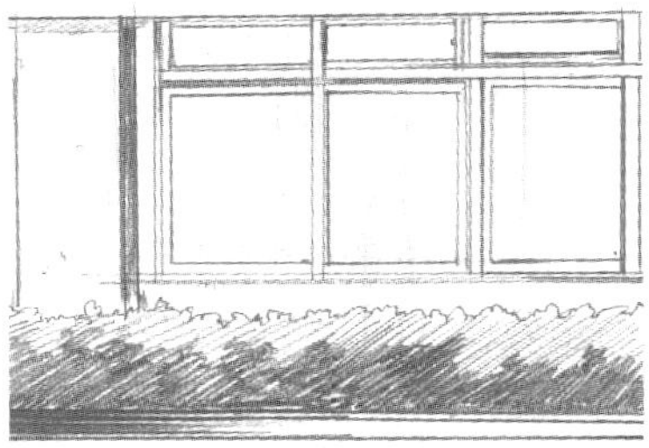

Ohne den Charakter

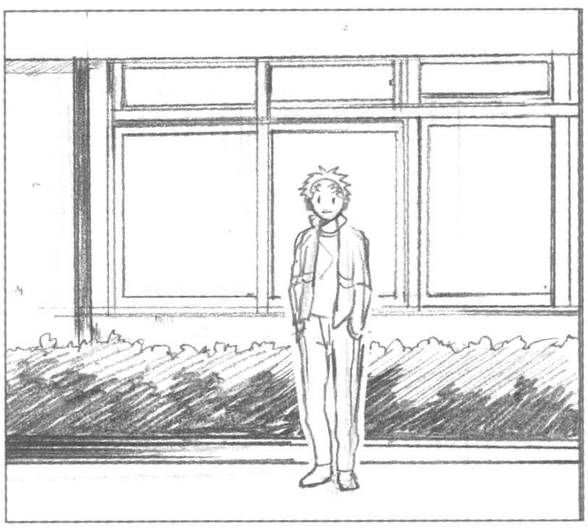

Ein Charakter vor einem Gebüsch am Schulgebäude

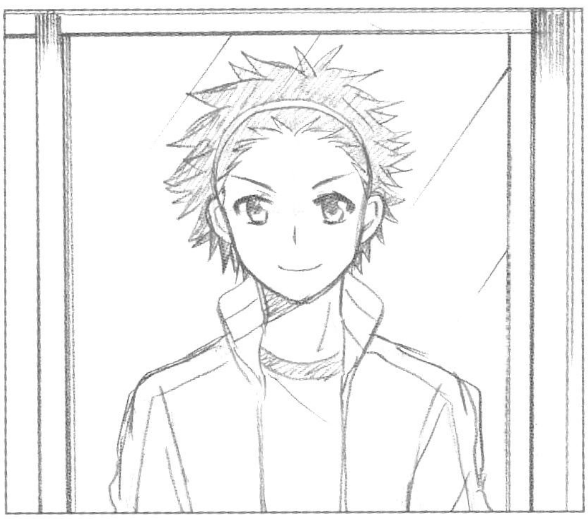

Der Charakter steht am Fenster.

● Drinnen – Wand, Boden und Decke

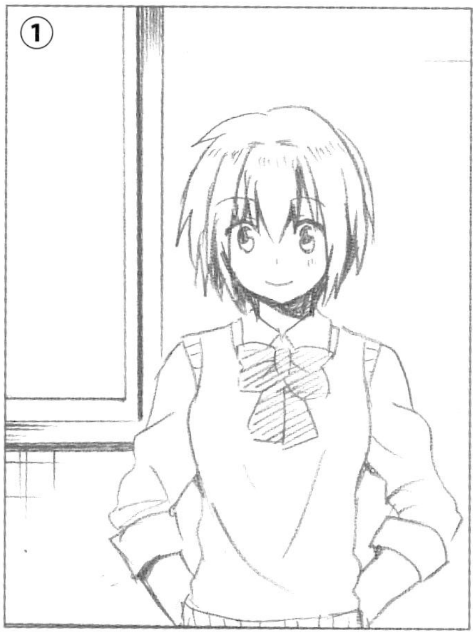

Der Charakter steht am Fenster.

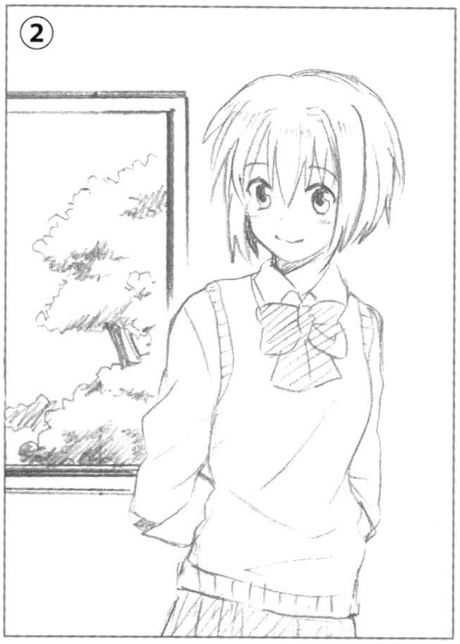

Etwas weiter weg vom Fenster. Das Fenster ist geöffnet und Bäume sind sichtbar.

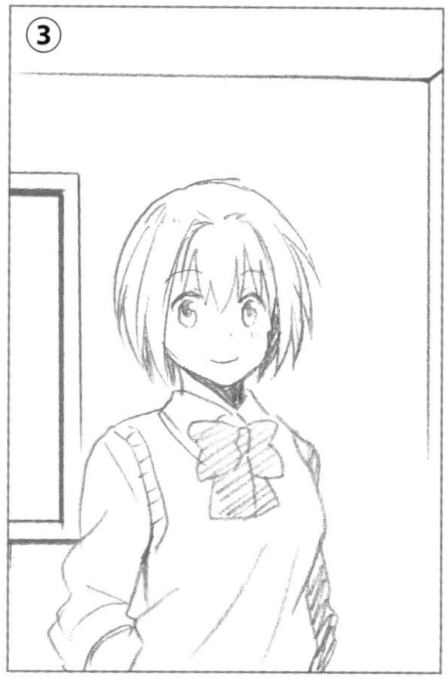

Das Fenster ist geschlossen und der Charakter geht in die Raummitte. Die Decke wird sichtbar.

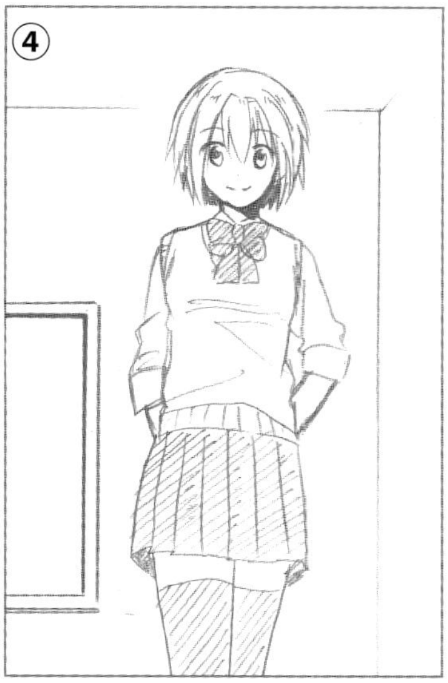

Der Kameramann duckt sich. Die Decke wird sichtbar und auch der Charakter wird in Froschperspektive dargestellt. Das Fenster ist nun etwas tiefer als der Charakter.

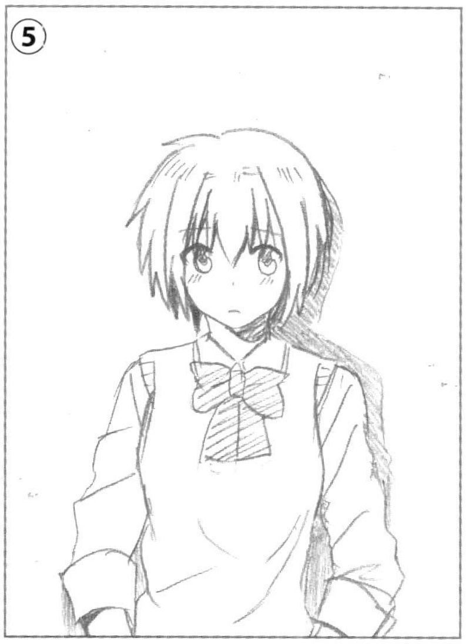

Der Charakter steht an der Wand (denkt an den Schatten an der Wand).

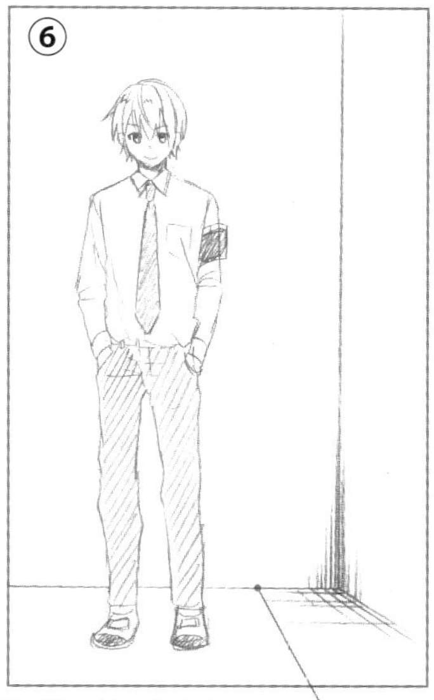

Der Charakter steht etwas weiter weg von der Wand. Ist die horizontale Bodenlinie nah an den Schuhen, steht er nah an der Wand.

Bodenlinie

● Charakterposition

Entfernung von der Wand

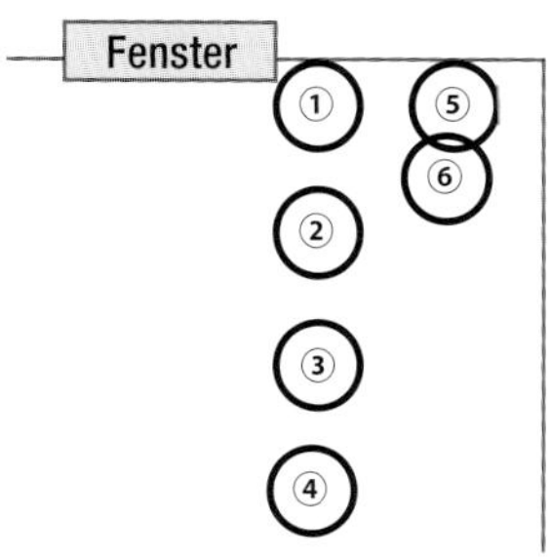

Zeichnet einen einfachen Raumplan

Der Charakter ist dicht an der Wand.

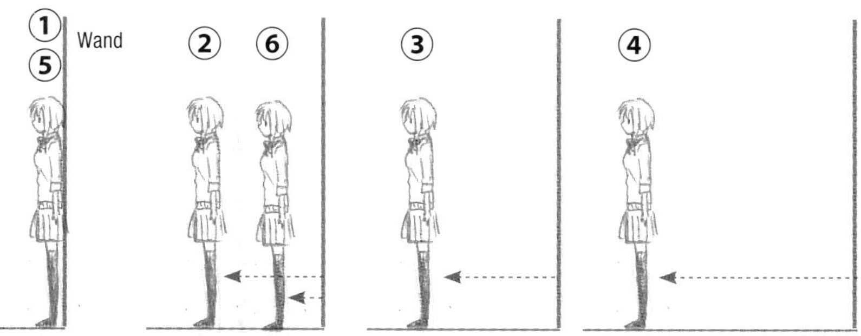

Boden

Etwas weg von der Wand

Noch weiter entfernt

Und noch weiter

Schule

Wie groß oder hoch sollen Türen, Decke, Tische und Stühle sein? Die gewöhnliche Größe solcher Elemente erfasst ihr anhand der Charaktergrößen.

● Klassenraum

Vorne/Tür

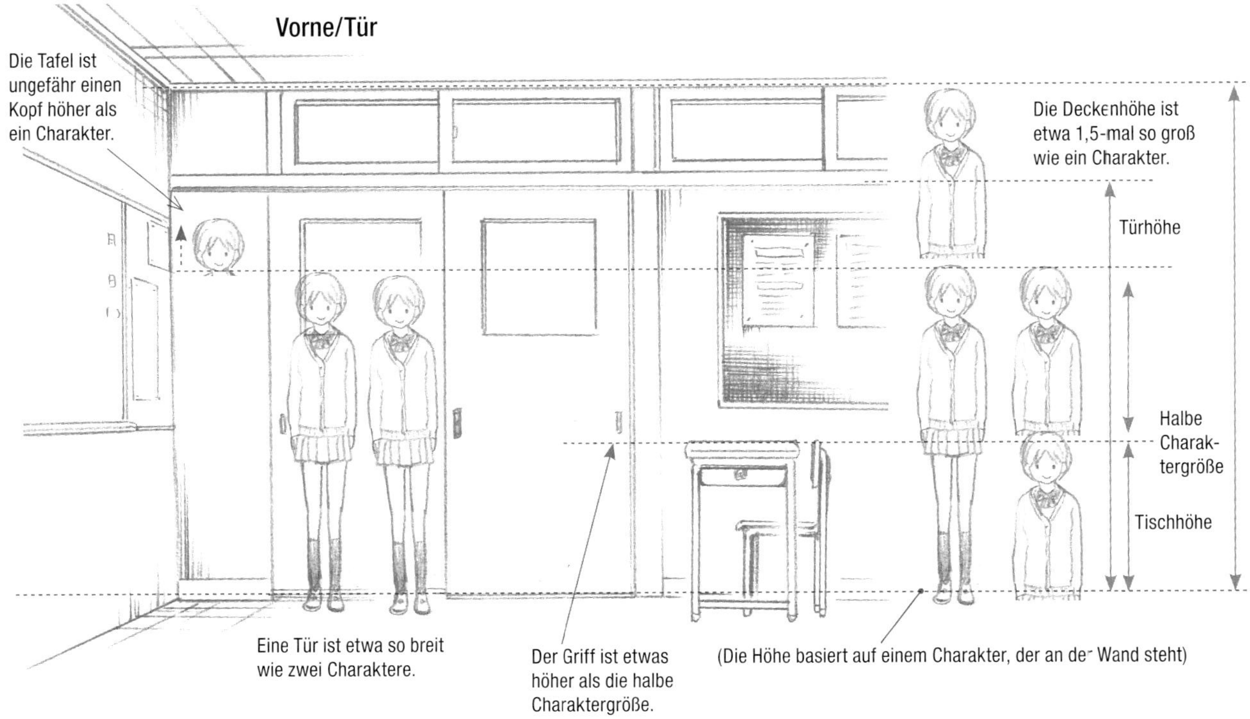

Vorne/Tafel

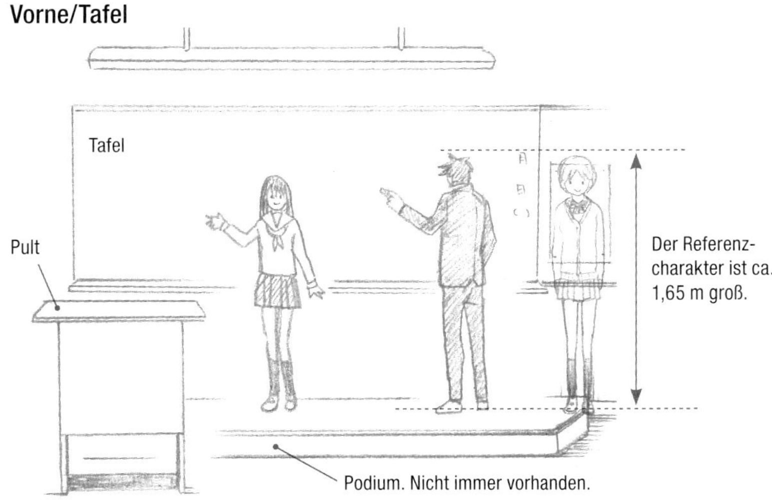

Am Fenster

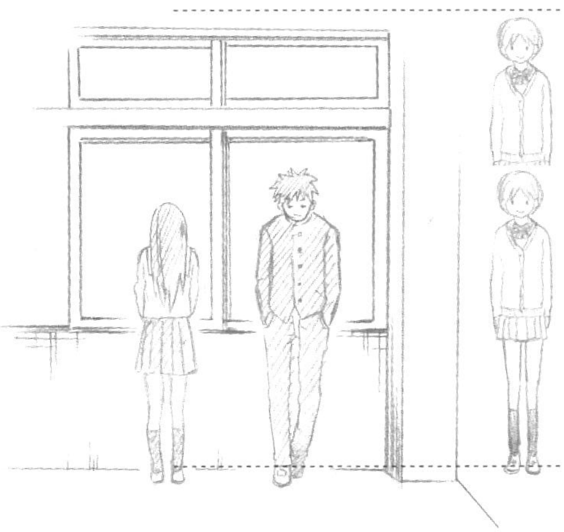

Tische und Stühle

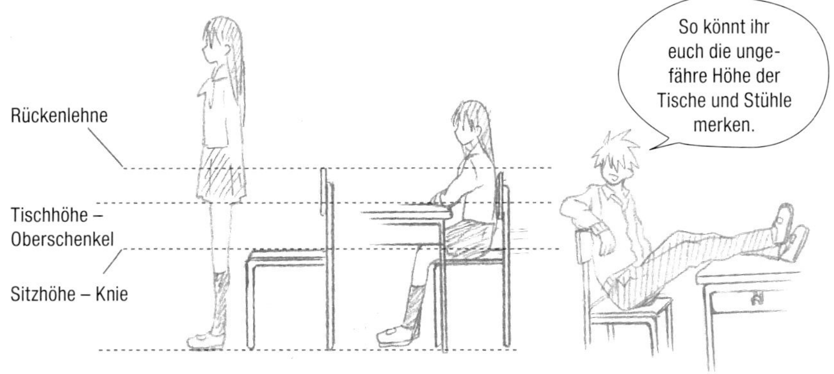

Tisch

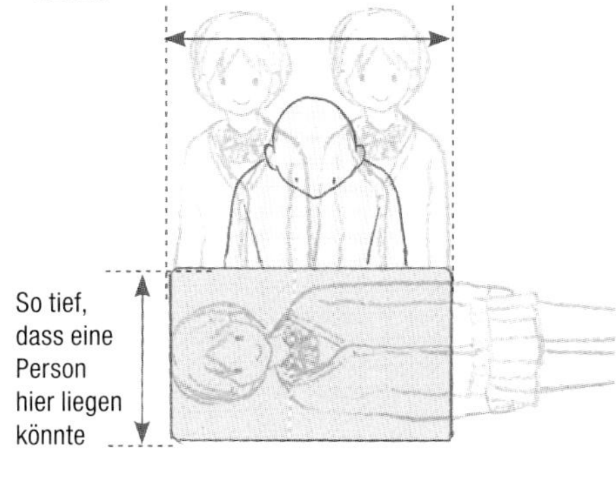

● Schulgebäude

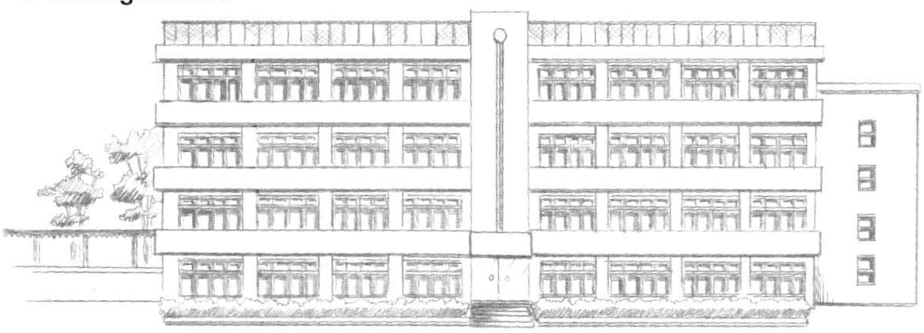

Außenseite. Ihr könnt Bilder von eurer Schule als Referenz nehmen oder eine Genehmigung beantragen, um Fotos von einer Schule zu machen.

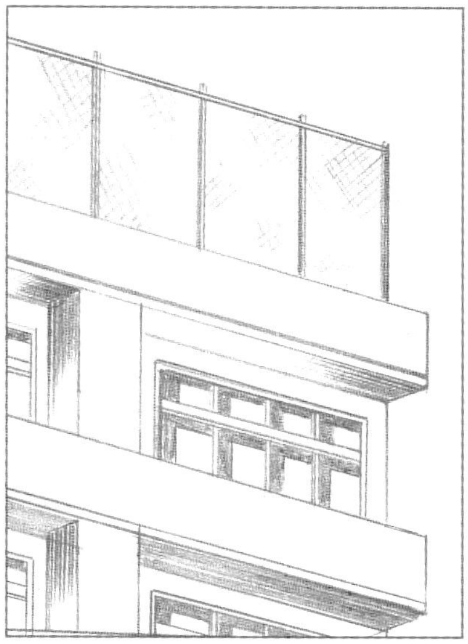

Froschperspektive. So ein Panel wird benutzt, um zu zeigen, dass die Handlung in einer Schule spielt.

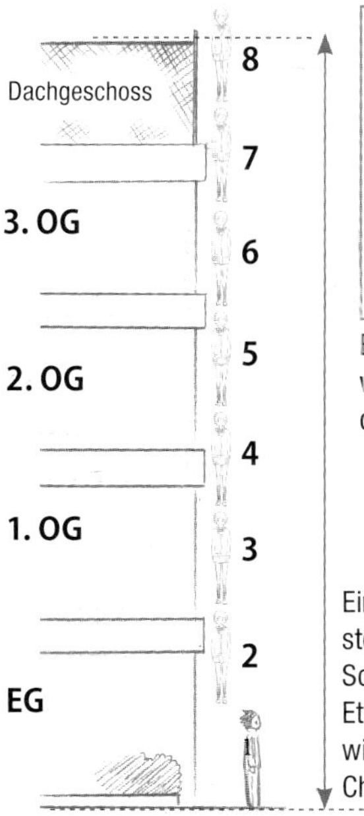

Ein vierstöckiges Schulgebäude. Etwa so hoch wie acht Charaktere.

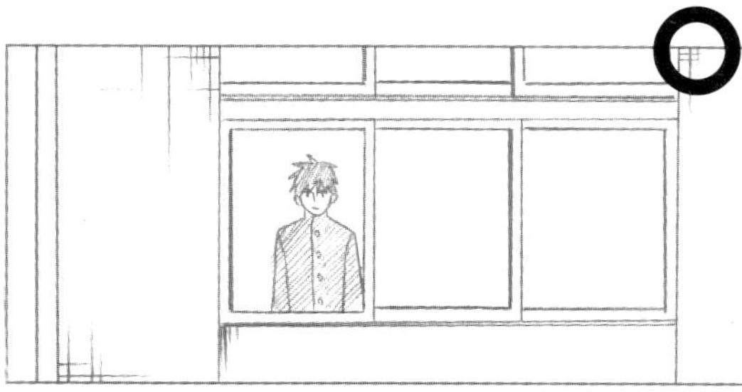

Ein Charakter am Fenster. Bei einer Fernaufnahme ist es besser, wenn im Fenster sonst nichts eingezeichnet wird. Das macht deutlich, dass der Charakter dort steht und nach draußen guckt.

* Erklärung der Symbole an den Bildern: Der Kreis steht für »Gut!«, das Kreuz heißt »Besser nicht«.

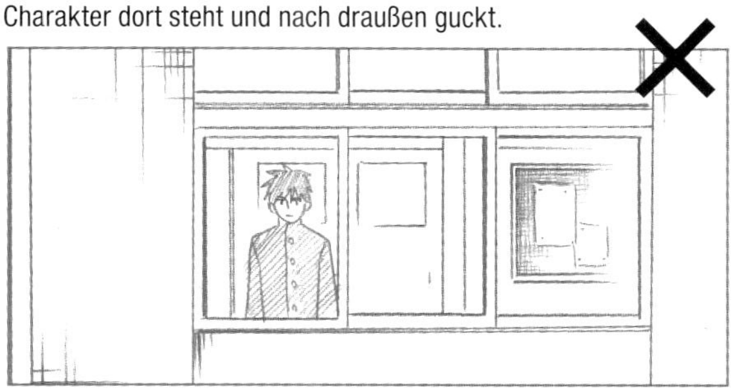

Hier wurden Elemente des Klassenraums eingezeichnet. Der Charakter fällt gar nicht mehr auf.

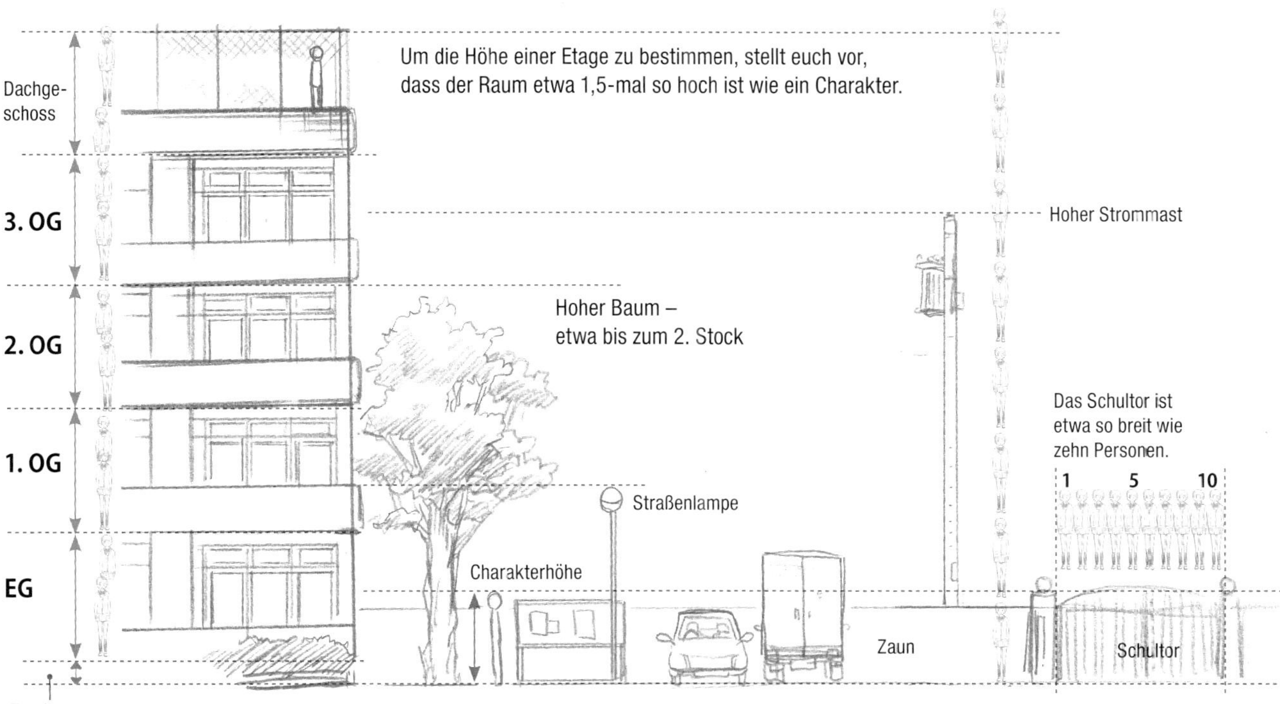

Um die Höhe einer Etage zu bestimmen, stellt euch vor, dass der Raum etwa 1,5-mal so hoch ist wie ein Charakter.

Das Erdgeschoss ist etwas höher wegen des Fundaments.

Die Zaun- bzw. Torhöhe ist von Schule zu Schule unterschiedlich.

Drinnen und draußen

- Zeichnet eine Szene, die sofort verständlich ist -

Für drinnen sind Elemente wie Wände und Boden, für draußen Bäume oder Gebäude passend.

Drinnen: Charakter in Schuluniform

Wände, Böden, Säule, Fenster – diese Elemente zeigen, dass der Charakter drinnen ist.

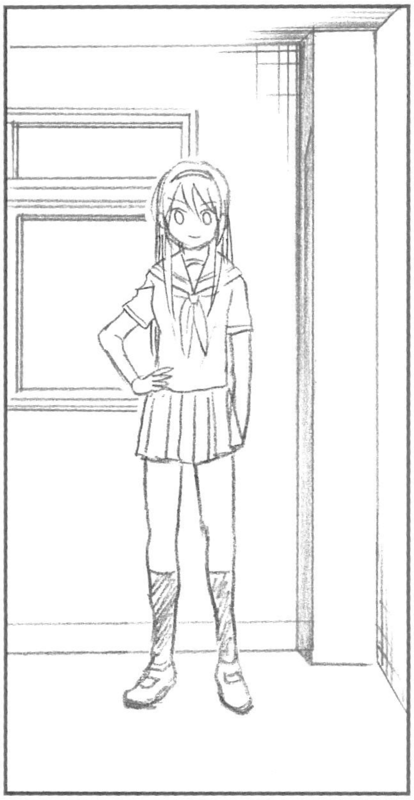

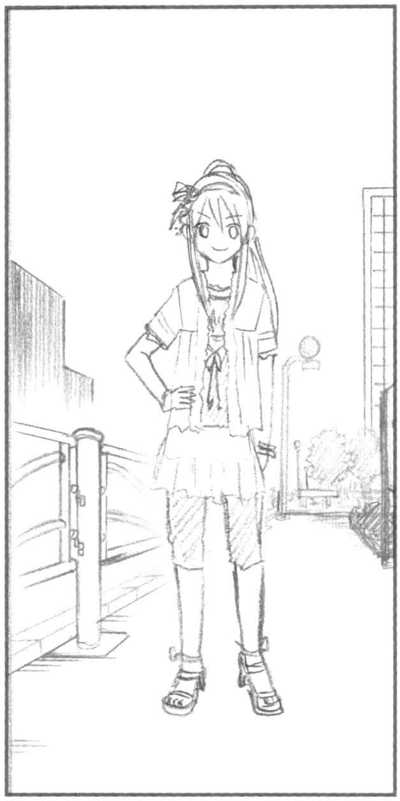

Draußen: Charakter in Ausgeh-Outfit

Straße, Gebäude und Bäume machen deutlich, dass der Charakter draußen steht.

● Effekt: Linien kürzen

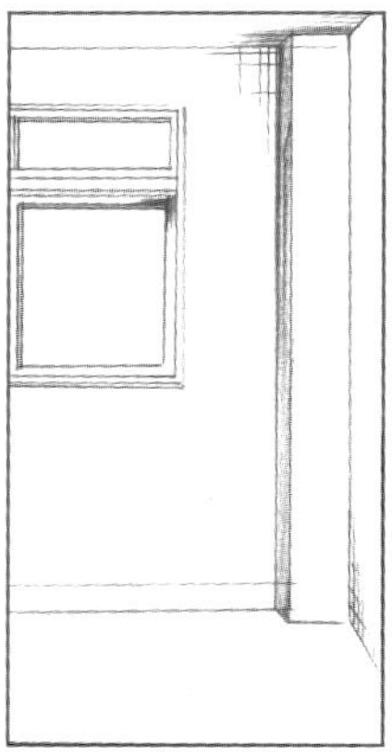

Hintergrund

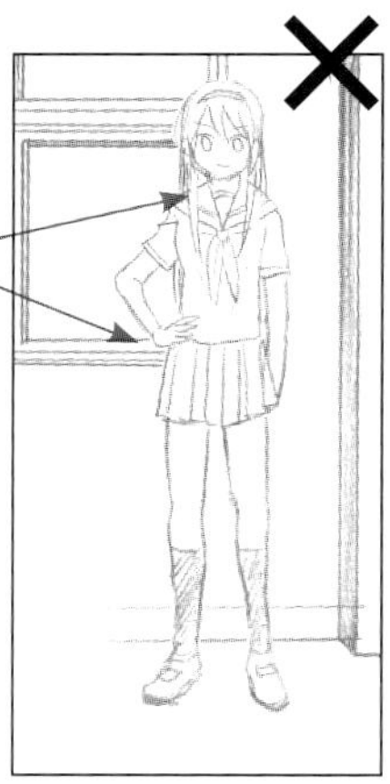

Hier berühren die Linien des Fensterrahmens den Charakter.

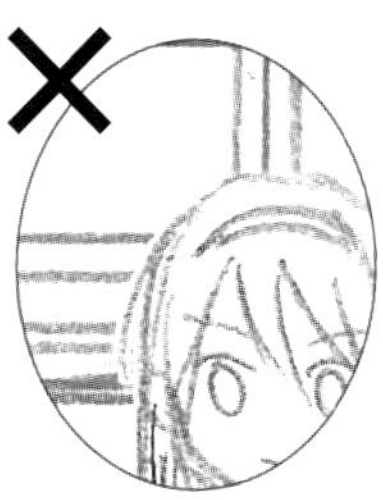

Der Charakter fällt nicht auf, weil er in den Hintergrund eintaucht.

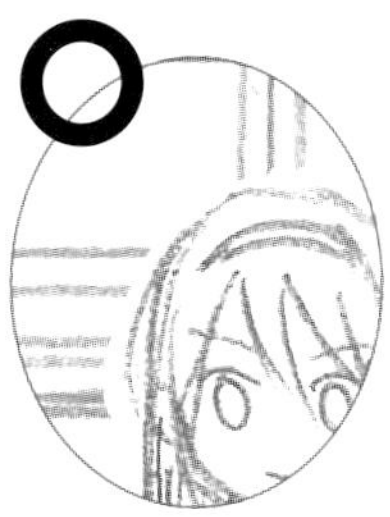

Lasst Lücken zwischen den Linien und dem Charakter.

● Effekt: Auslassen

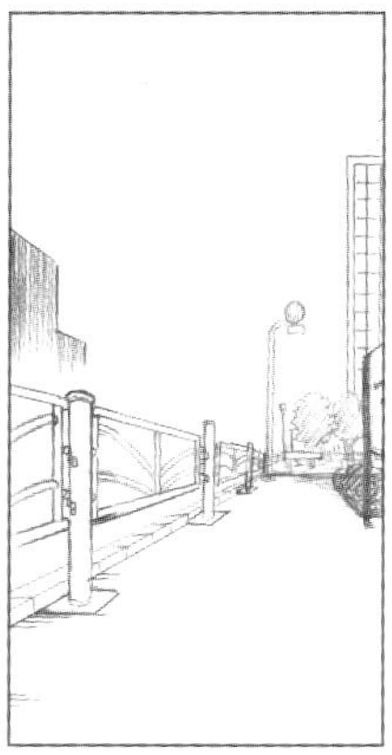

Hintergrund

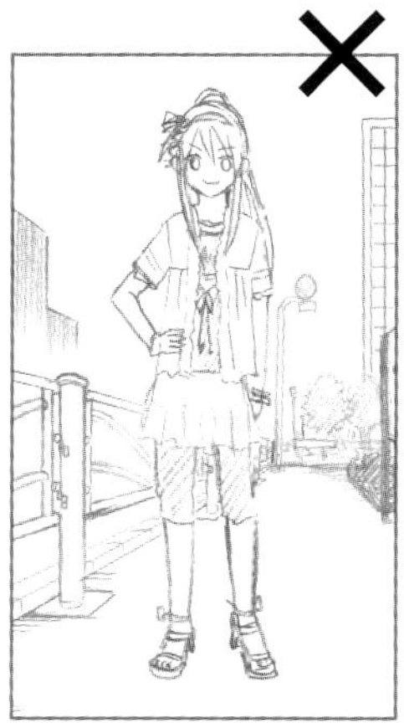

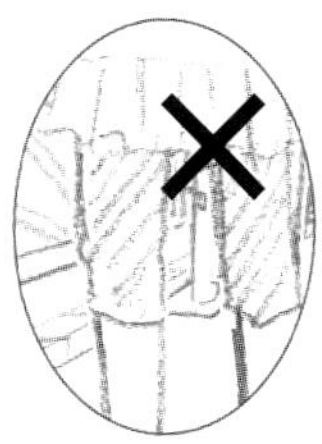

Die Leitplanke ist zwischen den Beinen sichtbar, das macht das Bild unruhig.

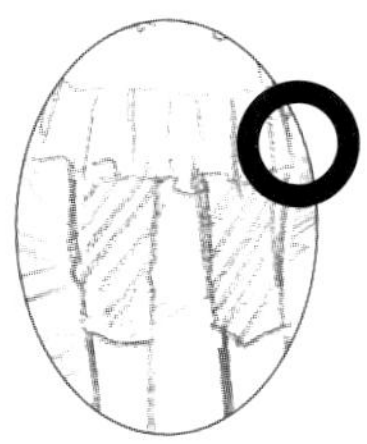

Wenn das Element ausgelassen wird, wirkt das Bild klarer, aber es ändert sich nichts am Thema »Der Charakter steht draußen«.

Die perspektivische Darstellung

Solche Darstellungen werden z. B. in der Architektur genutzt. In Manga wird damit die Aussagekraft verstärkt.

● 1-Punkt-Perspektive – Verstärkte Tiefe

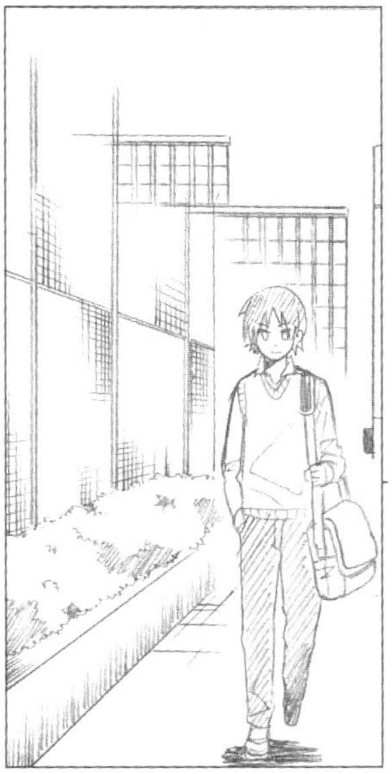

Ein Rechteck. Es wirkt flach.

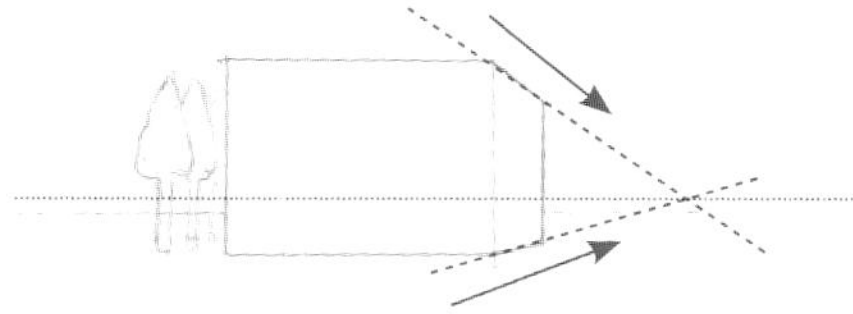

Wird die Seite eingezeichnet, wirkt es räumlich.

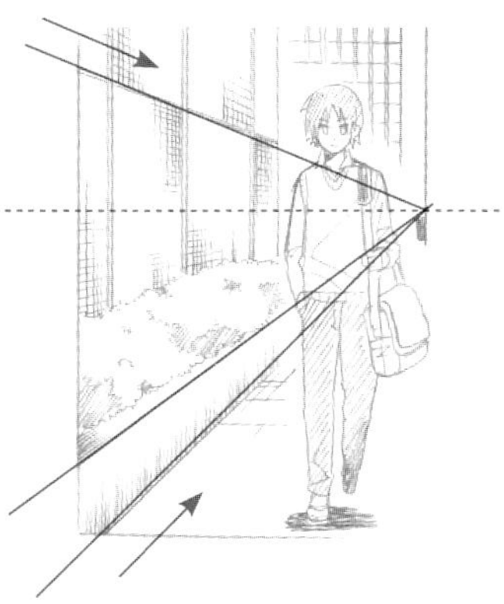

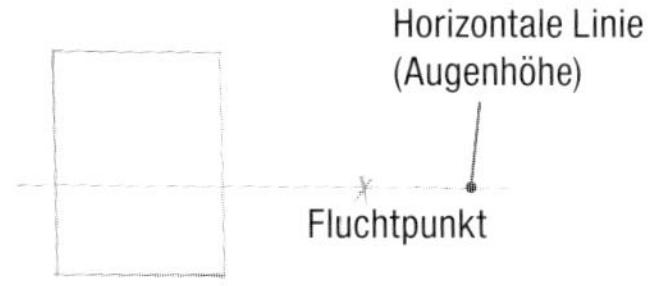

Zieht eine horizontale Linie (Augenhöhe) und setzt auf der Linie einen Fluchtpunkt.

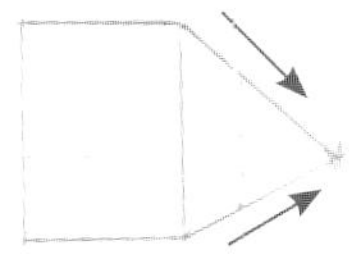

Die Linien, die zum Fluchtpunkt führen, kreieren Tiefe.

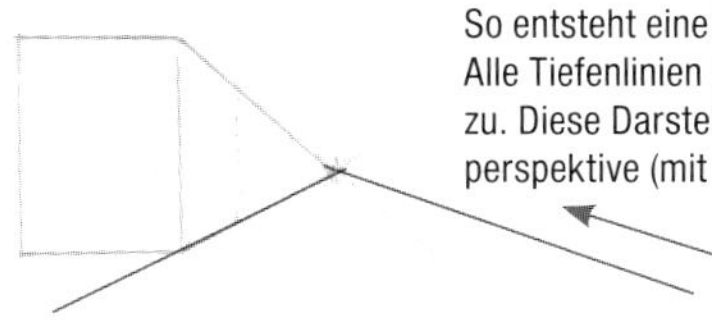

So entsteht eine Straße oder ein Flur. Alle Tiefenlinien laufen auf einen Punkt zu. Diese Darstellung heißt Zentralperspektive (mit einem Fluchtpunkt).

● 2-Punkt-Perspektive – Tiefe und Breite zu den Seiten

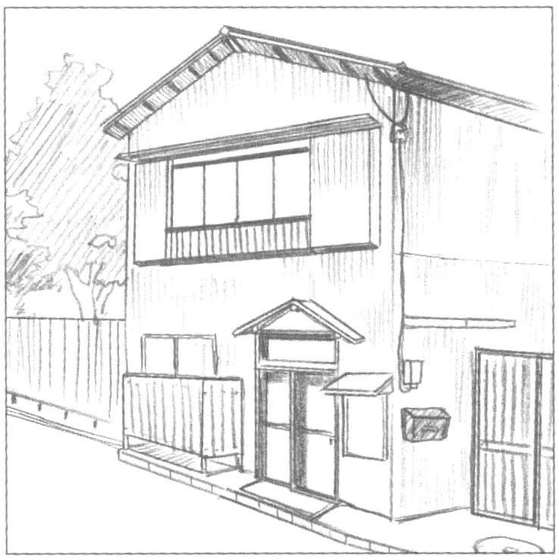

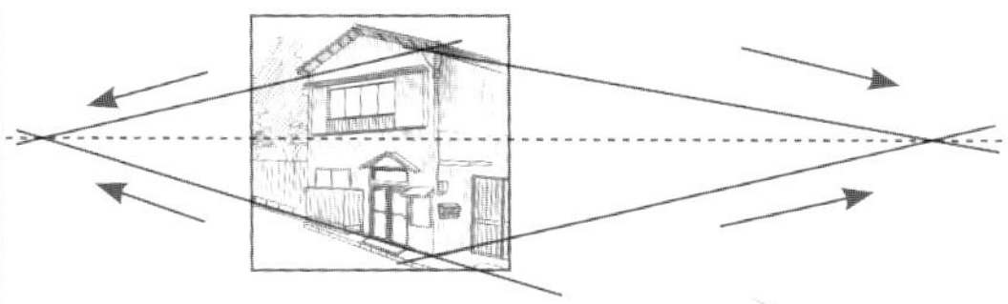

Es werden zwei Fluchtpunkte gesetzt, um die Tiefe zu beiden Seiten darzustellen.

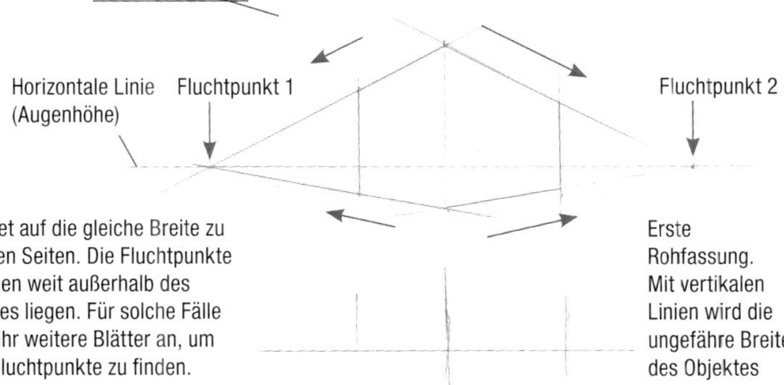

Achtet auf die gleiche Breite zu beiden Seiten. Die Fluchtpunkte können weit außerhalb des Blattes liegen. Für solche Fälle legt ihr weitere Blätter an, um die Fluchtpunkte zu finden.

Erste Rohfassung. Mit vertikalen Linien wird die ungefähre Breite des Objektes erfasst.

● 3-Punkt-Perspektive – Verdeutlichung der Höhe

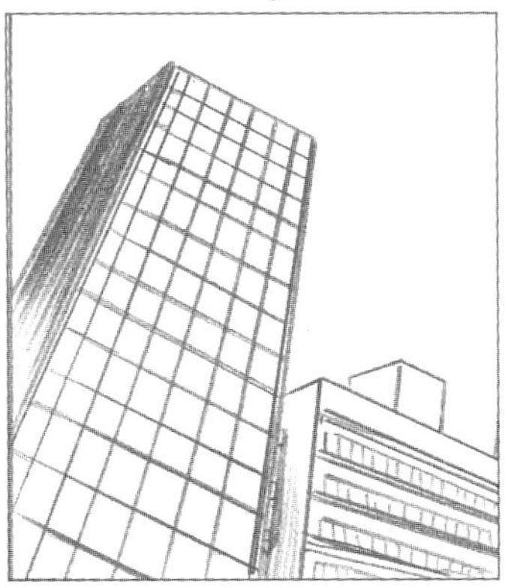

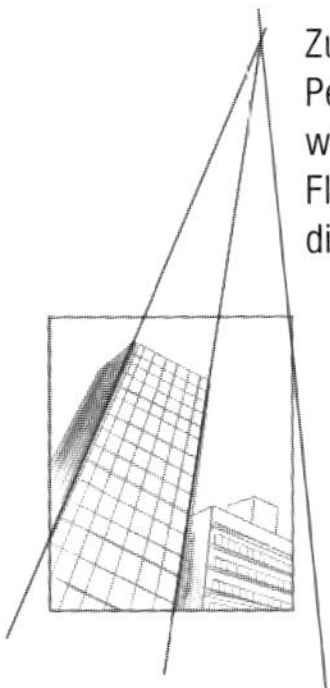

Zur 2-Punkt-Perspektive wird ein weiterer Fluchtpunkt für die Höhe gesetzt.

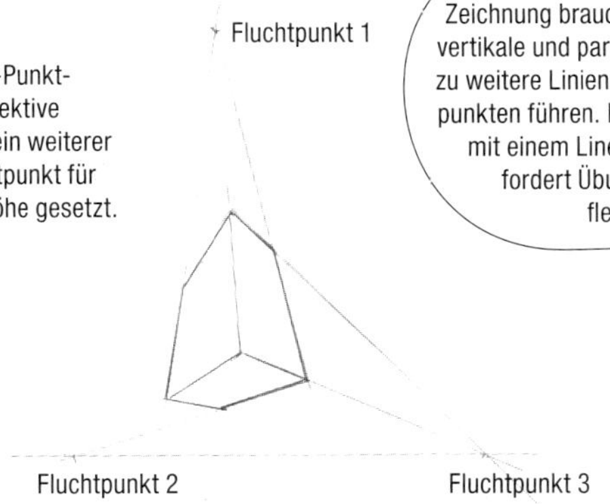

Bei der perspektivischen Zeichnung braucht ihr horizontale, vertikale und parallele Geraden, dazu weitere Linien, die zu den Fluchtpunkten führen. Die richtigen Linien mit einem Lineal zu ziehen erfordert Übung. Trainiert fleißig.

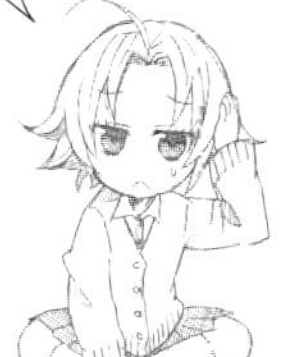

Bäume

Bäume sind entscheidend für Szenen im Freien, sowohl bei Nah- als auch bei Fernaufnahmen.

Wie zeichnet man Bäume?

Studiert Bäume als Referenzen. In der Regel nehmt ihr echte Bäume oder Fotos.

● Äste und Baumstamm

① Den zentralen Stamm zeichnen

② Den breitesten Ast zeichnen

③ Schmalerer Äste einzeichnen

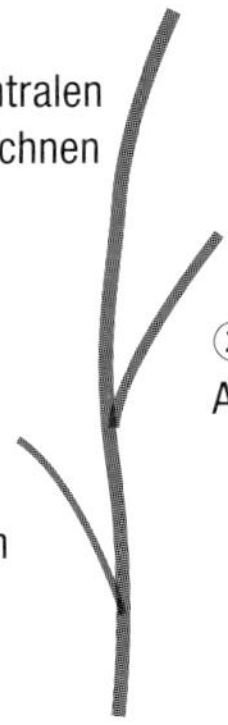

Breiter Stamm: 1x
Breiter Ast: 1-2x
Schmaler Ast: 3-6x

● Breiter Stamm und Silhouette

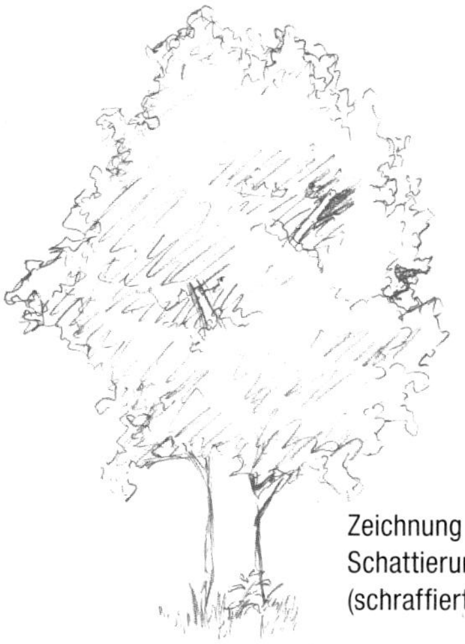

Zeichnung mit Schattierungen (schraffiert)

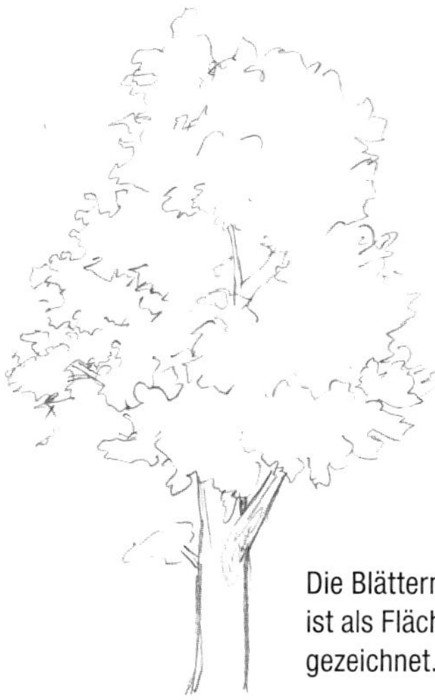

Die Blättermasse ist als Fläche gezeichnet.

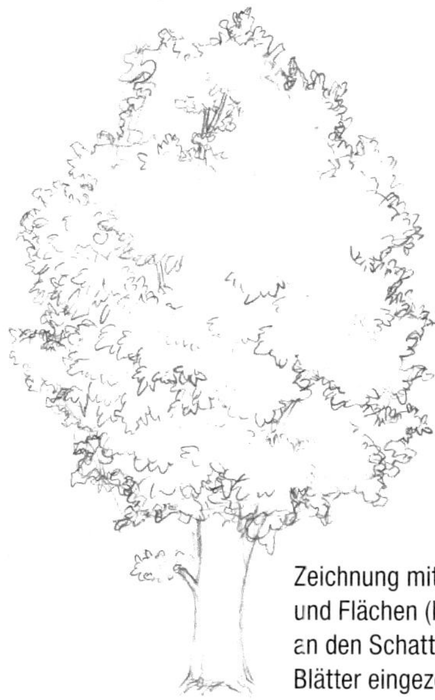

Zeichnung mit Schattierungen und Flächen (hier werden an den Schattierungen feine Blätter eingezeichnet)

● Fein gezeichnete Blätter

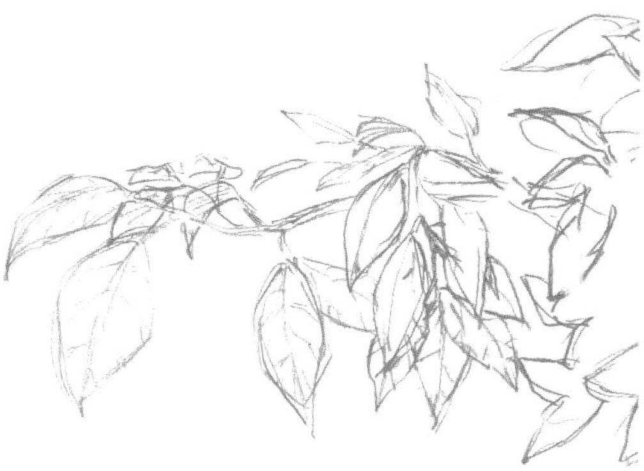

● Herausstehende Äste

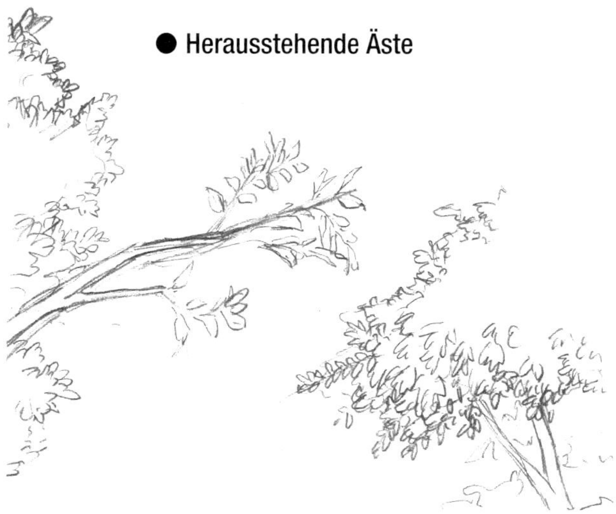

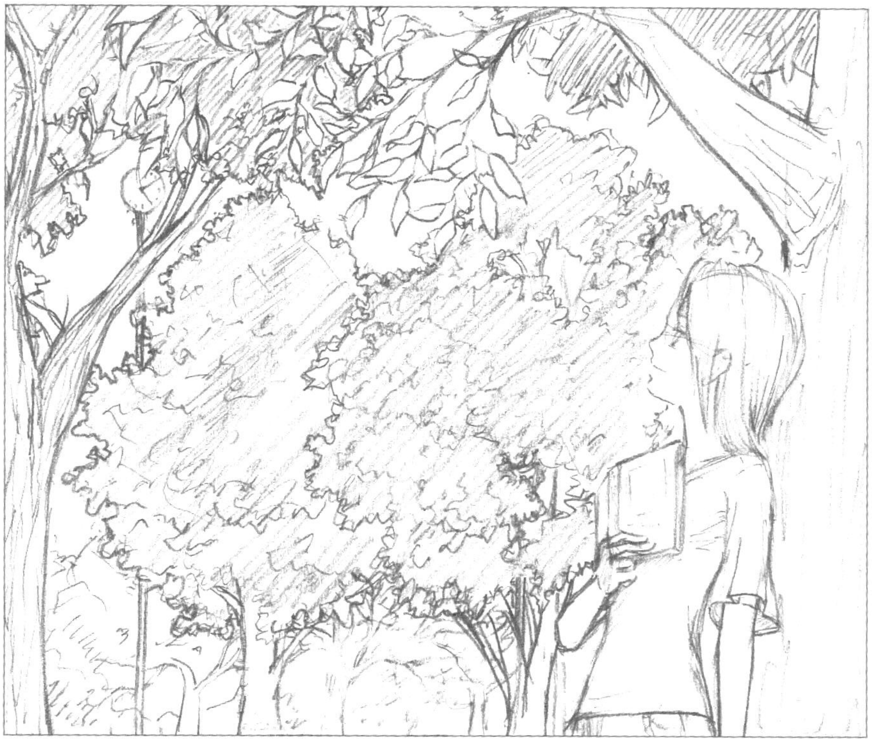

Ein Park mit vielen Bäumen. Beim vorderen Baum sind die Blätter einzeln gezeichnet, bei den hinteren nur mit Outlines, also wie Konturen.

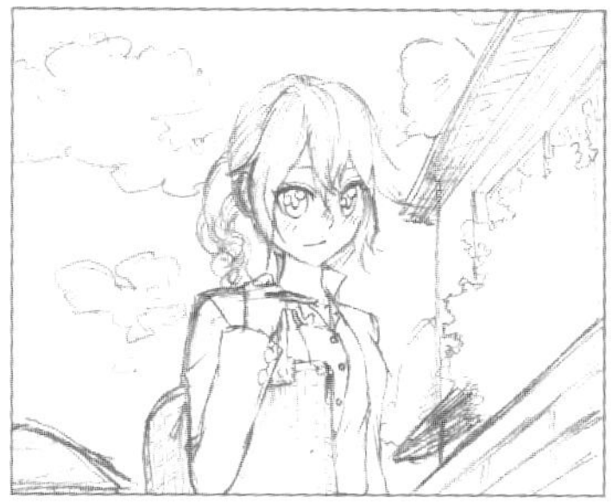

Rohfassung. In dieser Phase werden die Blätter hinter der Mauer vereinfacht dargestellt. Hier wurde nur die Fläche des Blattwerks erfasst.

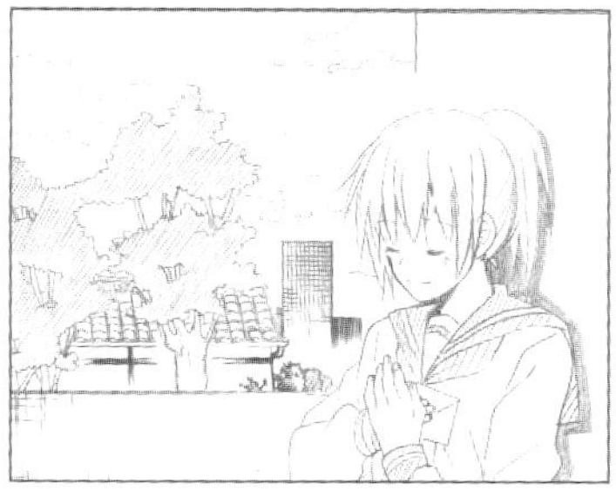

Hintergrund in der Ferne. Die Bäume werden als Silhouetten dargestellt.

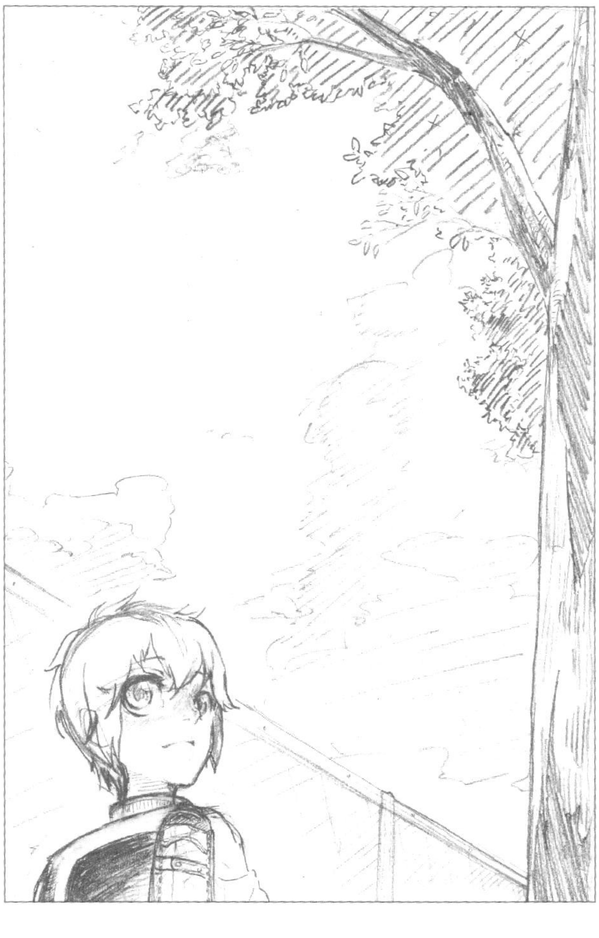

Der Stamm ist detailliert gezeichnet, die Blätter sind mit Strichen und Outlines dargestellt.

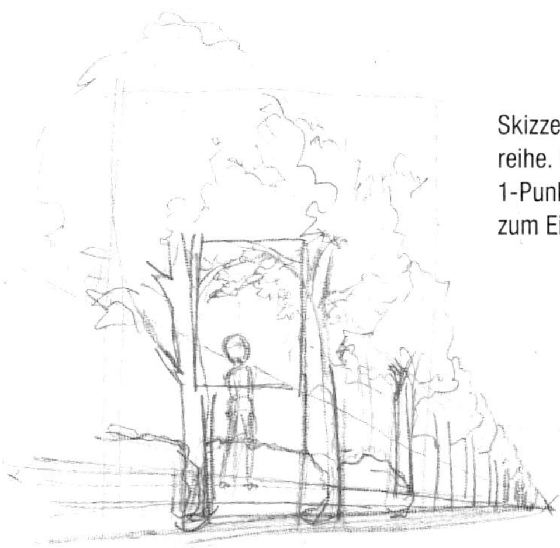

Skizze einer Baumreihe. Hier kommt die 1-Punkt-Perspektive zum Einsatz.

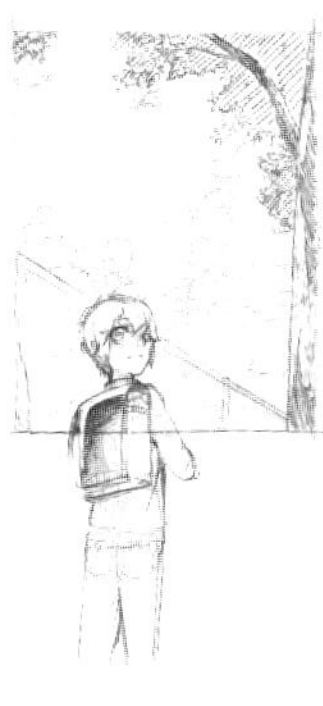

Tatsächlich notwendig ist nur der Oberkörper, aber da der Charakter einen Ranzen trägt, wird er außerhalb des Rahmens bis zu den Beinen gezeichnet. Tut man das nicht, wird es schwierig, einen ausbalancierten Körper zu erreichen. Reicht das Papier nicht aus, fügt ein Blatt hinzu.

Hinter der Schule – Bäume und Gebüsch –

Probiert verschiedene Darstellungsarten von Bäumen aus und findet euren eigenen Stil.

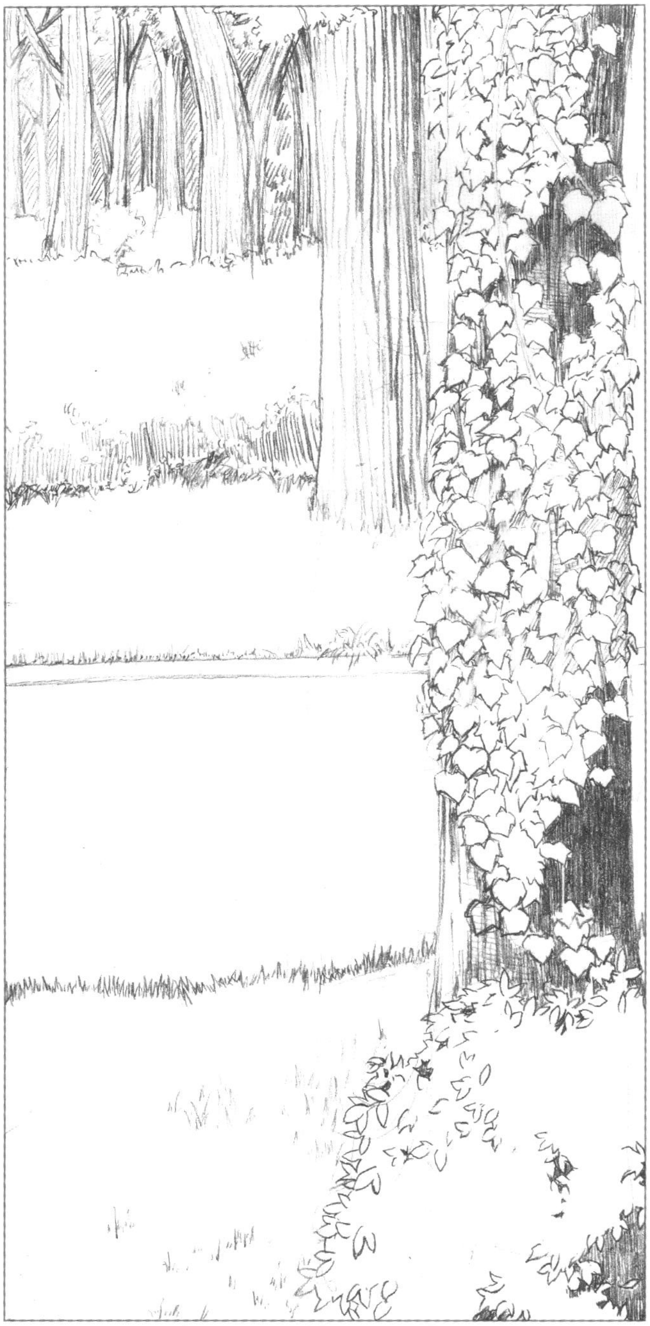

Hier wurde viel Wert auf Details an den Stämmen und Blättern gelegt. Bei so einer Zeichnung stellt ihr einige Feinheiten genau dar, während ihr andere Elemente auslasst.

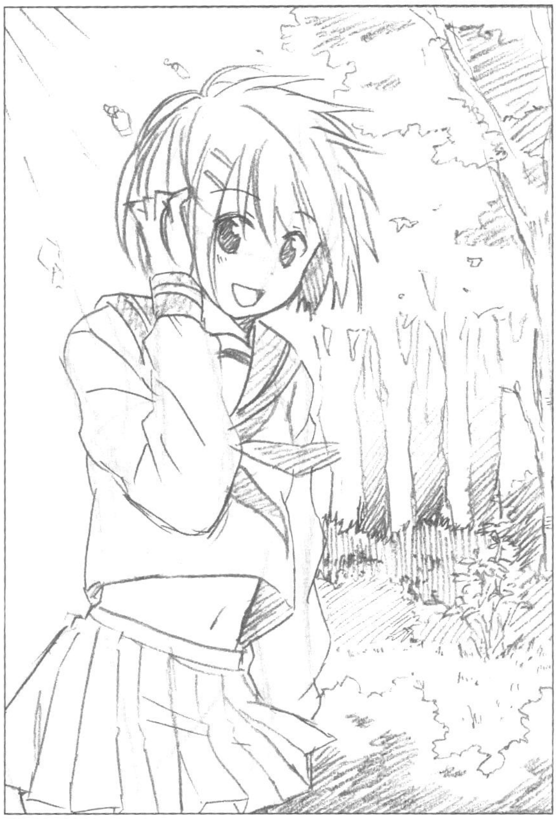

Der Charakter ist im Zentrum, die Bäume und das Gebüsch werden zum Hintergrund. In solchen Fällen werden Silhouetten und Striche genutzt.

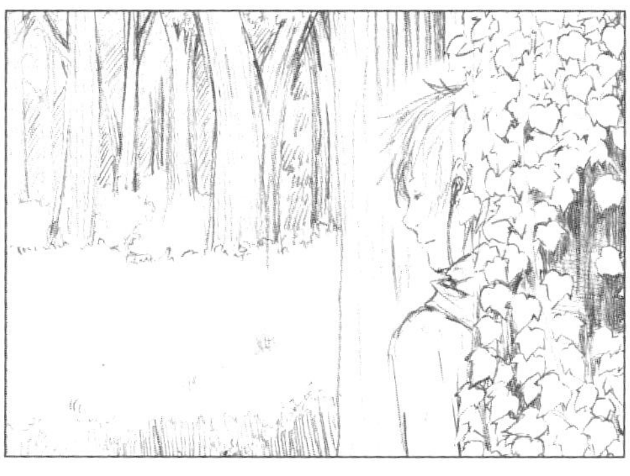

Ein Charakter lehnt an einem Baum. Der Charakter ist nicht ganz vorne. Das zeigt, dass der Schauplatz (Bäume) im Zentrum steht und die Person eine Nebenrolle spielt. Eine emotionale Darstellung.

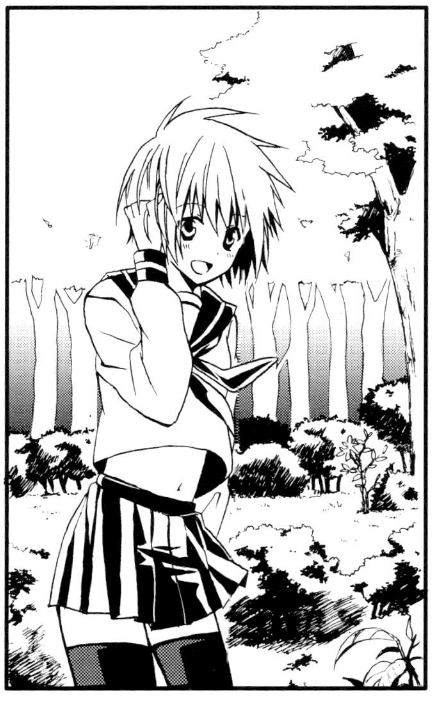

Geinkt und finalisiert

Kapitel 3

Entwicklung der Story

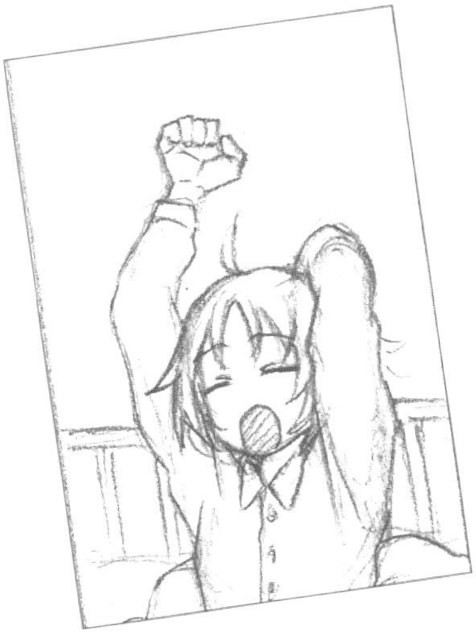

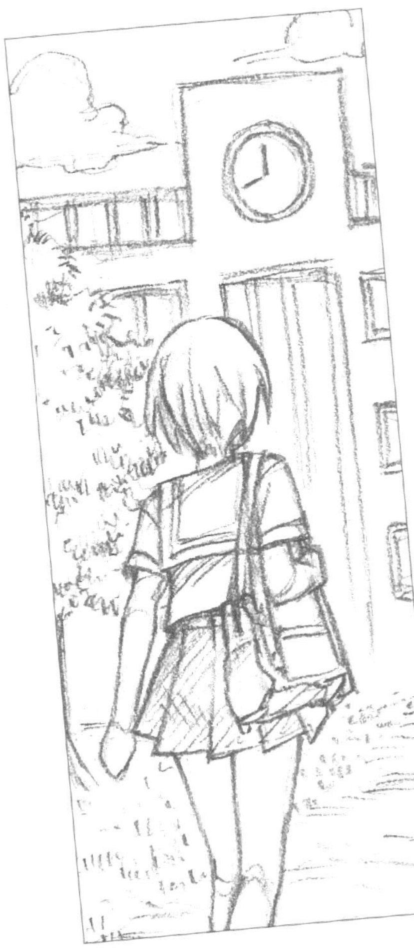

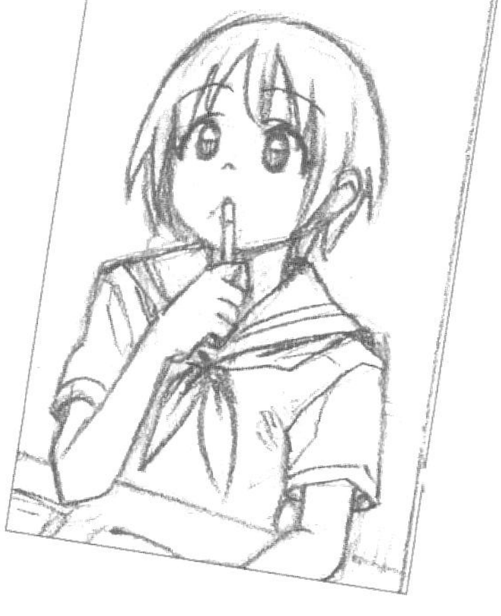

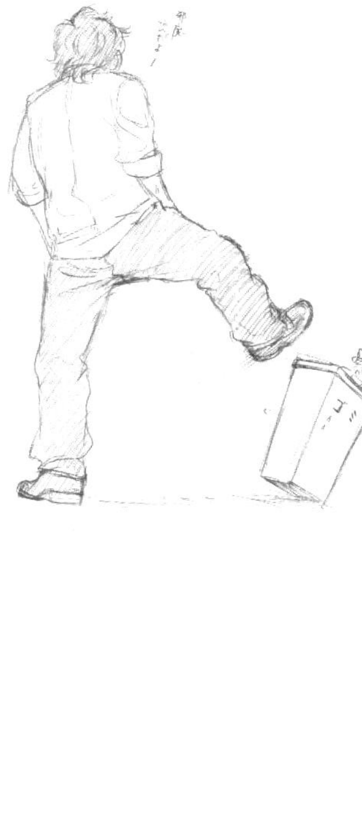

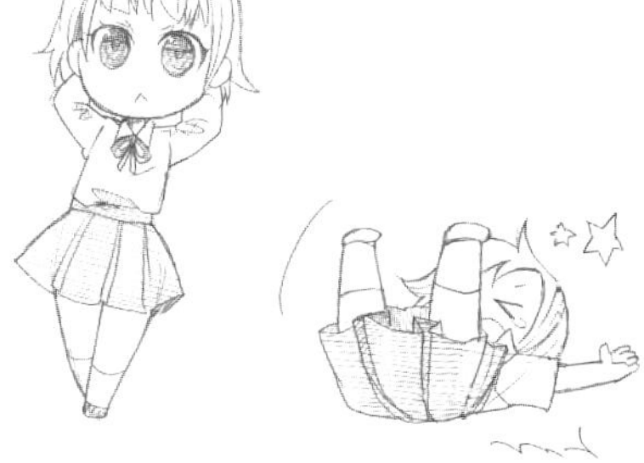

Wie wird eine Story aufgebaut?

Vier Phasen: Lasst etwas geschehen!

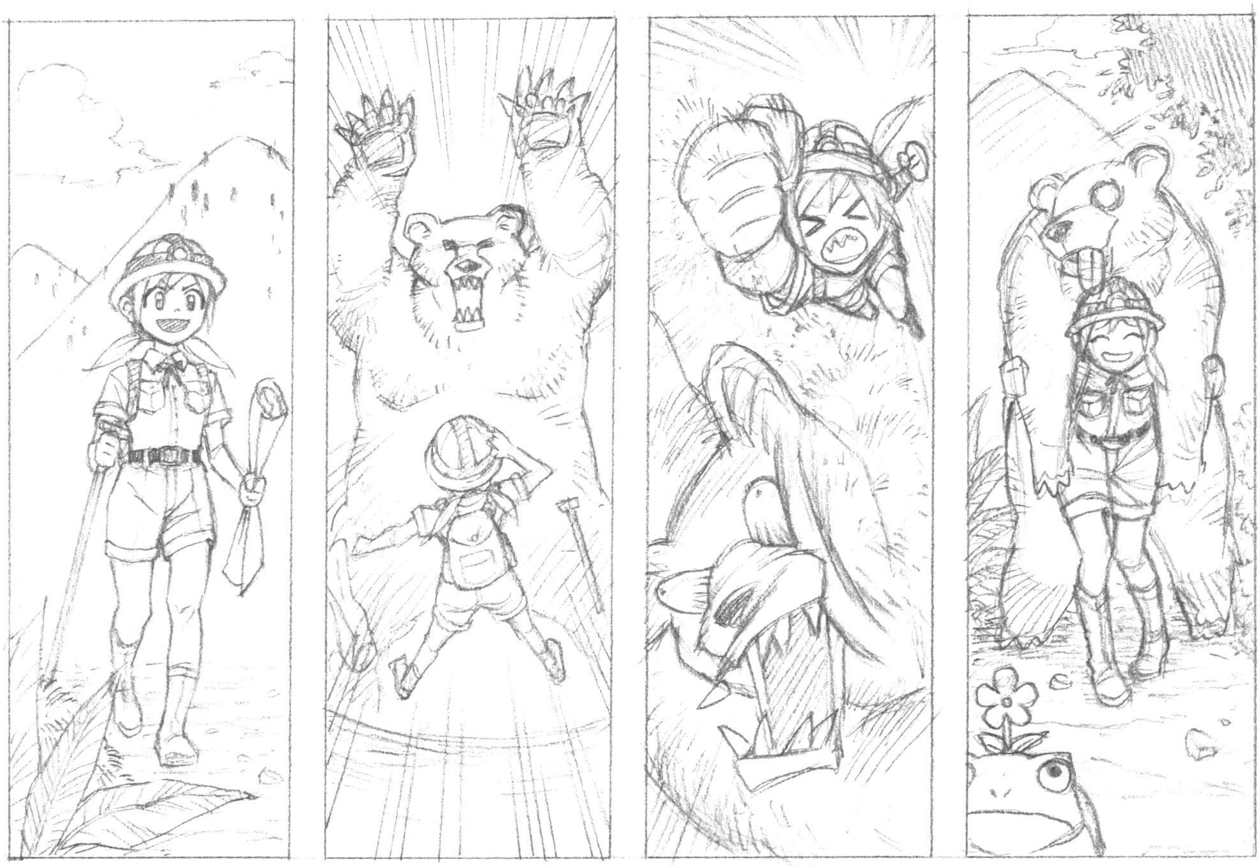

Wandern | Ein Bär taucht auf! | Besiegt! | Und kurz zum Arzt...

Einleitung | Entwicklung | Wende | Schluss

Einleitung:
Die Situation

Hauptcharakter, Ort, grobe Uhrzeit und Wetter werden erklärt.

Entwicklung:
Es geschieht etwas

»Wer macht wo was?« Das ist der Kern einer Story. Hier geht es um den Grund für eine Tätigkeit. Es wird etwa erzählt, wie der Hauptcharakter in einen Fall hineingezogen wird. Mit der Entwicklung interessieren sich die Leser für den Storyverlauf.

Wende:
Gegenmaßnahme, Lösung

Was tut der Hauptcharakter? Wie handelt er? Die Leser werden überrascht. Hier sind Bildaufbau und Darstellung enorm wichtig.

Schluss:
Die Auflösung

Wird auch als Epilog bezeichnet. Hier kommt es zu einer Szene, die den Lesern deutlich macht, dass die Handlung abgeschlossen ist. Nur dann ist eine Geschichte zu Ende.

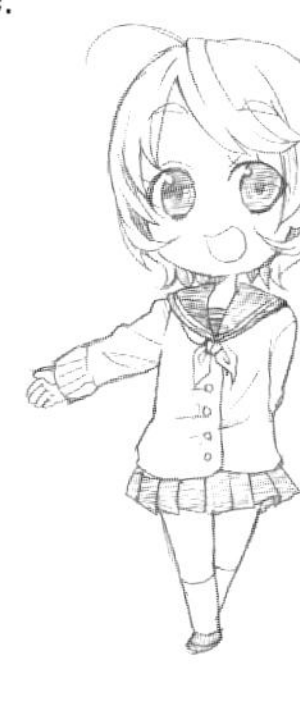

- **Eine Story hat einen Anfang, einen Zwischenteil und ein Ende.**
- **Versucht, eine Story zu erstellen, indem ihr ganz locker verschiedene Highlights miteinander verknüpft.**

Eine Story hat einen Höhepunkt!

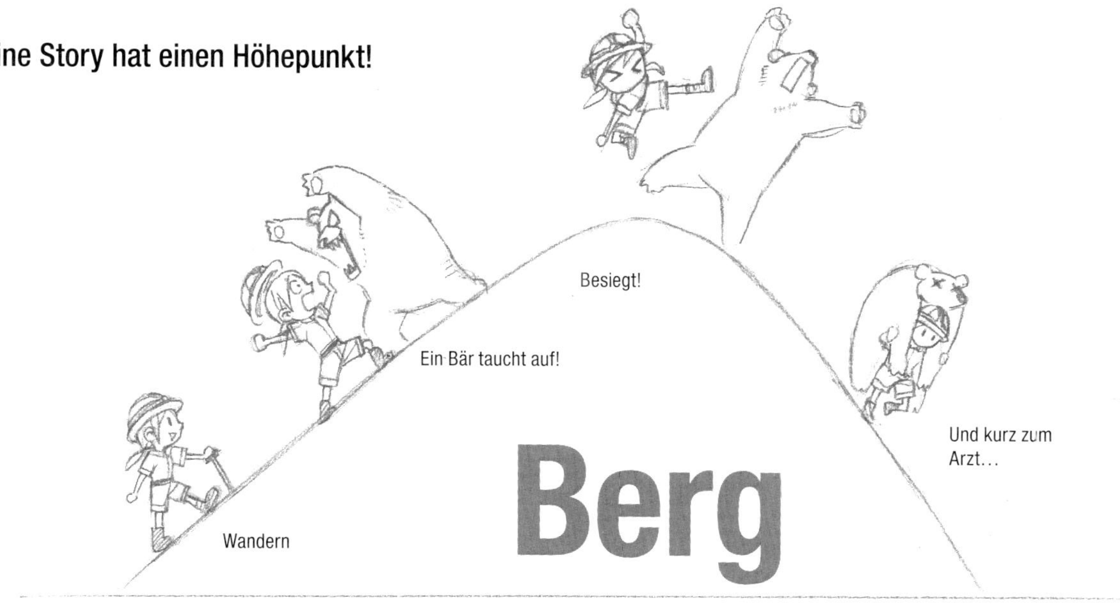

Grundstruktur einer Geschichte

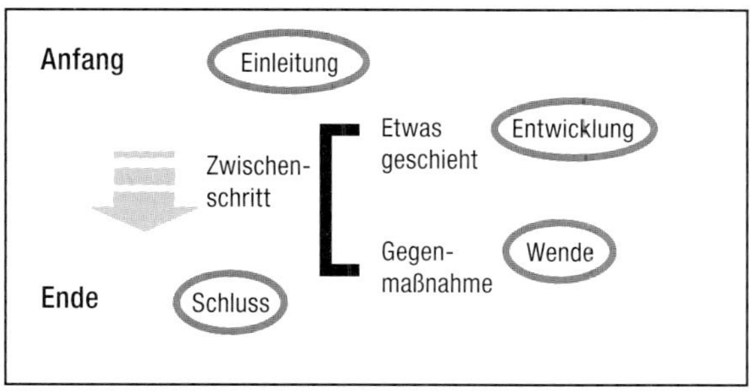

● Lasst etwas vorfallen

(Vorfall = Event)
... beispielsweise:
»Plötzliche Liebeserklärung«
»Jemand wird plötzlich geschlagen«
Das ist der Anlass, um das Thema der Story zu erzählen.
»Was tut sie nach der Liebeserklärung?« oder »Was tut er, nachdem er geschlagen wurde?« Die Handlung danach bildet das Thema des Werkes.

● Story erweitern: Episoden erzählen

Beispielsweise könnte man in einem Rückblick zeigen, weswegen der Hauptcharakter stärker ist als ein Bär. Dadurch bekommt die Story mehr Tiefe und Umfang (zu Episoden erfahrt ihr mehr auf Seite 112).

● Ein Fall ohne Höhepunkt

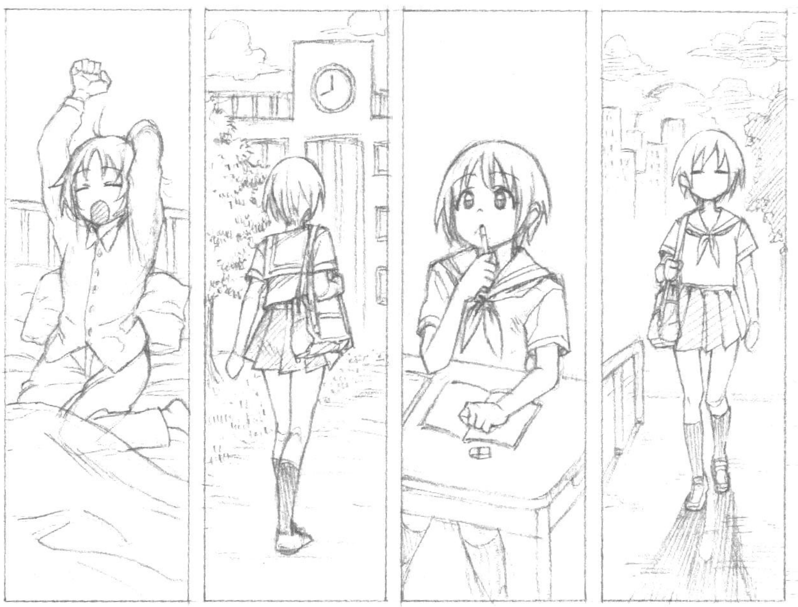

Aufgewacht | In die Schule | Im Unterricht | Nach Hause

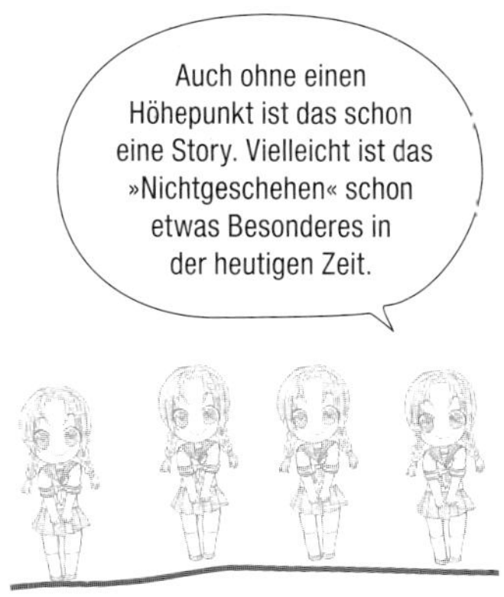

⇨ Ein ruhiger Alltag ohne jegliche Besonderheit: Da fehlt der Höhepunkt!

Einleitung und Wende: 2-Panel-Manga

2-Panel-Manga

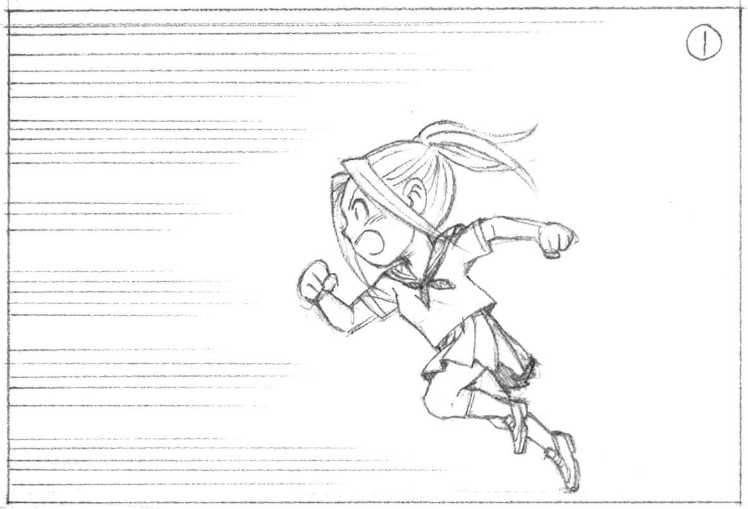

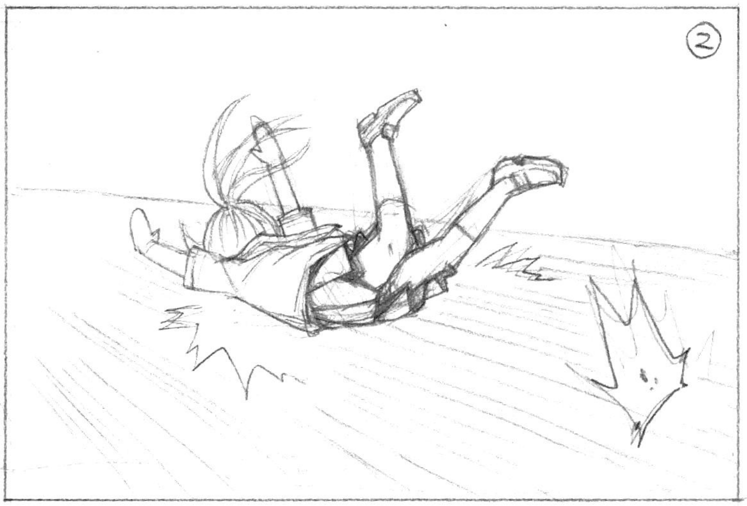

Die Wende wird zum Höhepunkt

Ein Manga kann in einem Panel abgeschlossen sein, aber wenn ihr eine Story erzählen wollt, könnt ihr sie in zwei Panels zusammenfassen. Hier lernt ihr die Grundlagen des Storyaufbaus.

1. Panel: Einleitung

Der Anfang der Geschichte.
Der Charakter läuft.

Die Einleitung zeigt die Situation. Das »Wer« (Person) steht im Mittelpunkt. Bei einem normalen Manga sind auch Ort und Zeit wichtig, aber der Kern des Storyaufbaus ist es, deutlich zu machen, »wer tut was in dieser Situation«. Das hat die höchste Priorität (als damit zusammenhängende Elemente sind das »Wo« und das »Wann« von Belang).
Jedes Panel hat seine Bedeutung.

Der Abstand zwischen den Panels. Dieser Raum verbindet zwei unterschiedliche Szenen (Situationen). Ist er zu groß, wird die Verbindung unklar, ist er zu klein, wird das Ganze unübersichtlich. Bei einem solchen Manga ist ein Abstand zwischen 3 und 6 mm gut geeignet.

2. Panel: Wende

Was geschieht mit dem Charakter aus dem ersten Panel? Das ist das Highlight und auch ein Schluss. Mit dem ersten Panel »Einleitung« und dem zweiten Panel »Wende« müsst ihr die »große Veränderung der Situation des Hauptcharakters« darstellen.

Je nach Darstellungsart gibt es auch Manga, die mit der »Wende« beginnen. So ein Manga ist zwar beeindruckend, kann aber schwieriger zu verstehen sein. Eine durchdachte Struktur spielt dabei eine wichtige Rolle.

● Variationen des zweiten Panels

Wie entwickelt sich die Story vom »laufenden« Anfang an? Es gibt unendlich viele Möglichkeiten. Inhalt und Darstellungsart der Wende machen den Manga ernst oder auch witzig.

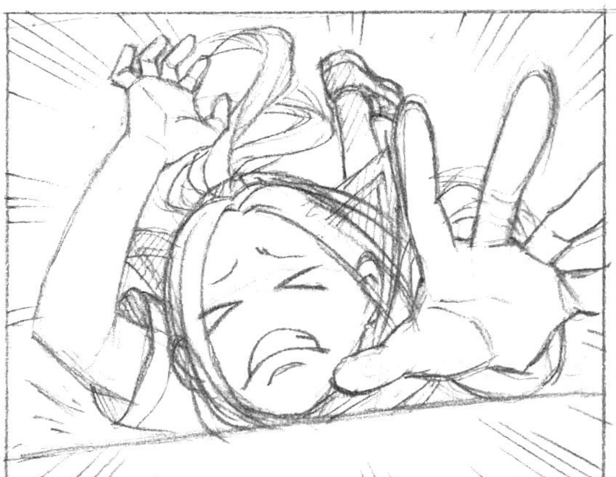

Das Hinfallen wird von vorne gezeigt. Diese Szene wirkt eher ernst, auch wenn die Mimik sehr Manga-artig dargestellt wird.

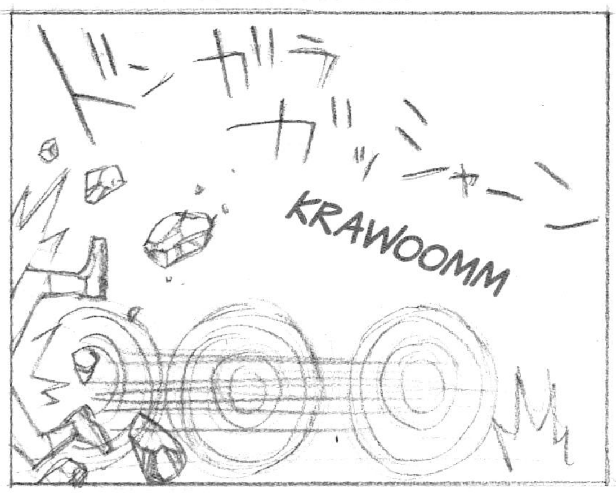

Comedy-Typ. Je ernster das erste Panel, desto lustiger wird das Ganze.

Alles beginnt mit dem Laufen, doch je nach Höhepunkt wird daraus eine komplett andere Story bzw. ein anderer Charakter

Hinfallen

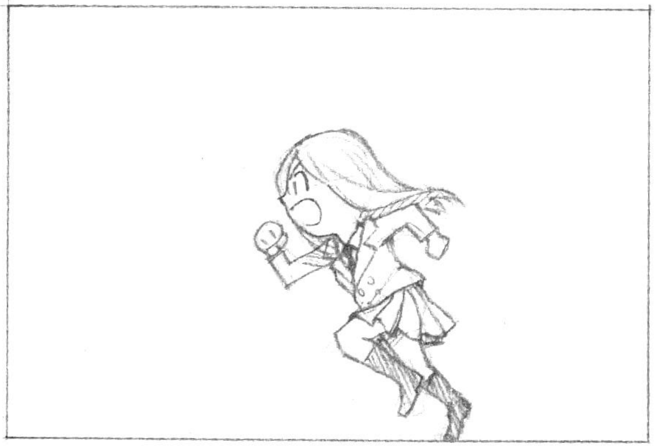

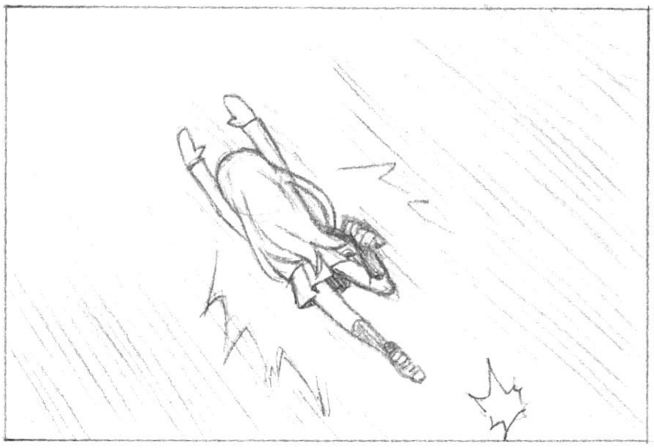

Fliegen

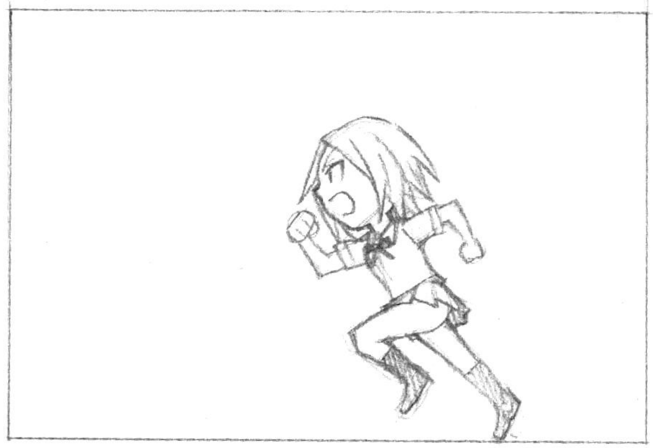

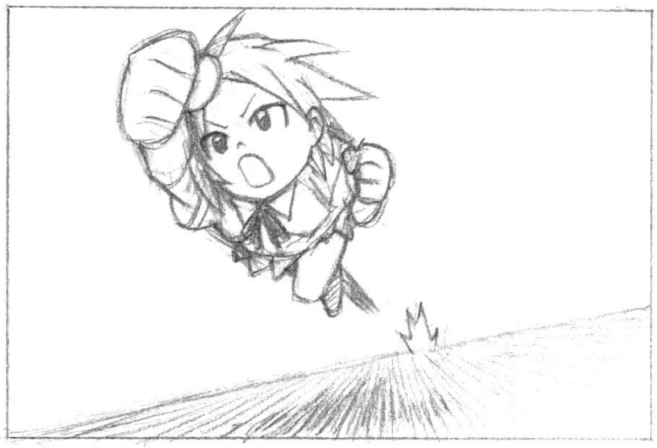

Verwandeln

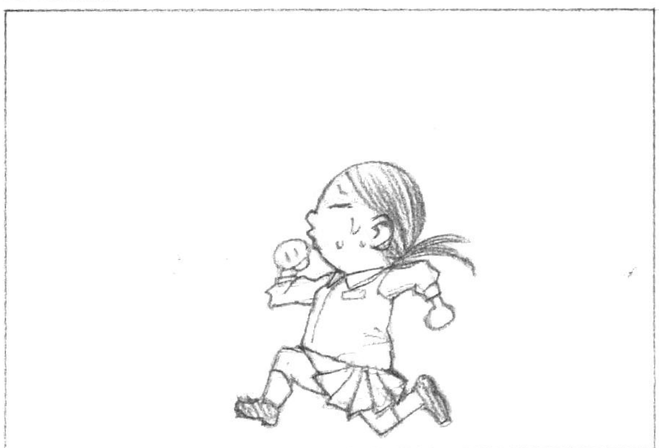

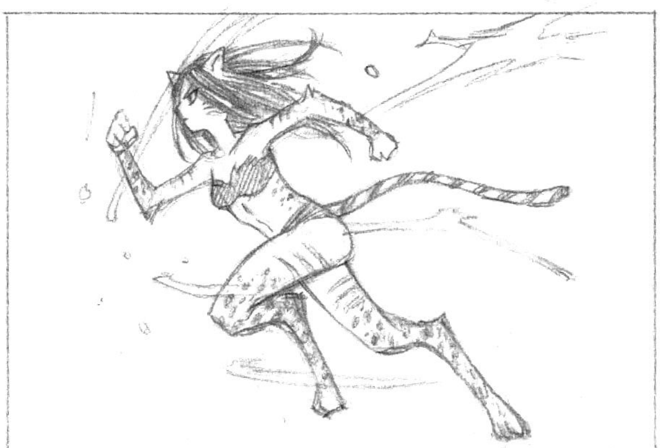

Aus der Puste

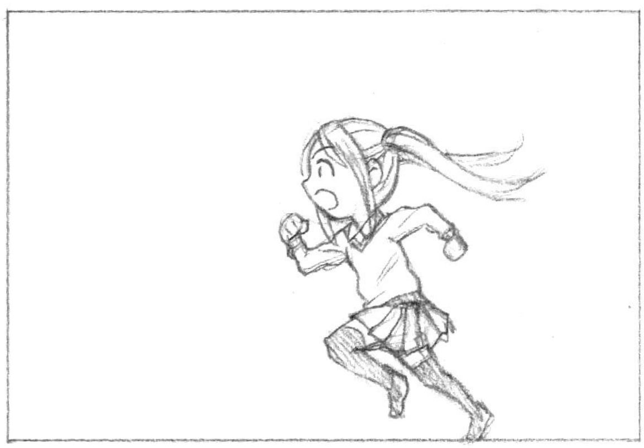

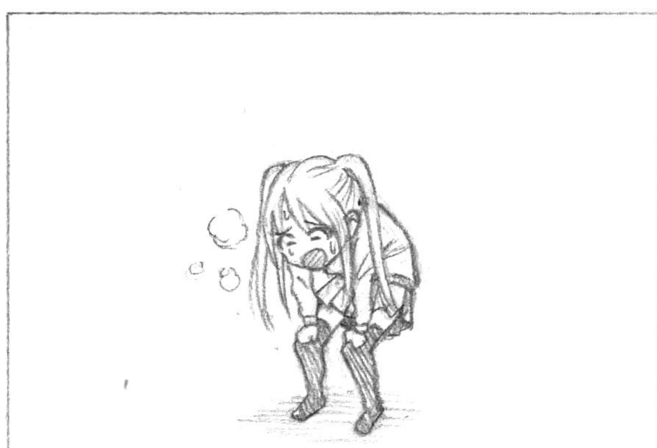

Entwicklung: Der Grund für einen 3-Panel-Manga!

Das zweite Panel wird später entschieden

Zwischen Einleitung und Wende gibt es eine »dramatische Veränderung der Situation«. Das zweite Panel zeigt die Ursache für die Veränderung.

Hinfallen

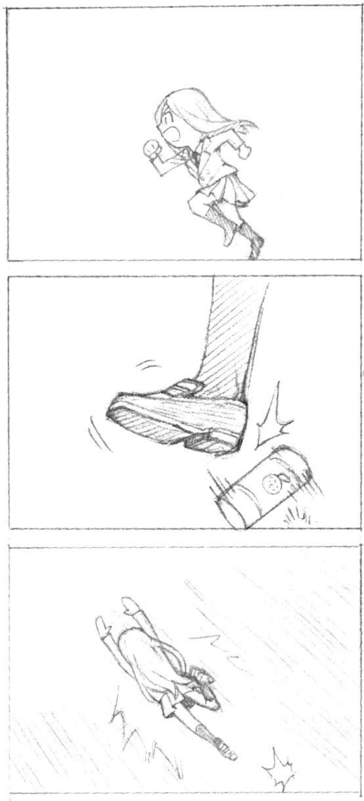

Am Boden lag eine Dose.

Warum fällt sie hin? Der Grund wird im Bild dargestellt...

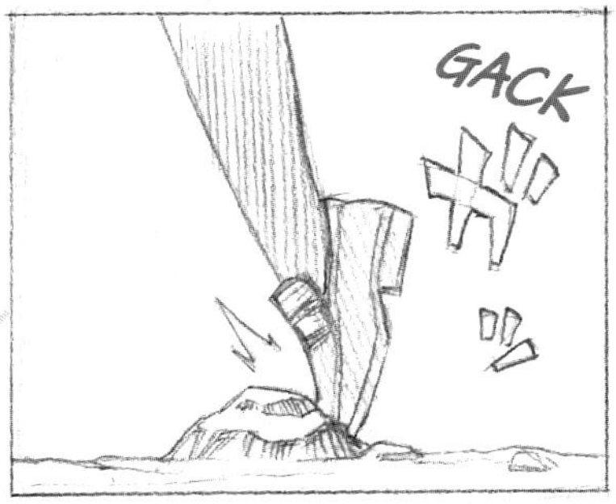

Am Stein hängengeblieben

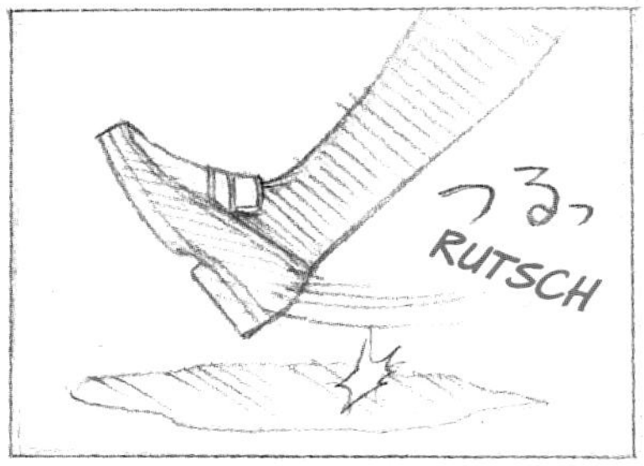

Eine vereiste Pfütze

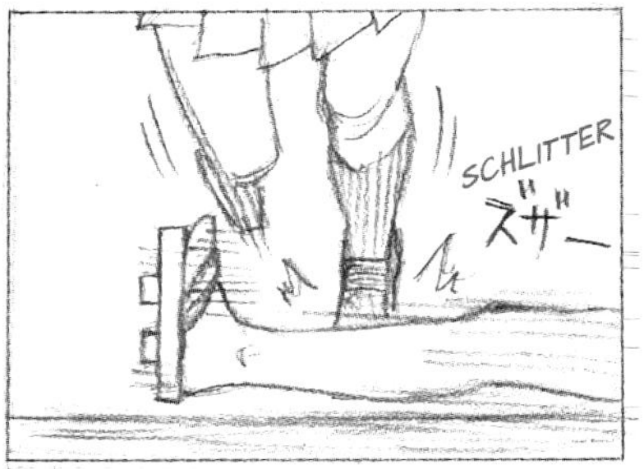

Jemand stellt ein Bein.

Nach dem Vier-Phasen-Prinzip kommt nach der Einleitung die Entwicklung, die zur Wende führt und das Geschehen zum Schluss bringt. Die Entwicklung ist die »Ursache für die Wende«. Auch wenn etwas Unerwartetes geschieht, sollte das Ereignis die Leser überzeugen. Das ist eine wichtige Fähigkeit für einen Mangaka.
(Anmerkung: Die Story wird manchmal dramatischer, wenn man den Grund erst nach dem Ereignis erzählt.)

Fliegen

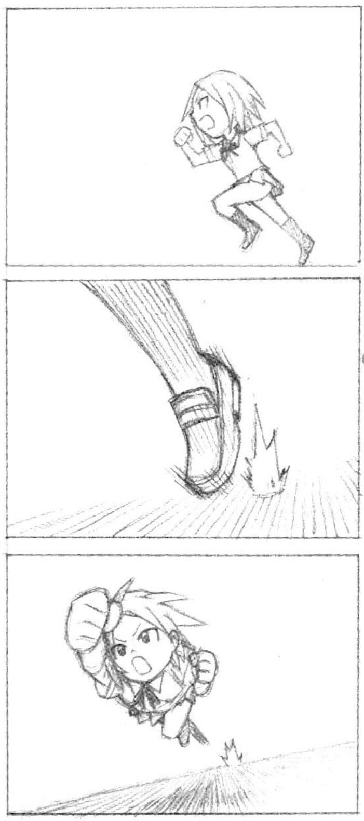

Der Absprung

Der Grund für das Fliegen wird dargestellt...

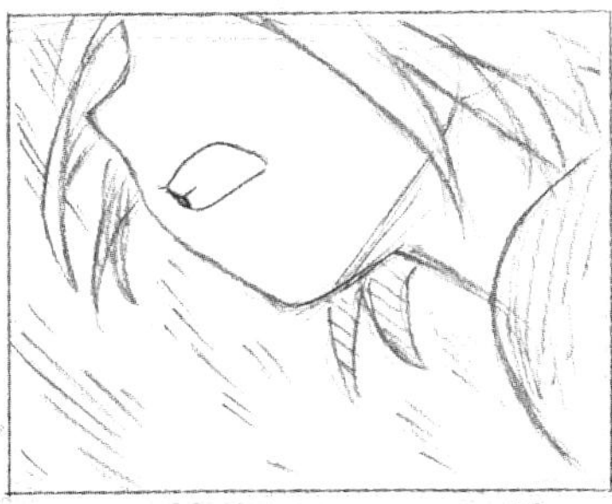

Kraft sammeln oder sich entscheiden

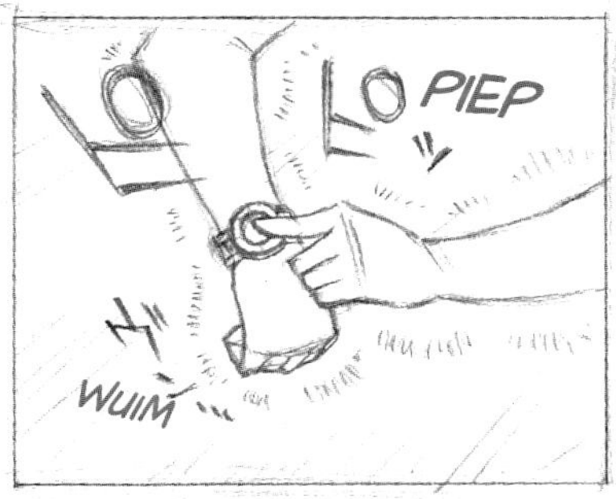

Ein Schalter wird betätigt, um das »Aktivieren einer Fähigkeit« zu zeigen.

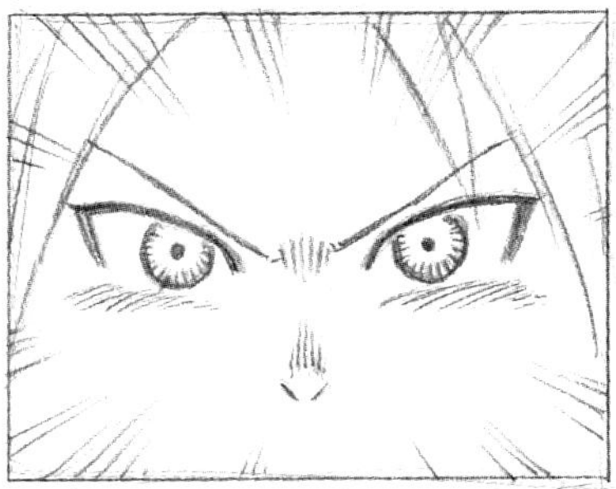

Solche Bilder von Augen kommen häufig vor, wenn eine Fähigkeit aktiviert wird.

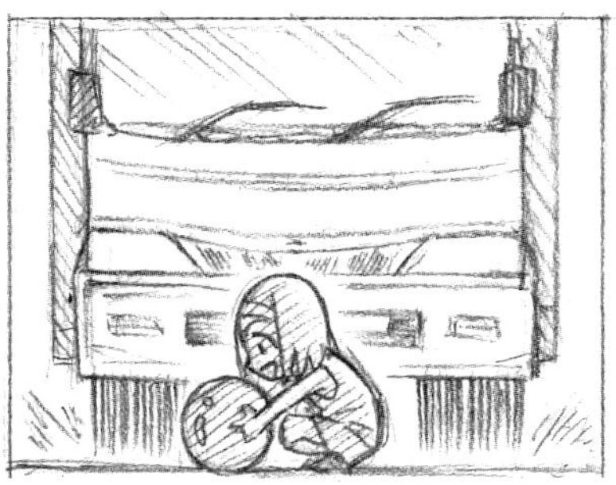

»Das Kind ist in Gefahr!« So ein Panel kann auch einen »Grund zum Fliegen« zeigen.

»Fliegen« ist ein ziemlich unnatürliches Ereignis. Hier muss man die Flugfähigkeit nicht erklären. Wichtig ist die Verbindung der Zeit vor dem Einsatz der Fähigkeit mit der danach.

Verwandeln

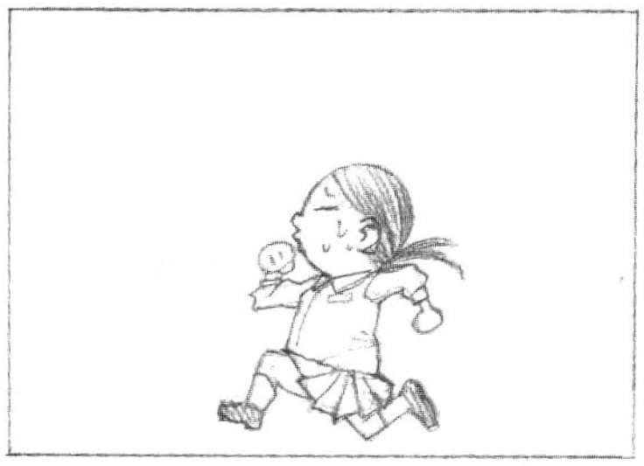

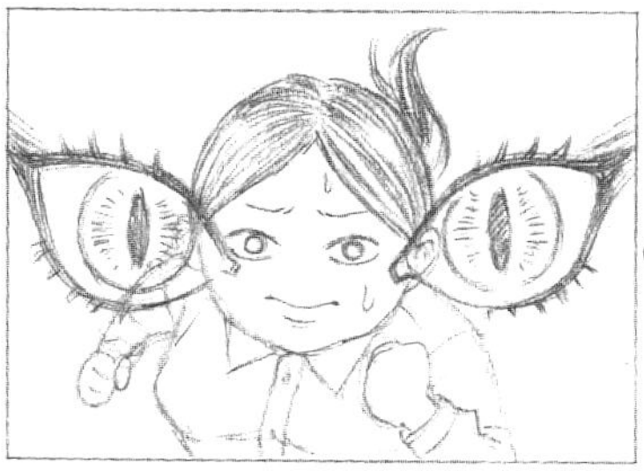

Im Inneren erwacht etwas…

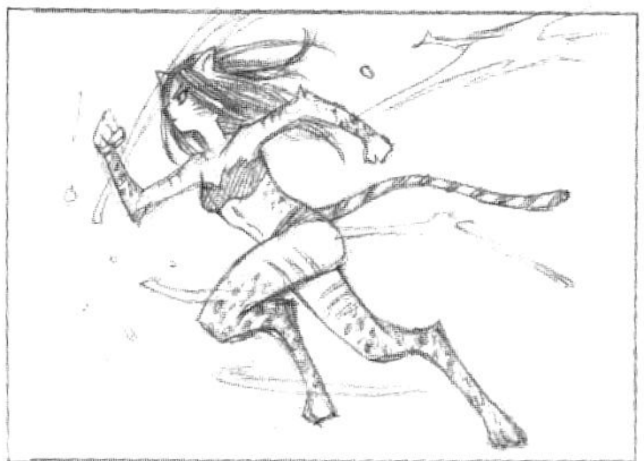

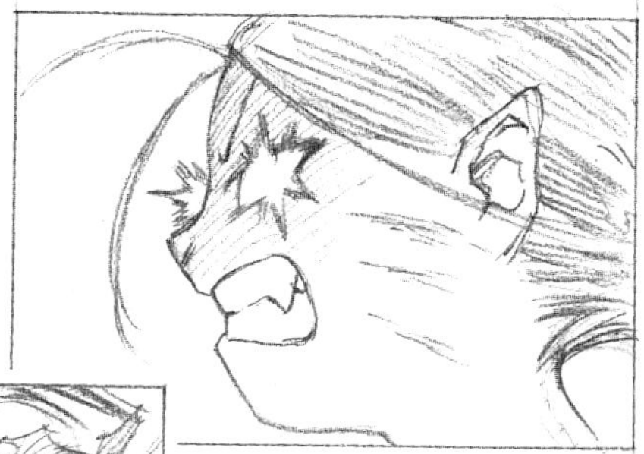

Hier zeigt der Hauptcharakter einen klaren Willen zur Verwandlung.

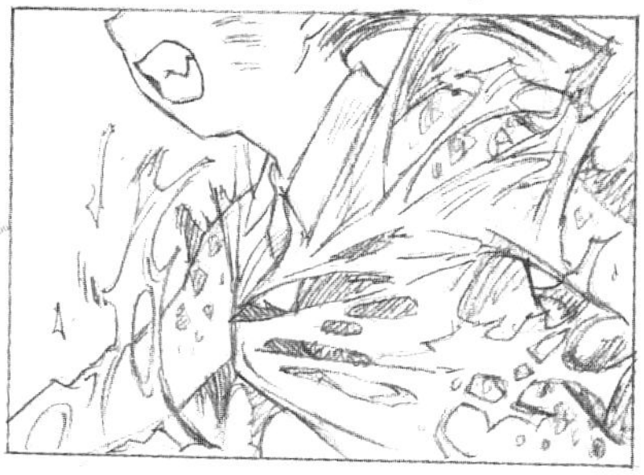

Die Verwandlung wird visuell verstärkt, um der Szene Aussagekraft zu verleihen.

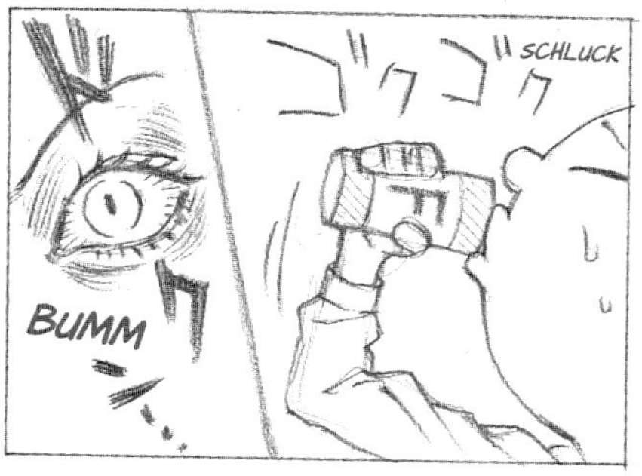

Ein Panel mit einem Verwandlungs-Drink. Wie beim Fliegen hätte es auch ein Schalter sein können. Die Nahaufnahme bei »Bumm« ist nicht zwingend. Man könnte die Verwandlung auch nur mit den wachsenden Krallen oder spitz werdenden Ohren zeigen. Es ist wichtig, je nach Seitenzahl, Storytempo oder Zielgruppe etwas hinzuzufügen oder zu reduzieren.

Aus der Puste

Nach dem Laufen ist man außer Atem. Das ist ganz natürlich, aber deutlich langweiliger als z. B. eine Verwandlung. Das Thema ist nicht Manga-artig, in so einem Fall wird das zweite Panel benutzt, um das dritte Panel, die Wende, zu verstärken.

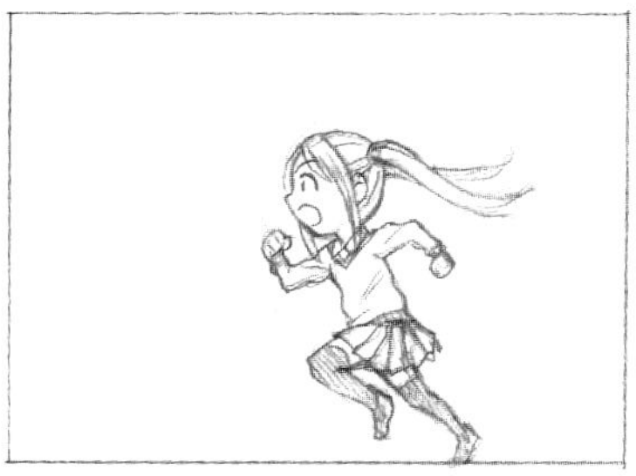

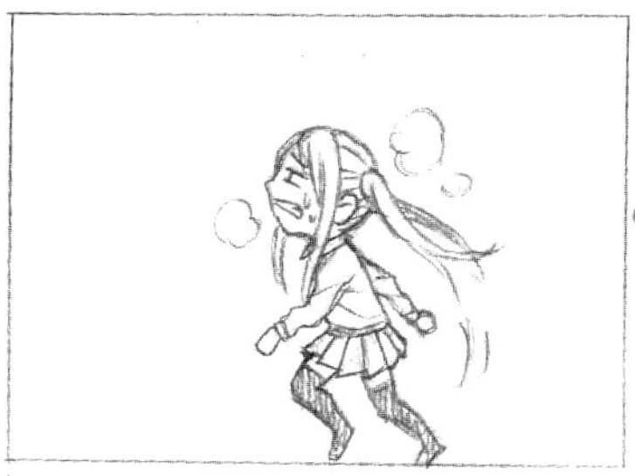

Ermüdung. Das Panel zeigt, dass sie immer erschöpfter wird. Ihr Kopf geht hoch und die Beine lösen sich nicht mehr vom Boden.

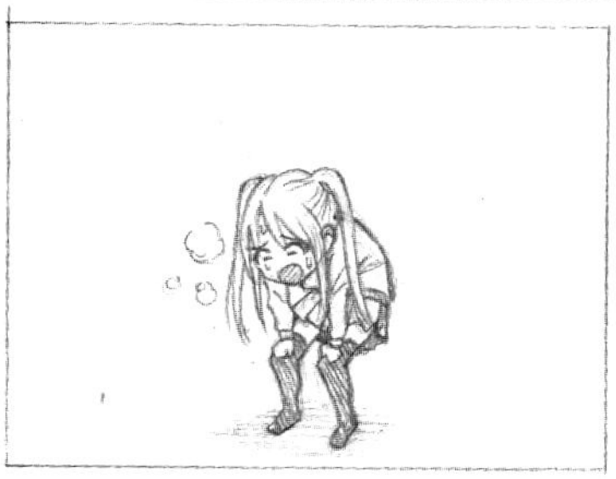

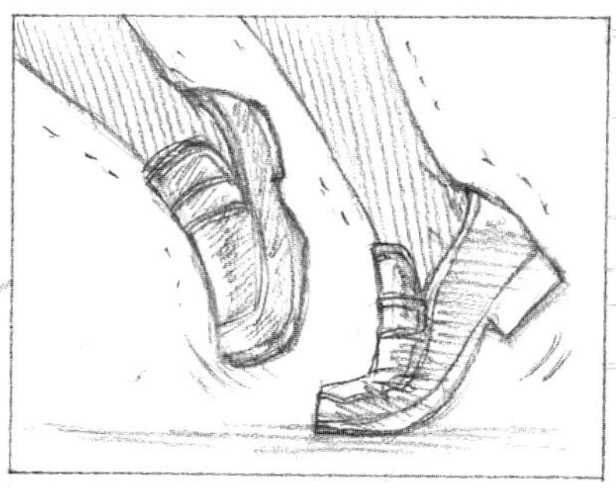

Eine andere Variante der Szene. Der Charakter ist in Einleitung und Wende komplett zu sehen, daher kommt hier für etwas Abwechslung die Nahaufnahme zum Einsatz. Ihr könntet auch »eine kraftlose Hand«, »ein stöhnendes Gesicht« oder »tränenerfüllte Augen« einsetzen, um diesen Augenblick wirken zu lassen. So etwas macht die Szene auch etwas ernster.

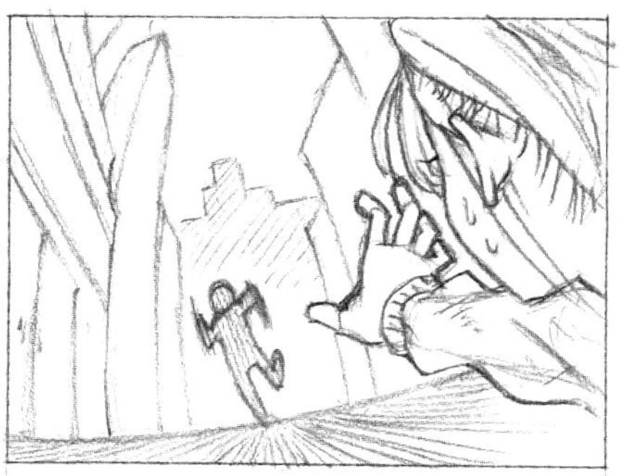

Man verfolgt jemanden, doch das Ziel entfernt sich immer mehr und wird unerreichbar. Eine Nahaufnahme eines Körperteils stellt die Situation (und die Verzweiflung) dar. In diesem Panel wird die Lage zusätzlich erklärt.

Schluss: Und dann…

Hinfallen

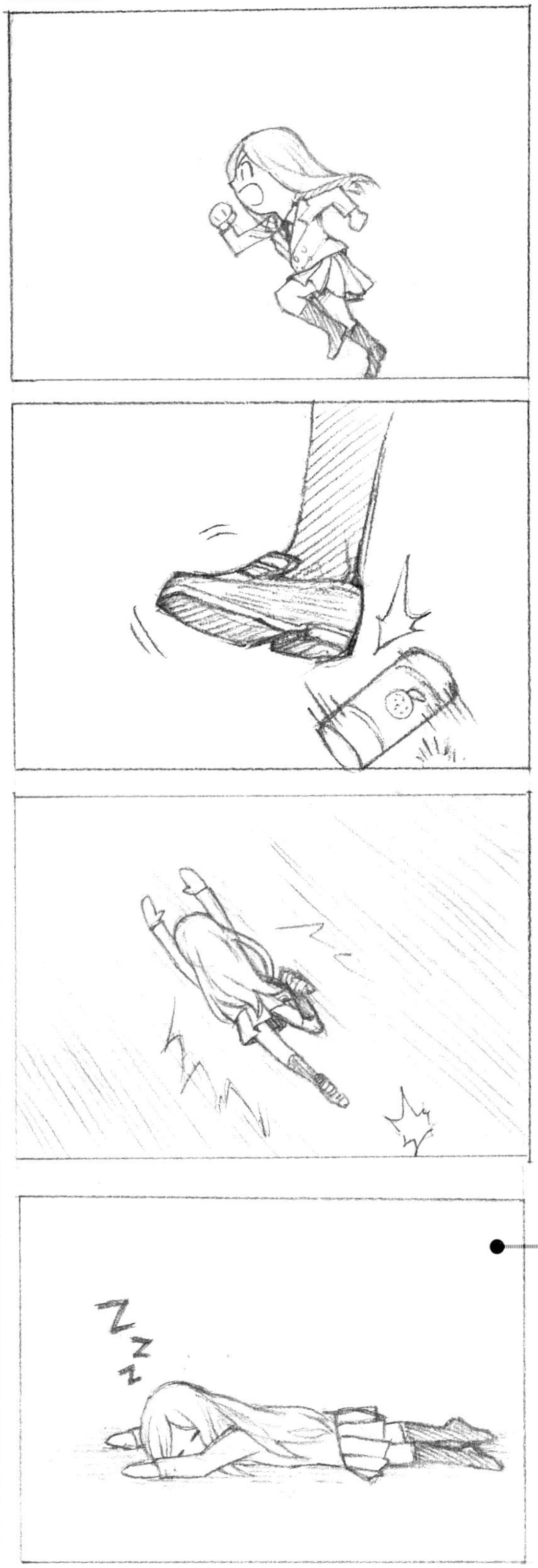

Einfach. Nachklang.

Das vierte Panel entscheidet über den Gesamteindruck

Nach dem Höhepunkt kommt die Wende und ein Manga könnte auch dort zu Ende gehen. Aber die Leser wollen natürlich wissen, was dann passiert. Die Nachgeschichte im vierten Panel kann eine witzige Szene plötzlich ernst oder noch witziger werden lassen. Das Panel entscheidet somit über die gesamte Atmosphäre und den Gesamteindruck des Mangas.

Verschiedene Abschlussvariationen

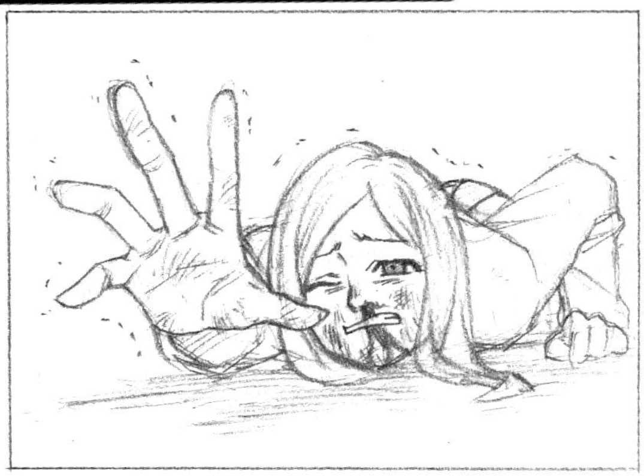

Ernst: Hier sollte der Titel eher »Ich gebe mir dennoch Mühe« sein als »Hinfallen«.

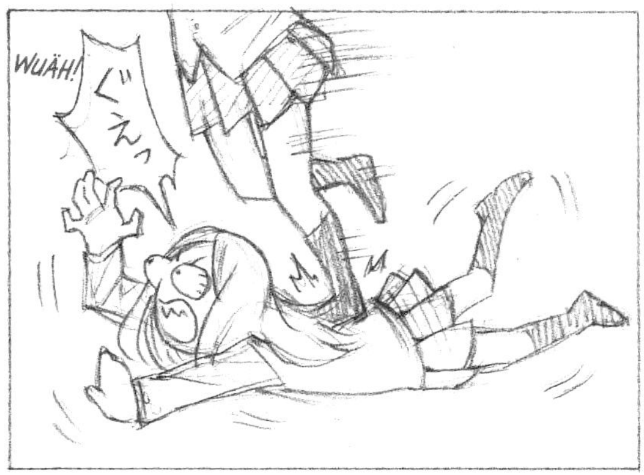

Comedy

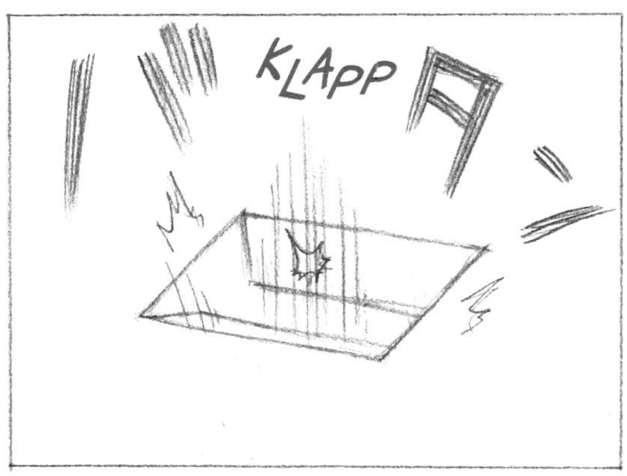

Überraschung

Fliegen

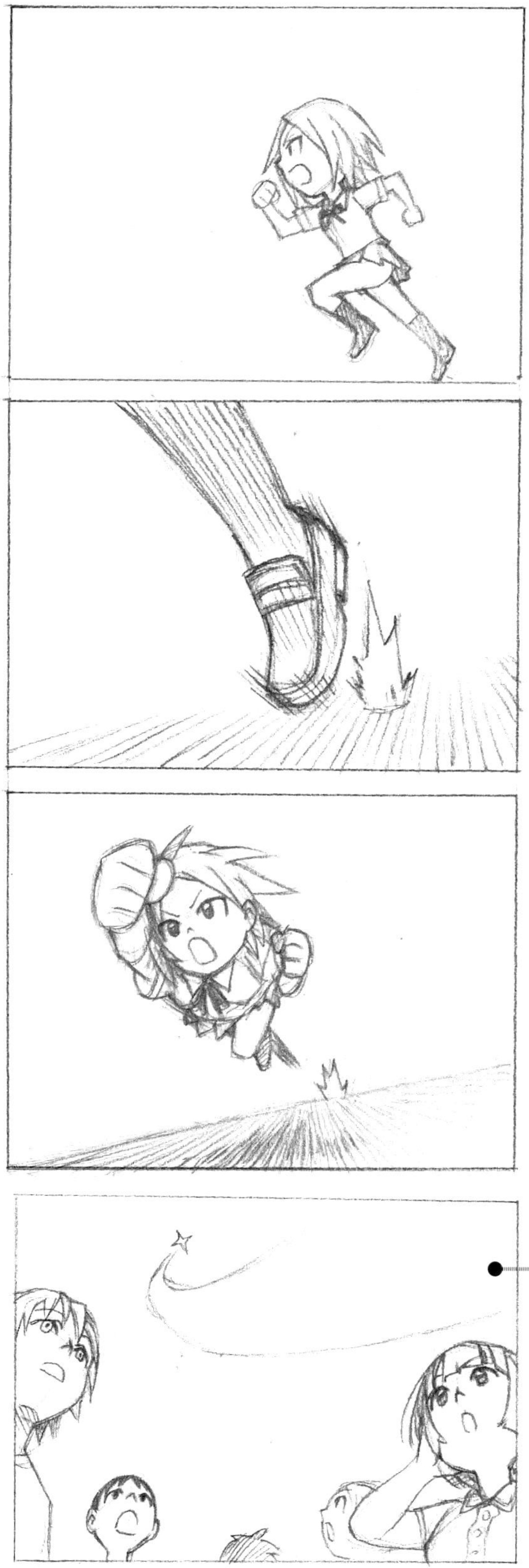

Nachklang

Variationen

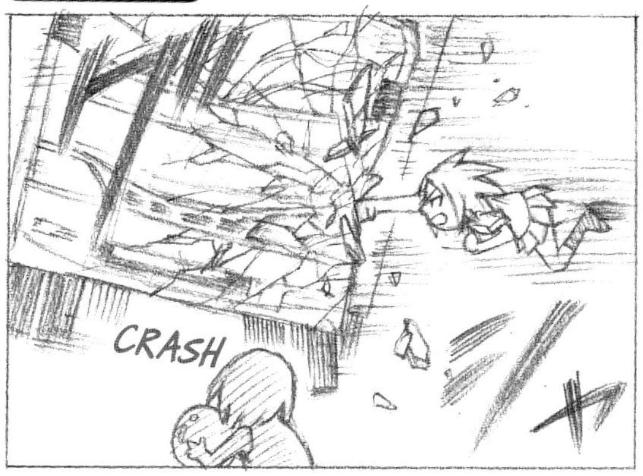

Action

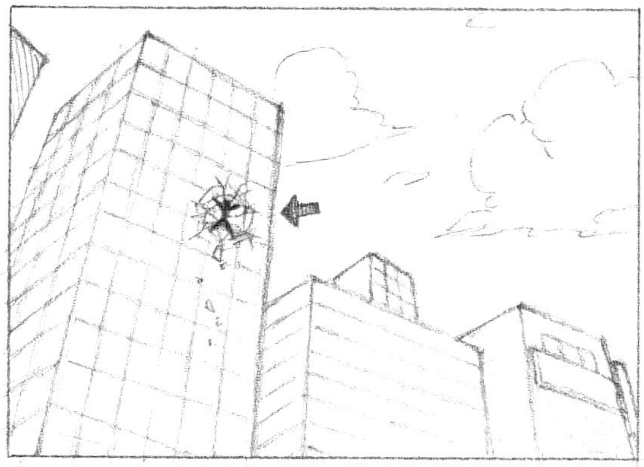

Gag

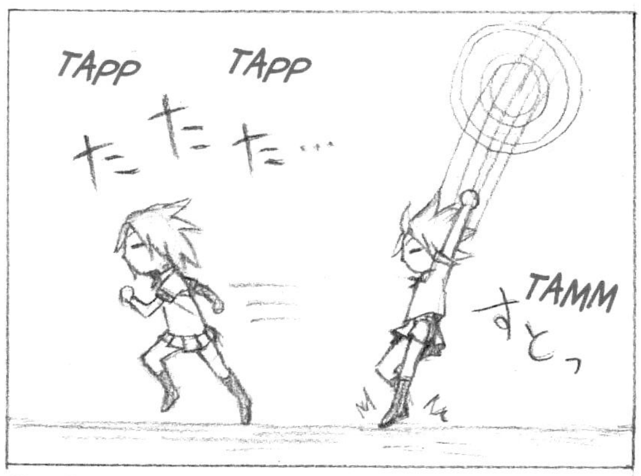

Ohne Pointe

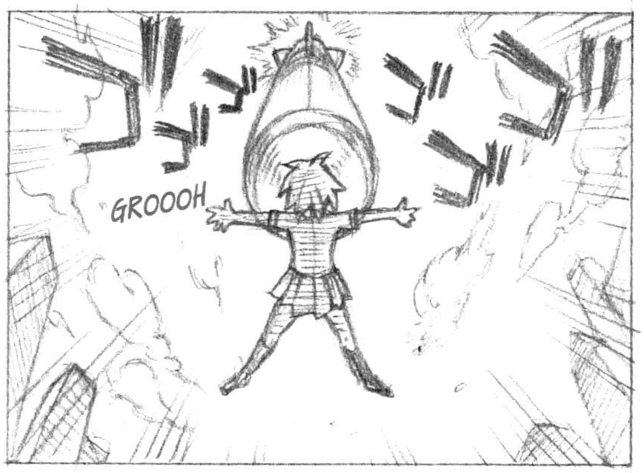

Drama

Verwandlung

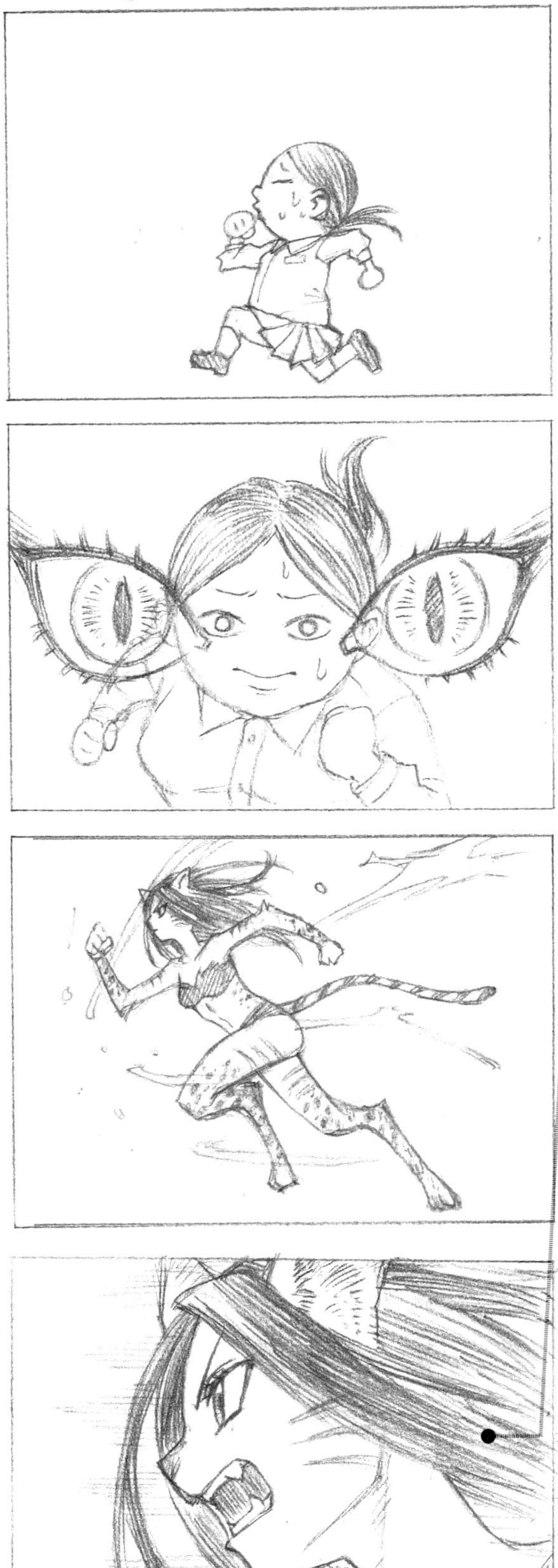

Nachklang & Fortsetzung. Das vierte Panel macht den Charakter attraktiver.

Variationen

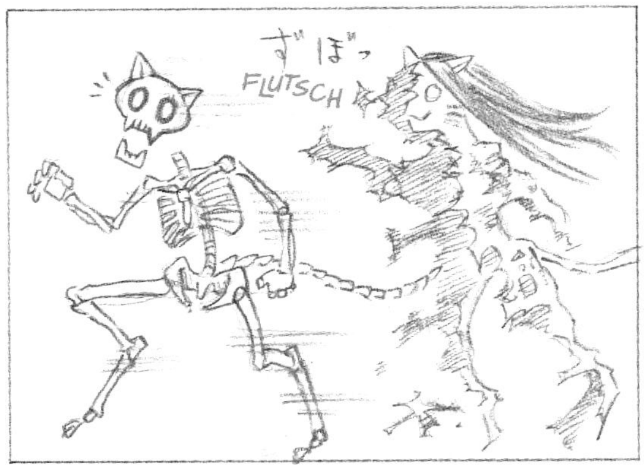

Comedy-Abschluss. Je realistischer die Darstellung, desto surrealistischer die Wirkung.

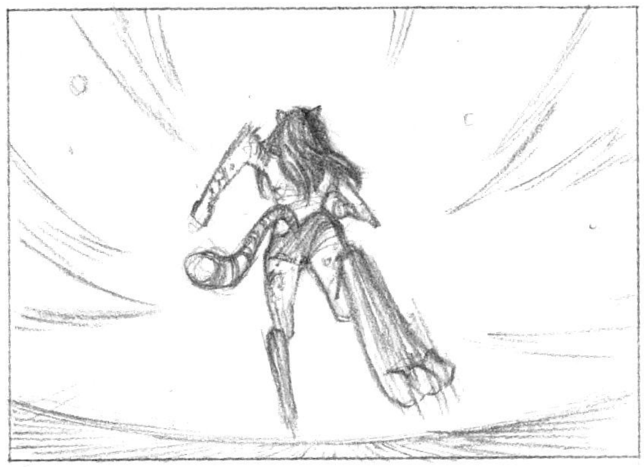

Nachklang. Wenn der Charakter hier modifiziert wird (etwa drei Köpfe größer), wird es zum Gag.

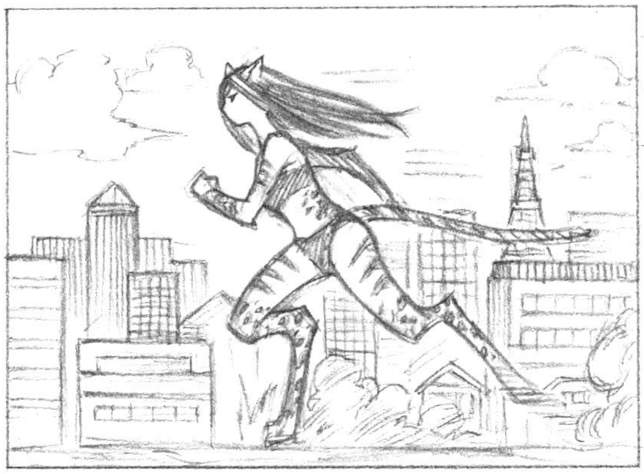

Verstärkung. Das könnte das Ende sein, aber es könnte auch weitergehen…

Aus der Puste

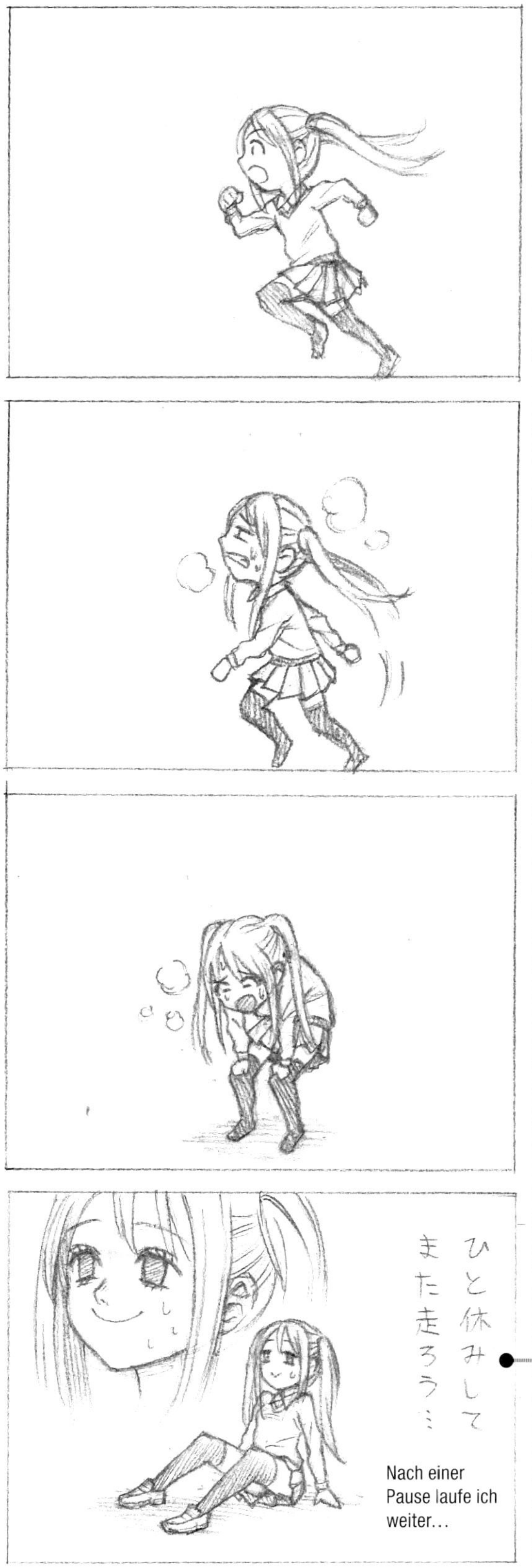

Nachklang (sportlich)

Variationen

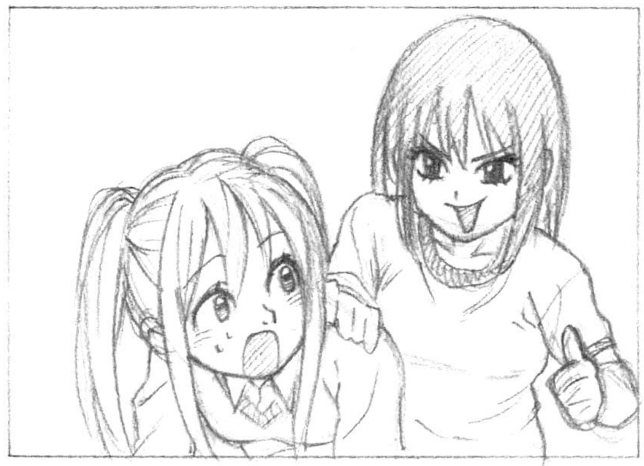

Überraschende Fortsetzung. Das hinterlässt auch einen sportlichen Eindruck.

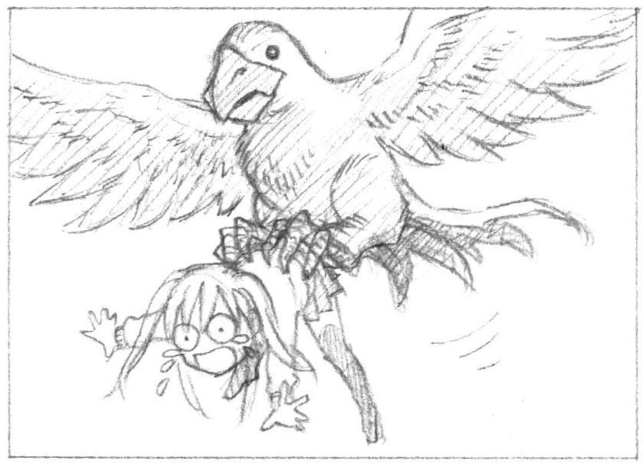

Gag

Tipp Aufbau verändern (Reihenfolge)

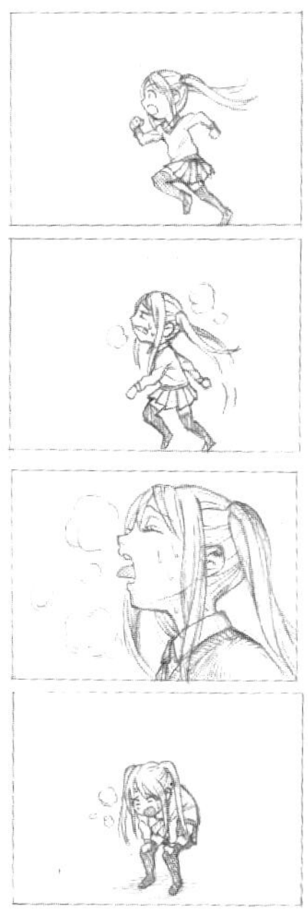

Hier wurde die Wende zum Schluss, dafür wurde im dritten Panel ein überanstrengtes Gesicht eingefügt. Es ist nichts Ungewöhnliches, dass man beim Laufen aus der Puste kommt, deshalb kann die Wende hier auch der Schluss sein. Es ist wichtig, zu fragen: »Wie wird der Manga verständlicher oder dramatischer?« Arbeitet so lange am Storyboard, bis ihr damit zufrieden seid.

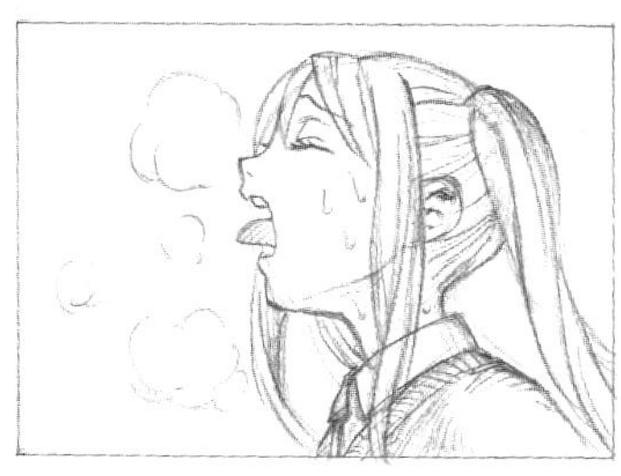

4-Panel-Manga auf einer Seite

Fliegen

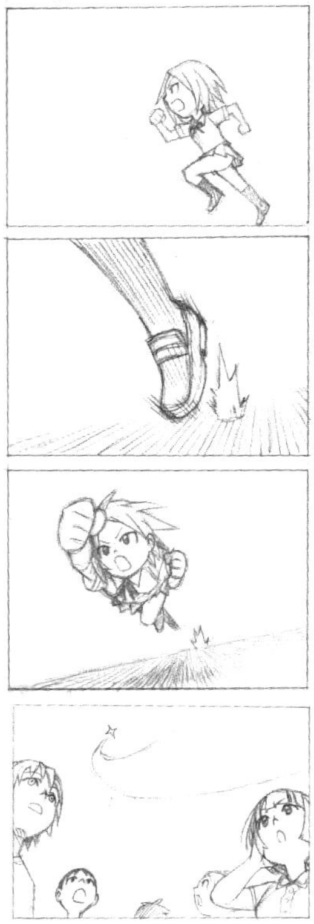

Prototyp 1: Aus dem 4-Panel-Manga eine Seite mit 4 Panels erstellen

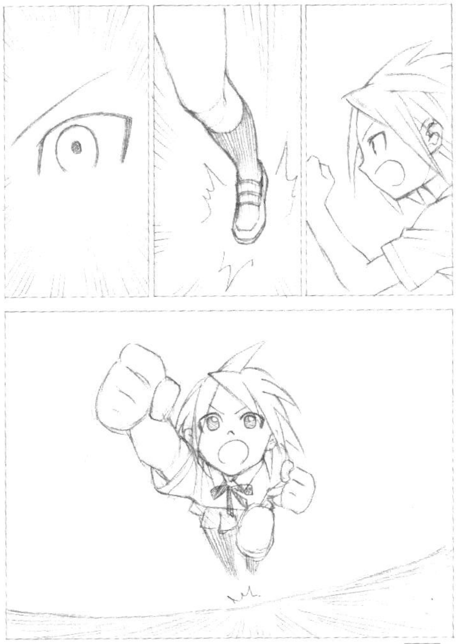

Bei einem Manga ist es üblich, dass man die vier Phasen »Einleitung, Entwicklung, Wende und Schluss« über die vorgegebenen Seiten verteilt. Aber es ist eine gute Übung, die vier Phasen verkürzt auf einer Seite bzw. Doppelseite darzustellen und dabei ein Kernpanel zu platzieren. Verteilen wir hier den Inhalt des 4-Panel-Mangas auf einer Seite und schauen uns die möglichen Varianten an.

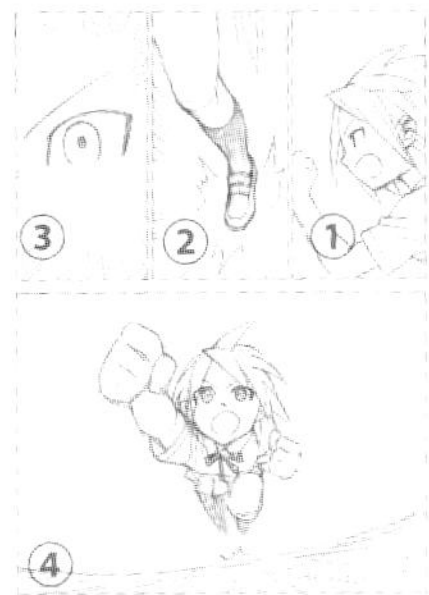

① Das »Laufen« wird mit der Nahaufnahme verdeutlicht.
② Ein kräftiger Schritt
③ Der Wille des Hauptcharakters, seine Flugfähigkeit zu aktivieren, wird mit dem Auge gezeigt (Verdeutlichung).
④ »Fliegen« ist das Hauptthema, deshalb nimmt das große Panel die halbe Seite ein. So werden die Zuschauer aus dem ursprünglichen vierten Panel nicht mehr benötigt.

Prototyp 2: Variante mit 5 Panels

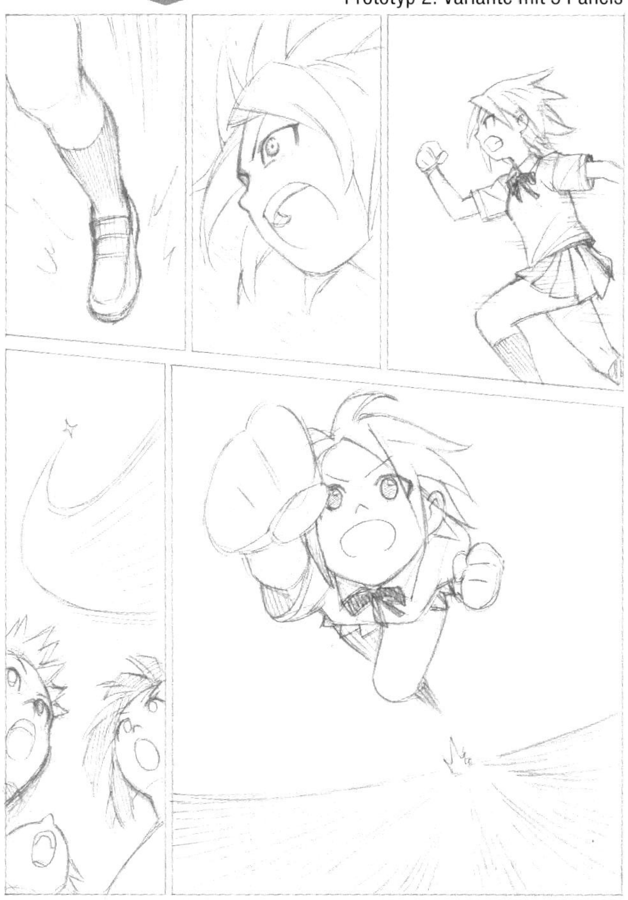

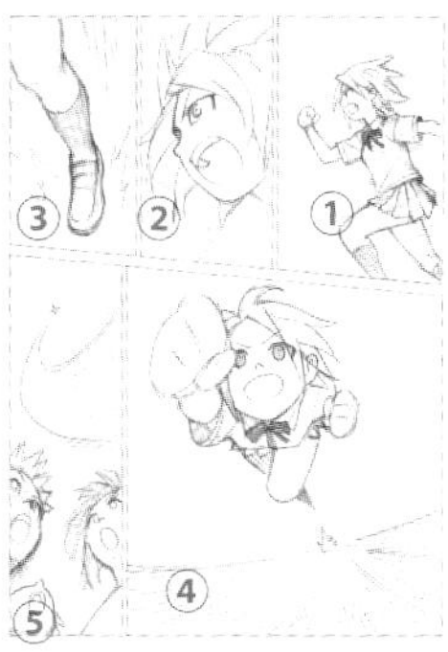

① Das Outfit des Charakters ist zu sehen, auch die Mimik ist etwas verzweifelter, um die Spannung zu erhöhen.
② Das Gesicht für »Los!« in Nahaufnahme
③ Im Anschluss der kräftige Schritt, um die Story in Schwung zu bringen
④ Das Highlight. Die Weitwinkel-Darstellung sorgt für Dynamik.
⑤ Das letzte Panel mit den Zuschauern wurde hier wieder eingesetzt. So geht diese Seite besser zu Ende.

Finale Version

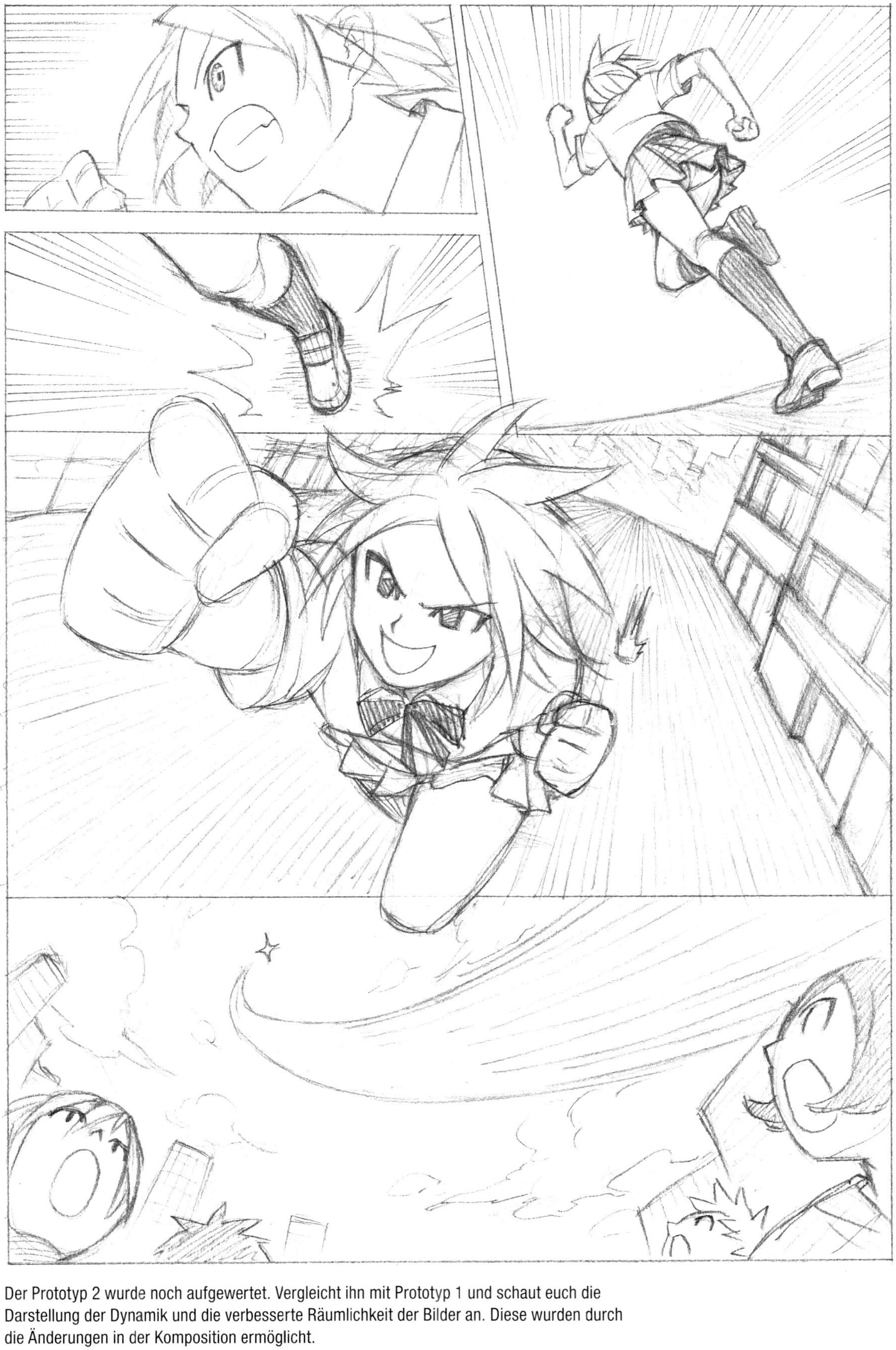

Der Prototyp 2 wurde noch aufgewertet. Vergleicht ihn mit Prototyp 1 und schaut euch die Darstellung der Dynamik und die verbesserte Räumlichkeit der Bilder an. Diese wurden durch die Änderungen in der Komposition ermöglicht.

Verschiedene Gesichter

Wir können die vier Phasen »Einleitung, Entwicklung, Wende und Schluss« auch mit verschiedenen Gesichtsausdrücken zeigen.

Einleitung, Entwicklung, Wende und Schluss durch Mimik

– Im Stil eines Action-Mangas –

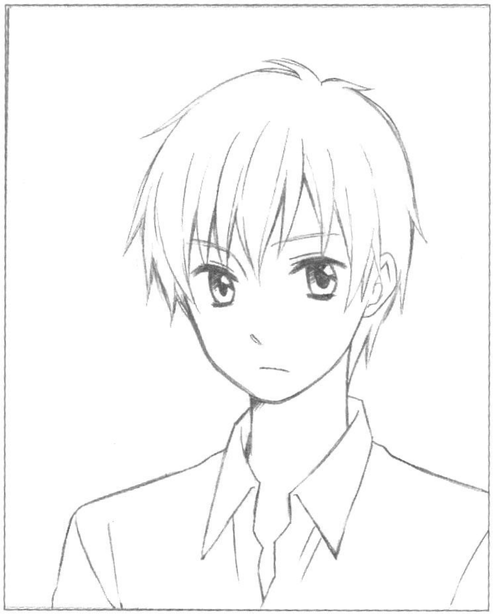

Einleitung **Auftritt**
Aussehen im »Alltag«.
Normaler Gesichtsausdruck.

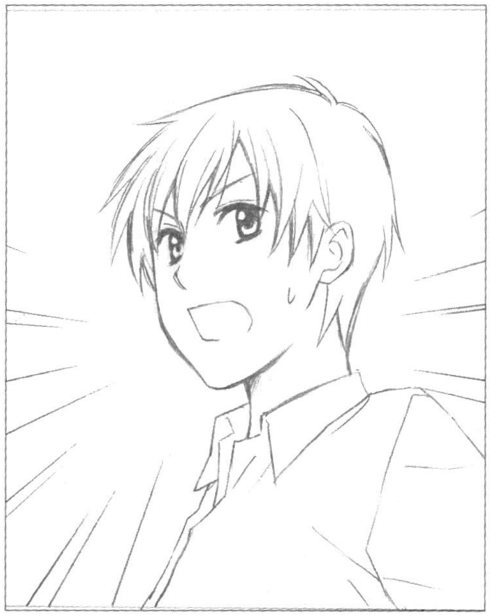

Entwicklung **Etwas geschieht**
Vorfall, Gefahr usw.
»Überraschung« ist hier eine häufige Mimik.

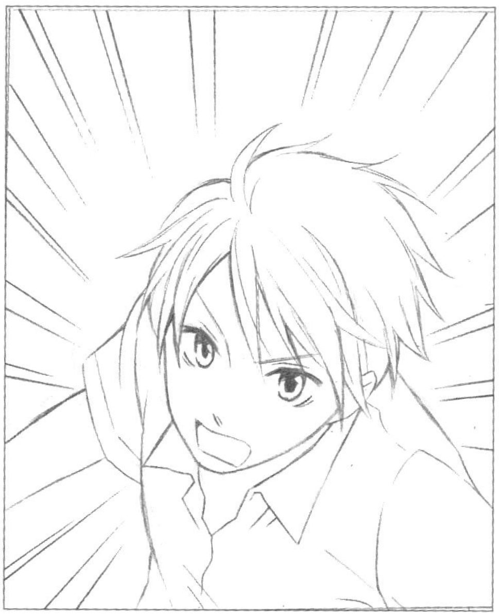

Wende **Handlung**
Der Höhepunkt. Die Reaktion auf das Ereignis. Der Held handelt, seine Mimik muss beeindruckend und dynamisch sein.

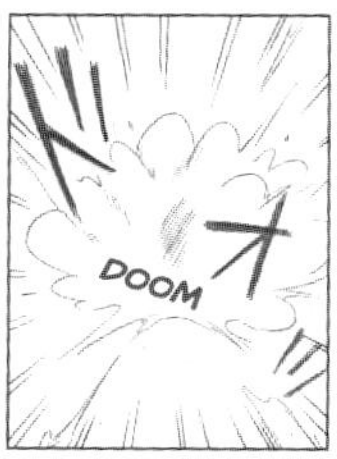

⇦ Für den Höhepunkt der Wende wird oft auch so eine Szene genutzt. Wenn so ein Panel zum Schluss kommt, wird der Manga zu einer Komödie oder Tragödie.

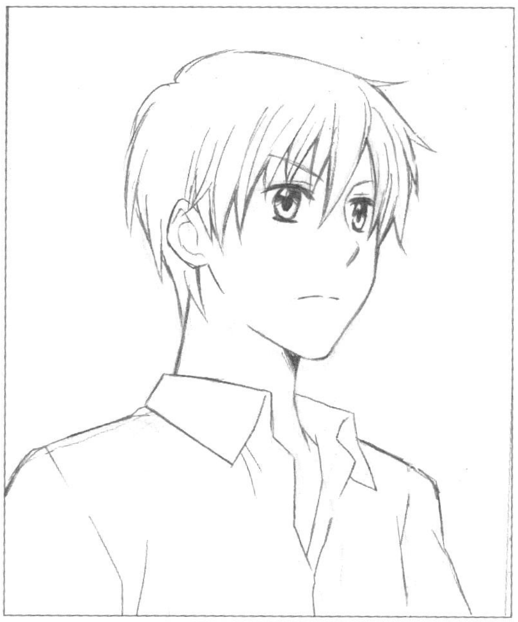

Schluss **Ende**
Und es geht weiter in die Zukunft... oder zurück ins Alltagsleben. Man sieht dem Charakter an, dass er eine Entwicklung durchlaufen hat. Es kommt auch vor, dass sich der Zeichner an einen Charakter gewöhnt und dessen Mimik sich dadurch im Laufe der Zeit etwas verändert.

Die vier Phasen durch Bewegung vermitteln

- Eine kurze Episode aus einem Alltagsmanga –

Freude, Zorn, Trauer und Vergnügen – solche Gefühle können auch mit dem Körper gezeigt werden.

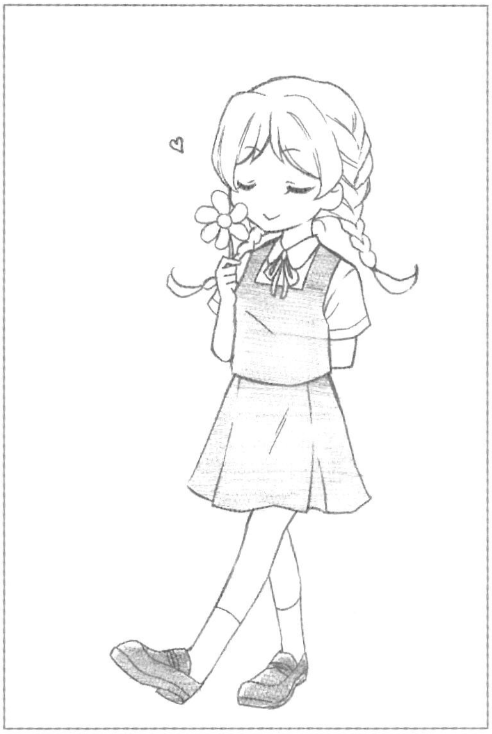

Einleitung **Freude**
Auftritt. Sie findet eine niedliche Blume und schlendert fröhlich umher.

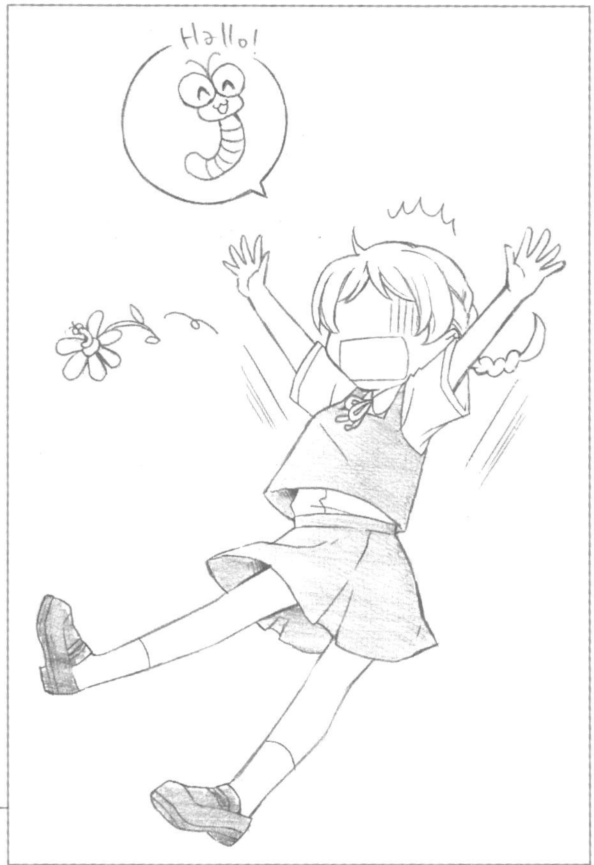

Entwicklung **Überraschung**
Da ist ein Wurm!
Ein großes Ereignis.

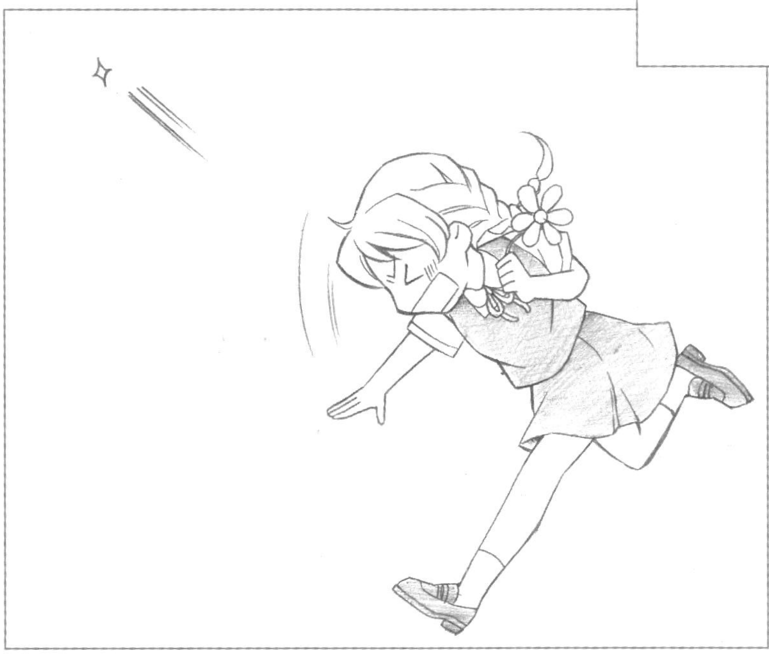

Wende **Verwirrung** (traurig und zornig)
Eine Reaktion mit intensiven Gefühlen.
Weinen, kreischen, verzweifelt sein... Die Gefühle hier sind komplex.

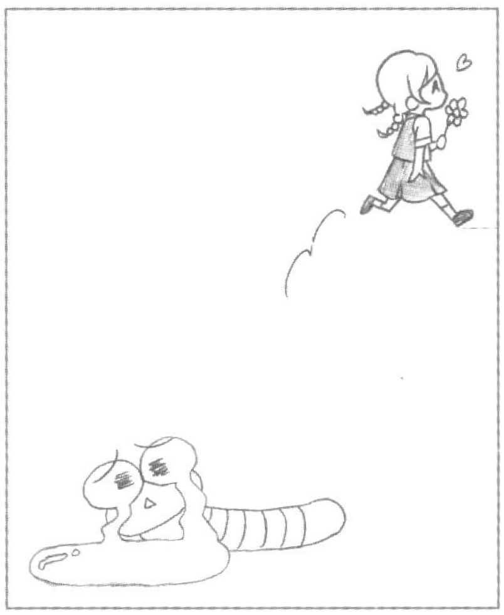

Schluss **Licht und Schatten...**
Der andere Hauptcharakter: das Würmchen

Die vier Phasen stellen den Fluss der Geschichte dar.

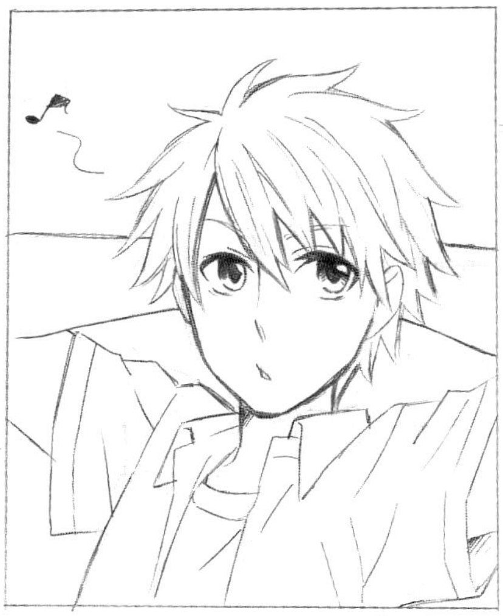

Einleitung

Auftritt: Prolog
Arglos, lockerer Alltag

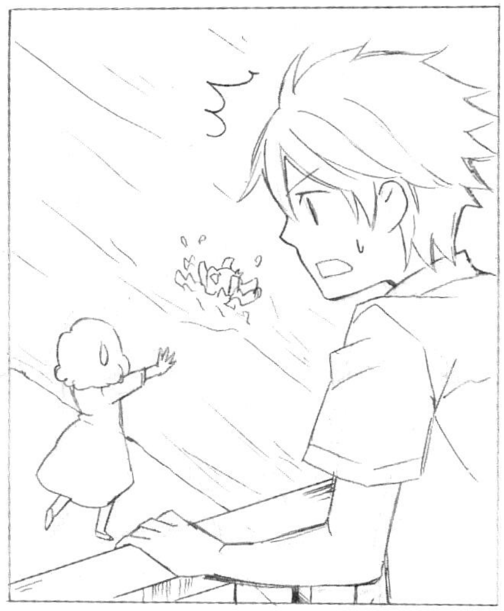

Entwicklung

Ein Vorfall!
Der kleine Hund eines Mädchens fällt in den Fluss!

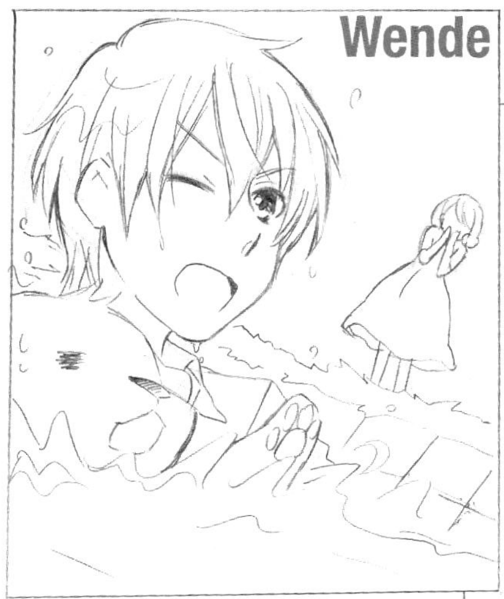

Wende

Der Held handelt!

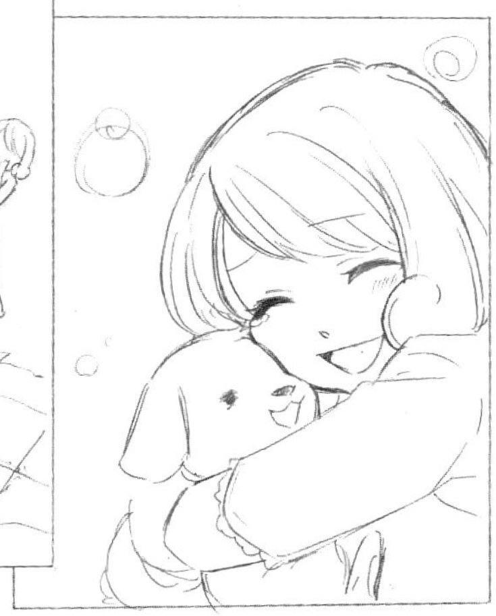

Schluss 1

Ein strahlendes Lächeln und alles ist gut.

Das Bild sagt alles, sodass hier keine Erklärung nötig ist.
Ab hier beginnt »die Story der beiden«.
Mehrere »Vier-Phasen-Episoden« werden zu einer längeren Geschichte.

Schluss 2 Epilog 1

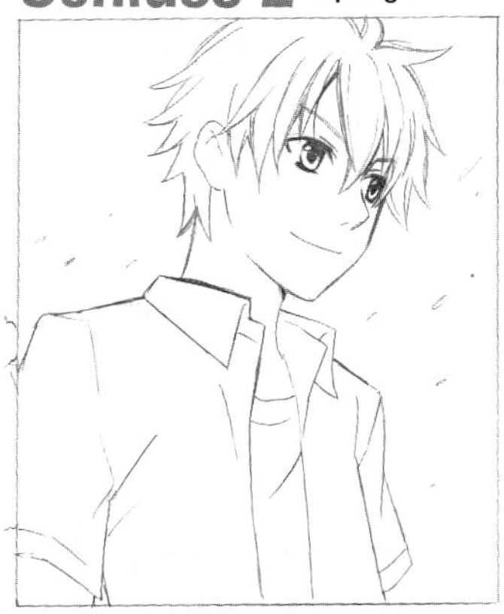

Nach dem vorläufigen Ende kommt noch ein »Nachklang« oder die »Story danach«. Das wird auch als Epilog bezeichnet.

Der Junge blickt zum fröhlichen Mädchen. Ab hier könnte ein Liebes-Manga beginnen. Aber wenn das Mädchen in Wirklichkeit ein Junge ist, der Crossdressing mag, beginnt eine ganz andere Geschichte.

Schluss 3 Lockeres Ende

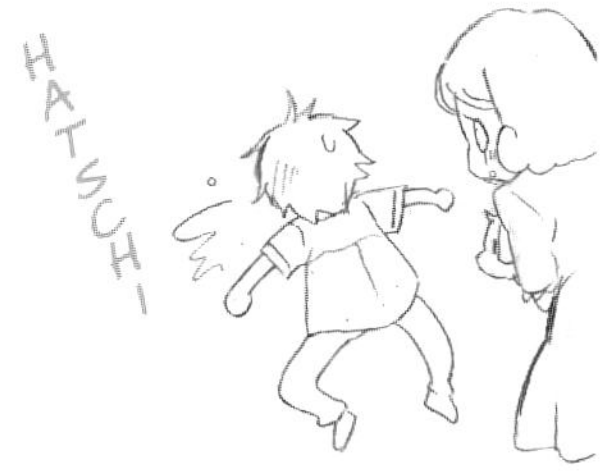

Wenn die Charaktere bei dieser Szene nicht verändert wären, könnte die Story mit einer »nächsten Szene/ Episode« weitergesponnen werden.

Einleitung Szenenwechsel

In der Einleitung wird der Hauptcharakter gezeigt. Aber wo findet das Ganze statt? Um diese Frage zu beantworten, muss man die Zeit, in der die Geschichte spielt, den Ort oder auch die Tageszeit zeigen.

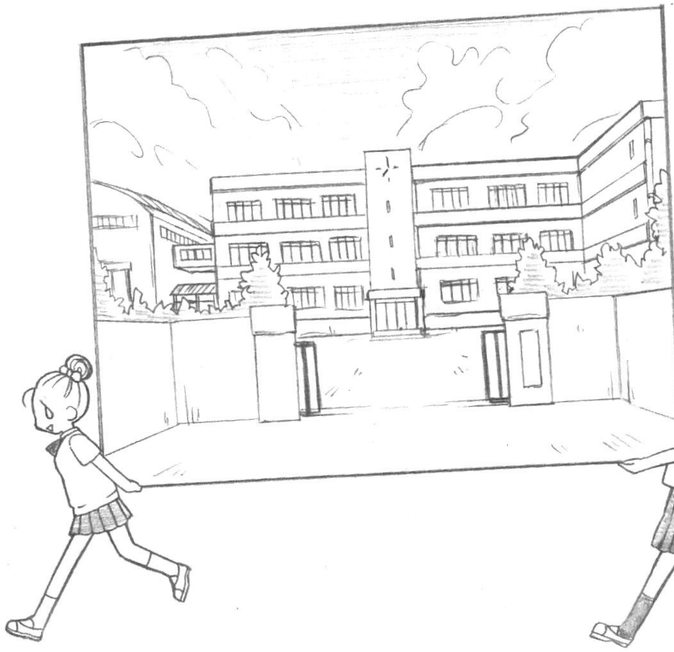

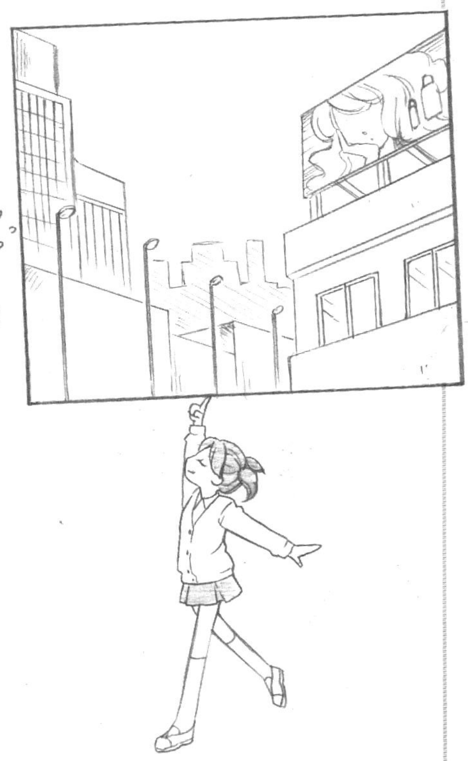

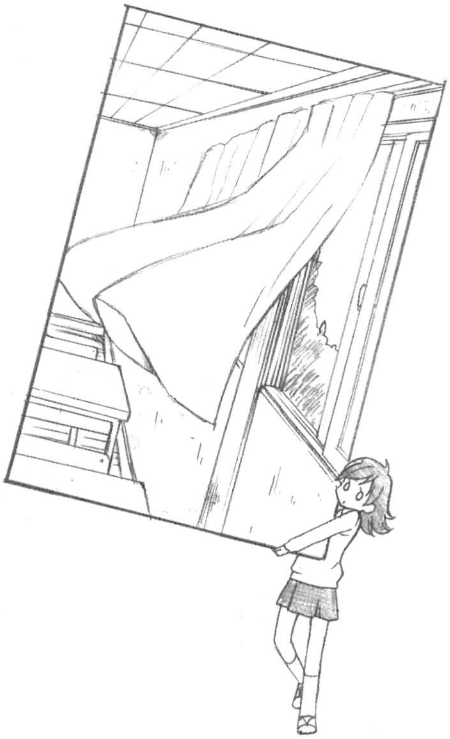

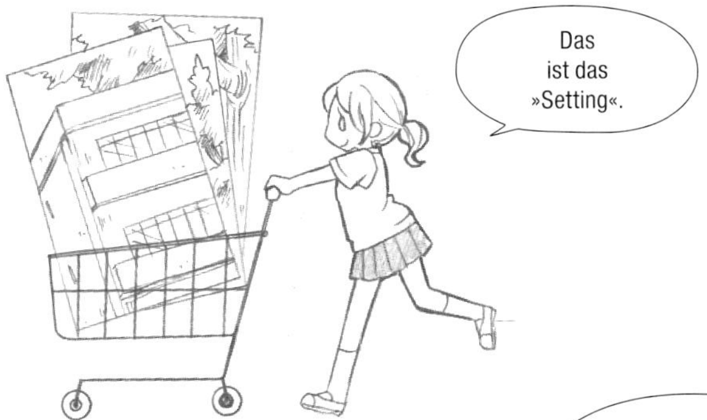

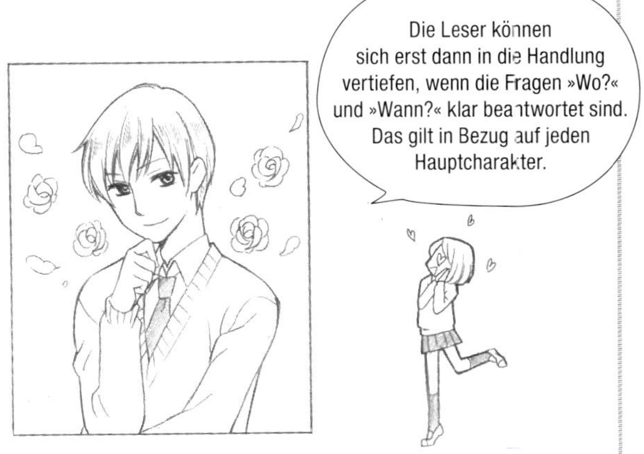

Ein Manga besteht aus vielen Aneinanderreihungen der vier Phasen. Innerhalb einer Story tauchen mehrere »Einleitungen« auf. Der »Szenenwechsel« leitet sie ein, und bei jedem Wechsel muss gezeigt werden, wo die neue Szene spielt.

Geschichten entwerfen: Findet etwas, das ihr zeichnen wollt

Vorbereitungen, um in Schwung zu kommen

Skizzen und Notizen

Wie fängt man eine Geschichte an? Es läuft nicht immer gut, selbst wenn man schon ein Thema hat und nur noch die Details ausarbeiten möchte. Fangt erst einmal mit dem Zeichnen an, als würdet ihr zum Spaß vor euch hin scribbeln.

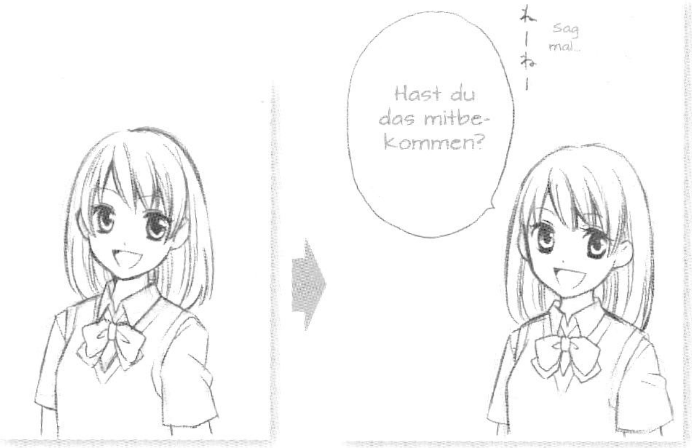

Lasst den Charakter reden.

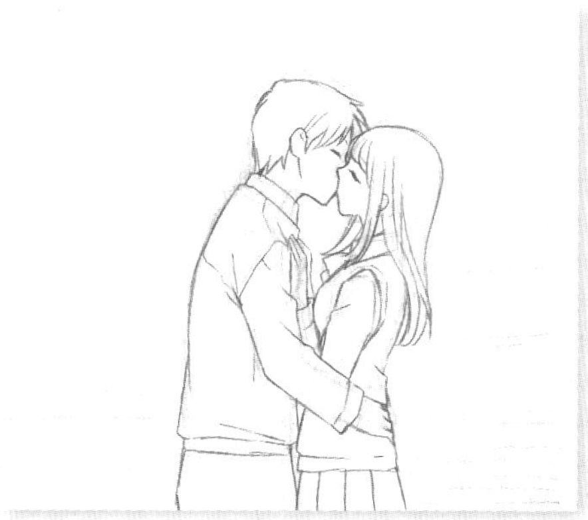

Wollt ihr eine Kuss-Szene zeichnen?

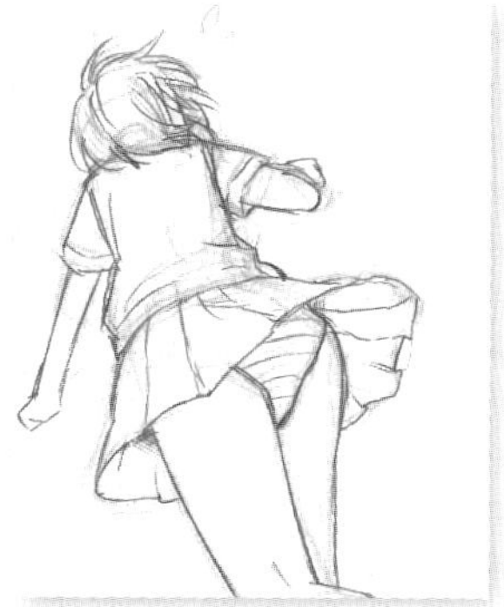

Oder einen Höschen-Blitzer?

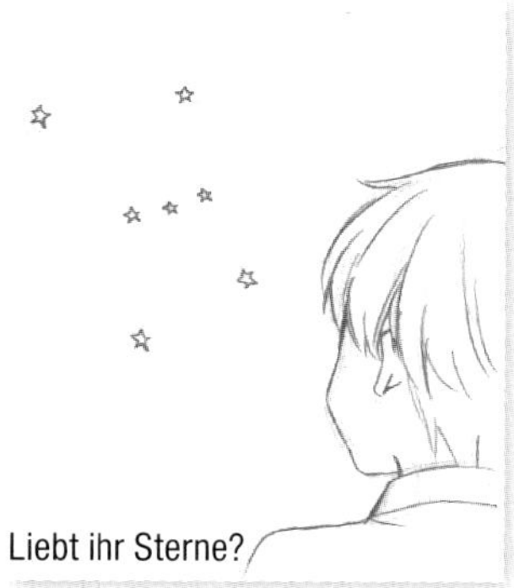

Liebt ihr Sterne?

Habt ihr Sport gemacht?

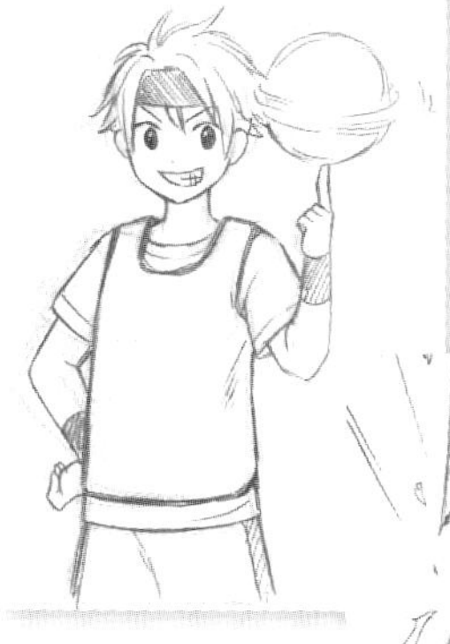

Wollt ihr Zerstörung oder Action zeichnen?

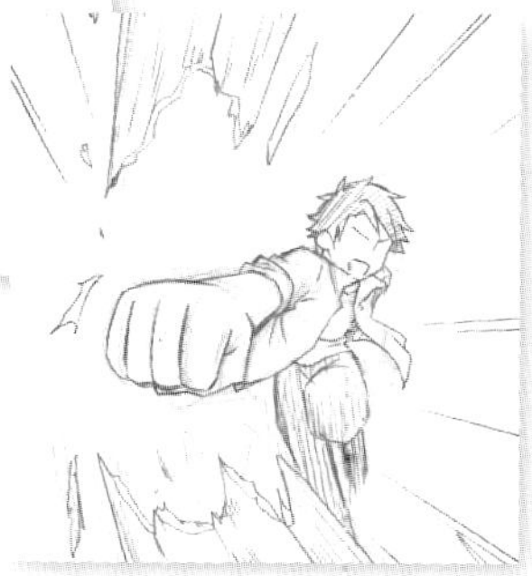

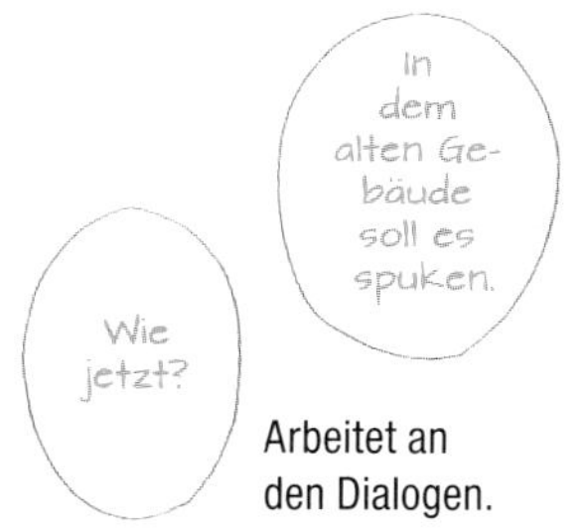

Arbeitet an den Dialogen.

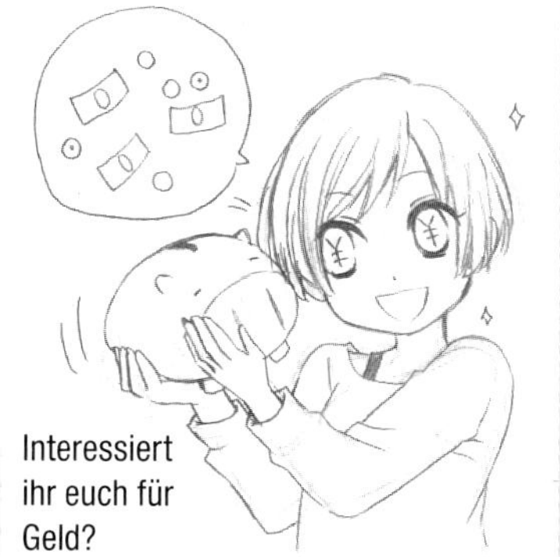

Interessiert ihr euch für Geld?

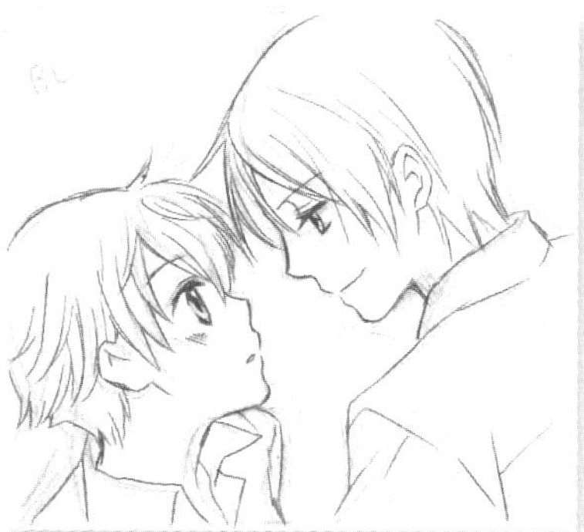

Steht ihr auf BL?

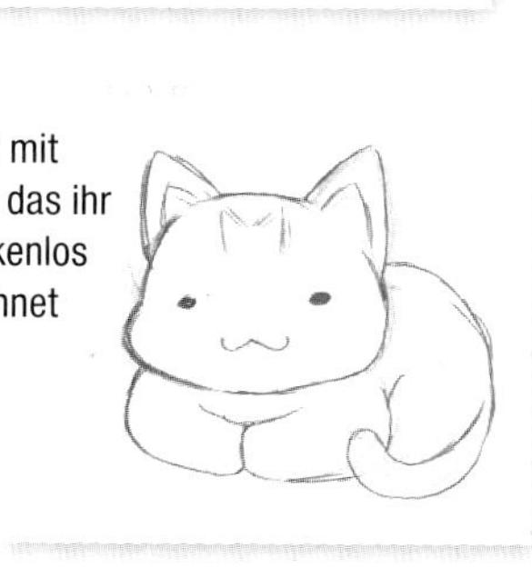

Startet mit etwas, das ihr gedankenlos gezeichnet habt.

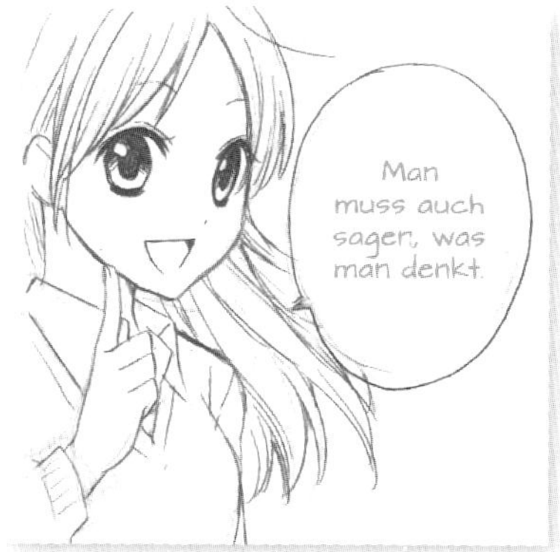

Lasst den Charakter sagen, was ihr sagen wollt.

Was soll ich bloß zeichnen?

In welche Richtung wollt ihr gehen?
Was für eine Situation?
Was interessiert euch?

Maßnahmen

Besuch eines Alien-Mädchens
Ältere Nachbarin
Kleine Schwester
Sexy Girl

➡ Die Heldin zeichnen
Den Hauptcharakter zeichnen

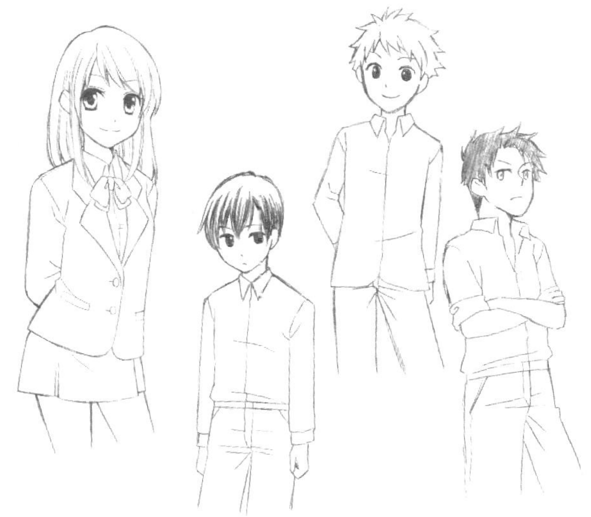

Einseitige Liebe
Jemand aus einem höheren Jahrgang
Aneinander vorbeireden

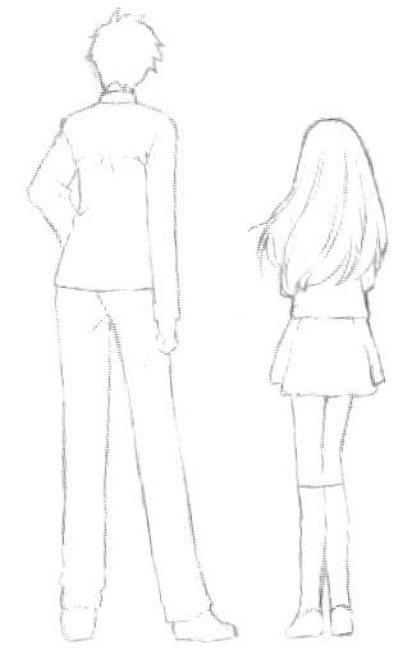

➡ Ein Pärchen zeichnen

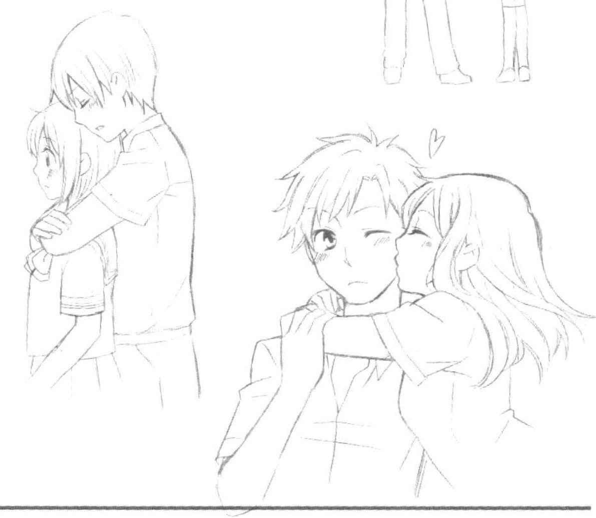

Weltverbesserer
Exorzismus/Okkultismus
Lehrer-Story/Problemschüler
Sport-Story (Schul-AG)

Kochen
Kartenspiel
Go- oder Shogi-Spiel
Rüpel-, Rowdy-Story
Musik-AG-Story

➡ Charaktere wie Hauptcharakter, Feind (Rivale), Heldin, Lehrer, Erzähler, dazu noch Höhepunkte zeichnen

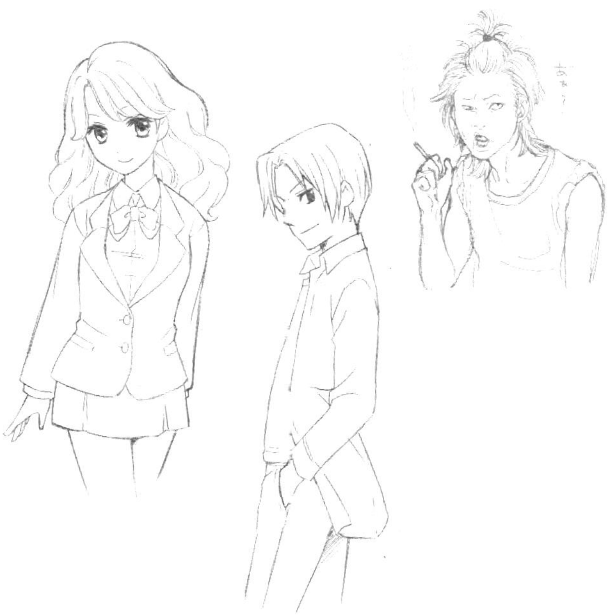

● Typische Situation

Beginnt mit der Einleitung:
Der Schultag, an dem der Neuling vorgestellt wird.

➡ Diese Szene zeichnen

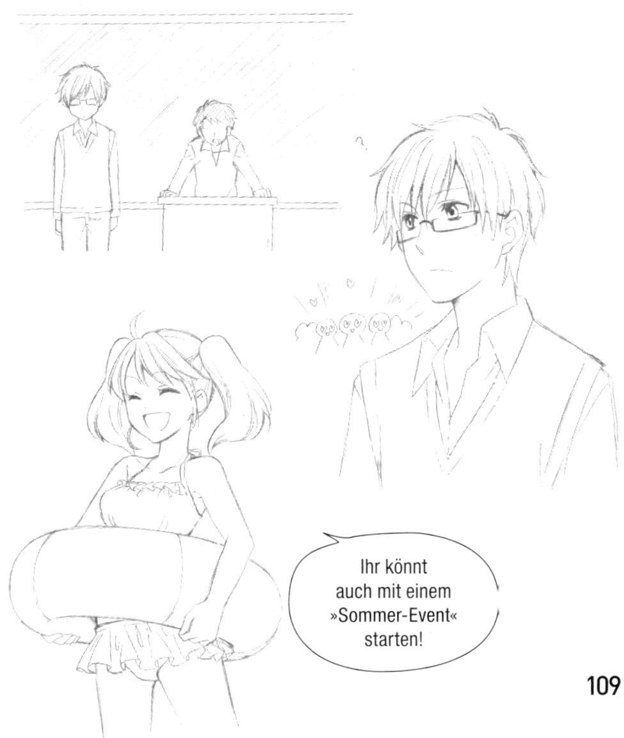

Erstellt Ideenkarten

Schreibt alles auf Karten auf, was ihr gut könnt oder mögt (ihr könnt ruhig bis zu 100 Karten anfertigen).

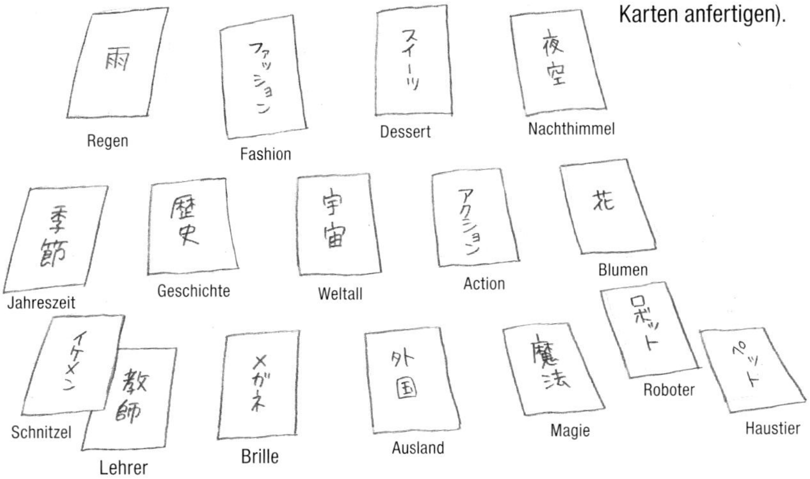

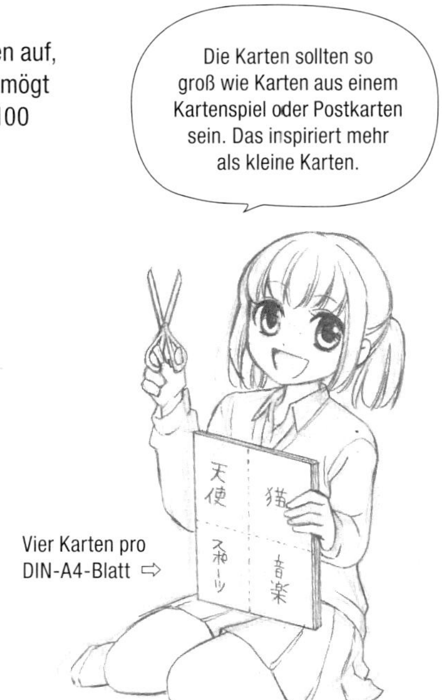

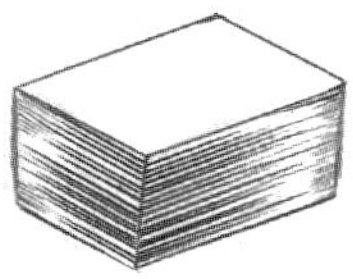

Ohne zu überlegen, pickt ihr ein paar Karten heraus.

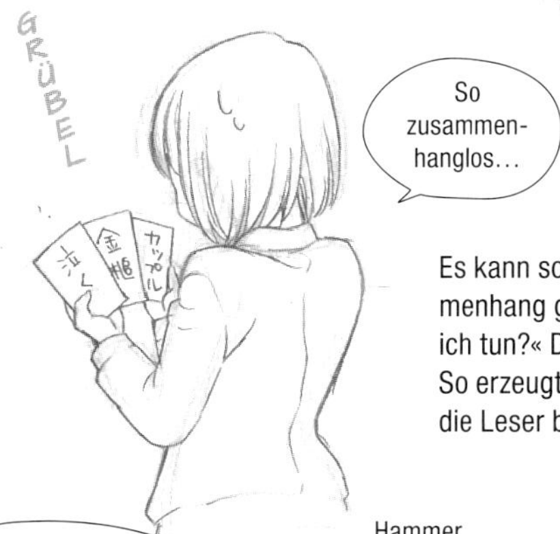

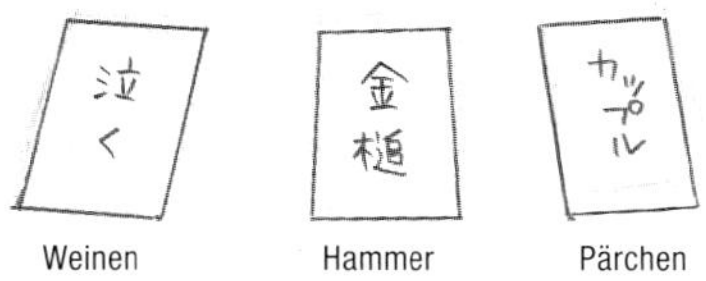

Es kann sogar gut sein, dass es keinen Zusammenhang gibt. »Was passiert dann?« »Was würde ich tun?« Das werden auch die Leser überlegen. So erzeugt ihr Neugier und Erwartungen, sprich, die Leser bekommen Lust, weiterzulesen.

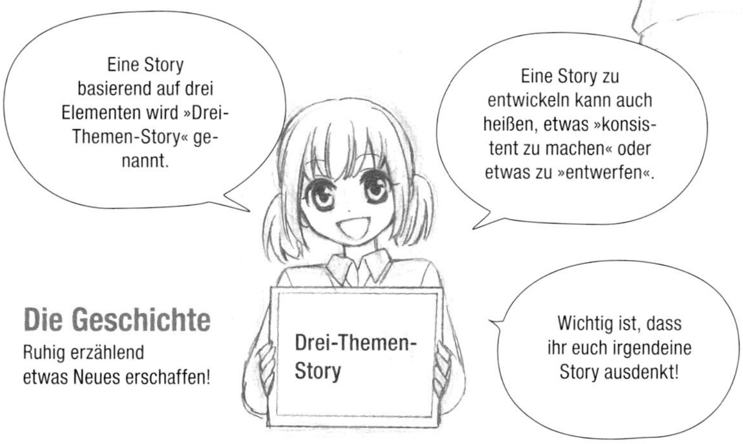

Die Geschichte

Ruhig erzählend etwas Neues erschaffen!

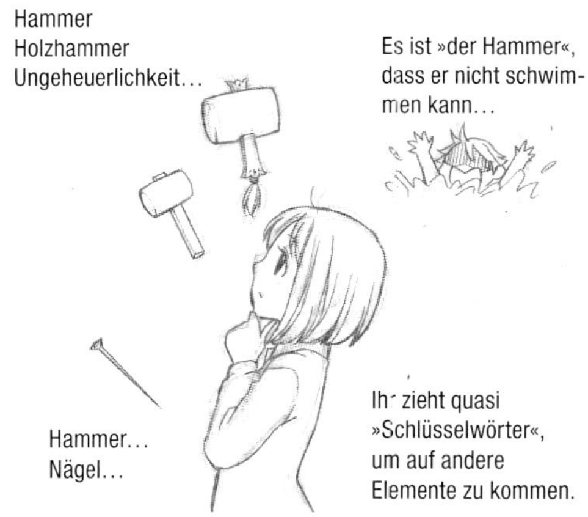

● Etwas aus Zeichnungen entwickeln

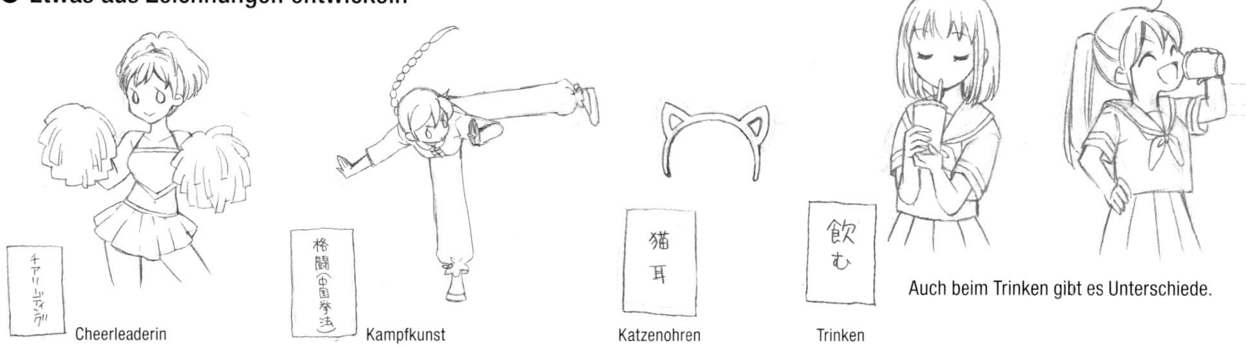

Storyboard erstellen

Ein Storyboard ist wie der Bauplan eines Mangas. Damit fängt die Arbeit an. Ihr zeichnet aus Texten und euren Gedanken Bilder, ihr erschafft also etwas Neues aus Ideen.

● Erst die Ideen

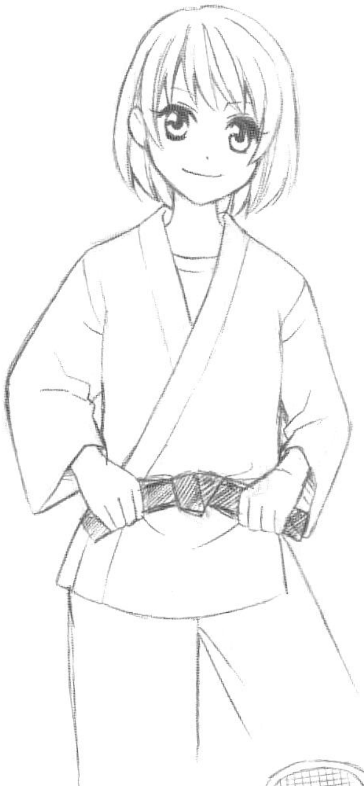

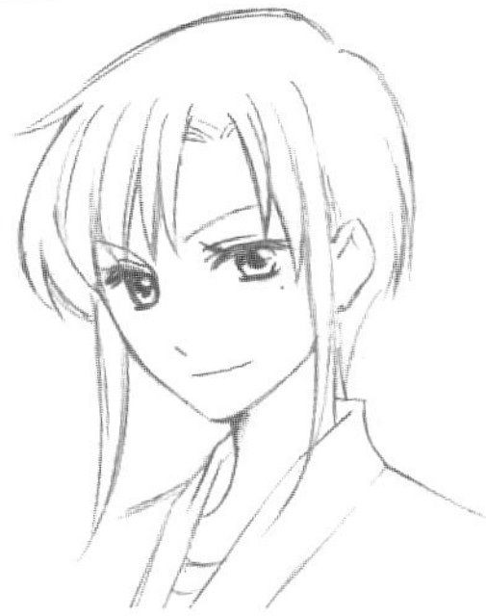

Charaktere: Sorgt für verschiedene Optik mit Haar- oder Augen-Variationen, sodass man die Charaktere unterscheiden kann!

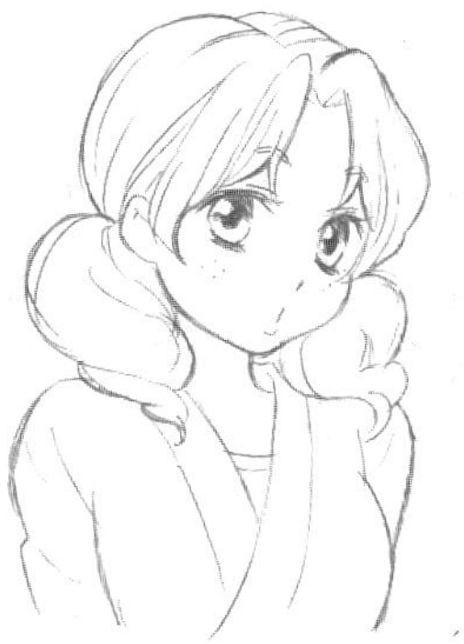

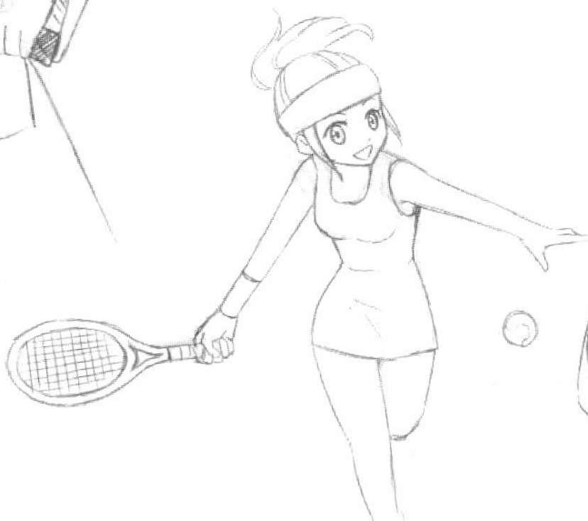

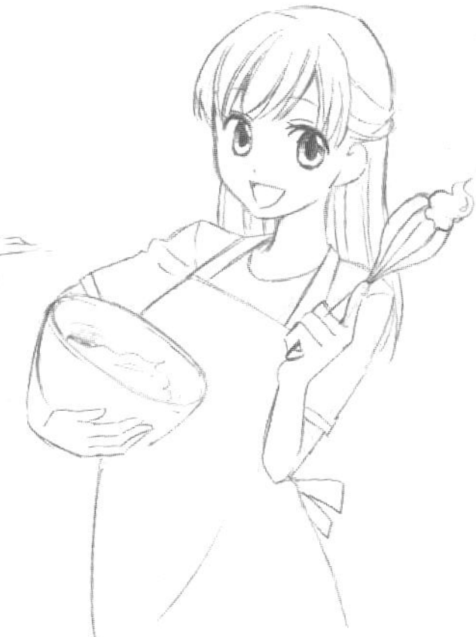

● Zeichnet, was ihr wollt

1. Charakter-Image: Stellt euch die Welt vor, in der das Werk spielt. Entwerft dann das Charakterdesign und den Schauplatz.

2. Protagonisten
Wenn ihr die grobe Richtung kennt, skizziert ihr »Feinde«, »Vorfälle« und andere Protagonisten.

3. Storyfluss überlegen
Einleitung ⇨ Vorfall ⇨ Entwicklung ⇨ Auflösung...
Denkt nach, wie die Story aufgebaut sein soll.

4. Höhepunkt
Überlegt euch Hürden oder Notsituationen für die Helden. Dann versucht ihr, eure Vorstellungen aufs Papier zu bringen. Oft werden euch beim Paneling sogar noch bessere Ideen kommen.

● Paneling

1. Seitenzahl bestimmen
Wie viele Seiten soll das Werk haben? Überlegt euch den ungefähren Umfang (startet zunächst mit ca. 16 Seiten).

2. Zusammenfassung
Nun zeichnet ihr eine Zusammenfassung. Ein Manga hat in der Regel 5-6 Panels pro Seite. Entwerft einen Plan, was ihr auf welcher Seite zeichnet. Das ist die Struktur.

3. Es muss nicht perfekt sein
Ein Storyboard wird immer wieder überarbeitet. Beim tatsächlichen Zeichnen können sich Aufbau, Paneling und auch die Texte noch ändern. Denkt nicht zu viel nach, teilt die Seiten in Panels auf und fügt die Texte ein.

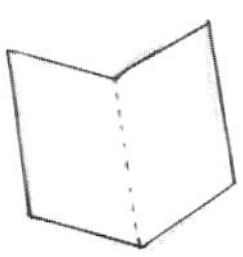

Man kann dafür auch DIN-A4-Papier in der Mitte falten und das Storyboard auf der so entstandenen Doppelseite zeichnen.

Mitte

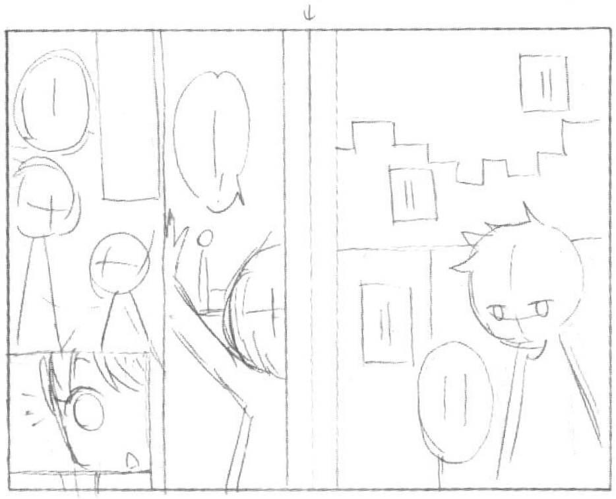

Doppelseiten-Storyboard. Achtet auf Übersichtlichkeit und Lesefluss, sodass es für die Leser nicht langweilig wird.

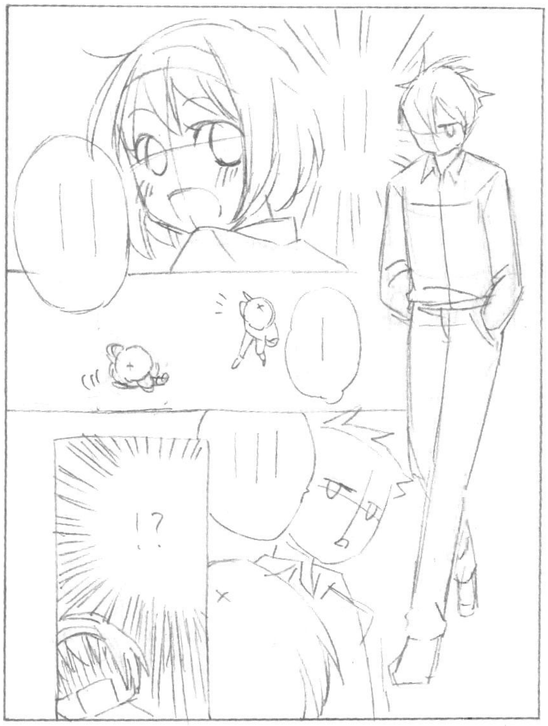

Ein einseitiges Storyboard. Auch ohne Text versteht man den ungefähren Verlauf der Story. Ihr solltet die Gesichter so weit zeichnen, dass man den Gesichtsausdruck erkennen kann.

Erzählt nicht nur mit Texten

– In einer Episode erzählen –

Wer gut schreiben oder Geschichten entwickeln kann, tendiert dazu, die Story nur mit Texten voranzubringen. Habt ihr das erste Storyboard fertig, solltet ihr einmal nachdenken, ob ihr Text durch Zeichnungen ersetzen könnt.

Darstellung mit einer Episode

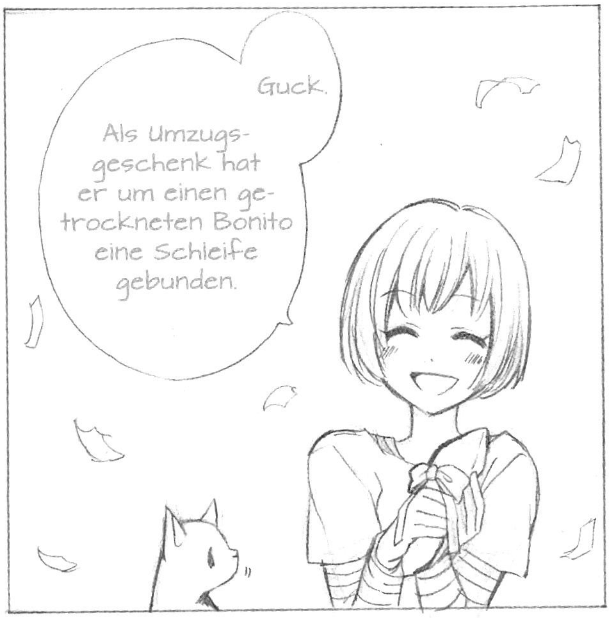

⇦ In diesem Panel werden die Person und ihre Persönlichkeit erläutert. Ist das gut oder schlecht?
Die Antwort heißt: schlecht.

Aus ihrer Aussage kann man einen einseitigen Manga machen. Das ist die »Darstellung mit einer Episode«.

Als Episode sieht die Story so aus…

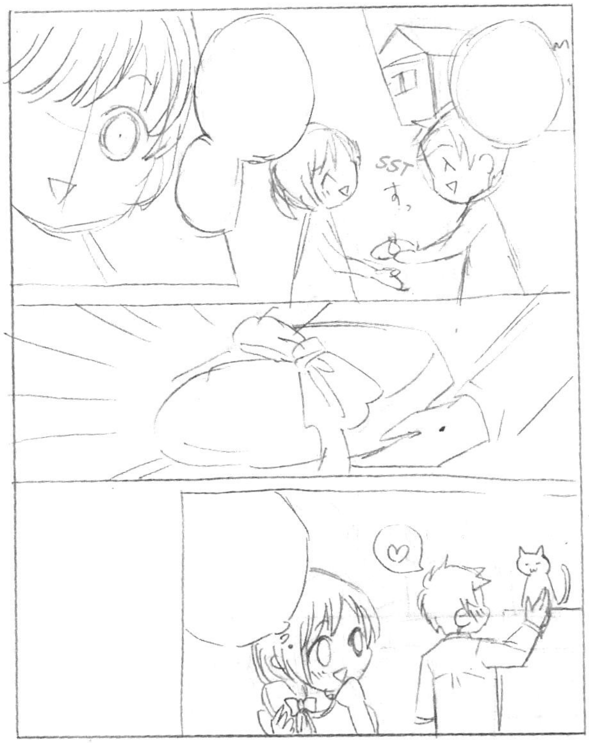

Ein grobes Storyboard. Schon in dieser Phase sieht man auch ohne Text in etwa, was geschieht.

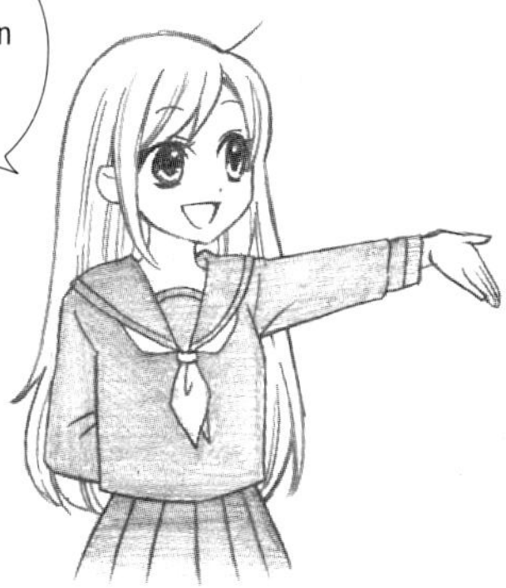

Bei einem Storyboard reicht das, auch wenn nur der Zeichner weiß, was genau passiert. Daher ist die Qualität völlig ausreichend.

Auch der Inhalt von nur kurzen Texten kann eine ganze Seite füllen, wenn der Kern verständlich vermittelt werden soll.

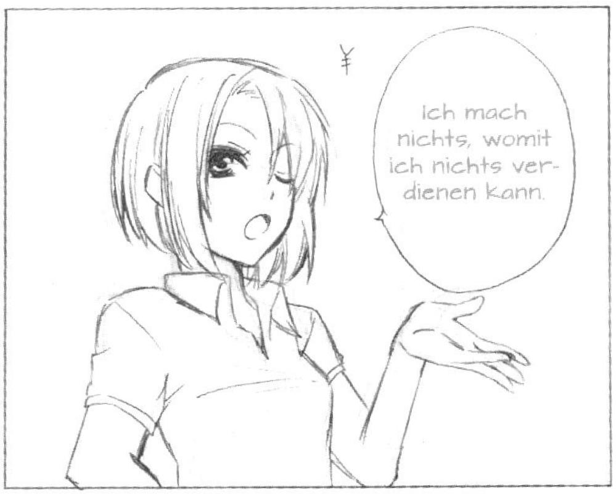

⇦ Eine solche Szene sieht man relativ oft. Um so einen Spruch zu erläutern, muss man mit einer kurzen Story zeigen, weswegen sie so viel Wert auf Geld legt.

Die Story eines Mangas kann im Storyboard deutlich umfangreicher sein. Wenn ihr einen Manga mit 20 Seiten zeichnen wollt, stellt euch vor, ihr sitzt an einem Werk mit zehn Seiten.

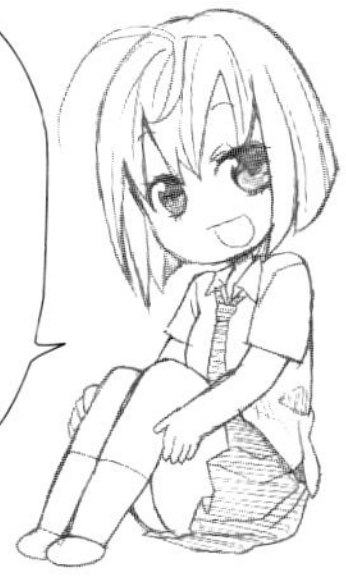

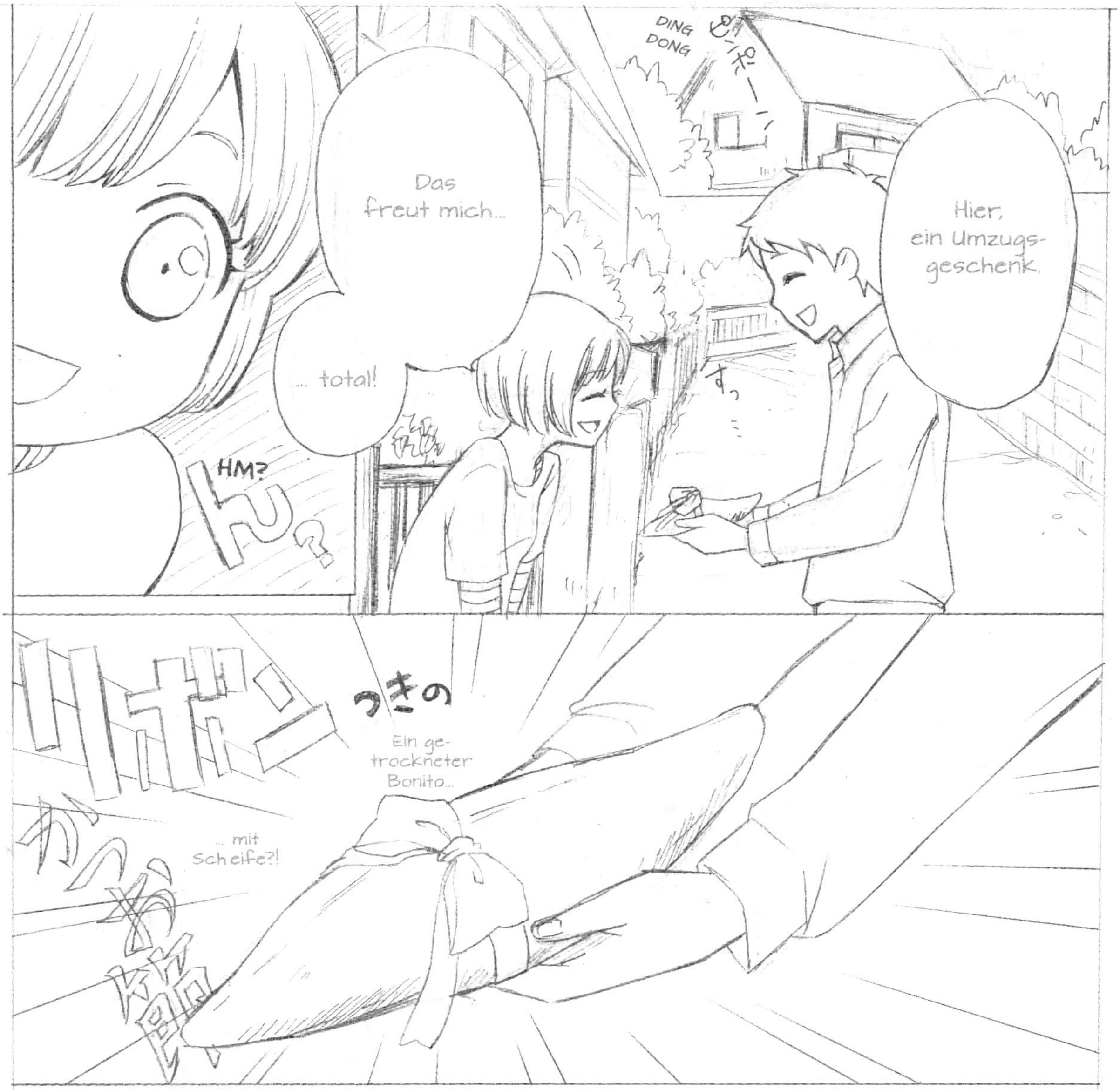

Und weiter geht es mit der Hauptstory...

Danach könnte ein Panel mit einer Wohnung kommen, um den Schauplatz zu wechseln, oder der Mann könnte sich zu ihr umdrehen oder es könnte eine Szene mit dem Mann und der Katze eingefügt werden, um die Story fortzusetzen.

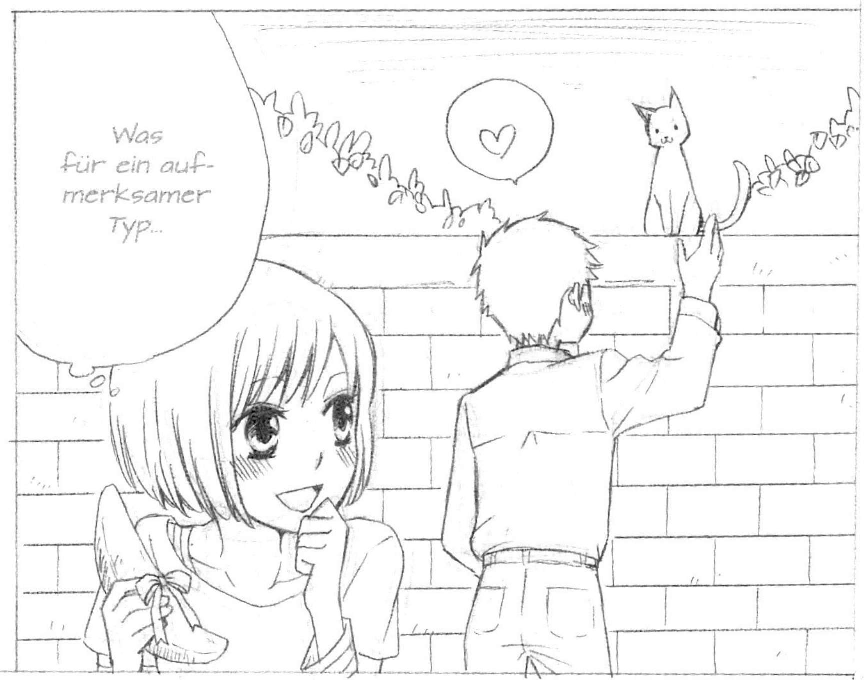

Aus der Paneling-Praxis

Für eine Seite nutzt ihr ein großes Panel und kombiniert es mit einem mittleren und einem kleinen Panel.

Charaktere groß zeigen

Der erste Auftritt eines Hauptcharakters muss groß sein, damit sich die Leser das Gesicht merken. Auch bei einem entscheidenden Spruch muss ein Charakter groß gezeigt werden.

Einleitung: Auftritt des Hauptcharakters

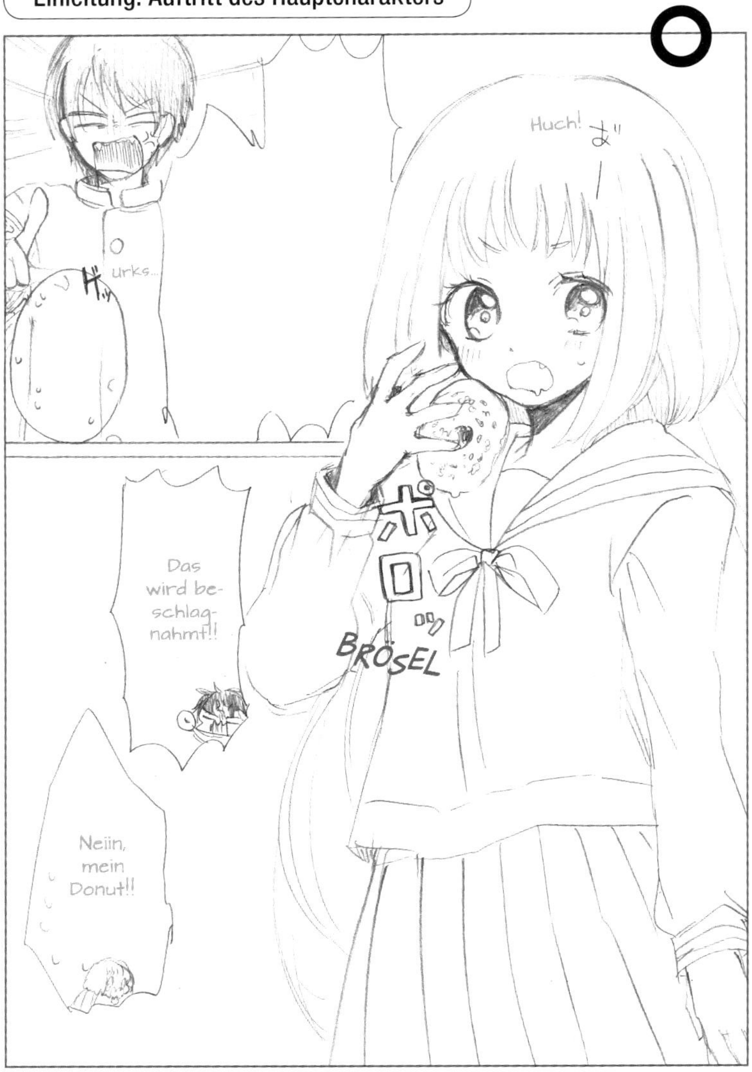

Panelübergreifend bis zur Hüfte

Wird ein Charakter ab der Hüfte aufwärts panelübergreifend (von oben nach unten) gezeichnet, könnt ihr das Gesicht größer darstellen als in einer Ganzkörperzeichnung. Dazu sieht man, welches Outfit der Charakter trägt. Deshalb ist das die perfekte Methode, um den Hauptcharakter zu zeichnen.

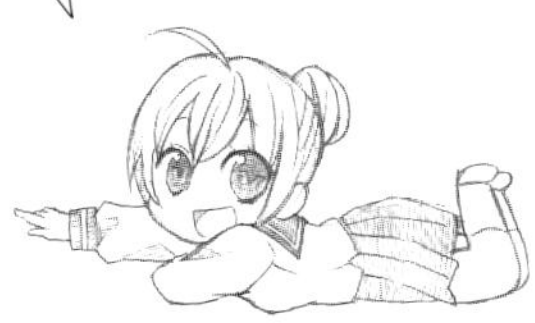

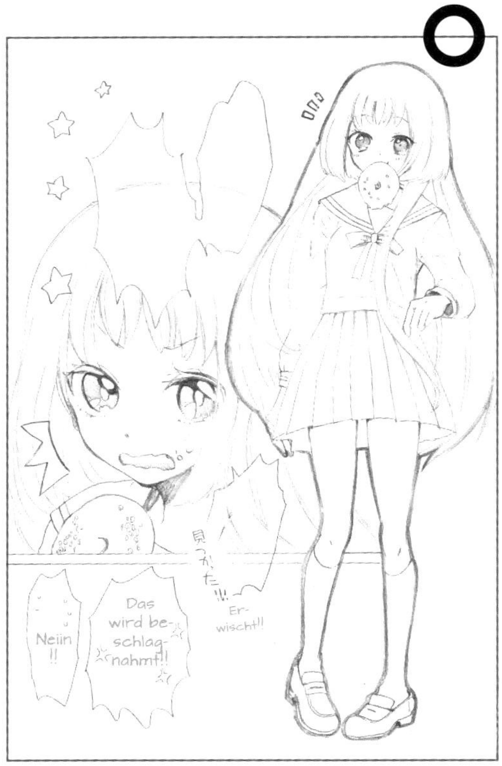

Kombination: Ganzkörperzeichnung + Nahaufnahme des Gesichts (Alternative Methode)

Diese Methode wird oft genutzt, wenn ein neuer Charakter erscheint. Eine Ganzkörperzeichnung macht das Gesicht recht klein, daher wird eine Nahaufnahme direkt daneben platziert.

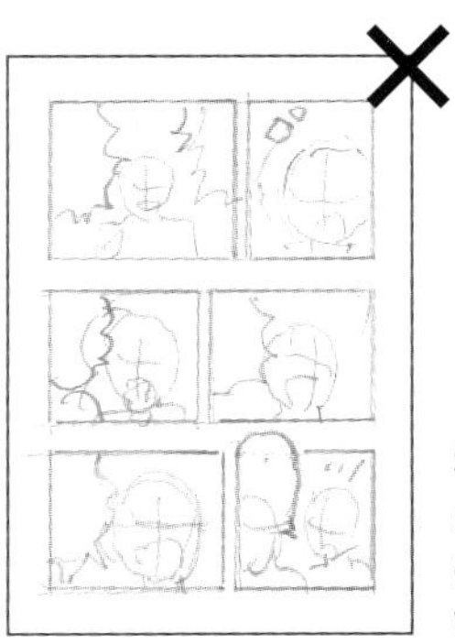

Schlechtes Beispiel: Alle Panels und Charaktere sind ähnlich groß. Das wirkt langweilig und verdirbt die Lust am Lesen.

● Erster Auftritt, bei dem das Gesicht nicht deutlich sichtbar ist

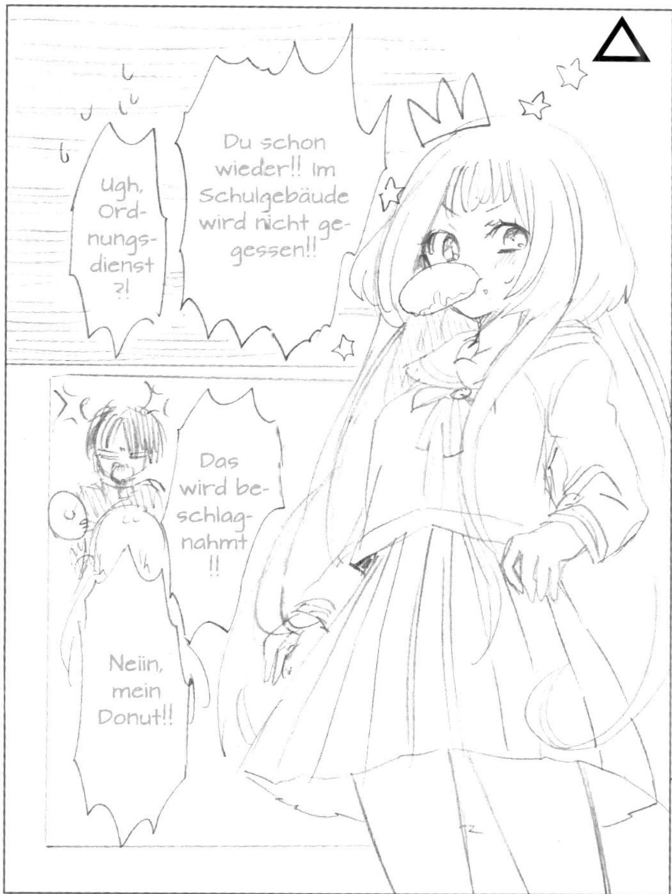

Froschperspektive. Das Problem ist, dass das Gesicht schwer erkennbar ist, weil das Mädchen etwas im Mund hat. Jedoch wirkt der Charakter bei dem Auftritt eindrucksvoll wegen der Froschperspektive. Besser wird es, wenn bei der zweiten Sprechblase ihr Gesicht groß gezeichnet wird.

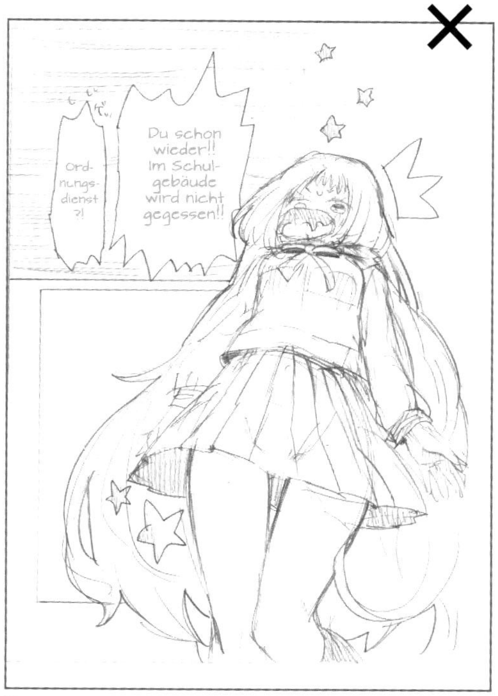

Ein schlechtes Beispiel, die Froschperspektive ist zu stark. Das Gesicht ist kaum erkennbar, somit ist das kein guter Einstieg.

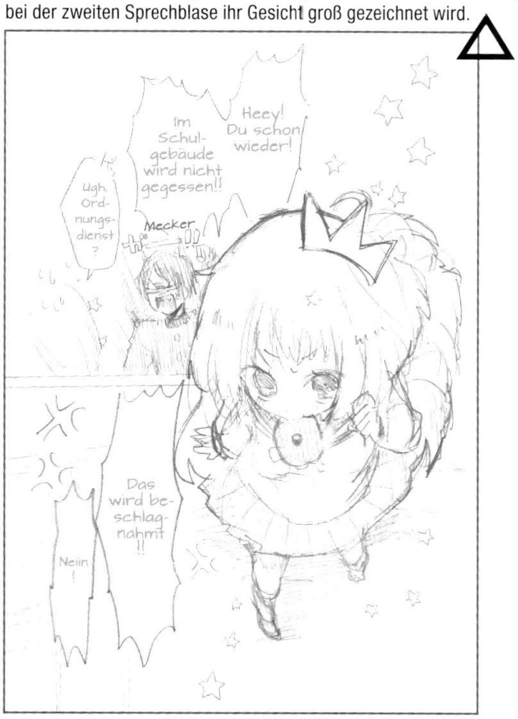

Ein schlechtes Beispiel aus der Vogelperspektive. Genau wie bei zu starker Froschperspektive ist auch hier das Gesicht kaum erkennbar. Das wird besser, wenn sie ihren Donut nicht am Mund hat und das Gesicht in die Kamera schaut.

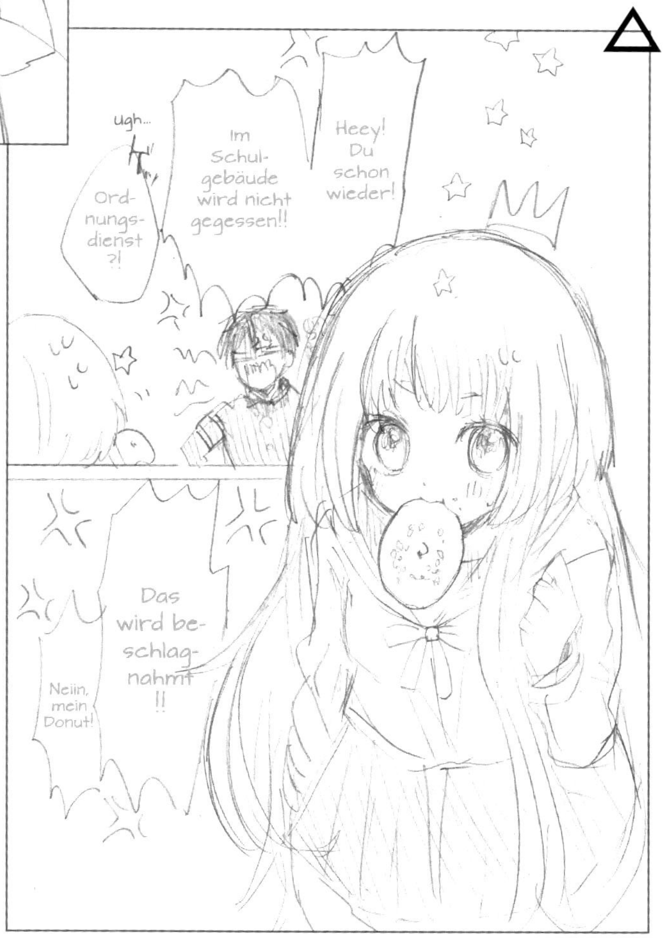

Eine Darstellung aus der Vogelperspektive. Dieser Aufbau ist recht eindrucksvoll. Aber hier wäre es besser, wenn ihr Gesicht links oben groß dargestellt wäre.

Szenen mit wichtigen Aussagen

– Ausschnitt und Charakter groß darstellen –

Ein wichtiges Panel sollte in der Regel groß sein. Doch aufgrund der Struktur oder Seitenzahl ist das manchmal nicht möglich. Dann solltet ihr gut überlegen, wie ihr den Charakter platziert. Es hilft auch, Effektlinien (z. B. Konzentrationslinien) einzusetzen, um einen Charakter größer wirken zu lassen.

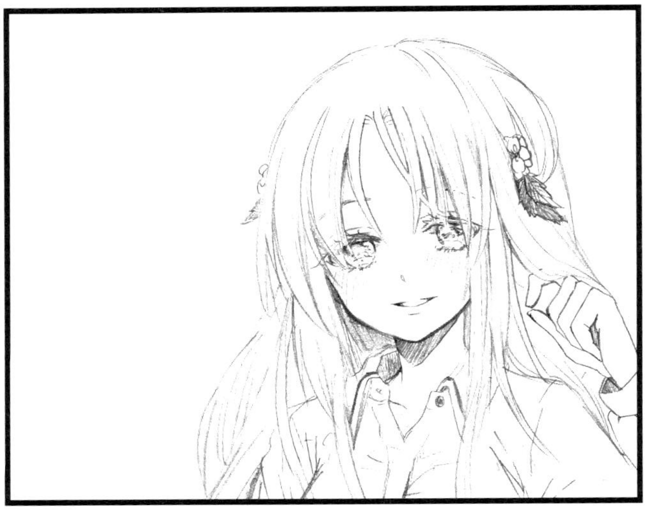

Porträt

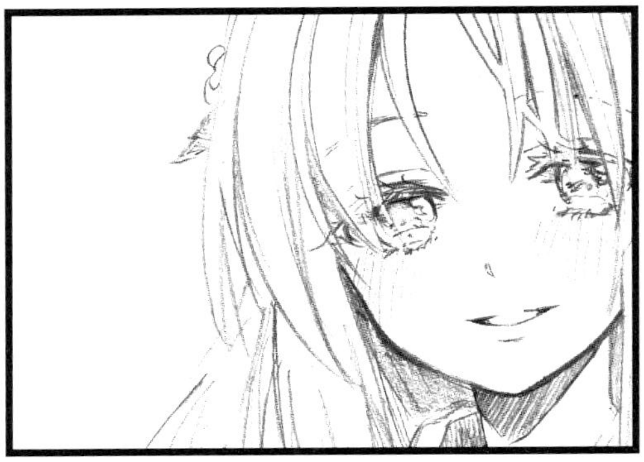

Nahaufnahme

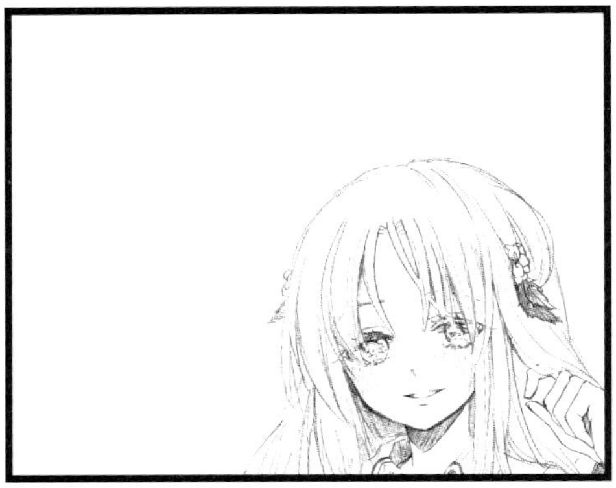

Gesicht klein, großer Raum

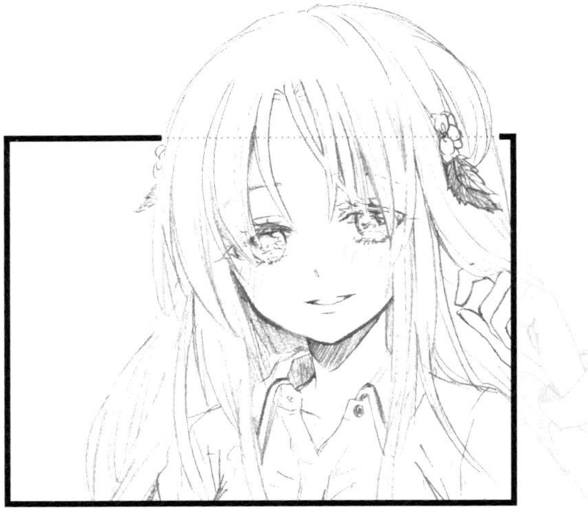

Kopf bis über den Rahmen hinweg zeichnen

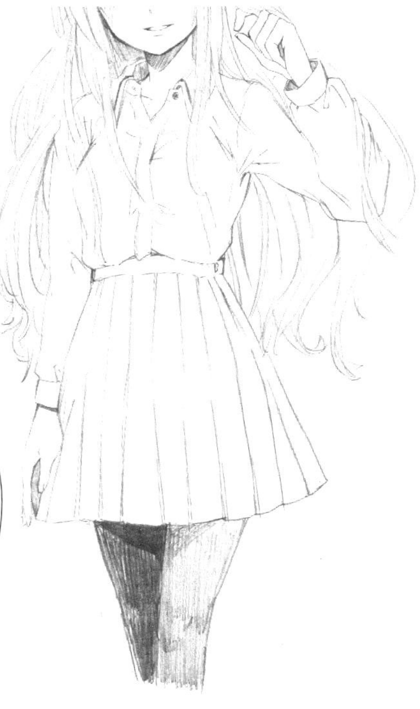

Ohne Rahmen, nur Körper und Gesicht bis zum Mund. Auch das ist eine effektive Darstellungsmethode, um Aufmerksamkeit zu erzeugen.

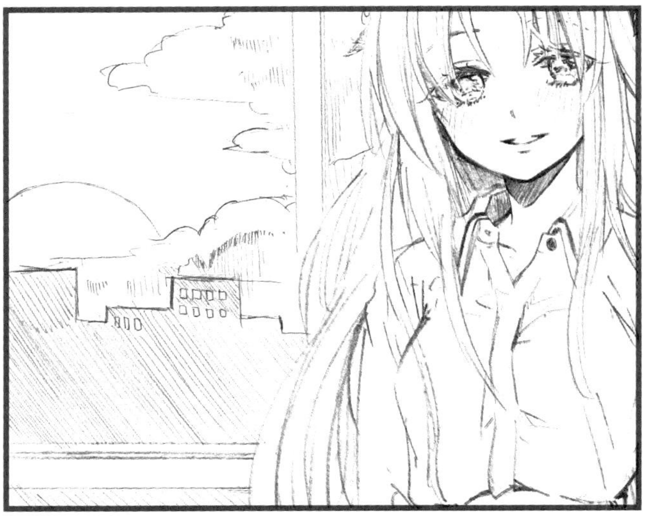

Mit Hintergrund

Tipps zur Charakterdarstellung

Charakterdarstellung mit Sprüchen

Derselbe Ort, dieselbe Uhrzeit und derselbe Charakter. Selbst dann kann die Person ganz unterschiedlich wirken, je nachdem, was sie sagt. Wenn ihr die Persönlichkeit mithilfe ihrer Aussagen verdeutlicht, könnt ihr lebendige Charaktere erschaffen. Variiert die Dialoge, wenn ihr eine Szene gezeichnet habt.

Was für ein Text kommt in die Sprechblase?

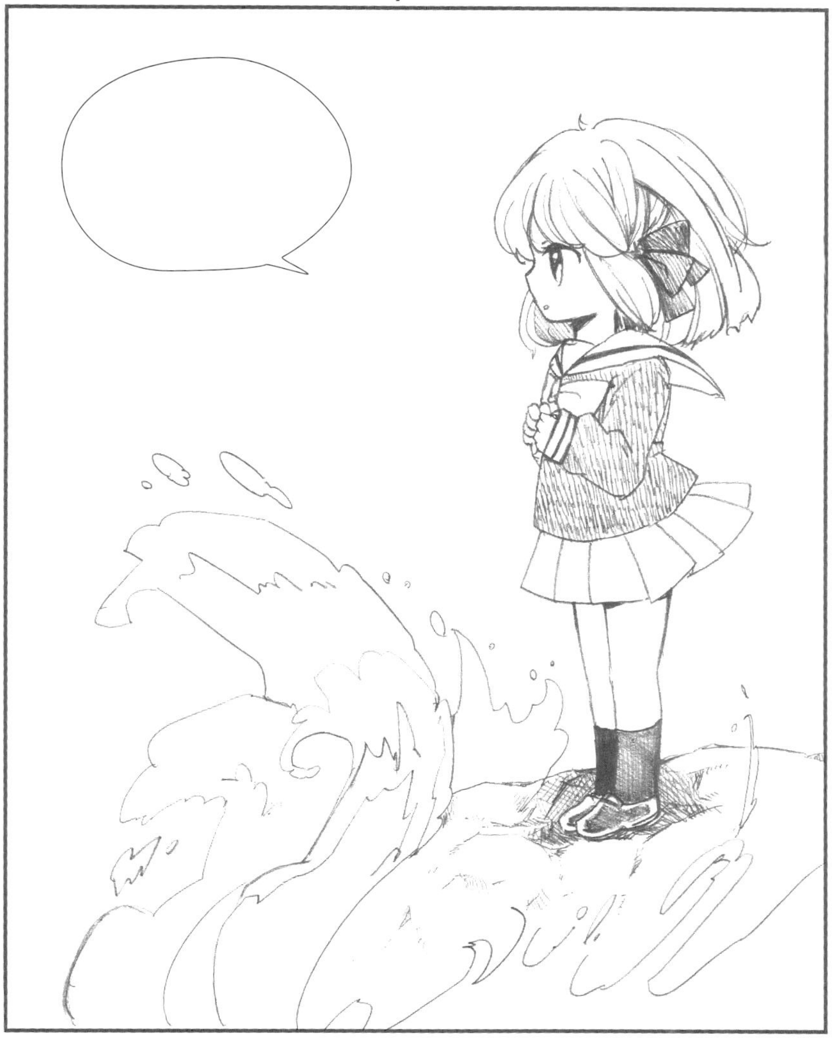

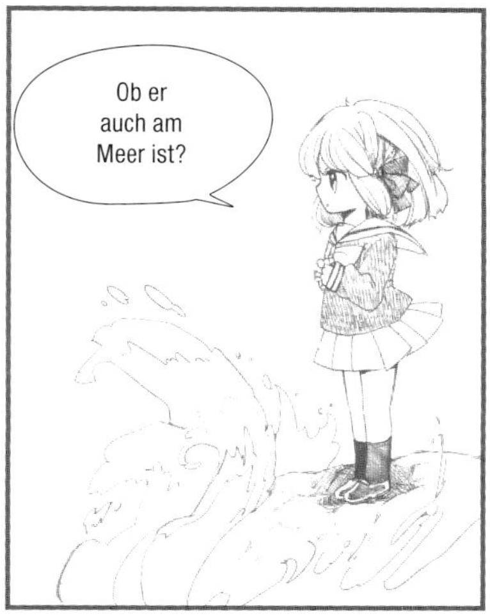

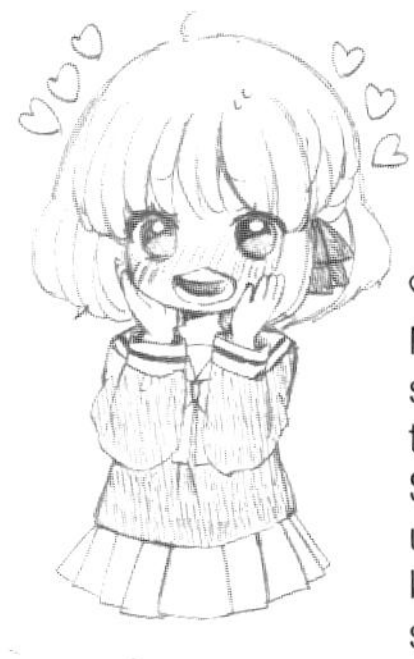

♡ Ein verliebtes Mädchen, das sich gerne in Tagträumen verliert. Sie verliebt sich oft und in unterschiedliche Personen, aber sie meint es immer ernst.

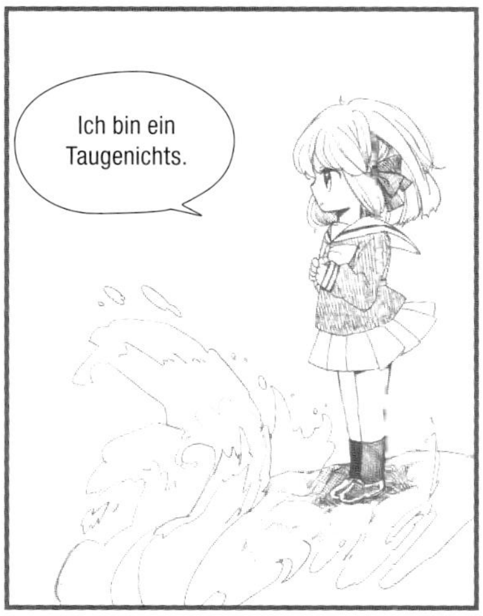

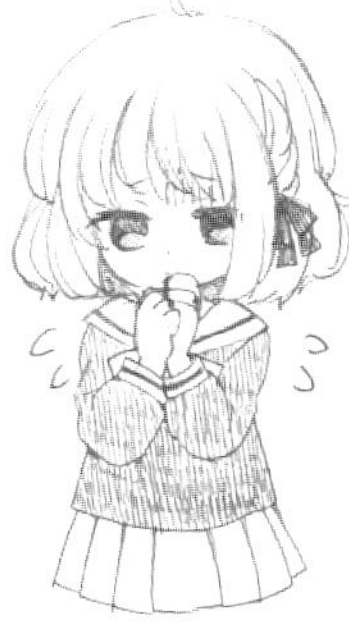

▼ Schüchtern und pessimistisch. Kein Selbstvertrauen. Sie ist recht ungeschickt und hat keine Freunde.

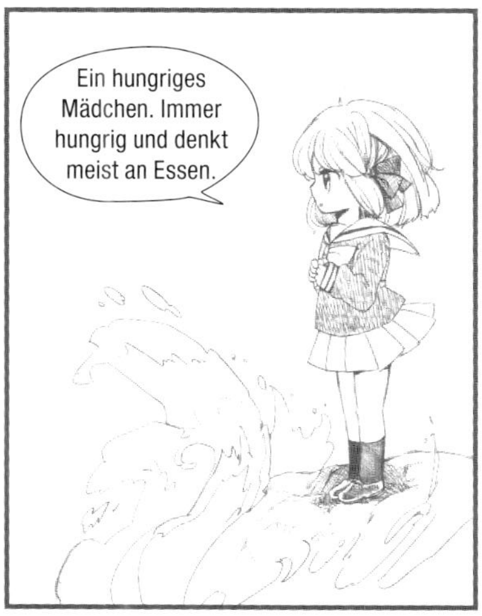

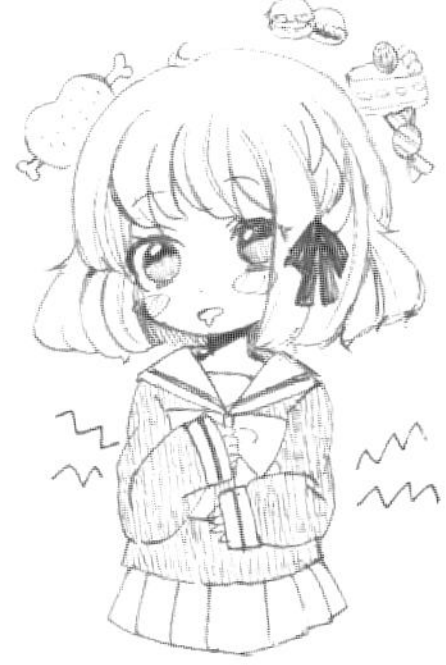

◎ Ich hab Hunger… Ach, ich möchte Fisch essen.

Storyboard-Praxis

Ein Storyboard ist ein grober Manga-Entwurf inklusive Paneling, einfachen Charakteren, Dialogen und groben Hintergründen. Es wird vor der Vorzeichnung erstellt und man zeichnet so etwas in ein Heft oder auf A4-Papier.

Aus 4 Panels 8 Seiten erstellen

Schauen wir uns an, wie man eine Geschichte »ausweitet«.

● »Hinfallen«

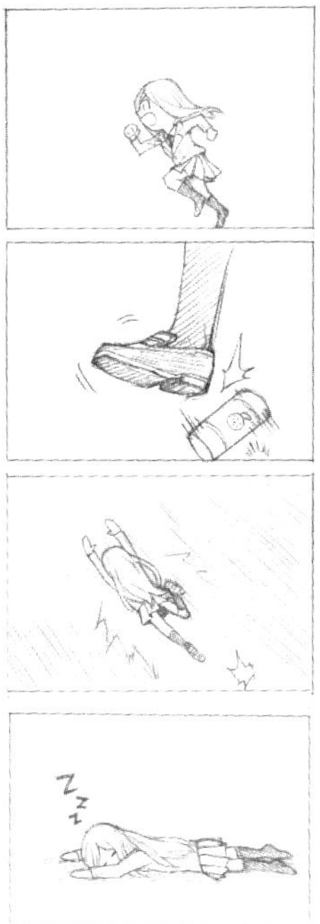

Laufen, Hinfallen und Einschlafen. Diese Elemente sind hier vorhanden.

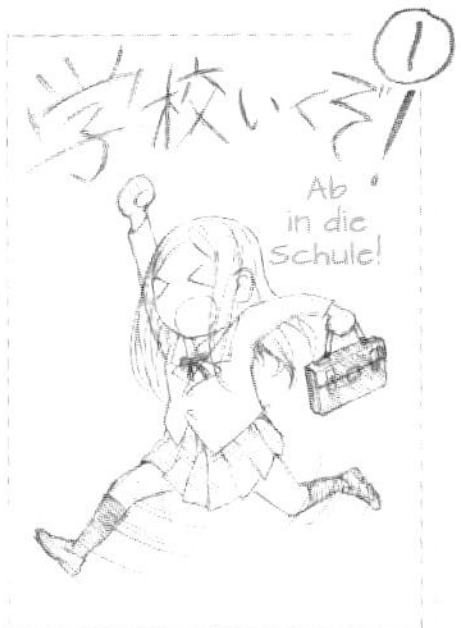

Erste Fassung (Version 1)

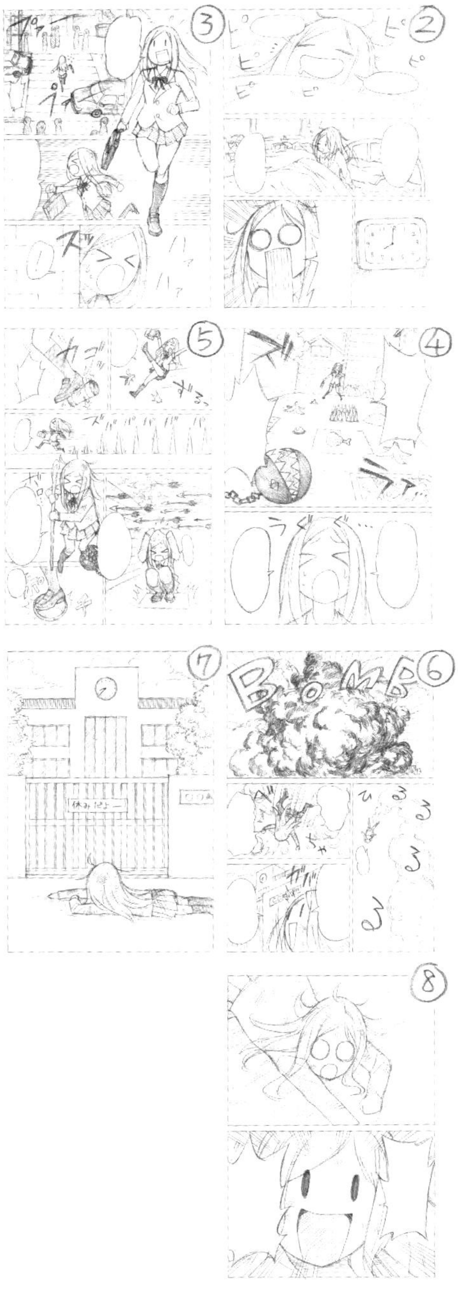

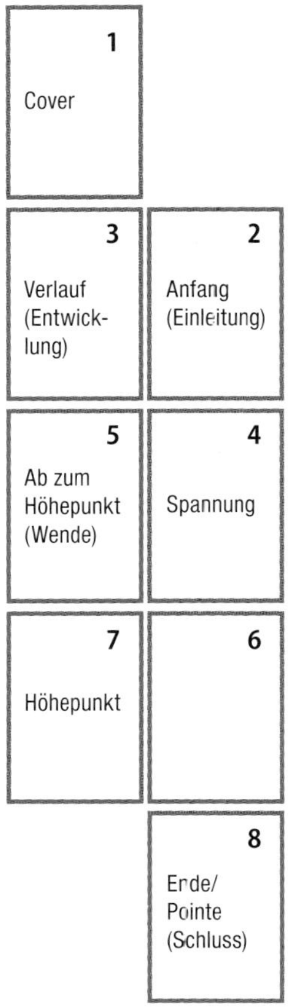

Seitenaufbau. Vor dem Zeichnen solltet ihr euch vom Cover bis zur letzten Seite den groben Seitenverlauf überlegen.

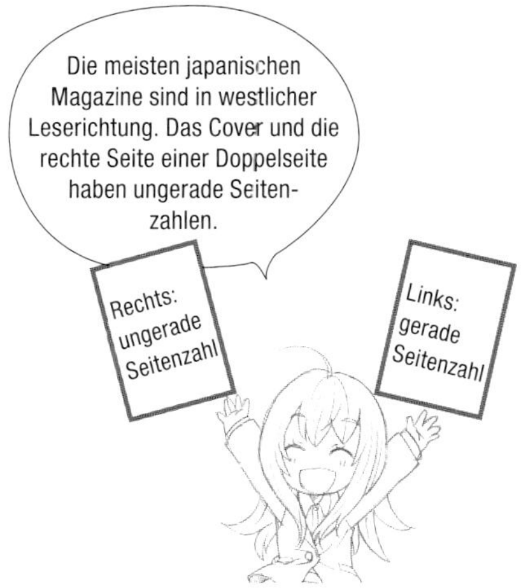

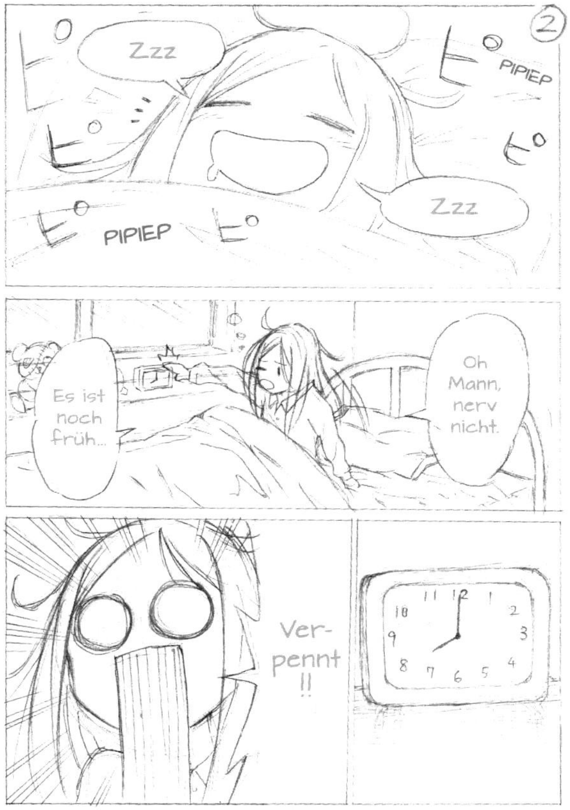

Seite 2: Anfang (Einleitung)

Für den Prolog wurde eine ganze Seite genutzt. Mehr Tempo entsteht, wenn man bei der dritten Seite beginnt.

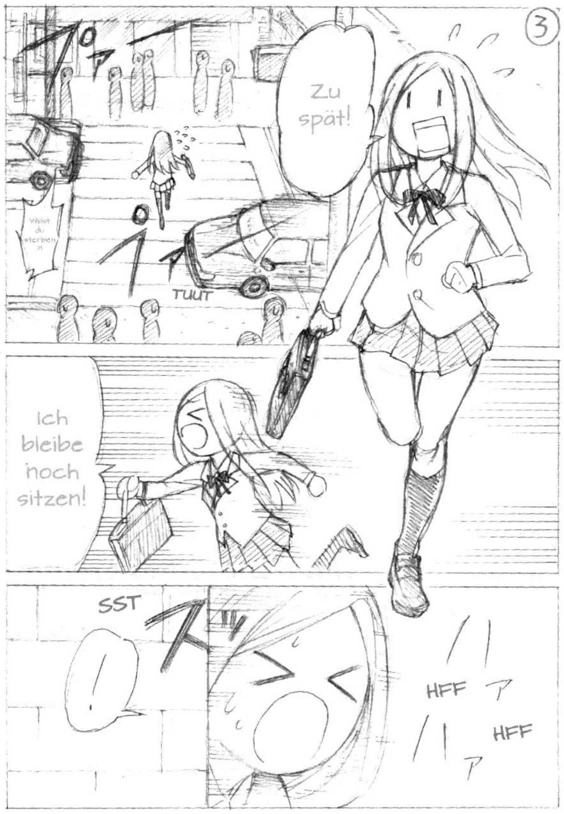

Seite 3: Der Vorfall (Entwicklung)

Ganzkörperzeichnung, Vogelperspektive, Kamera von der Seite… Achtet darauf, dass hier mit der Perspektive und der Charaktergröße gespielt wird.

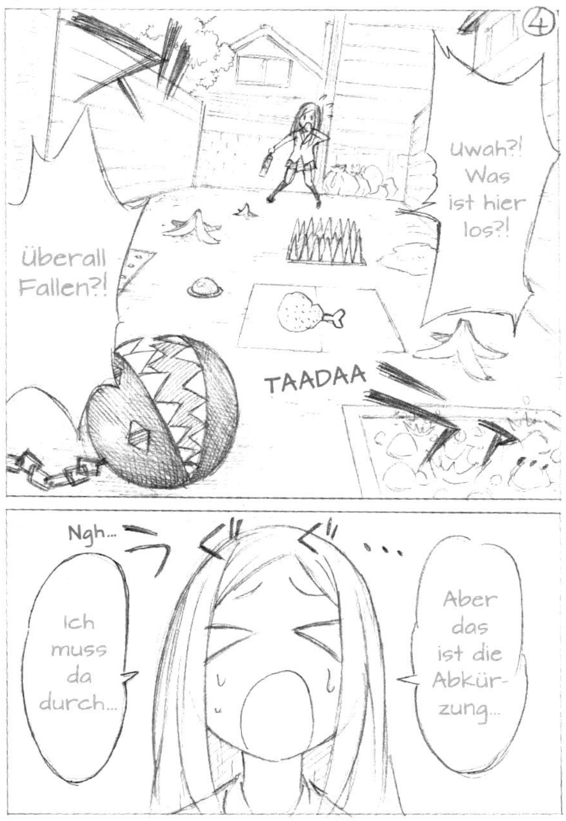

Seite 4: Spannung

Treibt den Charakter in die Enge!

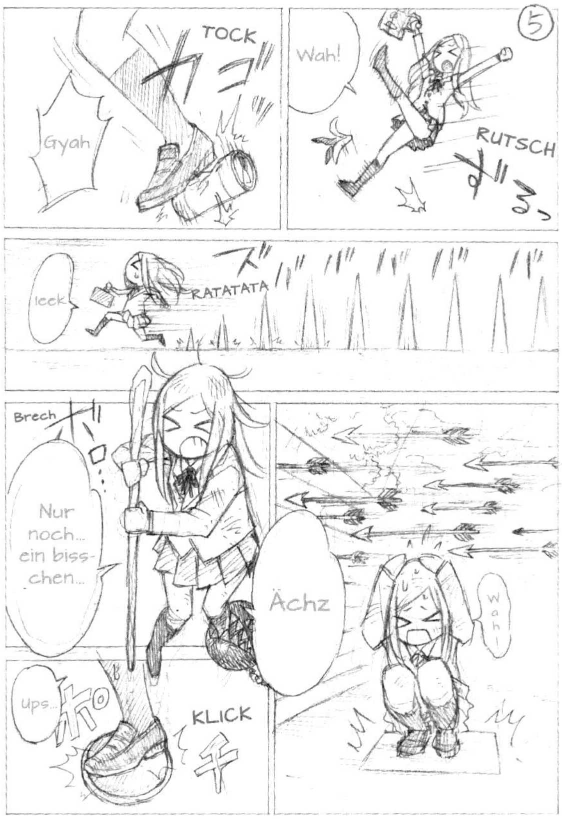

Seite 5: Ab zum Höhepunkt (Wende)

Natürlich könnte sie auch mehrmals ausrutschen und hinfallen. Das wäre ein Running Gag, aber so eine Eskalation macht das Bild eindrucksvoller.

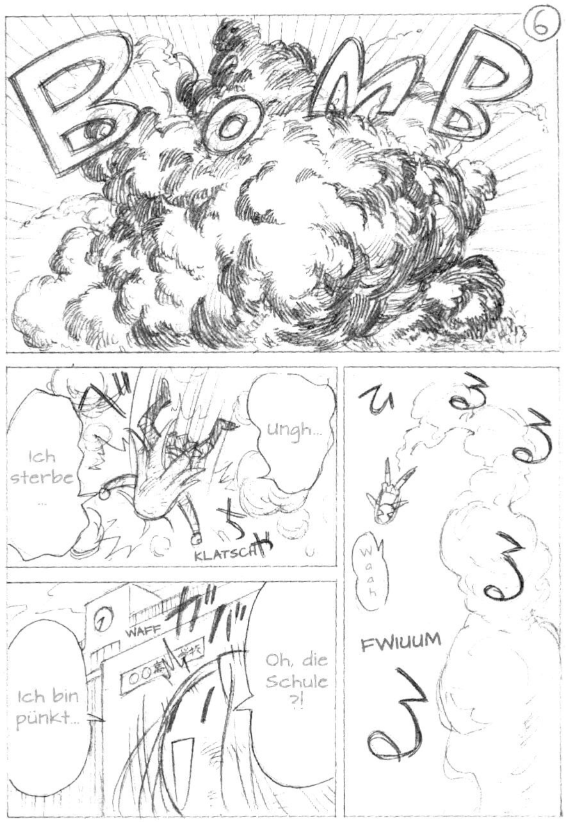

Seite 6

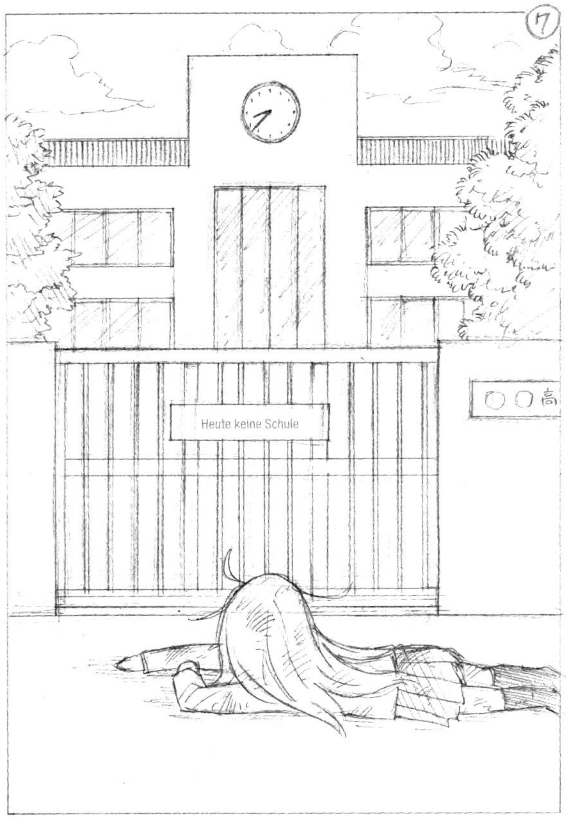

Seite 7: Der Höhepunkt

Die Sensation.

Achtung!

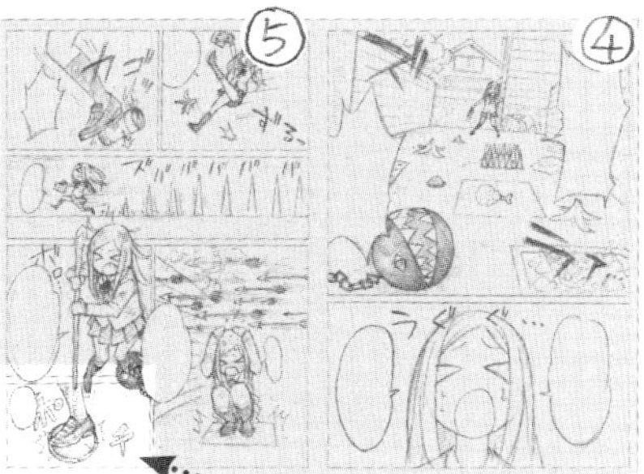

Vorheriges Panel

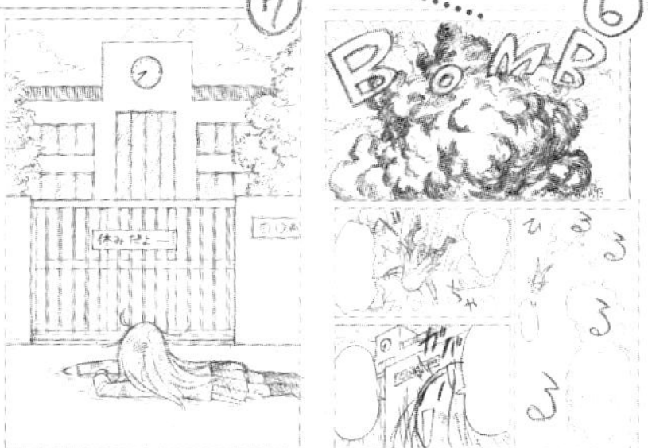

Falls nach dem Umblättern ein großes Panel eingesetzt wird, sollte das Panel davor klein sein.

Das nächste Panel ist vertikal und eine ganze Seite groß, daher wird das Panel davor klein und horizontal designt.

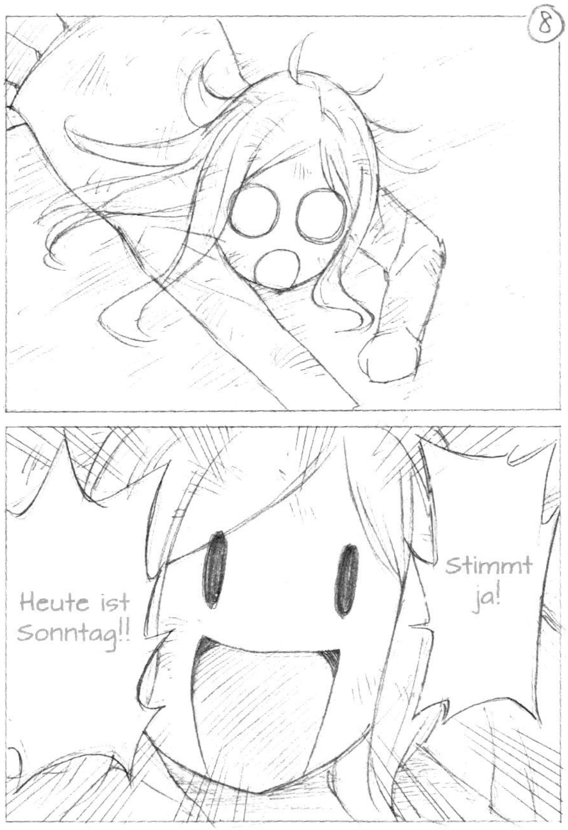

Seite 8: Zum Abschluss/Pointe (Schluss)

Aufbau mit Doppelseiter

Normalerweise kommt das Cover bzw. der Aufmacher gleich zu Beginn auf der linken Seite. Aber ihr könnt auch die erste Seite als Prolog nutzen und den Aufmacher auf der zweiten Seite oder als Doppelseiter auf der zweiten und dritten Seite zeigen.

● Doppelseiter als Aufmacher

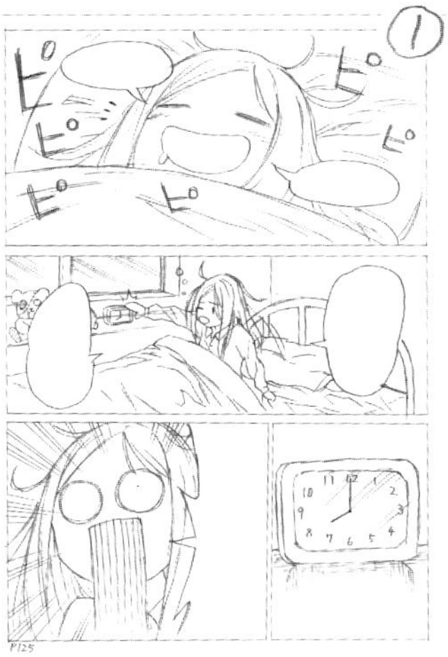

Seite 1: Seite 2 der ersten Version wird hier zur ersten Seite.

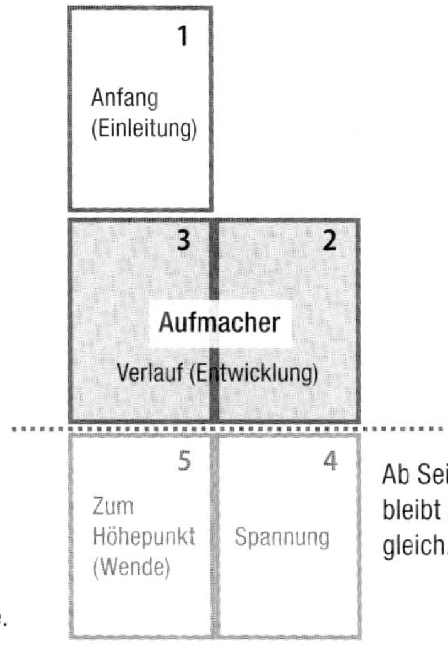

Ab Seite 4 bleibt alles gleich.

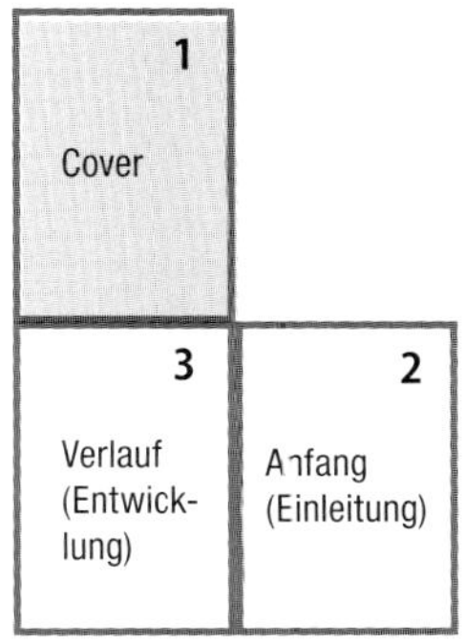

Normale Struktur

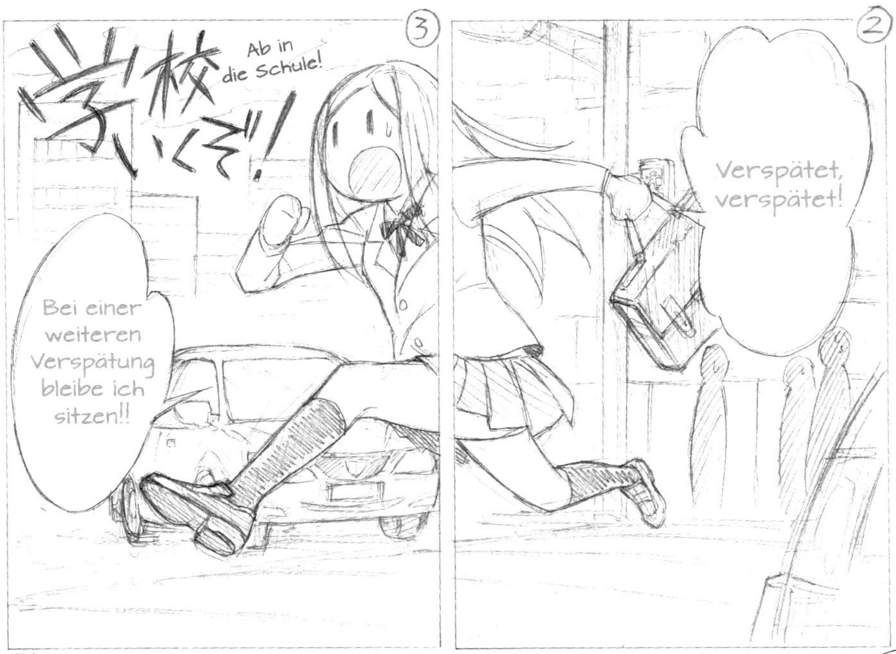

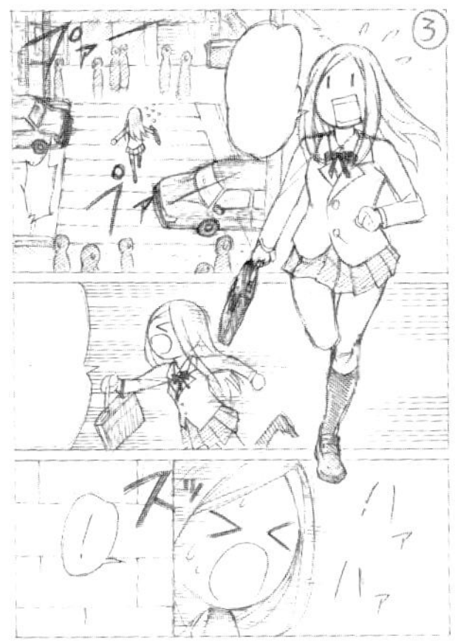

Die Seiten 2 und 3 sind nun ein Doppelseiter, daher fällt Seite 3 der ersten Version weg. Achtet darauf, dass die meisten Inhalte von Seite 3 in diesem Doppelseiter enthalten sind.

Tipp: Doppelseiter

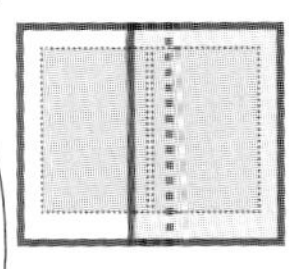

Der Begriff »Doppelseiter« wird für ein großes Bild benutzt, das über zwei Seiten geht.

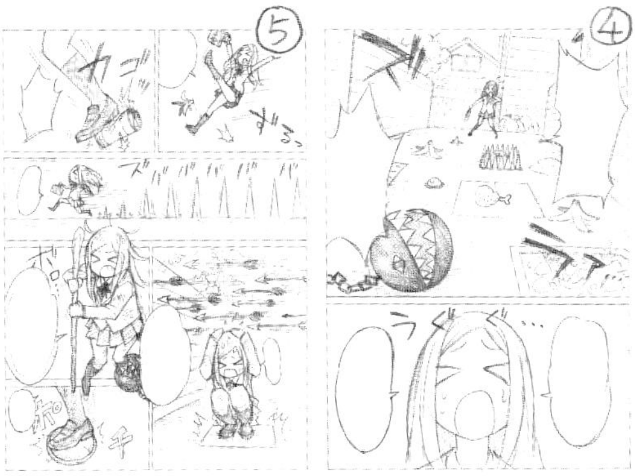

Ab Seite 4 gibt es keine Änderung.

◎ Ein Doppelseiter macht das Bild groß und zieht die Aufmerksamkeit der Leser auf sich. Jedoch heißt das auch, zwei volle Seiten mit einem einzigen Panel zu verbrauchen, daher muss man hier geschickt die wichtigen Elemente und Informationen einbauen. Die Schwierigkeit ist recht hoch und bei einem Manga mit 16 Seiten kann ein Doppelseiter nur selten nützlich eingesetzt werden.

Werden die Seiten nicht einzeln betrachtet, sondern wie im Magazin nebeneinandergelegt, sagt man auch, dass die Seiten als »Doppelseiter« betrachtet werden.

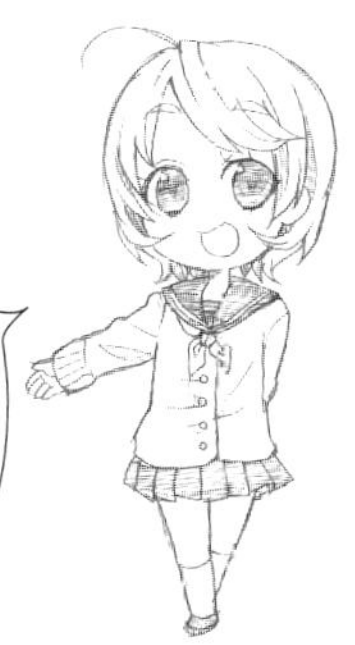

● Ein Doppelseiter für den Höhepunkt (Version 2)

Das Highlight vor der Schule wird hier zum Doppelseiter. Daher verändern sich Struktur und Tempo. Vergleicht diese Version mit der ersten Version.

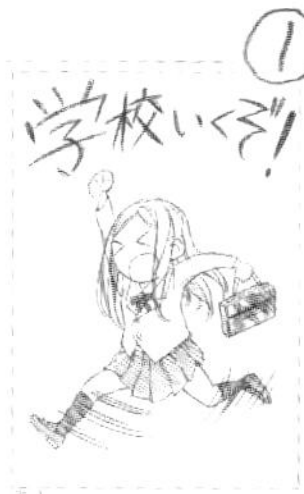

Seite 1: Das Cover bleibt gleich.

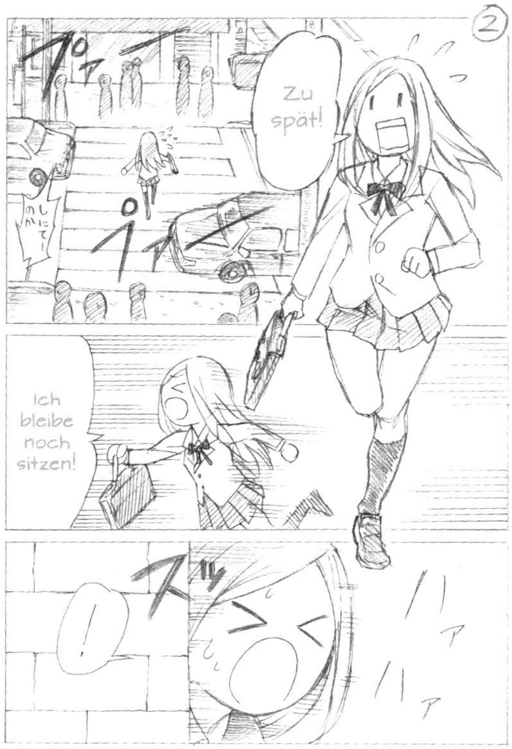

Seite 2: Einleitung

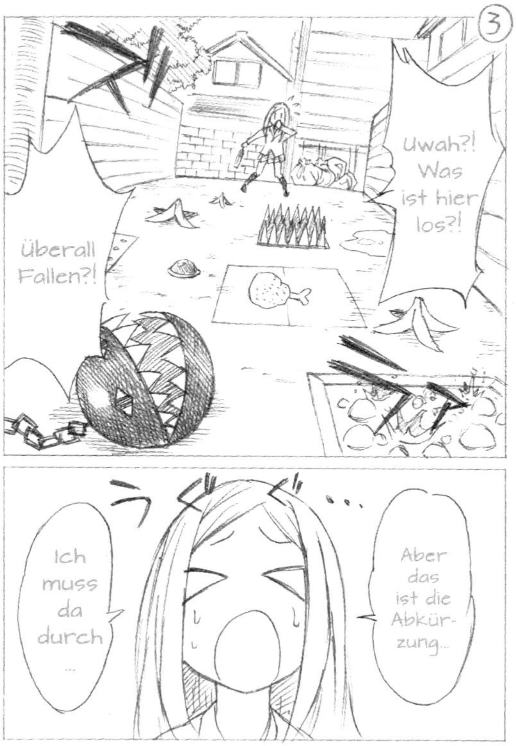

Seite 3: Vorfall (Entwicklung)

Von nun an wird der Charakter in die Enge getrieben.

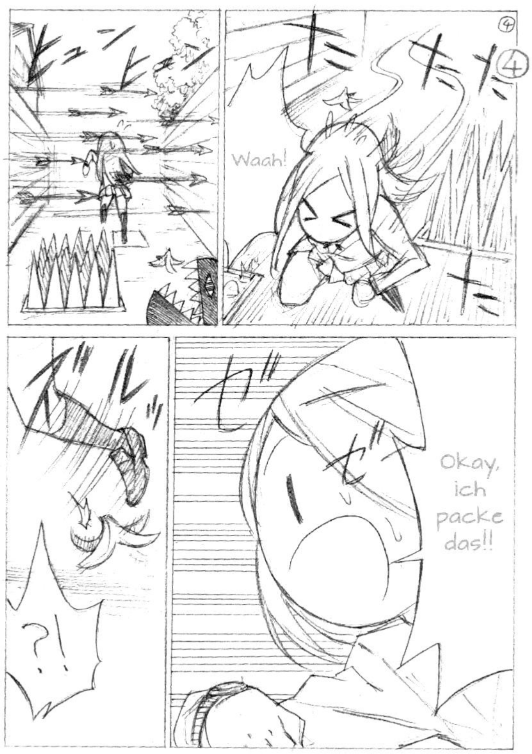

Seite 4: Die Lage wird noch brenzliger.

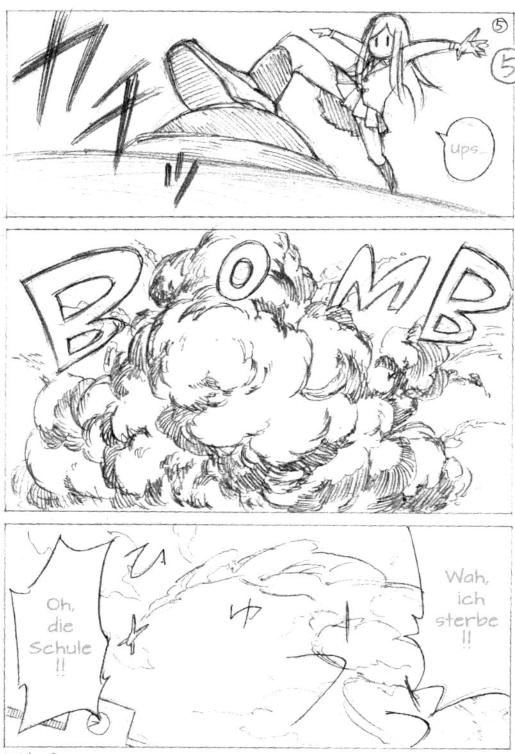

Seite 5: Wende. Die Story kommt schlagartig zum Höhepunkt.

Highlight als Doppelseiter

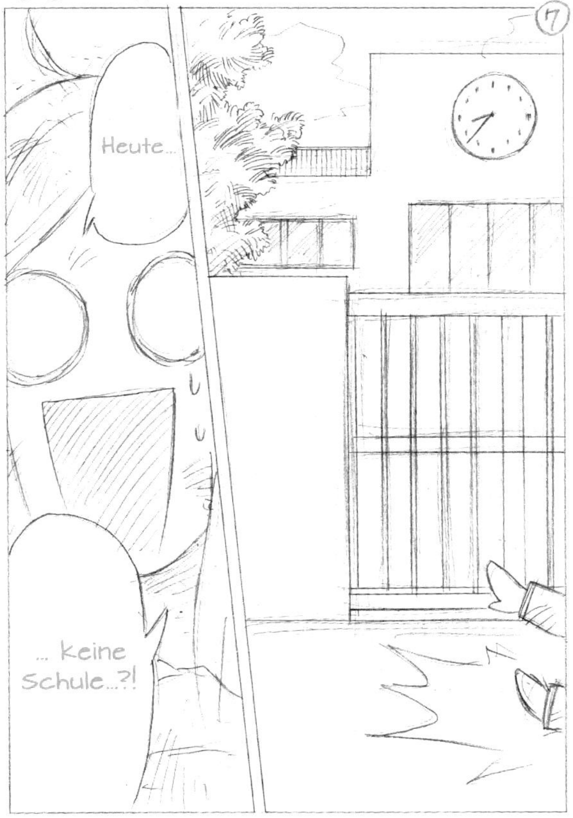

Seite 7

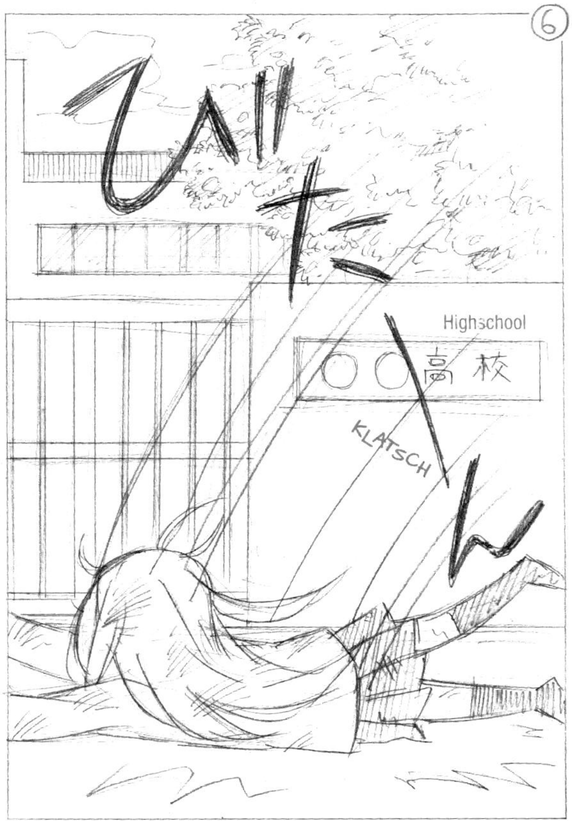

Seite 6

Aus Version 1

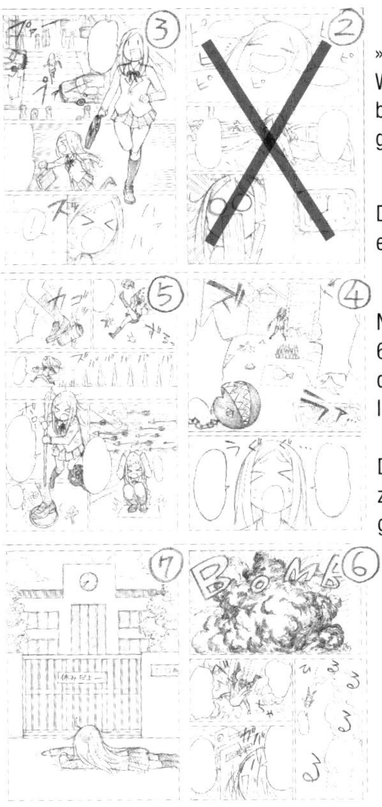

»Verspätung« und »Beeilung«: Wenn diese Sachen klar sind, braucht man die zweite Seite gar nicht.

Die Seiten 3 und 4 bleiben erhalten.

Nun ist Seite 5 rechts und Seite 6 links, daher verändern sich das Paneling und die Darstellungen.

Die Seiten 7 und Seite 8 werden zu einer Doppelseite zusammengefasst.

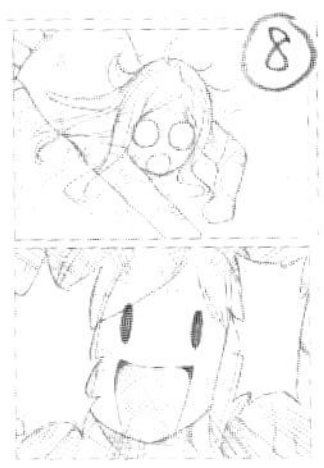

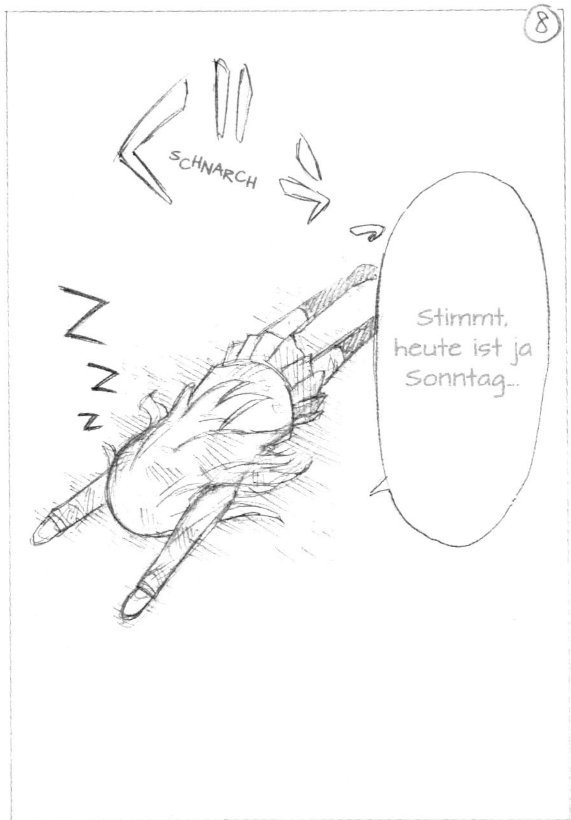

Seite 8: Die Pointe (Schluss)

Vergleicht die beiden Versionen

Schauen wir uns die Themen der Seiten und die Veränderungen beim Paneling an.

Version 1

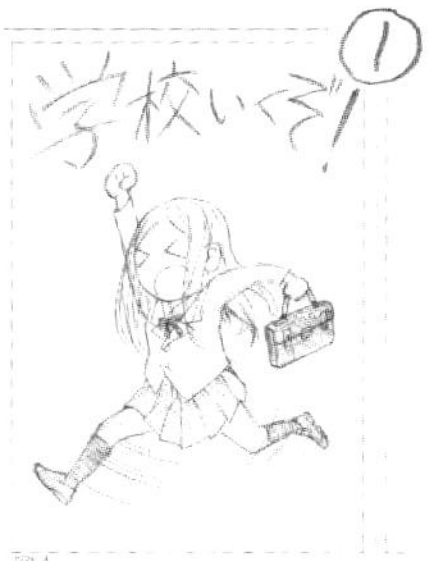

Dasselbe Cover

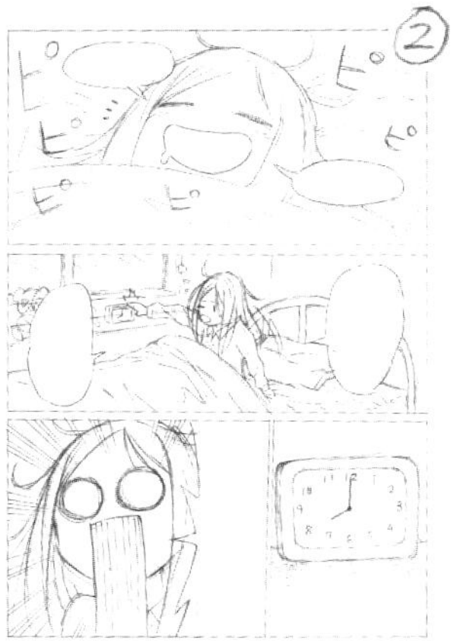

Das Thema der Seite: Verschlafen

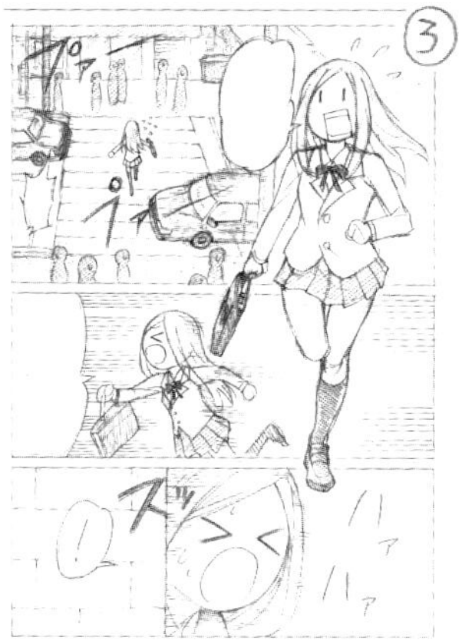

Sie beeilt sich wegen der Verspätung.

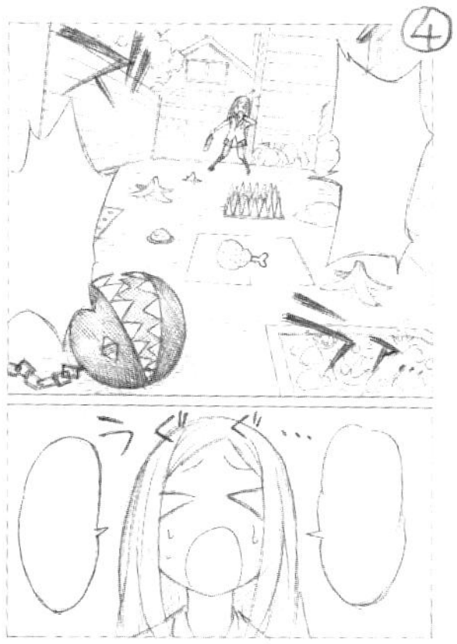

Eine Szene voller Fallen (Hürden für den Hauptcharakter)

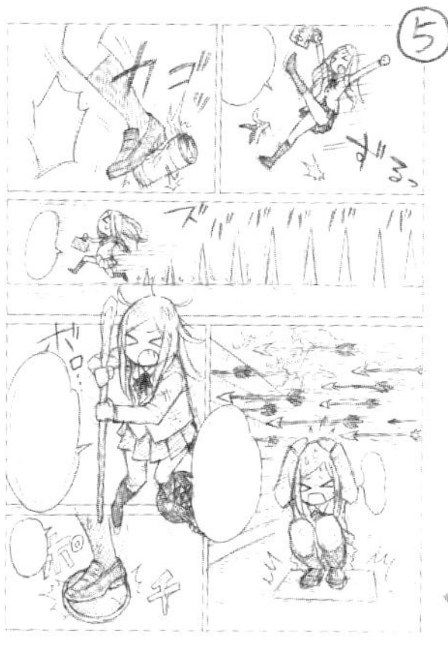

Der Kampf des Hauptcharakters. Sie müht sich ab, um durch die Fallen zu kommen.

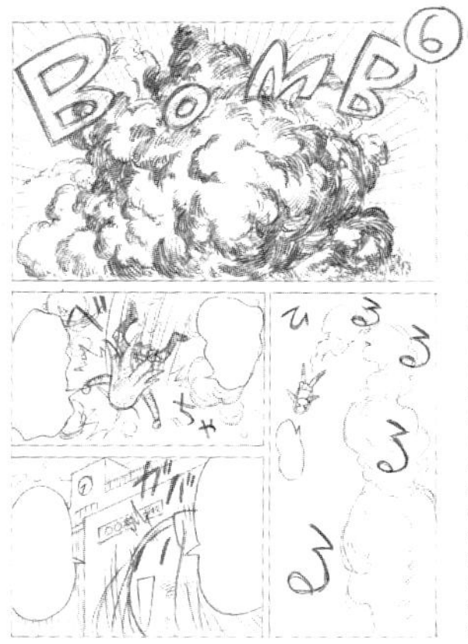

Explosion – der Hauptcharakter wird weggeschleudert.

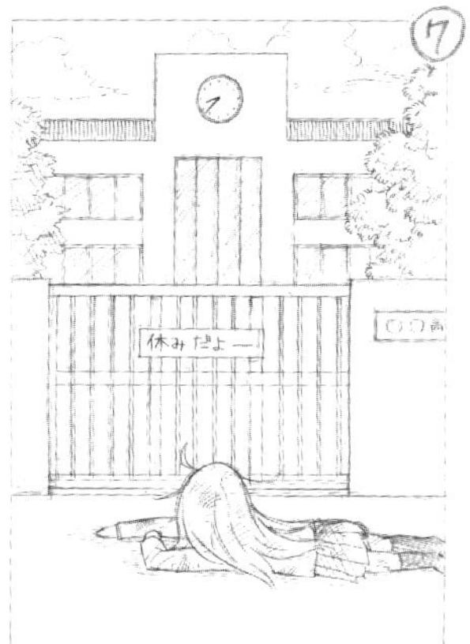

Sie landet vor einem menschenleeren Schulgebäude.

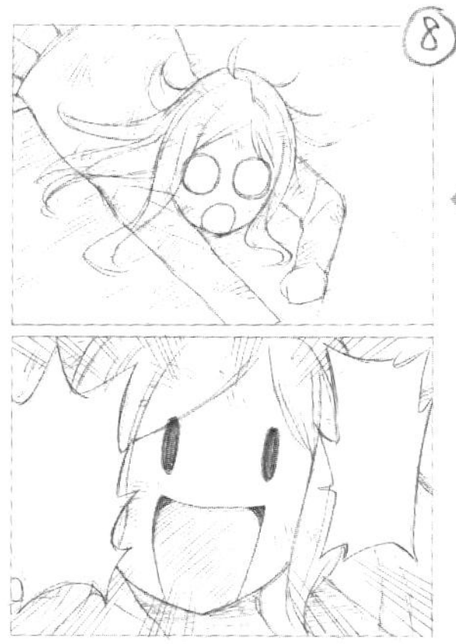

Nach kurzer Geistesabwesenheit zur Pointe (optimistischer, unnachgiebiger Charakter)

> **TIPP**
>
> **Wichtige Panels**
>
> Wichtige Panels sollten groß und auffällig sein. Auf den Seiten 4 & 5 kämpft sie sich durch die Fallen. Bei so einer Szene muss das wichtigste Panel am größten sein. Dieses zentrale Panel repräsentiert das Thema der Seite.

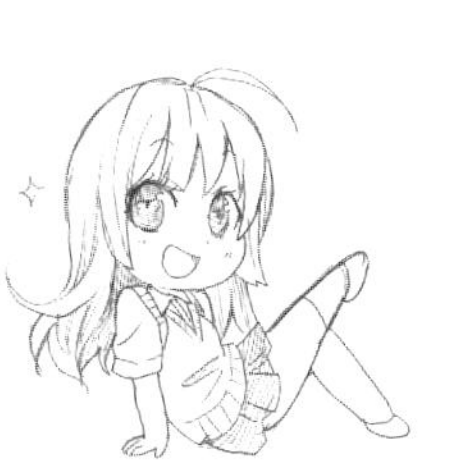

Beim Zeichnen bestimmt ihr für jede Seite ein Thema

Für den Seitenaufbau denkt ihr nach, »welche Szenen bis Seite wie viel eingefügt werden müssen«. Und beim Storyboard überlegt ihr euch, »auf welcher Seite was gezeichnet wird«. Sprich, zu jeder Seite muss grob ein Thema bestimmt werden (eine kurze Notiz ist schon ausreichend).

Werden diese Notizen zusammengefügt, entsteht eine Inhaltsangabe.

Version 2

Info: Charakter-Setting: Unnachgiebig, optimistisch, kann schnell umdenken, lässig
Version 1: Optimismus steht im Mittelpunkt
Version 2: Lässigkeit steht im Mittelpunkt
(Der Eindruck wird in der Pointe erzeugt.)

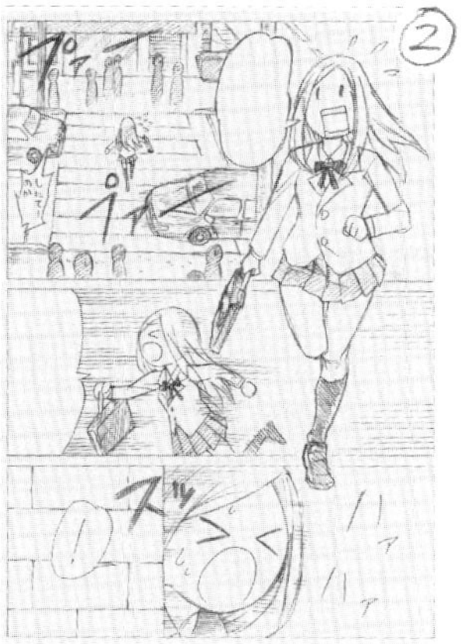

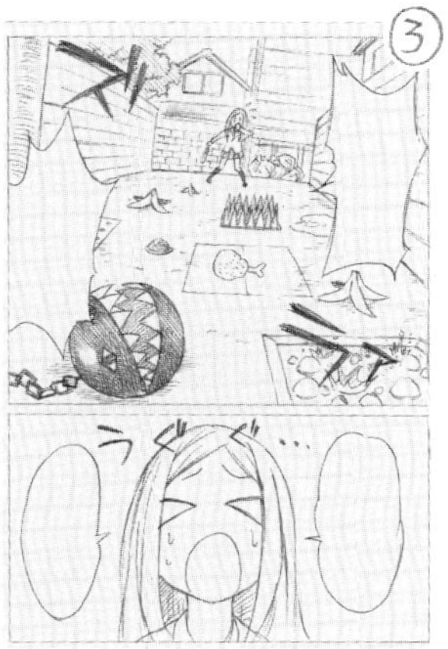

Die Seiten 2 & 3 sind identisch mit Version 1.

Von hier an wird neu gezeichnet. Die Action-Szene beginnt.

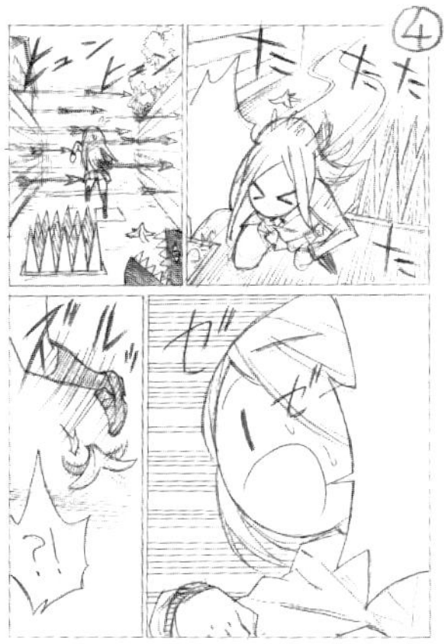

Sie weicht den zahlreichen Fallen aus, aber…

Tretmine + Explosion + Wegfliegen

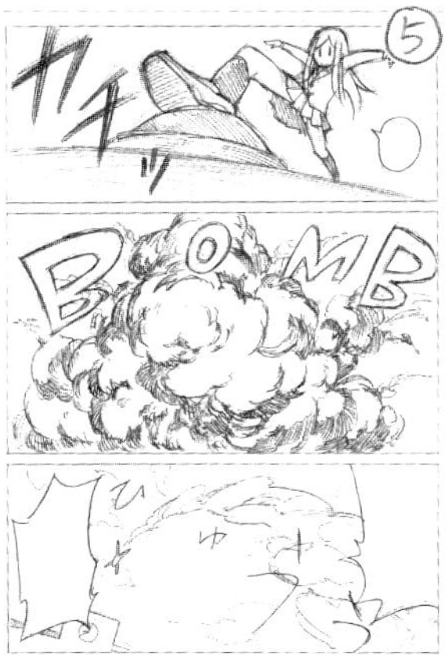

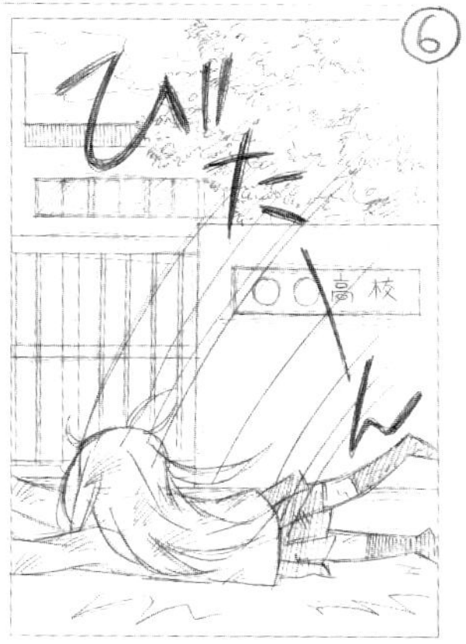

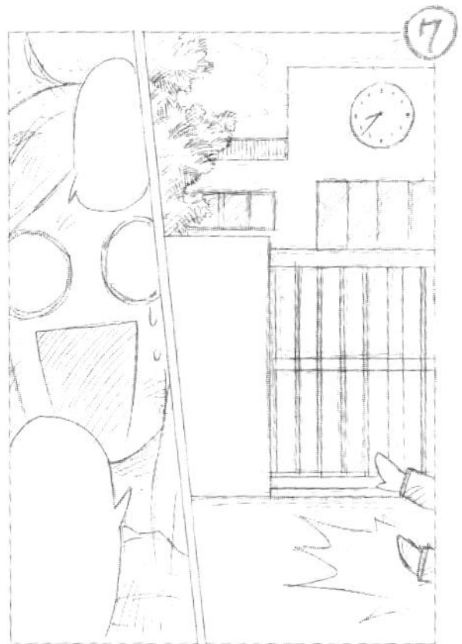

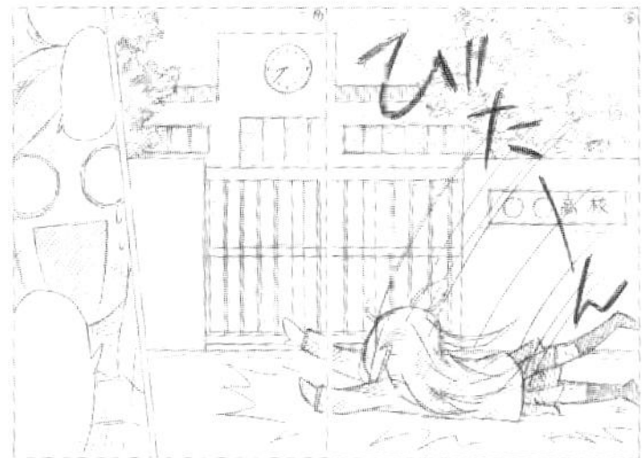

Darstellung als Doppelseiter.
Der Charakter landet vor dem Schultor.
Große Überraschung.

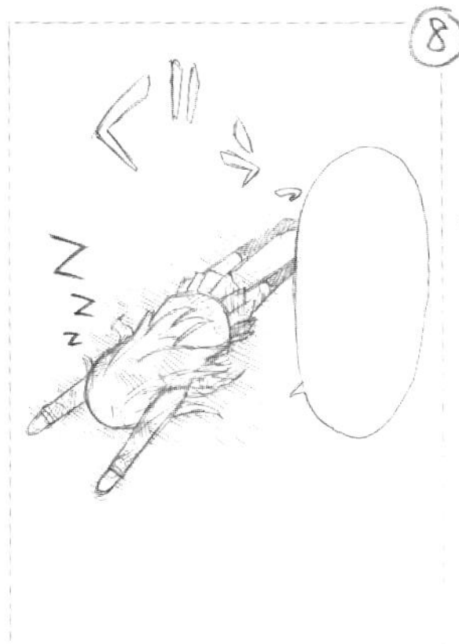

Schläft frustriert ein.
Der Hintergrund bleibt weiß.

Die Persönlichkeit wird klarer, wenn ein Charakter in den Panels agiert

In den Versionen hat der Hauptcharakter eine etwas andere Persönlichkeit. Bei einer Kurzgeschichte oder im Storyboard kommt es im Verlauf zu Veränderungen der Charaktereigenschaften. Denn wenn man den Charakter sehr genau nach dem Setting handeln lässt, wirkt er wie eine Figur und nicht mehr lebendig. Ein Setting ist zwar wichtig, aber man sollte nicht zu sehr darauf beharren. Achtet lieber auf den Fluss der Geschichte. Ein guter Tipp ist, die Handlungen der Charaktere nach ihrem Willen zu zeichnen.

Referenz: Aufbau eines 16-Seiten-Mangas

Hier arbeiten wir am Aufbau, um aus einem 4-Panel-Manga einen 16-Seiten-Manga zu erstellen.

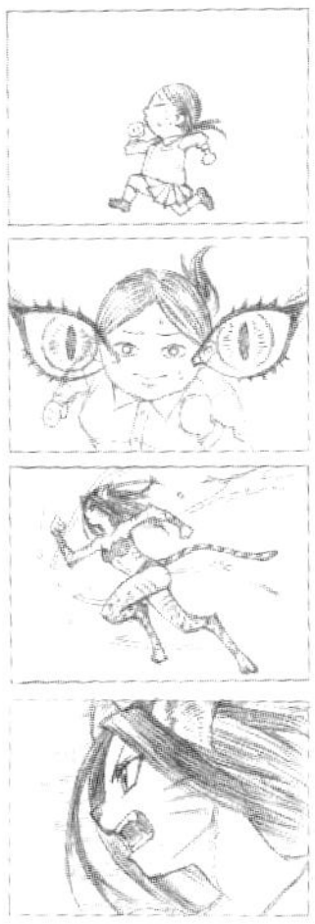

Einleitung

Entwicklung

Wende

Schluss

Ursprünglicher 4-Panel-Manga

In der 4-Panel-Version besteht der Inhalt nur aus zwei Elementen: »Laufen« und »Verwandlung«. Damit 16 Seiten zu füllen, ist nahezu unmöglich.

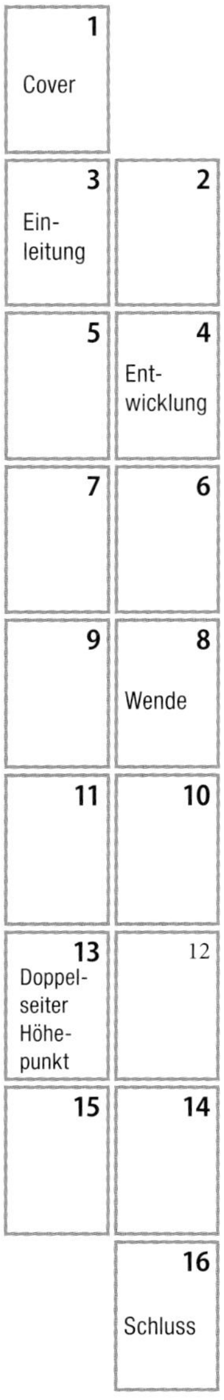

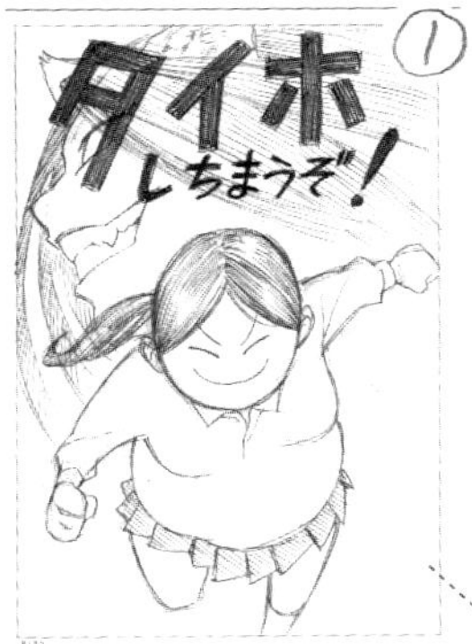

Dafür nehmen wir einen Vorfall, der aufgelöst wird.

- Warum läuft sie?
- Warum verwandelt sie sich?
- Was passiert nach der Verwandlung?

Solche Fragen werden für die Struktur ausgearbeitet.

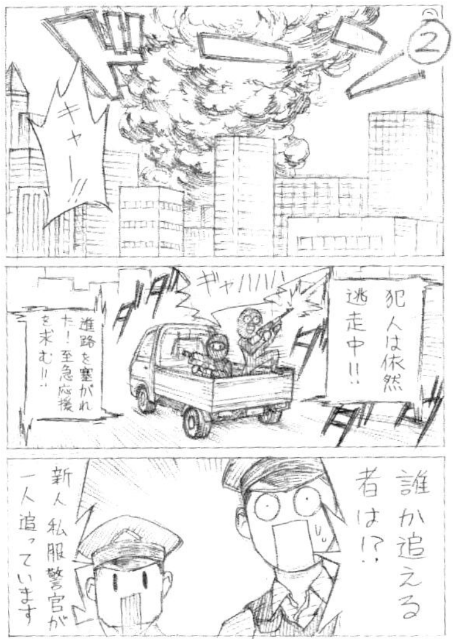

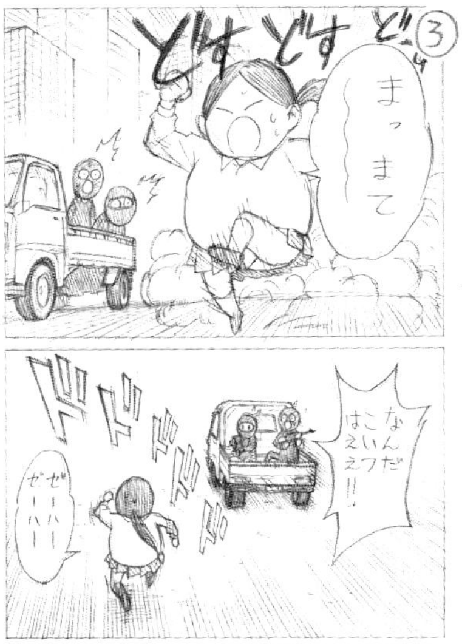

Auftritt des Hauptcharakters

Einleitung

Prolog: Vorfall
(Wenn hier der Hauptcharakter nicht zu sehen ist, müsste er auf dem Cover groß abgebildet werden.)

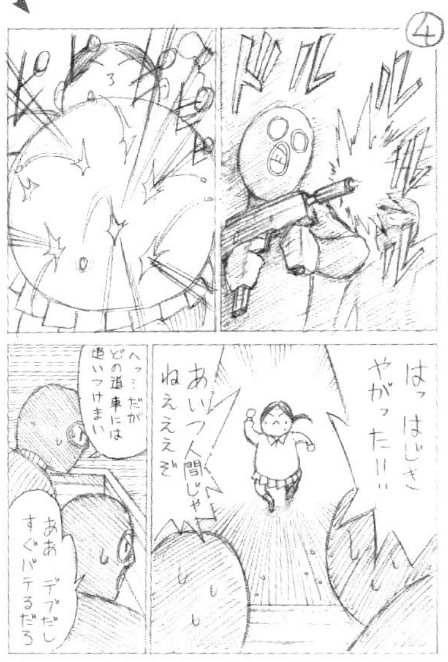

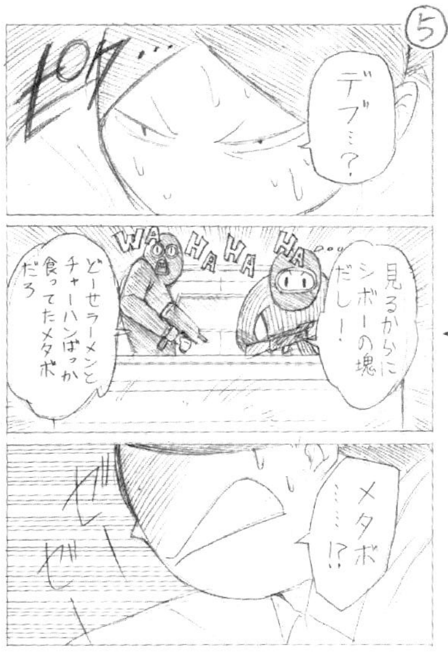

Der Hauptcharakter wird mental in die Enge getrieben.

Entwicklung

Die Übermenschlichkeit des Hauptcharakters und das Verhältnis zu den Bösewichtern werden dargestellt.

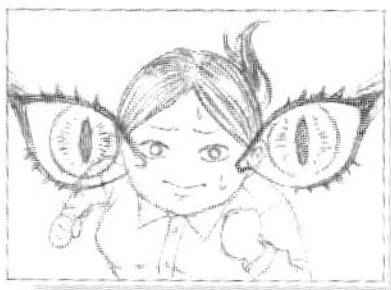

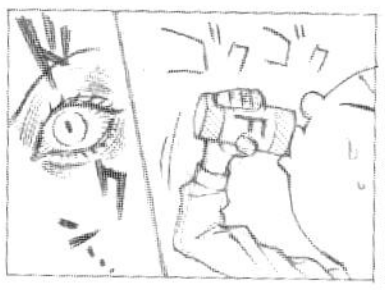

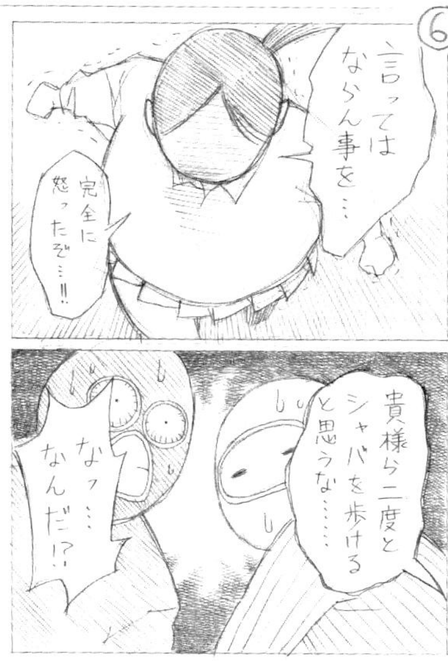

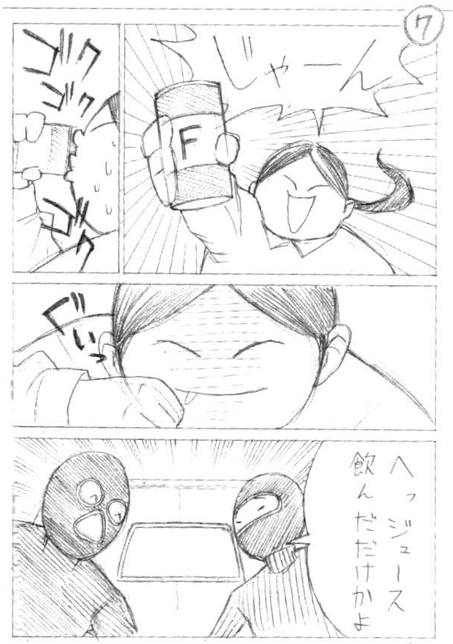

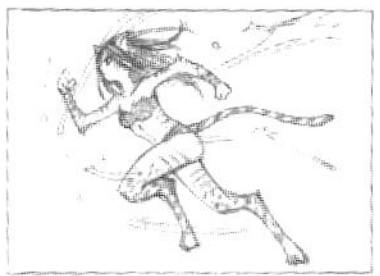

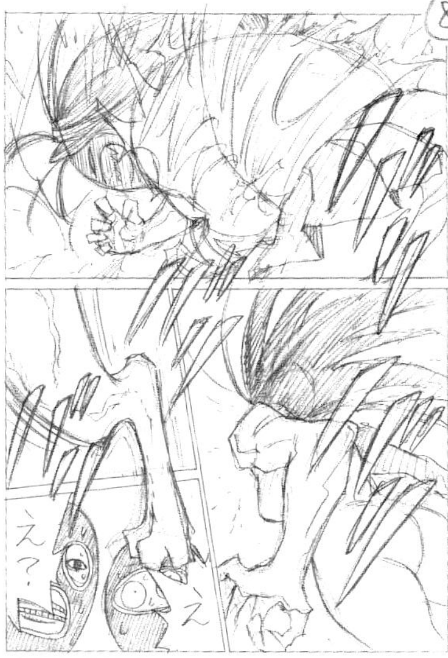

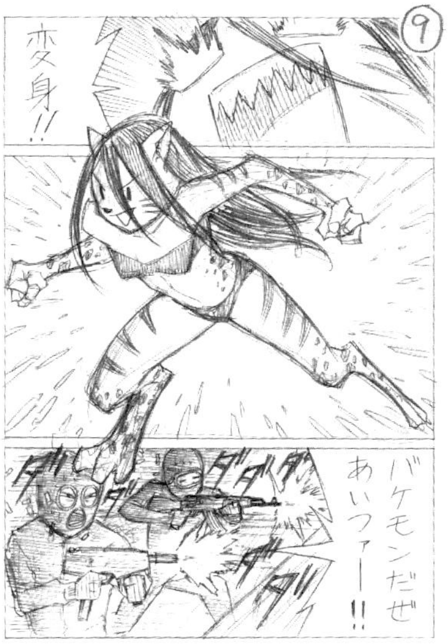

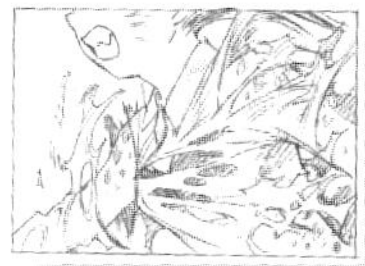

Wende Die Verwandlung. Das ist das erste Highlight.

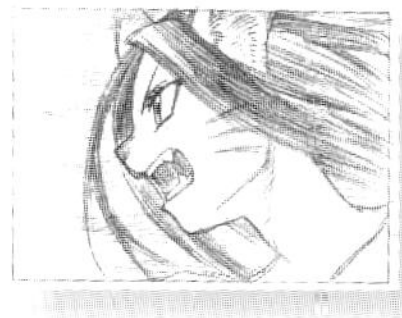

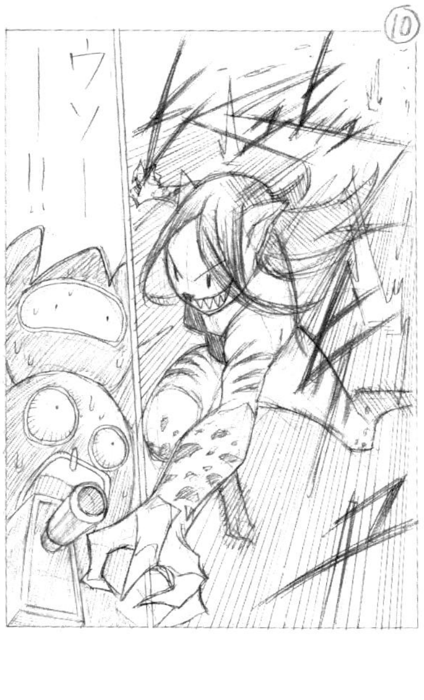

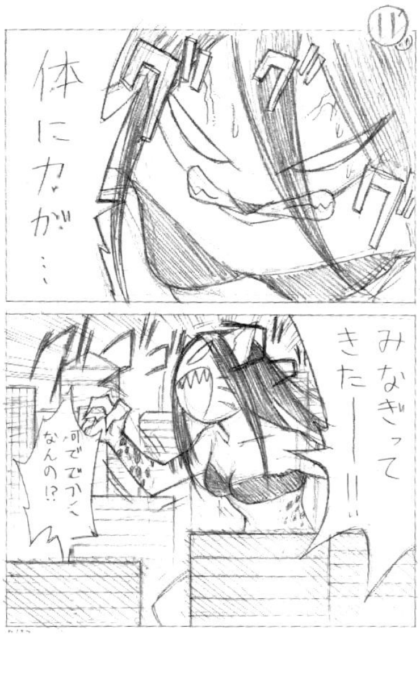

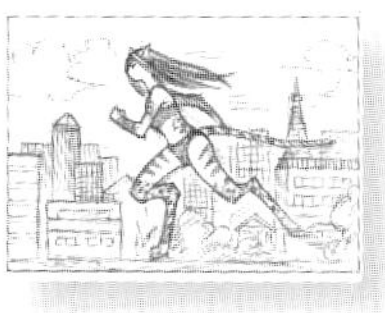

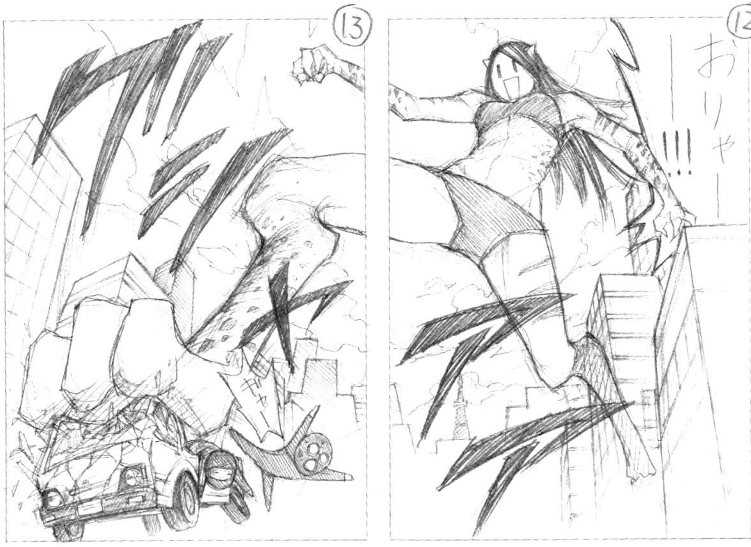

Der Höhepunkt. Der große Auftritt des Hauptcharakters. Mit der Froschperspektive wird ihre Größe dargestellt, um die Szene dynamisch zu machen. Lasst die Leser Spaß haben.

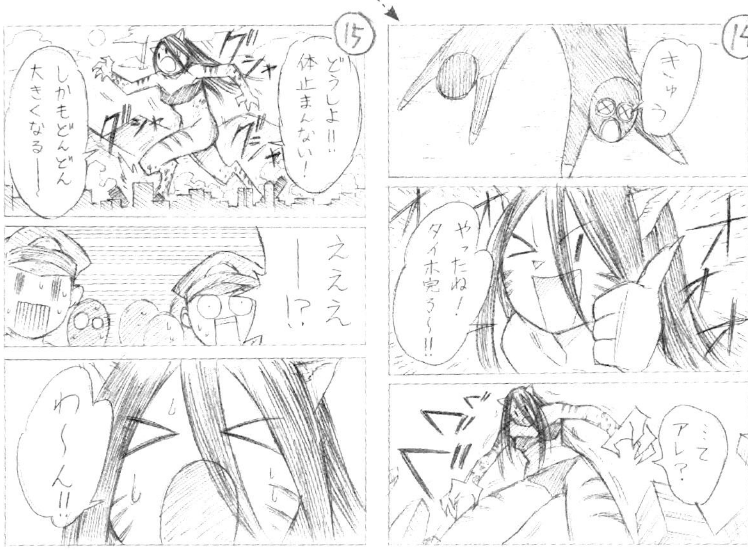

Der Fall ist gelöst. Damit endet das eigentliche Geschehen. Die Story wird aber noch chaotischer zum Schluss.

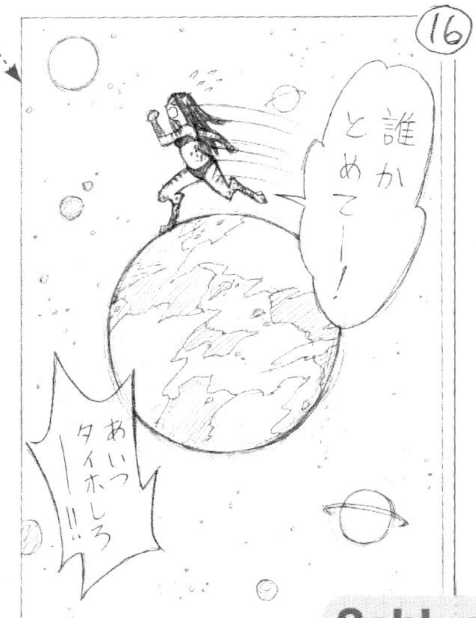

Die letzte Seite ist die schwierigste. Ob sie in die Erde einsinkt oder ihr Kopf in den Wolken verschwindet… Immer wieder neu zeichnen, bis ihr das optimale Finale gefunden habt. Man kann selbst schlecht einschätzen, ob die Story gut verläuft oder gut zu Ende geht. Eure Geschichte ist erst dann erfolgreich, wenn die Leser sich amüsieren.

Schluss

Um aus einem 4-Panel-Manga eine Story zu entwickeln…

- **seht ihr den 4-Panel-Manga als Inhaltsangabe.**
- **denkt ihr über das Thema des 4-Panel-Mangas nach und fragt euch: »Wer macht was und warum?«**

Eine Story braucht ein Kernelement.
Und unter Kernelement versteht man, »wer« macht »für wen/weshalb was«. Wenn der Held sich für sich selbst abmüht, kann man leichter ein Comedy-artiges Ende einführen. Müht sich der Held für jemand anders ab, kann man daraus ein Drama gestalten.

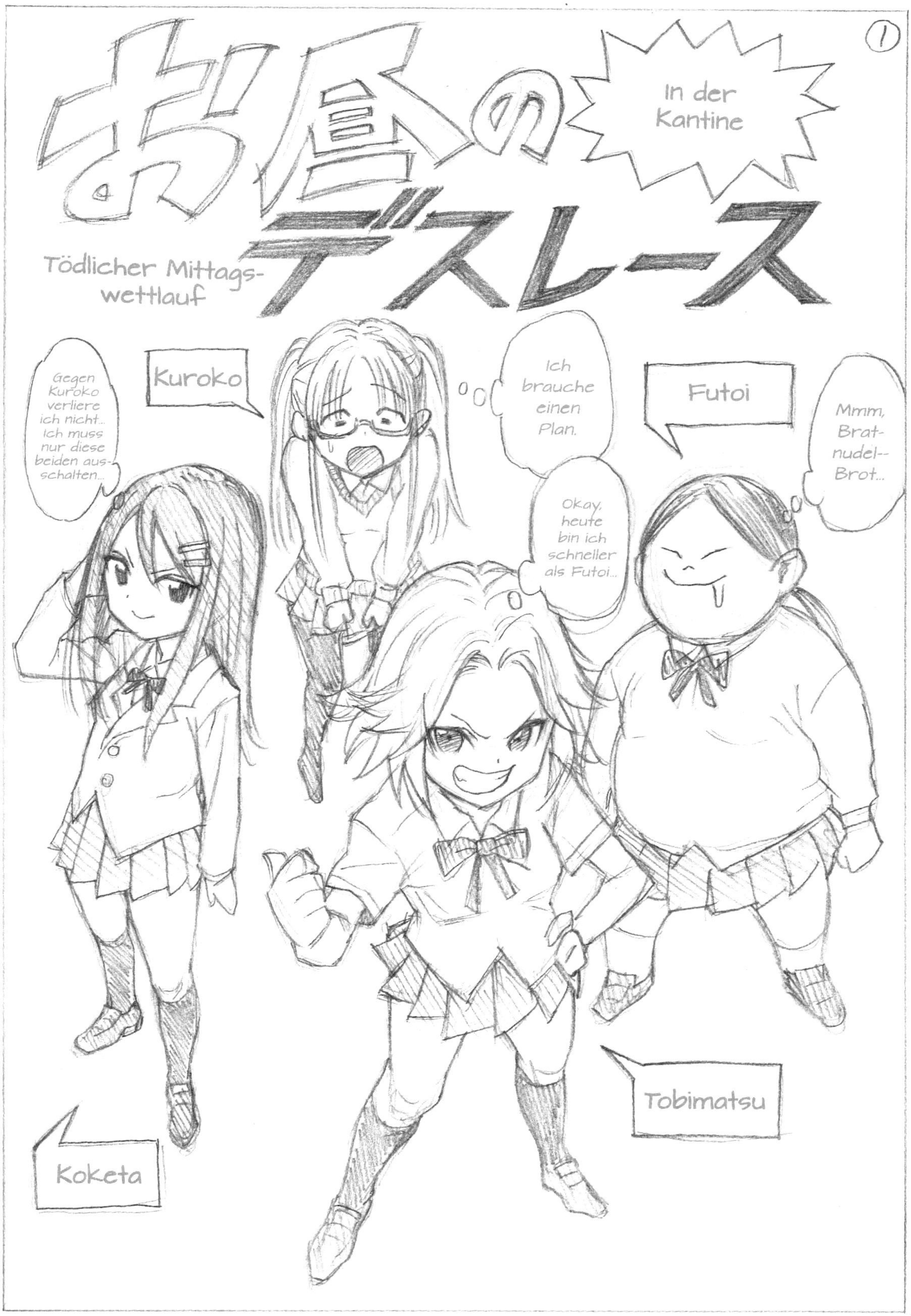

Mithilfe der bisherigen Tipps wird hier ein Highschool-Action-Manga gezeichnet. Lest euch diesen Manga durch, und achtet dabei nicht nur auf den Storyverlauf, sondern auch auf den Bildaufbau.

Seite 2, die Story beginnt

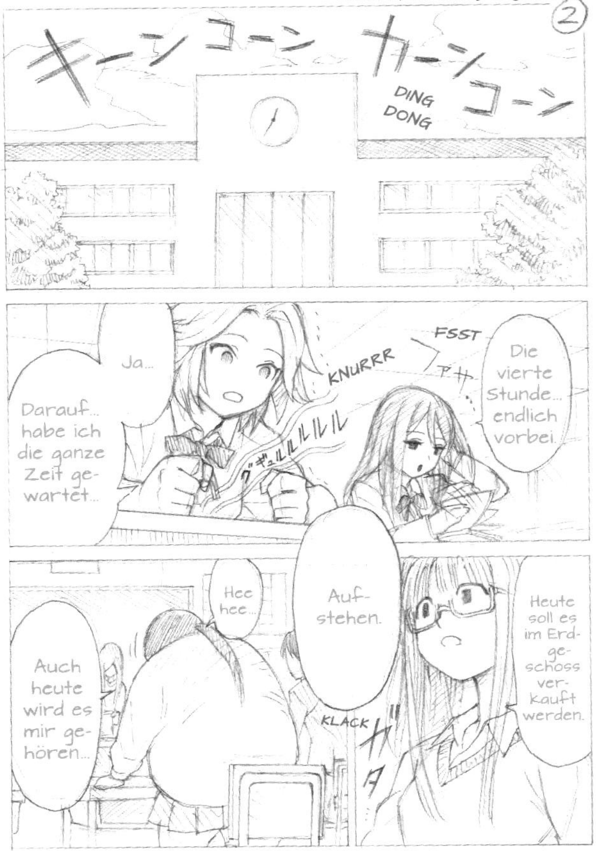

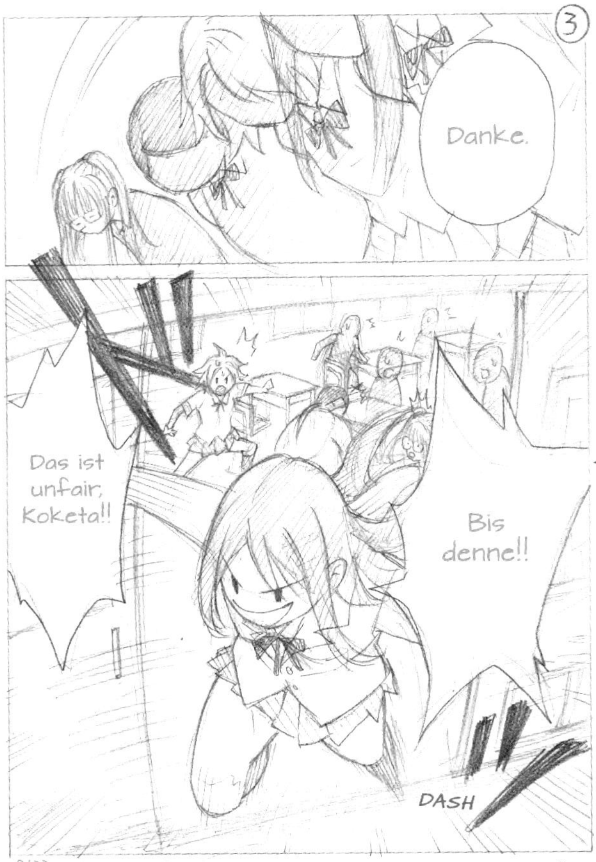

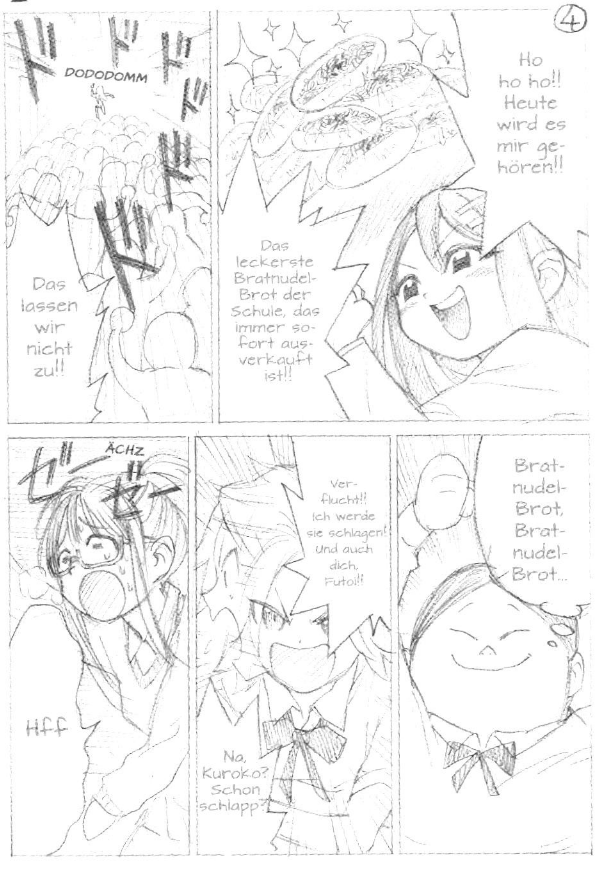

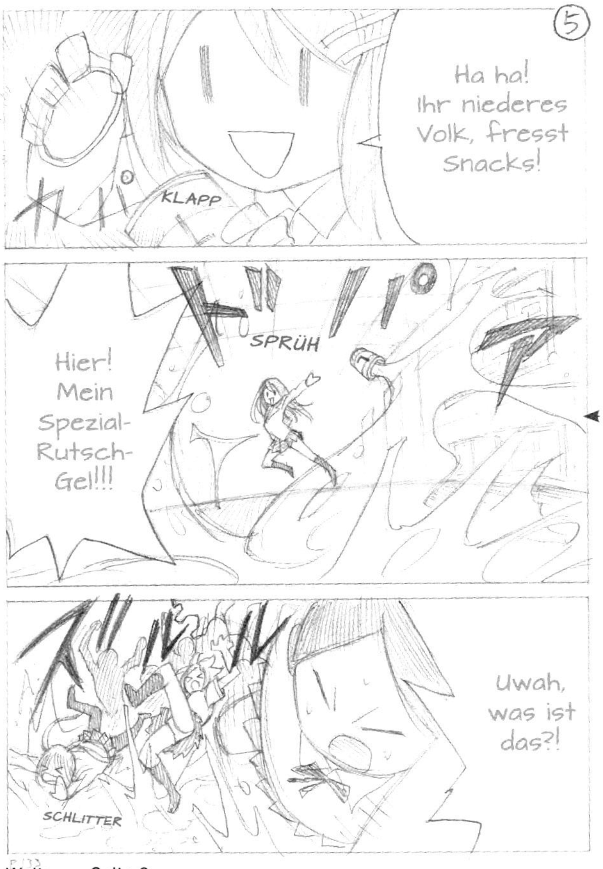

Weiter zu Seite 6

Seite 6

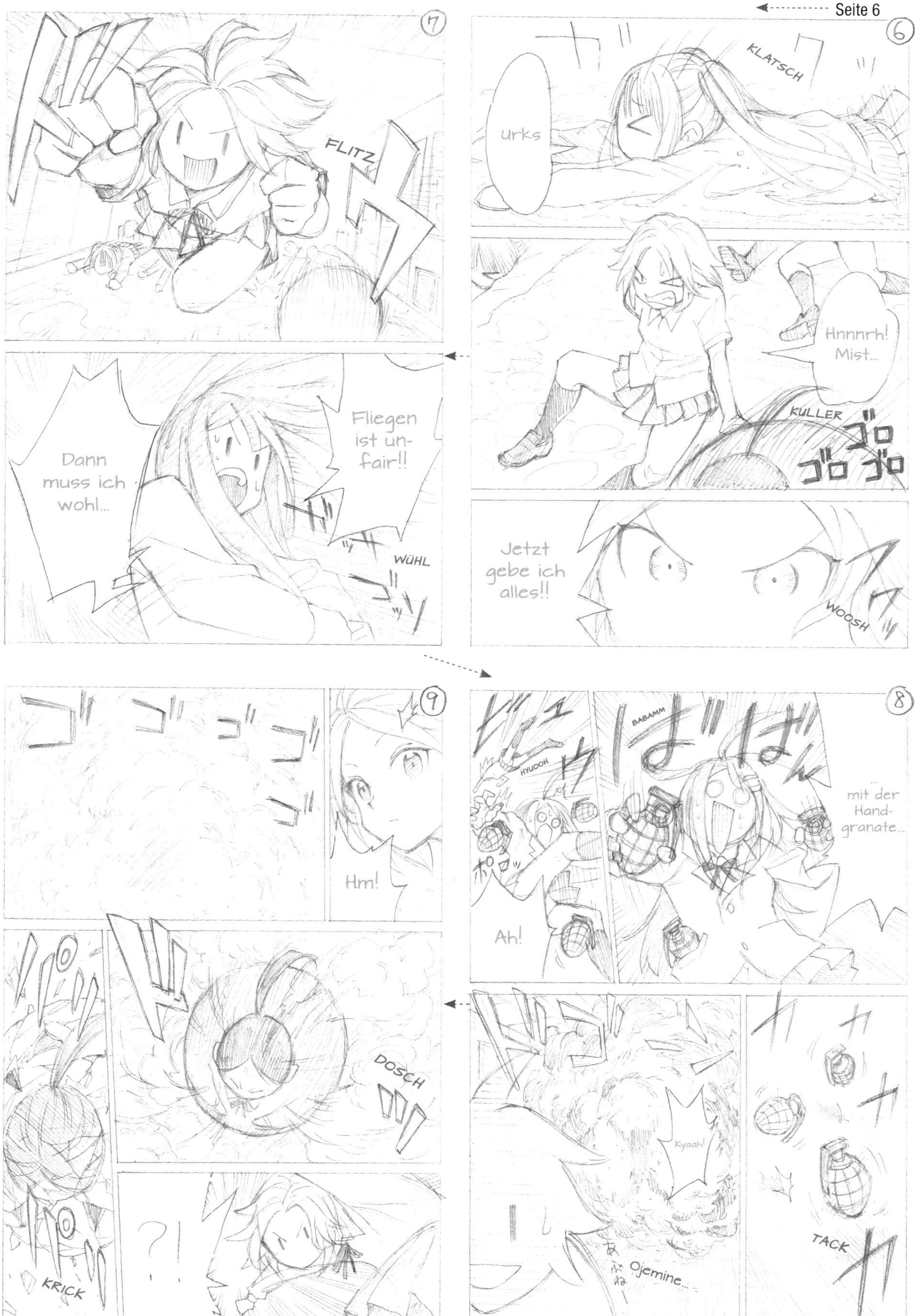

Weiter zu Seite 10

Seite 10

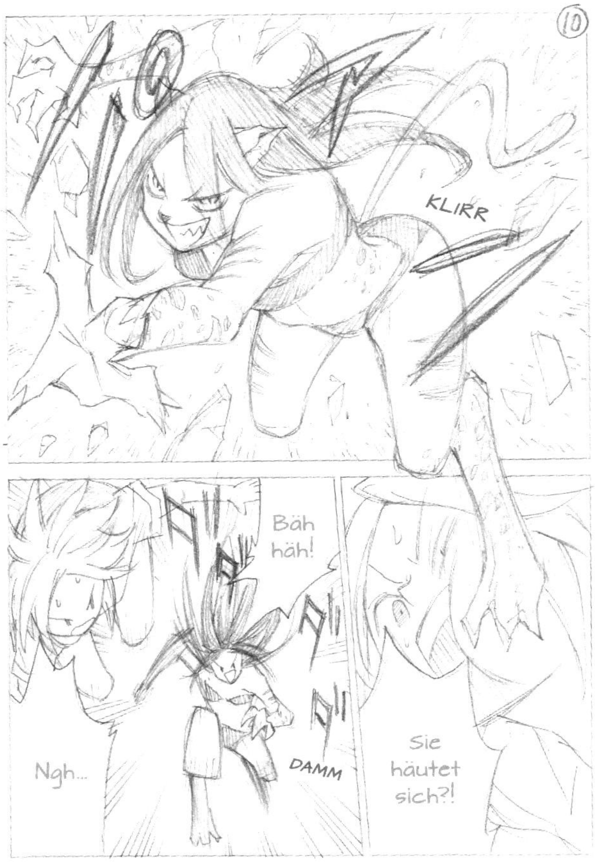

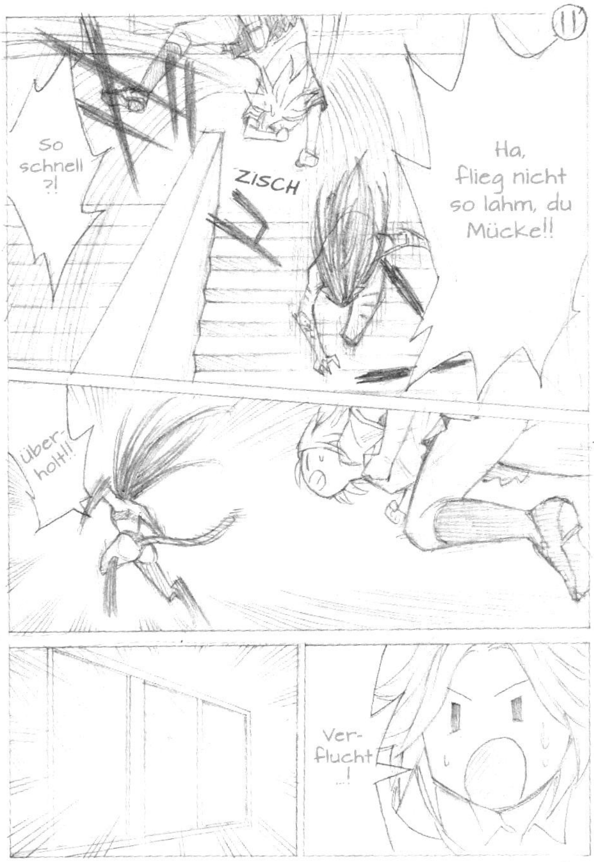

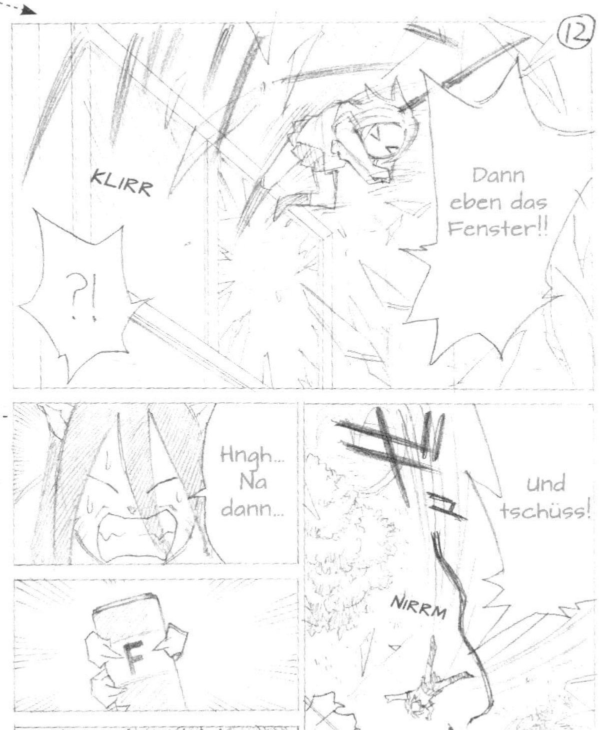

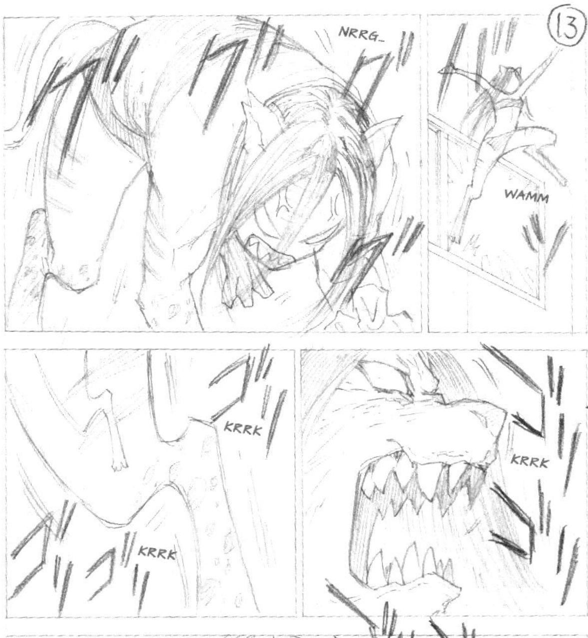

Weiter zu Seite 14

Seite 14

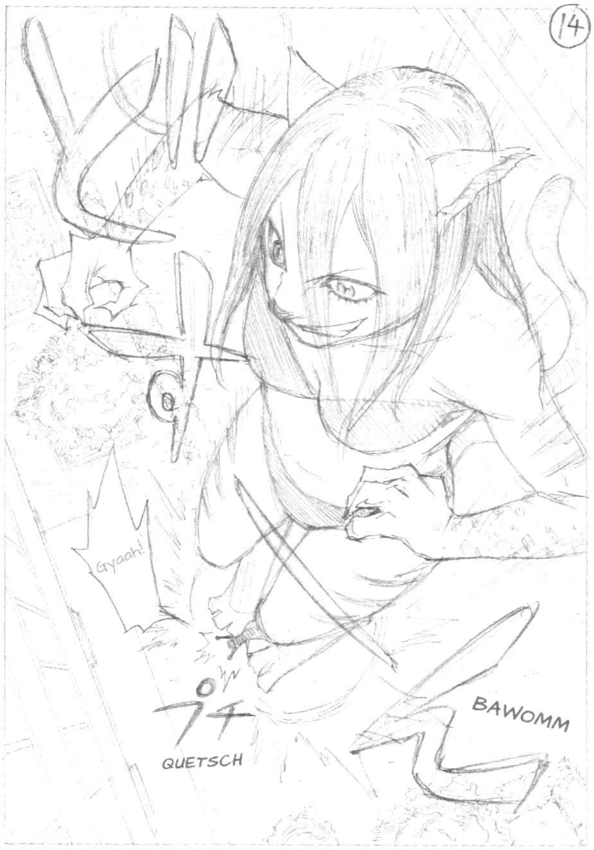

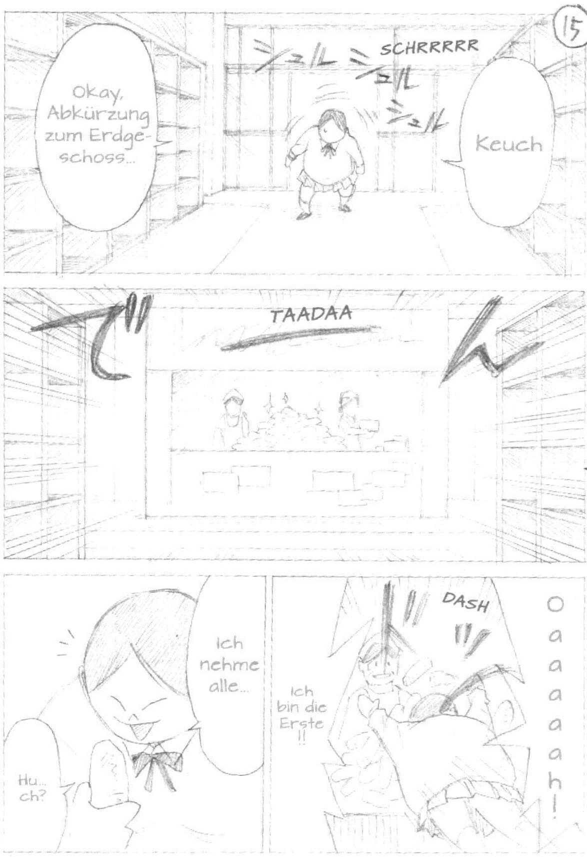

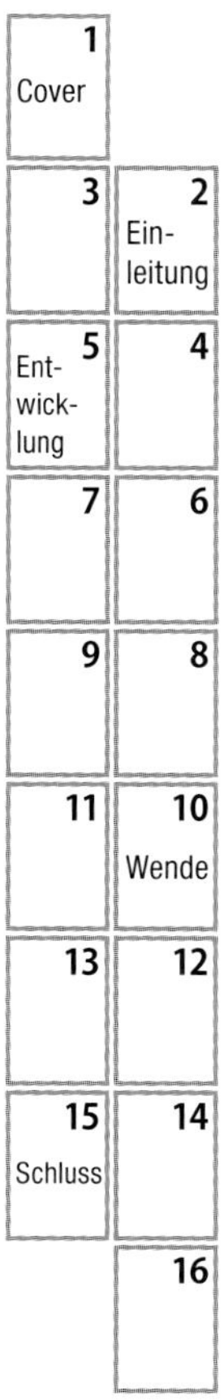

Aufbau »Tödlicher Mittagswettlauf«

Einleitung Seiten 2–4

Entwicklung Seiten 5–9

Wende Seiten 10–14

Schluss Seiten 15–16

Über das Ende und die Struktur

Das richtige Ende ist auf Seite 16 zu sehen, aber der große Szenenwechsel passiert schon auf Seite 15, daher beginnt dort der Schluss. Je nach Interpretation könnte man denken, dass die Dynamik auf Seite 15 fortgesetzt wird und deswegen nur Seite 16 der Schluss ist.

Die Denkweise in vier Phasen ist ein wichtiger Anhaltspunkt. Aber wenn ihr nur darauf achtet, könnte die Dynamik verloren gehen und ihr verliert aus den Augen, was euch wichtig ist. Wenn ihr den ungefähren Verlauf (grobe Handlung/Entwicklung) kennt, solltet ihr eurem Instinkt folgen.

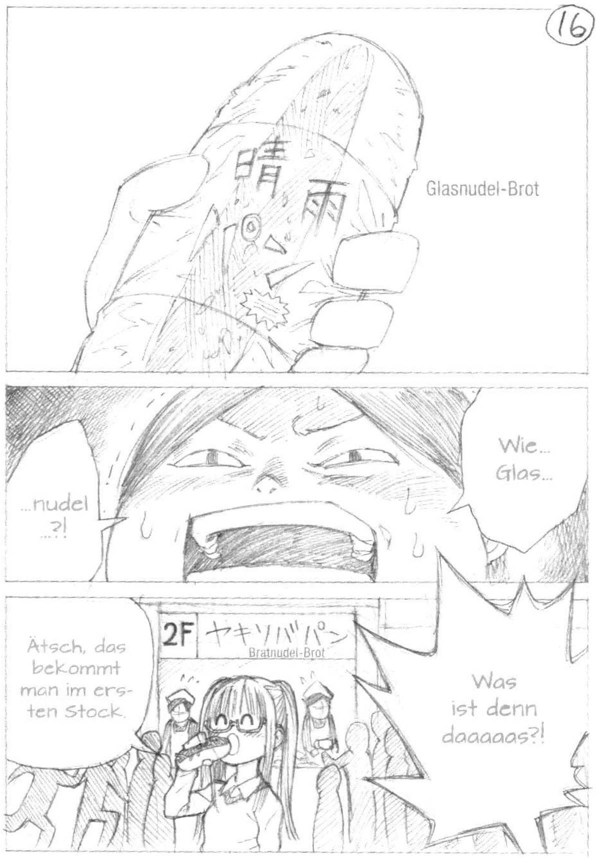

Seite 16: Ende

Das Cover

Auf die erste Seite kommen der Titel und der Name des Autors. Diese Seite wird gezeichnet, um die Aufmerksamkeit der Leser zu erregen.

Man sagt: »Das Cover ist das Leben«. So wichtig ist das Coverbild. Ein Cover kann schon der Prolog sein, aber es gibt auch eine (seltene) Art, bei der der Titel erst in einem Panel der Hauptstory erscheint. Je nach Manga sagt man auch nur »Titelseite«.

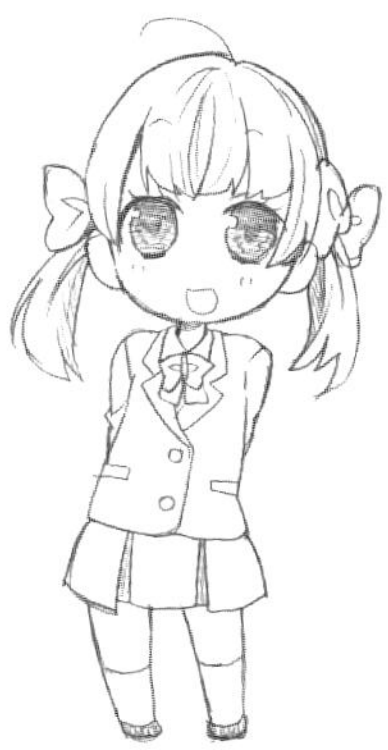

Idealerweise sollte das Cover den Lesern vermitteln, worum es in der Story geht. Also eine wichtige Szene, Charaktere oder besondere Gegenstände zeigen. Wenn der Schauplatz besonders ist, könnt ihr auch die Hintergründe detailreich darstellen. Das Cover solltet ihr mindestens genauso liebevoll zeichnen wie die Seiten mit dem Höhepunkt.

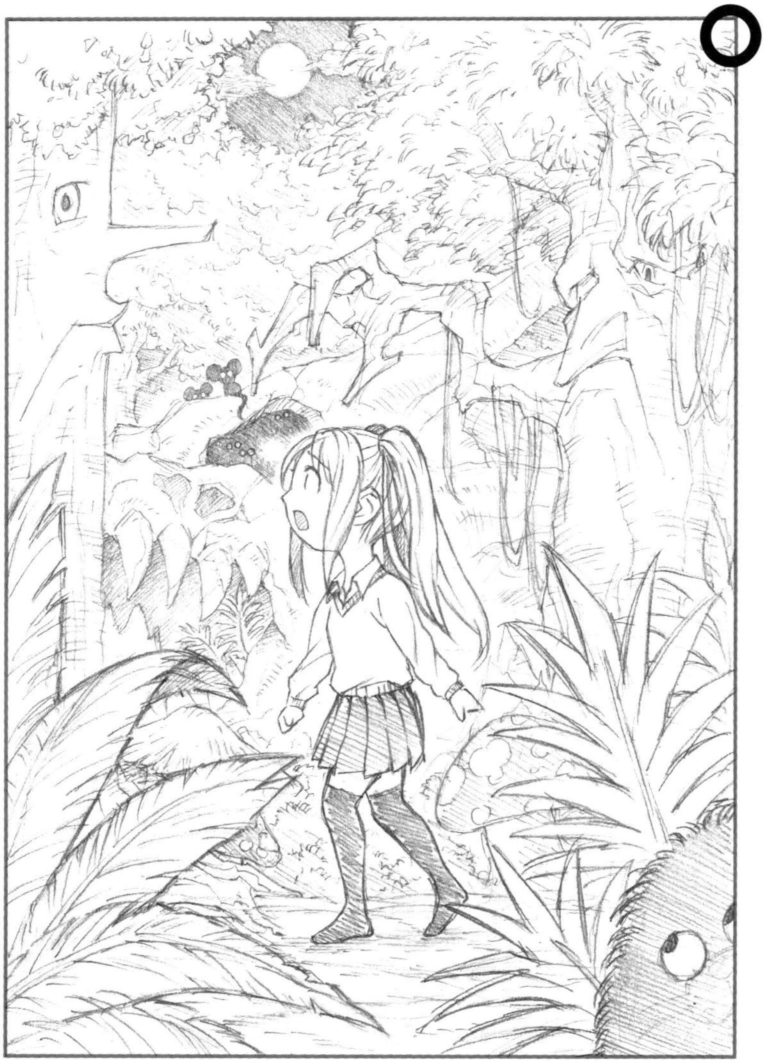

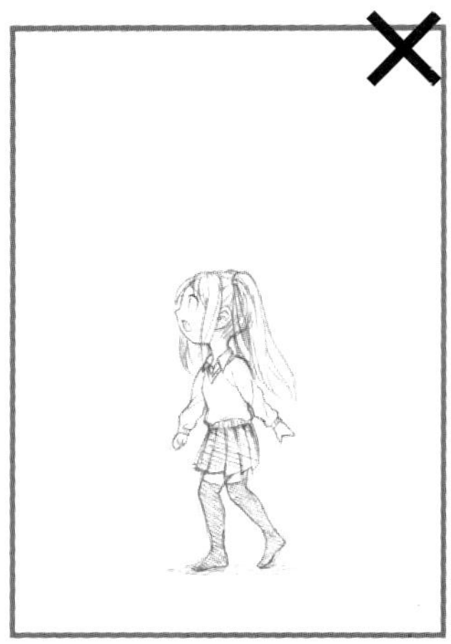

Ohne Hintergrund. Das Cover fällt zwar auf, aber wenn hier Titel und Name des Autors eingefügt werden, würde es langweilig werden. Als Leser würde man fragen: »Was ist das?«, aber man würde den Manga nicht unbedingt lesen wollen.

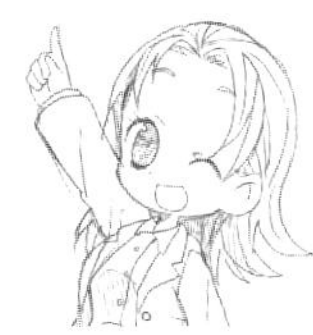

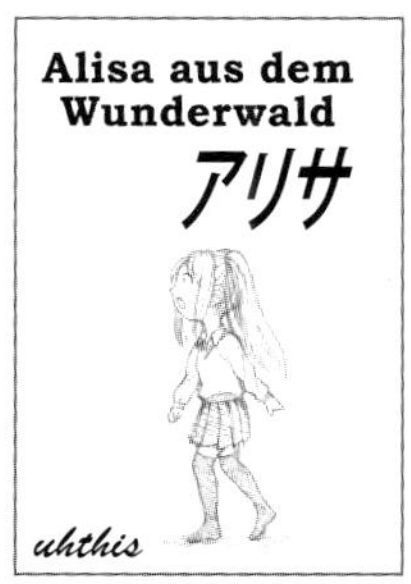

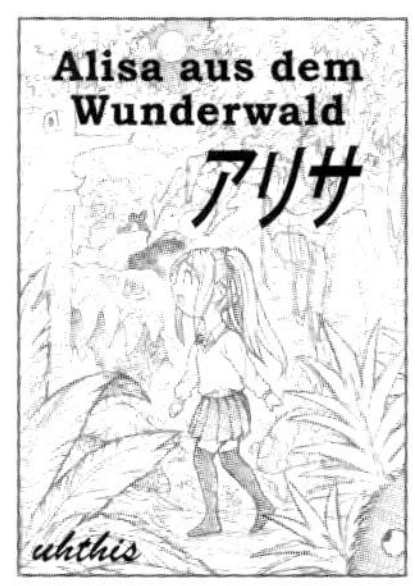

Das Cover stellt häufig den Hauptcharakter vor. Daher kommt es nur selten vor, dass ein Charakter von der Seite gezeigt wird. Aber das hat große Wirkung, wenn der Hintergrund originell und beeindruckend ist.

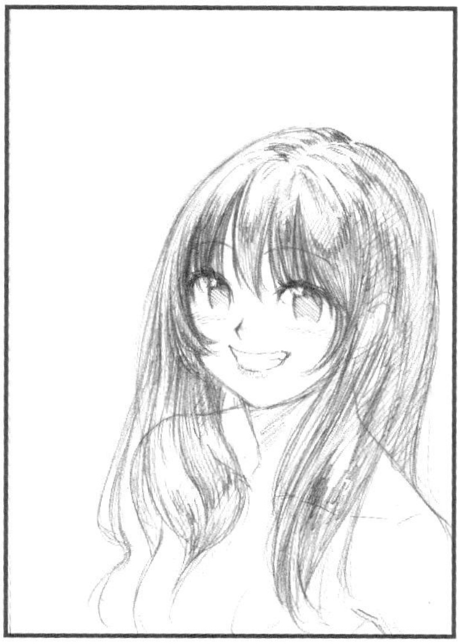

✕ Sinnlose Nahaufnahme des Charakters. Das Cover soll zwar den wichtigsten Charakter zeigen, aber neue Leser würden nur denken: »Wer ist das?« Das reicht nicht aus, um ihr Interesse zu wecken.

Denkt daran, wo ihr den Titel und den Namen des Autors einfügen wollt!

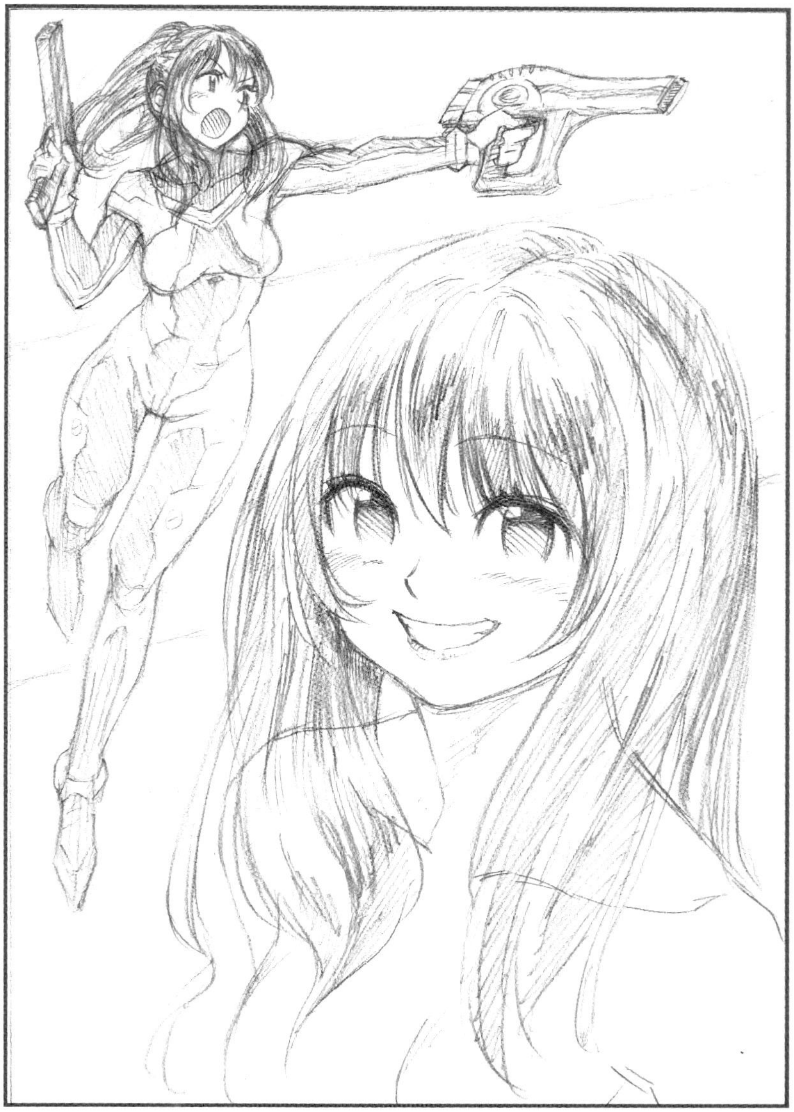

○ Eine Kombination von Charakter und Szene. So etwas weckt Interesse.

Titel/Denkweise

Es gibt Leute, die den Titel gleich im Kopf haben, und es gibt Leute, die bis zum Schluss grübeln. Wichtig ist ein Titel, der leicht zu verstehen, leicht zu merken und leicht zeichnerisch umzusetzen ist. Häufig wird dazu noch ein »eindrucksvoller« Titel verlangt.

Um euch einen Titel auszudenken, könnt ihr so vorgehen:

1. **Wenn das Werk in einer besonderen Welt spielt, kann der Name dieser Welt zum Titel werden.**
2. **Ihr könnt den Namen oder die Fähigkeit des Charakters zum Titel machen.**
3. **Die besondere Optik oder das besondere Outfit des Charakters können zum Titel werden.**
4. **Das Thema des Werkes kann zum Titel werden.**
5. **Lasst euch von Songnamen oder -texten inspirieren.**
6. **Lasst euch von bekannten TV-Serien oder Romanen inspirieren** etc.

Genau gesagt, bezeichnet »Cover« die Cover-Seite eines Buches. Bei einem Manga ist es eigentlich ein »Kapitelcover«. Das wäre der richtige Begriff, um Missverständnisse zu vermeiden.

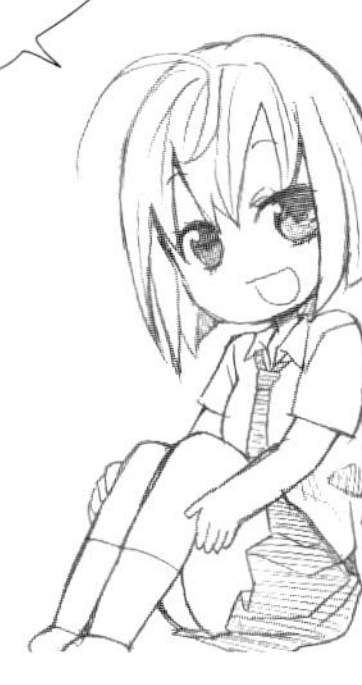

● Über das Cover eines Buches

Mit Cover eines Mangas ist das Kapitelcover gemeint. Aber bei einem Buch gibt es noch ein Außencover, und unter dem Schutzumschlag kann sich noch ein weiteres Innencover befinden. Daher wird das allererste Cover eines Buchs »U1« genannt und die allerletzte Rückseite »U4« (häufig die Seite mit Preis und Strichcode).

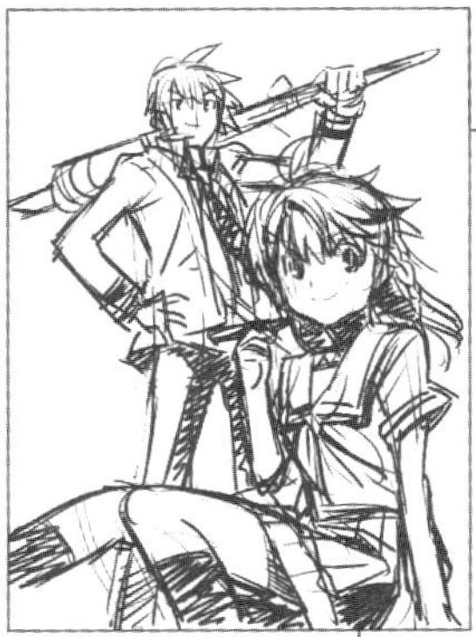

Rohfassung

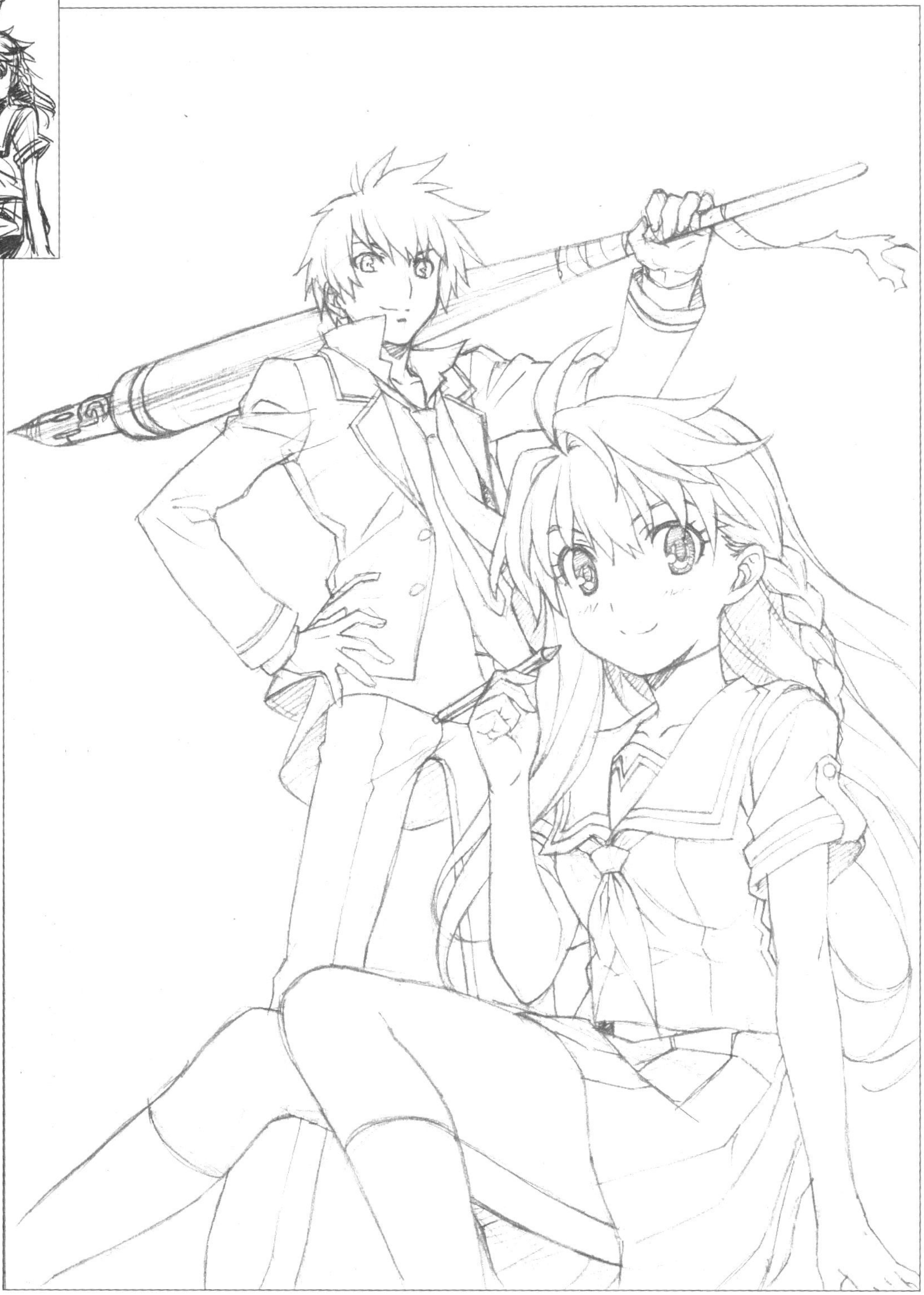

Originalcover

Das Bild auf U1 wird »Originalcover« genannt. Vor dem Zeichnen eines Originalcovers sind Meetings mit den Kunden (z. B. Autor und Verlag) notwendig. Dabei wird besprochen, was im Buch passiert, wer die Zielgruppe ist und was für ein Cover gewünscht wird. Danach beginnt die eigentliche Arbeit, aber es kommt selten vor, dass die erste Skizze angenommen wird. Meistens werden viele Vorschläge abgelehnt. Und wenn alles nicht der Vorstellung des Kunden entspricht, kann es auch sein, dass der Zeichner nicht genommen wird.

Auf U1 und U4 kommen der Titel und der Name des Autors. Dabei wird die Hilfe des Designers in Anspruch genommen (dieser Vorgang wird Cover-Designen genannt). Die Erstellung und die Platzierung des Logos (Titelbuchstaben) sind die Aufgabe des Coverdesigners. Bei einem Dojinshi oder einem im Selbstverlag erscheinenden Buch macht man das Coverdesign meistens selbst. Doch bei Büchern und Magazinen, die professionell verlegt werden, werden solche Tätigkeiten aufgeteilt.

Kapitel 4

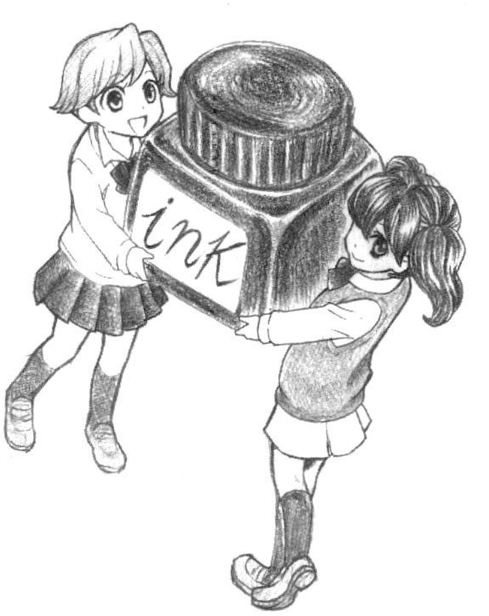

Zeichentechniken in Manga

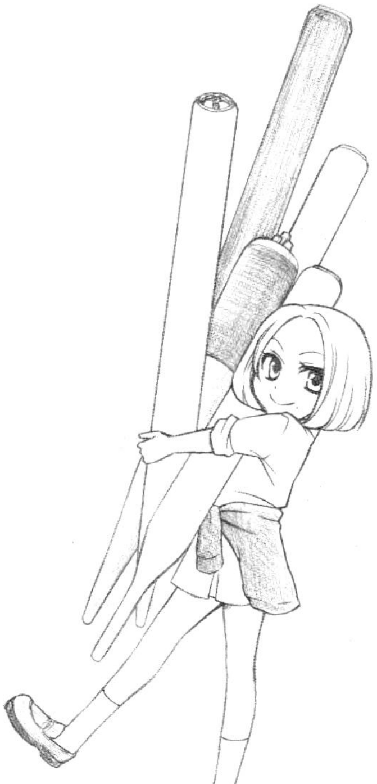

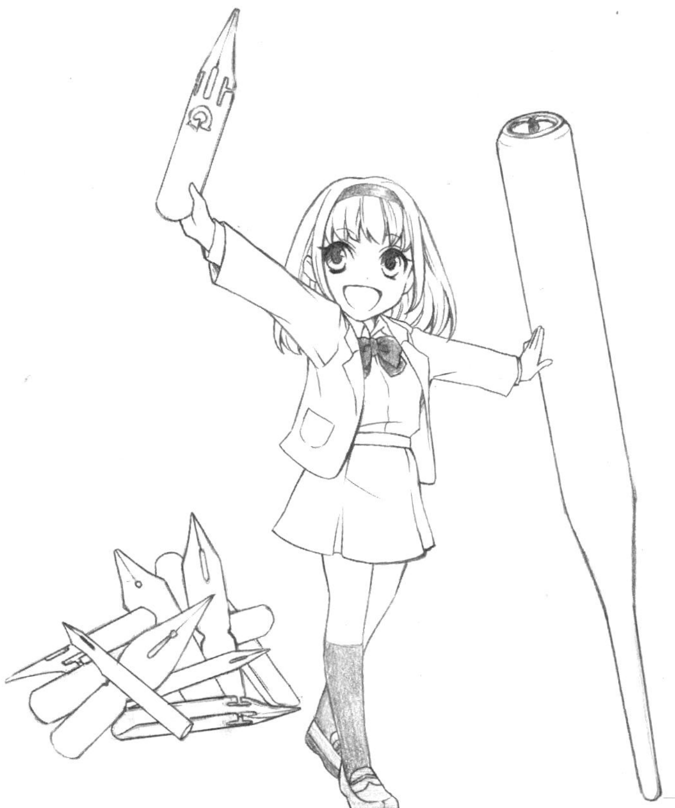

– Das Wichtigste zuerst –

Schritt 1 Papier

Es gibt verschiedene Normen für Papiergrößen.
Die meisten Manga-Magazine haben B5-Größe (DIN-Format B5).

● Manga werden seitenweise gezeichnet

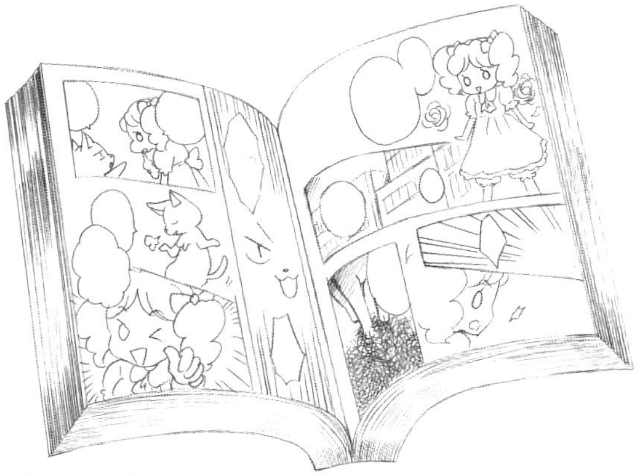

Als Magazin oder Taschenbuch

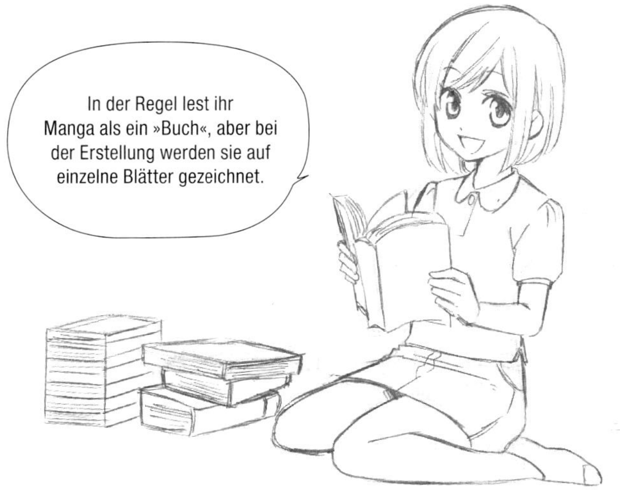

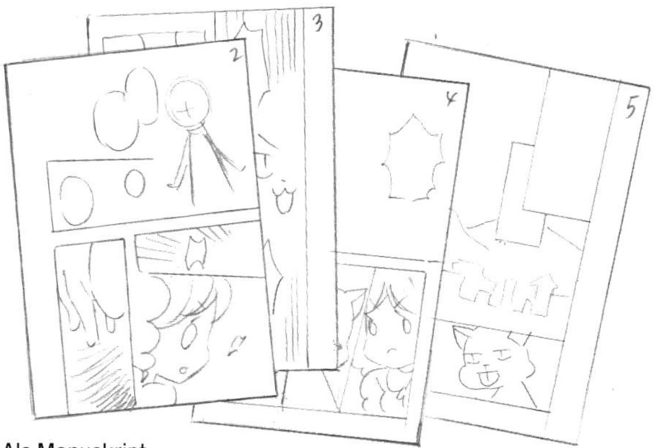

Als Manuskript

Manuskripte werden verkleinert

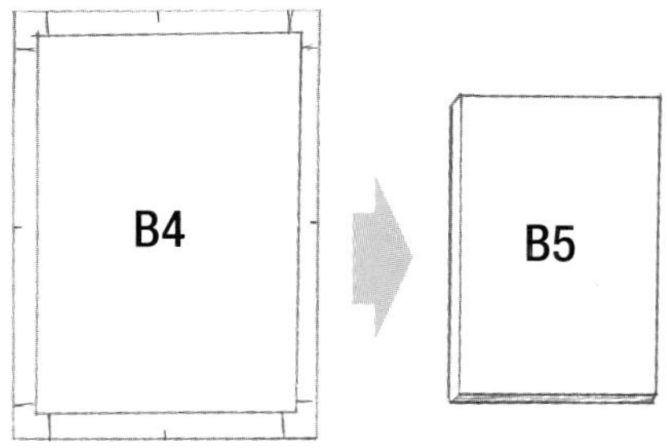

Größe beim Zeichnen

Standardgröße von japanischen Magazinen: B5

Die Leser bekommen Manga im B5-Format. Aber gezeichnet wird auf B4. Beim Drucken werden die Manuskripte auf 86 % verkleinert.

Übliche Buchgrößen

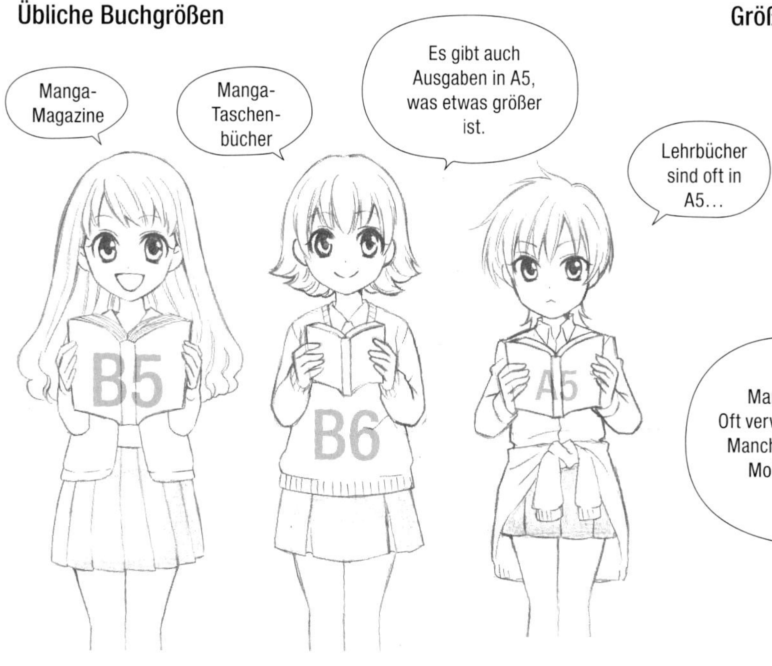

Größe der Manga-Manuskripte

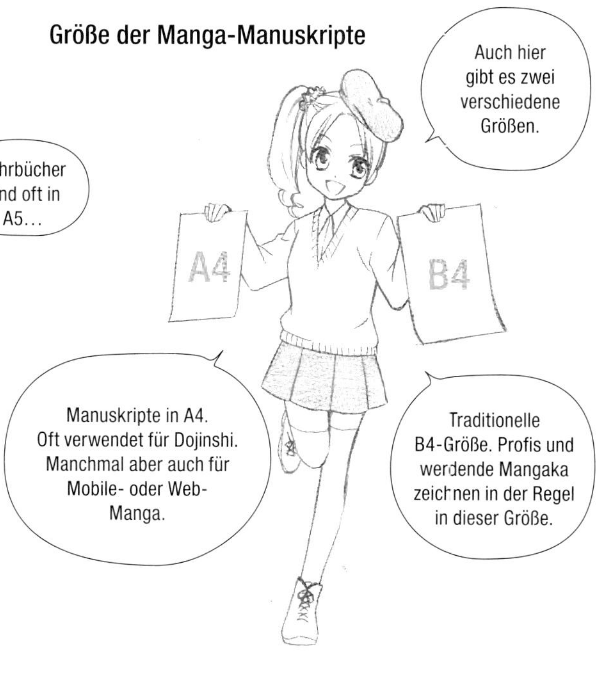

Schreibheft
(B5, A4)

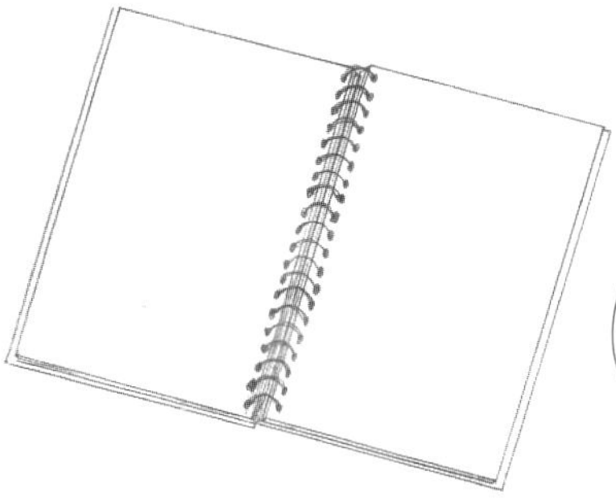

A4,
Ringbuch

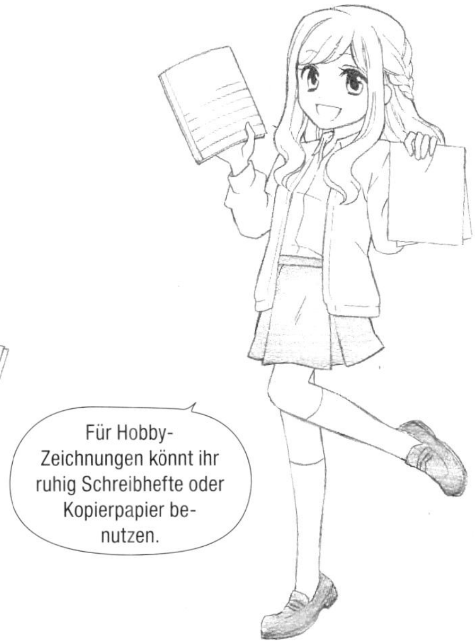

Referenz DIN-Formate

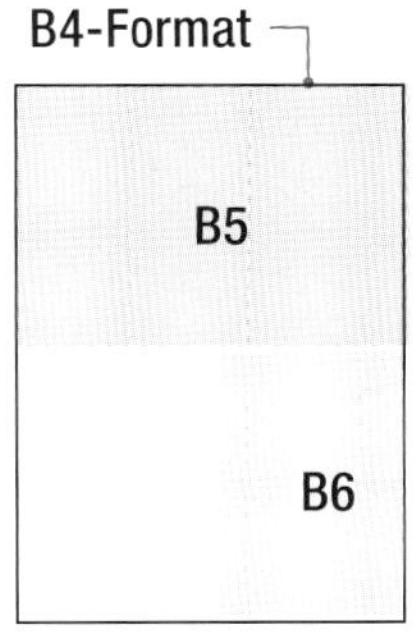

Die Hälfte von B4 ist B5, und die Hälfte von B5 ist B6 (das Prinzip gilt auch für A-Formate wie A4, A5 und A6).

Warum werden für Manga keine normalen Hefte oder Kopierpapier benutzt?

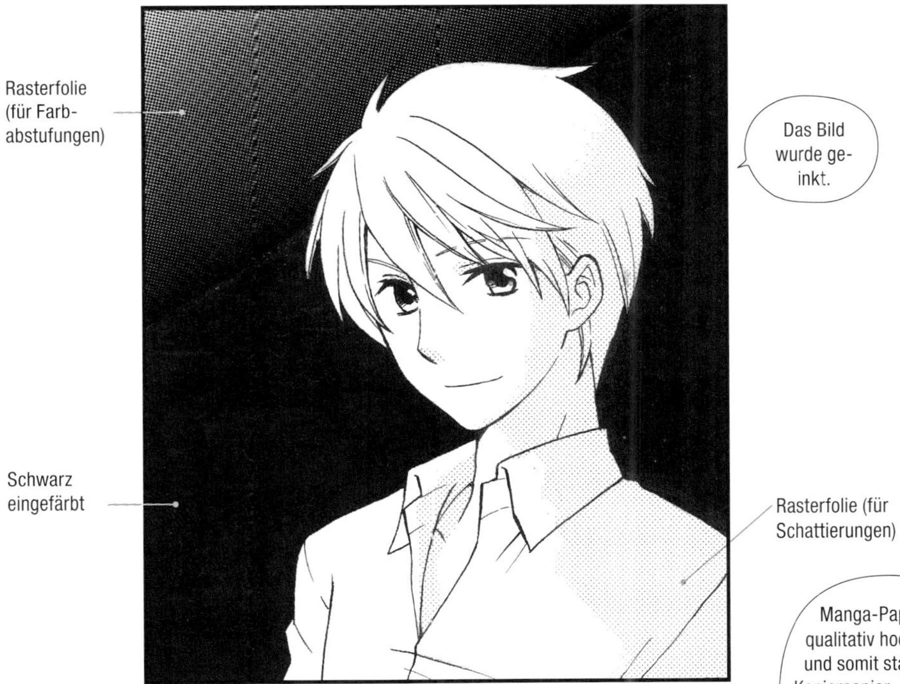

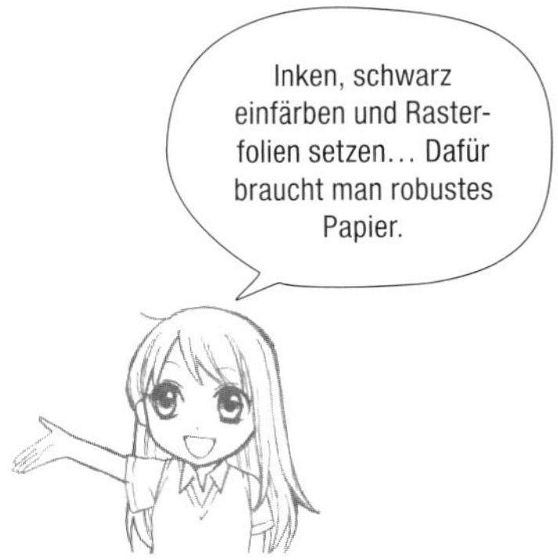

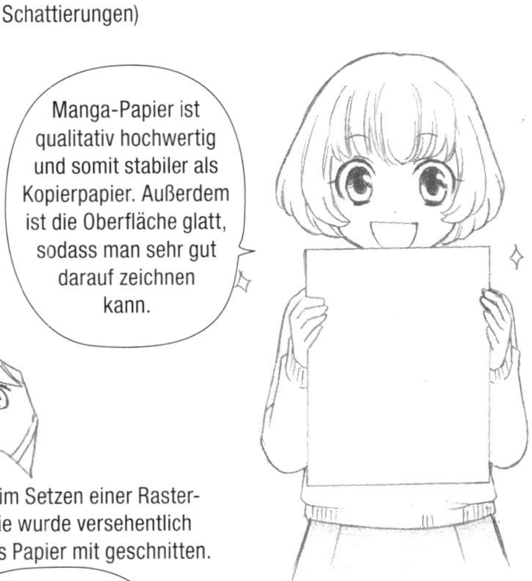

Es gibt dünne 110-g- und dicke 135-g-Varianten. Die dicke Variante ist natürlich robuster.

Bei normalen Heften oder Kopierpapier…

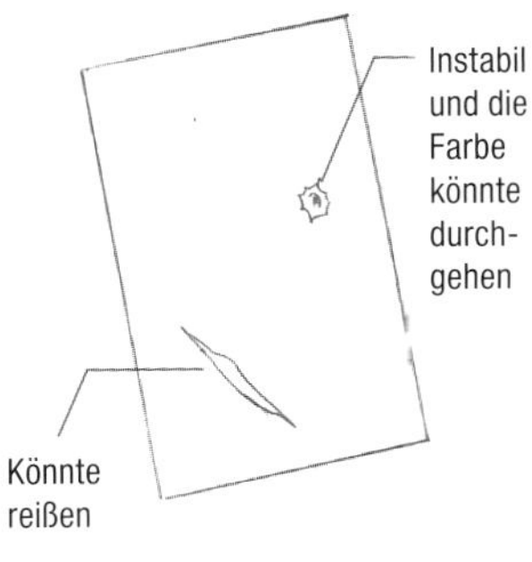

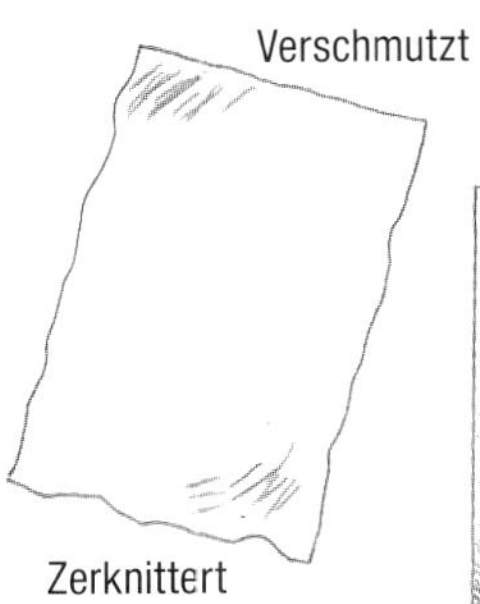

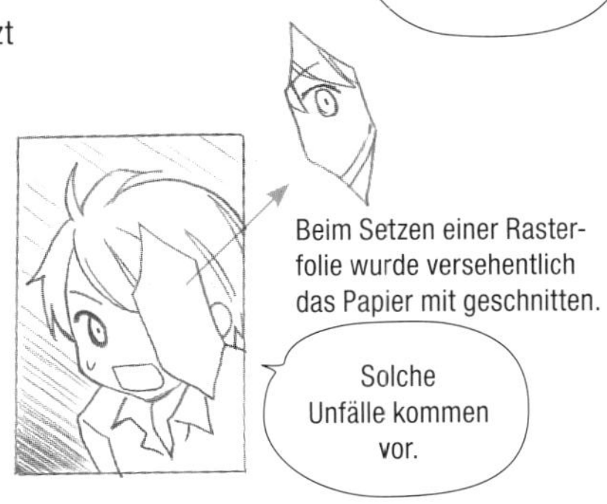

– Das Wichtigste zuerst –

Schritt 2 Bleistifte

Man kann Manga mit normalen Bleistiften oder Druckbleistiften zeichnen. Aber beim Zeichnen hält man die Stifte in einem anderen Winkel als beim Schreiben. Kritzelt zunächst ein wenig auf dem Papier herum, damit ihr ein Gefühl dafür bekommt.

● Haltung: Nicht so wie beim Schreiben!

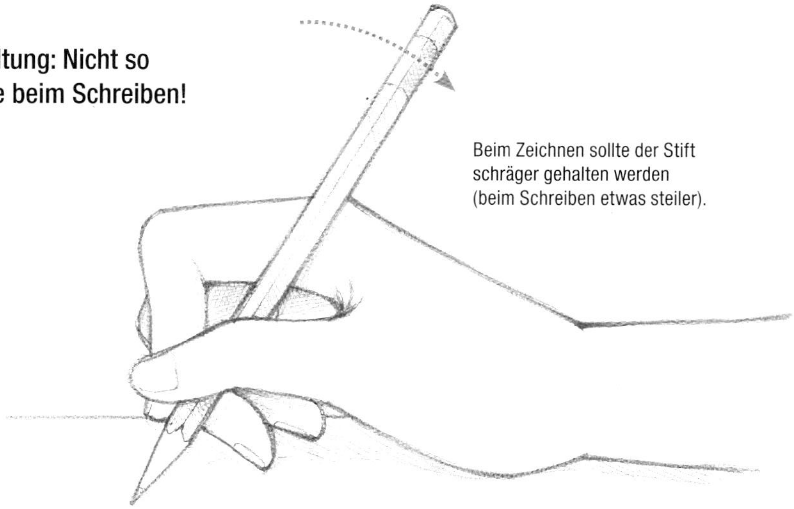

Beim Zeichnen sollte der Stift schräger gehalten werden (beim Schreiben etwas steiler).

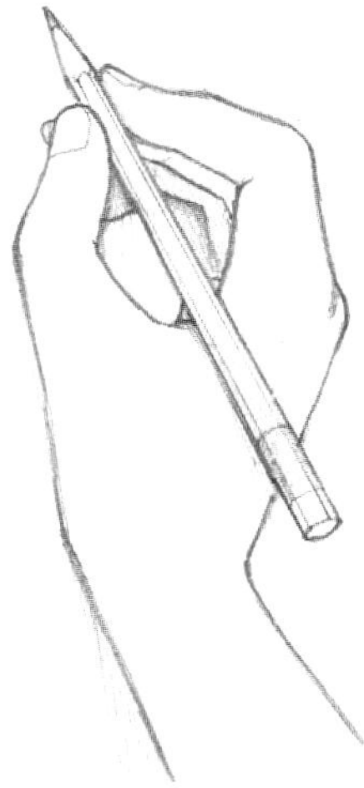

● Körperhaltung: Das Blatt mit einer Hand halten

Zunächst sollte das Papier parallel zum Körper sein. Es kann aber sein, dass das Blatt beim Zeichnen gedreht wird.

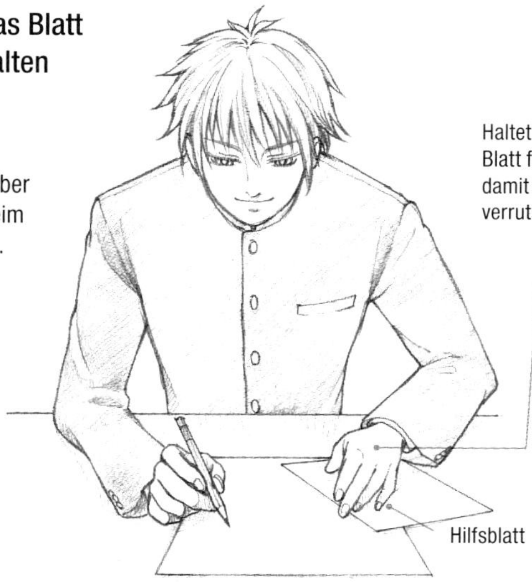

Haltet das Blatt fest, damit es nicht verrutscht.

Hilfsblatt

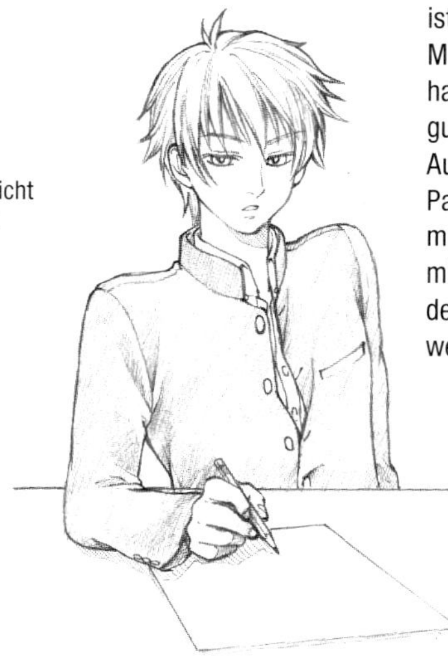

Die Körperhaltung ist bei jedem anders. Mit so einer Körperhaltung hat man einen guten Überblick, da die Augen weiter weg vom Papier sind. Das Blatt muss dann aber z. B. mit Klebestreifen auf dem Tisch befestigt werden.

⇦ Das geht nicht, wenn das Blatt nicht befestigt ist.

● Hilfsblatt: Damit das Blatt nicht schmutzig wird

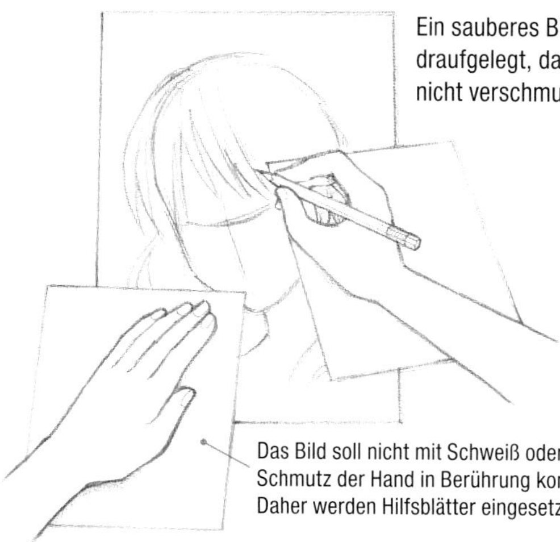

Ein sauberes Blatt Papier wird draufgelegt, damit das Manuskript nicht verschmutzt.

Das Bild soll nicht mit Schweiß oder Schmutz der Hand in Berührung kommen. Daher werden Hilfsblätter eingesetzt.

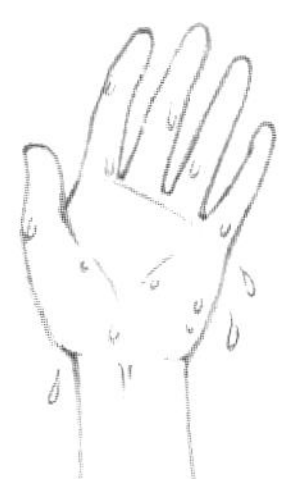

Hände werden feucht oder auch fettig. Wird das Blatt fettig, lässt sich darauf schwerer zeichnen.

Was wird mit Bleistift gezeichnet?

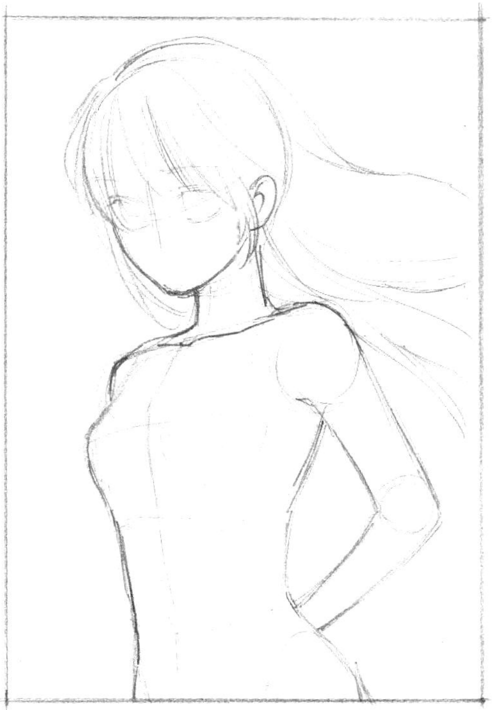

Sämtliche Zeichnungen. Nicht nur Scribbles, sondern Skizzen, grobe Fassungen usw.

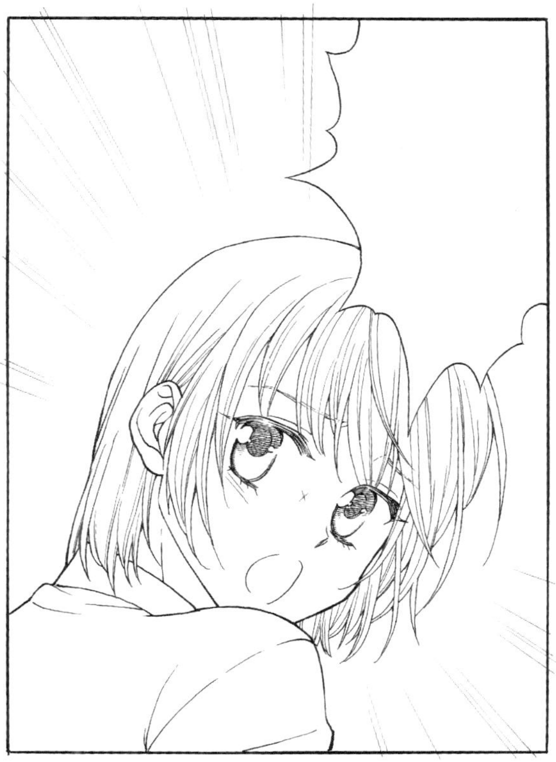

Rohfassung der Effektlinien (nach dem Inken der Charaktere)

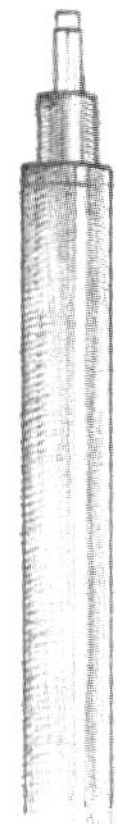

Ein Druckradiergummi. Sehr nützlich, um feine Stellen zu radieren.

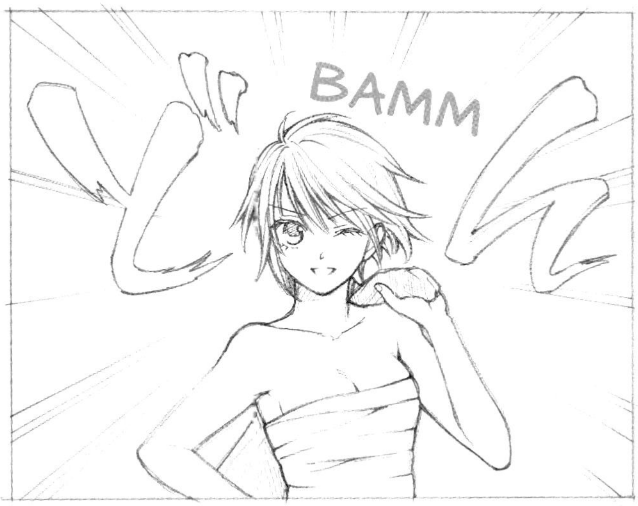

Skizzen auf Manga-Papier. Charaktere, Effektlinien, Soundwords, dazu eventuell noch Schattierungen oder Hinweise zu den Farben.

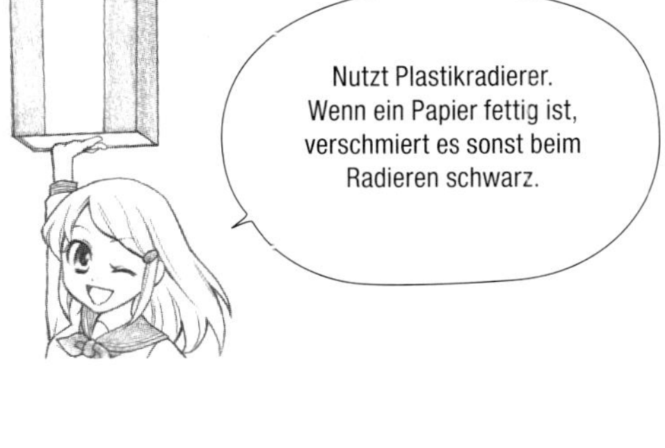

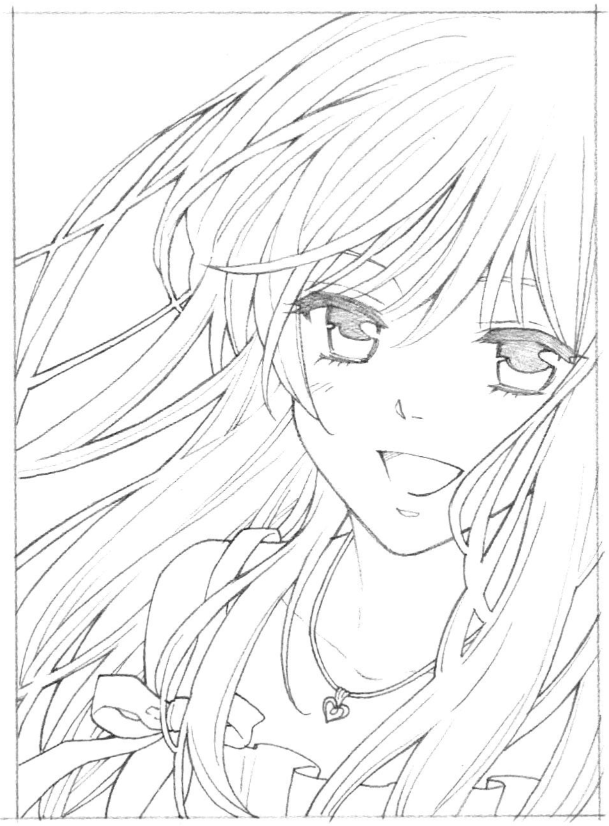

Gereinigte Version. Wenn man die Striche gut unter Kontrolle hat, kann die Vorzeichnung genauso gut werden wie die geinkte Version. Häufig wird dann ein Leuchttisch genutzt, um die Vorzeichnung zu pausen. Animes werden mit derselben Methode hergestellt.

Schritt 3

Federn und Fineliner

Häufig werden Federn zum Zeichnen von Manga verwendet, aber auch andere Werkzeuge wie Fineliner. Im Gegensatz zu Bleistiften zieht man hiermit klare dunkle Linien. Das gibt einem das Gefühl des Profi-Zeichnens.

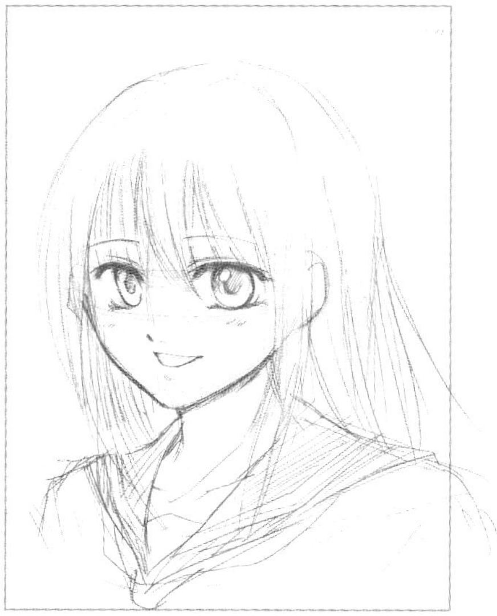

Skizze. Ein Porträt wurde für das Charakter-Design erstellt. Es kommt auch vor, dass man dieses direkt inkt.

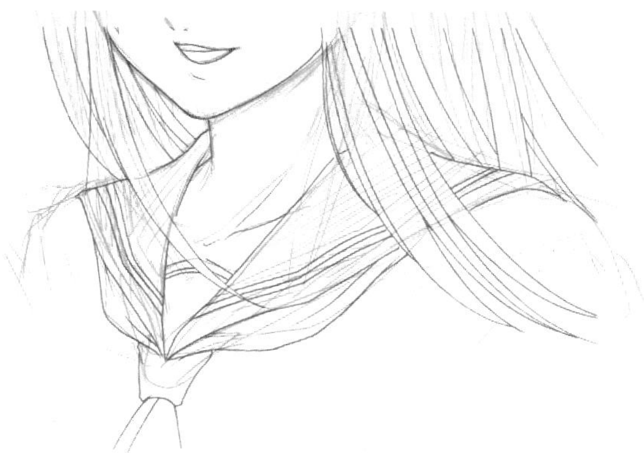

Wenn man Details wie Haare oder Kragen der Schuluniform auch schon mit dem Bleistift einzeichnet, muss man beim Inken weniger überlegen.

Fineliner

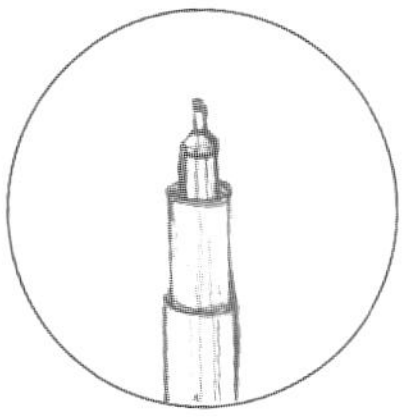

Geeignet, um gleichmäßige Linien zu ziehen

Feder

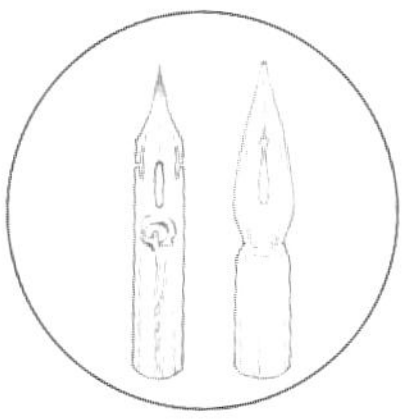

Geeignet, um Linien in verschiedenen Stärken zu ziehen

Fineliner

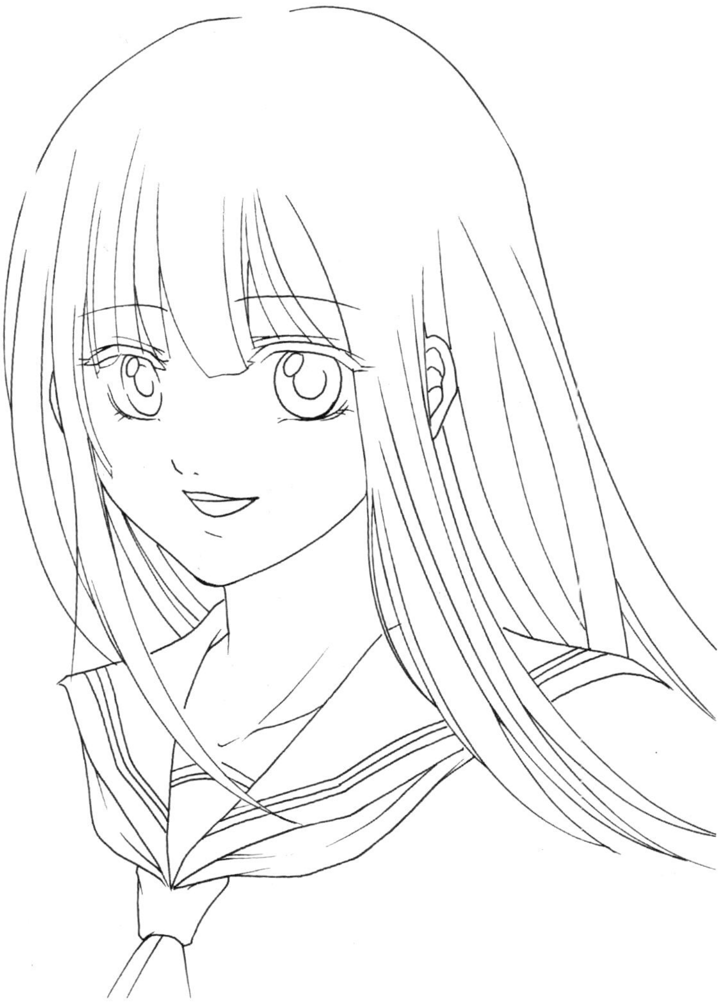

Geinkt mit einem Fineliner. Quasi wie eine Originalzeichnung für einen Anime. Die meisten Striche wurden in einer Breite gezeichnet. Das ist ein Trick, wenn ein Bild wie im Anime aussehen soll (weiter geht es dann mit Rasterfolien oder der Koloration am PC).

Mit einer Feder

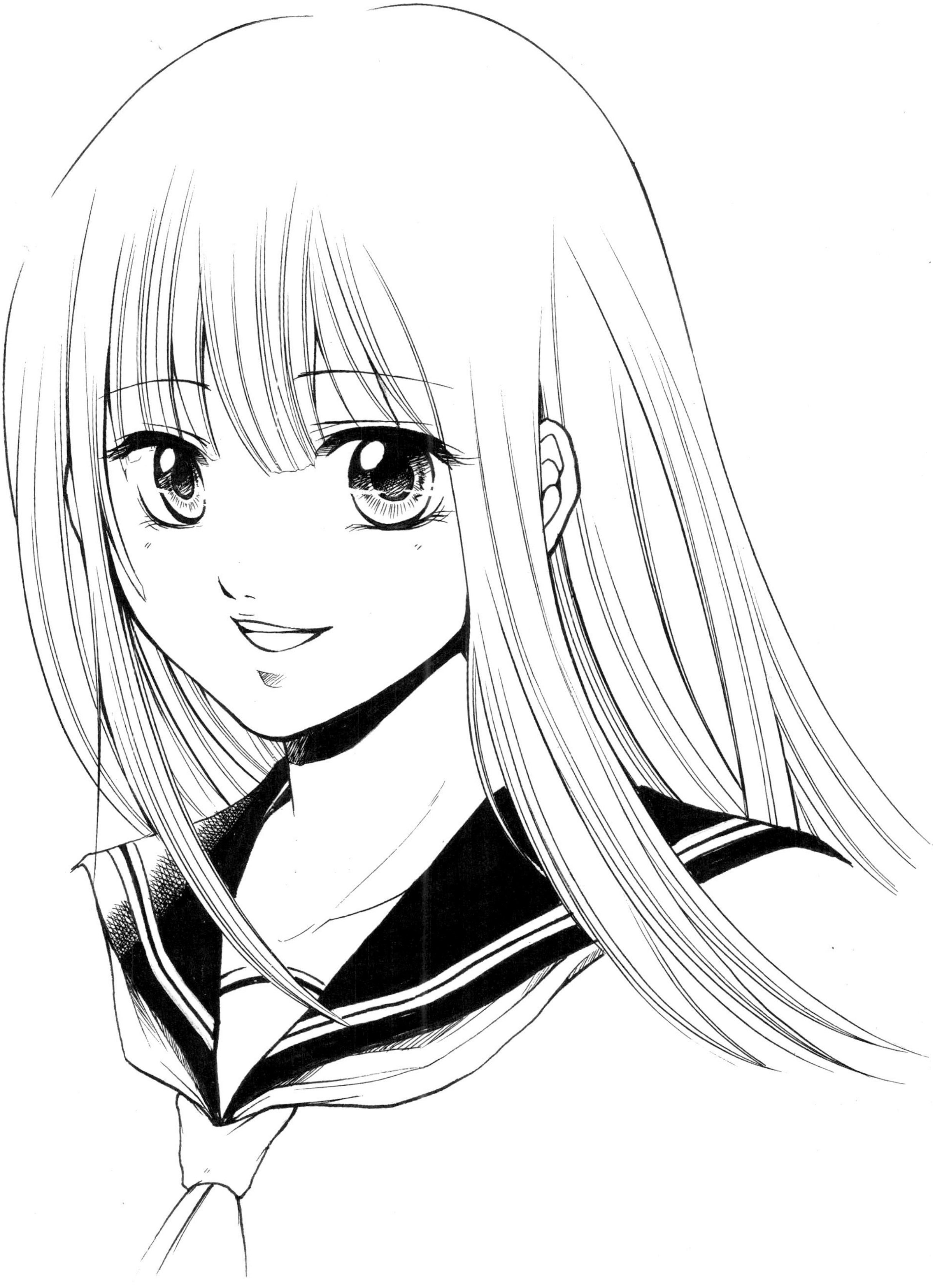

Hier wurde das Bild mit einer Feder gezeichnet. Dabei geht es um die Kontraste zwischen breiten und schmalen Linien. Der Mix aus dicken Linien, Raster und schwarz eingefärbten Stellen macht das Bild auch ohne Rasterfolien beeindruckend.

– Das Wichtigste zuerst –

Schritt 4 Zum Schluss: Inking und Rasterfolien

Ein Manga wird mit verschiedenen Stiften gezeichnet, die dunklen Steller werden eingefärbt und am Ende kommen Rasterfolien zum Einsatz. Das gilt auch für schwarz-weiße Zeichnungen. Lasst uns nun eine Illustration erstellen mit dem Thema: »Einen individuellen Charakter beeindruckend präsentieren«.

①

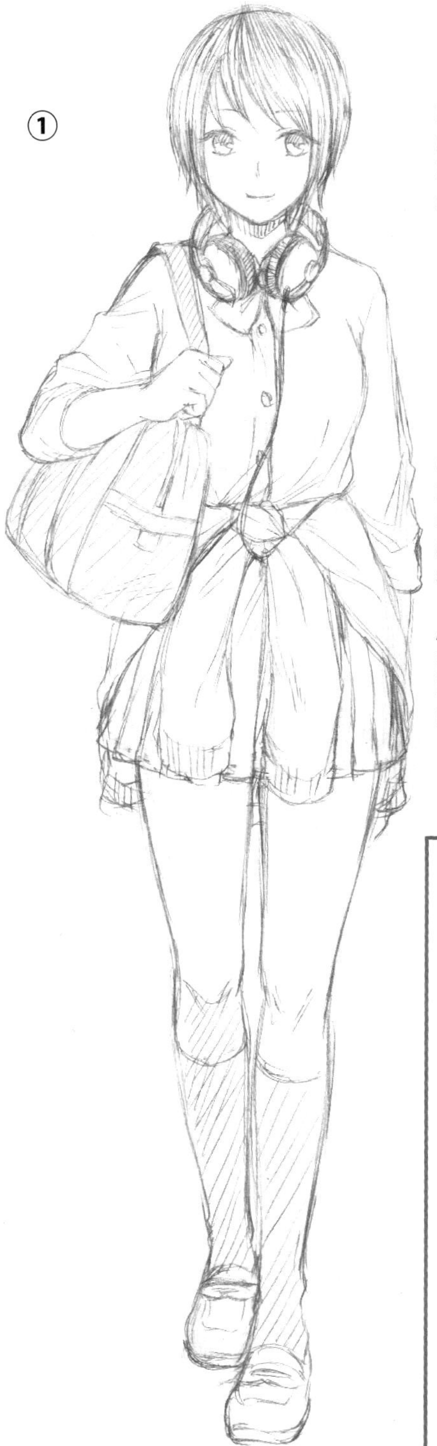

Das Grundthema ist ein Schulmädchen. Im Alltag hat sie einen Kopfhörer um den Hals hängen.

Charakter präsentieren lassen... In der Regel ist das eine Nahaufnahme. Doch das allein reicht nicht aus. Was muss man tun, damit sich die Persönlichkeit zeigt?

Aus der Frage ergab sich eine Körperhaltung wie beim Nachdenken. Der Charakter wird innerhalb des Rahmens platziert und skizziert.

Einen eigenen Charakter zu präsentieren ist gleichbedeutend mit der »Begrüßung« oder »Vorstellung« des Charakters. Macht das so, als würdet ihr eine Szene aus dem Alltag zeichnen.

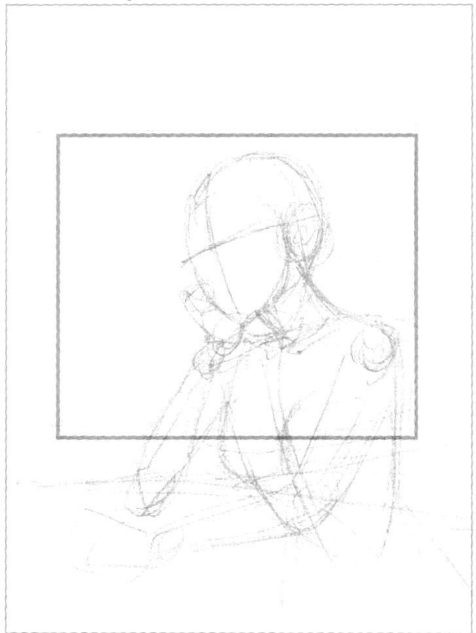

② Rohfassung

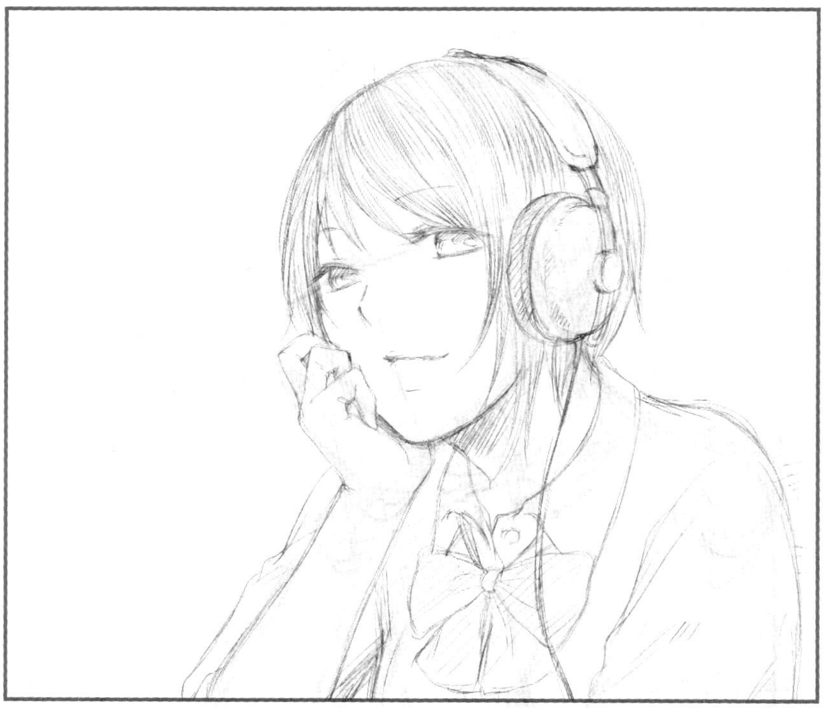

③ Skizze

Erste grobe Version. Beim Skizzieren wird am Charakterbild gearbeitet. Was für eine ist sie? Was für Hobbys hat sie? Aus solchen Fragen ergeben sich immer mehr Details.

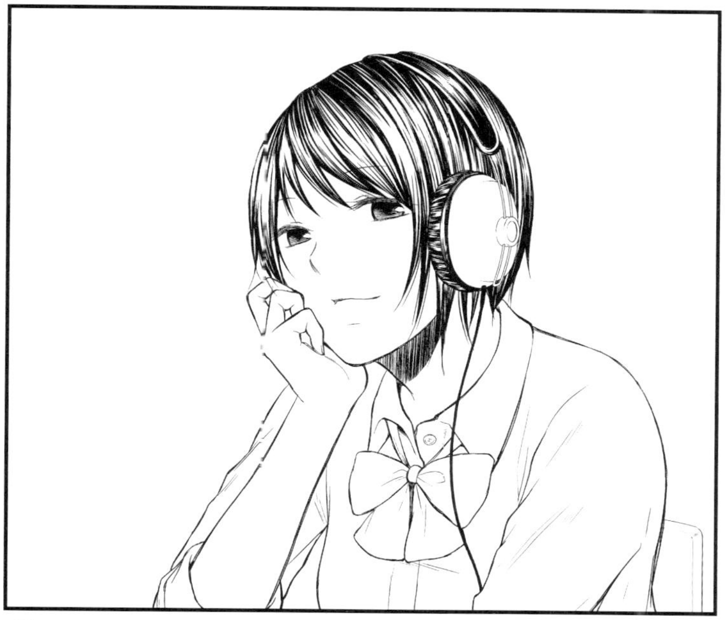

④ Inking & Einfärben Erst wird mit der Feder geinkt, dann mit Tusche eingefärbt. Zum Inken können sowohl Fineliner als auch Tuschstifte benutzt werden. Probiert viele Werkzeuge aus.

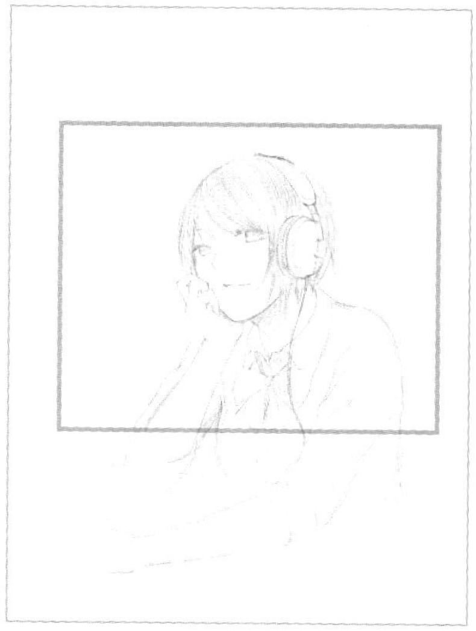

Referenz: das Gesamtbild der Skizze. Das ist eine ganz normale Körperhaltung, deshalb müssen der Gesichtswinkel, dazu die Verbindungen zwischen Hals, Schultern und Ellbogen stimmen. Diese Skizze wird somit für den gesamten Oberkörper gemacht. Ihr seht, dass sogar der Tisch grob gezeichnet wurde, auch wenn er nicht im Bild erscheint.

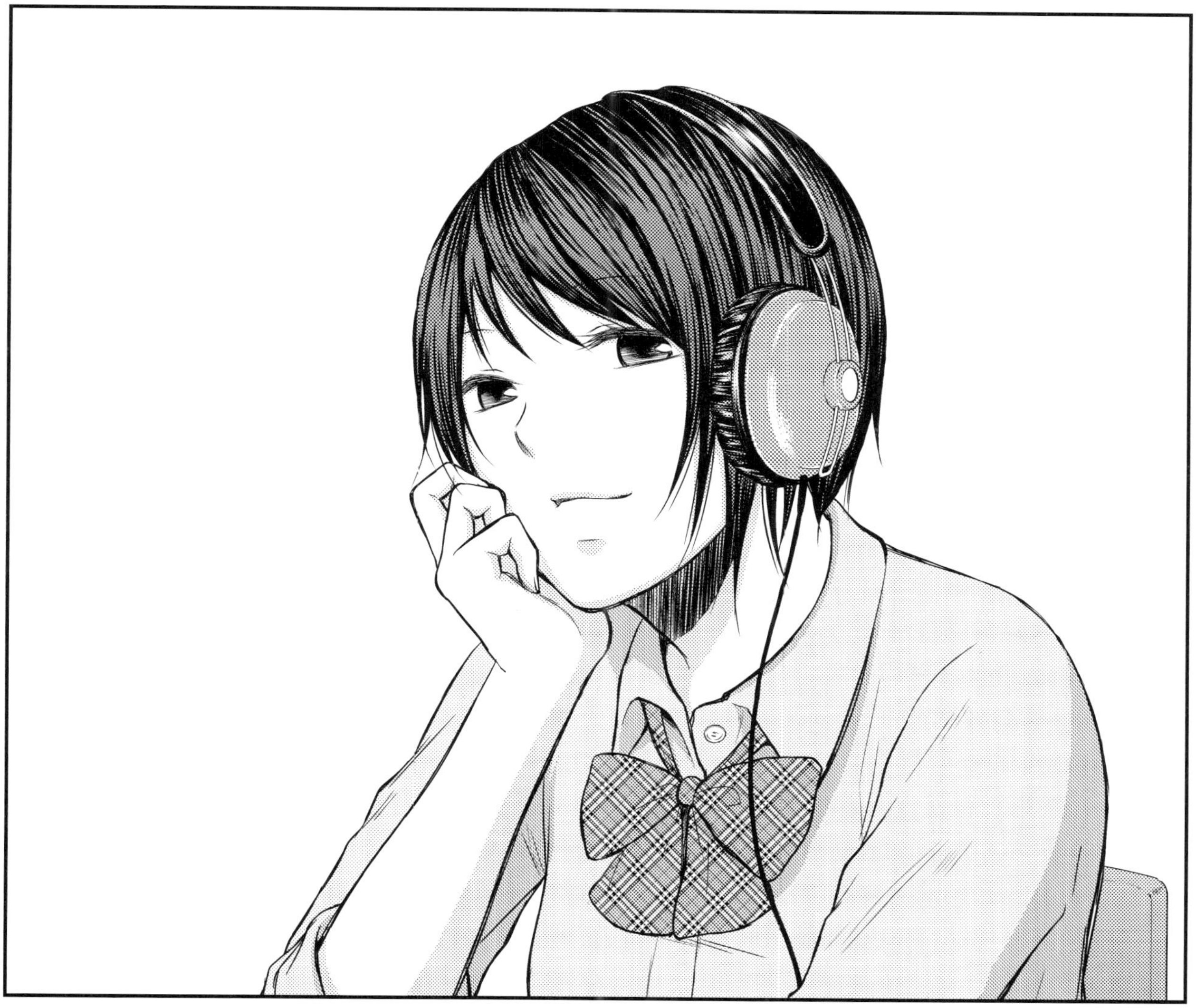

⑤ Fertig Mit Rasterfolien wird das Bild finalisiert. Durch Rasterfolien erkennt man das Material des Kopfhörers und des Hemds. Außerdem gewinnt der Charakter etwas mehr Räumlichkeit durch Licht- und Schatteneffekte.

Spezielles Manga-Papier

Manga in Magazinen sind auch »Produkte«. Viele Leute arbeiten an einem Manga, bis er ins Magazin kommt. Daher gibt es bestimmte Vorschriften, z. B. zu Papier- oder Zeichenarten. Man darf nicht auf beliebigem Papier zeichnen. Hier lernen wir die Grundlagen.

Manga-Papier im B4-Format

Manga in Magazinen werden auf Manga-Papier im B4-Format gezeichnet.

● Die Bedeutung der Rahmen und des Beschnitts

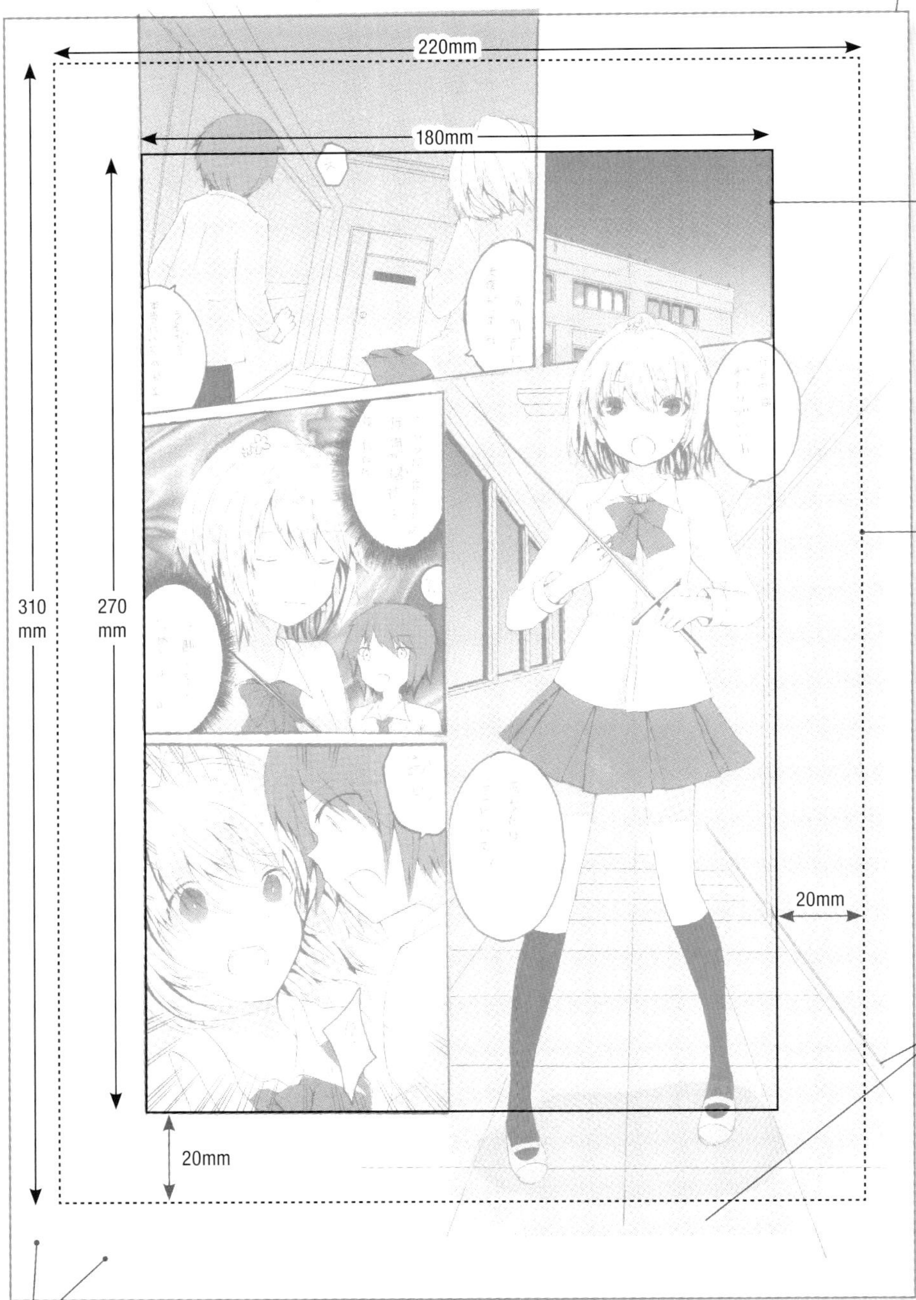

Manga-Papier (B4-Format)
257 mm x 364 mm

Innerer Rahmen
180 mm x 270 mm

Das ist der Druckbereich. In der Regel werden Panels innerhalb dieses Rahmens gezeichnet und auch die Texte kommen hier hinein (es kann sein, dass ein Teil der Sprechblasen diesen Bereich überschreitet).

Außenrand
220 mm x 310 mm

Das Endformat. Nach dem Drucken bzw. beim Binden wird der Bereich außerhalb dieses Rahmens abgeschnitten.

Wichtig

Beschnitt
Hier seht ihr, dass die Linien des Hintergrunds bzw. die Rasterfolien über den Rahmen hinausgehen. Das wird so gemacht, um sicherzugehen, dass das Bild später wirklich bis zum Rand der Seite reicht.

Der äußere Bereich wird nach dem Drucken bzw. bei der Buchbindung entfernt. Diese Stelle wird als »Beschnitt« bezeichnet.

Wie zeichnet man auf Manga-Papier?

● Denkt immer an die Doppelseite

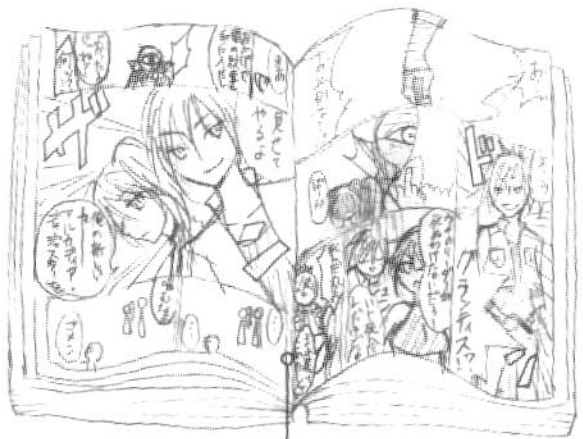

Linke Seite / Rechte Seite

Mitte. Hier werden die Seiten gebunden. In der Mitte wird normalerweise nicht gezeichnet.

Hier werden die Seiten gebunden.

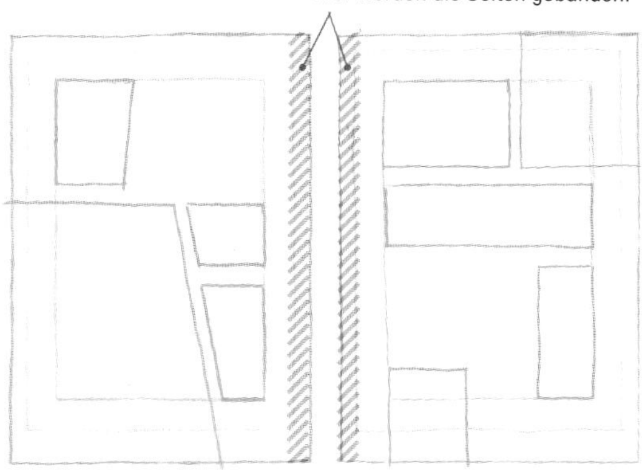

Linke Seite (ungerade Seitenzahl)

Rechte Seite (gerade Seitenzahl)

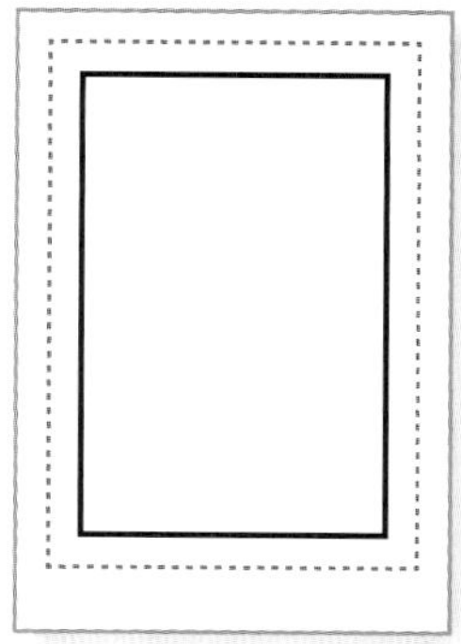

Dojinshi werden in der Regel im A4-Format gezeichnet. Ein Manuskript im B4-Format wird auch als »Einsende-Format« bezeichnet, um das Format von der Dojinshi-Größe zu unterscheiden. Die Struktur von Beschnitt und innerem Rahmen bleibt gleich.

◆ **Denkt immer an die Doppelseite**

◆ **Der mittlere Teil ist der rechte Rand der linken Seite (ungerade Seitenzahl). Der mittlere Teil ist der linke Rand der rechten Seite (gerade Seitenzahl).**

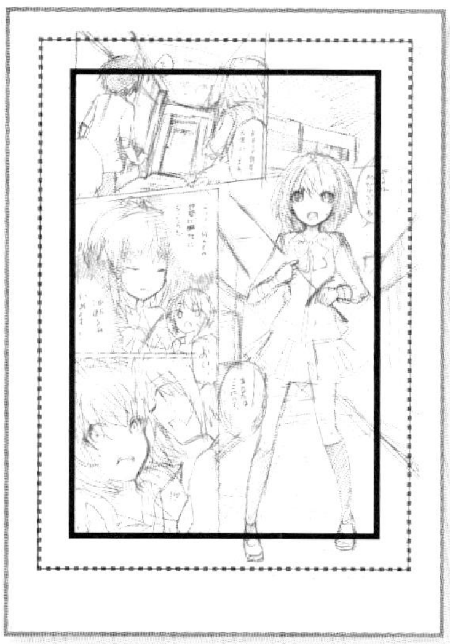

Auch bei der Vorzeichnung müsst ihr an die Ränder denken.

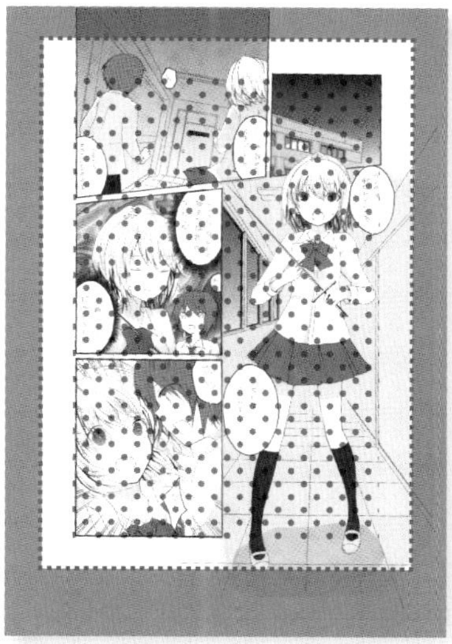

Fertiges Manuskript

Innerer Rahmen. Dieser Teil wird ganz sicher im Magazin gedruckt.

Beschnitt. Dieser Bereich wird nach dem Drucken abgeschnitten.

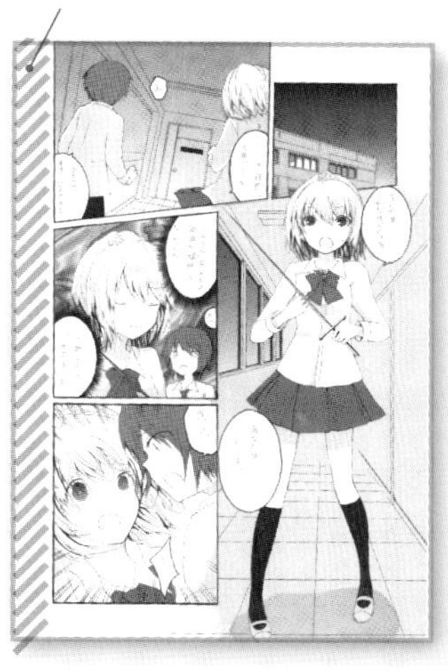

Magazin-Version. Man sieht, dass an die Mitte und an den Beschnitt gedacht wurde.

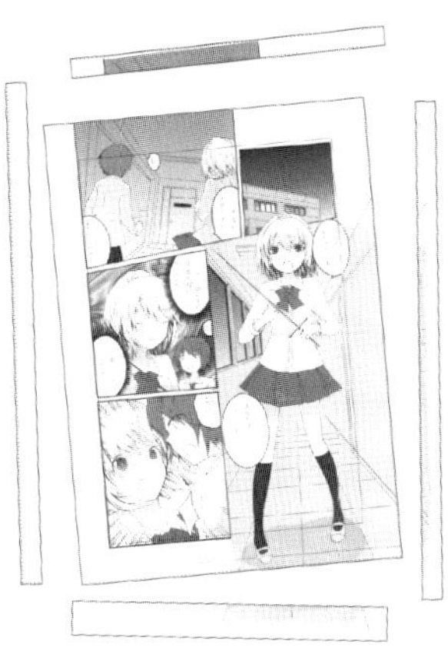

Referenz

Nach dem Drucken wird der Beschnitt auf diese Art abgeschnitten.

In der Mitte und außerhalb des Rahmens sind Text und Bilder dann nicht mehr sichtbar.

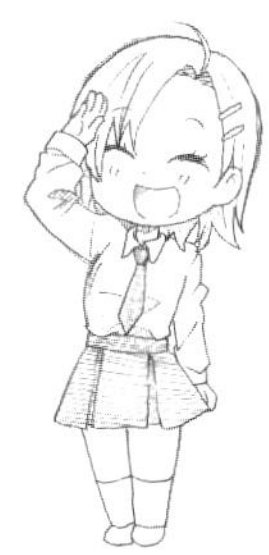

Ihr müsst daran denken, wie die Seite nach dem Drucken aussieht.

Manuskripte

Nun schauen wir uns Techniken wie Paneling, Vorzeichnen und Inking an, die für Manga genutzt werden.

1. Paneling

Die Stärke der Rahmen und der Abstand zwischen den Panels ist unterschiedlich, je nachdem, ob die Zielgruppe »Kinder« oder »Erwachsene« sind. Die Regeln für Doppelseiter bleiben bei allen Zielgruppen gleich.

Rahmenstrichbreiten und Panelgrößen

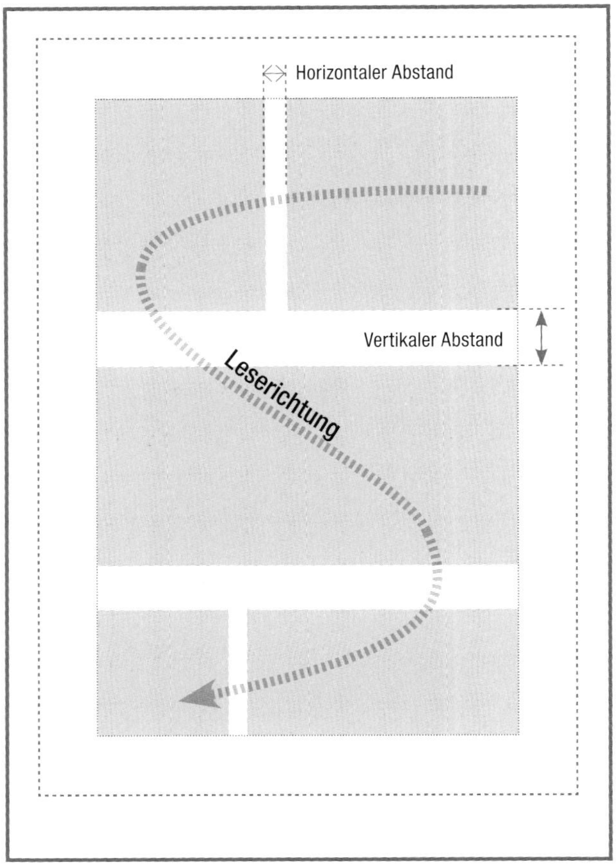

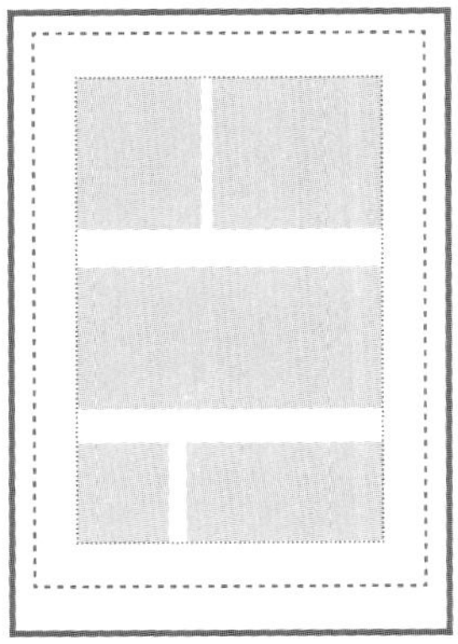

Shonen-Manga
Horizontaler Abstand: 3–5 mm
Vertikaler Abstand: 8–12 mm
Rahmenstrich: 0,8 mm–

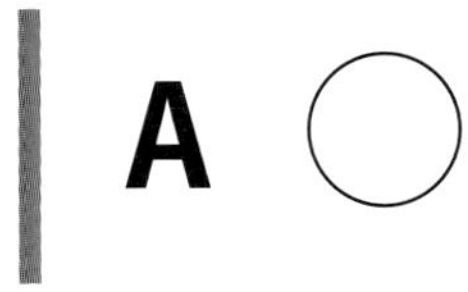

Rahmenstrich (eher breit): 1,5 mm

Große Schrift (etwa 9 mm x 9 mm)

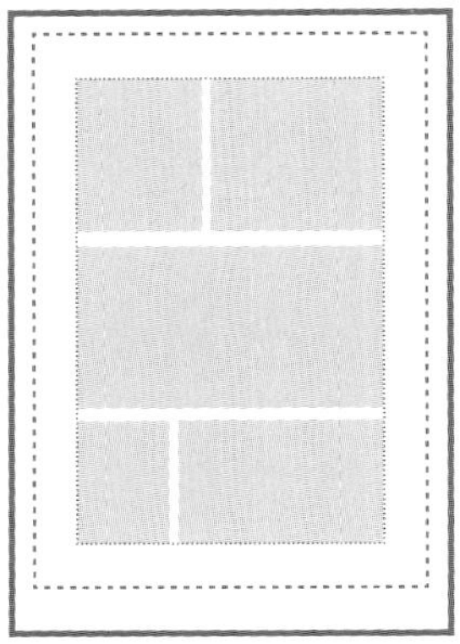

Seinen-Manga
Horizontaler Abstand: 2–3 mm
Vertikaler Abstand: 5–8 mm
Rahmenstrich: 0,5 mm–

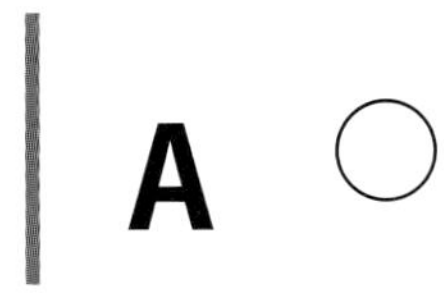

Rahmenstrich (eher schmal): 1 mm

Kleine Schrift (etwa 6 mm x 6 mm)

Wichtig In der Regel 5 bis 6 Panels pro Seite

Denkt an den Panel-Fluss

● **Das Werk wird in Doppelseiten betrachtet**

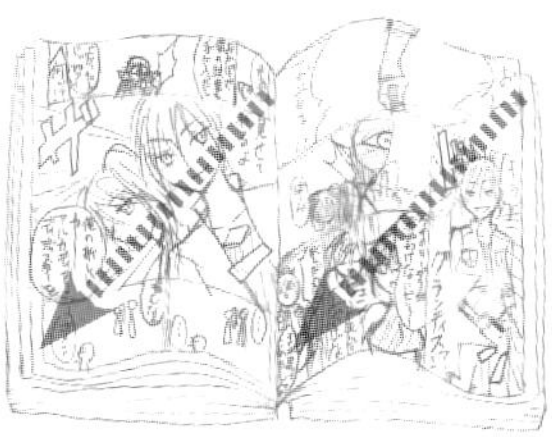

Linke Seite Rechte Seite

So sieht es im aufgeschlagenen Zustand aus. Man beginnt oben rechts auf der rechten Seite. Beim Zeichnen muss man nicht nur an die Leserichtung denken, sondern auch an den Gesamteindruck beim Aufschlagen.

Linke Seite (ungerade Seitenzahl) Rechte Seite (gerade Seitenzahl)

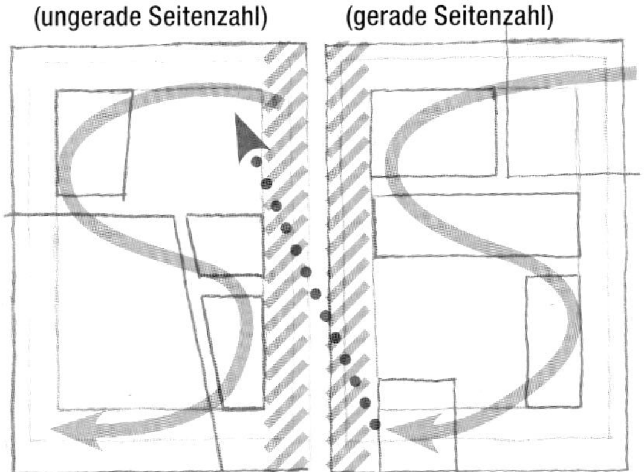

Mitte

Man beginnt oben rechts und geht nach unten links, passend zum Panel-Fluss. Ihr müsst aufpassen, dass die Seiten gut lesbar sind. Dafür müsst ihr sowohl beim Arbeiten am Storyboard als auch beim Zeichnen das Werk gelegentlich in Doppelseiten betrachten.

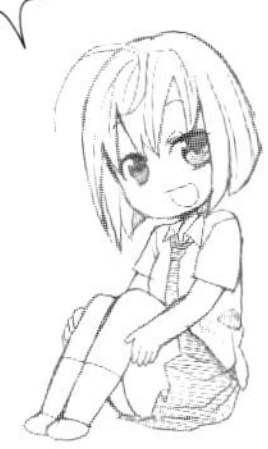

● Sorgt für Abwechslung

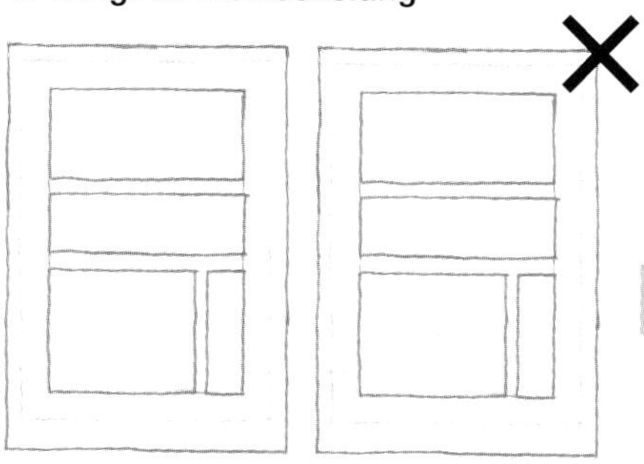

Linke Seite (ungerade Seitenzahl) | Rechte Seite (gerade Seitenzahl)

Hier sind beide Panels identisch. Das wirkt langweilig, auch wenn die Bilder in den Panels unterschiedlich sind.

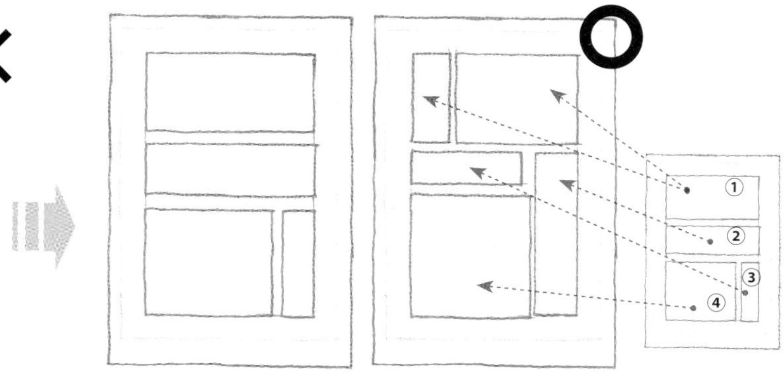

Hier ein Beispiel mit Veränderungen. Wenn man ein Storyboard korrigiert, kommt es durchaus vor, dass man ein horizontales Panel zu einem vertikalen Panel ändern muss.

1: Panel wurde in zwei Panels aufgeteilt.
2: Panel ist vertikal.
3: Panel ist horizontal.
4: Panel wurde vergrößert (wichtiges Panel).

● Wie weit darf man zeichnen?
- Bereich außerhalb des Rahmens –

Dieser Trick wird genutzt, um das Panel (die Szene) größer darzustellen oder um einen Szenenwechsel zu zeigen. Wird das zu häufig verwendet, wird der Manga schwer lesbar. Einige Magazine sehen so etwas nicht gern.

Auf beiden Seiten bis zum Beschnitt gezeichnet

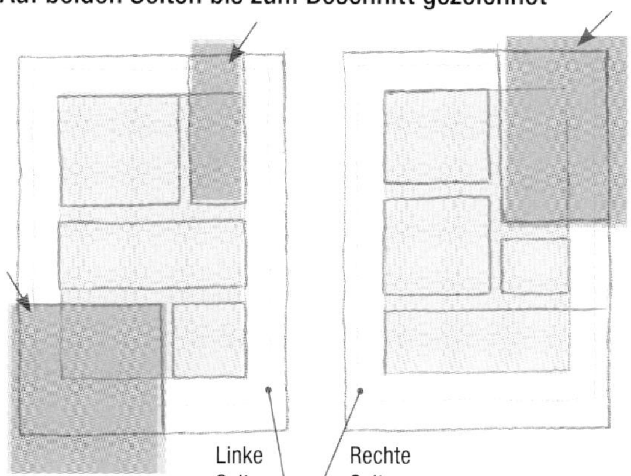

Die Pfeile zeigen die Stellen außerhalb der Panels.

Achtet darauf, dass in der Mitte nichts gezeichnet ist!

Wenn ihr bis zum Beschnitt zeichnet, müsst ihr wissen, dass ein Teil des Bildes abgeschnitten wird. Was nicht passieren darf, ist, dass Text im Beschnitt landet.

Der Rand der Sprechblasen darf ruhig ein wenig den inneren Rahmen verlassen. Doch der Text muss unbedingt in dem Rahmen bleiben.

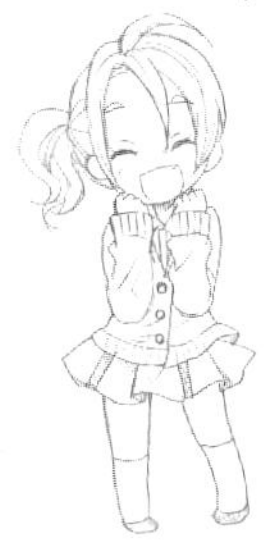

Beide Seiten ohne Zeichnungen im Beschnitt

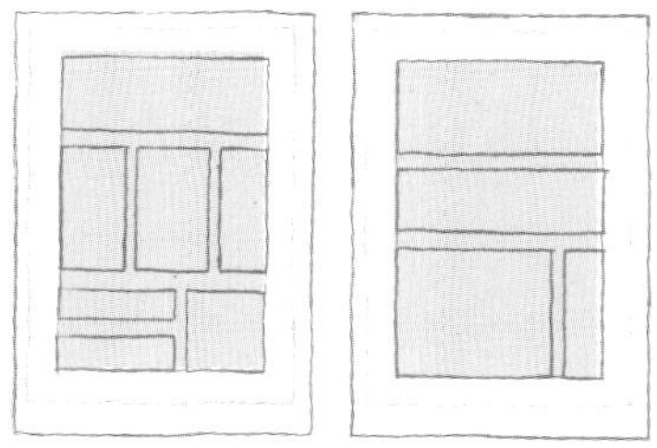

Linke Seite (ungerade Seitenzahl) | Rechte Seite (gerade Seitenzahl)

Beide Seiten bis in den Beschnitt

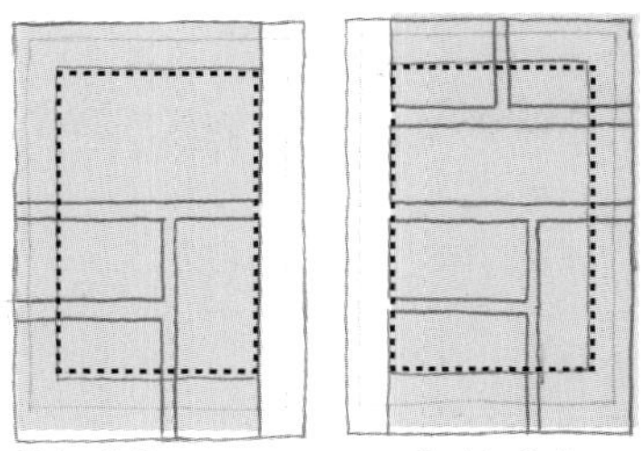

Linke Seite (ungerade Seitenzahl) | Rechte Seite (gerade Seitenzahl)

Was nicht funktioniert

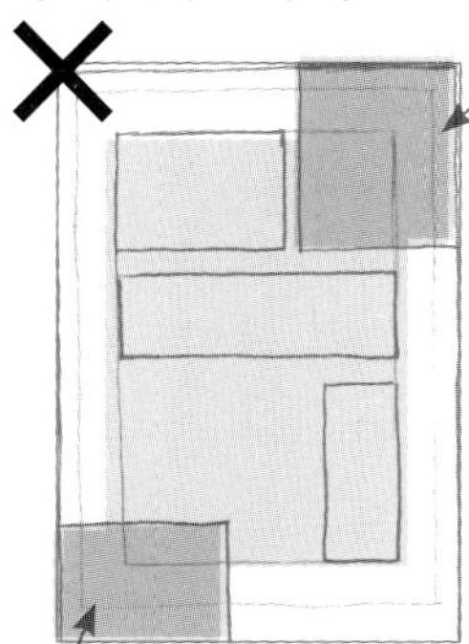

Zeichnungen im Beschnitt im mittleren Bereich sind kaum sichtbar.

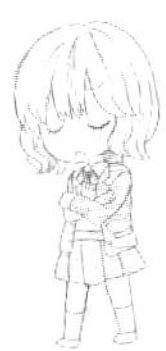

Ausnahme: Ungewöhnliche Panels wie in Shojo-Manga

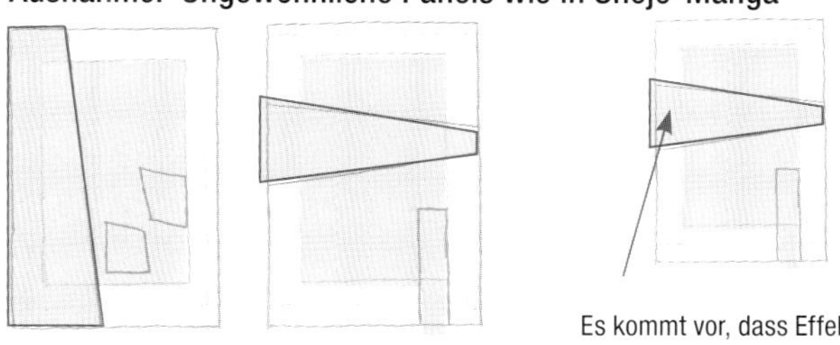

Linke Seite (ungerade Seitenzahl) | Rechte Seite (gerade Seitenzahl)

Es kommt vor, dass Effektlinien oder Hintergrundzeichnungen bis in die Mitte gehen.

2. Vorzeichnung

Vom Storyboard zum Manuskript

Zunächst schaut ihr euch das Storyboard an und teilt die Panels aus dem Manuskript nach Gefühl auf. Das Storyboard kann auch auf Mangapapiergröße vergrößert kopiert werden, um es dann zu pausen.

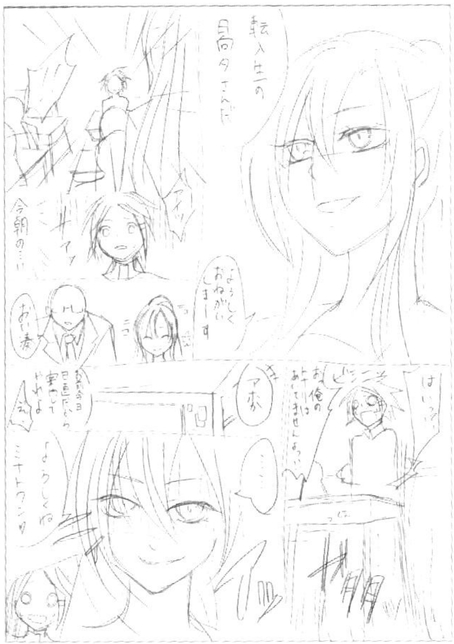

1. Fertiges Storyboard

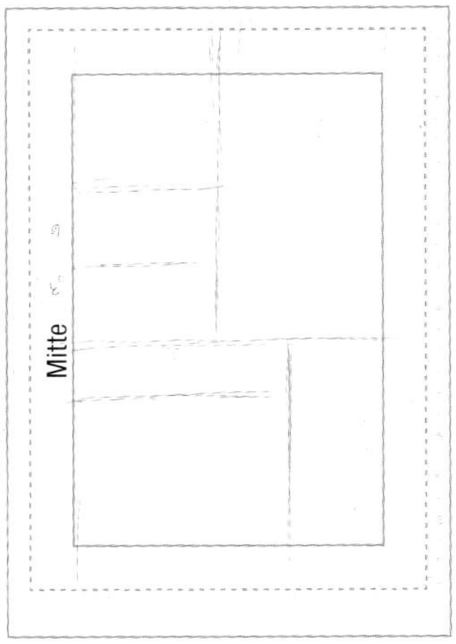

2. Entwerft eine grobe Panel-Aufteilung mit dünnen Linien. Das große leere Blatt kann einen unter Druck setzen, aber wenn man nichts tut, bleibt es für immer weiß. Fangt zunächst damit an, die groben Panels einzuzeichnen.

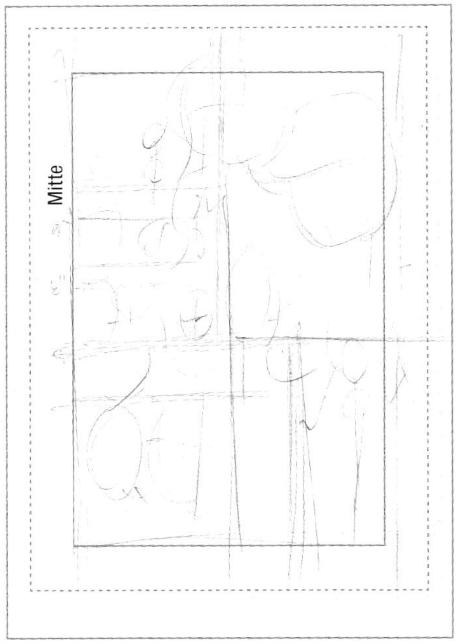

3. Dann die grobe Fassung der Charaktere und Sprechblasen. Jetzt möchte man die erste Panel-Aufteilung schon leicht anpassen, und das tut ihr in diesem Schritt auch.

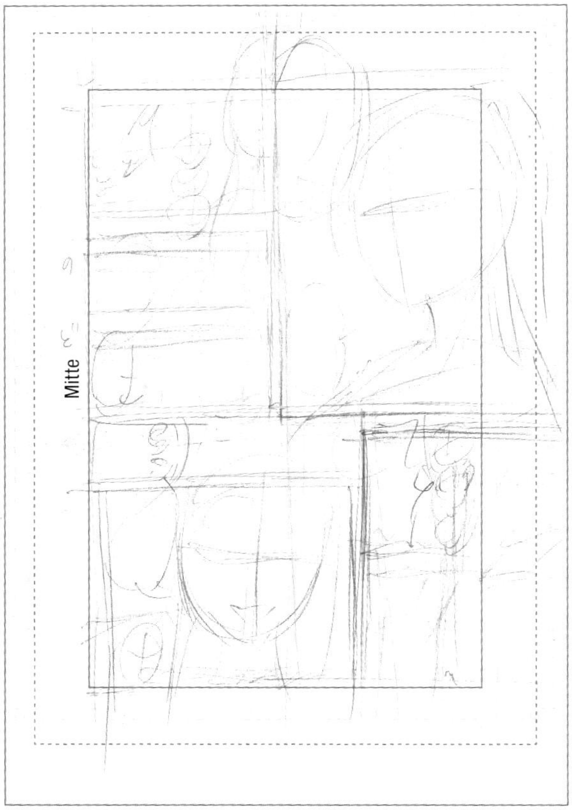

4. Nun die Panel-Ränder skizzieren. Es gibt auch Zeichner, die das schon in Schritt 2 mit einem Lineal erledigen. Und welche, die bereits bei Schritt 3 Sprechblasen und Texte einfügen.

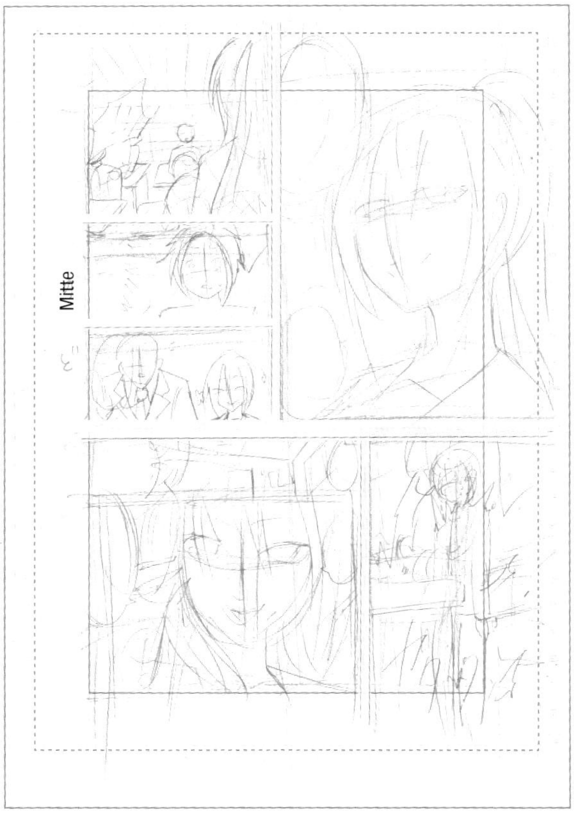

5. Die Panelränder mit einem Lineal ziehen und im Anschluss Sprechblasen und Charaktere klarer zeichnen. Auch die Hintergrundelemente und Kleinteile einfügen.

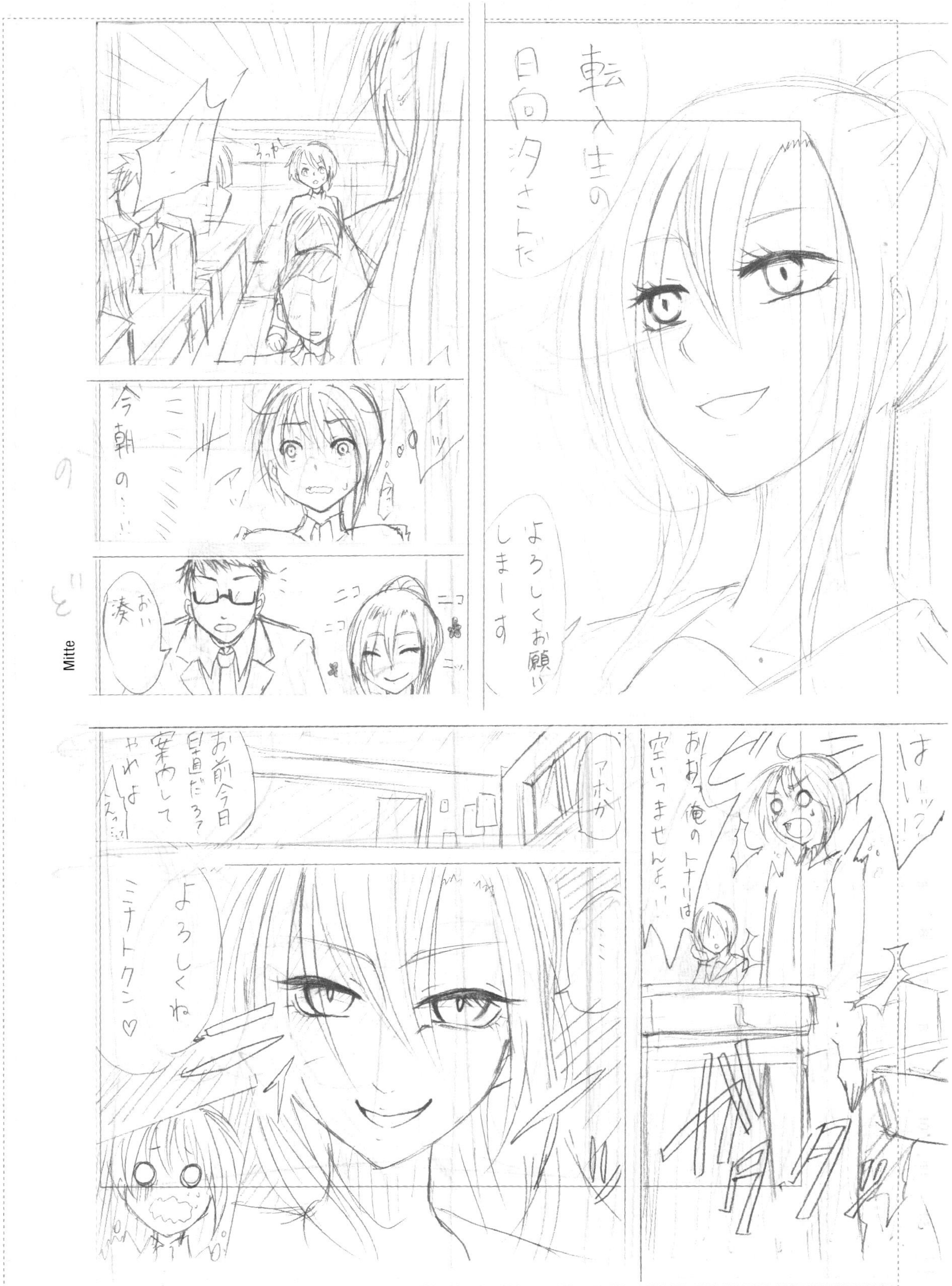

6. Ende der Vorzeichnung. Die Charaktergrößen bzw. ihre Positionen könnt ihr noch leicht verändern, aber grundsätzlich solltet ihr euch nach dem Storyboard richten.

Sprechblasen

● Sprechblasen zeichnen

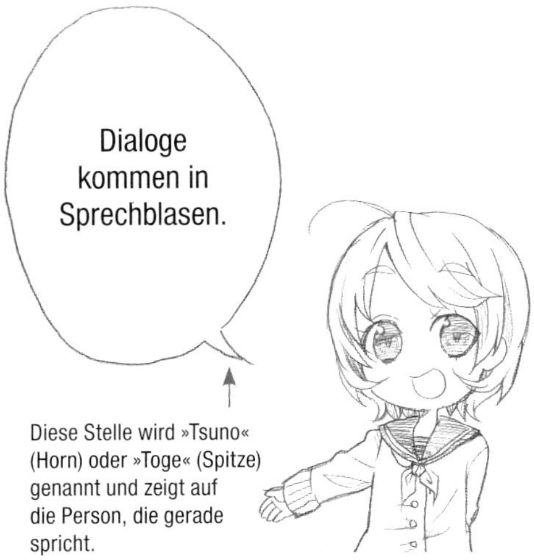

Diese Stelle wird »Tsuno« (Horn) oder »Toge« (Spitze) genannt und zeigt auf die Person, die gerade spricht.

● Richtung der Spitze

Wo sollte die Spitze hinzeigen?

Die Sprechblase ist neben dem Charakter, doch die Spitze zeigt in die falsche Richtung. So merkt man nicht, dass sie gerade spricht.

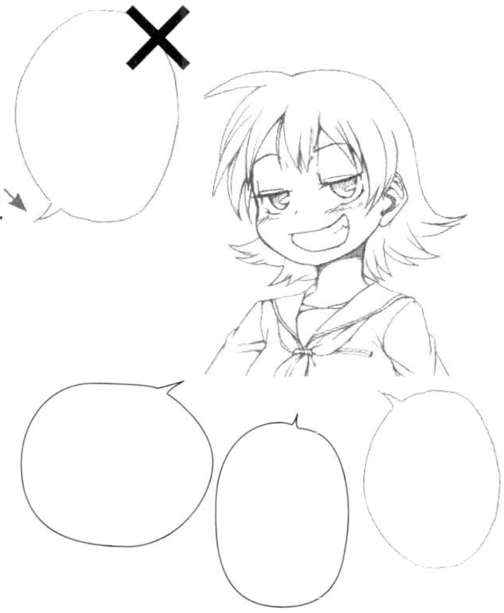

Tipp

Die Spitze einer Sprechblase sollte zum Gesicht, Mund oder zur Brust des Charakters zeigen.

● Gängige Sprechblasen

Je nach Stimmung oder Sprechlautstärke könnt ihr Form und Größe der Sprechblasen verändern.

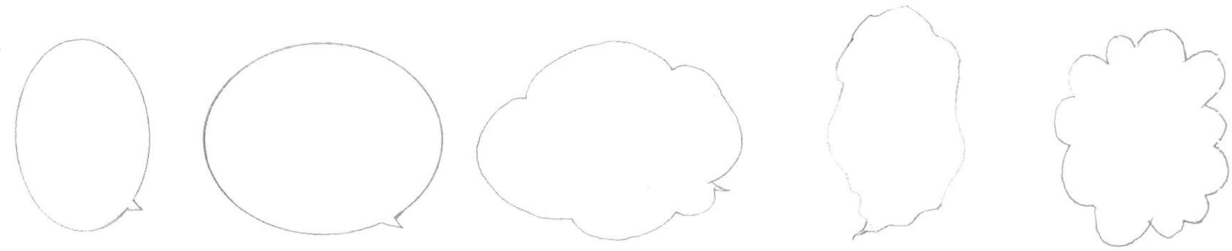

Normal 1
Rund (vertikal)

Normal 2
Rund (horizontal)

Wolke 1
Fröhliche Stimmung

Wolke 2 Verunsichert, unzuverlässig

Wolke 3
Fröhlich

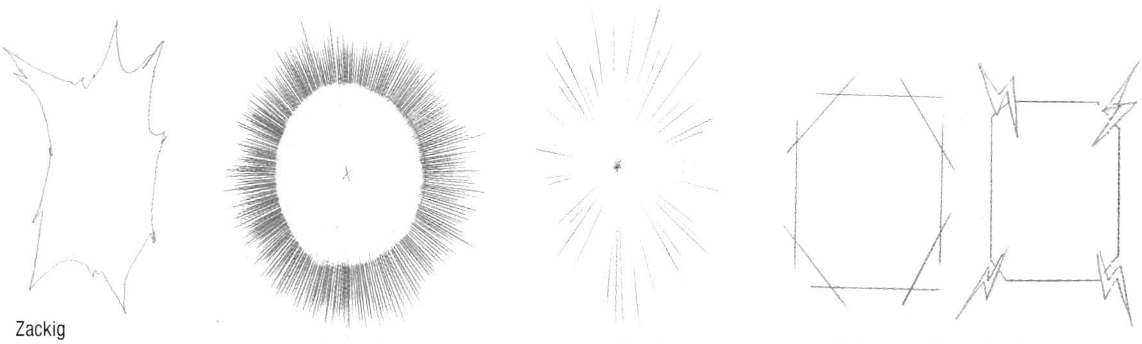

Zackig
Laut, Schrei

Seeigel 1

Seeigel 2

Erzählung, Telefon, Durchsage usw.

Runde Sprechblasen mit Blitzen funktionieren auch gut.

Gängige Formen der Spitze

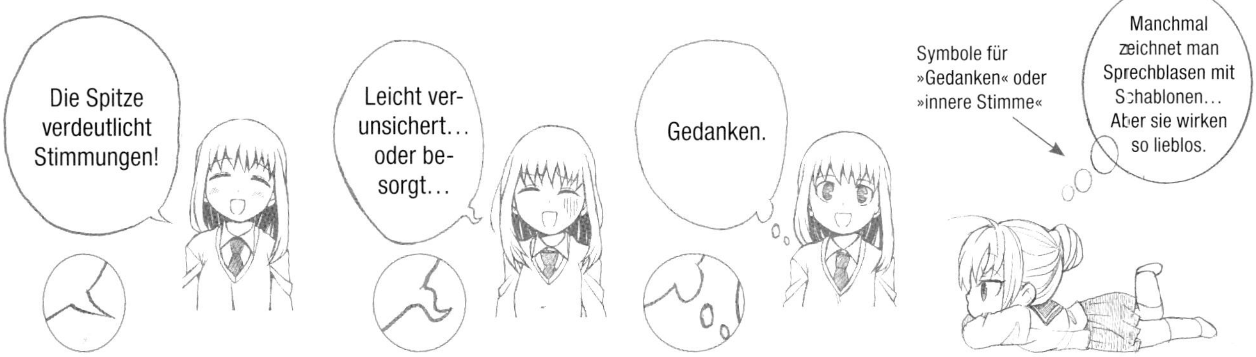

● Position der Sprechblasen

Die Sprechblasen müssen so platziert sein, dass der Text in den inneren Rahmen passt.

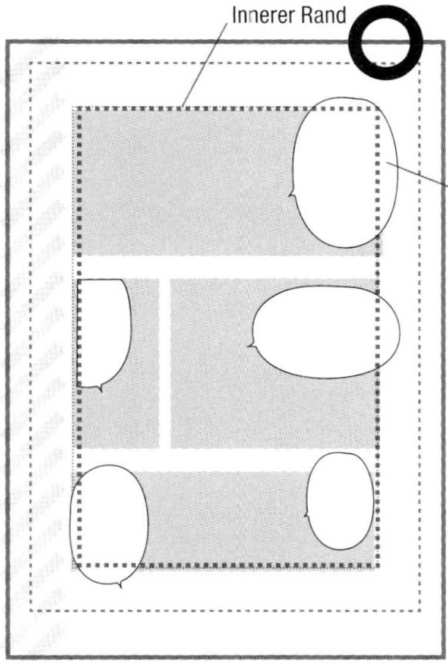

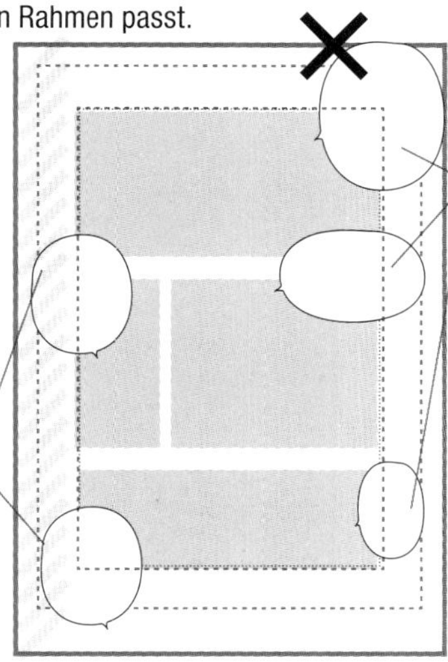

Das Beispiel zeigt eine rechte Seite.
Dasselbe Prinzip gilt auch für die linke Seite.

Sprechblasen und Schriftgröße

Die Größe der Sprechblasen richtet sich nach Schriftgröße und Textmenge. Bei Kindermanga ist die Schrift groß, bei Seinen-Manga kleiner. Je nach Werk gibt es dabei leichte Abweichungen. Es gibt auch Manga, die unterschiedliche Schriftgrößen passend zur Lautstärke benutzen.

Tatsächliche Größe

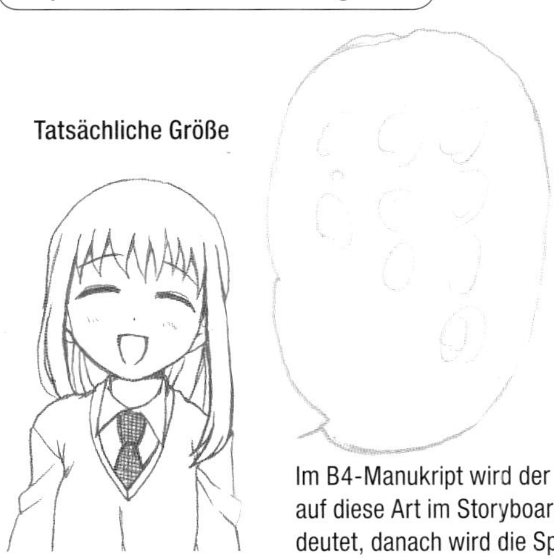

Im B4-Manukript wird der Text auf diese Art im Storyboard angedeutet, danach wird die Sprechblase gesetzt. Im Japanischen muss wegen der Kanji-Zeichen zwischen den Zeilen ausreichend Platz sein.

Anhaltspunkt für die Schriftgröße

◯	A
9 mm x 9 mm	34Q

Nach dem Druck sind Bilder und Texte kleiner

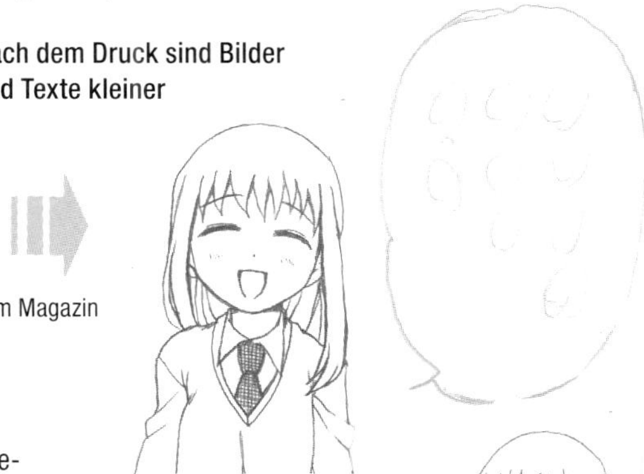

B5 (Magazin-Format): Verkleinert auf ca. 86 %

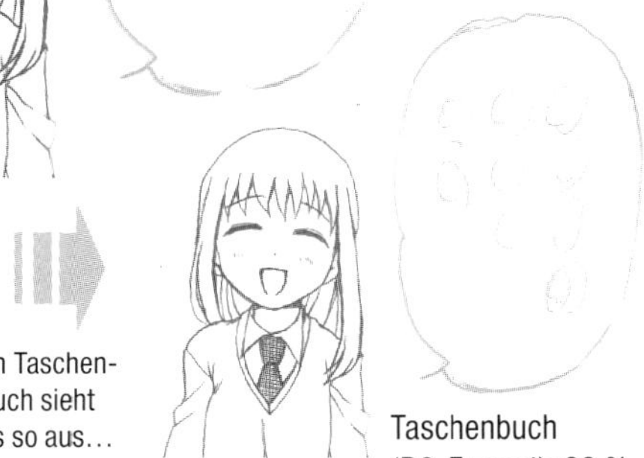

Taschenbuch (B6-Format): 68 %

Geht großzügig mit Texten und Sprechblasen um

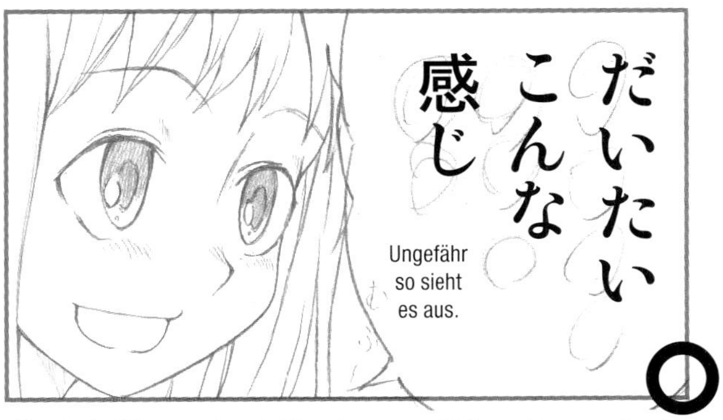

Eine laute Stimme oder wichtige Aussagen dürfen ruhig so groß sein.

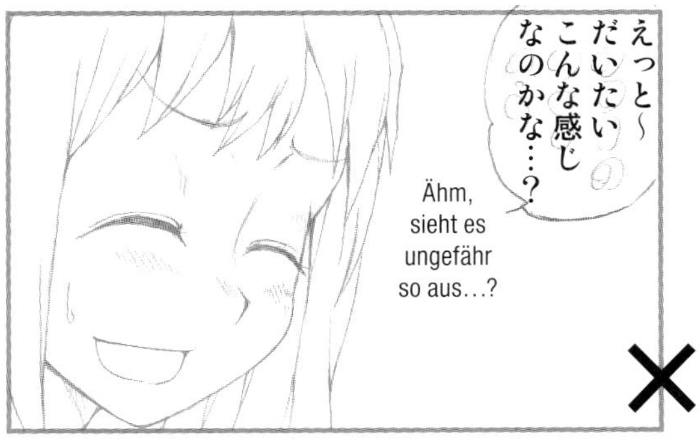

Die Schrift ist klein und die Sprechblase gerade noch passend… So etwas ist schwierig zu lesen.

3. Inking

Das Inking ist der Vorgang, bei dem die Vorzeichnung final nachgezeichnet wird. Beim Inking werden die Linien der Vorzeichnung nachgezogen, aber es geht nicht um gedankenloses Nachzeichnen, sondern darum, die Vorzeichnung mit Leben zu füllen.

Werkzeuge

● Tintenfeder

Man benutzt Zeichenfedern, bestehend aus Feder und Federhalter.

Feder

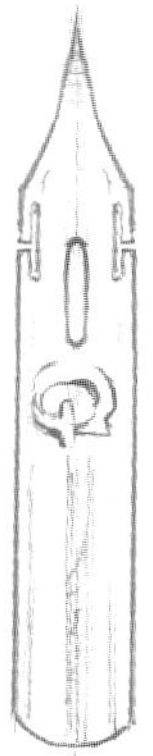

G-Pen

Mit etwas Übung kann man damit sowohl kräftige als auch schmale Linien zeichnen.

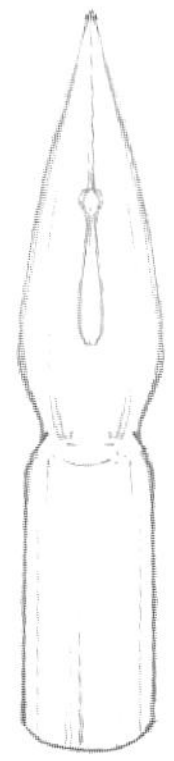

Kabura-Pen (Spoon-Pen)

Damit kann man gut scharfe Linien ziehen.

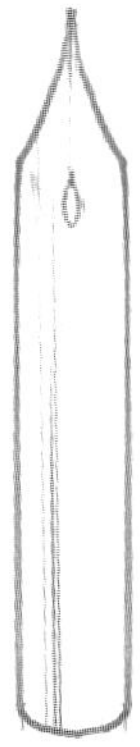

School-Pen

Verglichen mit G-Pen und Kabura-Pen etwas unbekannter. Gut, um harte, schmale Linien zu zeichnen.

Federhalter

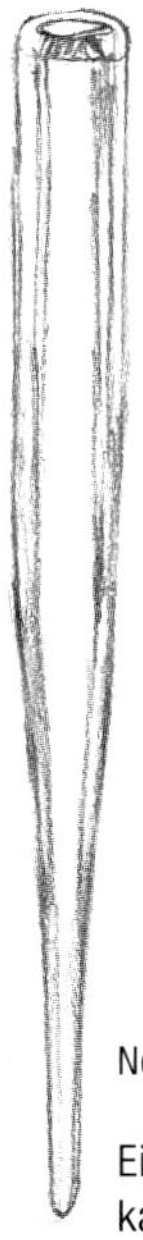

Normal

Ein normaler Federhalter kann jede Feder halten, außer den Maru-Pen.

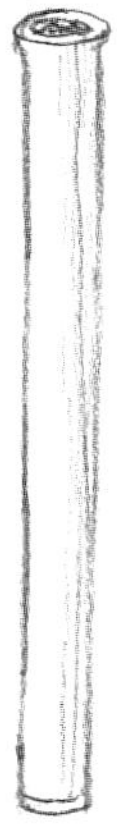

Beidseitig

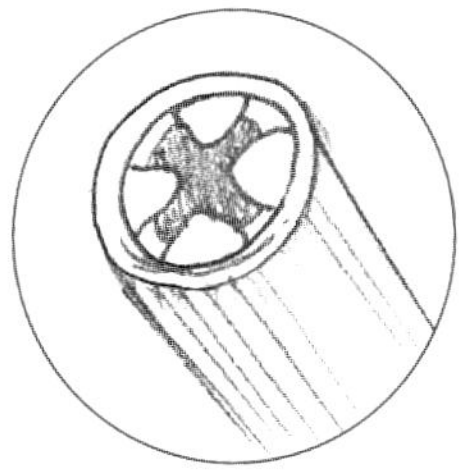

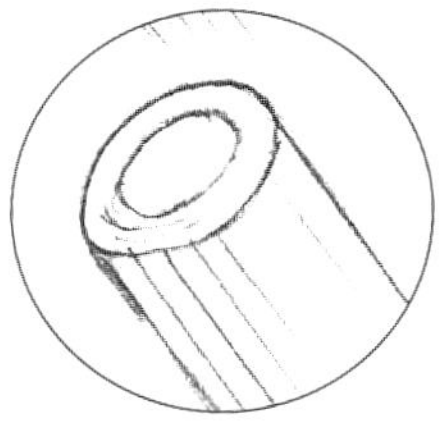

Die Spitze eines Federhalters. Hier wird die Feder hineingesteckt.

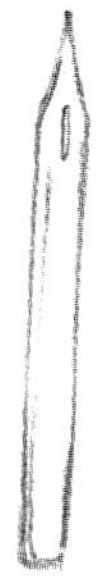

Maru-Pen

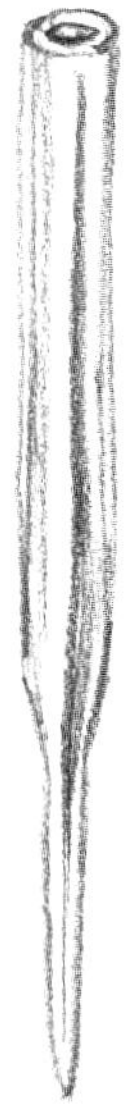

Der Maru-Pen ist kleiner als andere Federn, für ihn gibt es deshalb spezielle Federhalter. Wer beim Zeichnen kräftig drückt, kann auch damit dicke Linien ziehen, doch meist zeichnet man mit ihm schmale Linien wie z. B. feine Details oder Hintergründe.

● Tusche

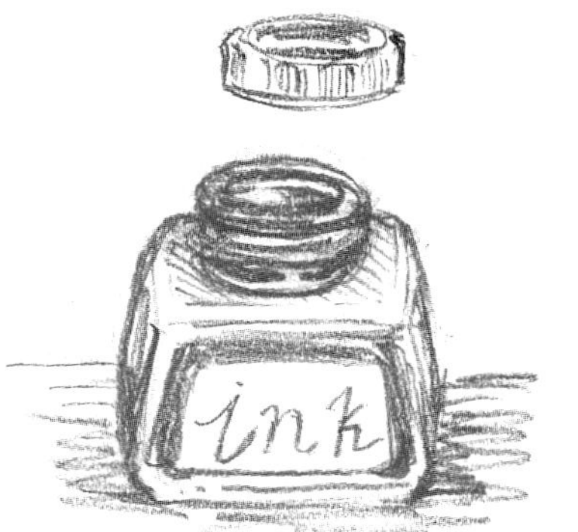

Empfehlenswert sind Zeichentuschen (wasserfest und sickern nicht durch). Auch Tuschen für Kalligrafie sind geeignet. Normale schwarze Tinte für Füller oder dunkelblaue Tinte kommt nicht infrage.

Den Deckel ordentlich schließen

Tusche kann austrocknen, und dann kann nur noch schwer damit gezeichnet werden (sie wird dickflüssig und klebrig). Könnt ihr keine schmalen Linien mehr zeichnen, bedeutet das, dass eure Tusche zu alt ist. Dann solltet ihr neue besorgen.

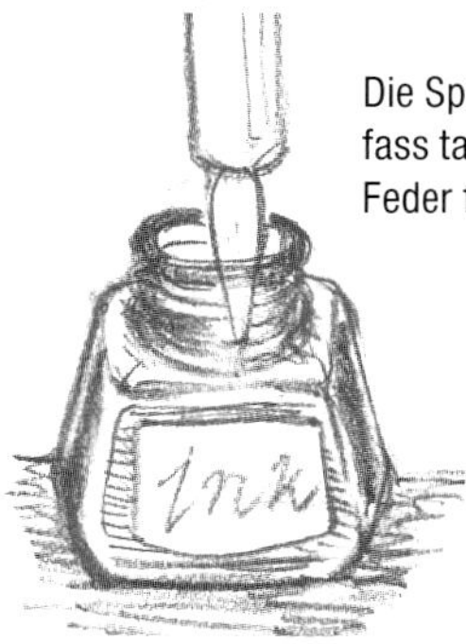

Die Spitze ins Tintenfass tauchen und die Feder füllen

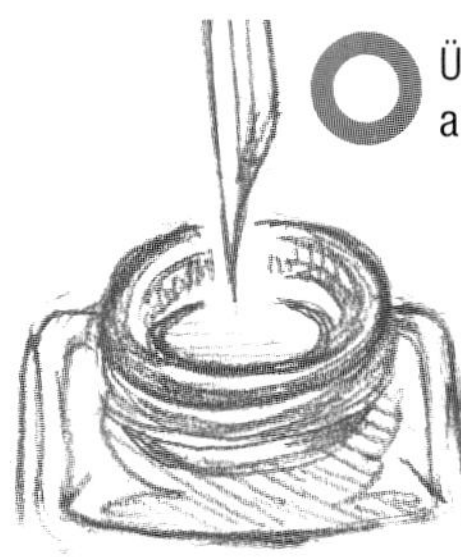

○ Überflüssige Tusche am Rand abklopfen

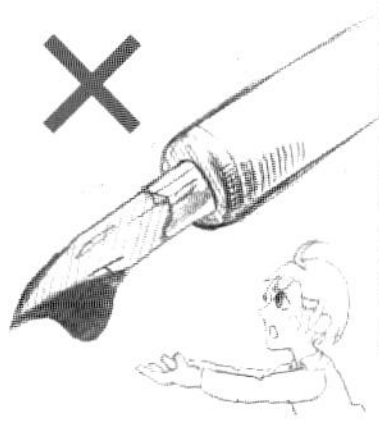

Zu viel Tusche führt zu Unfällen!

Weitere Zeichenwerkzeuge

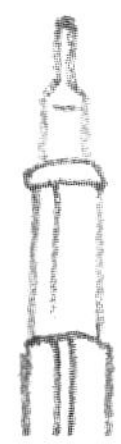

Fineliner

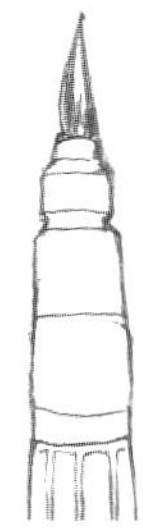

Tuschstift

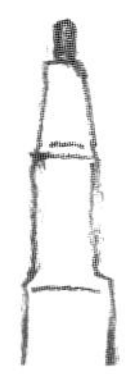

Filzstift

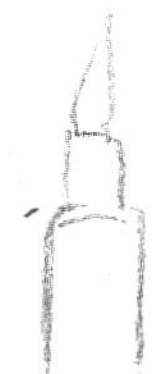

Kleiner Pinsel

Ein Fineliner kann überall eingesetzt werden – von Kleinkram bis zu feinen Details, außer zum Einfärben von Flächen. Filzstift oder Pinsel werden zum Einfärben genutzt, aber manchmal auch zum Inken der Hauptlinien.

● Federhalter richtig halten

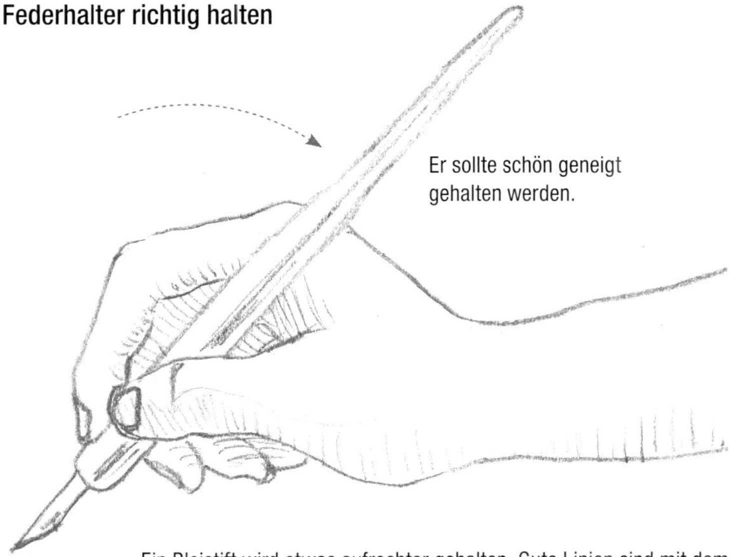

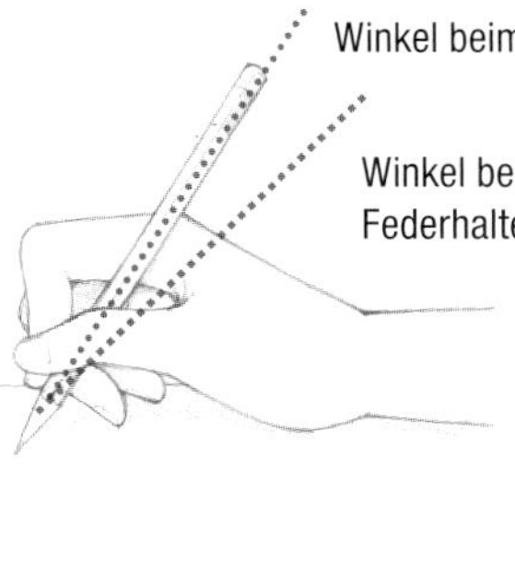

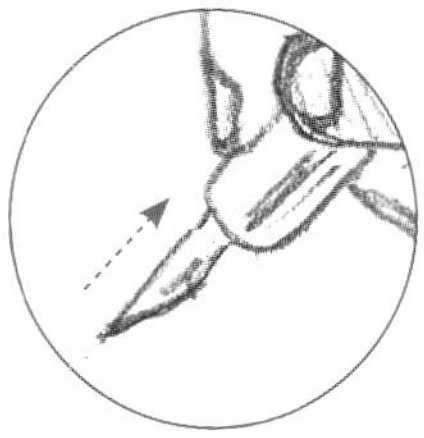

Die Feder sitzt richtig, wenn sie nicht wackelt.

Ein Bleistift wird etwas aufrechter gehalten. Gute Linien sind mit dem Federhalter schwer zu zeichnen, wenn man ihn wie einen Bleistift hält.

● Federwinkel und Striche

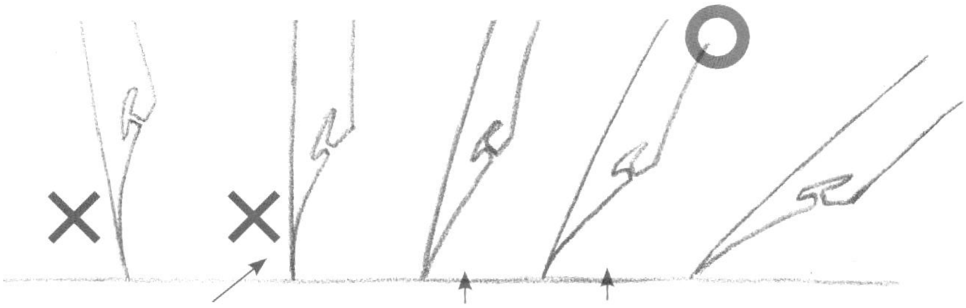

Nahezu senkrecht. Das passiert nur, wenn man eine wirklich schmale Linie zeichnen möchte.

Ungefähr so, wenn man einen Text schreibt

Geeigneter Winkel

Scharfe Linien (mit spitzem Anfang) werden so gezogen. Man beginnt in diesem Winkel, wenn der Anfang gemacht ist, wird die Feder etwas aufgestellt.

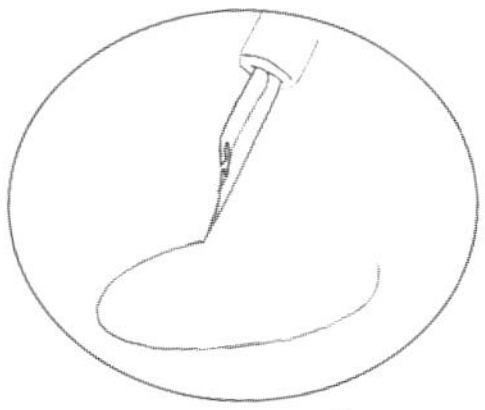

Dreht man den Federhalter um 180 Grad, kann man schmale Linien ziehen.

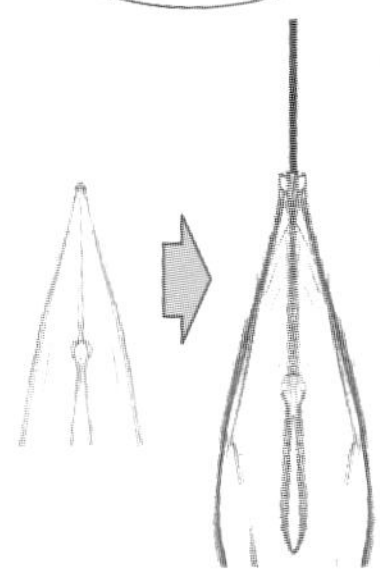

Mit Krafteinsatz öffnet sich die Spitze und die Tusche fließt heraus. Denkt an die Haltung (Winkel) und den Tuschverlauf.

Ohne Eile und mit Sorgfalt

Inking-Schritte

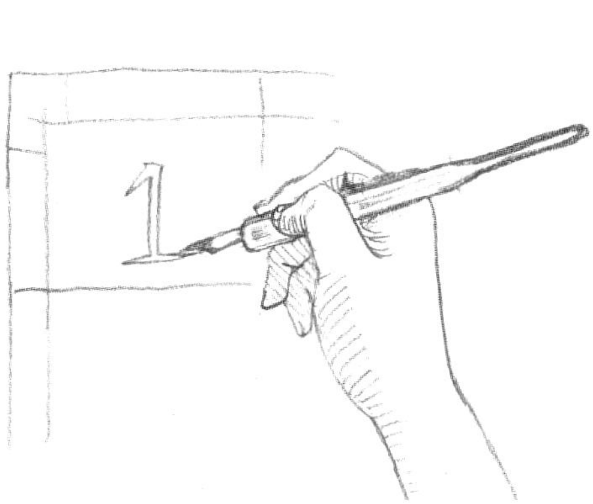

Ein Rechtshänder fängt im Manuskript links oben an. Nicht berühren, bis die Tusche wirklich trocken ist.

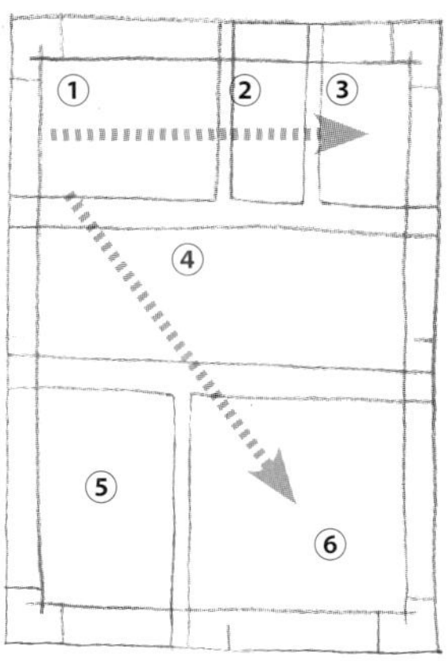

Reihenfolge beim Inking für einen Rechtshänder.

Tipp

Federn verschleißen

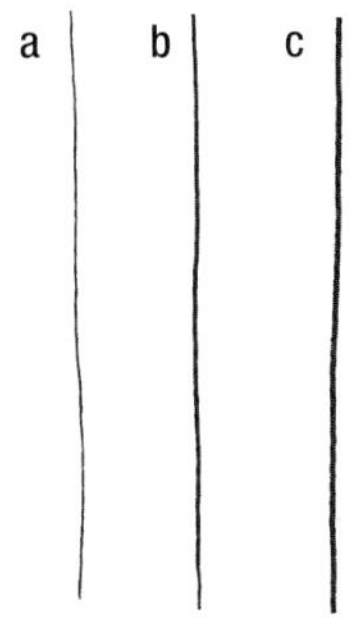

a: Schmale Linie: neue Feder
b: Mittelbreite Linie: ältere Feder
c: Sehr breit: verschlissene Feder

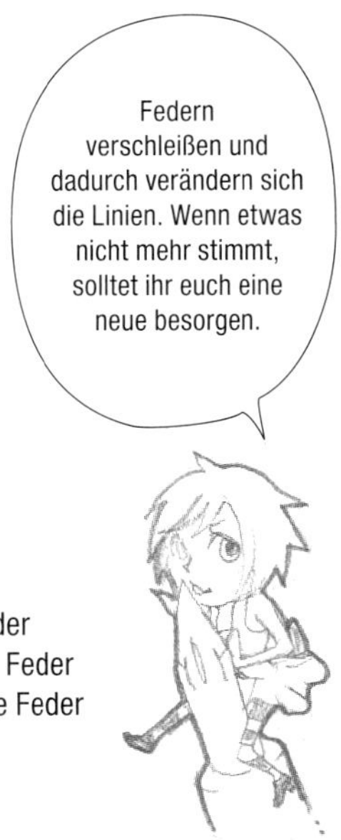

● Gesichtskonturen

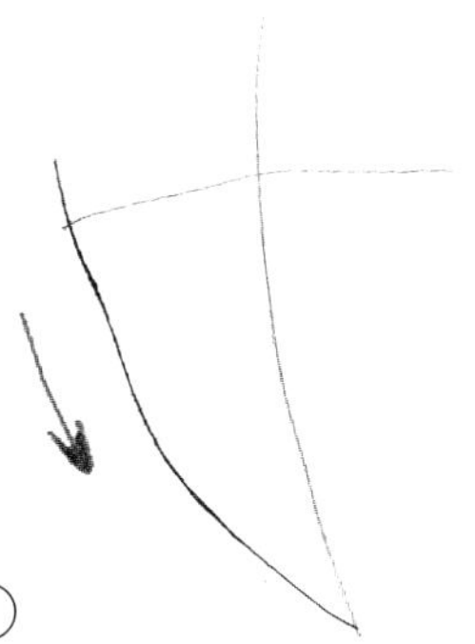

① Fangt ganz normal mit der Linie an.

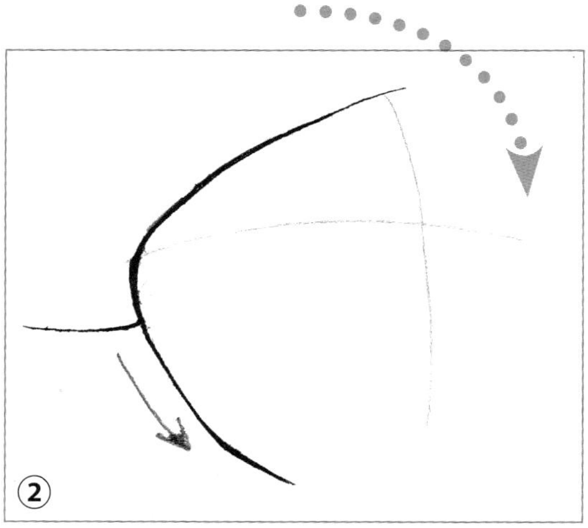

② Dreht das Blatt so, dass ihr die Linien gut zeichnen könnt.

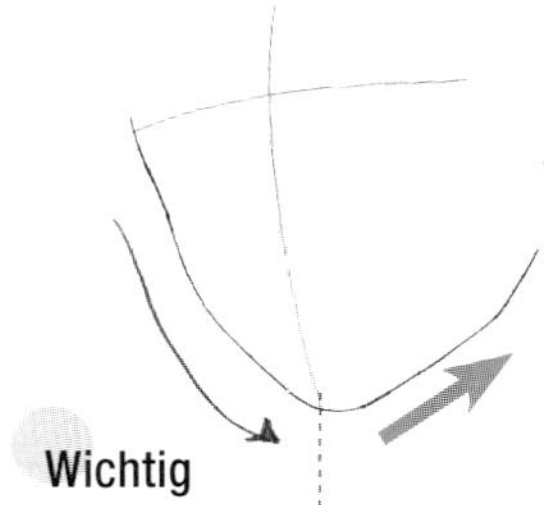

Wichtig

An der Kinnspitze verändert sich der Winkel der Linie. Sie lässt sich nicht mehr sauber ziehen, wenn das Blatt gerade liegen bleibt.

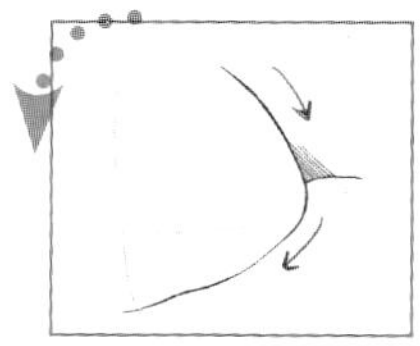

Ob ihr Linien nachzeichnet oder erstmals zieht – ihr könnt das Blatt in jede Richtung drehen, die euch beim Ziehen der Linie hilft.

Findet euren eigenen Strich

Die Strichart ist eure Eigenart. Es ist eine gute Übung, die Linienführung bei Manga-Charakteren zu studieren und diese nachzuahmen.

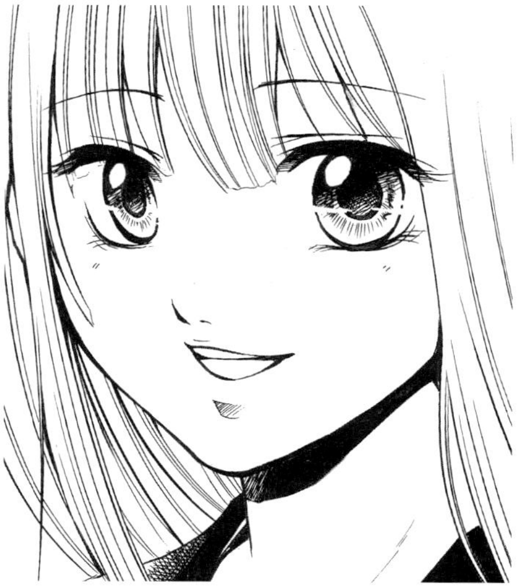

Hier wurden mit dünnen und dicken Linien Betonungen geschaffen.

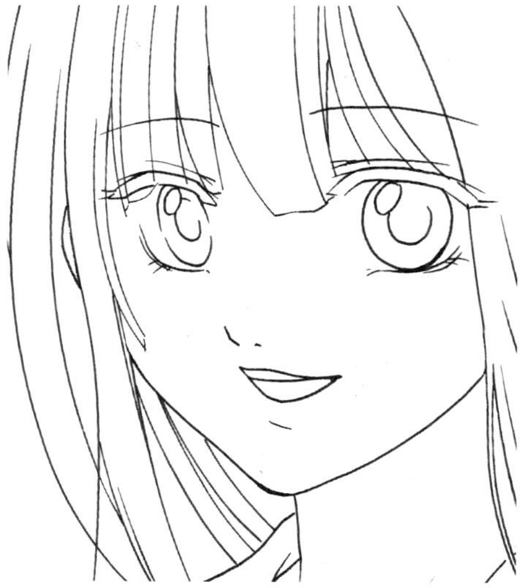

Das ist eine Variante aus nahezu gleich breiten Linien.

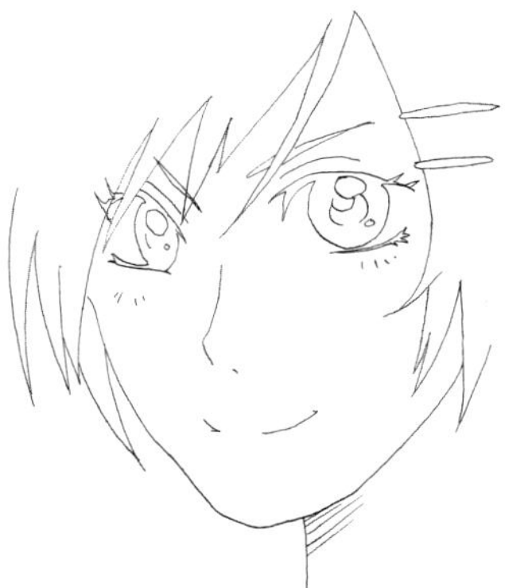

Bild mit gleichmäßig schmalen Linien

Zeichnet diese Linien nach, um »neue Konturen« zu erstellen.

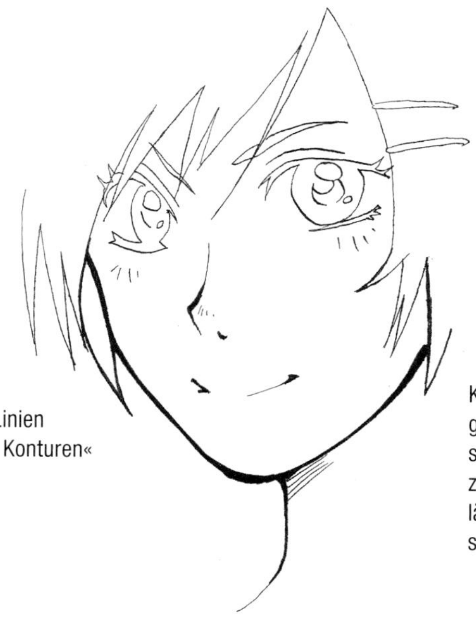

Kinn, Nasenspitze und Mund nachgezeichnet. Eure individuelle Art wird sich nicht gleich beim ersten Strich zeigen. So dauert die Zeichnung zwar länger, aber durch Nachzeichnen entstehen Stimmung und Ausstrahlung.

Striche variieren

Jede Feder hat besondere Eigenschaften bzw. Spezialbereiche. Beispielsweise gibt es Federn, die sich gut für Kurven eignen (G-Pen oder Spoon-Pen), oder welche, die für dünne Linien an feinen Stellen nützlich sind (Maru-Pen, School-Pen). Nicht nur Federn, auch Fineliner oder Pinselstifte werden für die Arbeit eingesetzt.

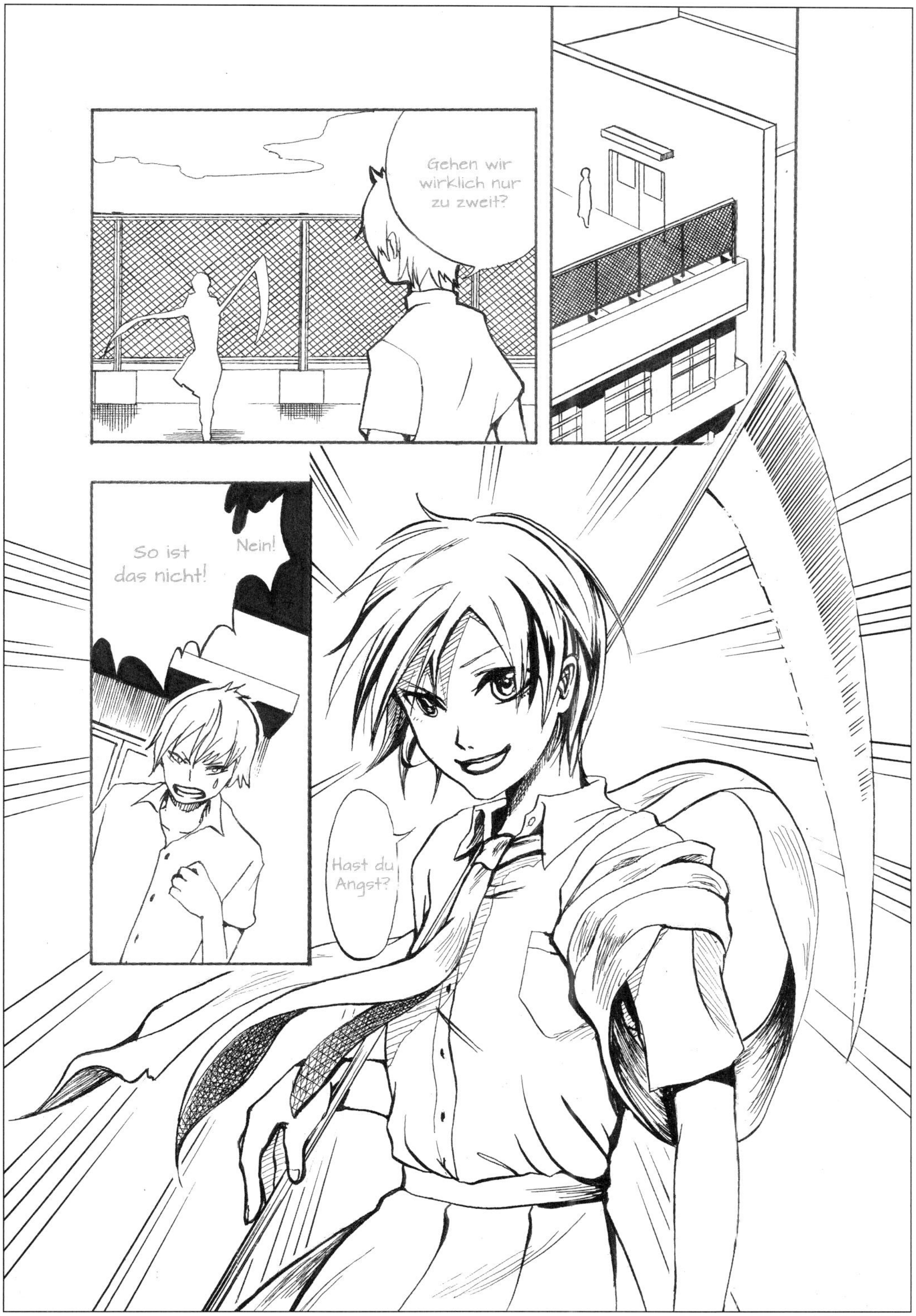

Rahmen
0,8 mm Fineliner

Charaktere, Sprechblasen
G-Pen

Hintergründe, Effekte
(Schulgebäude, Wolken, Zäune, Konzentrationslinien, Schattierungen)
Maru-Pen

Einfärben
Filzstift, Pinselstift

Schatten am Vordach
0,3 mm Fineliner

Auffällige Schattierungen der Haare u. Ä.
0,3 mm Fineliner

Verstärkte Kontur des Charakters (2. Panel)
0,8 mm Fineliner

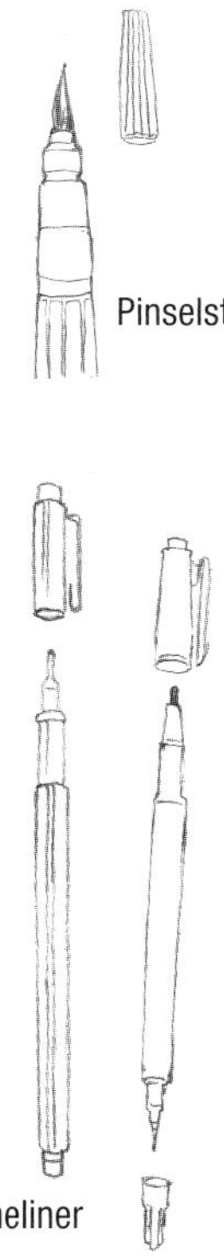

Pinselstift

Fineliner

Filzstift

• Wenn ihr nicht klarkommt...

Man muss 200-300 Seiten gezeichnet haben, also viel üben, um mit Federn gut zeichnen zu können. Es gibt aber Tipps, wie Zeichnungen und Linien leichter bzw. sauberer werden.

1. Anderes Papier nehmen
Es gibt dickes (135 g) und dünneres (110 g) Papier, und das Gefühl beim Zeichnen ist von Marke zu Marke unterschiedlich.
Es kommt auch vor, dass das Zeichnen auf der Rückseite leichter ist.

2. Eine Unterlage nutzen
Legt ein Zeichenbrett unter das Blatt, einen Stapel Manga-Papier, eine Korkplatte, Plastikunterlage... Dadurch verändern sich die Linien und das Gefühl beim Zeichnen.

Lineale

Lineale werden oft genutzt, um Ränder, Effektlinien, Gebäude usw. zu zeichnen.

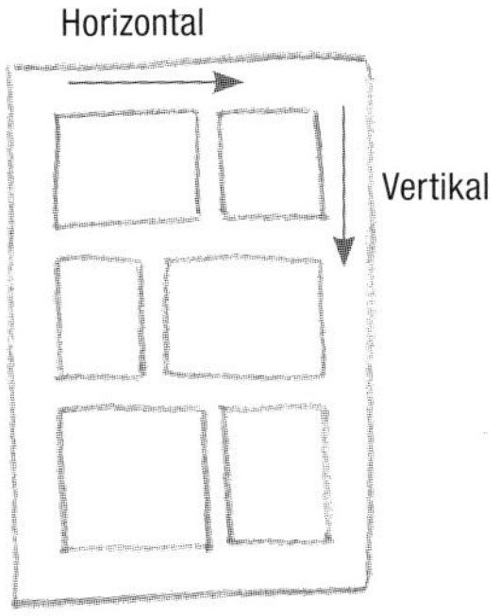

Rechteckige Panels bestehen in der Regel aus horizontalen und vertikalen Linien und es gibt viele parallele Linien (außer bei absichtlich schräg oder anders geformten Panels).

● Linien werden von links nach rechts gezogen

Denkt daran, die Linien immer horizontal zu ziehen.

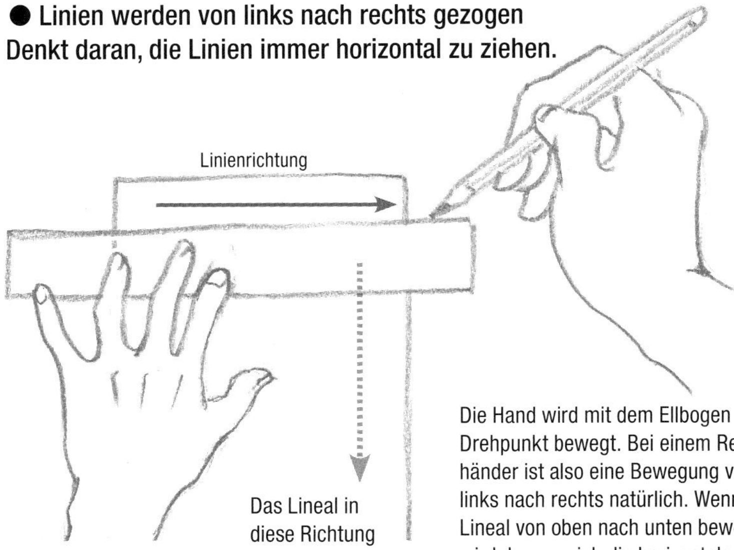

Das Lineal in diese Richtung bewegen

Die Hand wird mit dem Ellbogen als Drehpunkt bewegt. Bei einem Rechtshänder ist also eine Bewegung von links nach rechts natürlich. Wenn das Lineal von oben nach unten bewegt wird, lassen sich die horizontalen Linien einfacher ziehen.

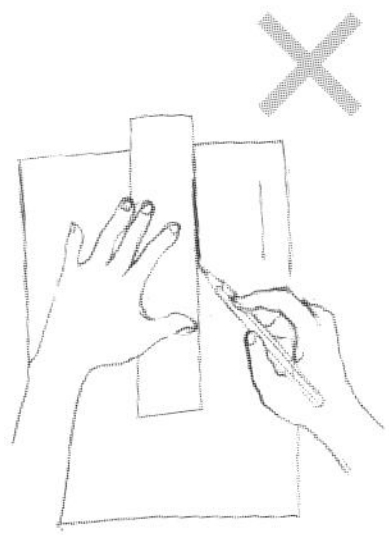

Vertikal: Es ist auch möglich, die Linien vertikal zu ziehen. Dabei gilt: Je länger die Linie, desto schräger kann sie werden. Außerdem ist es schwieriger, das Lineal richtig horizontal zu bewegen, und es könnte schief werden.

● Beschaffenheit des Lineals

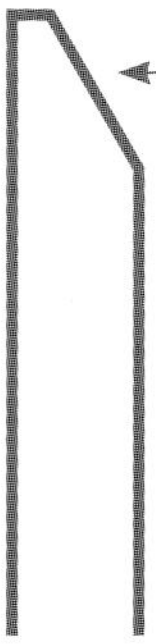

Kante. Die meisten Lineale sind an einer Seite abgeschrägt und haben so eine Kante.

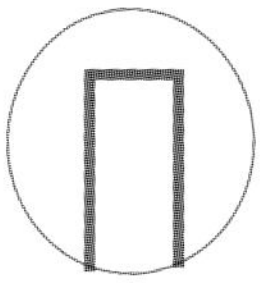

Lineale ohne Kante werden für Manga nicht benutzt.

Bleistift oder Fineliner

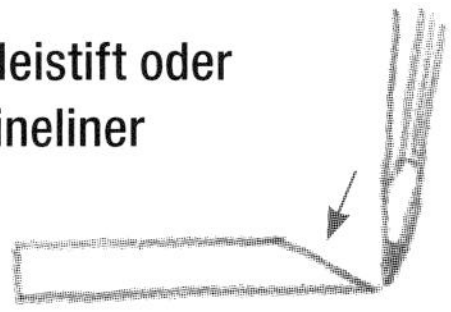

Die Schräge zeigt nach oben.

Feder

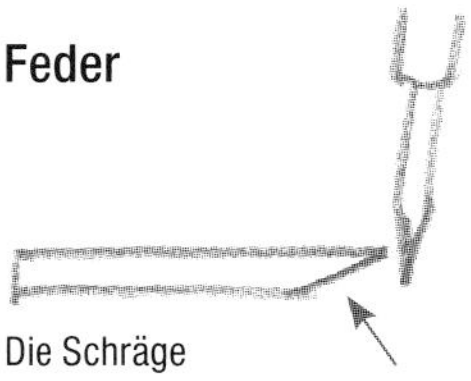

Die Schräge zeigt nach unten.

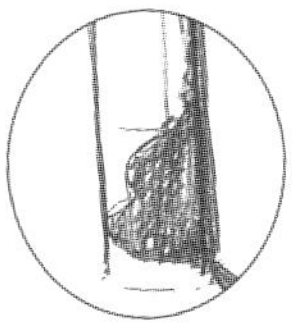

Es können sich Tuschetropfen bilden, wenn die Schräge nach oben zeigt und ihr dann mit der Feder die Linien zieht. So etwas kann aber auch vorkommen, wenn das Lineal verdreckt ist oder ihr zu viel Tusche benutzt. Also schön auf die Tuschemenge achten.

● Zügig Panels zeichnen

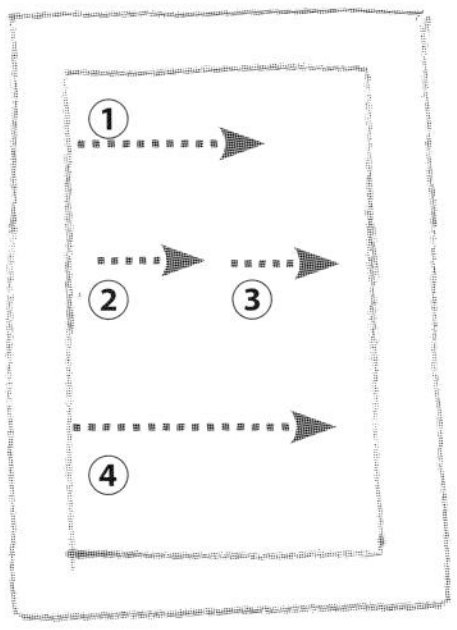

Horizontale Linien
Zunächst das Blatt hochkant legen und alle horizontalen Linien ziehen

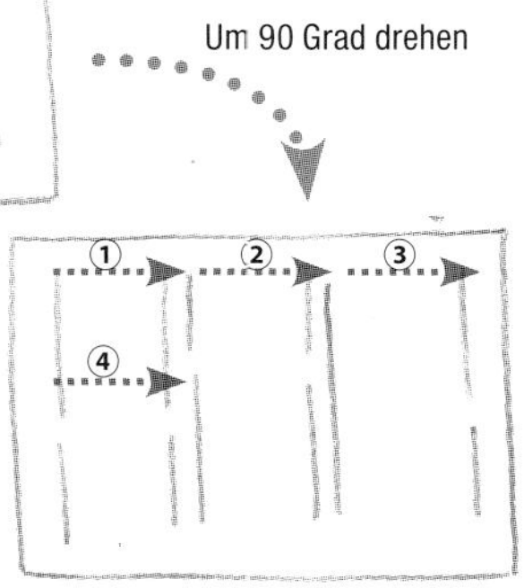

Vertikale Linien ziehen
Nun wird das Blatt quer gelegt, um die vertikalen Linien zu ziehen.

● Kleine Änderungen am Lineal

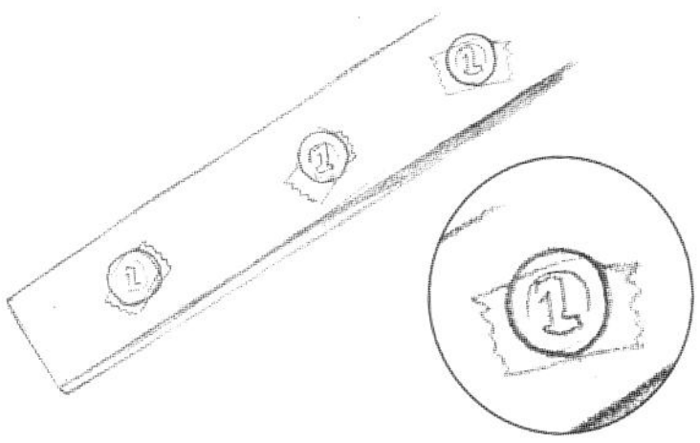

Klebt Münzen auf die untere Seite.

Macht eine Brücke aus dem Lineal

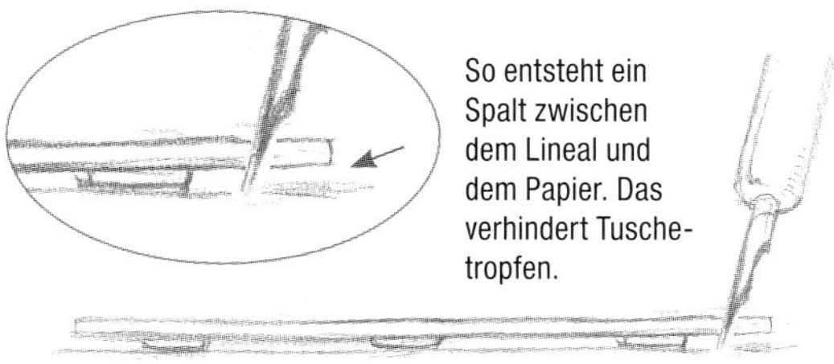

So entsteht ein Spalt zwischen dem Lineal und dem Papier. Das verhindert Tuschetropfen.

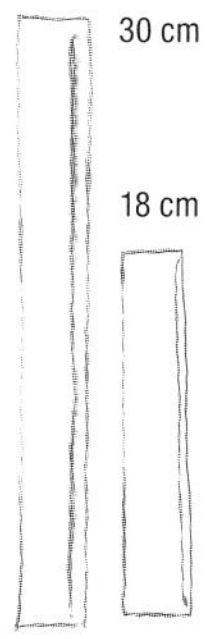

Es ist praktisch, ein langes und ein kurzes Lineal zu haben. Vergesst nicht, dass das Lineal schnell dreckig werden kann. Also haltet es sauber.

4. Radiergummi

Nach dem Inken wird die Skizze ausradiert. Schaut euch das Bild danach gründlich an und überprüft, dass alles weg ist.

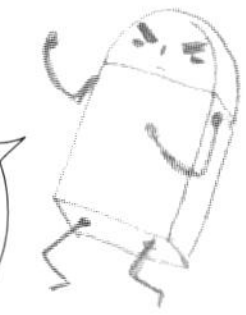

Worauf ihr achten solltet

● Schritte beim Radieren

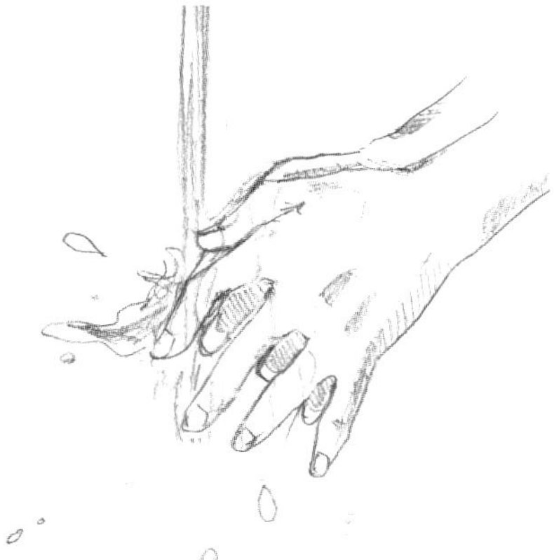

Wascht euch die Hände.

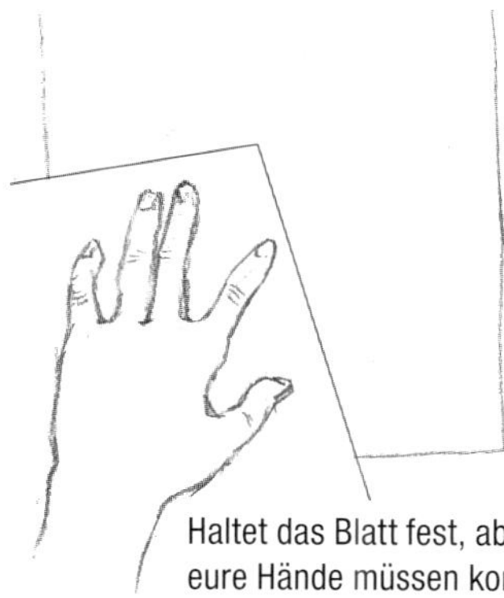

Haltet das Blatt fest, aber eure Hände müssen komplett trocken sein (ihr könnt auch ein weiteres Blatt zu Hilfe nehmen).

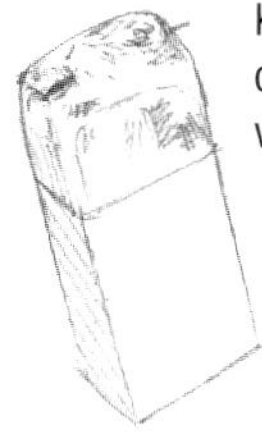

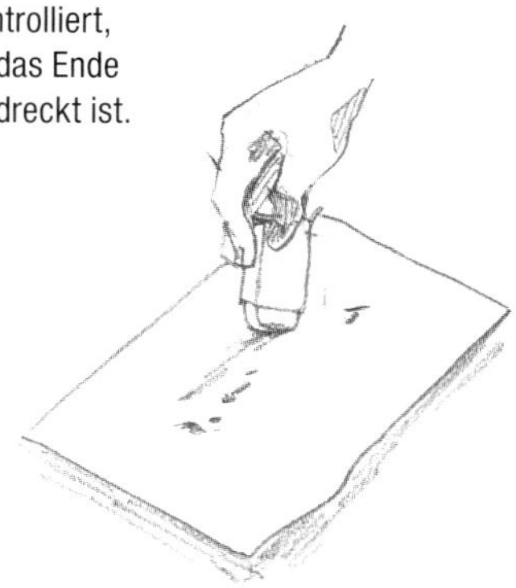

Ist der Radiergummi dreckig, rubbelt ihr ihn auf einem weißen Blatt Papier sauber.

Radierrichtung
Meist ab der Hand, die das Papier hält, dann den Radiergummi in eine Richtung bewegen (Winkel und Richtung sind Geschmackssache. Findet heraus, welche Richtung und was für ein Krafteinsatz für euch am besten ist).

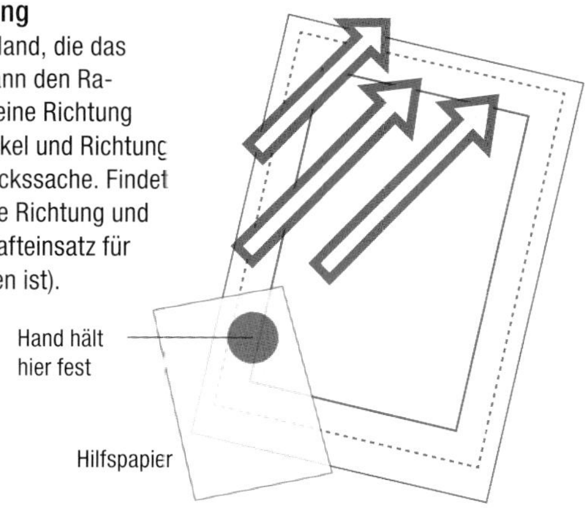

Das Manuskript kann in jede Richtung gedreht werden.

In der Regel Striche in eine Richtung. Die übliche Zickzack-Bewegung könnte das Papier zerknittern.

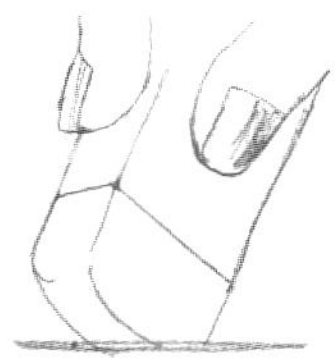

Radierwinkel

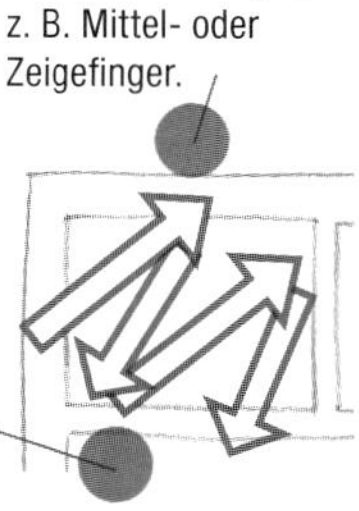

Ein kleiner Bereich lässt sich schneller radieren, wenn man den Radiergummi zickzack-förmig bewegt. Die Fläche darf nicht größer sein als der Bereich zwischen Daumen und Mittelfinger.

● Radierkrümel

Nicht mit der Hand wegfegen!

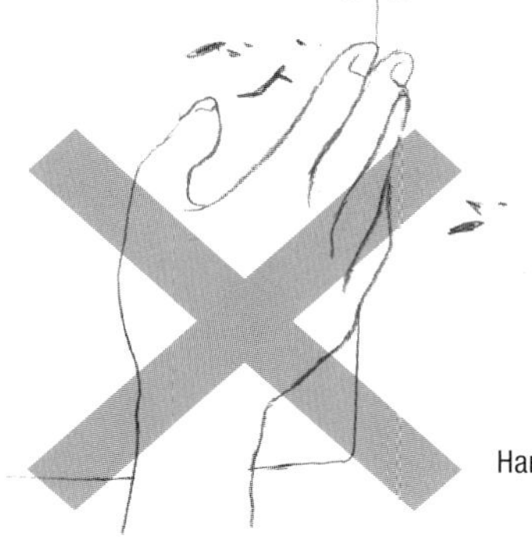

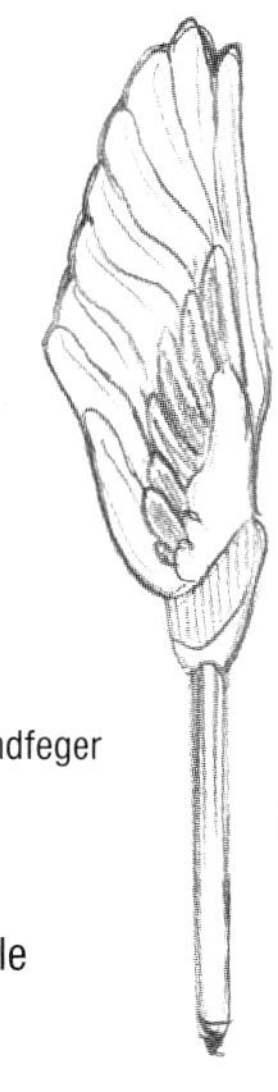

Handfeger

Zahnbürste

Wenn die Vorzeichnung vom Manuskript gelöscht wird, entstehen unglaublich viele Radierkrümel. Nehmt am besten einen kleinen Handfeger.

● Knetgummi-Radierer

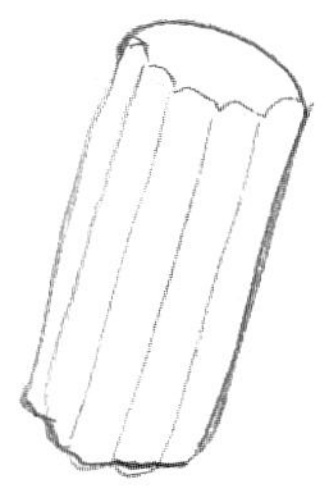

Ein weicher und papierfreundlicher Radierer. Damit dauert der Löschvorgang länger, man braucht also etwas mehr Geduld.

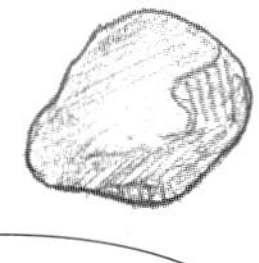

Er kann geknetet werden und hat eine gewisse Klebkraft. Daher nimmt er die Radierkrümel in sich auf.

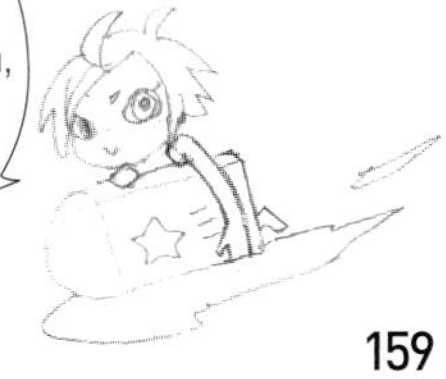

5. Effektlinien

Effektlinien geben Bildern oder Charakteren Dynamik. Gängig sind fließende Linien und Konzentrationslinien, die mit einem Lineal gezogen werden.

① Fließende Linien

Der Effekt paralleler Linien. Damit wird häufig Geschwindigkeit dargestellt, deshalb werden sie auch Geschwindigkeitslinien genannt.

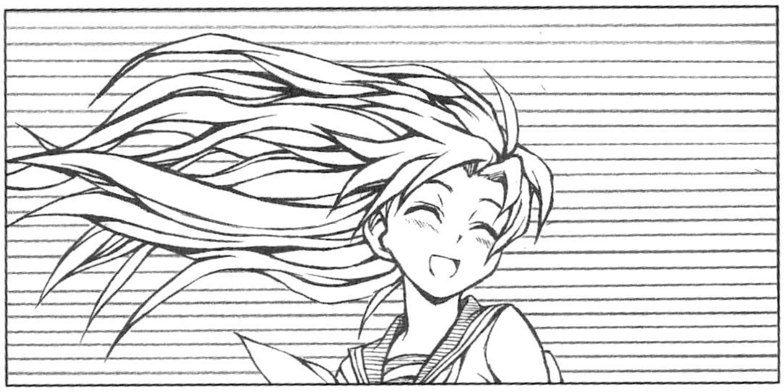

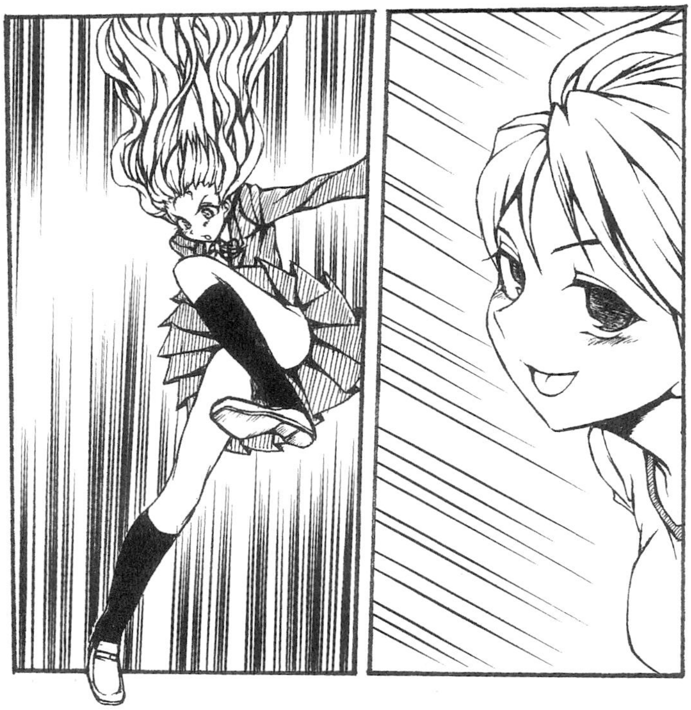

● Linienrichtungen und -enden

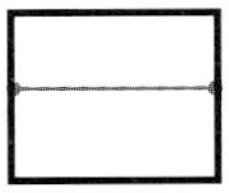

»Durchgängig«: Die Linien gehen von einem zum anderen Ende oder bis an den Charakter.

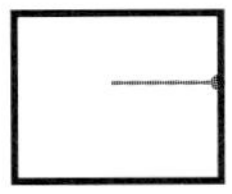

»Auslaufend«: Die Linien beginnen am Panelrand und werden dann schmaler/enden.

A

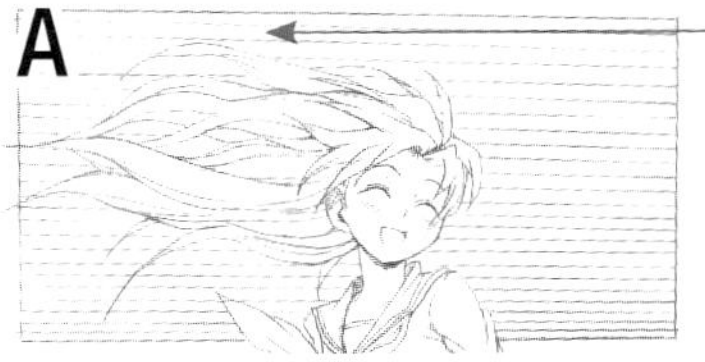

Durchgängig
Von rechts nach links (horizontal). Die Linien sind fast identisch (und die Abstände zwischen den Linien fast gleich).

C

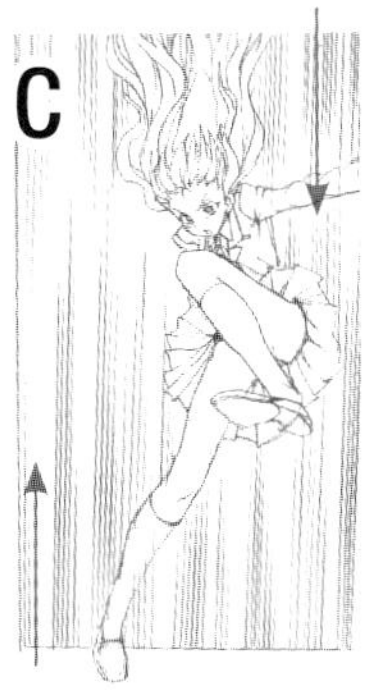

Auslaufend
Von oben nach unten (vertikal).
Diese Linien verstärken den Kontrast.

B

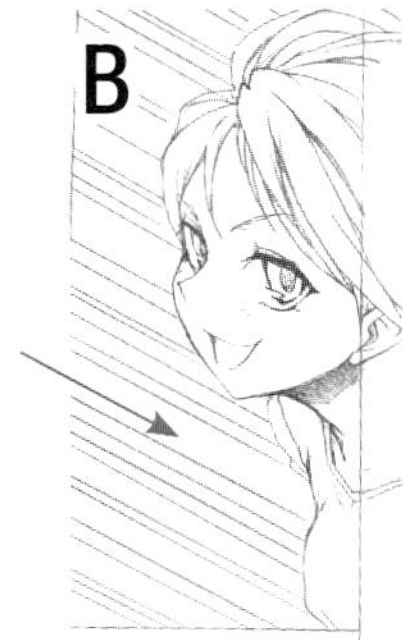

Auslaufend
Diagonal. Die Linien sind etwas dicker und die Abstände unregelmäßig.

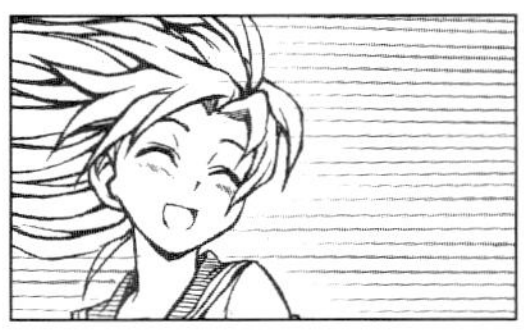

Referenz:
A mit auslaufenden Linien. Die Abstände zwischen den Linien sind gleich geblieben.

● Gängige Linienarten

A

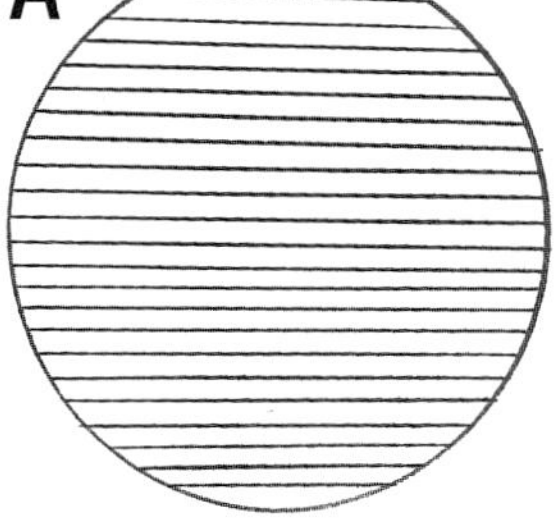

Regelmäßig

B

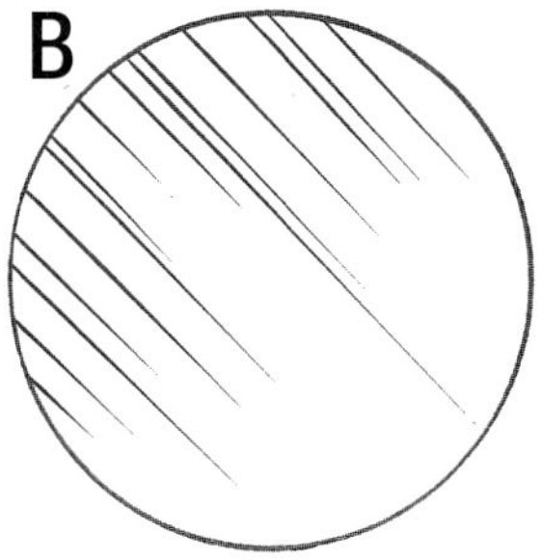

Unregelmäßig

C

Kontrastreich mit zusätzlichen breiten Linien

In der Regel finden diese drei Typen Anwendung. Breite, Abstand und Richtung lassen sich auf verschiedenste Arten variieren. Auch bei Kurven versucht man, die Linien parallel zu ziehen.

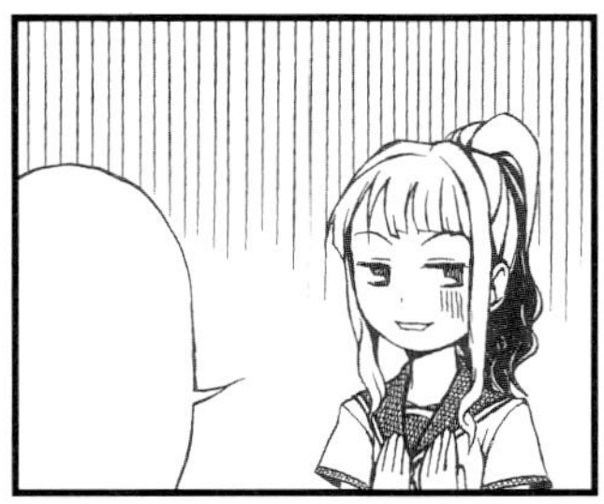

Viele vertikale Linien als Ausdruck von Unsicherheit oder übler Stimmung gehören auch zu diesen Linien. Gerade und mit gleichmäßigem Abstand.

② Konzentrationslinien

Strahlenförmige Linien, die häufig beim ersten Auftreten eines Charakters oder in Actionszenen verwendet werden, heißen Konzentrationslinien.

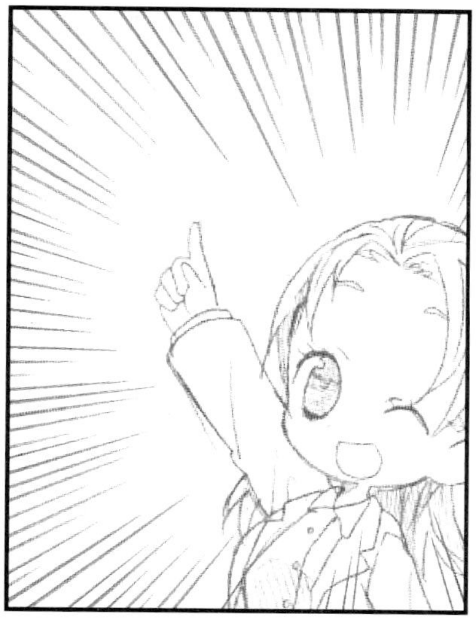

● So werden sie gezogen

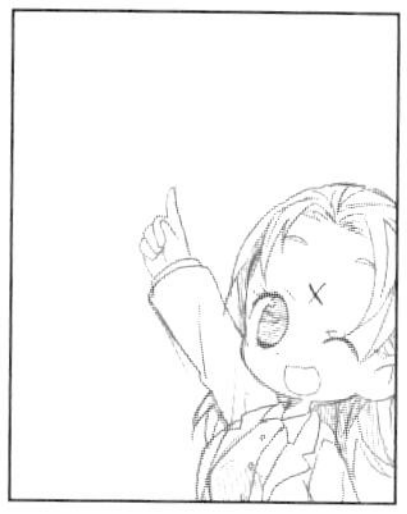

Zunächst entscheidet ihr euch für einen »Konzentrationspunkt«. In diesem Beispiel liegt er auf der Stirn.

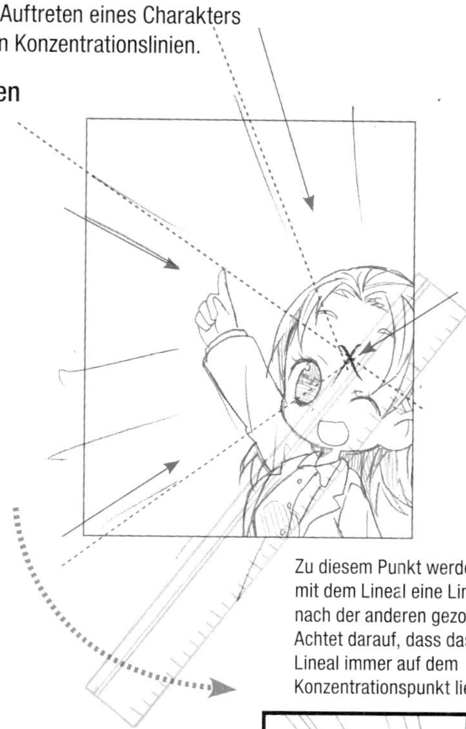

Zu diesem Punkt werden mit dem Lineal eine Linie nach der anderen gezogen. Achtet darauf, dass das Lineal immer auf dem Konzentrationspunkt liegt.

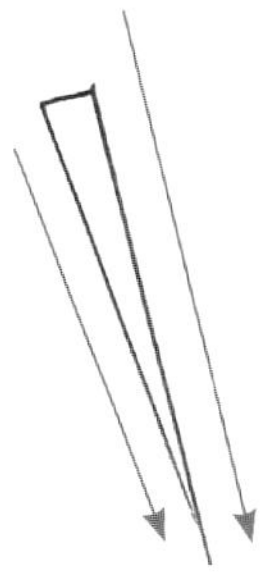

Zur Spitze hin sollte die Linie immer schmaler werden. Scharfe Linien sind gefragt.

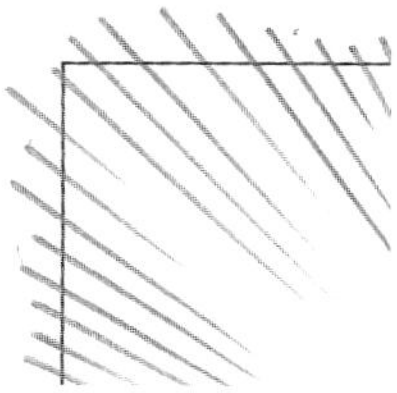

Zieht sie mit Schwung von außerhalb des Rahmens. Dann erreicht ihr spitze, scharfe Linien.

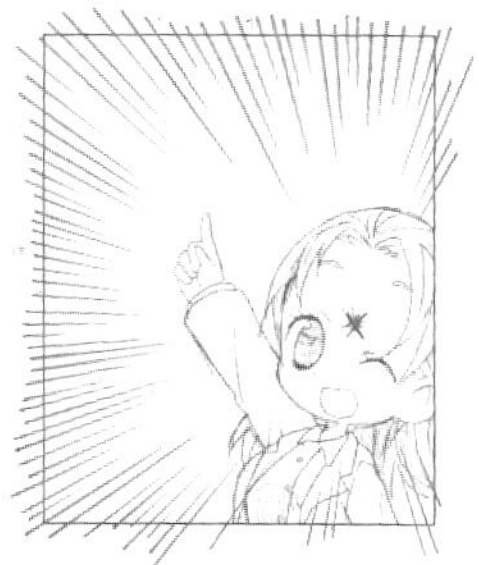

So sieht es dann aus. Alles, was aus dem Rahmen ragt, löscht ihr mit weißer Tusche.

Etwas weniger Konzentrationslinien. Durch Veränderungen der Länge, Dichte, Breite oder durch einen anderen Konzentrationspunkt könnt ihr den Effekt auf verschiedenste Arten variieren.

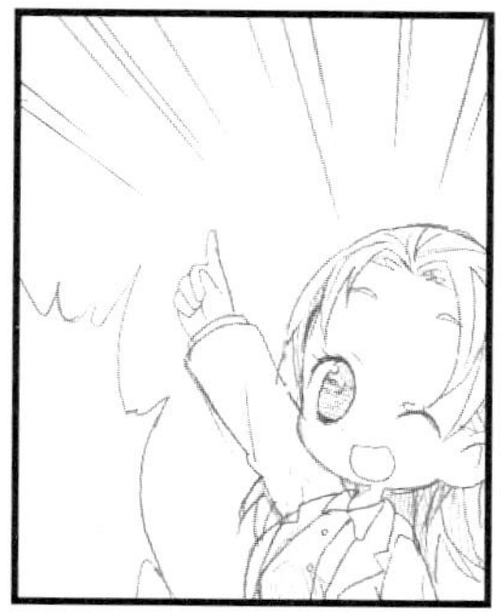

● Gängige Variationen

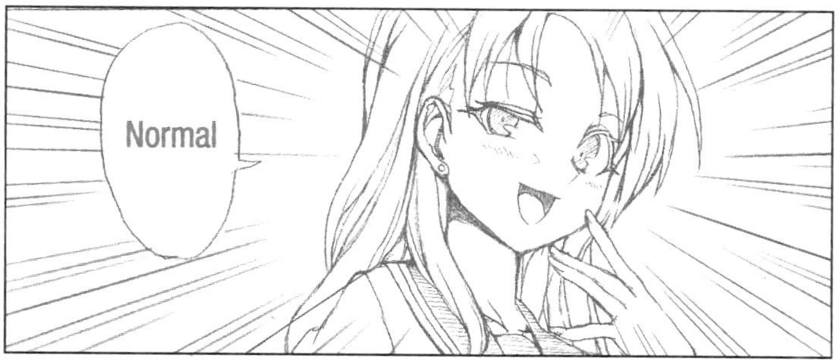

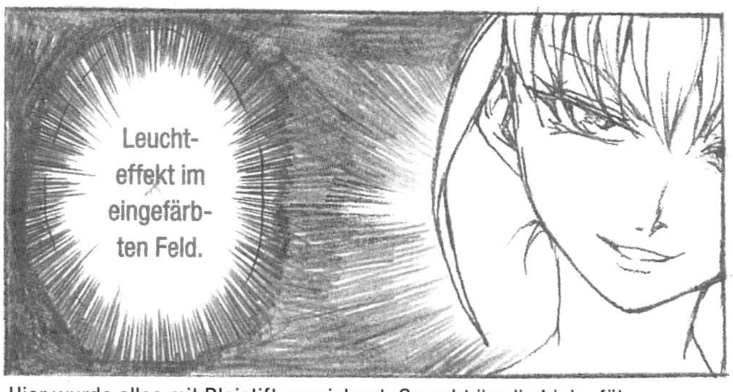

Hier wurde alles mit Bleistift gezeichnet. So seht ihr die Linienführung. Eine Kombination aus Einfärbung und Konzentrationslinien.

Wenn ihr beim Lesen eines Mangas Konzentrationslinien seht, schaut nach, wo der Konzentrationspunkt gesetzt wurde.

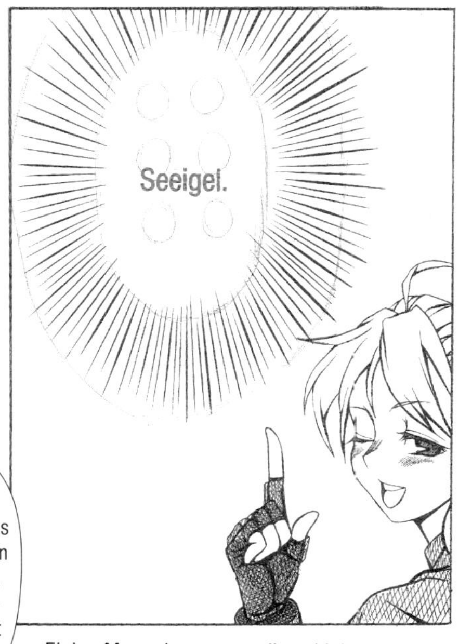

Einige Mangaka nennen diese Linien auch Flash oder Sonnen-Flash.

Soundwords sind Bilder Nebengeräusche oder Stimmungsgeräusche werden Soundwords genannt.

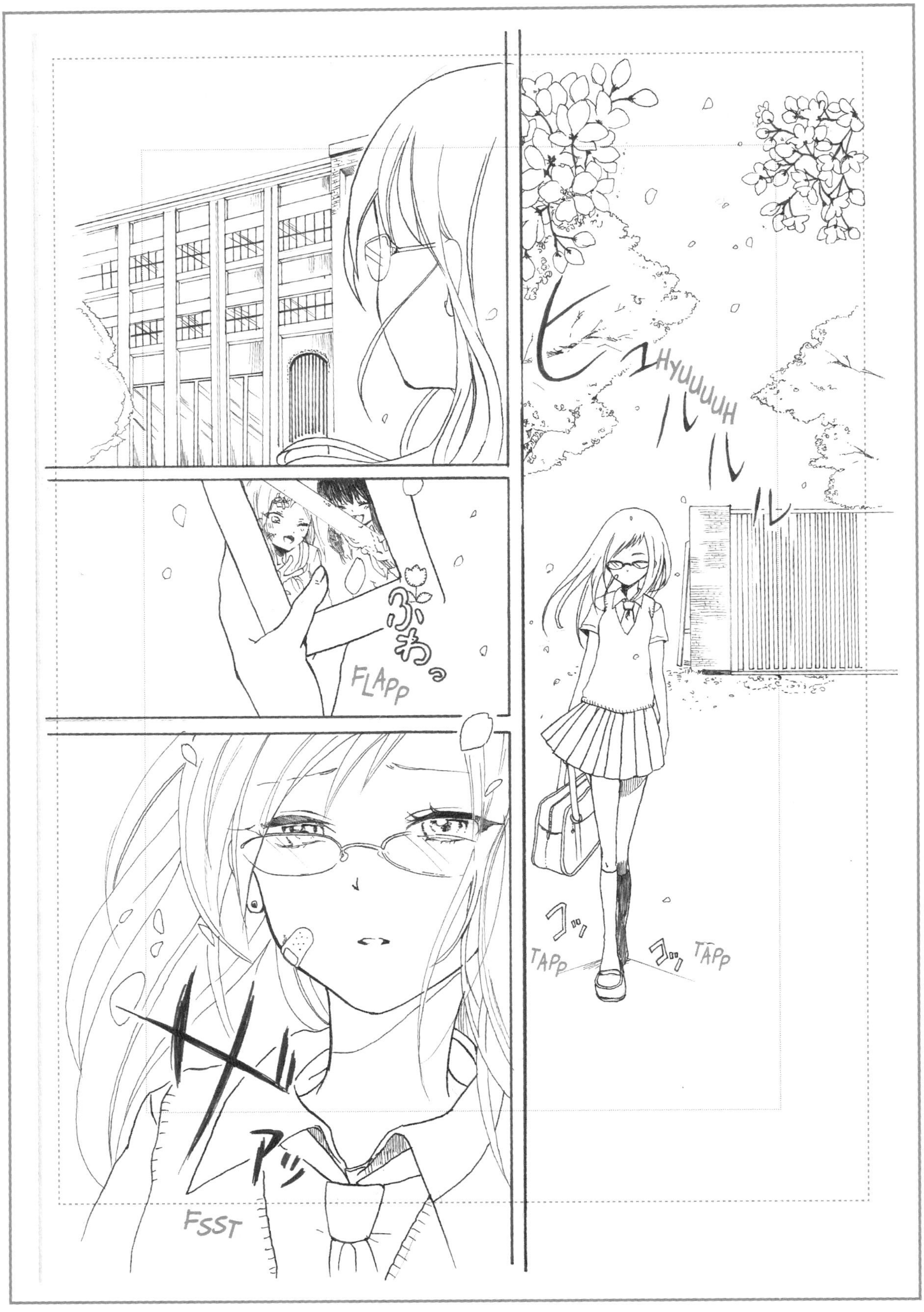

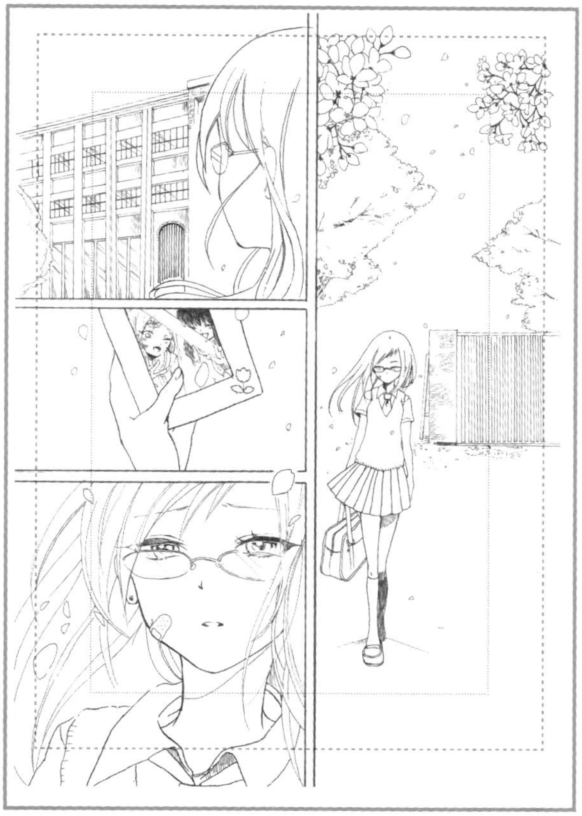

Ohne Soundwords. Man sieht, was passiert, aber hier fehlt das Live-Gefühl.

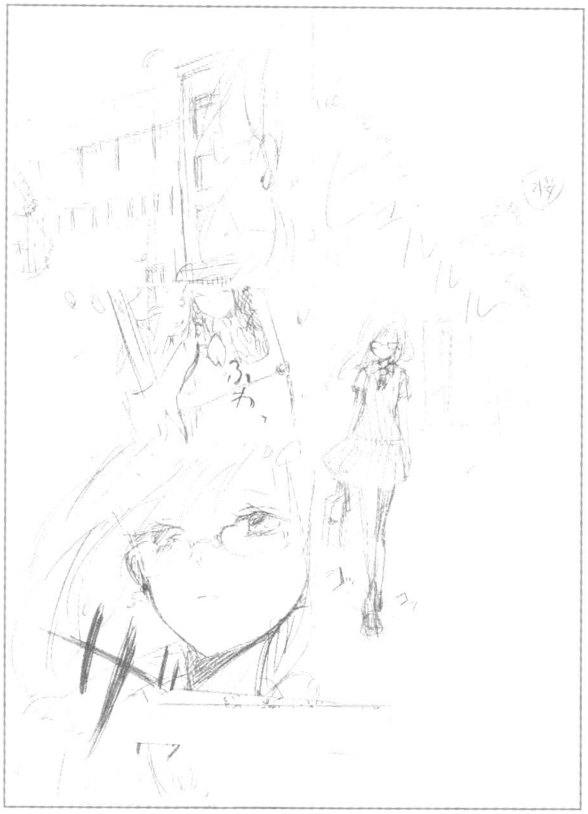

Storyboard. Die Soundwords geben dem Bild und der Story ein gewisses Tempo. »Flapp« würde man in der Realität nicht hören, aber es füllt den Zwischenraum. Die Soundwords haben die wichtige Aufgabe, die Leser in das Werk hineinzuziehen.

● Wohin mit den Soundwords?

In der Regel neben die Charaktere. Man sagt, dass Soundwords ein Teil des Bildes sind. Achtet auf Formen und Designs, die zu den Charakteren und Szenen passen.

Es gibt unendlich viele Designvarianten. Schaut euch eure Lieblingsmanga an und übt deren Soundwords.

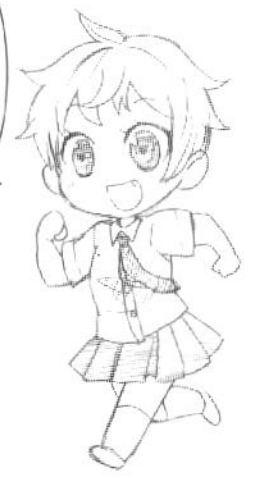

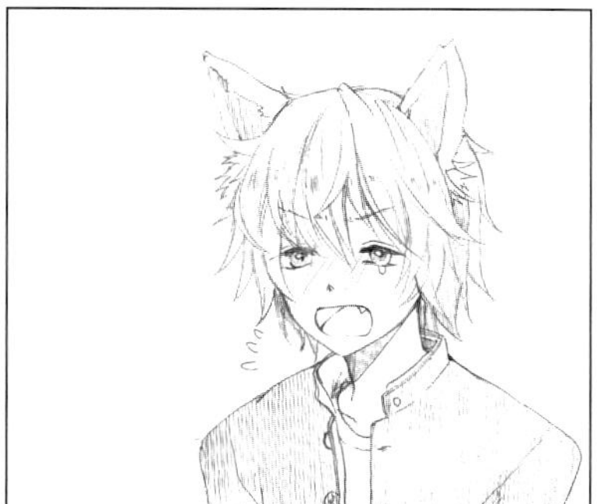

Ohne Soundwords

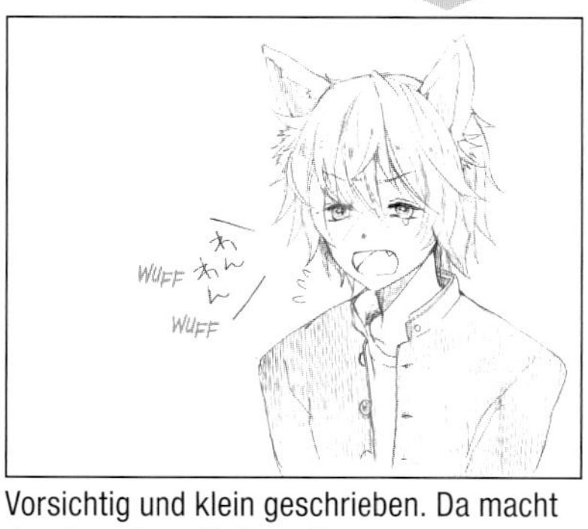

Vorsichtig und klein geschrieben. Da macht das Soundword keinen Sinn.

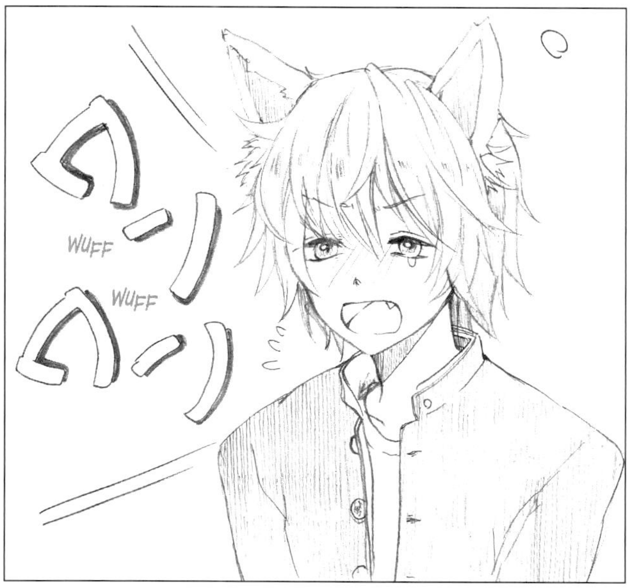

Das macht aus dem Panel ein richtiges Bild.

Werden gute Soundwords eingesetzt, bekommen die Leser das Gefühl, etwas zu hören. Stellt euch das Geräusch richtig vor, das ihr zeichnen wollt.

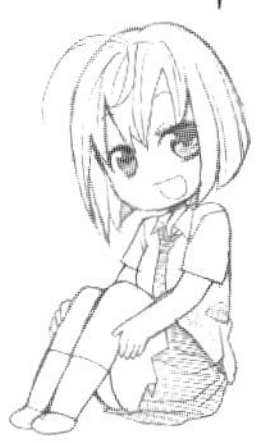

6. Finalisieren: Weiße Tusche und Rasterfolien

Weiße Tusche

Erst wird mit weißer Tusche korrigiert, dann kommen die Rasterfolien. Auch nach den Rasterfolien müsst ihr noch einmal alles überprüfen. Die weiße Tusche kann bis zum Schluss zum Einsatz kommen.

Wasserlöslich

- Kann mit Wasser verdünnt werden
- In der Regel nur zum »Löschen« (sprich, danach wird nichts darübergezeichnet)
- Lässt sich auch mit einem Stift auftragen

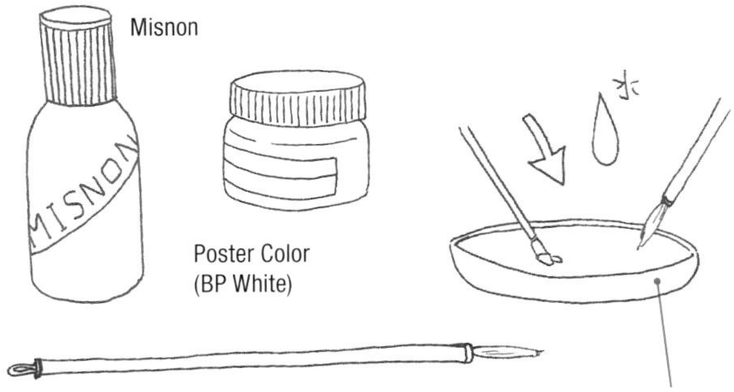

Misnon

Poster Color (BP White)

Dünner Pinsel. Doch Misnon greift die Borsten an, deshalb nehmt günstige Pinsel, die leicht ersetzbar sind.

Kleine Schale. Ein Marmeladendeckel tut es auch.

Weiße Ölfarbe

- Wasserfest. Wird hauptsächlich verwendet, um nach der Korrektur noch darüberzuzeichnen.

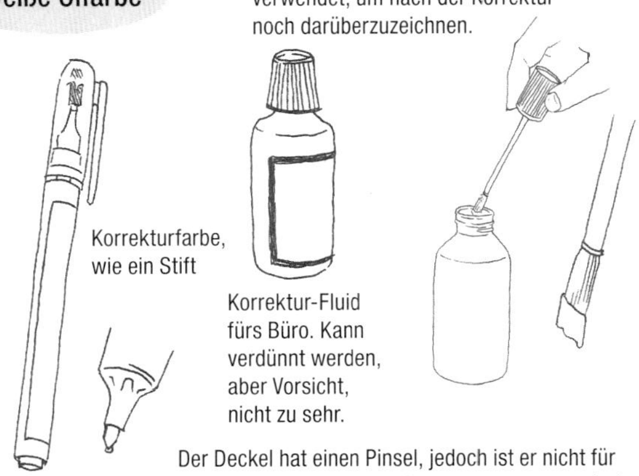

Korrekturfarbe, wie ein Stift

Korrektur-Fluid fürs Büro. Kann verdünnt werden, aber Vorsicht, nicht zu sehr.

Der Deckel hat einen Pinsel, jedoch ist er nicht für feine Stellen geeignet. Außerdem kann es verwischen, wenn man damit ölbasierte Tinte korrigieren will.

● Einsatz von weißer Tusche

Hauptsächlich zu Korrekturzwecken. Verschmierte Stellen oder übergezeichnete Stellen werden damit gelöscht. Weiße Tusche kann auch zur Aufwertung des Bildes genutzt werden, z. B. für den Glanz der Augen.

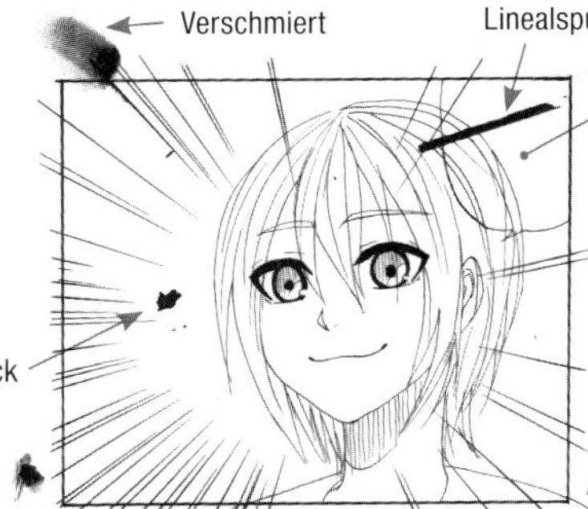

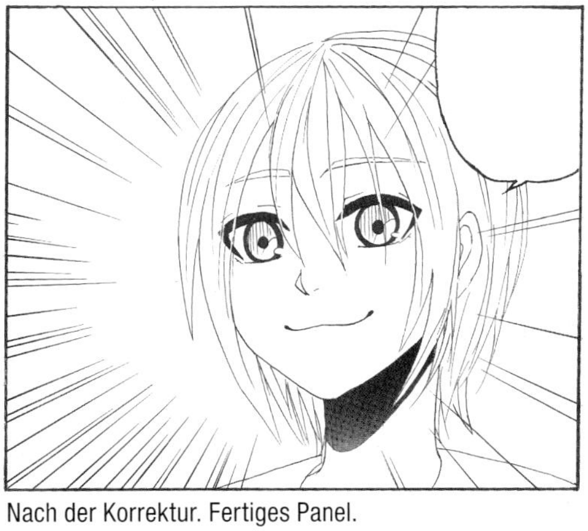

Nach der Korrektur. Fertiges Panel.

Korrektur (Konturlinien neu zeichnen)

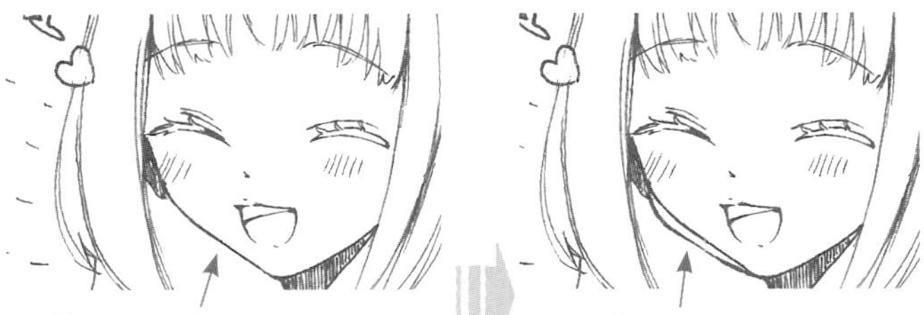

① Eine Konturlinie gefällt nicht.

② Die neue Linie wurde gezogen.

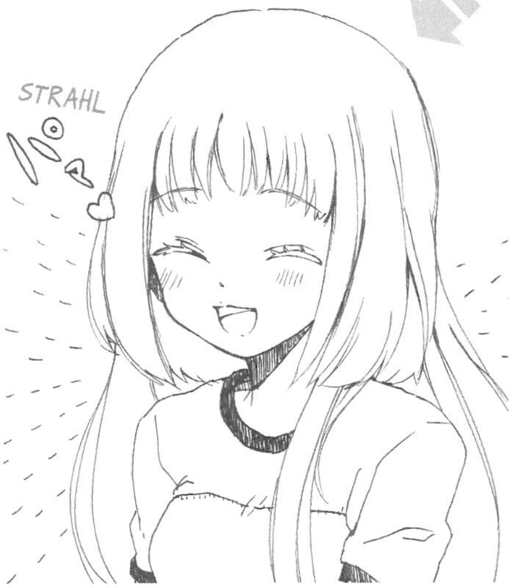

③ Die falsche Linie ist gelöscht.

Weiße Tusche wird nicht nur zur Korrektur genutzt, sondern auch für Glanz- oder Panel-Effekte.

Tränen

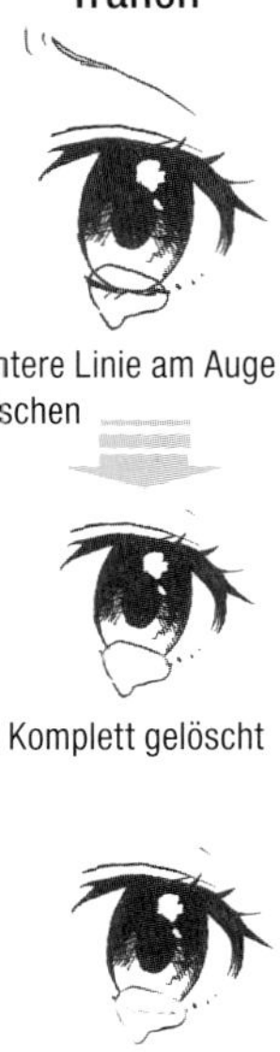

Untere Linie am Auge löschen

a: Komplett gelöscht

b: Die untere Linie ist noch leicht zu sehen. Auch die Umrandung der Träne wurde verändert.

● Manuskript-Korrekturen – Gängige Korrekturen –

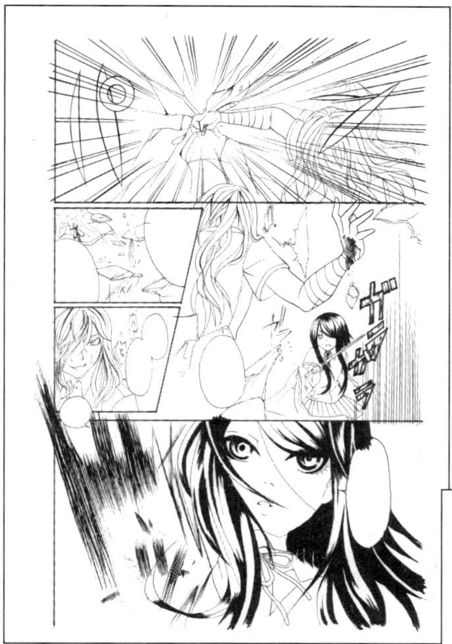

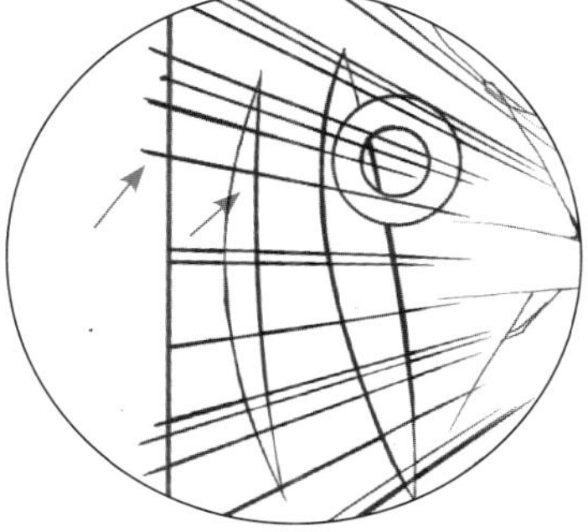

Linien außerhalb des Rahmens und innerhalb des Soundwords. Die Dynamik geht verloren, wenn man die Effektlinien über das Soundword zeichnet. Also sollten diese Stellen später korrigiert werden.

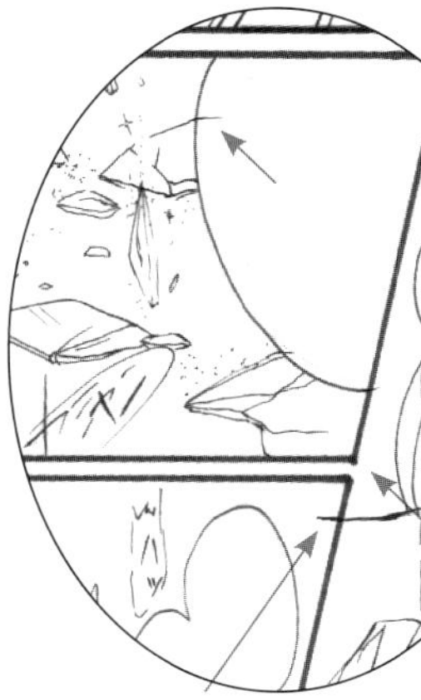

Es ist besser, die Linie energisch durchzuziehen, als kurz vor dem Panelrand zu stoppen.

Ecke des Panels

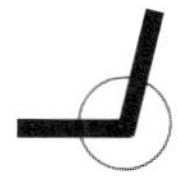

Die Ecke sollte möglichst sauber sein.

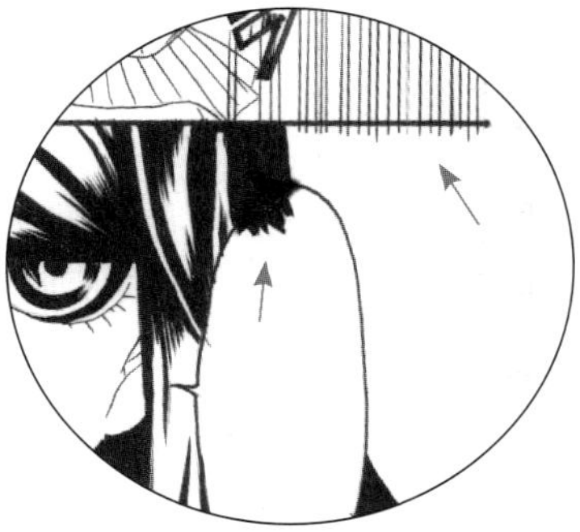

Linien über den Rand hinaus, herausspringende Effektlinien

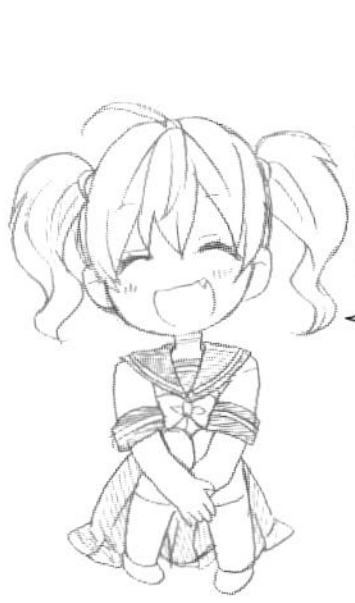

Nicht selten löscht man mit der weißen Tusche zu viel. Wartet dann einfach, bis sie richtig trocken ist, und korrigiert mit einem Fineliner. Bevor ihr euer Werk einschickt, solltet ihr noch einmal überprüfen, ob ihr nicht irgendwo eine Korrektur vergessen habt.

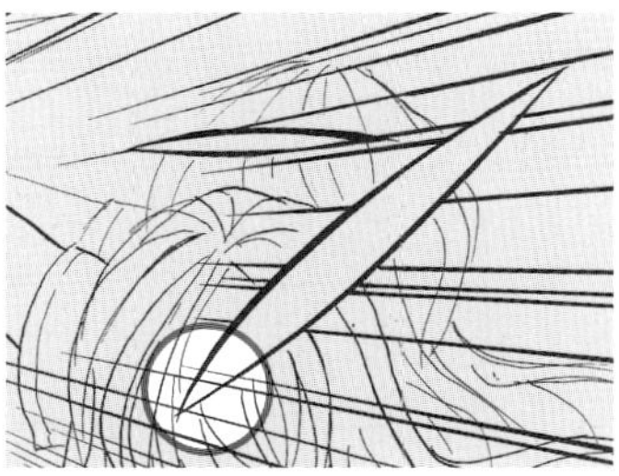

Korrektur vergessen!

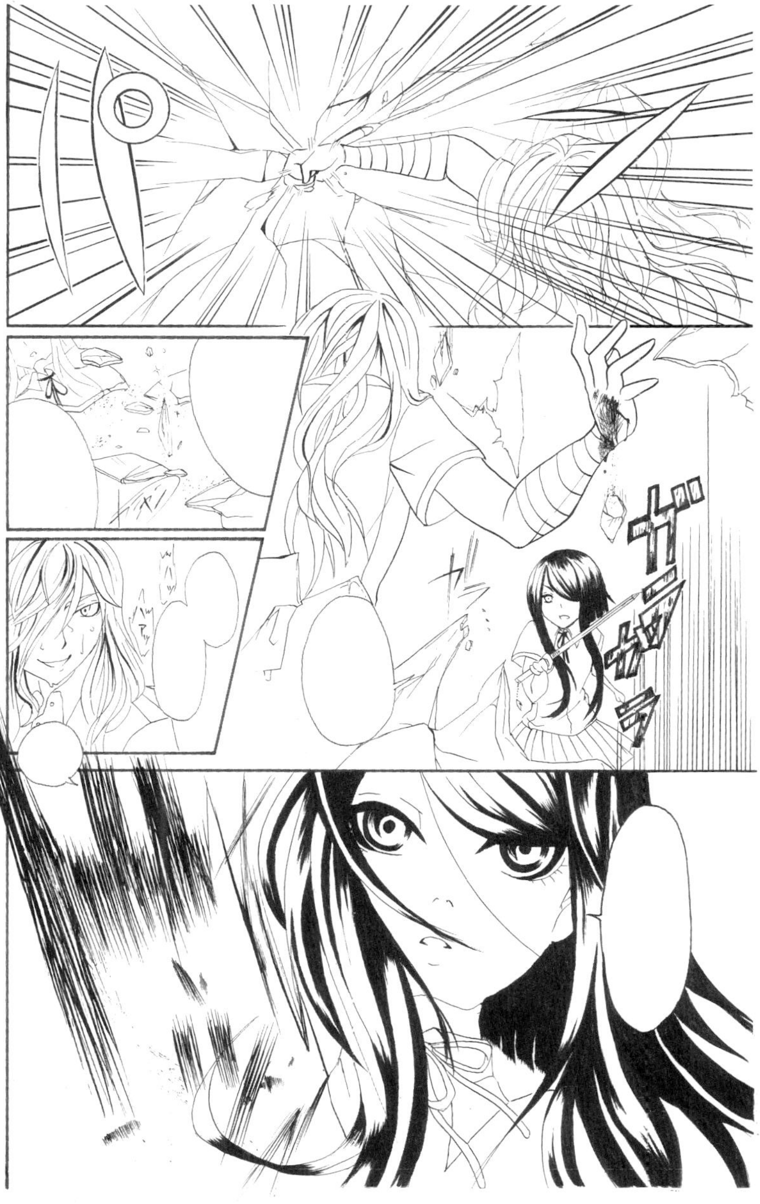

Rasterfolien

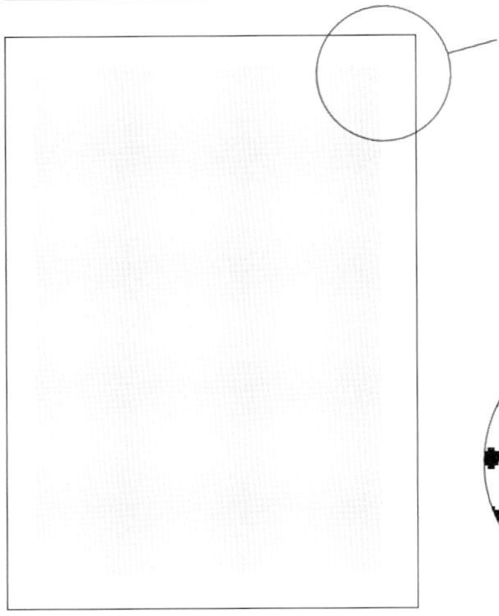

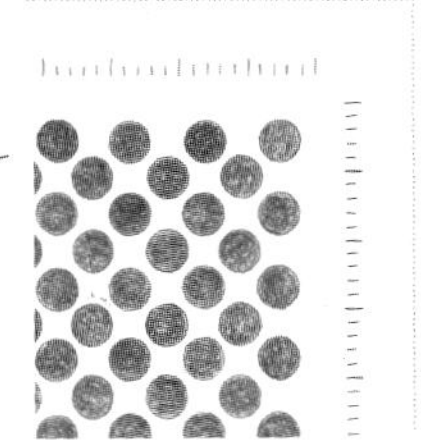

Die Rasterfolie hat eine halb transparente Abdeckung/Schutzfolie.

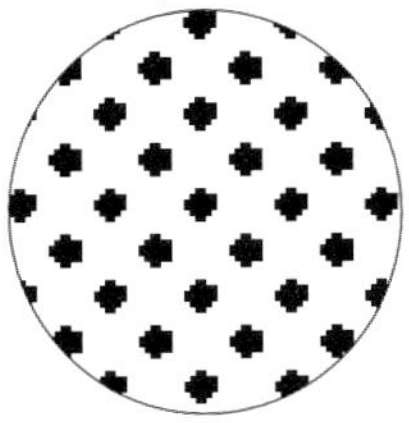

Ami

Es gibt Rasterfolien mit unterschiedlichen Dichten (»Ami« = Netz), Farbabstufungen (»Gra« = Gradiationsart) oder computergenerierten Spezialeffekten. Es gibt Hunderte von Rasterfolien.

Wenn man eine Rasterfolie vergrößert, sieht man kleine Punkte. Die Größe und die Dichte der Punkte entscheiden über die Helligkeit und die Atmosphäre.

Große Punkte, geringe Dichte

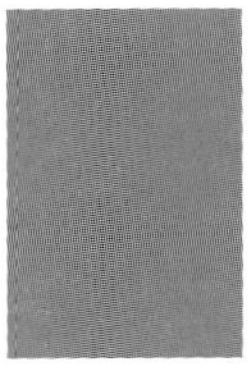

Kleine Punkte, hohe Dichte

Gradiationsart (»Gra«)

Computergrafik, die Dichte ist unterschiedlich

Werkzeuge für Rasterfolien

Schneiden

Kleben

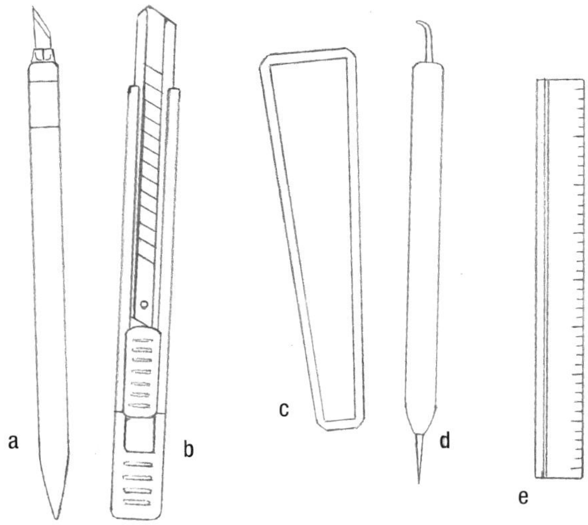

a: **Cutter** – Für feine Stellen. Sollten regelmäßig ausgetauscht werden. Die Klingen haben einen Winkel von 30 Grad oder 45 Grad. Man gewöhnt sich schnell daran, daher könnt ihr jeden Winkel nehmen. Sucht euch leicht zu ersetzende Klingen aus.

b: **Abbrechklingen-Messer** – Für grobe Schnitte oder zum Aufrauen. Es gibt auch Leute, die nur dieses Messer benutzen, keinen Cutter.

c: **Rasterfolienspachtel** – So ein Spachtel kann auch durch einen Flaschenboden ersetzt werden.

d: **Stylus-Aufbringhilfe** – Geeignet, um Rasterfolien auf feinste Stellen zu kleben.

e: **Lineal** – Um Rasterfolien gerade zu schneiden. Lineale aus Metall werden beim Schneiden nicht beschädigt.

● Vorgehen

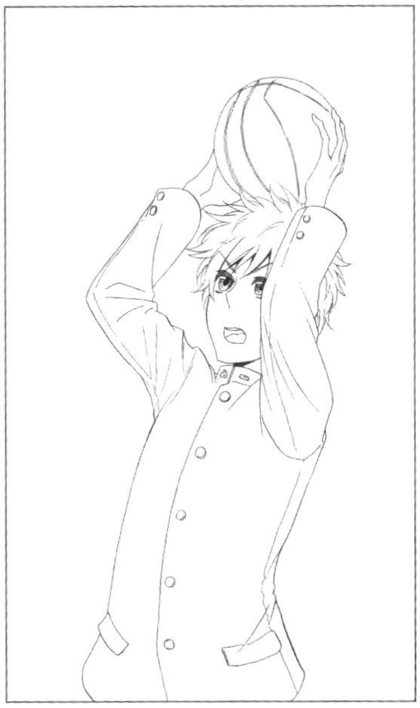

Ein Bild mit fertigen Linien. Die Uniform bekommt eine Rasterfolie.

1. Rasterfolie (mit Abdeckung) auf die gewünschte Fläche legen, dann in der nötigen Größe ausschneiden

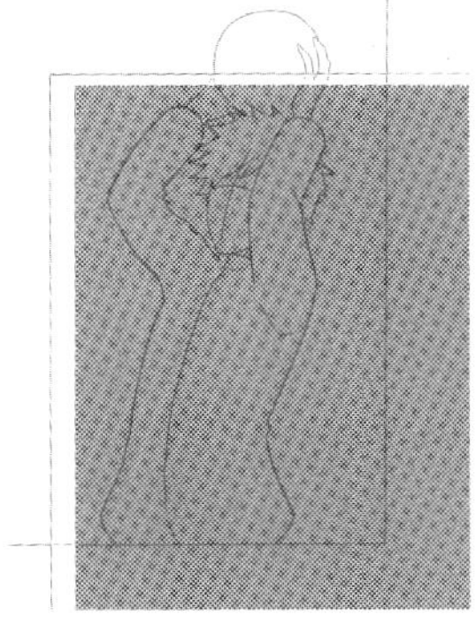

Ein ganzer Bogen Rasterfolie. Die Abdeckung ist transparent, daher seht ihr das Bild darunter.

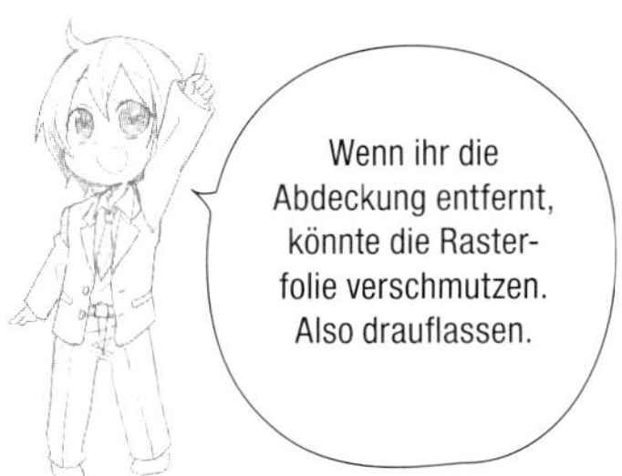

Nur die nötige Größe ausschneiden. Wollt ihr gerade schneiden, setzt unbedingt ein Lineal ein.

2. Provisorisch befestigen

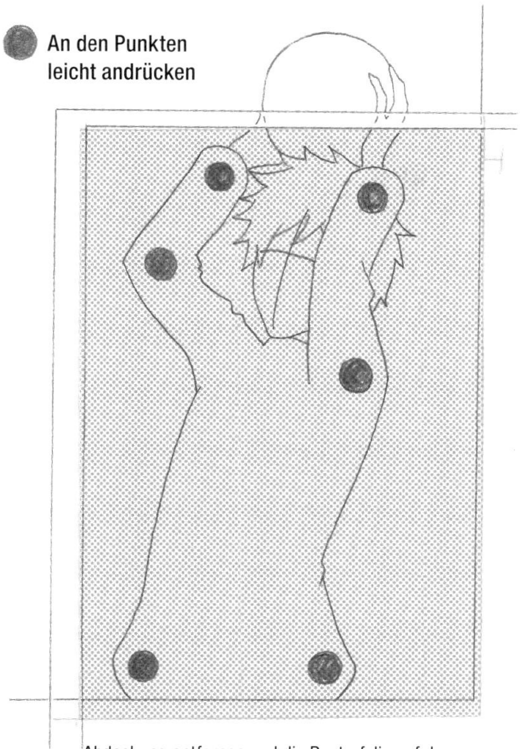

Abdeckung entfernen und die Rasterfolie auf das Manuskript legen. Drückt sie an einigen Punkten provisorisch fest. So wird ein Verrutschen beim Ausschneiden verhindert.

Wichtig: Richtig anbringen

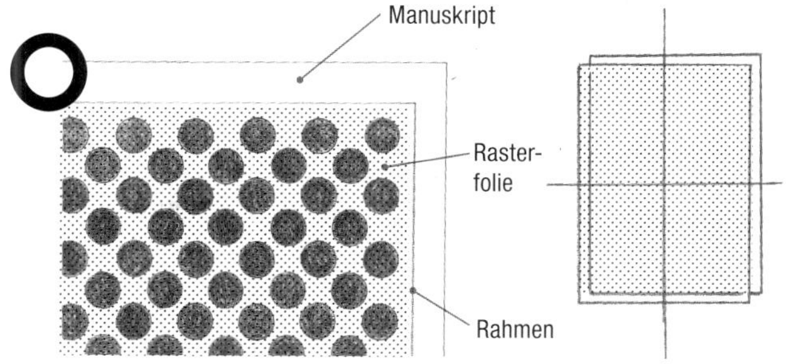

Die Punkte auf Rasterfolien sind regelmäßig platziert. Denkt daran, die Rasterfolie schön gerade anzubringen.

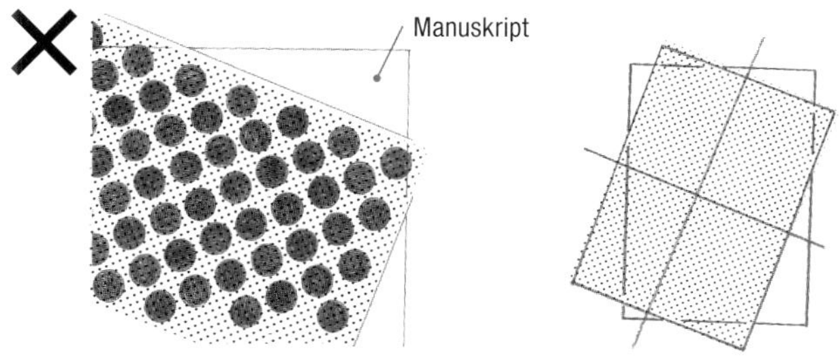

Wenn sie schräg sitzt, sieht es nach einem Muster aus und der gewünschte Effekt wird nicht erzielt.

3. Ausschneiden in Uniform-Form

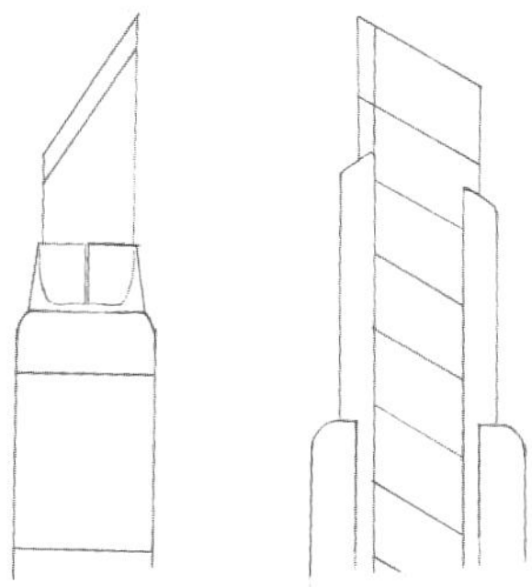

Cutter (45-Grad-Klinge)

Abbrechklingen-Messer

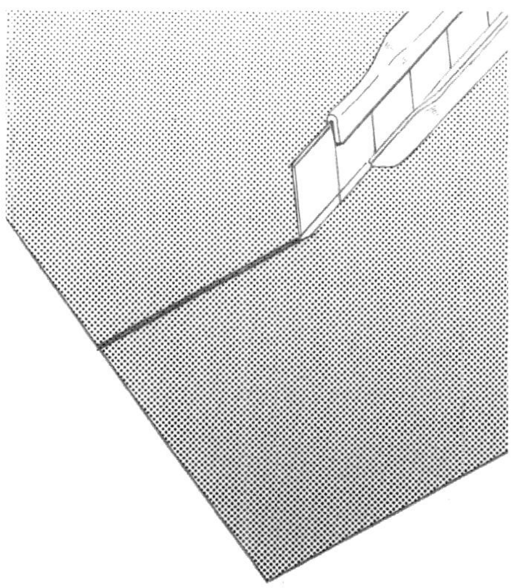

Ein Abbrechklingen-Messer kann mit ein bisschen Übung für alles genutzt werden, aber es ist besonders für gerade Linien geeignet. Wird auch genutzt, um die Folie aufzurauen.

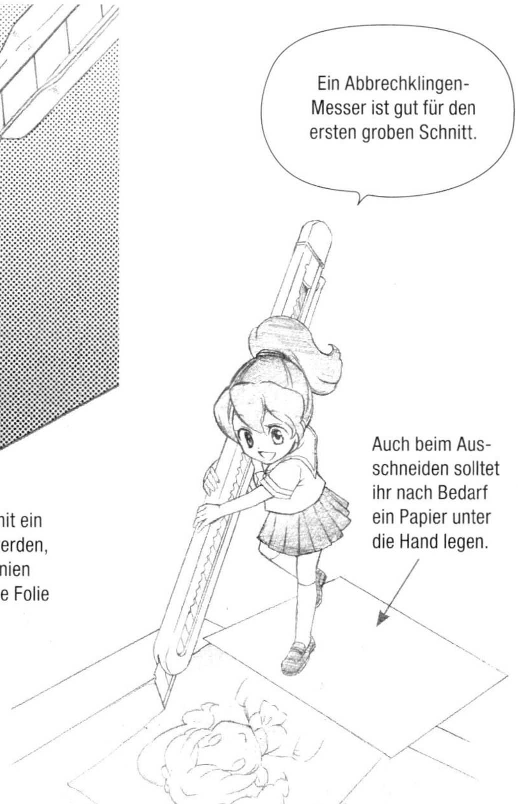

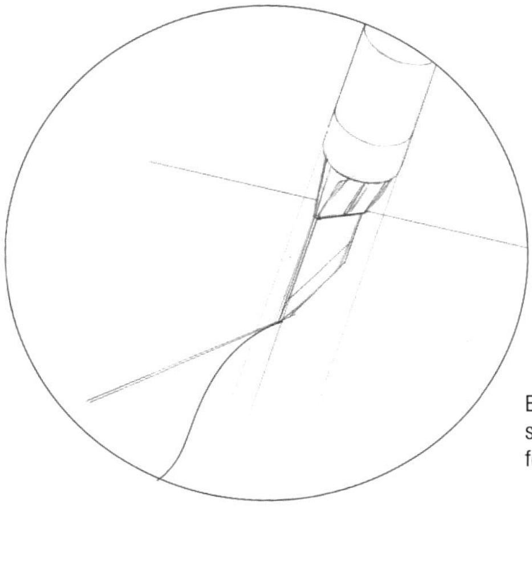

Ein Cutter ist besonders für Kurven und feine Stellen geeignet.

4. Kleben

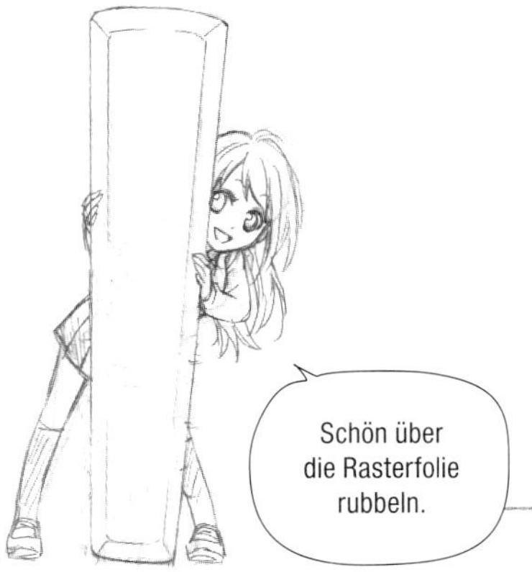

Zum Aufkleben müsst
ihr Kraft einsetzen.
Haltet den Spachtel richtig.

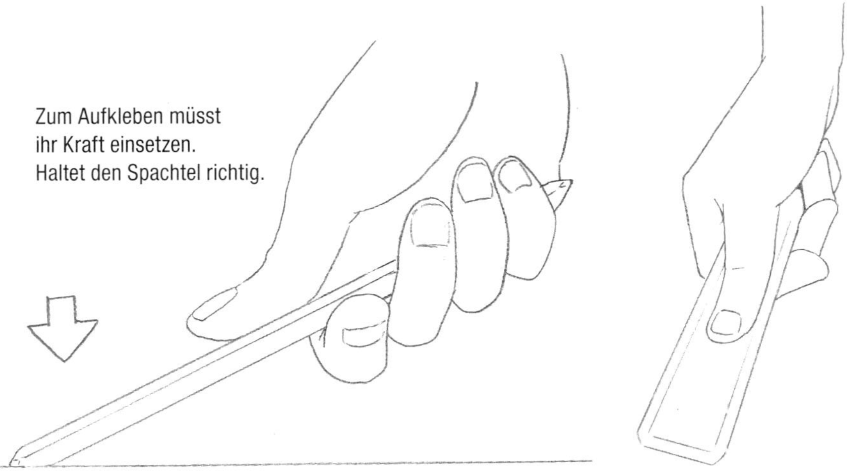

Ein Blatt Papier auflegen und in alle Richtungen rubbeln

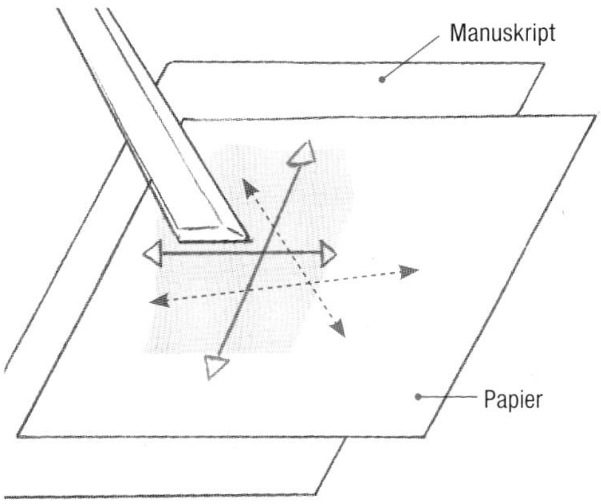

Zum Drüberlegen könnt ihr
die Abdeckung der Rasterfolie nehmen.

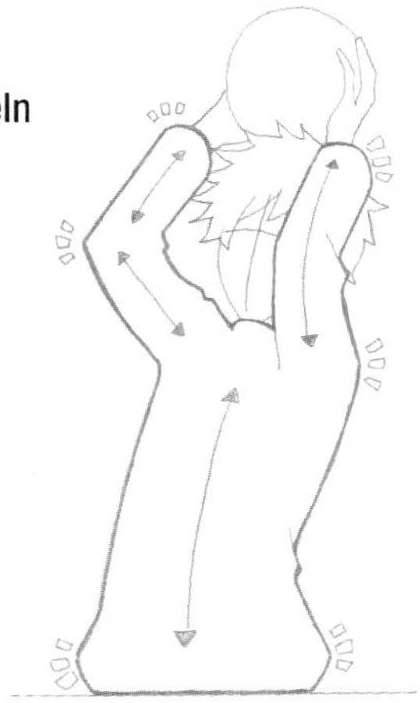

An diesen Stellen besonders sorgfältig ankleben.

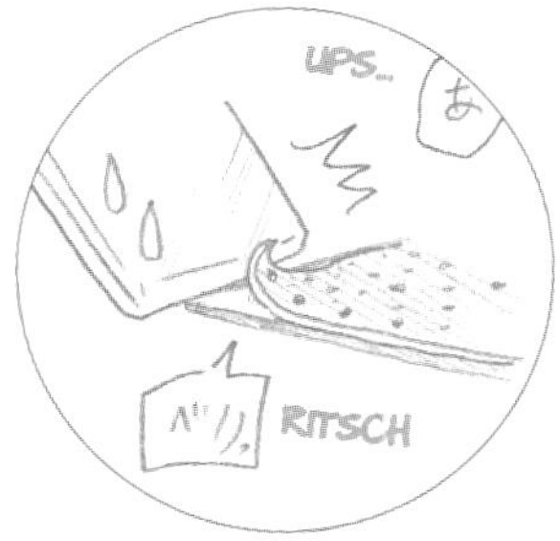

Legt ihr kein Blatt darüber, könnte die Folie reißen oder weggekratzt werden.

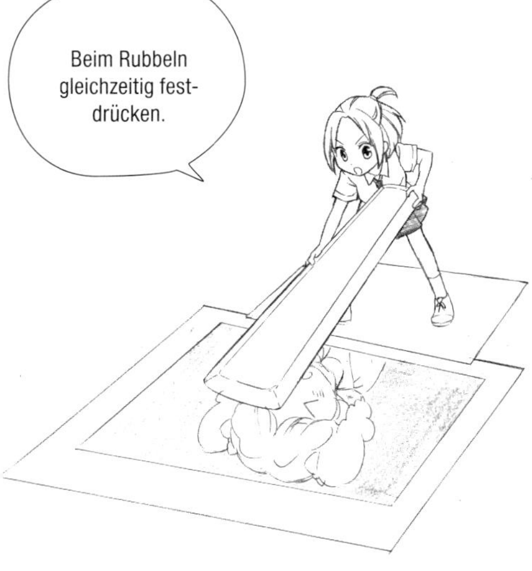

5. Fertig

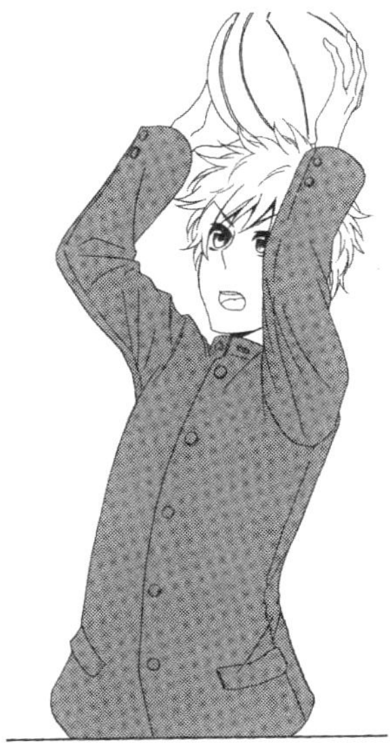

Die Uniform hat nun
eine Rasterfolie.

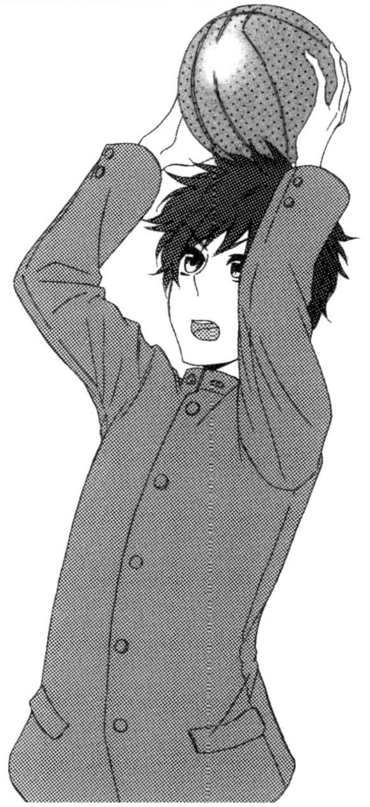

Die finale Version. Weitere Rasterfolien kamen auf die Haare und auf den Ball. Für den Glanz am Ball wurde die Rasterfolie angeraut und dann weiße Tusche gesetzt.

Nützliches Wissen über Rasterfolien

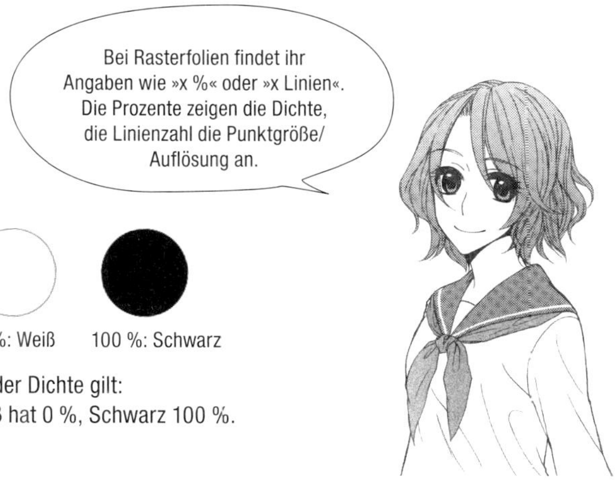

● %-Zahl und Linienanzahl/Auflösung von Rasterfolien

%: Dichte

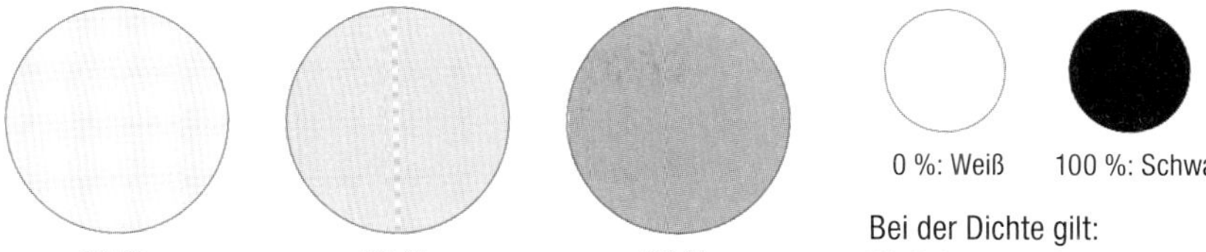

10 % 20 % 30 %

0 %: Weiß 100 %: Schwarz

Bei der Dichte gilt:
Weiß hat 0 %, Schwarz 100 %.

Linienanzahl: Punktgröße ⇩ Alle unten aufgeführten Rasterfolien haben dieselbe Dichte (10 %).

5 Linien 15 Linien 20 Linien 30 Linien 60 Linien

Bei allen ist die Dichte 10 %, doch die Punktgröße verändert den Eindruck. Je geringer die Zahl, desto größer die Punkte.

10 % 30 Linien + 20 % 30 Linien

Ist die Linienanzahl gleich, entsteht beim Überlappen kein Moiré-Muster (sauberes Überlappen möglich).

Ist die Linienanzahl unterschiedlich, entsteht ein störendes Moiré-Muster.

Überlappung von zwei Folien mit 10 %, 20 Linien. Je nach Winkel entsteht ein anderer Effekt.

● Warum kleben Rasterfolien?

– Warum müssen sie aufgerubbelt werden? –

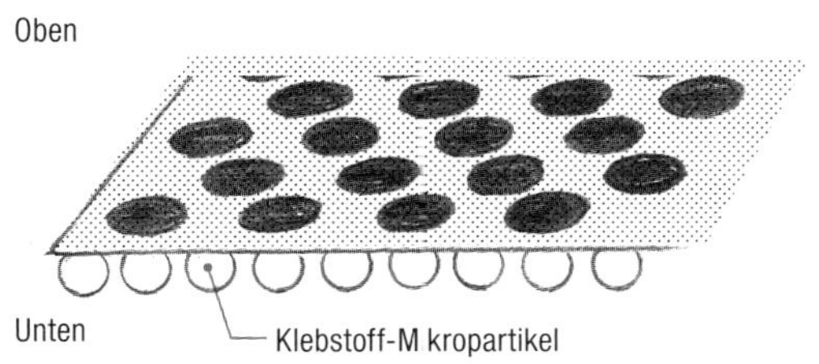

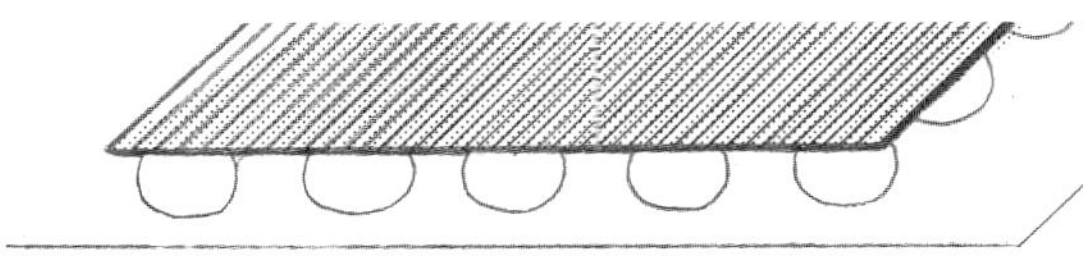

Provisorische Befestigung. Nur leicht angedrückt.
Die Klebepartikel sind noch intakt.

① Provisorische Befestigung

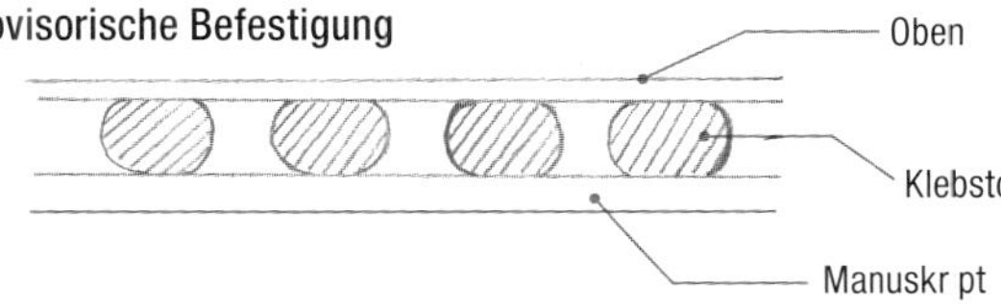

② Rubbeln
(Zusammenpressen)

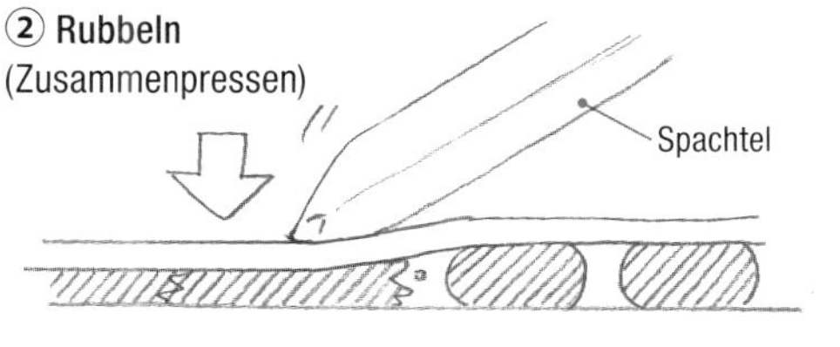

Durch den Druck platzen die Klebepartikel und die Folie klebt auf dem Manuskript.

③ Fertig

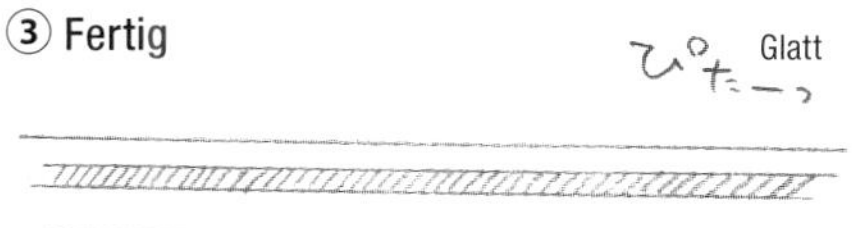

Nun ist die Rasterfolie aufgeklebt. Zum Entfernen könnt ihr sie z. B. mit einem Föhn erhitzen.

Zusammenfassung Manuskript-Erstellung

Jetzt fassen wir noch einmal die gängigen Schritte zusammen, um Manga zu zeichnen. Profis arbeiten aber nicht unbedingt nach diesen Schritten, da es bei ihnen darauf ankommt, schnell und fristgerecht abzugeben. Versucht, Arbeitsschritte zu finden, die zu euch passen und mit denen ihr Spaß habt.

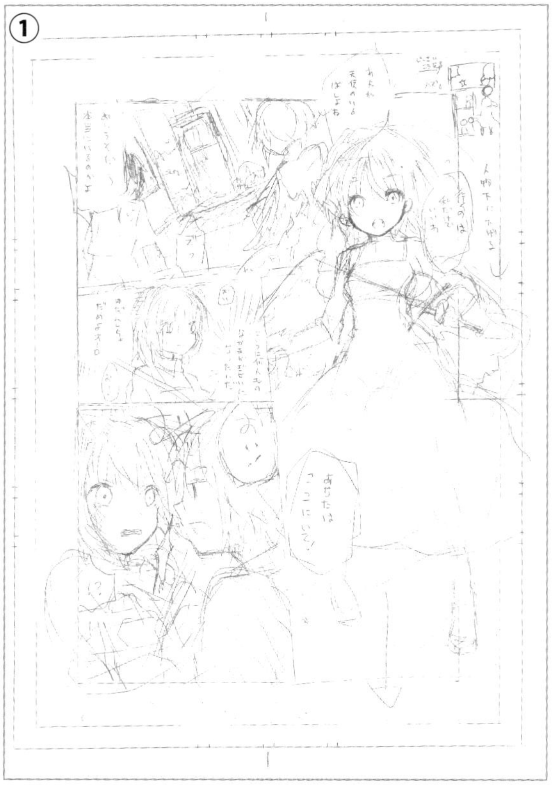

1. Storyboard

Zeichnet das Storyboard auf Kopierpapier oder in ein Heft.

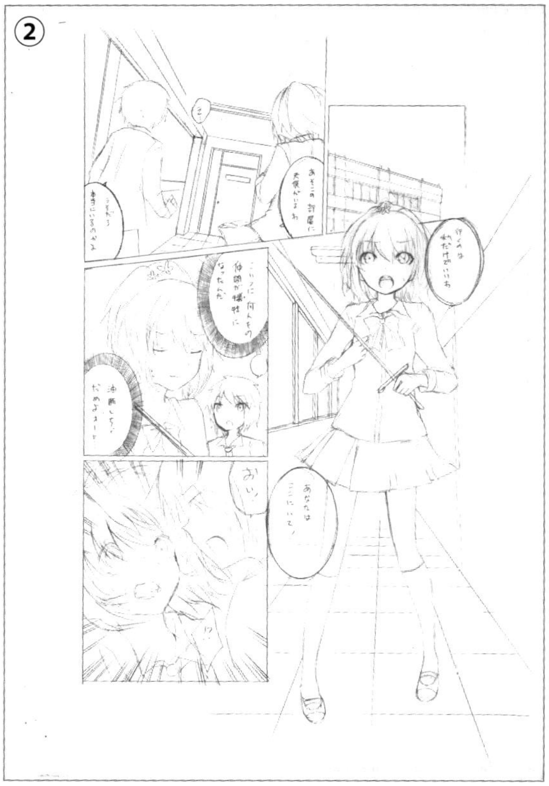

2. Vorzeichnung

Nun zu den Vorzeichnungen. Einige Zeichner erstellen die grobe Fassung in Blau und zeichnen mit einem Bleistift nach, oder sie erarbeiten eine weitere Vorzeichnung, um diese dann zu pausen.

Tipp **Korrektur des Charakter-Designs/ Storyboard**

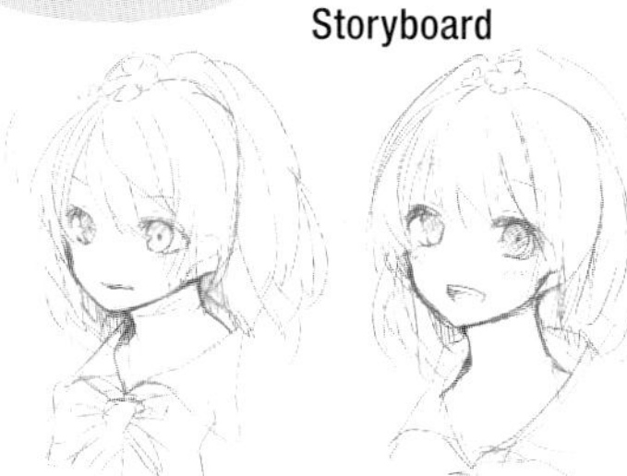

Hauptcharakter: Grobe Gesichtszüge

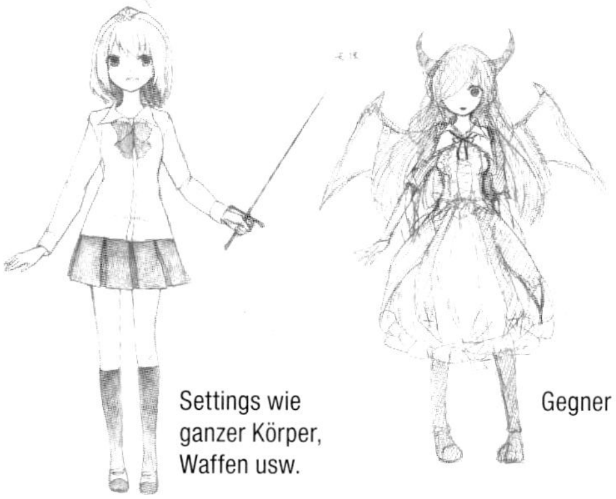

Settings wie ganzer Körper, Waffen usw.

Gegner

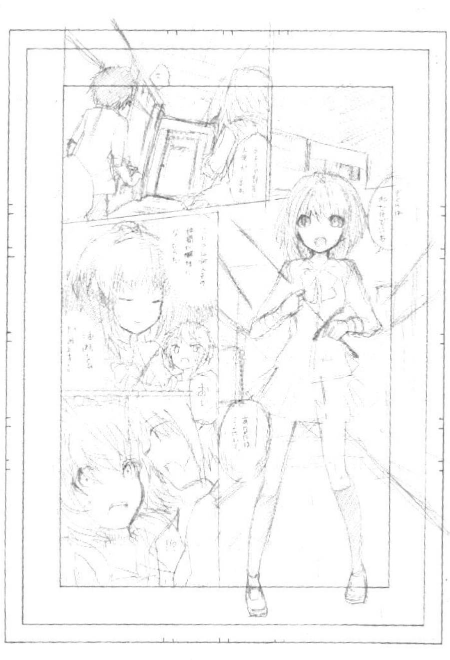

Vorzeichnung der Vorzeichnung

Bei der Korrektur des Storyboards zeichnet ihr auf Manga-Papier Panels, Rahmen, Sprechblasen und grobe Bilder (Charaktere, Hintergründe, Effekte und Soundwords).

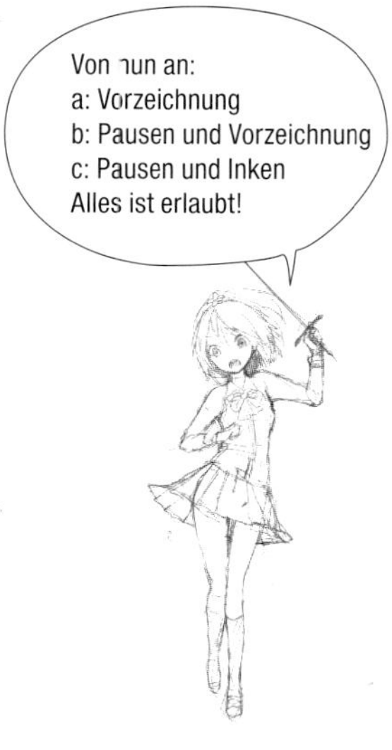

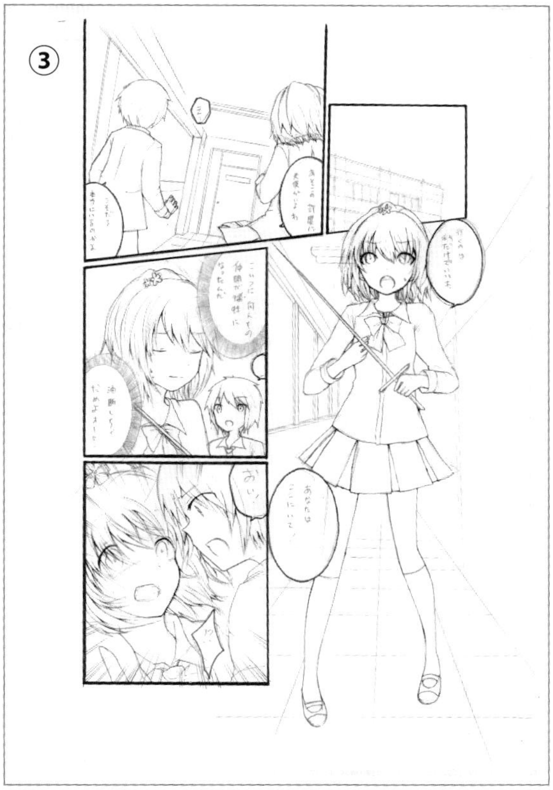

3. Inking

Panels einzeichnen und Charaktere inken (ihr könnt auch erst die Charaktere inken und später die Rahmen ziehen oder erst alle Rahmen auf allen Seiten ziehen und danach am Anfang starten usw.).

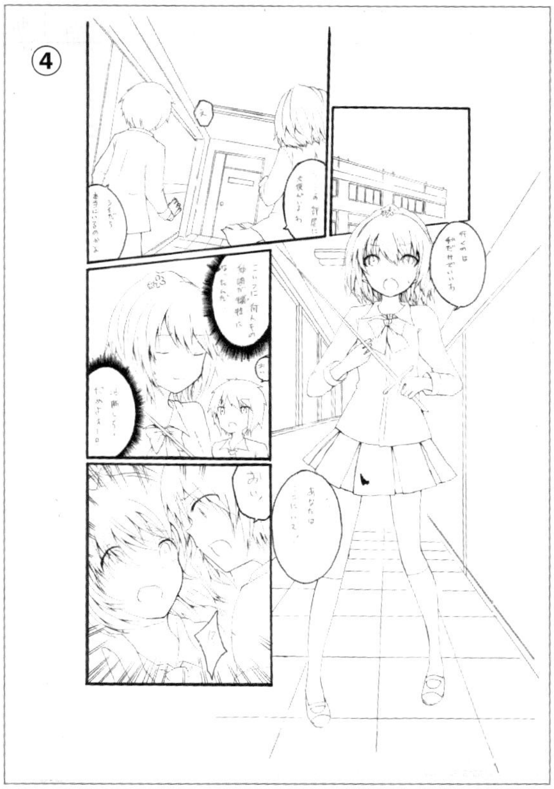

4. Details zeichnen + radieren

Erst Charaktere, dann Hintergründe und im Anschluss die Effektlinien inken, danach radieren.

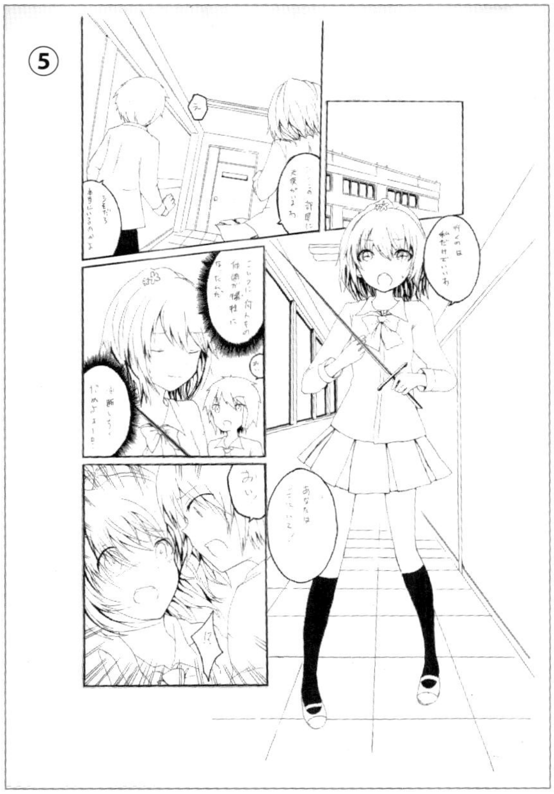

5. Einfärben + Korrektur

Manchmal sagt man auch, dass hier die Finalisierung beginnt. Nun zeichnet ihr die Details und korrigiert Fehler. Die Korrektur nehmt ihr vor den Rasterfolien vor.

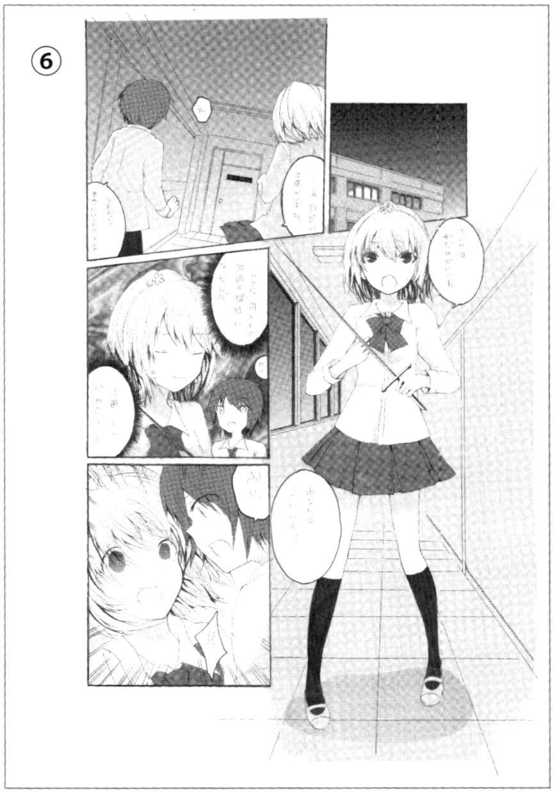

6. Rasterfolien + Finalisieren

Rasterfolien aufbringen. Nun wird das Gesamtbild klar. Jetzt könnten noch weitere Stellen eingefärbt oder mit weißer Tusche Effekte hinzugefügt werden.

Einsatz des Leuchttischs

● Leuchttisch

Das Pausen ist eine Methode, Linien nachzuzeichnen. Leuchttische belichten das Papier von unten. Wenn man Papier übereinanderliegt, sieht man das Bild auf dem unteren Blatt nicht mehr. Doch durch die Beleuchtung wird das untere Bild sichtbar und das Nachzeichnen möglich.

Ordentliche Zeichnung der groben Fassung / Inken / Korrektur / Foto pausen und Hintergründe zeichnen. Leuchttische können zu verschiedenen Zwecken eingesetzt werden, z. B. zum Pausen von Zeichnungen und Fotos und zum Inken.

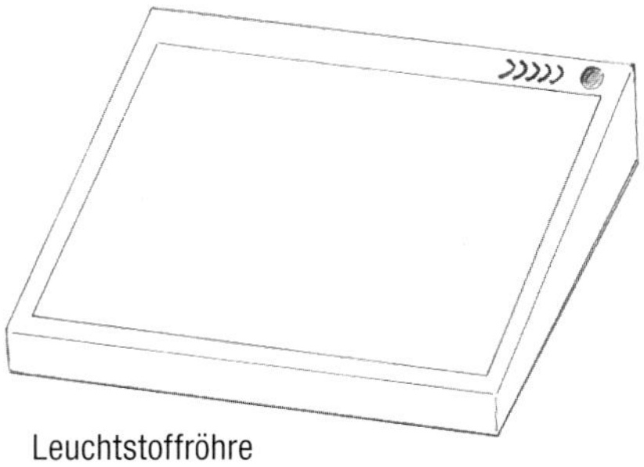

Leuchtstoffröhre
(recht dick)

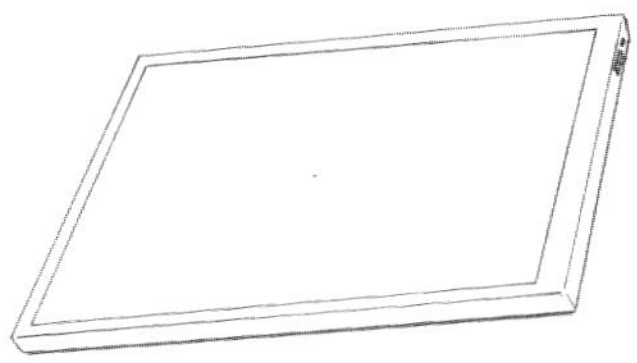

LED
(dünn, gut zum Zeichnen,
jedoch etwas teurer)

● Rohzeichnung anfertigen

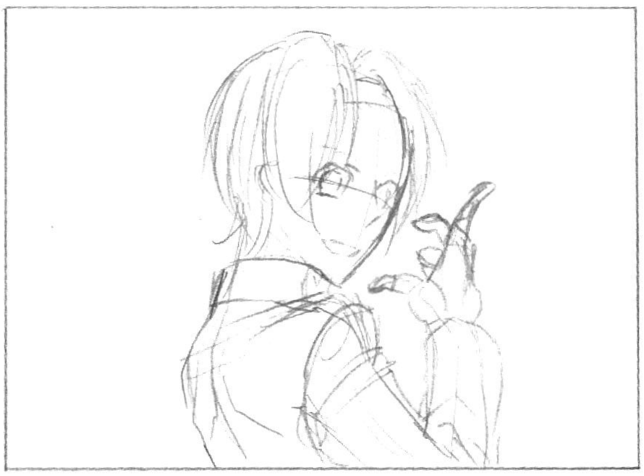

① Vorzeichnung

Kreppband oder Knetgummiradierer sind gut zum Befestigen, da sie rückstandslos entfernt werden können.

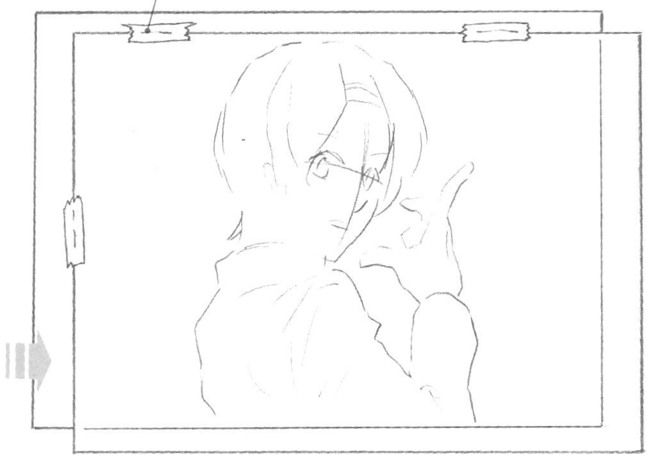

② Neues Blatt Papier (z. B. Manga-Papier) darüberlegen und befestigen

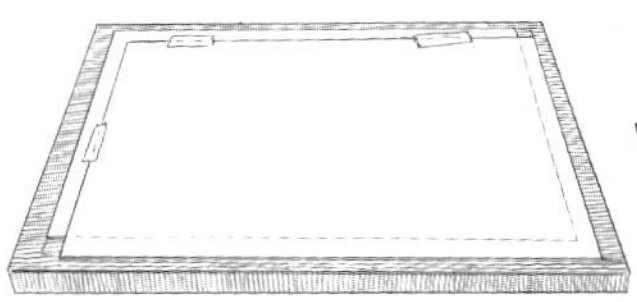

Vorbereitung

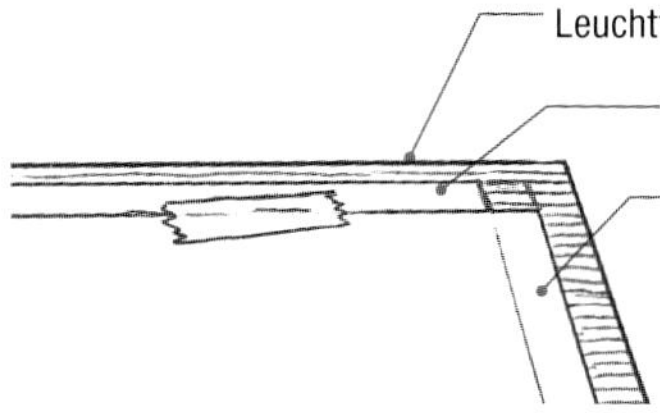

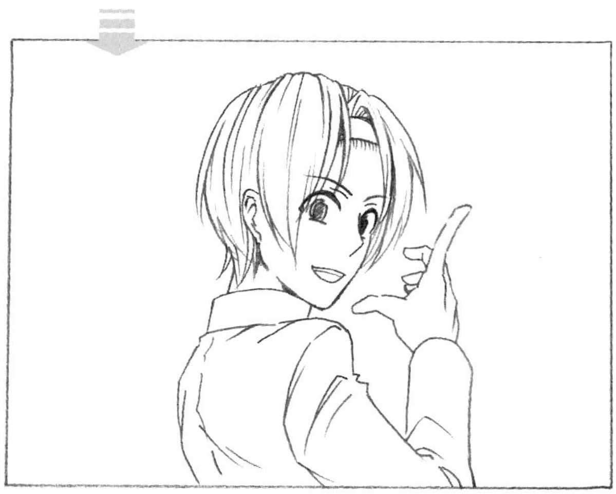

③ Nachzeichnen und fertigstellen (säubern).
Eine weitere Vorzeichnung mit Bleistift, oder gleich inken.

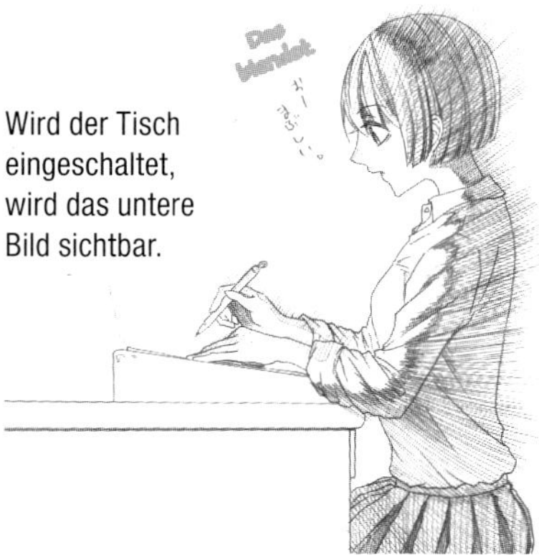

Wird der Tisch eingeschaltet, wird das untere Bild sichtbar.

Ein Tisch mit Glasplatte wird zum Leuchttisch, wenn ihr eine Lampe darunterstellt.

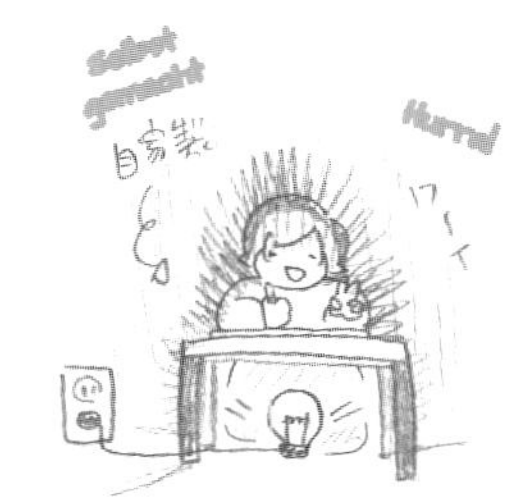

● Manuskripterstellung mit einem Leuchttisch

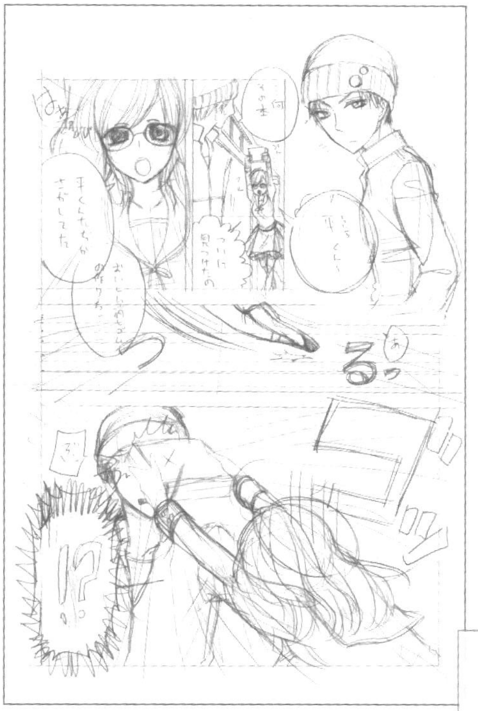

Das erste Storyboard. Ordentlich gezeichnet wie eine Vorzeichnung.

Der Leuchttisch kann auch zur Neuzeichnung des Storyboards eingesetzt werden. Man könnte zudem das Storyboard auf Manga-Papier-Format vergrößern und dann inken.

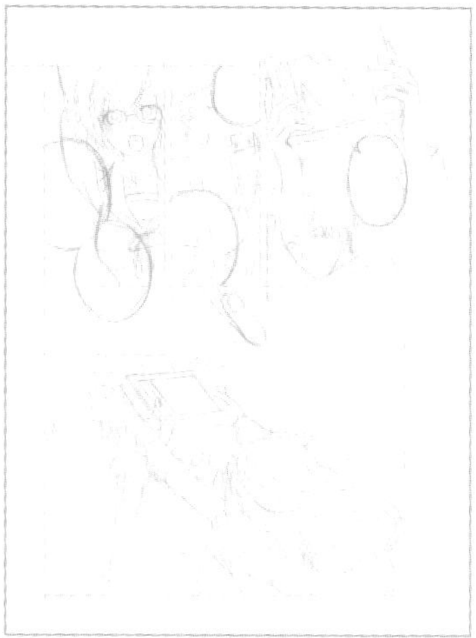

Zweite Storyboard-Fassung. Ein Panel wurde hinzugefügt. Es ist an der Zeit, etwas feiner zu zeichnen.

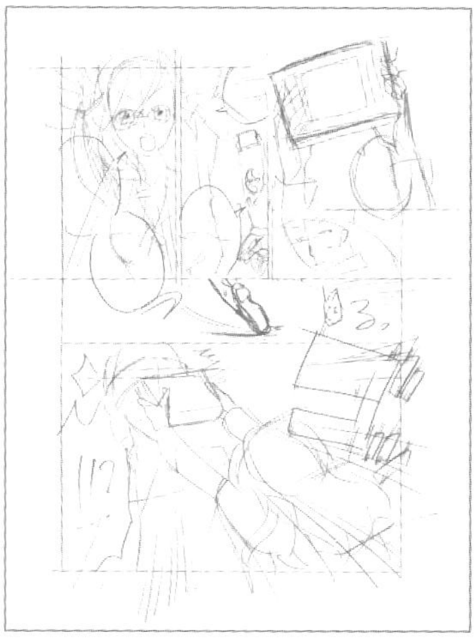

Dritte Storyboard-Version. Langsam hat man keine Zeit mehr für ordentliche Zeichnungen. Aber auch so erkennt man den Inhalt und die Gesichtszüge.

Es ist normal, dass man ein Storyboard mehrmals neu zeichnet. Und manchmal geht dabei der Elan nach und nach flöten. Daher können Panels, die keine großen Änderungen mehr benötigen, mithilfe eines Leuchttischs weiterbearbeitet werden.

Wer den Elan verliert, ist übrigens ein Amateur. Ein Profi setzt bei jeder weiteren Vorzeichnung und beim Inken noch mehr Elan ein.

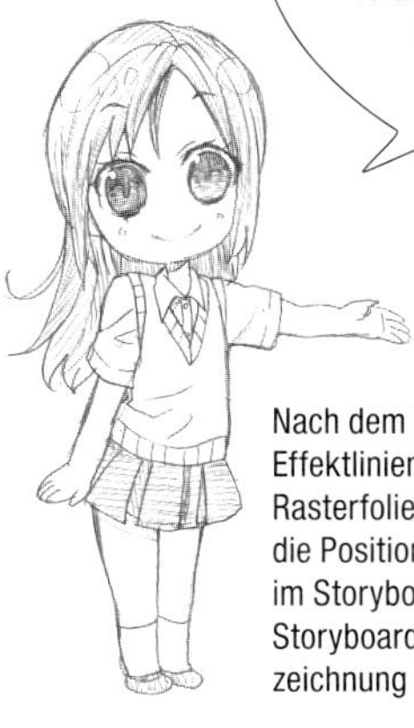

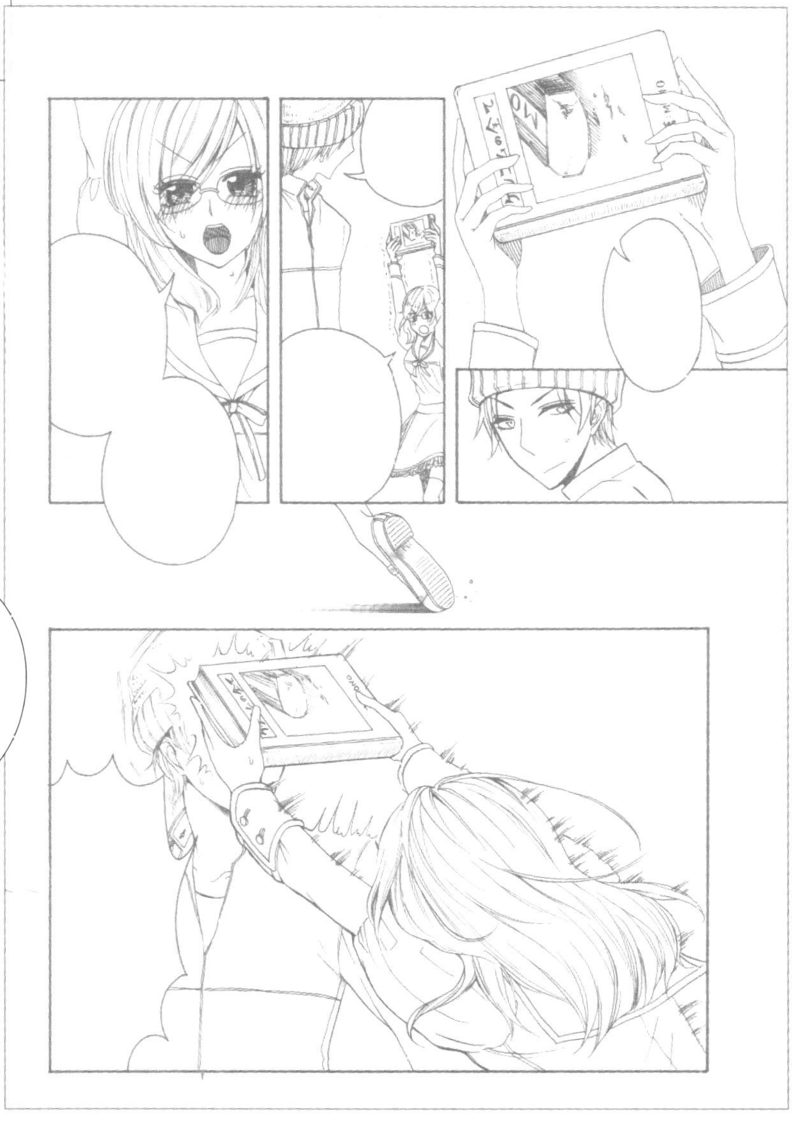

Nach dem Inken. Nun werden Effektlinien, Soundwords und Rasterfolien hinzugefügt. Wenn die Position der Soundwords schon im Storyboard steht, kann man das Storyboard pausen und die Vorzeichnung der Soundwords erstellen.

Mappensichtungen

Wenn ihr Profis werden wollt, ist der erste Schritt das Einreichen eures Werkes bei Zeichen-Wettbewerben oder direkt an Verlage – am besten digital. Hier sind ein paar Dinge worauf ihr achten müsst.

1. Das Werk ist fertig! Rufe die Redaktion an

Gesprächsbeispiel
Redaktion (R): »Ja, hier Redaktion XXX?«
Ich: »Ich heiße XXX. Ich würde gerne einen Termin zur Mappensichtung vereinbaren.«
(Zuerst euren Namen nennen)
R: »Wann können Sie kommen?«
Ich: »Ähm…«

⇨ »Wie wäre es nächste Woche?«
»Wir sind zurzeit mit der Abgabe beschäftigt. Rufen Sie nächste Woche noch einmal an.«
So eine Antwort kommt nicht selten.
Daher solltet ihr einige Terminvorschläge im Kopf haben.
Es ist nicht gut, wenn ihr hier nicht klar antworten könnt. Versucht, klar und deutlich zu sprechen.

Ich: »Nächste Woche könnte ich jederzeit kommen.«
R: »Dann kommen Sie bitte am XXX. Sie wissen, wie Sie uns finden?«
Ich: »Ja, ich habe auf Ihrer Seite die Karte gesehen.«
R: »Dann sehen wir uns dann.«

Und… nicht auflegen!

Vor dem Auflegen unbedingt nach dem Namen eures Gesprächspartners fragen.

Ich: »Wie war noch einmal Ihr Name?«

(Der Autor Hayashi hat nicht nach dem Namen gefragt und bereitete der Redaktion Unannehmlichkeiten beim Besuch.)

R: »XXX von der Redaktion XXX.«

⇨ Den Namen aufschreiben, damit ihr ihn nicht vergesst.
Ich: »Danke. Dann werde ich am XX.XX. um XX Uhr bei Ihnen sein.
Einen schönen Tag noch.«

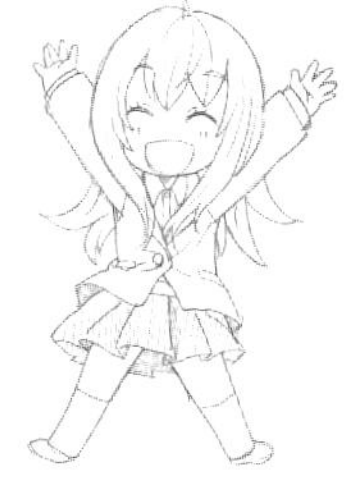

Vor dem Anrufen solltet ihr auf der Webseite oder im Magazin nachschauen, wie die Einreichbedingungen sind. Häufig findet ihr dort auch die Telefonnummer der Verlage.

2. Vorbereitung auf den Besuch

① Manuskripte (überprüfen, ob alle Seiten vollständig und in der richtigen Reihenfolge sind)

② Kopien der Manuskripte (für euch und für die Redaktion)
Manuskripte sollten in einem Umschlag sein.
Oder auch in einem B4-Ordner.

③ Nachschauen, wie ihr in die Redaktion kommt.

④ Die Telefonnummer der Redaktion mitnehmen.

⑤ Visitenkarte oder etwas Vergleichbares mitnehmen. Ruhig auch eine Postkarte mit Illustrationen und Kontaktdaten.
Geht sorgfältig damit um, da sie persönliche Daten enthält.

⑥ Notizblock, Heft, Stifte

⑦ Ansonsten Handy, Portemonnaie, Taschentuch (ha ha) usw.
Und was ihr sonst noch als notwendig erachtet.

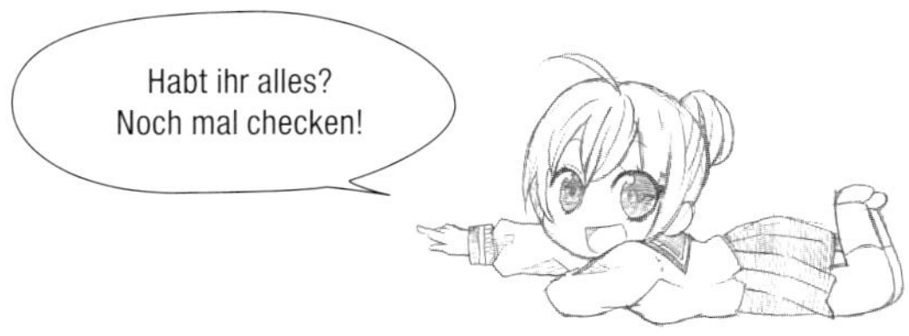

3. Am Tag des Termins

Achtet auf eine saubere Erscheinung. Nicht zu leger erscheinen, z. B. in Jogginghose. Gepflegtes Outfit wäre gut. Auch ruhig etwas modisch, sowohl bei Frauen als auch bei Männern. Die Mappensichtung ist so etwas wie ein Bewerbungsgespräch. Daher müsst ihr auch anständig begrüßen und reden können. Auch wenn eure Werke gut sind, sollten die anderen nicht denken, dass sie nicht mit euch zusammenarbeiten wollen. Das wäre sehr schade für alle Beteiligten.

- Auch mit einer Karte kann man sich verlaufen. Eine Verspätung kommt nicht infrage. Fahrt früh genug los.
- Denkt daran, 10 bis 15 Minuten vor dem Termin zu erscheinen. Wenn ihr viel früher ankommt, solltet ihr warten. Zu früher Besuch ist auch lästig.

Falls ihr euch verspätet oder nicht erscheinen könnt, müsst ihr unbedingt vorab Bescheid sagen!

**◆◆◆ Die Mappensichtung ist der erste Schritt, um Vertrauen aufzubauen.
Verspätung oder Nichterscheinen ist ein Tabu, egal wie gut euer Manga ist.
Vertrauen steht ganz oben bei der Arbeit. Das gilt auch für das Mangaka-Leben.**

● Besucht mehrere Verlage

Es ist wichtig, wie ihr mit einem Redakteur zurechtkommt. Auch Redakteure mögen nicht jeden Manga. Manche mögen vielleicht euren Stil, aber es kommt vor, dass ihr z. B. eine Comedy zeichnen wollt, aber die Redaktion etwas Ernstes möchte.
Ihr könnt mit verschiedenen Redakteuren sprechen, um danach die Entscheidung zu treffen, bei welcher Redaktion ihr euer Werk einreichen wollt.
Selbst wenn ihr von vornherein denkt, dass ihr unbedingt im Magazin X (in Japan) erscheinen wollt, solltet ihr auch mit anderen Redaktionen sprechen, wenn euer Ansprechpartner keinen guten Eindruck hinterlassen hat oder das Werk nicht so gut angekommen ist.
Eine andere Reaktion könnte euer Werk schätzen und loben.
Was ihr nicht machen dürft, ist das Einsenden von ein und demselben Werk zu verschiedenen Wettbewerben. Eine Mehrfacheinreichung könnte später zu großen Problemen führen.

Nachwort

Ich bin erst sehr spät in die Manga-Welt eingestiegen. Damals war ich zwanzig. Davor hatte ich hier und da etwas gekritzelt, aber es hat mir nicht wirklich Spaß gemacht, und ich hatte auch nie gelernt, wie man richtig zeichnet. Mein Debüt war dann erst mit siebzehn. Damals wollte ich Romanautor werden. Durch Freunde kam ich auf die Idee, die Illus im Buch selbst zu zeichnen. Also habe ich so etwas wie »ein Mädchen mit Hörnern«, »Einäugige« und »Mädchen mit Flügeln« gezeichnet.
Ursprünglich war ich ein Autor, doch dann dachte ich, »dass mir Manga viel mehr Spaß machen«. Ich wollte etwas zeichnen, ich wollte etwas darstellen. Getrieben von diesem Drang, sprang ich in die Manga-Welt. Doch wie schon gesagt, ich hatte keinen Spaß am Zeichnen. Daher war ich schlecht. Ich wusste nicht, wie man richtig zeichnet, mit den Stiften umgeht... Ich hatte bis dahin gar kein wirkliches Interesse gehabt.
Das war mein Anfang. Vor über dreißig Jahre. Damals gab es kein Internet, keinen PC und kaum Lektüre über Techniken oder Referenzmaterial. Einzige Hilfsmittel waren Lehrbücher für Anfänger, die von bekannten Mangaka waren, oder die einseitigen Rubriken für werdende Mangaka in Magazinen. Ich fühlte keine Liebe für Zeichnungen, ich hatte nur einen »Traum« und meine »Einbildung«. Damals konnte ich nicht einmal einen Baum ordentlich zeichnen.

»Total schlecht. Du wirst nie ein Mangaka sein. Gib lieber auf.«
Alle meine Bekannten oder Redakteure haben so etwas gesagt, als sie damals meine Manga gelesen hatten. Ich wollte das nicht akzeptieren, aber meine Unfähigkeit tat mir selbst weh. Aber ich konnte einfach nicht aufhören. Ich zeichnete hartnäckig weiter, erstellte Storyboards und kam gerade so mit Teilzeitjobs über die Runden. Mehrere Jahre habe ich gezeichnet und Mappensichtungen gehabt – und scheiterte. Gegen Ende meiner Zwanziger habe ich eine Stelle als Assistent bekommen. Mein Meister sagte mir damals: »Wärst du doch drei Jahre früher zu mir gekommen...«, nach dem Motto: »Aus dir wird leider nichts mehr.«
Als ich über dreißig war, begannen die Redakteure bei den Mappensichtungen zu sagen, dass ich gut zeichnen könne. Hin und wieder wurde mir gesagt, dass ich aufhören sollte, aber ich kann noch immer nicht die Freude vergessen, als der stellvertretende Chefredakteur eines Magazins zu mir sagte: »Die Bewegungen der Mädchen und ihre Körper sind wunderschön.«

Aus diesem Grund sage ich hier klar und deutlich: »Jeder kann lernen zu zeichnen, wenn er durchhält!«
Man muss auch nicht alles können. Es ist okay, nur die Zeichnungen eines bestimmten Genres, das man mag und das einem liegt, zu perfektionieren.

* * *

Die meisten Leser dieses Buches sind sicher nicht so wie ich und haben Spaß beim Zeichnen.
»Spaß beim Zeichnen haben« - allein das ist schon eine Begabung und ein wichtiger Schatz.

Wer nur an »gut sein« oder »perfekt sein« denkt, wird irgendwann darunter leiden, zu zeichnen. Je stärker man sich quält, desto schmerzlicher wird es. Wenn ihr keinen Spaß mehr empfindet, dann sucht euch etwas Unterhaltsames zum Zeichnen aus. Und auch ein angehender Mangaka sollte noch andere Hobbys haben.
Seid ihr erschöpft, legt eine Pause ein. Und wenn ihr nach einer Pause gar nicht mehr zeichnen wollt, war's das eben. Habt ihr eine echte Leidenschaft, könnt ihr nie aufhören.

Ich hoffe, dass ihr eines Tages »unterhaltsame Manga« oder »Manga, die einen mitreißen« zeichnet. Das ist mein innigster Wunsch.

Hikaru Hayashi
Go office

■ Über den Autor

Hikaru Hayashi

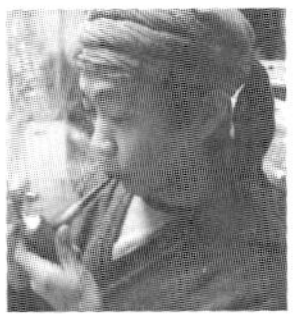

Geboren im Jahr 1961 in Tokio. Nach dem Studium der Geisteswissenschaften und der Philosophie begann er, ernsthaft als Mangaka aktiv zu werden, und erhielt den Förderpreis und weitere Preise des Magazins »Business Jump«. Er assistierte bei den Mangaka Hajime Furukawa und Noriyoshi Inoue und debütierte mit dem biografischen Manga »Aja Kong Monogatari«. Im Jahr 1997 gründete er das Manga-Design-Studio »Go office«. Seitdem brachte er international mehr als 200 Manga-Lehrbücher heraus, wie die »Manga No Kiso Dessin«-Serie (Hobby Japan), »Costume No Kakikata Zukan«, »Super Manga Dessin«, »Super Perspective Dessin«, »Character Pose Shiryoshu – Onna No Ko Seifuku Hen/Onna No Ko No Harada Hen« (Graphic How to Draw Manga – Manga aus der richtigen Perspektive), »Manga No Kihon Drill« 1-3, »Ifuku No Shiwa Jotatsu Guide 1« (Kosaido). Mitglied der Manga Akademie Japan.

◆ *http://www.go-office.jp*
◆ *http://gooffice.blog79.fc2.com*

MANGA-ZEICHENSTUDIO: MANGA BASIC

CARLSEN MANGA
Deutsche Ausgabe/German Edition
Carlsen Verlag • Hamburg 2018
Aus dem Japanischen von Hirofumi Yamada

Let's Draw School Life Manga: Beginner's Edition
(Gakuen Manga no Egakikata Nyumon Hen)
© Hikaru Hayashi/ HOBBY JAPAN
German translation rights arranged with Hobby Japan Co., Ltd. through Paper Crane Agency.
German translation copyright © 2018 by CARLSEN Verlag GmbH.

Redaktion: Anne Berling
Textbearbeitung: Ulrike Gatzke
Umschlag-Layout: Laura Bartels
Satz: Ronny Willisch
Herstellung: Tobias Hametner

Alle deutschen Rechte vorbehalten
ISBN: 978-3-551-73690-1

Carlsen Manga! News – jeden Monat neu per E-Mail!
www.carlsenmanga.de
www.carlsen.de

■ **Mitwirkende**

● Zeichnungen
Siny, Kazuaki MORITA, Icchi, Rika HOSHINO, Kazuki FURUTA, Kei HISAKI, Rei AMANE, AKIRA, Kento SHIMAZAKI, Hikaru HAYASHI, Riko MIDOU, Kou KIZAKI, Mitsurugi, Asako, Aurora, Akira FUJISHIMA, Minoru AYOSHI, Daisuke SAKAI, TATSUYA

● Cover-Illustration
Kazuaki MORITA

● Cover-Design
Yasuhiro SHIMAUCHI [Design room inc.]

● Redaktionsarbeit
Hikaru HAYASHI [Go office]

● Redaktionsarbeit/Layout/Design
Miho HAMADA [Go office]

● Szenario-Unterstützung
Miho HAMADA [Go office]

● Redaktionelle Unterstützung
Naoko NAKAMURA
Hime

● Projektunterstützung
Yasuhiro YAMURA [HOBBY JAPAN]

● Unterstützung
Nihon Kogakuin College
Creators College Manga/Animation-Abteilung